2014 2015

刘成果 主编

中国奶業

年鉴

2011

中国农业出版社

《中国奶业年鉴》编辑委员会

2010年3月21-23日，国家主席胡锦涛到宁夏回族自治区考察了银川市金河乳业塞上阳光牧场。金河乳业董事长闫建国汇报情况。

2010年9月1日，农业部部长韩长赋在呼和浩特市重点考察了伊利、蒙牛两大乳品企业，内蒙自治区党委副书记、自治区主席巴特尔陪同考察，图为考察伊利。

2010年7月1日，农业部在广州召开“全国饲料和生鲜乳质量安全监管工作会议”，农业部副部长高鸿宾、国家首席兽医师于康震和畜牧司司长王智才等领导出席会议。

2010年6月8-10日，中国奶业协会在山东青岛召开首届中国奶业大会。会议同期举办奶牛养殖、乳品加工与市场消费、乳制品质量安全等专场研讨与国际奶业交流专场会议。来自国际国内共计两千余人参加会议。

2010年6月8-10日，中国奶业协会在山东青岛举办第八届中国国际奶业展览会暨乳制品市场促销活动。

2010年11月27日，中国奶业协会第六届会员代表大会在北京召开。经过会议选举和推荐：农业部副部长高鸿宾为会长，刘成果为名誉会长，魏克佳为常务副会长，谷继承为副会长兼秘书长。会议还向骆承庠、冯仰廉、徐定人等7位专家颁发了中国奶业终身贡献奖。

2010年11月22日，蒙牛乳业和君乐宝乳业在北京联合召开战略合作新闻发布会，蒙牛正式宣布以4.692亿元的价格收购石家庄君乐宝51%的股权。

2010年11月26日，现代牧业正式在港交所挂牌上市。

HIGH QUALITY N45
优质乳品 源自草原
双娃乳业
SHUANGWA DAIRY
地址：北京市朝阳区望京利泽中园二区203号洛娃大厦 电话：010-64391010
传真：010-64390499 网址：www.luowa.com

双娃

Fengxing Milk
风行牛奶
公司主页:http://fxmilk.com.cn
020-83806246
: 510510)

我有一个梦，让每个中国人，首先是孩子，每天能喝上一斤奶。

温家宝

二零零六年四月廿三日

八喜®
纯正牛奶冰淇淋
BAXY™
SUPER PREMIUM
ICE CREAM
1932
品质臻选 · 永恒经典
八喜纯正牛奶冰淇淋
BAXY™
SUPER PREMIUM
ICE CREAM
1932

八喜®
纯正牛奶冰淇淋
BAXY™
SUPER PREMIUM
ICE CREAM
·1932·
品质臻选
宠爱自己

奶联社®
DAIRYUNITED
养健康牛 产优质奶
奶联人的核心价值观：思考 · 品质 · 分享 · 坚持
让更多的
中国人每天喝杯

呼和浩特・成吉思汗大街・琦琳北辰C座10层　网址：www.nailianshe.com　电话：0471-6520600
好奶!

HOLSTAN®
荷斯坦
可信赖的奶牛专家
荷斯坦
牧场管理·健能赢计划
技术服务·牧业产品

荷斯坦免费服务电话
800 · 820 · 1536

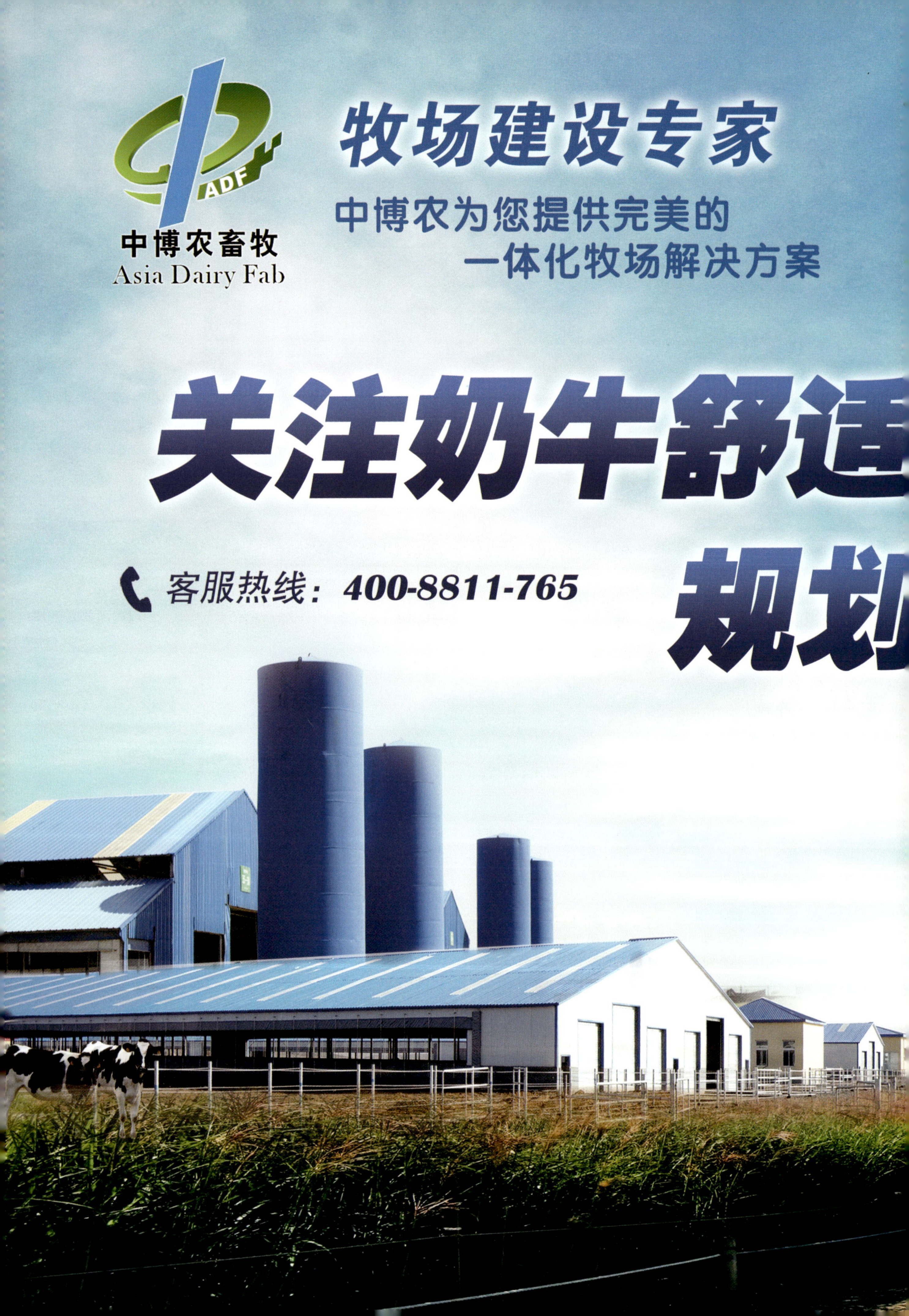

ADF
中博农畜牧
Asia Dairy Fab
牧场建设专家
中博农为您提供完美的
一体化牧场解决方案
关注奶牛舒适
规划
客服热线：400-8811-765

营造奶牛舒适空间
健康
建设现代牧场
中博农畜牧科技股份有限公司
Asia Dairy Fab. Ltd
地址：北京市海淀区上地信息路1号创业园A座7层（100085）
电话：010-82893574 010-82895904
传真：010-82893129
邮箱：info@bjzbn.com 网址：www.bjzbn.com

整合全球技术
荷兰技术
3 奶牛养殖设备
意大利技术
4 饲草料加工运输设备
2 良种奶牛进口
美国博美特
5 挤奶机系列设备
四方力欧
引领赢未来
1 牧场设计、可研报告
6 牛奶冷却罐
兴牧伟业牧场管理体系－全景图
12 牧场管理咨询
鲜奶直通
7 牛奶储运设备
美国技术
11 抛粪车系列
荷兰技术
8 智能化清粪系统
清华紫光技术
10 沼气工程
美国技术、奥地利技术
9 全自动污粪处理系统

利拉伐智能化牧场
开启未来，超越想象
Smart
Farming™

Made in ZENOAQ

全药舔砖在日本自从1958年开始投放市场以来，已经成为畜牧业中不可缺少的产品。同时在这半个世纪里，结合饲养技术和营养科学的发展，不断地开发和引进先进的技术和经验，进行了产品更新和技术换代。并且，我们一直坚持着为消费者提供通过系统质量管理和品质检验合格的产品，这是我们ZENOAQ的精神宗旨，永远不会改变。

全药 舔砖系列饲喂流程图

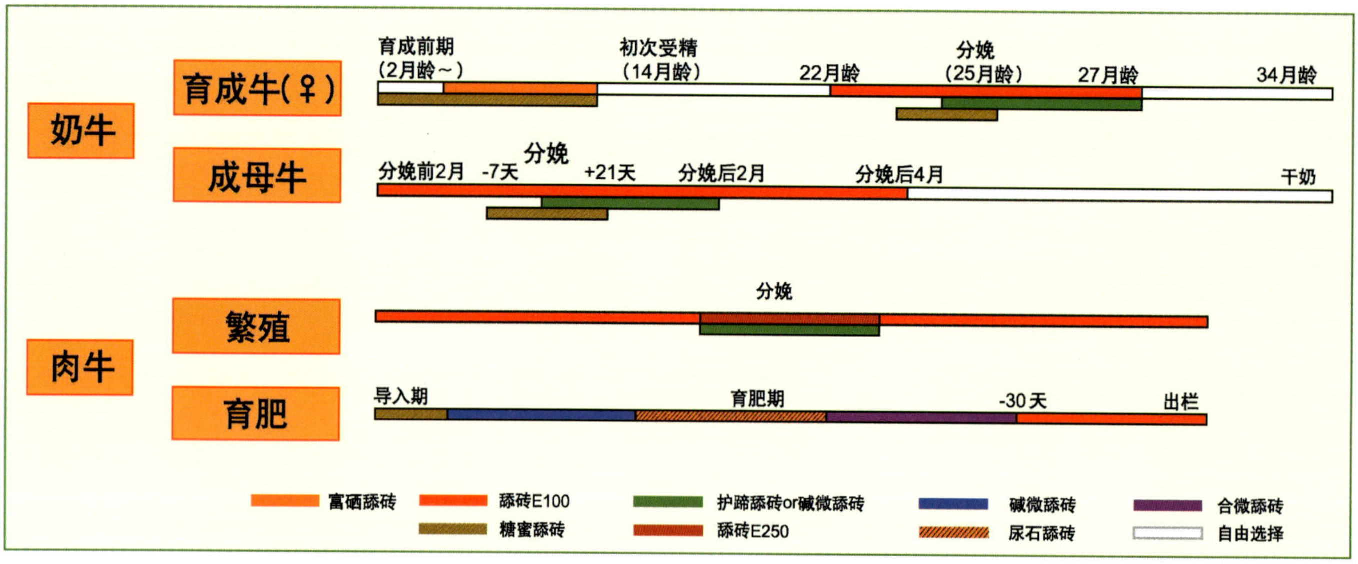

微量元素矿物质需要长期并且合理配比的补充才能达到最好的效果

日粮干物质中 mg/kg

	缺乏症状	范围	中毒症状	中毒临界值
铁(Fe)	贫血，体重下降	50~100	食欲减退，产奶量减少	1000
铜(Cu)	发情不规律，受胎率下降	4~10	黄疸，血色素尿，肝脏机能障碍	115
钴(Co)	贫血，繁殖障碍，产奶量减少	0.07~0.11	几乎不发生且毒性弱	5
锌(Zn)	发育不良，繁殖障碍	20~40	几乎不发生且毒性弱	500
锰(Mn)	精巢萎缩，繁殖能力下降	20~50	饲料效果的降低，增体停滞	1000
碘(I)	发育不全，繁殖障碍	0.2~2.0	引起铁缺乏症	50
硒(Se)	白肌病，发育不良，胎衣不下	0.05~0.3	食欲减少，成长不良	2

全药舔砖系列产品

富硒舔砖 SELENIX

含有丰富硒元素的复合微量矿物质舔砖

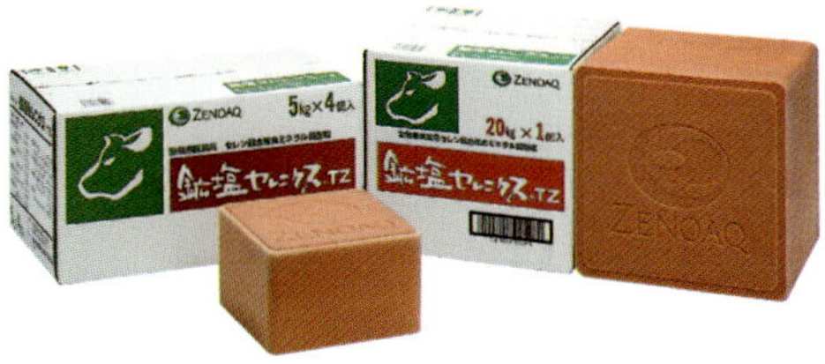

[特点] 针对广大缺硒地区设计的富硒舔砖，通过与其他微量营养元素的协同作用，维护奶牛的健康、提高奶牛的生产性能。

碱微舔砖 ALUKALIX-P

加配了机体内利用率高的多肽矿物质

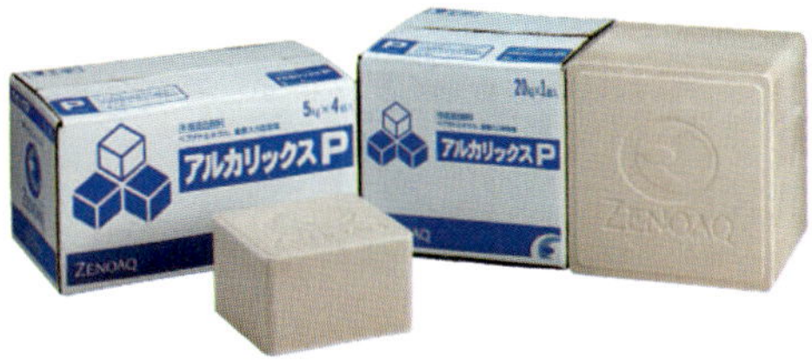

[特点] 糖蜜、小苏打和有机微量元素配合的碱微舔砖，是小苏打型舔砖，可以有效地缓冲瘤胃酸碱变化。自由舔食是牛可以依据其自身需要任意舔食行为，小苏打＋唾液节省又高效。

E100舔砖

同时补给维生素E和硒

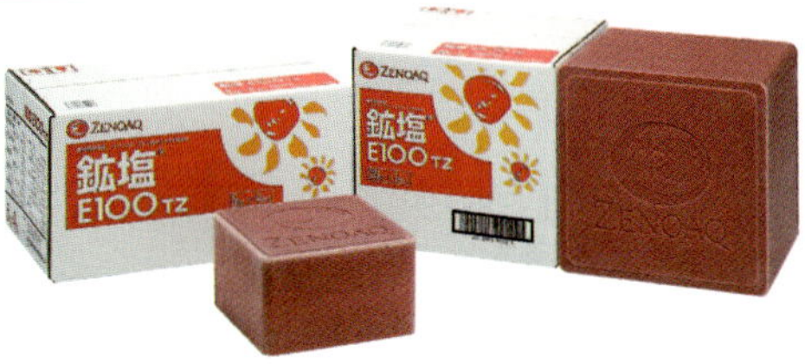

[特点] 高品质奶牛用舔砖，可以同时安全有效的补充维生素E和硒。奶牛的繁殖障碍和乳房炎多发，与奶牛的维生素E和硒营养不足有关，E100可以帮助您解决一年中任何季节的 VE 和硒的缺乏问题。

护蹄舔砖 FOOTBIO-P

配入有机肽锌加强吸收和口感

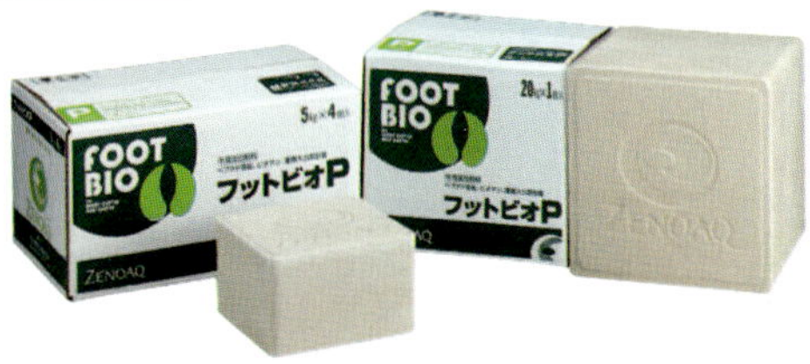

[特点] 通过生物素、有机锌和小苏打的协同作用，维护牛蹄健康，提高奶牛生产性能。通过自由舔食小苏打舔砖，有效的维护瘤胃环境并可预防瘤胃酸症所引起的各种障碍。

糖蜜舔砖 MOLALIX

能量是生命之源

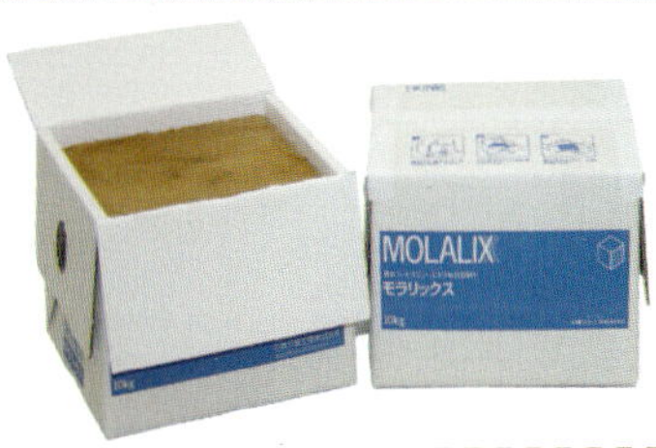

[特点] 以糖蜜为主要原料，配比有维生素A、D、E和磷、钙、镁等多种营养元素，对围产期高产奶牛的能量调节、牛热应激和环境变化应激效果明显；另外对促进断奶期犊牛的瘤胃发育非常有效。

ZENOAQ 专用舔砖盒

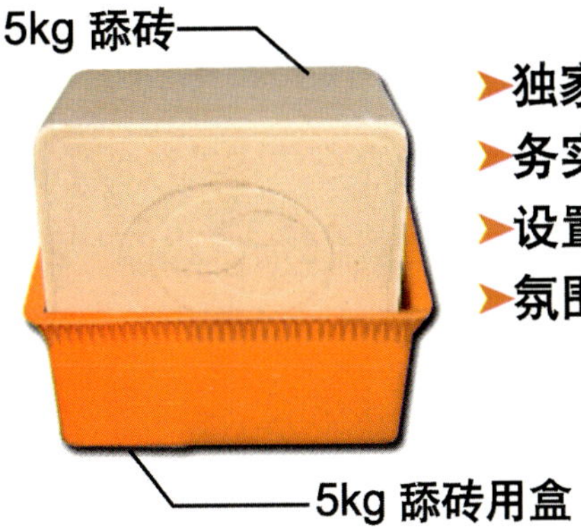

- 独家专利
- 务实耐用
- 设置方便
- 氛围良好

尿石舔砖 COWSTONE

有效预防尿结石 降低尿液碱性

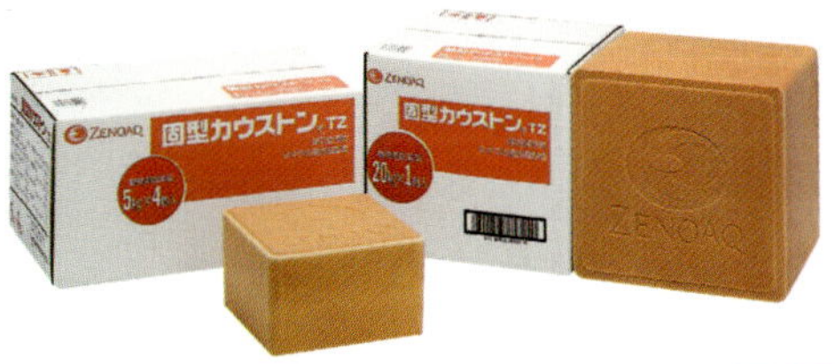

[特点] 尿石舔砖可以通过氯化铵和其他微量元素的配合，有效地帮您预防和改善肉牛、肉羊肥育期尿石症的发生。

合微舔砖 BOVILIX-P

加配了微量元素的升级产品

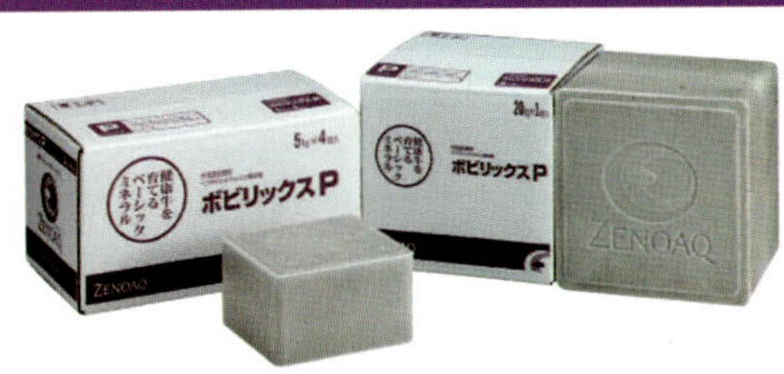

[特点] 钴元素的缺乏引发反刍动物的厌食症，合微舔砖中加强配合了4倍的钴元素和易被消化吸收的有机微量营养元素。

IDEXX
LABORATORIES

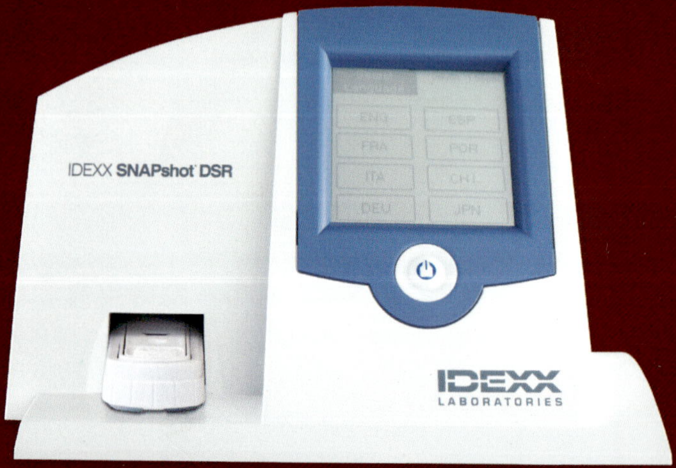

IDEXX公司的检测解决方案帮助您应对成功道路上
每个阶段的挑战

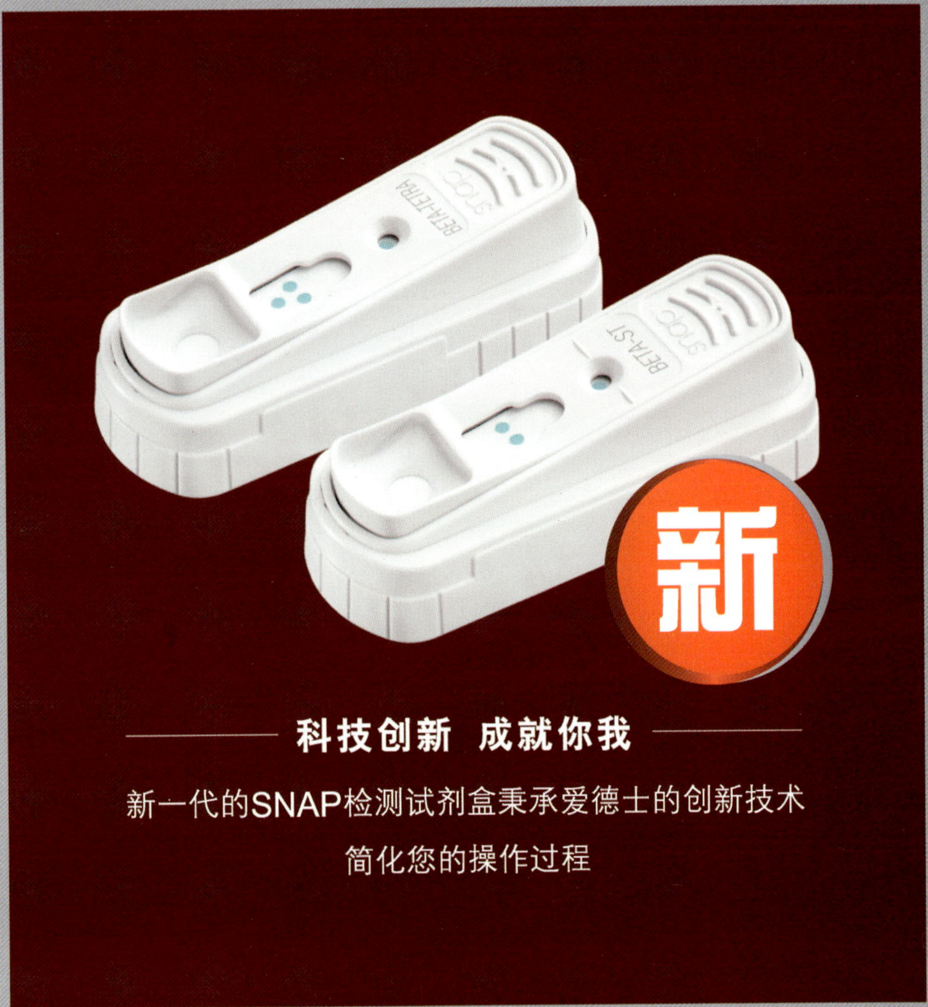
新
科技创新 成就你我
新一代的SNAP检测试剂盒秉承爱德士的创新技术
简化您的操作过程

JOHN
利乐奶农学校教会我 养牛不在多 关键得养好
“我养牛也不打算养多，最多就300头，不好的就淘汰，这样牛奶质量才好。每年我都去听利乐奶农学校的课，学到很多养牛经验，比方说怎么改良奶牛品种，粗细饲料搭配喂牛更有营养。现在我的牛每头每年能产奶6吨多，质量也好，赶上大牧场的水平了。像我这样的个体奶农，只要能养好牛产好奶，大企业也抢着要。”
——呼和浩特市陆合养殖有限公司 李喜忠
有奶农的微笑，才有牛奶的好味道。这个圆圈，就是来自利乐的承诺和保护。30多年来，我们致力于中国乳业可持续发展，全力支持原奶建设，已帮助一百多家牧场升级，原奶质量达到欧盟标准。利乐，食品加工和包装领域领先企业，来自瑞典，扎根中国。
利乐，保护好品质。
利乐
Tetra Pak
保护好品质
TM
“利乐”，“”，“保护好品质”均为利乐集团拥有商标。欢迎访问利乐网站：www.tetrapak.com.cn

你让奶牛舒服了 她就会回报你
利乐的专家教会了我人性化养牛
“养牛，关键得养好。奶牛舒服了，奶产量就会增加，免疫力也会提高，这才是人性化养牛，这都是利乐请来的专家告诉我的。现在我的牧场获得了与欧盟互认的GAP一级认证，每头奶牛年均单产量也从2001年的3、4吨到了现在的8吨以上！我能有今天，离不开这些专家。”
——天津海林牧场 贾春涛
有奶农的微笑，才有牛奶的好味道。这个圆圈，就是来自利乐的承诺和保护。30多年来，我们致力于中国乳业可持续发展，全力支持原奶建设，已帮助一百多家牧场升级，原奶质量达到欧盟标准。利乐，食品加工和包装领域领先企业，来自瑞典，扎根中国。
利乐，保护好品质。
利乐
Tetra Pak
保护好品质
“利乐”、“保护好品质”均为利乐集团拥有商标，欢迎访问利乐网站：www.tetrapak.com.cn

编 辑 说 明

《中国奶业年鉴》是农业部年鉴系列中一部重要的产业年鉴，经农业部批准，由中国奶业协会主持编纂，2002年卷为首卷本，2011年卷为第十卷本。《中国奶业年鉴》是客观记述我国奶业发展历程的大型综合性资料工具书，是中国奶业发展的编年史册，是奶业行业发展公报，是中国奶业信息建设的重要组成部分，编纂《中国奶业年鉴》是中国奶业协会在市场经济条件下，为行业发展服务的重要工作内容。

《中国奶业年鉴》编委会由农业部、科技部、国家统计局、国务院发展研究中心、国家学生饮用奶计划办公室、中国奶业协会、中国乳制品工业协会、中国科学院、中国社会科学院、中国农业科学院、中国农业大学和各省（区、市）农牧、农垦厅局等部门和单位的领导、专家、企业家等组成；特邀编辑由各省、自治区、直辖市和省会城市、计划单列市、奶业重点市（地区）相关主管部门和奶业协会的有关人员担任。

《中国奶业年鉴》(2011）主要记载我国奶业发展方针、政策和措施；全面反映我国奶业发展现状，包括原料奶生产、乳制品加工、乳制品消费等整个产业链发展的基本态势；记载我国奶业及相关行业重要科技成果，以及奶业企业发展的典型经验和业绩；记载国家和地方重要奶业法规、标准和行业大事记；记载国内外奶业统计资料等。

《中国奶业年鉴》(2011）数据资料主要采用国家统计局公开发表的统计数据，部分资料由农业部畜牧司、兽医局、农垦局、全国畜牧总站和中国动物疫病预防控制中心、海关总署、中国奶业协会和中国乳制品工业协会等部门和单位提供。国内数据资料范围仅限于内地31个省、自治区、直辖市。

《中国奶业年鉴》(2011）中各省、自治区、直辖市按行政区划顺序排列。

《中国奶业年鉴》(2011）所刊载资料一般截至2010年底，部分时效性较强的资料，不限于2010年；所列数据均为国家统计局调整后的数据。

《中国奶业年鉴》(2011）的编辑、出版和发行工作得到了各级行政主管部门、各有关单位、生产企业、奶业行业协会和奶业知名专家、学者的大力支持和帮助，谨此表示诚挚的感谢。

目　录

奶业统计资料

图表目录

特　载

转变奶业发展方式　保障乳品质量安全①

农业部副部长　中国奶业协会会长　高鸿宾

这次会议的主题是，深入贯彻党的十七届五中全会、中央经济工作会议和中央农村工作会议精神，分析当前奶业发展形势，推进奶业发展方式转变，保障乳品质量安全。

（一）当前我国奶业发展形势

回顾我国奶业发展过程，的确很不平凡，既有大发展，又有大震荡。从发展看，1978年改革开放以来，我国奶业高速发展，连续跨越了3个台阶。第一个台阶是1978—2001年，我国牛奶产量超过1000万吨，达到1025万吨，奶牛存栏566万头，牛奶产量和奶牛存栏都增加了10倍，这个阶段用了23年时间。第二个台阶是2002—2004年，我国牛奶产量超过2000万吨，达到2260万吨，奶牛存栏1100万头，牛奶产量和奶牛存栏分别增加了1.2倍和1倍，这个阶段用了3年时间。第三个台阶是2005—2006年，我国牛奶产量超过3000万吨，达到3193万吨，奶牛存栏1068万头，这个阶段用了2年时间。目前，我国牛奶产量正在向4000万吨的目标迈进。

在发展的同时，奶业也经受了2008年婴幼儿奶粉事件的重大挫折，随后的三年，中央相继出台了一系列政策措施，帮助奶农和企业渡过难关，促进奶业的恢复和振兴，使我国奶业浴火重生，凤凰涅槃。目前，奶业发展形势总体良好，生产加快恢复，奶牛存栏稳定增加，生鲜乳价格持续回升，养牛效益不断好转，乳制品企业利润明显增加，奶业在恢复中发展，在整顿中提高。

1.奶业生产和消费稳定增长　一是奶牛存栏和牛奶产量稳步增长。2010年，全国奶牛存栏1260万头，牛奶产量3575万吨，分别比2006年增加17.9%和11.9%。二是生鲜乳收购价格稳步回升。从2009年8月到2011年5月，全国生鲜乳价格从每千克2.3元提高到3.2元，增长39.1%。奶农养殖效益增加，目前饲养一头单产5吨的奶牛纯收入1500元左右。三是乳制品产量稳步增长。2010年，全国乳制品产量2159万吨，比2006年增长48%。四是乳制品消费稳步增长。2010年，36个大中城市居民人均乳制品消费支出达277元，比2006年增长40%。奶业发展已恢复到婴幼儿奶粉事件之前的水平。

2.奶牛标准化规模养殖加快推进　中央一号文件明确提出“加快畜禽水产养殖规模化，支持建设奶牛规模养殖场和小区”。《奶业整顿与振兴规划纲要》也明确要推进奶牛规模化和标准化养殖，要求到2011年10月底前，100头以上奶牛规模化养殖场和小区的比重提高到30%左右。从2009年起，国家每年安排5亿元资金，用于支持奶牛标准化养殖场和小区建设。目前，国家已累计扶持1946个奶牛养殖场和小区，组织创建奶牛标准化示范场410个。2010年，100头以上奶牛规模养殖比重达到28%，比2005年提高17个百分点。

3.奶站全部纳入监管范围　婴幼儿奶粉事件后，按照国务院要求，农业部依法开展了奶站清理整

① 本文为农业部副部长、中国奶业协会会长高鸿宾于2011年6月11日，在安徽省合肥市召开第二届中国奶业大会暨第九届中国国际奶业展览会上的讲话。

顿工作。全面清查奶站底数，加强奶站许可管理，推进奶站标准化建设，坚决取缔不合格奶站，规范生鲜乳生产经营秩序。目前，全国奶站清理整顿全面完成，成效明显，13503个奶站全部纳入监管，比清理整顿前减少6890个，减幅达34%。所有奶站由乳制品生产企业、奶畜养殖场和奶农合作社三类合法主体开办，全部持证收购。现有奶站的基础设施、卫生条件、机械设备、检测手段和人员素质明显改善，机械化挤奶率达到87%，比清理整顿前提高36个百分点，奶站标准化建设和规范化管理迈上新台阶。

4.生鲜乳质量安全水平不断提高 根据生鲜乳生产和运输特点，农业部门依法建立了专项监测、飞行抽检、异地抽检、隐患排查等监管制度，从2009年起，连续在全国实施生鲜乳质量安全监测计划，以奶站和运输车为重点，加大对三聚氰胺等违禁添加物的检测抽查力度。2009年以来，累计抽检生鲜乳样品3.3万批次,其中奶站2.6万批次,运输车7000批次,三聚氰胺检测值全部符合国家管理限量值规定，未检出皮革水解蛋白、碱类物质等违禁添加物，全国生鲜乳质量安全水平明显提高，总体情况良好。

5.乳品企业清理整顿有序推进 按照国务院的要求，质检总局、工信部、发改委联合开展了乳品企业审查清理和生产许可证重新审核工作。据质检总局公布，到2011年3月底，全国1176家乳制品企业中，通过了生产许可重新审核的企业有643家，停产整改的107家，未通过审核的426家，企业数量减少45%。其中，婴幼儿配方乳粉企业从145家减少到114家，减幅21%。这次重新审核，提高了乳制品加工行业准入门槛，淘汰了一部分小企业，促进了产业结构调整，有利于乳品质量安全状况的改善。

6.奶业法规和标准不断健全 婴幼儿奶粉事件发生后，国家加强了奶业法规和相关标准的建设。在法制建设方面，及时颁布了《乳品质量安全监督管理条例》，这是我国关于奶业的第一部法规，具有里程碑意义。在加强监管方面，国务院办公厅发布了《奶业整顿和振兴规划纲要》，开展了为期三年的奶业整顿与振兴，下发了《关于进一步加强乳品质量安全工作的通知》，对乳品的生产经营许可、检验检测、质量追溯、婴幼儿奶粉监管、打击非法经营行为、落实质量安全责任等方面做了明确的规定和要求。在标准建设方面，公布了《生乳》等66项新标准，基本解决了乳品标准重复、交叉、矛盾和指标设置不科学等问题，进一步完善了我国乳品质量标准体系。另外，农业部还发布了《全国奶业发展规划》，工信部发布了《乳制品工业产业政策》。这些规范性文件的陆续出台，使我国奶业发展逐步走上有法可依和规范化管理的轨道。

（二）我国奶业发展面临的困难和挑战

当前，我国奶业发展正处在一个重要的战略机遇期，又处在困难和矛盾的突发期，奶业发展面临的最大困难和挑战就是乳品质量安全问题。可以说，乳品质量安全问题，社会关注，领导关切，群众关心。乳品质量安全，不仅是一个经济问题，也是一个社会问题和民生问题，事关政府公信力和国家形象，必须高度重视，大意不得，松懈不得。

2008年发生的婴幼儿奶粉事件，代价极为巨大，教训极为惨痛，认识也极为深刻。这一事件，使我国奶业发展陷入严重危机，挫伤了消费信心，损害了国家形象，影响非常恶劣。时至今日，乳品质量安全事件仍时有发生。比如，2009年发生的陕西金桥问题奶粉案件，2010年发生的青海东垣问题奶粉案件，2011年发生的“皮革奶”风波等，都给我国奶业发展蒙上了一层阴影，影响了消费者信心的恢复。

从国外看，发达国家也都有这么一个乳品质量安全事件多发的阶段。比如，美国是奶业发达国家，曾经发生过“泔水奶事件”，造成8000名儿童死亡，这也促使美国出台了第一部食品安全法规，催生了“以生产过程的环节控制为主，以抽样检验验证为辅”的食品安全管理理念。另外，日本发生过森永乳业婴儿奶粉砒霜中毒事件和雪印公司金黄色葡萄球菌毒素事件，这也促使日本政府对《食品安全法》进行了10多次修改，成立了直属内阁的食品安全委员会。

专家研究表明，当一个国家居民的恩格尔系数低于40%，人们对食品的消费需求开始从数量转向质量。2010年我国城镇居民家庭恩格尔系数为35.7%，消费者对质量安全高度敏感、高度关注。在这个转变阶段，食品质量安全事件易发、多发，需要我们勇于面对，科学依法及时处置。

从我国乳品质量安全现状看，面对的困难和挑战主要有：一是在奶业生产方面，我国60%的奶牛由存栏20头以下的小规模户饲养，生产设施简陋，卫生防疫条件不完善，制约了生鲜乳质量安全水平的进一步提高。二是在乳品加工方面，部分企业重市场开拓轻奶源基地建设，争抢奶源、压级压价现象交替发生，影响了生鲜乳正常收购秩序。在市场营销上，捆绑销售，打价格战、广告战。这些行为与对企业自律、诚信守法经营和提高乳品质量的要求有较大差距。三是在监管方面，奶业生产环节多、链条长，仅奶站就有1.3万个，分布在广大农村，纳入监管时间不长，条件参差不齐，基层监管单位人员不足、经费短缺、手段缺乏，与监管任务的要求不适应。四是在舆论方面，网络、电视、广播等现代媒体高度发达，任何一个质量安全问题，如果得不到及时处置，一旦经过媒体发酵，都会造成较大的社会影响，甚至影响整个产业的发展。五是在心理预期方面，广大消费者对提高乳品质量安全有着强烈的期望，但奶业生产现状与这些要求和期望还有差距。

因此，我们要看到，我国乳品质量安全问题的复杂性、艰巨性和长期性，特别是随着形势的变化，我国奶业发展思路、管理理念、体制机制、方法手段等方面还需要不断完善，解决乳品质量安全问题既十分紧迫又需要长期努力。展望“十二五”，我国奶业已站在新的起点上，面对新的形势、新的任务和新的要求，我们要认真总结经验，吸取教训，加快奶业发展方式转变，促进奶业稳定健康发展。

（三）全面推进奶业发展方式转变

1.大力推进标准化规模养殖　实践证明，奶牛标准化规模养殖是现代奶业发展必由之路。推进奶牛标准化规模养殖，有利于疫病防控、粪污处理、提高生产水平和效率，从源头上保障乳品质量安全，增加奶农收入，实现奶业的可持续发展。

当前，要加快推进现有养殖场和小区的标准化改造，实施好奶牛标准化养殖项目，一是提高项目准入门槛，扶持的起点由奶牛存栏200头提高到300头。二是提高项目补助标准，对奶牛存栏300～500头、500～1000头和1000头以上的养殖场（小区），分别增加相应的补助资金。通过项目带动，使更多的小规模户向养殖小区集中，促进养殖场数量的增加和规模的扩大，形成规模效益。同时，在奶牛饲养、饲料供应、疫病防控、机械挤奶等方面实行标准化生产和规范化管理，进一步改善养殖环境和条件，提高综合生产能力。三是支持乳品加工企业自建、收购或参股奶牛养殖小区，使之成为乳品加工企业的奶源基地。同时通过参与奶站管理，促进乳品企业和奶牛养殖的有机结合，从源头上加强乳品质量控制。

此外，在推进标准化规模养殖的过程中，要注意做好奶牛粪污处理。据测定，一头体重为500～600千克的成母牛，每天排粪量为30～50千克，排尿量为15～25千克，一个万头牧场每天排放的粪污量近400吨。粪污处理不当，就会产生面源污染。处理得当，既可生产有机肥，促进农牧结合，形成良性循环，也可通过生产沼气，提供清洁能源，减少碳排放，实现奶业可持续发展。

2.加快奶牛品种改良，提高生产水平　良种是奶业发展的根基，是提高奶业生产能力的重要支撑。研究表明，奶牛单产水平增量中有40%来自遗传因素。一要加快实施国家奶牛遗传改良计划。做好良种登记、奶牛生产性能测定和种公牛后裔测定等基础性工作，加强种公牛站和高产奶牛育种场的建设，加快奶牛品种改良，推动奶牛生产水平的提高。二要调整优化奶畜品种结构。在发展荷斯坦牛的同时，充分利用奶水牛、奶山羊、牦牛等奶畜资源，积极推进奶畜品种多元化。我国南方水牛资源丰富，要着力发展奶水牛生产，优化奶业布局，逐步改变“北奶南调”的局面。三要提高奶业科技水平。大力推进奶业科技进步，加大重大关键技术研发力度，加快良种繁育、全混合日粮（TMR）、机械化挤奶、奶业信息化管理等先进技术推广应用。充分发挥国家奶牛产业技术体系的作用，解决奶农在奶牛饲养管理、生鲜乳质量控制等方面的实际问题，提升奶业科技支撑水平。

3.发展优质牧草产业，调整优化奶牛饲料结构　饲草饲料是奶业发展的基础，没有好草，不仅奶产量不高，质量也难以提高。从奶牛遗传改良的情况看，我国奶牛产奶量的潜能已达到6.5吨，但目前平均单产只有5吨左右，其中一个重要原因，就是我国奶牛养殖长期沿用“精饲料+秸秆”的方式，精饲料喂的多，优质牧草喂的少，造成奶牛的生产潜力不能得到充分发挥。近几年，国内一些大型牧场，如北京三元、上海光明、现代牧业等，使用进口苜蓿饲喂奶牛，奶产量增加10%左右，乳蛋白提高了1个百分点，菌落总数和体细胞数不同程度减少，取得了较好的经济效益。

从奶业发达国家的养殖经验看，优质牧草是奶牛高产和牛奶高品质的重要保证。在美国，苜蓿是继小麦、玉米之后的第三大农作物，种植面积达0.25亿公顷，占耕地面积的12.7%，年产优质苜蓿干草1.4亿多吨。目前美国奶牛单产水平达到9.6吨，这与其饲喂大量的优质牧草有着密切的关系。

因此，要把发展苜蓿等优质牧草，作为转变奶业发展方式的重要内容。一是鼓励企业开发盐碱地、弃耕地、滩涂和低产田来种植苜蓿。二是开展苜蓿标准化生产示范，建设苜蓿生产示范田。重点示范苜蓿优良品种、高产技术、机械化生产等，为奶牛养殖提供优质的苜蓿商品草。三是加大苜蓿科研推广支持力度。加强苜蓿良种的选育、扩繁和推广，加大对压扁收割机、捡拾打捆机等苜蓿收割加工机械的研发力度。四是做好苜蓿产业发展规划，科学布局，采取有力措施，鼓励奶牛场饲喂苜蓿，促进草业与奶业紧密结合。

4.切实加强生鲜乳监管，保证乳品质量安全 乳品质量安全是奶业发展的生命线，必须从源头加强生鲜乳质量安全的监管，深入开展生鲜乳违禁物质专项整治。一是强化许可管理。严格审核奶站和运输车资质条件，严把准入门槛。对不符合条件的奶站要限期整改，整改不合格的要坚决取缔。建立奶站黑名单制度，打击非法收购运输“黑窝点”，规范生鲜乳生产收购运输市场秩序。二是提高监管能力。深入实施生鲜乳质量安全监测计划，扩大抽检频次和监测范围，对所有奶站开展全覆盖监测，对三聚氰胺等违禁添加物进行全覆盖检测。各地要加强监管队伍和能力建设，提高执法能力和监管水平。三是加强督促检查。要按照专项整治的部署和要求，针对重点地区、重点环节、重点领域进行全面督查，对发现的问题要进行深入分析，认真梳理，追根溯源，举一反三，堵塞漏洞。对各种违规违法行为进行坚决打击，从重从快处罚。四是做好应急处置。要建立和完善乳品质量安全事件应急处置预案，一旦发生突发事件，要快速反应、及早行动，第一时间到达现场。要做好部门之间的联动工作，加强信息通报和联合查处，涉嫌违法犯罪的，要及时移交公安机关。同时，积极做好舆论引导和媒体应对工作，防止负面信息发酵放大。

5.积极发挥协会作用，为行业发展服务 行业协会是联系政府与企业的桥梁和纽带。当前和今后一段时期，中国奶业协会要围绕转变发展方式的主要任务和重点工作，充分履行“协调、服务、维权、自律”的职能，加强自身建设，进一步提高协会的凝聚力、号召力、战斗力。一要做好行业发展动态监测和信息收集工作，分析奶业发展形势，为政府决策提供参考，为企业和奶农提供信息服务。二要继续做好奶牛生产性能测定、品种登记、种公牛后裔测定、奶业生产数据库建设等基础工作，推进奶牛遗传改良计划的实施。三要加强奶业宣传和奶农技术培训。充分利用奶协“两刊一网”的作用，加大奶业政策、生产管理、饲养技术和乳品消费等方面的宣传力度。组织开展好生鲜乳专职岗位技能培训工作，重点培训生鲜乳检验员、挤奶员、全混合日粮（TMR）操作员和牧场管理人员，为奶业发展输送更多的专业人才。四要加强对外交流与合作。进一步密切中国奶协与奶业发达国家行业协会的联系，广泛参与国际乳联的各项活动，扩大中国奶协在世界奶业界的影响。

我国奶业正处在从数量扩张向结构优化、全面提高产业素质和竞争力转变的关键时期，我们要抓住机遇，迎难而上，扎实工作，为推进奶业发展方式的转变，保障乳品质量安全，建设现代奶业做出新的更大的贡献。

草畜乳协调发展，是建设现代奶业的必然选择

中国奶业协会名誉会长 刘成果

（一）关于当前的奶业形势

三鹿事件以后，中国奶业遭到重创，出现危机，不仅给行业带来严重的经济损失，更重要的是使民族奶业形象受损，消费信心严重受挫，致使乳制品销量大幅度下滑，库存积压剧增，企业经营陷入困境，继而反作用于奶源生产环节，使养殖效益大幅下滑。奶农养牛积极性受到沉重打击，倒奶、卖牛、杀牛现象频发。这正像社科院刘玉满研究员在调研基础上概括的那样，产生了“伤害效应”，最直接的是对消费者产生伤害，进而对奶站和加工企业产生伤害，最终反作用到饲养环节，使广大奶农受到伤害。据行业监测，3 月上旬，原料奶收购价格散养户 0.8 ～ 1.2 元/千克，已大大低于 1.8 元/千克的生产成本，绝大多数奶农处于亏损状态；养殖小区收奶价为 2.4 元/千克，基本处于保本或微亏状态；规模化牛场收奶价格尚高于生产成本，略有盈利。由于卖奶难问题突出，倒奶事件频频发生，新疆乌昌地区生鲜奶收购量下降 30%，乌鲁木齐市 2 月上旬每天倒奶 60 吨左右，呼市每天倒奶上百吨，土默特左旗共倒奶 2000 多吨，保定每天倒奶 20 余车，北京部分企业拒收率达 30% ～ 40%。由于卖奶难，效益差，卖牛杀牛现象普遍，黑龙江目前产奶牛 4000 多元/头就卖掉，全国奶牛第一大县双城市已卖掉 5000 多头。陕西和宁夏都出现杀牛现象，宁夏全区奶牛存栏量已由 38 万头下降到 31 万头。可以说目前中国奶业遭遇寒冬，加上全球金融危机引发的经济危机，外国乳品销量亦大幅下降，现正在低价向中国倾销，这就更使我国民族奶业雪上加霜，这种严峻的形势，中国奶协已通过国务院政策研究室《重要信息快报》上报给国务院有关领导。正在积极研究，采取措施，逐步解决。尽管危机的阴影尚需一段时间散去，但只要上下齐心，行业抱团取暖，“不信东风唤不回”。

三鹿事件的发生，虽然影响极坏，但决不能说中国奶业一片漆黑。就像森林一样，虽有枯枝落叶，但并非败林一片。事实上，一批长期重视奶源基地建设、诚信经营的企业在三鹿事件之后，却出现了新的生机。如北京的三元，黑龙江的完达山、飞鹤，西安的银桥，济南的佳宝，辽宁的辉山，重庆的天友，广东的燕塘等和一批地方品牌的中小企业就是如此。另外，还有一批如上海的光明、四川的新希望、南京的卫岗、河北的君乐宝，山东的得益等主产品定位科学，以鲜奶、酸奶引领消费潮流的企业也出现了旺盛的发展势头，就是在事件中损失较大的蒙牛、伊利等大集团，消费也大幅回升，可以说全行业已开始呈现出“沉舟侧畔千帆过，病树前头万木春”的态势。三鹿事件本身虽是坏事，但坏事可以变好事，只要对教训进行深入反思，就会变成财富，引出积极的结果。比如事件使中国奶业多年快速发展中积累的一些深层次矛盾得以充分暴露，使业界也包括政府对奶业存在问题的认识更加深刻了，头脑更加清醒了；事件的发生使奶业的法规和标准体系建设大大提速，奶业监管条例出台了，奶业振兴纲要颁发了，标准修订年内亦将发布；奶源基地建设引起空前的重视，规模化饲养有实质性推进；奶站整顿取得阶段性成果，由原来的三不管，无人管，变成有人管，而且做到依法监管；奶农、奶站、加工企业的质量意识普遍增强，原料奶和乳制品质量空前提高；通过三鹿事件的处理，实际是对奶业知识的大宣传、大普及，使广大消费者科学消费意识大大增强。这些积极现象的出现，为中国奶业的健康发展提供了契机，创造了条件。如果在危机阴影笼罩下是“山重水复疑无路”的话，那么这些积极现象的出现将预示着“柳暗花明又一村”。

（二）农区种草养牛，势在必行

牧草是作为家畜饲料而栽培的植物，除涵盖豆科牧草、禾本科牧草外，还包括饲料谷物。牧草

是大自然赐给人类最宝贵的财富之一，它的优势在于适口性好，消化率高，蛋白质量多质优，维生素和矿物质含量丰富。它能供给牲畜营养，调节保健，增加畜产品产量并改善品质。所以世界畜牧业发达国家都十分重视牧草的发展，加强草地人工改良并种植牧草。法国 1/3 的国土面积是草地，加拿大 1/5 的耕地面积种植牧草，美国土地面积一半以上是生产牧草饲料的基地，新西兰大力发展人工种草，所以全国被称为“一块绿毯”。西欧、北欧一些牧业发达国家几乎皆是如此，而我国则相反，人工种草微微寥寥，农区种草更是凤毛麟角。

1.农区种草养牛的必要性 首先从中国奶业布局看，奶业主产区主要在农区，如河北、河南、山东、山西、黑龙江，还有京津沪等大城市郊区均属农区，就是内蒙古，奶业也主要分布在半农半牧区。全国十个奶业大市也主要分布在农区，河北的石家庄、唐山，黑龙江的哈尔滨、绥化、大庆、黑龙江垦区等都在农区。内蒙古的呼市、包头、乌兰察布、呼伦贝尔虽在牧区，但奶牛饲养业多集中在半农半牧或纯农业旗县。特别是中国奶牛的主体品种荷斯坦牛更是集中在农区。今后中国奶业发展潜力也主要在农区。所以农区必须正视这个现实，看清这个趋势，未雨绸缪，提早规划，加快发展人工种草。有些有识之士已经注意到这一点。黑龙江省富锦市委书记刘臣同志就已提出草畜乳一体化的发展战略并开始实施。

其次是从目前农区奶牛饲养的现状看，绝大多数饲养户处于小、散、低的状态，饲养方式传统、落后，除少数规模化牛场喂点牧草和全株青贮玉米外，其他基本是有啥吃啥，根本做不到需要吃啥喂啥，更没有做到需要喂啥种啥。所以造成奶牛日粮精料过多，粗饲料严重不足，而且品种单一，质量极差。据相关调查，农户实施全株青贮玉米喂奶牛的不足 20%，饲喂玉米秸秆青贮的奶农约占 30%，光喂玉米秸、麦秸或稻秸的占 50%以上。日粮中粗蛋白含量明显不足，导致乳蛋白率不达标。（研究表明，当日粮中粗蛋白含量从 17%降到 9%时，粗蛋白每降 1%，乳蛋白就下降 0.2%。）饲料中矿物质、微量元素和维生素亦严重缺乏，结果影响奶牛生产潜力的发挥，形成“三高”“三低”。“三高”是奶牛代谢疾病几率高，兽医药费用高，饲养成本高;“三低”是产奶量低，原料奶品质低，饲养效益低，不赚钱，甚至亏本。再不抓住机遇，通过人工种草改变这种落后状况，实现奶牛饲养的转型升级，则难以为继。

2.农区种草养牛的紧迫性 要认识这一点，还是要从三聚氰胺说起，三聚氰胺事件是不法分子在收奶环节人为添加造成的。如果再往前追溯，不能不说和原料奶质量有关。现行的《生鲜奶收购标准》（GB/ T 69.6-86）对生鲜奶乳蛋白的规定是≥ 2.95%。牛奶乳蛋白含量除与奶牛品种有关外，最主要的是饲养方式。荷斯坦奶牛在目前饲养条件下，乳蛋白平均达到 3.0%比较困难，尤其是夏季，一般很难达到 2.95%的标准。而加工企业又坚持按标准收奶，加之监管不到位，标准缺失，这就给不法之徒有了添加非蛋白氮的可乘之机。三聚氰胺事件之后，有的加工企业在产品销路不畅的情况下，又以原料奶乳蛋白含量不达标为借口拒收，把奶业危机的损失转嫁给奶农承担。事实上乳蛋白作为营养指标和微生物等卫生指标不一样，不会给产品安全带来威胁。由于原料奶乳蛋白不达标，在事件前为不法分子添加三聚氰胺提供空间，事件之后又成了乳企拒收原料奶的借口，教训极为深刻，反思之后，必须从改善饲养方式入手，改变饲料结构做起，增加优质蛋白饲料，这就迫切需要通过人工种草来解决。

3.有利条件增加了种草养牛的现实可能性 首先，三鹿事件后，普遍认识到奶源基地建设的薄弱，特别是饲养方式的落后，影响原料奶质量难以达标，加上国家和地方出台一系列支持规模化饲养优惠政策，各地都在积极推进规模化养殖，奶牛出户入区、进场已渐成趋势，部分散养小户已被淘汰出局，光河北省通过场（牧场）、区（小区）、社（合作社）等规模化饲养的奶牛占存栏量已超 60%，这就为集约化、标准化饲养创造了基础条件，奶牛养殖方式的转型升级步伐加快，必将大幅度增加对优质蛋白饲草的需求。

其次，奶牛饲喂机械化程度在逐步提高，特别是TMR全混日粮饲喂机械等已纳入了农机补贴范围，有些地方还对种植青贮饲料实行政策优惠和财政支持，调动了奶牛饲养者利用优质蛋白饲料取代秸秆喂养的积极性。

再次，乳企加大了原料奶收购优质优价的实施力度，有的价差高达一元以上，而且不拒收，优质原料奶的高效益和畅通的销路，给奶牛饲养者以极强的吸引力，进而增强了饲喂优质牧草饲料的自觉性。

上述这些都将大大增加优质牧草的需求，所以当前正是发展人工种草的极好机遇。

（三）农区种草养牛需要解决的几个问题

1.走出“草粮争地”的认识误区　要抛弃狭隘的粮食观念，树立“大粮食”的观念。粮食安全是一刻也不能放松的头等大事，但粮食安全的本质是食物安全，而食物安全的本质是营养安全，科学调整种植结构，合理增加优质牧草和饲料谷物的种植，不仅不会影响粮食安全，而且有助于食物营养安全。2009 年发布的《国家粮食安全中长期规划纲要》（2008—2020 年）中明确提出，保障粮食安全，除了提高粮食生产能力外，还要利用非粮食作物资源。并强调指出：“调整种养结构，逐步扩大优质高效饲料作物种植”，“加快农区和半农区节粮型畜牧业发展”，而且还明确提出了到 2010 年、2020 年的牛奶总产量预期指标分别是 4410 万吨和 6700 万吨。这是在走出“草粮争地”认识误区上难得的进步。研究表明，一亩①苜蓿草比种一亩粮食作物约增产粗蛋白 70 千克左右，同样面积的专用全株青贮玉米提供可消化的总养分、粗蛋白、胡萝卜素含量分别是粮食玉米的 1.44、1.86 和 30.88 倍。因此必须从认识误区中彻底走出来，大胆调整种植结构，建立粮、经、饲三元结构，实现农牧结合，建设现代奶业。

2.制定并落实优惠政策　在解决认识的基础上，制定发展规划和扶持政策，像对待粮食作物一样，从良种、机械等方方面面采取优惠补贴措施，调动种草养牛的积极性。

3.加强科技支撑　我国牧草种植、加工和应用的技术相对滞后，相关的研究还刚刚起步，和发达国家相比相差甚远，致使一些牧业生产方面的指标大大落后于世界平均水平，国家应当加大对草业科研和技术推广支持的力度，增加投入，培养草业专业技术人才，引进培育适合我国不同地区的优良品种，在国家重大科技攻关项目中，设立草业技术集成项目，启动优质牧草，特别是苜蓿和全株青贮玉米种植、加工及应用的示范项目，力争近期实现突破。

4.探讨可持续的运作模式　牧草种植可以自种自用，但最好走基地化、规模化、专业化、商品化的路子，以保证种植水平。运作方式可探讨公司化运作，也可采取协会运作、合作社运作等多种形式。

① 亩为非法定计量单位，15 亩等于 1 公顷，1 亩约等于 667 平方米，下同。

关于大力推进苜蓿产业发展的建议[①]

良玉副总理并家宝总理：

“婴儿奶粉”事件之后，牛奶质量安全成为国人关注的焦点问题。为避免该类事件的发生，有关部门不得不降低原料奶收购标准，但这些措施只是权宜之计。要彻底解决这个问题，只有从优质饲草产业抓起，确保饲料来源安全达标，科学饲养奶牛，才能从源头上确保原料奶的质量安全，才是奶产品质量安全的有效保障。

在解决这个举国关注的问题上，苜蓿草可以发挥巨大的作用。苜蓿草是当今世界最主要的豆科饲用作物，被誉为“牧草之王”，苜蓿产业被誉为“牛奶生产的第一车间”。在美国苜蓿已是继小麦、玉米之后第三大作物。用苜蓿草饲喂奶牛，是植物蛋白转化为牛奶蛋白的最理想的技术途径，不仅蛋白质转化效率高、质量好，而且绝对安全。按科学标准，用苜蓿干草饲喂奶牛，完全可以保证原料奶的乳蛋白率达到3.0%以上，乳脂率达到3.5%以上，这个指标将大大超过当前的国家标准，并与国际标准接轨。

实践证明，饲喂优质苜蓿，还可减少奶牛代谢病，使奶牛淘汰率下降5%以上，奶产量提高20%以上，每头奶牛每天还可减少3千克精料，相当于节省了1亩耕地的粮食产出。种植苜蓿不会与粮争地，苜蓿草还具有固氮和改良土壤的作用，种植过苜蓿的耕地可以使后作提高10%以上的产量。

大力种植苜蓿，建立苜蓿种植加工基地，发展苜蓿产业是解决当前牛奶安全高效生产的最快捷、最经济、最直接、最有效的途径，同时对节约粮食和生态环境保护具有重要作用。

我国是苜蓿资源大国，具备产业发展的基本条件，但是，长期以来我国苜蓿产业发展一直处于十分艰难的境地，始终没有成为奶牛养殖业的基础保证，主要原因：一是我国种植业还是传统的两元结构，即粮食作物和经济作物，没有将饲用作物切实纳入到种植业中，产业发展十分缓慢；二是苜蓿自种自用，没有行业规划，没有专业布局，产业基础薄弱，缺乏饲草商品化生产意识，没有形成流通商品；三是苜蓿为多年生牧草，生产初期效益较低，需要扶持，但种植者不但享受不到种植补贴政策优惠，反而受到其他种植补贴的冲击，挫伤了苜蓿生产者积极性；四是苜蓿草产品生产方式、加工设备特殊，又是松散物品，加大了生产难度、生产成本和物流成本；五是对苜蓿龙头企业培育、扶持不够，企业本身发展艰难，生产规模偏小，产品质量不稳定，市场培育不健全。

上述表明，我国苜蓿产业还处于一个初始发展阶段，十分脆弱，与当前奶业规模和安全生产需求极不相称，急需国家政策和技术的大力调控、引导与支持。

婴儿奶粉事件后，美国苜蓿草产品加大了对中国的出口，从2007年到2010年，三年之间，我国苜蓿草产品进口增加了48倍，达20万吨。这表明我国奶业对优质草产品需求强劲，但过度进口，也会加大中国奶业依赖美国的风险。为了加快改变草地生产方式，大力推动苜蓿人工种植，建立优质高产苜蓿生产基地，发展自主产业，减少依赖风险，确保畜牧业优质、高效、安全生产，特提出以下建议：

（1）确立苜蓿产业的战略地位，将苜蓿产业发展规划纳入行业“十二五”发展规划之中。把苜蓿等优质牧草人工种植纳入到作物种植体系之中，统一计划、统一管理，改变传统的草地生产理念，转变生产方式，将种植业的两元结构逐步转变为三元结构，要像种粮食一样种植苜蓿；做好苜蓿产业总体发展规划和区域布局，尽早出台建设目标、阶段任务、实现途径和相关管理政策，全面推进

① 本建议为2010年8月30日中国畜牧业协会会长，原农业部副部长张宝文、中国奶业协会理事长，原农业部副部长刘成果、中国草学会名誉会长，原农业部副部长洪绂曾等14人联名向回良玉副总理并温家宝总理提交的建议，温家宝总理2010年12月30日批示：“赞成。要彻底解决牛奶质量安全问题，必须从发展优质饲草产业抓起。”

产业建设工作，促使苜蓿产业真正成为优质、高效、安全的新型产业。

（2）针对奶牛规模化养殖区，建立和发展500万亩苜蓿草产品产业基地，实施“苜蓿—奶业安全工程”。针对当前全国规模化养殖的250万头高产奶牛，首先实行每头奶牛配套2亩苜蓿饲料地，在全国建立500万亩苜蓿草产品基地，确保每头高产奶牛增产1吨优质原料奶，并使该工程每年生产1750万～2000万吨优质安全原料奶，相当于全国牛奶总产量的48%～55%。并逐步推广“苜蓿—奶业安全工程”模式。

（3）针对农户奶牛散养区，实施政策补贴，鼓励农户种草，启动和推动“种植苜蓿、饲喂奶牛”行动。国家和地方政府要出台相应的苜蓿种植配套政策，扶持和奖励“种植苜蓿，饲喂奶牛”行动；尽快出台各项优惠扶持政策，建议每种植一亩与奶牛养殖配套的苜蓿草，补贴100元，同时享受和粮食种植一样的良种补贴、收储、加工机械补贴，调动苜蓿生产者的积极性；鼓励和扶持苜蓿专业合作组织发展。

（4）培育苜蓿产业龙头企业，切实保证苜蓿产品质量，创建具有中国特色的“苜蓿—奶业”安全生产体系。为保证苜蓿生产质量，便于市场流通，鼓励土地流转，将有限的土地集中于专业技术熟练、经济实力雄厚的苜蓿种植、加工等龙头企业，以带动苜蓿产业高度快速发展。苜蓿加工企业应与一般的农业企业一样，享受一定期限内免征所得税和减征增值税的优惠政策以及农机补贴等优惠扶持政策。根据企业所需的加工设备状况和更新情况，每年给予设备补贴资金保障。

附：建议书专家名单

姓　名	工作单位及职务
张宝文	中国畜牧业协会会长，原农业部副部长
刘成果	中国奶业协会理事长，原农业部副部长
洪绂曾	中国草学会名誉会长，原农业部副部长
任继周	中国工程院院士，兰州大学草地农业科技学院教授
张子仪	中国工程院院士，中国农业科学院北京畜牧兽医研究所研究员
刘　旭	中国工程院院士，中国农业科学院副院长
李文华	中国工程院院士，中国科学院地理科学与资源研究所研究员
南志标	中国工程院院士，兰州大学草地农业科技学院院长
尹伟伦	中国工程院院士，北京林业大学教授
陈文新	中国科学院院士，中国农业大学生物学院教授
张凤楼	中国保健协会理事长
卢欣石	北京林业大学教授，中国畜牧业协会草业分会会长
张英俊	中国农业大学教授，国家牧草产业技术体系首席科学家
李胜利	中国农业大学教授，国家奶牛产业技术体系首席科学家

在中国奶业协会六届二次理事会暨[①] 2011年会上的工作报告

中国奶业协会副会长兼秘书长　谷继承

各位代表：

现在我代表中国奶业协会秘书处向各位理事、各位代表报告协会自上届年会以来的工作情况，并对今后一年重点工作提出安排意见，请审议。

（一）换届以来的工作情况

据统计，2010年末奶牛存栏约为1260万头，与上年基本持平；全年牛奶产量3570万吨，比上年增长1.4%。液态奶产量1845.80万吨，比上年增长11.1%，干乳制品产量313.80万吨，同比增加11.8%。2010年36个大中城市居民人均乳制品（包括鲜乳品、奶粉和酸奶）消费量为24.03千克，同比减少5.3%；人均乳制品消费支出277.18元，同比增长2.6%。截止到2010年11月底，销售收入500万以上规模乳制品加工企业销售额1725.85亿元，比上年增长18.3%。乳品加工企业利润总额89.01亿元，比上年增长10.2%。2010年干乳制品进口72.82万吨，同比增长25.0%，液态乳进口1.71万吨，同比增长19.7%；乳制品进口总额19.70亿元，同比增长91.6%。干乳制品出口1.01万吨，同比减少36.5%，液态乳出口2.37万吨，同比增长13.4%；乳制品出口总额0.44亿元，同比减少22.8%。

自2010年中国奶业协会第六届会员代表大会以来，协会在农业部及相关司局的关心、指导和大力支持下，在各常务理事及全体会员和协会自身的共同努力下，发挥协会协调、服务、维权、自律的职能，积极开展工作，取得了成效，所做的工作主要有：

1.加强奶牛育种工作，夯实遗传改良基础　奶牛育种工作一直以来都是协会的核心工作之一。为加快全国奶牛群体遗传改良的进程，提高我国奶牛群体遗传素质和整体生产水平，协会积极开展工作。

（1）配合农业部奶办与全国畜牧总站积极承担生产性能测定项目，认真完成组织工作。一是开展技术培训工作，举办全国奶牛生产性能测定技术培训班。2010年分别在武汉、青岛、呼和浩特、齐齐哈尔等地共举办全国奶牛生产性能测定培训班10次，通过培训推动项目区奶牛生产性能测定工作的交流和学习，提高当地奶牛饲养管理水平。二是提供技术服务，以协会育种专业委员会为依托，组建了全国奶牛生产性能测定技术服务专家组，展开形式多样的技术支持和服务，全年累计向2300个奶牛场发放技术手册25000册，科普技术光盘12000张，指导奶牛健康安全生产。三是编制《中国奶牛生产性能测定（DHI）工作手册》，该书 全面系统地介绍世界以及我国的奶牛生产性能测定工作的历史和现状等，为生产性能测定工作提供依据和借鉴。四是其他工作，包括DHI测定标样制备、实验室资质认定、数据收集分析出版DHI测定补贴项目工作简报，完善奶牛生产性能测定系统软件等。

（2）组织全国青年公牛联合后裔测定，开展奶牛遗传评定工作。2010年组织了43批和44批春秋两次青年公牛的联合后裔测定工作，包括系谱收集、参测资格审核、冻精检测交换及数据收集工作。2010年共有123头青年公牛参加后裔测定。截至2010年全国累计参加测定的公牛已经达到1335头，

① 本文为中国奶业协会副会长兼秘书长谷继承，于2011年6月11日在安徽省合肥市召开中国奶业协会六届二次理事会暨2011年会上的工作报告。

通过开展公牛联合后裔测定，育种值可靠性得到了极大提高。同时配合全国畜牧总站对申报 2010 年良种补贴的奶牛进行遗传评定，评选出 274 头有后裔测定成绩的优秀验证种公牛，以及利用TPPI值评选出 573 头优秀种公牛共同参加全国奶牛优质冻精良种补贴，有力推进了我国奶牛育种各项工作。

（3）构建中国荷斯坦牛育种数据网络平台。依托中国奶牛数据中心现有软硬件设施，集成已建立的全国奶牛生产性能测定系统（CNDHI）、良种登记系统和全国青年公牛联合后裔测定系统，构建具有中国特色的荷斯坦牛育种数据网络平台，用户通过平台可进行全世界荷斯坦牛系谱血统、生产性能、繁殖状况、遗传素质等信息的详细查询，并可在线进行选种选配方案的制定。

（4）组织开展体型鉴定工作。结合种公牛的遗传评估工作，组织国内公牛站进行青年公牛女儿的体型鉴定工作，为 2011 年的良补公牛评定奠定了数据基础，更加有效地提高评估的可靠性。

2.开展培训表彰工作，提高从业人员素质　开展“中国奶农培训计划暨生鲜乳生产收购专职岗位技能培训”，2010 年分别在湖北、山东、内蒙古、黑龙江、河北、甘肃、宁夏、陕西、河南、北京共举办培训班 10 期，累计培训奶农 2500 余人，发放“中国奶农”培训专题片 1000 余套，科普宣传资料 5000 余份。为配合好培训，还组织专家编写了《生鲜乳生产收购专职岗位技能培训》系列教材一套，目前已印刷 1.5 万册，并免费赠送给参训学员。奶农培训计划的实施对于普及奶牛科学养殖知识与技术，提高从业者素质具有促进作用。

开展全国奶业优秀工作者表彰工作。为了表彰在现代奶业建设中作出突出贡献的先进个人，发挥先进典型的模范带头作用，激励奶业工作者的积极性和创造性，促进我国奶业持续健康发展，根据农业部关于印发《农业部表彰工作管理办法》的通知要求（农人发[2010]8 号），协会组织开展“全国优秀奶业工作者”评选表彰活动，经过各省（市、区）奶业协会推荐，专家评选委员会评审，99 名个人获得“全国优秀奶业工作者”称号。

3.承担奶业有关项目，当好政府参谋助手　协会作为政府联系奶业生产企业、科技人员、广大奶农和消费者的桥梁和纽带，做好行政管理部门交办的各项任务是协会的重要工作之一。近期，协会参加国家食品安全办组织的关于加强乳品质量安全的会议，参与了国家发改委奶业“十二五”规划讨论，参加了卫生部召开的食品安全风险监测会议，参与了统计局“中经乳制品产业景气指数”工作会议，积极建言献策，为政府了解行业情况、进行管理决策提供参考。此外，还具体做了以下几项工作。

一是参与奶业有关标准制定。2010 年，协会饲料饲养与环境专业委员会承担了畜牧业标准化委员会下达的《奶业术语》、《奶牛热应激评价》标准的制定工作。在组织专家查阅、汇总和分析了国内外有关奶业术语大量文献的基础上，组织人员撰写了奶业术语标准初稿，送各科研院所、企事业单位进行意见征求，并组织专家研讨和咨询，召开预审会等，为完善奶牛养殖有关标准发挥了积极作用。

二是推进奶业有关补贴项目的实施。协会养殖工程与机械专业委员会组织召开农机购置补贴研讨会，对目前农机购置补贴中所发现的新形势、新问题进行分析研讨。收集农机购置补贴的意见建议 19 条及相关工作建议 18 条，所有意见形成文字材料报送农业部农机化司及相关领导部门，意见和建议得到了有关领导的重视，有的建议已纳入国家购置补贴政策中，为国家制定奶机补贴政策发挥了很好作用。

三是做好奶业信息监测工作。根据农业部关于加强畜禽生产动态信息监测的部署要求，2008 年开始中国奶业协会承担了奶业信息动态监测工作。2010 年全年，共有 30 家重点奶牛养殖参测企业和 22 家乳品加工参测企业。协会将企业上报数据收集、整理、统计和分析后形成监测报告，按时向农业部畜牧业司上报，定期参加农业部的形势会商会议，提供奶业发展动态信息。2010 年 12 月 8 ～ 10 日，中国奶业协会在厦门召开了 2009—2010 年度奶业信息监测工作培训会议，会议对 2010 年度表现较好的监测企业给予表彰，授予内蒙古伊利实业集团股份有限公司等 16 家企业为 2009—2010 年度重点乳品加工企业信息监测工作“先进单位”，内蒙古蒙牛澳亚示范牧场等 13 家为 2009—2010 年度重点奶牛养殖场信息监测工作“先进单位”。

4.组织召开交流会议，谋求行业长远发展 组织召开奶业形势座谈会。加强与各省奶业协会、重点乳品企业的联系与交流，了解和分析奶业发展态势，2010年组织全国重点乳品企业及主产省行业协会召开了3次奶业形势座谈会，及时掌握了解我国原料奶生产、乳制品生产、市场销售以及当前奶业的发展形势，为政府有关部门决策提供参考。

通过提出建议，参与组织会议等方式推进牧草产业发展。为了推进苜蓿产业发展，保证优质安全奶业，中国奶业协会和有关行业协会，相关专家于2010年12月向国务院提出了“关于大力推进苜蓿产业发展的建议”，温家宝总理亲自批示，并指出“要彻底解决奶业安全问题，必须从优质饲草产业抓起”。为了贯彻落实国务院温总理等有关领导关于发展优质饲草产业的指示精神，探讨苜蓿产业发展问题，中国奶业协会积极参与中国畜牧业协会第四届中国苜蓿发展大会的举办，组织业内同仁参加会议。会议的召开进一步增强了对苜蓿产业发展迫切性和重要性的认识，对加快推进苜蓿产业健康发展具有积极意义。

5.增强市场消费信心，培育乳品消费市场 市场是我国奶业发展的原动力。我国奶业实现恢复和振兴，当务之急是要树立和增强市场消费信心，扩大消费。协会积极开展有关工作：一是以保障乳品质量安全为主题召开奶业大会。目前乳品市场消费信心不足的重要原因是消费者对于乳品质量安全的不信任，协会积极号召加强乳品质量安全，并提出保障乳制品质量安全的具体举措，增强市场消费信心。二是加强奶业宣传工作。与中国食品报、中国特产报合作开辟奶业专刊，报道行业及企业相关新闻及产业政策，市场动态及信息，积极扩大饮奶科普宣传力度。2010年，与中国食品报合办奶业专刊24期，在特产报合办奶业专刊96版。同时，为加强奶业的正面宣传和报道，宣传奶业行业的重要会议及活动，积极与农民日报、中国畜牧兽医报、中国食品报等媒体沟通与联系。2011年5月，针对当前奶业发展形势，中国奶业协会联合经济日报举行了一期奶业对话栏目，此次活动邀请到了行业协会、地方政府、乳品企业及养殖大户相关代表，针对如何转变发展方式、开展集约化经营、实施有效监管、企业带动发展等行业热点、重点问题展开交流和讨论，向消费者宣传报道奶业的积极变化，加强正面引导，不断扩大乳品消费人群，开拓和培育乳品消费市场。

6.拓展信息资源渠道，增强信息服务能力 为进一步拓宽信息服务范围，2010年，《中国奶牛》杂志由“月刊”变更为“半月刊”，上半月为“综合版”，重点是市场形势分析和实用技术传递；下半月为“科技版”，重点报道奶牛“饲料、饲养、环境、育种、繁殖、疾病、生鲜乳检测”和乳品加工及消费等领域的最新研究。2010年，共编辑出版月刊6期，半月刊12期，累计18期。据市场反馈，改版效果良好，有效满足了各领域、各层次读者的需求。2010年底，《中国奶牛》被科技部评选为“中国科技核心期刊”。

为进一步增强信息服务能力，中国奶业协会信息网不断丰富网站及配套服务内容，扩大覆盖范围。2010年信息更新量为9218条，平均每日的更新频率为35篇，信息范围涉及到整个奶业行业的各个方面。网站页面点击次数全年累计超过120万以上，网站新注册会员人数达到1800多个。2010年共编辑刊发《DAC今日要闻》227期，发行量超过了260万人次，受众群体13180人。编辑刊发了共24期的《VIP会员专刊》，每月两期。编辑出版了《2010年中国奶业统计摘要》、《中国乳业市场月报》。通过行业信息服务水平的不断提升，有效地促进了行业同仁的交流和合作。

7.组织发出联合倡议，加强行业自律行为 为了进一步贯彻落实《乳品质量安全监督管理条例》、《奶业整顿和振兴规划纲要》和国务院办公厅《关于进一步加强乳品质量安全工作的通知》，保障乳品质量安全，维护消费者利益，规范行业行为，促进奶业持续、健康发展，2011年4月，协会组织35家副会长及常务理事单位向全行业发出联合倡议，内容包括有：①遵守法律法规；②履行社会责任；③维护合理价格水平；④确保质量安全；⑤提升企业形象。提倡全行业按照开展公平竞争、恪守诚信经营、谋求共同发展、接受社会监督的要求，加强行业自律，践行社会责任。

8.加强国际交流合作，拓展行业发展空间 为拓展行业发展空间，协会积极加强与奶业发达国家、地区和国际组织的交流与合作。一是接待了来访的国外乳品企业及组织30余人次，加深了我国与其他国家在奶业领域的相互了解。二是宣传组织奶业行业有关人士参加国际性会议及展览会，如作为中国奶业代表团成员之一赴澳大利亚参加了第四届中澳奶业对话会；组织相关企事业单位参加了在德国汉诺威举行的畜牧展等。三是组织召开国际研讨会。2011年5月，协会与中国农业科学院北京畜牧兽医研究所、美国奶业科学学会共同主办的第二届“奶牛营养与牛奶质量”国际研讨会，探讨推动各国政府、相关组织和科学家之间深入开展合作研究。中国、美国、加拿大、英国、新西兰和巴西等国家的34位知名专家作了专题报告，共计620余人参加会议。

9.完善协会自身建设，适应行业发展需要　搞好自身建设是协会开展各项工作的基础。协会在开展活动的同时，积极加强自身建设。一是加强协会组织建设，按照协会章程规定召开第六届会员代表大会，大会选举产生新一届协会会长、副会长、秘书长28人，常务理事130人，理事437人，新发展团体会员11名，为协会下一步各项工作的开展奠定基础。二是参加民政部社会团体评估，不断提升协会社会影响力。协会积极按照要求准备评估材料，被民政部评为3A级行业协会。

（二）下年度工作安排意见

中国奶业协会将继续坚持以服务为宗旨，贯彻高鸿宾会长讲话精神，重点做好以下几项工作：

1.继续做好奶牛育种基础工作　组织开展奶牛品种登记、生产性能测定、种公牛后裔测定和遗传评定等奶牛育种基础工作。推进实施种公牛的系谱登记管理制度，建立健全种牛遗传评定和公牛后裔测定体系，加强奶牛育种数据的收集、传输、保存和统计分析工作，提高我国奶牛育种水平。

2.继续做好生鲜乳岗位技能培训工作　在加强生鲜乳生产收购专职岗位技能培训工作中，拓宽培训范围，增加对牧场管理人员的培训；研究开发培训平台，建立培训专家和学员信息库；进一步加强培训力度，整合培训资源，与地方奶业协会、科研院校、相关企业的合作，不断提高培训水平。

3.开展奶业有关宣传工作　在世界牛奶日开展科学饮奶宣传活动。与中国食品报、中国特产报、乳业时报合作，开辟奶业专栏报道行业动态，宣传普及科学饮奶知识。开展优质乳制品展销和促销活动，增强消费信心，开拓消费市场。

4.加强信息服务工作　办好《中国奶牛》、《中国乳业》和中国奶业协会信息网。继续做好奶业信息的收集、整理、发布及编辑出版工作，为会员提供快捷、专业、丰富的信息服务。

5.完成《中国奶业发展史》编写工作　各专题已经提交至编写组，正在进一步修改和完善，协会办公室在开展日常工作的同时，进一步加大对各课题组协调力度，根据编写委员会的要求，按计划完成编撰、出版任务。

6.进一步加强协会自身建设　牢固树立“勤”“智”“诚”三个字的协会精神，不断增强协会凝聚力、号召力和战斗力。一是更好地发挥各专业委员会作用，为行业发展提供有力的技术支撑；二是进一步加强与地方协会的联系与合作，充分发挥各级协会的职能作用；三是加强与常务理事以及会员的沟通与交流，了解掌握基层，反映行业诉求；四是积极配合行业主管部门工作，当好参谋助手；五是通过进一步健全规章制度、加强人才队伍建设、创新工作机制等加强协会自身建设，提高服务能力，更好地为广大会员和全行业服务。

各位理事、会员单位、地方协会的同志，为我国奶业发展做了大量卓有成效的工作，对中国奶业协会的工作给予了大力支持和帮助，在此，我代表中国奶业协会表示诚挚的敬意和衷心的感谢。同时中国奶业协会将及时总结和推广地方奶业工作经验，不断完善协会职能和服务手段，反映广大会员的意见和要求，努力开创行业协会工作的新局面。

专 文

认清形势　强化监管　全面提升我国奶业生产水平①

农业部畜牧业司司长　王智才

这次全国畜牧总站举办奶牛全混合日粮配制技术推广培训班，目的在于推广奶牛全混合日粮配制技术，提高奶牛生产水平和生鲜乳质量。

（一）当前奶业生产形势

受婴幼儿奶粉事件影响，2009年上半年我国奶业发展形势一度十分严峻，奶粉大量积压，生鲜乳价格连续下跌，养牛户大面积亏损，一些主产省区杀牛卖牛的情况十分严重，全国奶牛存栏一度下滑至1200万头左右，奶业发展陷入严重危机。为使奶业度过难关，国家出台了一系列扶持奶业健康发展的政策措施，同时对行业进行了全面整治。2009年下半年奶业发展出现逐步恢复的势头。从2010年的情况来看，恢复的步伐还在加快。

1.奶业生产稳中有升　一是奶牛存栏持续恢复。受去冬今春寒潮天气、疫病和饲料成本上涨影响，奶牛存栏恢复性增长势头放缓，4月份以来，连续3个月存栏稳定。据行业监测，到6月底全国奶牛存栏1254万头，同比增加3.3%。二是牛奶产量和生鲜乳价格稳步提升。2010年上半年，全国牛奶产量1443万吨，同比增长2.2%。生鲜乳价格连续10个月平稳回升，6月份主产省区生鲜乳价格为每千克2.86元，同比提高了24个百分点。三是奶牛规模化比例不断提高。奶牛生产结构进一步优化，2009年底，100头以上奶牛规模养殖比例达到23.1%，比2008年底提高3.3个百分点。内蒙古2010年上半年存栏100头以上规模养殖场达到1362个，同比增加514个。四是奶牛养殖效益较好。据对7个奶牛主产省的调查，以2010年6月份的生鲜乳价格测算，饲养一头成母牛每天平均产奶利润为3.69元，同比提高73.16%，一个泌乳周期纯收入1100多元。

2.乳制品企业盈利状况良好　据统计，2009年全国乳制品企业利润总额80多亿元，是2008年的两倍多，比婴幼儿奶粉事件之前的2007年提高5.6个百分点。主要乳制品企业大多扭亏为盈，伊利、蒙牛的销售收入分别为242亿元和257亿元，同比分别增长12%和8%，净利润分别为6.6亿元和11亿元。

3.乳制品消费市场产销两旺　2009年我国乳制品总产量1935万吨，同比增长12.88%，乳制品行业已基本恢复正常。2010年上半年全国乳制品消费需求旺盛，据国家统计局统计，1～4月份，全国乳制品产量664.5万吨，同比增长10.5%，规模以上乳制品企业销售产值累计548.8亿元，较2009年同期累计增长19.85%，产品销售率98.29%。

2010年以来，饲草料价格不断上涨。据行业监测，6月份，全国玉米平均价格2.09元/千克，同比上涨达27%，豆粕平均价格3.35元/千克，同比略降。据调查，宁夏青贮玉米、羊草和苜蓿价格分别在600元/吨、900元/吨、1600元/吨左右，均比2009年上涨25%以上。内蒙古羊草和苜蓿的价格分别为800元/吨、1800元/吨，同比上涨33%和38%。黑龙江青贮玉米和苜蓿价格分别为500元/吨

① 本文为农业部畜牧业司司长王智才2010年8月10日在全国奶牛全混合日粮（TMR）配制技术推广培训班上的讲话。

和 1500 元/吨，同比上涨 28%和 25%，羊草 1000～1300 元/吨，比 2009 年翻了一番。下半年，随着第三季度中秋国庆两节的到来，乳制品加工和消费将继续保持增长势头，预计奶牛存栏将稳中有升，生鲜乳价格将保持在较高水平，但同时饲料价格上涨，饲养成本增加，奶牛养殖效益趋稳或略有增长。

（二）生鲜乳质量安全监管

党中央、国务院高度重视生鲜乳质量安全工作，中央领导同志多次做出重要批示和指示。按照国务院食品安全委员会总体部署，2009 年以来，农业部组织开展了生鲜乳质量安全专项整治行动，在 2008 年奶站整顿的基础上，深入推进生鲜乳质量安全专项整治，奶站清理整顿全部完成，生鲜乳质量安全水平总体良好，各项工作成效显著。

1.奶站清理整顿全面完成 目前，全国共有生鲜乳收购站 13503 个，比清理整顿前减少 6890 个，减幅 34%。现有奶站由乳制品生产企业、奶畜养殖场和奶农合作社三类合法主体开办，全部获得生鲜乳收购许可证，《奶业整顿和振兴规划纲要》规定的奶站清理整顿任务已经全部完成。生鲜乳收购站机械化挤奶率达到 87%，比清理整顿前提高 36 个百分点，奶站规范化建设和标准化管理水平迈上新台阶。

2.生鲜乳质量安全水平总体良好 2009 年和 2010 上半年，农业部分别抽检生鲜乳样品 13129 批次和 3539 批次，三聚氰胺含量全部符合临时管理限量值规定，未检出皮革水解蛋白、β-内酰胺酶和碱类物质等违禁添加物。全国生鲜乳质量安全状况总体良好。

3.生鲜乳生产收购秩序明显规范 2010 年上半年，农业部指导各地建立生鲜乳购销合同备案管理和生鲜乳收购站信息公开制度，对 30 多起涉及生鲜乳生产和收购的投诉举报进行了查处，严厉打压非法收购站点的反弹，生鲜乳生产收购秩序明显规范。

4.奶业生产能力进一步提升 2010 年我们已下达奶牛标准化规模养殖场（小区）建设资金 5 亿元，奶牛良种补贴资金 2.6 亿元，奶牛生产性能测定资金 2000 万，共举办 10 多期奶牛规模养殖、专项技能等培训班，累计培训 3000 多人次。奶业发展的各项政策落到实处，效果明显，为奶业发展提供了有力支撑。据统计，参加良补项目奶牛的后代牛年产奶量平均提高 500 多千克，乳脂肪率提高 0.14%、乳蛋白率提高 0.05%。目前，全国奶牛良种覆盖率提高到 50%以上，其中荷斯坦奶牛已达到 100%。

（三）问题乳粉案件查处情况和下一步的工作

近期，青海、吉林等地发生问题乳粉案件后，党中央、国务院高度重视，胡锦涛总书记、温家宝总理和李克强、回良玉、王岐山副总理先后 10 多次做出重要批示，要求迅速采取果断措施，查找监管漏洞，加大检查力度，彻底清查问题乳粉。为落实党中央、国务院的要求，农业部高度重视，韩长赋部长、高鸿宾副部长等部领导先后做出重要批示。按照领导批示要求，积极配合有关部门，我们加大了工作力度，切实履行职责，并做好问题乳粉集中清查工作。

这次问题奶粉清查工作，主要集中在彻查 2008 年应销未销的问题奶粉方面。但从生鲜乳生产和奶站监管来看，虽然奶站清理整顿任务已全面完成，奶站标准化管理水平有了很大提高，但是生鲜乳质量安全隐患仍然存在，切不可掉以轻心。我们要看到：当前奶业产业整体素质不高，生产水平仍然较低；监管对象量多面广，目前全国有生鲜乳收购站 1.3 万多个，奶牛养殖场户近 300 万个，奶牛散养的局面没有根本扭转；监管体系不完善，监管能力薄弱，人员、经费和条件不能满足监管工作需要，检验检测、安全评价等技术支撑体系建设滞后。

下一步，农业部将继续按照国务院的要求，抓好奶业生产和生鲜乳质量安全监管，坚决打击违法添加三聚氰胺等违禁添加物行为，确保不发生重大生鲜乳质量安全事件，重点做好以下几项工作。

1.强化生鲜乳质量安全和奶站的监管 以生鲜乳收购站、生鲜乳运输车辆和奶畜饲料为重点，加大对生鲜乳三聚氰胺等非法添加物的抽检频次和范围；加强对生鲜乳收购站和运输车辆的许可管理，严格审核相关资质和条件；尽快给县级畜牧兽医主管部门配备快速检测仪器，提高生鲜乳三聚氰胺检验检测能力；对全国生鲜乳收购站实行联网监控，开展生鲜乳收购站标准化管理示范，做到生产有记录，信息可查询，流向可追踪，质量可追溯。

2.推进奶牛标准化规模养殖，加快奶业生产方式转变 奶牛标准化规模养殖是提高奶业生产水平，保障生鲜乳质量安全的有效途径。2010 年的奶牛标准化规模养殖小区（场）建设、奶牛良种补贴以及奶牛生产性能测定项目已进入全面实施阶段，奶牛标准化规模养殖示范场创建活动正在有序开展，各地要深入推进标准化规模养殖工作，狠抓落实，促进奶业生产方式转变，稳固奶业发展基础。

3.进一步加强行业监测，维护生鲜乳收购秩序 当前争抢奶源的现象有所抬头，奶农、奶站和乳制品加工企业之间的矛盾凸显。各地要加强奶业生产形势监测预警，对生鲜乳产量、价格进行动态监测，及时发布信息，引导奶农合理调整牛群结构，提高抵御市场风险的能力，维护生鲜乳收购秩序，稳定奶业生产。

4.加大奶农培训力度，提高科学养殖水平 要深入宣传培训《生乳》国家标准等法律法规，提高奶农和奶站的质量安全意识。组织各方力量，创新培训形式，进村入户开展技术指导和服务，提高奶农养殖水平。

最后，我对本期培训班提几点要求：第一，大家要尽快转变角色，从工作状态转向学习状态，以饱满的学习热情，专心听课；第二，要认真学习。这次培训班安排了国内知名专家进行专题讲座和现场演示，理论实践相结合，实用性强。希望大家针对自己和单位的实际，认真听讲，遵守纪律，不要缺课；第三，要学以致用。希望大家回去后结合本次培训课程，在具体工作中，不断总结经验，创新思维，不断提升奶牛养殖技术，不断增加养殖效益。

切实加强奶源基地建设和监管 促进奶业持续健康发展①

农业部畜牧业司副巡视员　农业部奶业管理办公室主任　王俊勋

本次论坛的主题是"奶源基地建设与奶业科学发展"，这是一个现实意义很强的题目。大家在一起研讨交流，深入分析国内外奶业发展现状，把握发展趋势，这对于促进奶业持续健康发展具有重要意义。

（一）奶业经过调整已经进入新的发展阶段

受婴幼儿奶粉事件的影响，2009年上半年我国奶业发展形势一度十分严峻，奶粉大量积压，生鲜乳价格连续下跌，养牛户大面积亏损，一些主产省区杀牛卖牛的情况十分严重，奶业发展陷入严重危机。为使奶业度过难关，国家出台了一系列扶持奶业健康发展的政策措施，同时对行业进行了全面整治。2009年下半年奶业发展出现逐步恢复的势头。从2010年的情况来看，恢复的步伐还在加快。

1.奶业生产总体稳定　2009年4月到年底，全国奶牛存栏连续9个月保持恢复性增长，年底存栏数是1219万头，同比虽然下降，但增长的速度比我们预期的要快。2010年年初，受寒潮天气影响，奶牛存栏略有下降，但持续恢复的势头没有改变，4月底全国奶牛存栏1254万头，同比增长4.29%。一季度全国牛奶产量800多万吨，与2009年第四季度基本持平。生鲜乳价格连续8个月平稳回升，4月份主产省区生鲜乳价格为每千克2.59元，比2009年同期提高了22个百分点。

2.生鲜乳质量安全状况明显改善　2009年农业部累计检测生鲜乳样品1.3万批次，三聚氰胺含量全部符合国家临时管理限量规定，未检出皮革水解蛋白、淀粉等违禁添加物。2010年4月，我们在内蒙古等4个主产省区开展了生鲜乳质量安全飞行抽检，抽取了200多批次生鲜乳样品，三聚氰胺含量全部符合国家临时管理限量规定，没有发现硫氰酸钠等违禁添加物。生鲜乳质量安全状况良好。

3.乳制品消费市场产销两旺　2009年我国乳制品总产量1935万吨，同比增长12.88%，乳制品行业已基本恢复正常。2010年一季度全国乳制品消费需求旺盛，据中国乳制品工业协会统计，1～2月份，全国乳制品企业产品库存量同比下降12.5%，产品销售率达到99.86%。据国家统计局统计，2月份，千家重点零售企业液态奶销量同比增长47.3%，国产奶粉销量同比增加25.3%。另据海关统计，一季度我国奶粉进口11.26万吨，同比增长71.66%。

4.乳制品企业盈利情况良好　据统计，2009年全国乳制品企业利润总额80多亿元，是2008年的两倍多，比婴幼儿奶粉事件之前的2007年提高5.6个百分点。主要乳制品企业大多扭亏为盈，蒙牛的净利润达到11亿元，伊利的净利润超过6.6亿元。据国家统计局统计，2010年一季度，全国乳制品产量473万吨，同比增长8.87%，头两个月乳制品行业利润总额同比增长8.99个百分点。

奶业在较短的时间内全面恢复离不开政府的规范和引导，离不开全行业的不懈努力，更离不开广大消费者的信任与支持。在应对这次危机的过程中，我们围绕促进奶业科学发展做了很多工作，取得了明显的成效。其中一些好的做法值得认真总结。

（1）建立健全奶业法规保障体系。行业的稳定健康需要法规制度保驾护航。婴幼儿奶粉事件之后国家出台了《乳品质量安全监督管理条例》和《奶业整顿和振兴规划纲要》等一系列政策法规。其

① 本文为王俊勋主任2010年5月20日，在四川绵阳举办的"2010年中国奶业发展高峰论坛"上的讲话，论坛由农业部奶业管理办公室、中国人民大学农业与农村发展学院主办，人大—利乐奶业研究中心承办。

中，农业部专门制定了《生鲜乳生产收购管理办法》、《生鲜乳生产技术规程》和《生鲜乳收购站标准化管理技术规范》等配套规章和规范性文件，发布了饲料中三聚氰胺限量标准。这一整套法规体系的建立，有力的推动了奶业结构调整，为下一步奶业持续健康发展提供了保障。

（2）推进奶业生产方式转变。奶牛养殖效益的提高是奶业持续发展的前提，好的效益要有一定的养殖规模和标准化的管理。2008 年到 2010 年，国家累计投入 12 亿元用于支持 1112 个奶牛标准化规模养殖场改扩建。到 2009 年底全国 100 头以上规模奶牛养殖比例达到 23.1%，比 2008 年提高了 3.3 个百分点。2005 年开始，国家开始实行奶牛良种补贴，项目实施 4 年以来累计安排资金 7.15 亿元，累计改良奶牛 2482 多万头，目前全国荷斯坦奶牛的良种覆盖率已经达到 100%。

（3）乳制品企业加强奶源基地建设。2010 年一季度全国进口种牛 2.9 万头，同比增长 15 倍，接近 2009 年全年进口量的 3/4。这次大量进口奶牛的流向与以往不同，主要是为了满足一些大型牧场引种扩群的需要。其中一部分牧场是乳制品企业投资新建的。2009 年蒙牛建成包括马鞍山三期、眉山现代牧场、洪雅现代牧场在内的 11 座大型牧场。2010 年伊利计划在沈阳投资 4 亿元，要建设存栏 1 万头的现代化牧业科技示范园区。

（4）加强生鲜乳收购站监管。生鲜乳收购站监管是婴幼儿奶粉事件后农业部门承担一项新职责。为切实维护好奶源市场秩序，过去一年多的时间里农业部开展了生鲜乳收购站清理整顿专项行动，取缔关停了一批不合格收购站点，推动了生鲜乳收购站的标准化管理和规范化建设。截至 2010 年 4 月底，全国共有生鲜乳收购站 13554 个，数量减少 34%，累计关停取缔生鲜乳收购站 6839 个。各地生鲜乳收购站设施建设和卫生条件明显改善，标准化管理水平明显提高，生鲜乳质量安全保障制度基本健全，收购、销售和检测记录得到有效规范。

（二）充分认识生鲜乳质量安全监管工作的艰巨性、紧迫性和长期性

生鲜乳是乳制品的原料，其质量安全关系到广大奶农和乳制品加工企业的切身利益，关系到奶业的持续健康发展，关系到人民群众的生命健康。众所周知，2008 年发生的婴幼儿奶粉事件对我国奶业造成了毁灭性打击，政府公信力受到挑战，消费者信心严重受挫，民族品牌信誉受损，五十多个国家对我国的乳制品实行禁运。这一事件说明生鲜乳质量安全是奶源建设中必须予以高度关注的突出问题。从我国奶业发展总体情况来看，当前影响生鲜乳质量安全的不确定因素仍然较多。

1.奶业生产整体水平仍然较低 我国奶业发展正处于数量扩张向质量提高的转型时期，近年来奶牛标准化规模养殖程度虽然不断提高，但奶业生产“小”、“散”、“低”的局面并没有得到扭转。比如，新疆、黑龙江和内蒙古等主产省份 100 头以上奶牛规模养殖比重均不足 20%。在小户散养为主的奶业生产格局下，饲养管理粗放，基础设施薄弱，卫生状况差，疾病控制能力弱，标准化管理难以实现，生鲜乳质量安全隐患仍存在。

2.小生产与大市场的矛盾依然突出 生鲜乳生产具有季节性波动的特点，供给不足和生产过剩经常交替出现。养牛户、奶站与乳制品加工企业联系不紧密，还没有建立起风险共担、利益均分的产业化链条。三者之间因奶质和奶价认定不一而发生的原料奶质量纠纷时有发生。同时，乳品加工企业旺季争抢奶源，淡季压级压价的情况也频繁出现。个别企业和不法分子利欲熏心，不顾消费者的健康和生命安全，借企业奶源紧张，降低收购标准之机，在生鲜乳中非法添加各类违禁物，生鲜乳质量安全监管任务繁重。

3.生鲜乳收购站标准化管理亟需提高 目前，生鲜乳收购站清理整顿工作已接近尾声，尽管奶站持证率接近 100%，但个别已取得许可证的收购站，仍存在设施缺乏、卫生状况较差、管理制度不完善等问题，个别地区的监管部门对职责认识不清，对有关法规和政策理解不透，奶站标准化管理和建设有待进一步加强。

4.生鲜乳质量安全监管能力亟待加强 生鲜乳生产涉及饲料、养殖、收购、加工等多个环节，涉及利益主体复杂，而且生鲜乳质量安全监测经费相对不足，抽检频次和抽检范围不能满足保障生鲜乳质量安全的要求，难以对生鲜乳收购站的日常监管形成高压态势。目前，全国生鲜乳收购站有 1.3

万多个，点多面广，纳入监管时间不长，基础薄弱，监管能力建设滞后，人员不足，经费短缺等困难和问题还比较突出，监管能力与监管任务相比存在较大差距。

5.乳品质量安全形势日趋复杂 2009年以来，出现的宁夏"黑奶站"事件，上海熊猫乳粉三聚氰胺超标案件，陕西"天天"和"乐康"乳业公司的问题奶粉案件，及近期出现的几起"学生饮奶中毒"等事件，表明目前我国乳品质量安全形势复杂。2010年4月新的《生乳》国家标准公布，涉及生鲜乳营养成分含量、卫生状况等20多项质量安全指标，全面监管这些指标还需要我们开展大量的工作。

当前是我国奶业结构调整和转型升级的关键时期，生鲜乳质量安全对奶业持续健康发展意义重大。养殖场户、收购站、加工企业都要对自己的产品负责，出了问题损害的将是整个行业的利益。政府管理部门更要履行好监督管理的职责，做好行业发展的服务工作。生鲜乳质量安全问题复杂，既有奶牛养殖规模小、奶农与乳品企业利益联结不紧密等一些老问题，也有监管力量不足和新标准执行中的一些新问题。解决这些问题的任务十分艰巨，需要我们付出长期不懈的努力。

（三）切实加强奶源基地建设和监管

我们要高度重视奶源基地建设的重要性，清醒认识生鲜乳质量安全监管工作的紧迫性和艰巨性，以更加积极的态度、更加明确的要求、更加得力的措施，加强奶源基地建设和质量安全监管。

1.大力推进奶牛标准化规模养殖 目前，我国奶牛的分散饲养比重仍占57.6%，规模化的标准也比较低。当前原料奶供应偏紧，一定程度上反映出乳品加工企业奶源供应不足。只有加快生产方式转变，推进标准化规模养殖才能从根本上实现奶业的持续健康发展。2009年中央一号文件明确提出要支持奶牛规模化养殖和标准化示范创建，各地要进一步加大政策和资金支持力度，落实好奶牛规模养殖用地政策，以奶牛标准化规模养殖为抓手，加强奶源基地建设。一方面，要在引进、改造乳制品加工企业时，把奶源基地作为重要的审核条件，加快乳制品企业自办牧场、合作牧场、奶源小区等奶源基地的发展；另一方面，要支持奶牛标准化规模养殖场打造品牌，与乳品加工龙头企业建立长期稳定的产销合作关系，稳定养殖效益。要大力推行奶牛标准化生产，做到畜禽良种化，养殖设施化，生产规范化，防疫制度化，粪污处理无害化和监管常态化，从源头上保障奶源质量安全。

2.深入开展生鲜乳收购站清理整顿 生鲜乳收购站是奶源监管的重要环节。《乳品质量安全监督管理条例》赋予各级畜牧兽医部门监管生鲜乳收购站的职责，同时也规定生鲜乳质量安全要由地方政府负总责，各地务必要有清醒的认识，明确责任，按照《条例》的要求加强生鲜乳收购站的监管。目前，各地生鲜乳收购站许可证核发工作已经基本结束，个别没有完成清理整顿的市县，要进一步强化责任意识，思想上不能松懈，工作上不能放松，要制定具体的工作方案，将清理整顿任务层层分解，明确到具体部门和具体负责人。要强化生鲜乳收购站标准化和规范化管理，加大日常监督检查的力度，始终保持高压态势，坚决取缔不合格的收购站点和运输车辆，严防不法收购站点反弹。

3.切实维护生鲜乳收购秩序 当前一些地方因奶源偏紧又出现了争抢奶源的现象，说明《生鲜乳收购合同》履行还不到位，奶农、奶站和乳制品加工企业之间的矛盾仍然激烈。乳制品企业要调整经营理念，树立"共同发展型"的竞争观念，加大自有奶源的建设力度，培养和谐的上下游产业关系。石家庄市畜牧局在市政府的统一领导下，根据奶牛饲养成本变化，每月公布一次收奶参考价，同时规定最低保护价和最高限价，并在媒体上公布企业实际收购价格和付款时间。市内所有奶站都与乳品企业按照农业部下发的示范文本签订了生鲜乳购销合同，并在县级畜牧部门备案，对于不履行合同、随意变更交奶乳品企业的生鲜乳收购站，畜牧局将严查并列入"黑名单"，取消其享受国家优惠政策的资格。石家庄市的做法值得各地借鉴。总之，各地要在生鲜乳收购秩序整顿上下功夫，采取综合措施维护好生鲜乳收购秩序，要联合工商管理部门开展监督检查，督促乳制品生产企业和奶站履行合同，加强生鲜乳购销合同备案管理，规范生鲜乳收购行为。

4.加大生鲜乳质量安全执法力度 2009年底到2010年初陕西、黑龙江等地查出多起乳品三聚氰胺超标案件，这说明乳品安全隐患依然存在。国务院《关于印发2009年食品安全整顿工作安排的通知》中将乳品列为高风险食品，要求加强生鲜乳质量安全风险监测和预警。近期，卫生部公布了新的乳品国家标准，其中生乳国标中规定了20多项指标，要求农业部门按照国标开展生乳质量安全监督检查。可以说，生鲜乳质量安全监管形势复杂，任务艰巨。各地要统一思想，明确目标，认真按照《乳品质量安全监督管理条例》的要求，组织实施生鲜乳质量安全监督监测，及时公布生鲜乳质量安全信息，依据监测结果严厉查处违规添加行为。《生乳》国标是指导生鲜乳生产的一个新标准，各地要认真学习领会，加强宣传培训，在执行过程中不搞“一刀切”，避免“只罚不管”的现象。尤其在《生乳》国标执行初期要加强对标准中有关指标的摸底监测，要通过对标准中各项指标的监测，发现生鲜乳生产和收购中存在的问题，指导和服务奶农和奶站及时整改，不断提高生鲜乳质量安全水平。

5.全面加强奶源建设和安全宣传工作 奶牛科学养殖和生鲜乳安全具有较强的专业性，需要广大养殖场户和奶站的理解、支持和参与。要充分利用报刊、广播、电视和网络等媒体，大力宣传奶源基地建设的重要意义和生鲜乳质量安全管理的重要性和必要性，推广各地发展奶牛标准化规模养殖和开展奶业产业化经营的成功经验，积极营造良好的舆论氛围。要深入宣传生鲜乳质量安全知识及相关法律法规，提高奶牛养殖者和奶站经营者的质量安全意识。发挥畜牧兽医技术支撑机构、科研院所和行业协会的技术优势，进村入户开展技术指导与服务，帮助养殖场户和奶站解决奶牛养殖、生鲜乳储存和运输过程中遇到的实际困难。宣传要做到报纸上有文字、广播上有声音，电视和网络上有图文，努力扩大宣传效应。

2010年是继续贯彻落实《乳品质量安全监督管理条例》、《奶业整顿和振兴规划纲要》的关键年，也是新的乳品安全国家标准颁布实施的第一年。农业部提出要实现“两个千方百计、两个努力确保”的目标任务，奶业作为重要的养殖业，乳品作为重要的菜篮子产品，既要千方百计保障生鲜乳的供应，同时也要努力确保不发生重大的生鲜乳质量安全事件，任务艰巨，需要我们坚持不懈的努力。希望大家畅所欲言，建言献策，为推动奶业振兴提出更多好的建议。

行业管理

2010年生鲜乳收购站清理整顿工作情况

农业部奶业管理办公室

为全面贯彻落实《乳品质量安全监督管理条例》和《奶业整顿和振兴规划纲要》，2010 年农业部继续开展了生鲜乳收购站清理整顿工作，在 2008 年和 2009 年工作基础上，进一步加大工作力度，指导各地深入开展生鲜乳收购站清理整顿。

（一）生鲜乳收购站清理整顿工作圆满完成

2010 年以来，农业部通过加强生鲜乳收购站日常监管，强化生鲜乳收购站清理整顿月度统计分析，定期通报清理整顿工作进展等措施，不断督促各地加快清理整顿工作步伐。5 月份，派出 5 个督导组赴黑龙江、内蒙古、贵州、陕西、山西等 5 个重点省区，对生鲜乳收购站清理整顿工作进行督查。6 月，组织召开全国生鲜乳收购站清理整顿扫尾工作座谈会，明确清理整顿任务完成的时限和要求。2010 年底，个体私营收购站和流动收奶点清理工作全部完成，全国共有生鲜乳收购站 13503 个，比清理整顿前减少 6890 个，减幅达 34%，所有生鲜乳收购站全部纳入监管，持证收购。

（二）生鲜乳收购秩序良好

2010 年 6 月，印发《农业部办公厅关于推进生鲜乳收购站清理整顿扫尾工作的通报》（农办牧[2010]26 号），指导各地建立生鲜乳收购站信息公开和购销合同备案管理制度，加强对生鲜乳收购环节的监管。针对一些地区奶源偏紧、个别非法收购站点出现反弹的情况，进一步畅通举报途径，加大对举报案件的查处力度，严肃整顿收购秩序。从全年来看，生鲜乳收购秩序良好，奶业生产形势整体保持平稳。

（三）生鲜乳收购站拉网式检查全面完成

2010 年 10 月，农业部印发了《关于开展全国生鲜乳收购站拉网式检查的通知》（农办牧[2010]48 号）。10 ～ 12 月，组织对全国生鲜乳收购站进行拉网式大检查，进一步加强对生鲜乳收购站的检查和抽检，加大对生鲜乳中违禁添加物的打击力度，实现收购站监督检查和抽样检测全覆盖。此次检查各地累计派出 130 多个检查小组、检查人员 9700 多人次，累计出动检查和执法车 3700 辆次，召开动员会及培训会近 115 场次，印发宣传资料 11.5 万份，抽检 1.29 万批次生鲜乳样品，三聚氰胺含量全部符合临时管理限量规定。检查奶站 1.3 万个，机械化挤奶率达到 87%，同比提高 6 个百分点，奶站基础设施建设、污粪无害化处理设施、挤贮奶配套设备配置、卫生等各项管理制度等不断完善，奶站标准化建设和管理水平明显提升。

2010年全国种公牛站生产情况

全国畜牧总站　刘海良　孙飞舟

（一）基本情况

2010年，有12个种公牛站取得了农业部核发的《种畜禽生产经营许可证》，其中原新疆维吾尔自治区畜禽繁育改良总站和天山畜牧昌吉生物工程有限责任公司合并成立了新疆天山畜牧生物工程股份有限公司。6个种公牛站完成体制改革工作，变更了单位名称。截至年底，全国共有42个种公牛站的《种畜禽生产经营许可证》在有效期限内，其中完成体制改革工作的种公牛站达37个。

1.人员构成　42个种公牛站共有人员1552人，其中技术人员891人，具有大专以上学历的756人，占技术人员总数的84.8%。技术人员中，192人具有高级职称，309人具有中级职称，297人具有初级职称。冻精产品质量检验员118人，执业兽医81人。

2.种公牛情况　共存栏种公牛3645头，涉及26个品种。采精种公牛存栏2743头。其中荷斯坦牛1398头，娟姗牛13头，乳肉兼用西门塔尔牛146头，褐牛60头，牦牛25头，奶水牛145头，三河牛32头；肉乳兼用西门塔尔牛463头，夏洛来牛188头，南德温牛67头，利木赞牛82头，德国黄牛30头，其他肉用品种种公牛94头。

后备种公牛存栏902头。其中荷斯坦牛407头，娟姗牛4头，乳肉兼用西门塔尔牛79头，褐牛20头，牦牛25头，奶水牛50头，三河牛51头；肉乳兼用西门塔尔牛130头，夏洛来牛22头，南德温牛28头，利木赞牛27头，德国黄牛16头，其他肉用品种后备种公牛43头。

3.冻精生产与推广　全年生产冻精4797.9万剂，头均生产冻精1.75万剂。其中荷斯坦牛生产冻精2772.6万剂，占57.8%，头均年产冻精1.98万剂；肉乳兼用西门塔尔牛生产855.5万剂，占17.8 %；夏洛来牛327.5万剂，占6.8%；乳肉兼用西门塔尔牛生产249.5万剂，占5.2%；利木赞牛131万剂，占2.7%；水牛116.4万剂，占2.4%；褐牛89.2万剂，占1.9%；其他品种种公牛生产冻精256.3万剂，占5.3 %。

推广销售冻精3771.1万剂，占生产总量的78.6%。其中荷斯坦牛2022.7万剂，占销售的53.6%；肉乳兼用西门塔尔牛784.7万剂，占20.8%；夏洛来牛257.7万剂，占6.8%；乳用西门塔尔牛176.8万剂，占4.7%；水牛115.7万剂，占3.1%；利木赞牛102.3万剂，占2.7%；其他品种牛冻精311.3万剂，占8.3%。

（二）取得的成绩

1.牛冷冻精液生产再上新台阶　2010年全国种公牛站存栏采精种公牛2743头，生产牛冷冻精液4798万剂，推广销售3771万剂，分别比上年增长8.1%、3.4%和8.9%，均达到历史最好水平。其中，荷斯坦采精种公牛存栏1398头，比2009年增加148头，占全部采精公牛的比重达51%，较2009年上升2个百分点。牛冷冻精液抽检合格率达到97.4%，继续保持良好的成绩。

2.种公牛质量进一步提高　2010年各种公牛站积极采取措施，努力提高种公牛质量。2010年共有39个种公牛站入选畜牧良种补贴项目，是2005年项目开展以来，入选数量最多的一次；验证荷斯坦种公牛数量，达310头，占入选荷斯坦牛总量的35%，比2009年提高了8个百分点；肉用种公牛选择除了考虑外貌评定等级以外，还将种公牛年龄列入评选指标，进一步促进种公牛的更新步伐。

3.生产性能测定工作扎实推进　2010年参加奶牛生产性能测定的能繁母牛已接近36万头，全国有600多头荷斯坦种公牛参加了后裔测定。中国奶业协会、北方后测联盟以及部分大型育种企业为后裔测定搭建了育种平台。2010年农业部发布《肉用种公牛生产性能测定实施方案》后，极大地激发了各种公牛站开展肉用种公牛生产性能测定工作的热情，全国32个饲养肉用种公牛的单位都开展了测定工作，其中25个种公牛站和部分种牛场上报了相关测定数据，为科学评价种公牛奠定了基础。

4.种公牛管理更加规范 按照农业部畜牧业司的要求，从2010年起，全国畜牧总站开始组织制作和发放种公牛电子耳标，收集种公牛冷冻精液样品、电子系谱和照片资料，以实现对全国种公牛的个体化管理。截至2010年底，已经制作电子耳标5000套，收集了3个种公牛站200余头份冷冻精液样品，以及2个种公牛站的60余头种公牛电子系谱和照片。目前，全国畜牧总站正组织制作种公牛网络化管理平台，使全国种公牛逐步纳入规范化管理。

（三）工作建议

1.加强制度建设，落实工作责任 目前种公牛站在管理方面还存在不负责任，或者责任落实不到位的种种现象，给种公牛站的发展和奶牛肉牛改良工作带来一定的危害。缺乏责任心是产生这些问题的主要原因。2007年《农业部关于加强种公牛站生产经营管理的指导意见》要求，要把体制、机制改革作为推进种公牛站建设和发展的动力来源。全国目前仍然有5个单位没有完成改制工作；部分已经完成改制的单位，在管理机制上仍然沿袭着改制以前的模式，职责不清、分工不明；还有的种公牛站虽然完成了改制，但没有按照企业机制运行，未能达到真正的效果。各种公牛站要继续深化改革，建立和完善适应发展要求、灵活高效、奖惩严明的管理体制和机制，切实把责任具体到每一件事，落实到每一个人。

2.加强生产性能测定，培育优秀种牛 2010年3月农业部《关于加强种畜禽生产经营管理的意见》强调，“2012年起，没有后裔测定成绩的奶用种公牛，2015年起，没有性能测定成绩的肉用种公牛不得参加畜牧良种补贴”。目前还有部分奶用种公牛尽管具有后裔测定成绩，但测定数据的数量和完整性都有待进一步提高；肉用种公牛的生产性能测定更需进一步加强。各种公牛站在选育后备牛时，要切实把好质量关，不要只顾扩大数量，而忽略了质量。要按照《中国荷斯坦牛种公牛后裔测定规范》和《肉用种公牛生产性能测定实施方案》的要求，按时组织测定，及时提交测定数据，使种公牛选择更加科学准确，满足奶牛肉牛改良工作的需求。

3.加强自身建设，深化售后服务 近年来，种公牛站在自身建设方面已经取得了长足的进步，固定资产不断增加、仪器设备不断更新、技术队伍不断扩大、种公牛质量不断提高。但是当前国内外的竞争日益加剧，种公牛站之间的差距不断扩大。各种公牛站要充分认识所面临的压力和挑战，进一步增强紧迫感，不断强化自身的能力建设，适应奶牛肉牛改良工作的新形势、新要求。要高度重视售后服务工作，根据奶牛、肉牛养殖户的需要，有针对性地组织技术培训和技术服务；充分利用自身的技术优势，协助当地畜牧部门制订选配计划；深入养牛场，帮助他们建立和完善牛的个体档案资料，解读生产性能测定报告，科学调整饲养方案，使养牛者获得更大的经济效益，种公站自身得到更好的发展。

2010年奶牛良种补贴项目总结

刘海良[①]　邓荣臻[②]　张桂香[①]

[①]全国畜牧总站　[②]农业部奶业管理办公室

为贯彻落实2010年中央1号文件精神，进一步推进我国奶牛品种改良工作，提高奶牛单产水平和养殖效益，促进奶业持续健康稳定发展，全国各项目单位认真制定实施方案并周密部署，加大项目监督检查力度，严格规范冻精招标采购程序，积极组织开展宣传培训，切实抓好奶牛良种补贴政策落实，各项工作稳步推进。

（一）基本情况

2010年奶牛良种补贴项目继续在全国31个省（区、市）实施，项目单位还包括4个计划单列市及新疆生产建设兵团、黑龙江省和广东省农垦总局。按照荷斯坦牛和娟姗牛每剂冻精补贴15元，其他品种每剂冻精补贴10元，每头奶牛2剂冻精的标准实行补贴。共补贴能繁母牛902

万头，投入资金2.6亿元，对796万头荷斯坦牛、娟姗牛全部实施良种冻精补贴；在广西、云南等9省（区）补贴43万头奶水牛；在内蒙古、吉林省8省（区、兵团）补贴27万头乳肉兼用西门塔尔牛；另外还对新疆及新疆兵团的26万头褐牛、青海5万头牦牛、内蒙古5万头三河牛实施了补贴。

（二）主要成效

奶牛良种补贴项目自2005年试点推行以来，补贴畜种、补贴范围逐年扩大，到2010年，累计补贴资金9.75亿元，改良奶牛2482.5万头，使270万户奶农直接受益，对加快我国畜牧业现代化进程，促进农民增收起到了重要作用。一是奶牛良种比例快速提高。全国奶牛良种覆盖率由项目实施前的不足30%提高到目前的50%以上，荷斯坦牛达到100%。二是奶牛生产性能显著提升。据监测对比639头成母牛及其改良后代女儿牛的产奶情况，305天产奶当量提高568千克，乳脂率和乳蛋白率分别提高0.14、0.05个百分点，犊牛初生体重增加3千克。三是奶牛良种选育能力不断提高。良种补贴项目增强了种公牛站自主培育种公牛的能力，2010年验证荷斯坦种公牛数量占推荐总数的35%，比2009年提高8个百分点。全国冻精抽检和普检合格率均达到96%以上。四是奶农增收得到有效保障。据初步测算，2005年以来项目实施共带动奶农增收约85亿元。

（三）主要工作和取得的经验

1.加强组织领导，确保项目顺利实施　2010年年初农业部制定了《2010年奶牛良种补贴项目实施方案》，在认真分析我国奶业生产形势基础上，准确划定补贴范围及数量，严格规范补贴程序，并要求地方根据实际情况细化项目实施方案，加强自身项目管理。各省成立了项目领导小组，负责项目组织、协调工作。建立起农业、财政两个部门联合采购，专家统一把关选牛，招标公司组织竞争谈判的工作机制。内蒙古、河北等奶业主产省区还聘请行业内知名专家，成立项目技术联合专家组，专门负责项目实施方案制定，指导科学选种选配，防止近亲繁殖，提高奶牛育种质量。为加强社会监督，一些地方财政和畜牧部门还设立了监督举报电话，进一步提高了项目的公开度和透明度。

2.强化监督检查，严格规范项目操作　按照《奶牛良种补贴资金管理办法》（财农[2007]164号）等有关文件规定，对项目执行和资金使用实行严格管理。上半年对参加奶牛良种补贴项目的44个种公牛站和38个项目单位进行了专项检查，要求有关单位对项目执行情况和资金使用情况进行全面自查，并在6月份联合部财务司派出5个工作组对黑龙江、辽宁、河南、陕西、宁夏、四川、安徽、云南、甘肃、广西等10个省区进行了重点督查，及时发现问题，向有关项目单位下发了限期整改通知，要求切实加快冻精招标采购和资金结算进度，加强冻精台账管理，及时改正坐收坐支冻精差价款、超限额采购本省冻精等违规行为。

3.加强选种检测，切实提高冻精质量　一是严格挑选项目用种公牛。组织有关专家，对参加申报种公牛严格把关，确保入选公牛品质。同时，还将经过后裔测定的310头验证公牛推荐为项目用种公牛，调动各地种公牛站自主培育种公牛的积极性。二是开展种公牛冻精普检。在公布项目用种公牛之前，对每头牛的冻精质量进行检测，利用换发种公牛站生产经营许可证的机会，再对种公牛站的公牛冻精普检1次。三是加强项目使用冻精抽检。对38个项目实施单位项目用奶牛冷冻精液进行了质量抽检。共抽取554头种公牛冷冻精液样品864份，抽检合格率97.4%，比2009年提高1个百分点。

4.开展宣传培训，加大项目推广力度　6月和7月分别在山东省和西藏自治区举办了2期全国奶牛良种补贴项目管理与技术培训班，对260余名项目管理人员进行了培训，普及奶牛人工授精、选种选配、编号、系谱档案建立和信息化管理等方面的知识。4月和5月在南京和北京对参加奶牛良补的种公牛站的130多名技术人员进行了的技术培训。12月在广西对南方14个水牛主产区的管理技术人员进行了奶水牛良种补贴项目工作的专门培训，收到了很好的效果。另外，向各地奶农发放了5万余份奶牛科学饲养管理的宣传挂图，加大项目推广力度，方便奶农学习科学育种知识。

5.做好基础工作，确保项目实施效果　一是加强配种管理。指导各地制定配种服务管理办法，建立配种员人员管理档案，严格执行配种员持证上岗制度，统一配种服务收费标准。推动项目单位与配种站点、配种员签订责任状。 二是加强改良效果评估。指导各项目实施单位做好奶牛改良记录以及佩戴耳标、建档立卡等基础工作，及时汇总和分析后代女儿牛的生产性能数据，做好项目实施效果评估工作。三是加强冻精出入库管理。要求各项目单位制定冻精入出库管理制度，建立冻精发放管理数据库，安排专人负责冻精入出库管理，对发放的冻精全部登记造册，规范冻精入出库管理。

2010年生鲜乳收购站机械设备购置补贴实施情况

农业部奶业管理办公室　农业部农机化管理司

为贯彻落实《国务院关于促进奶业持续健康发展的意见》（国发[2007]31 号）有关将挤奶机械纳入财政农机具购置补贴范围的要求。从 2009 年开始，中央财政在农机购置补贴中重点支持挤奶机械购置补贴，对生鲜乳收购站进行改造，更新挤奶机、贮奶罐和冷藏罐，提升生鲜乳收购站挤奶设备的现代化装备水平，提高生鲜乳质量安全水平。

按中央财政补贴比例在 30%以内、购机者负担 70%以上，单个机械补贴不超过 12 万元的补贴标准，2009—2010 年，中央财政共补贴 3.46 亿元，补贴挤奶机 1.04 万台（套），贮奶罐和冷藏罐 2800 个。其中，2010 年，中央财政补贴资金 1.27 亿元，补贴生鲜乳收购站机械设备购置 3790 台（套）。其中，挤奶机 2903 台，补贴资金 0.98 亿元，平均每台补贴 3.38 万元；贮奶罐和冷藏罐 887 个，补贴资金 0.29 亿元，平均每个补贴 3.27 万元。

2010年奶牛标准化规模养殖场（小区）项目实施情况

农业部奶业管理办公室

为提高奶牛标准化规模饲养水平，转变奶牛饲养方式，促进奶业持续健康发展，根据《国务院关于促进奶业持续健康发展的意见》（国发[2007]31 号）有关开展奶牛标准化规模养殖补贴项目的要求和《奶业整顿与振兴规划纲要》（国办发[2008]122 号）有关推进奶牛规模化、标准化养殖的要求。从 2008 年开始，国家发改委会同农业部计划 5 年内（2008—2013）安排中央投资 25 亿元，用于支持奶牛标准化规模养殖小区（场）改扩建。

2010 年中央财政分别安排 5 亿元，补助涉及 28 个地区单位（省、区、市、兵团、农垦）的奶牛养殖场（小区）。中央财政主要对存栏 200 头以上的奶牛养殖场（小区）水电路、粪污处理、防疫、挤奶设施及饲草料基地建设等给予适当投资补助。年存栏 200 ～ 499 头的养殖场（小区），每个中央平均补助投资 50 万元；年存栏 500 ～ 999 头的养殖场（小区），每个中央平均补助投资 100 万元；年存栏 1000 头以上的养殖场（小区），每个中央平均补助投资 150 万元。

2011 年，国家对养殖场（小区）的存栏要求及相应补助标准进行调整，主要对存栏 300 头以上的奶牛养殖场（小区）投资补助。年存栏 300 ～ 499 头的养殖场（小区），中央补助投资 80 万元；500 ～ 999 头的养殖场（小区），中央补助投资 130 万元；1000 头以上的养殖场（小区），中央补助投资 170 万元。

2010年奶牛疫病扑杀补贴政策及其补贴情况

农业部兽医局防疫处　侯玉慧

为保证重大动物疫病和重要人畜共患病防控工作顺利开展，维护奶牛养殖业的健康持续发展，我国对发生口蹄疫疫情的奶牛采取扑杀病畜及同群畜的政策，对布病、结核病病牛和监测阳性的奶牛也采取扑杀政策，国家对因疫病扑杀的奶牛给予一定补助。2001 年，根据《国务院关于进一步加强动物防疫工作的通知》（国发[2001]14 号）精神，对因口蹄疫扑杀的奶牛给予补助。2007 年，根据国务院印发《国务院关于促进奶业持续健康发展的意见》（国发[2007]31 号），将患布氏杆菌病、结核病而强制扑杀的奶牛，列入畜禽疫病扑杀补贴范围。2010 年，中央财政继续对因口蹄疫、布病和结核病扑杀的奶牛给予补助。

奶牛因疫病扑杀的补助经费按照《牲畜口蹄疫防治经费管理的若干规定》（财农[2001]77 号）执行。实行中央、地方财政补贴和群众承担相结合的办法。扑杀补助标准为3000 元/头。按标准，国家补助 80%，饲养户自己承担 20%，其中中央财政对一、二、三类地区分别补助 60%、50%、40%，地方财政分别补助 20%、30%、40%。

多年来各地都认真执行奶牛扑杀补助政策。发生口蹄疫疫情或发现监测阳性牲畜后立即采取应急措施，及时扑灭疫情，防止疫情扩散蔓延；对于奶牛布病结核病定期开展检测工作，对监测阳性的奶牛进行扑杀和无害化处理。各地兽医部门按照程序认真核实扑杀奶牛数量，申请财政补助经费并及时足额发放到养殖户手中。2010 年，国家对奶牛扑杀补助共计 16741.68 万元。

奶牛因疫病扑杀补助政策在重大动物疫病和人畜共患病防控中发挥了重要作用。一是提高了养殖户及时上报疫情和配合疫情处置的积极性，有助于及时发现、控制和扑灭疫情，减少疫情瞒报、漏报和私自处理病畜情况发生，保证了重大动物疫病防控工作顺利开展。2010 发生的所有口蹄疫疫情都得到及时有效处置，没有发生扩大蔓延。二是有助于养殖户及时淘汰布病、结核病的病牛和阳性牛，减少了农牧民感染布病、结核病的几率，减少了牛乳质量安全隐患，降低了布病、结核病传播风险，为公共卫生安全提供了保障。三是及时有效的控制疫情和淘汰布病、结核病阳性奶牛，保证了良好的养殖环境，防止奶农因动物疫病造成经济损失加重，提高奶农抵御消费市场波动的能力，为稳定奶业生产提供了保障。

农业部开展全国生鲜乳收购站拉网式检查①

农业部奶业管理办公室

为贯彻落实《国务院办公厅关于进一步加强乳品质量安全工作的通知》（国办发[2010]42 号）精神，加强生鲜乳质量安全监管，促进生鲜乳收购站标准化管理，农业部决定组织开展全国生鲜乳收购站拉网式检查。

（一）检查方式

各省（区、市）畜牧兽医（奶业）主管部门负责组织本省（区、市）所有生鲜乳收购站的拉网式检查工作。有关质检机构负责协助省级畜牧兽医（奶业）主管部门进行现场检查，负责所有

① 2010 年 10 月 11 日，农业部发出“关于开展全国生鲜乳收购站拉网式检查的通知”（农办牧[2010]48 号）。

生鲜乳收购站生鲜乳样品的抽样和检测。我部将根据情况派出工作组督查指导各省拉网式检查工作，并通报全国生鲜乳收购站拉网式检查情况。

（二）检查内容

1.现场检查 检查内容包括：1.检查生鲜乳收购站许可证、准运证以及生鲜乳交接单持有情况；2.挤（收）奶厅、贮奶间、化验室、设备间、更衣室、办公室等基础建设设施及污粪无害化处理设施是否完备；3.冷却、冷藏、低温贮运等设备配套情况，贮奶罐密封状况、内置搅拌装置的配备使用情况；4.化验、计量、检测仪器设备配置、使用及留样情况；5.工作人员是否有健康合格证明和体检记录，是否经过相关奶业法律法规、生鲜乳生产收购、卫生安全等的培训；6.挤奶操作等规范是否上墙，奶桶、奶杯消毒和清洗情况，贮奶灌内温度保持情况；7.卫生管理、质量安全保障、工作规程、培训教育、化学品管理等制度是否完善；8.生鲜乳收购、销售、检测等记录是否记录清晰、存档；9.库房、检测室等场所等是否有违禁物质，是否有掺杂使假的工具。

2.样品检测

（1）抽样要求。抽样按照《农业部关于开展2010年生鲜乳质量安全监测工作的通知》（农办牧[2010]1号）中《农业部生鲜乳质量安全监测工作规范》进行（见附件1）。样品从生鲜乳贮奶罐中抽取，每个生鲜乳收购站限抽1批次样品，每批次样品采集3份平行样。其中1份留给生鲜乳收购站，1份用于检测，1份用于留样复议（抽样方法及抽样单样式略）。

（2）检测内容。所有抽检的样品检测三聚氰胺，其中20%的样品检测碱类物质，10%的样品检测黄曲霉毒素M1。

①三聚氰胺：采用快速法进行初步筛选，快速方法的检出限不高于0.3mg/kg。检测结果高于0.3mg/kg的样品采用GB/T 22388-2008《原料乳与乳制品中三聚氰胺检测方法》第二法或第三法进行确证。确证结果大于2.5mg/kg判定为不合格，上报的检测结果为具体检测值。

②碱类物质：依据GB/T 5009.46-2003《乳与乳制品卫生标准的分析方法》进行检测，检出即判定为不合格。

③黄曲霉毒素M1：采用快速法进行初步筛选，快速方法的检出限不高于0.5μg/kg。检测结果高于0.5μg/kg的样品采用GB 5413.37-2010《食品安全国家标准 乳和乳制品中黄曲霉毒素M1的测定》第一法或第二法进行确证。确证检测值大于0.5μg/kg判定为不合格，上报的检测结果为具体检测值。

各省（区、市）畜牧兽医（奶业）主管部门和有关质检机构检查（检测）任务分配表见附件4。拉网式检查抽样和检测所需费用由我部财政专项经费安排。

（三）时间安排（略）

（四）有关要求

（1）各省畜牧兽医（奶业）主管部门要高度重视此次全国生鲜乳收购站拉网式检查工作，认真履行生鲜乳质量安全监管职责，周密安排，精心组织，明确责任分工，制定时间进度表，确保拉网式检查工作按时顺利完成。

（2）各省畜牧兽医（奶业）主管部门在检查中要根据本省（区、市）实际情况，采取突击检查、异地抽查等多种方式，确保检查取得实效。检查中要做好检查记录、留档备查，坚决取缔无证经营的奶站。要组织质检机构做好生鲜乳抽样和检测工作，要依据检查及检测结果，依法严肃查处违法违规经营和违禁添加行为。

（3）各质检机构要服从省级畜牧兽医（奶业）主管部门的总体部署，按时完成抽样和检测任务。要按照省级畜牧兽医（奶业）主管部门分配的地区进行抽样，加强配合。要严格遵守《农业部生鲜乳质量安全监测工作规范》的要求，确保抽样、检测、异议处理等程序合法。要及时向畜牧兽医（奶业）主管部门报告检测结果，配合做好执法工作。

产业政策与法规

产业政策

国务院要求进一步加强乳品质量安全工作

2010年9月16日，国务院办公厅发出《关于进一步加强乳品质量安全工作的通知》（国办发〔2010〕42号），要求切实加强乳品质量安全工作，严格乳品质量安全监管，提升乳品质量安全水平，保障人民群众身体健康。

（一）严把生产经营许可关

1.严格乳制品行业管理 各省（区、市）要认真执行乳制品工业产业政策，对新建和改（扩）建乳制品工业项目严格进行核准，突出对起始规模、配套奶源基地、布局合理性和出资人必备条件的审核，防止盲目投资和重复建设；不符合条件的项目，不得予以核准。对已建乳制品工业项目，要于2010年年底前组织完成重新审核清理工作，届时达不到有关行业核准条件的，由质检部门依法注销生产许可证。

2.严格乳制品生产许可 要按照从严管理的原则，进一步严格乳制品生产许可审查条件，禁止以承包、转包或租赁乳制品生产企业等方式逃避监管，禁止将乳粉再还原生产乳粉，依法严格限制乳粉分装生产行为。质检总局要于2010年10月底前修订完成乳制品生产许可审查细则。对新建乳制品生产企业，省级质检部门要严格审核把关，不符合条件的一律不予发放生产许可证；对已获得生产许可证的企业，要于2011年2月底前按照修订后的生产许可审查条件进行重新审核，对不符合条件的企业责令停止生产销售、限期整改；整改不合格的，依法撤销或吊销其生产许可证并公告名单；对撤销或吊销生产许可证的企业，当地政府要采取吊销营业执照、收回税务发票、拆除设备设施等措施，防止企业非法开工生产。

3.加强生鲜乳收购运输许可管理 畜牧兽医主管部门要加强对生鲜乳收购站和运输车辆的许可管理，严格审核相关资质和条件，禁止向经工商登记的乳制品生产企业、奶畜养殖场、奶农专业生产合作社之外的单位和个人发放许可证；鼓励通过并购重组等方式推动生鲜乳收购站的标准化建设。对已被责令关停的生鲜乳收购站，要采取封存、拆除设备设施等措施，防止其暗自收购，并将关停信息及时通报同级质检部门及辖区内的奶牛养殖户和乳制品生产企业。

4.强化乳制品流通许可管理 工商部门要细化和完善乳制品流通许可制度，进一步明确对乳制品经营单位的资质要求；将乳制品列为食品流通许可项目核定类别单独审核，严格按照许可项目登记营业执照的经营范围；发现销售三聚氰胺超过临时管理限量值乳制品的，一律依法吊销流通许可证。对未取得流通许可非法经营乳制品的，要依法进行处罚。

5.严格三聚氰胺生产流通管理 工业和信息化部要尽快会同工商总局等有关部门制定三聚氰胺生产流通管理办法，进一步完善和落实三聚氰胺生产企业出厂销售用户登记制度、承诺制度和销售台账制度，并在从三聚氰胺批发商到零售商的流通全程建立销售实名登记等制度，防止三聚氰胺产品及其废料流向食品生产加工企业和饲料生产加工企业。

（二）强化检验检测和监测评估

1.加强对生鲜乳、原料乳粉和奶畜饲料的检验 畜牧兽医主管部门要以非企业自建生鲜乳收购站和生鲜乳运输车辆为重点，加大对生鲜乳的抽检频次和范围，对饲料加工厂、奶畜养殖场的奶畜饲料加强监督抽检。食品加工企业对购入的生鲜乳和原料乳粉要批批进行三聚氰胺检验，并严格执行索证索票制度。当地质检部门要对企业购入的生鲜乳、原料乳粉加强监督抽检，抽检比例不得少于所有批次的15%。

2.加强乳制品出厂和流通环节的检验 乳制品企业必须对每批出厂产品进行三聚氰胺等检验。当地质检部门要对企业出厂产品每周进行抽检。各地工商、食品药品监管部门要加大对流通和餐饮服务环节乳制品、含乳食品质量安全的抽检范围和频次。

3.切实做好风险监测和评估 卫生部要会同有关部门强化监测手段，合理布局食品安全风险监测点，重点加大对乳品中三聚氰胺等危害人体健康物质的监测频次；有关部门要及时向卫生部通报抽检、监测信息，卫生部要及时汇总分析相关疾病信息和抽检、监测信息，一旦在乳品中发现其他可能危害人体健康的物质，要立即组织风险评估，科学发布预警；各相关部门要采取有效措施，尽早消除隐患，防止演变为系统风险。

4.切实提高检验效率 地方各级政府要结合本地实际，统一调配检验资源，促进资源共享和信息互通，集中力量做好重点环节、重点企业、重点产品的监督检验。各类抽检要随机进行，不得事先告知企业，特别要加大对中小企业的检查力度。农业、质检部门要建立健全本系统乳品质量安全异地抽检制度。要不断健全相关标准，完善检测方法，加快推广三聚氰胺等非食用物质的快速检测技术，提高检验质量和效率。

（三）完善乳品追溯制度

1.建立健全验证验票查询系统 质检、工商、商务部门要加快建立全国统一的乳制品生产经营单位信息数据库，详细收录包括银行开户名和账号在内的相关信息，从2011年6月开始向有关乳制品进货单位提供验证验票查询服务。相关检验机构要在检验报告上注明查询方式，并向有关进货单位提供查询服务。

2.完善进货查验制度 农业、商务、工商、质检、食品药品监管等部门要进一步细化对乳品生产经营记录和进货查验的具体要求，并做好各环节的衔接，增强记录的可追溯性。食品生产经营单位在购入乳制品时，应核实销售乳制品的生产企业、经营单位、检验报告、发票等方面的信息，不得购入无法验证真伪的产品，确保购入产品来源正规、渠道可靠；需要质检、工商部门和有关检验机构协助确认供货者资质以及产品合格证明文件的，相关部门和机构应协助提供所需信息。发现虚假票证的，食品生产经营单位要立即向当地有关监管部门报告。监管部门发现乳品生产经营单位未按规定记录、造成产品无法准确溯源的，或未验证产品真伪即购进的，情节严重的依法责令停产停业，直至吊销许可证。

3.建立电子信息追溯系统 质检总局、工商总局、农业部、商务部、食品药品监管局要会同有关部门抓紧研究以婴幼儿配方乳粉和原料乳粉为试点推行电子信息追溯系统，实现从奶源、采购、生产、出厂、运输到销售终端的全程有效监管，确保对产品在任何环节都能快速辨别真伪。2011年年底前完成婴幼儿配方乳粉和原料乳粉电子信息追溯系统建设和相关标准、法规的制定，并逐步在乳品行业推行电子信息追溯系统。

（四）强化婴幼儿配方乳粉监管

1.加大危害分析与关键控制点体系审核力度 质检部门要根据《乳品质量安全监督管理条例》等的有关规定，组织对婴幼儿配方乳粉生产企业推行危害分析与关键控制点体系情况进行全面检查审核，对达不到要求的企业，立即责令停业、限期整改，整改后仍达不到要求的，依法吊销生产许可证，并在当地主要媒体上公告。

2.严格落实驻厂监督制度 各市、县级政府要指定监管部门对辖区内婴幼儿配方乳粉生产企业派员驻厂监督，监督、指导企业落实质量安全主体责任，特别要监督企业对进厂原料和出厂产品批批检验，保障婴幼儿配方乳粉质量安全。质检总局等有关部门要加强监督指导，确保驻厂监督制度落实到位。

3.强化流通环节监管 各地工商部门要加大对婴幼儿配方乳粉经营单位的监督检查力度，以婴幼儿配方乳粉批发企业、大中型超市为重点对象，明确监管责任人，实行每周抽检；对小超市、食杂店、零售商等经常抽检。质检部门要将所有婴幼儿配方乳粉生产企业及产品名录上网公布并及时更新；工商部门要督促所有婴幼儿配方乳粉经营单位严格按照公布的生产企业和产品名录进货，对不在名录内的婴幼儿配方乳粉要立即检查、发出消费警示，并追查来源、依法打击。

（五）加大对非法生产经营乳品行为的打击惩处力度

1.全面清剿非法生产经营乳品“黑窝点” 在省级政府统一领导下，各市、县要明确政府分管负责人牵头，统筹协调有关部门，全面彻底清剿非法生产经营乳品“黑窝点”、非法制售三聚氰胺及其调和物“黑窝点”以及藏匿三聚氰胺超过临时管理限量值乳粉“黑窝点”；要保持高压打击态势，对农村及城乡结合部、城镇临时建筑、出租库房等重点区域进行经常性排查，及时发现、取缔各类“黑窝点”。辖区内出现“黑窝点”且未被及时清剿的，或发现仍有藏匿三聚氰胺超过临时管理限量值乳粉未被清剿且重新流入食品生产、经营、消费环节的，要严肃追究当地政府和有关部门负责人的责任。

2.加大案件侦办力度 食品生产经营单位及食品检验检测机构在乳品或含乳食品中检出三聚氰胺等非食用物质的，要立即向监管部门报告，监管部门要及时查清来源；检出三聚氰胺超过临时管理限量值的，有关监管部门要立即向当地政府报告，并向当地公安机关及有关部门通报。公安机关要及时介入，对涉嫌犯罪的要迅速立案侦查；对跨省份的案件，公安部要挂牌督办。地方政府要加强统一领导，由政府负责人统筹协调案件查处工作，确保部门工作衔接顺畅，案件查处及时有力。

3.加大惩处力度 要加强行政执法与刑事司法的衔接，加大对乳品生产经营违法犯罪行为的刑事处罚力度。农业、工商、质检、食品药品监管等部门要尽快研究制定有关规定，对违法生产经营乳品的责任单位和人员在法律法规规定的幅度内从重进行行政处罚。

4.充分发挥社会监督作用 各地区、各有关部门要建立健全食品安全有奖举报制度，切实落实对举报人的奖励，保护举报人合法权益，特别要鼓励生产经营单位内部人员举报和提供线索；逐步建立食品安全协防员、信息员队伍，构建食品安全投诉网络。要支持新闻媒体开展舆论监督，畅通信息交流渠道，高度重视、认真研究处理新闻媒体反映的食品安全问题，及时发布权威信息，同时要引导媒体客观公正报道，防止不实炒作。

（六）严格落实乳品质量安全各方责任

1.企业要切实履行食品安全主体责任 乳品及含乳食品生产经营单位要完善质量安全控制体系，严格执行进货查验、生产经营记录、检验检测、停开业报告、产品召回和质量安全自查自纠制度，配备专兼职食品安全管理人员，加强从业人员质量安全培训，进一步提高守法意识和诚信意识，提高质量安全管理能力和水平。工业和信息化、商务等部门要研究制定激励惩戒措施，积极推动乳品生产经营单位诚信体系建设。有关监管部门要抓紧建立所有乳品生产经营单位信用档案，及时向社会公告违法企业及其法定代表人“黑名单”，同时向投资、国土资源、建设、银行、证券等主管部门通报，对其投资、用地、融资、信贷等予以严格限制。

2.地方政府对本地区乳品质量安全负总责 地方各级政府要建立健全乳品质量安全监管责任制，明确政府负责人及有关部门的职责；要将乳品质量安全监管列为食品安全监管的重点，切实加大人力、财力投入，依法落实各项监管及检验监测经费，保障乳品质量安全监管工作正常开展。省级财政要切实做好质监、工商等省以下垂直管理部门的相关经费保障工作。市、县级政府要进一步完善和落实对乳制品企业的政府及相关部门领导定点包厂质量安全负责制，根据日常监管情况和诚信记录，确定本地区重点乳品生产经营单位名单，明确有关部门对其实施重点监管。要将定点包厂负责人、“黑窝点”清剿负责人、驻厂监督员等责任人名单和监管及检验监测经费保障办法、重点生产经营单位监管办法等报上级政府。对工作落实不力的，严肃追究责任。

3.有关部门要各负其责、密切配合 农业、卫生、工商、质检、食品药品监管等有关部门要切实依法履行监管职责，密切协调配合。各级食品安全综合协调机构要加强综合协调和督查指导。发展改革委、财政部要会同有关部门研究制定相关规划，加快基层农业、工商、质检、食品药品监管等部门快速检测能力建设。中央财政要在保证本级乳品质量安全监管经费的同时，继续加大对地方特别是中西部地区的支持力度。监察机关要加大行政监察和问责力度，对监管中的失职、渎职等行为，依法依纪严肃追究相关责任人的责任。

全国畜牧业发展第十二个五年规划（2011—2015）①

畜牧业作为我国农业农村经济的支柱产业，对保障国家食物安全，增加农牧民收入，保护和改善生态环境，推进农业现代化，促进国民经济稳定发展，具有十分重要的现实意义。为进一步促进畜牧业持续健康发展，根据《国民经济和社会发展第十二个五年规划纲要》和《全国农业和农村经济发展第十二个五年规划》，制定《全国畜牧业发展第十二个五年规划（2011—2015）》。

（一）畜牧业发展基本形势

1.发展成就 党中央、国务院高度重视畜牧业发展，“十一五”期间，连续出台了一系列扶持政策，不断加大基础设施投入，为畜牧业持续健康发展提供了强有力保障。五年来，畜牧业成功应对众多前所未有的挑战，畜牧生产稳步发展，饲料工业持续较快增长，草原保护与建设取得显著成效，为农业农村经济的持续健康发展做出了重大贡献。

（1）综合生产能力持续增强。2010年肉类产量7925.8万吨，比2005年增长14.2%，连续21年居世界第一；禽蛋产量2762.7万吨，增长13.4%，连续26年居世界第一；奶类产量3748万吨，增长30.8%，居世界第三位。畜牧业综合生产能力不断增强，充分保障了城乡居民“菜篮子”产品供给。

（2）产业素质稳步提升。2010年，全国年出栏500头以上生猪、存栏500只以上蛋鸡和存栏100头以上奶牛规模化养殖比重分别达到35%、82%和28%，比2005年分别提高19、16和17个百分点，标准化规模养殖快速发展。以原种场和资源场为核心，扩繁场、改良站为支撑，检测中心为保障的畜禽良种繁育体系基本形成并不断完善。畜牧业科技进步贡献率从2005年的49%提高到2010年的52%，产业技术水平明显提升。生猪、蛋鸡和奶牛优势省区猪肉、禽蛋和牛奶产量分别占全国总量的92.0%、67.7%和88.3%，畜牧业主产区产业优势明显。畜牧业农民专业合作组织发展迅速，大型企业不断涌现，产业组织化水平不断提高。

（3）质量安全水平明显提高。2010年畜产品抽检合格率达99%以上。饲料产品质量抽检合格率达到93.9%，比2005年提高1.5个百分点，连续5年保持较高水平。生鲜乳三聚氰胺含量抽检合格率连续2年100%。畜产品质量安全水平的不断提高，为保障人民群众身体健康，维护社会和谐稳定做出了贡献。

（4）饲料工业快速发展。2010年工业饲料产量1.6亿吨，是2005年的1.5倍。主要饲料添加剂实现国产化，赖氨酸、维生素等产品在国际市场占据重要地位。饲料机械制造业专业化发展迅速，产品达数十个系列200余种，远销国际市场。饲料产业集中度进一步提高，年产50万吨以上的饲料企业或企业集团达30家，产量占全国总产量的42%，比2005年提高17个百分点。

（5）草原保护建设成效显著。全国禁牧休牧轮牧草原面积16亿亩，落实草原承包面积33.1亿亩，退牧还

① 本文为2011年9月2日农业部发布的关于印发《全国畜牧业发展第十二个五年规划（2011—2015）》的通知的摘要，农牧发[2011]8号文件的附件。

草工程和京津风沙源治理工程围栏封育草原面积9.3亿亩，项目区植被盖度提高12个百分点，草原牧区牲畜超载率降至30%，鼠虫害危害面积下降15个百分点。草原保护建设实现“重点突破、整体推进”，草原生态加速恶化的趋势得到初步遏制。

（6）产业地位进一步提升。2010年全国畜牧业产值2.08万亿元，比2005年增长56.5%。畜牧业发展带动了相关产业加快发展，创造了大量就业机会，有效促进了农牧民增收，部分畜牧业发达地区养殖业现金收入占农民现金收入达50%以上。2010年肉蛋奶人均占有量分别达到59.1千克、20.6千克、28.2千克，居民膳食结构和营养水平得到显著改善，有力保障了国家食物安全。

2.机遇和挑战 “十二五”时期，是我国畜牧业发展的战略机遇期和关键转型期，影响畜牧业发展的内外部环境发生深刻变化。国际金融危机影响尚未消除，全球供求结构出现明显变化；经济社会发展呈现新的特征，开始进入工业化、城镇化和农业现代化同步推进的历史阶段。现代畜牧业发展既面临着难得的历史机遇，又面对诸多的风险挑战。

（1）发展机遇

一是政策环境进一步优化。党中央、国务院高度重视畜牧业发展，制定出台了一系列方针政策和扶持措施，扶持政策体系初步形成。法律法规体系不断完善，宏观调控手段更加灵活。随着国家综合国力不断增强，强农惠农力度持续加大，畜牧业发展的政策环境将进一步优化，为现代畜牧业发展打下良好的基础。

二是发展方式转变面临新契机。“十二五”时期，是我国全面建设小康社会的关键时期，也是加速现代农业发展的攻坚时期，调整经济结构、转变发展方式已经成为社会共识。标准化、规模化、产业化的快速发展，为加快畜牧业发展方式转变创造了良好条件。畜牧业作为农业农村经济的支柱产业，已经成为各地加快现代农业建设的工作重点，加快转变畜牧业发展方式、建设现代畜牧业迎来新的发展机遇。

三是畜产品消费市场潜力较大。随着工业化和城镇化步伐的加快，我国城乡居民畜产品消费需求出现新的变化。农村居民口粮消费继续下降，畜产品消费快速增加，城市居民畜产品消费不断升级，优质安全畜产品需求不断增加。我国未来每年新增人口约700万，农村人口城镇化数量约1200万，随着居民收入水平的不断提高，扩大内需和城乡统筹发展等战略深入实施，畜产品消费需求仍将继续刚性增长，将进一步带动畜牧业的发展。

四是畜牧业发展基础进一步夯实。我国畜牧业经过改革开放三十多年的快速发展，基础设施条件不断完善，综合生产能力进一步增强，产业素质大幅提升，科技支撑能力显著增强，公共服务体系不断完善，龙头企业带动作用明显加强，组织化程度逐步提高，现代畜牧业建设具有良好基础。

（2）面临的挑战

一是畜牧业发展方式仍然落后。当前我国畜牧生产中，小规模低水平的散养方式仍占相当大的比重，近40%的生猪由年出栏50头以下的散户提供，60%的奶牛由存栏20头以下的小户饲养。小户散养方式所固有的生产粗放、信息不灵、防疫条件差、标准化程度低、良种化程度不高等问题，严重制约了产业的持续健康发展。

二是保障畜产品质量安全压力加大。随着生活水平的不断提高，社会公众对畜产品安全的要求也越来越高，社会关注度空前加大。由于畜产品生产者素质参差不齐，部分生产者质量安全意识淡薄，非法使用违禁添加物的事件时有发生，对行业发展的冲击和影响很大。畜产品质量安全监管机制不健全，监管任务十分艰巨。

三是主要畜产品价格波动加剧。作为广大人民群众生活的必需品，肉蛋奶等主要畜产品的价格稳定事关城乡居民的切身利益，也是促进国民经济稳定运行的客观需要。但受畜产品生产特点和市场供求等因素的影响，畜产品价格呈波动态势。随着全球一体化进程的加快，国内外多重环境影响的传导联动日益加深，市场变化的放大效应还将进一步增强，畜产品价格波动的趋势仍将延续，为实施供给和价格调控带来巨大挑战。

四是资源紧缺问题不容忽视。随着畜牧业的快速发展，饲料粮需求增量将高于国内粮食预期增量，饲料资源紧缺将成为畜牧业发展的关键制约因素。作为饲料生产的重要原料，2010年我国进口大豆5480万吨，进口依存度达75%，鱼粉进口依存度也在70%以上；2010年饲用玉米用量超过1.1亿吨，饲用玉米已从供求平衡转向供应偏紧。同时，规模养殖用地难、用工难、融资难等问题也对畜牧业发展形成严重制约。

五是重大动物疫病防控形势依然严峻。国内重大动物疫病防控形势依然严峻，布病、结核病、包虫病等人畜共患病有所抬头，严重威胁畜牧业发展和公共卫生安全。外来疫病防控难度大，周边国家禽流感等重大动物疫情持续发生，对我国疫病防控的威胁在短期内难以有效缓解。病毒变异速度的加快，也使得动物疫病防控难度不断加大。基层兽医防疫队伍素质不高，执业能力参差不齐，兽医系统培训平台和执业兽医体系尚未完善，履行《动物防疫法》，职责任务难度大。

六是生态环境制约日益凸显。随着社会公众环保意识的不断提高，环境保护和污染治理等系列法律法规的出台，对畜牧业污染防控提出了更高要求。由于畜禽养殖污染处理成本偏高，部分畜禽养殖者粪污处理意识薄弱，设施设备和技术力量缺乏，畜禽养殖污染已经成为制约现代畜牧业发展的瓶颈。

七是草原保护建设任务艰巨。近年来，虽然保护草原生态环境的观念逐步增强，但草原生态总体恶化的局面仍未能根本改变。目前，全国90%以上的可利用天然草原出现不同程度退化，人草畜矛盾突出，重点草原牲畜超载问题严重，草原畜牧业生产力不断下降。

（二）指导思想、基本原则与发展目标

1.指导思想 以邓小平理论和“三个代表”重要思想为指导，深入贯彻落实科学发展观，按照高产、优质、高效、生态、安全的要求，始终坚持转变畜牧业发展方式“一条主线”，紧紧围绕保供给、保安全、保生态“三大任务”，着力构建畜禽标准化生产、畜禽牧草种业、现代饲草料产业、现代畜牧业服务、饲料和畜产品质量安全保障、草原生态保护支撑等“六大体系”，稳步提高畜产品综合生产能力，努力确保饲料和畜产品质量安全，加快提升草原生态保护建设能力和水平，为农业农村发展提供有力支撑。

2.基本原则 坚持发展标准化规模养殖。转变养殖观念，调整养殖模式，在因地制宜发展适度规模养殖的基础上，加快改善设施设备保障条件，大幅度提高标准化养殖水平，积极推行健康养殖方式，促进畜牧业可持续发展。

坚持优化结构布局。大力调整优化畜牧业结构和布局，突出支持主产区和优势区发展，稳定非主产区生产能力，科学规划，统筹安排，分步实施，保障畜牧业稳定发展。

坚持数量质量发展并重。加强畜牧业综合生产能力建设和各环节质量控制，转变发展方式，实现畜牧业生产发展与资源、生态环境及社会需求之间的动态平衡，促进畜牧业健康发展。

坚持推进农牧结合。充分利用种养业资源和产品可循环利用特点，推行种养结合的产业发展模式，促进种养业副产品的资源化利用，实现畜牧生产与生态环境的协调发展。

坚持科技兴牧。依靠科技创新和技术进步，突破制约畜牧业发展的技术瓶颈，不断提高良种化水平、饲料资源利用水平、生产管理技术水平和疫病防控水平，加快畜牧业发展方式转变，推动畜牧业又好又快发展。

3.发展目标 “十二五”时期，畜牧业生产结构和区域布局进一步优化，综合生产能力显著增强，规模化、标准化、产业化程度进一步提高，畜牧业继续向资源节约型、技术密集型和环境友好型转变，畜产品有效供给和质量安全得到保障，草原生态持续恶化局面得到遏制。

畜产品有效供给得到保障。到2015年，肉、蛋、奶产量分别达到8500万吨、2900万吨和5000万吨，羊毛产量达到43万吨，畜牧业产值占农林牧渔业总产值的比重达到36%。

质量安全水平进一步提升。饲料产品质量合格率达到95%以上，违禁添加物检出率控制在0.1%以下。生鲜乳收购站100%实现持证收购和标准化管理，生鲜乳质量安全保障机制更加健全。

畜牧业产业素质明显提高。到2015年，全国畜禽规模养殖比重提高10～15个百分点，存栏100头以上奶牛、年出栏500头以上生猪规模化养殖比重分别超过38%和达到50%；畜禽规模化养殖场（小区）粪污无害化处理设施覆盖面达到50%以上。畜禽良种繁育体系进一步健全完善，良种化水平明显提高。畜牧业组织化水平进一步提高，农民专业合作组织的经营规模和带动能力不断扩大和增强。

饲料工业稳步发展。到2015年，工业饲料产量达到2亿吨。年产50万吨以上的饲料企业或集团达到50家，饲料产量占全国总产量的比例达到50%以上。

草原生态加快恢复。到2015年，基本完成草原承包和基本草原划定工作，初步实现草畜平衡，草原生态持续恶化局面得到遏制，局部实现明显好转。草原围栏面积达到18亿亩，人工种草和改良草原累计保留面积达到4.5亿亩，全国40%可利用草原实行禁牧休牧和划区轮牧；天然草原超载过牧总体得到缓解，牲畜超载率降低10个百分点以上。

畜牧业科技支撑能力显著增强。到2015年，先进适用技术转化应用率大幅提高，科技创新与服务体系得到完善，畜牧业科技进步贡献率提高到56%以上；生猪出栏率超过140%，成年奶牛年平均单产超过5500千克；在品种培育、饲草料资源开发利用、标准化养殖、畜禽废弃物综合处理利用、草原保护建设、重大疫病防控、机械化生产等重大关键技术领域取得实质性进展。

（三）战略重点

科学谋划”十二五”畜牧业发展，必须统筹考虑，重点突破，加快推进现代畜牧业建设。

一是加快推进畜禽标准化生产体系建设。标准化规模养殖是现代畜牧业的发展方向。按照“畜禽良种化、养殖设施化、生产规范化、防疫制度化、粪污处理无害化”的要求，加大政策支持引导力度，加强关键技术培训与指导，深入开展畜禽养殖标准化示范创建工作。进一步完善标准化规模养殖相关标准和规范，要特别重视畜禽养殖污染的无害化处理，因地制宜推广生态种养结合模式，实现粪污资源化利用，建立健全畜禽标准化生产体系，大力推进标准化规模养殖。

二是加快推进现代畜禽牧草种业体系建设。种业是现代畜牧业发展的根本。按照“保种打基础、育种上水平、供种提质量、引种强监管”的要求，进一步加强对畜禽遗传资源的保护力度，完善畜禽育种机制，增强自主育种和良种供给能力，逐步改变畜禽良种长期依赖进口的局面。组织实施主要畜种的遗传改良计划，加大畜禽良种等工程建设力度，扩大畜牧良种补贴范围和规模，加快健全完善畜禽良种繁育体系，积极培育具有国际竞争力的核心种业企业，建设现代畜禽种业。加强基层畜禽良种推广体系建设，稳定畜禽品种改良技术推广队伍，建设新品种推广发布制度，加大新品种推广力度。加强草业良种工程建设，建立健全草种质资源保护、品种选育和草种质量监管体系，实施牧草良种补贴，加强草种基地建设，提高良种供应能力。

三是加快推进现代饲料产业体系建设。饲草料产业是现代畜牧业发展的基础。按照“提高门槛、减少数量，转变方式、增加效益，加强监管、保证安全”的原则，大力发展优质安全高效环保饲草料产品；着力规范饲草料生产企业，严格许可审查，坚决淘汰不合格的企业；鼓励饲草料生产企业竞合，建立饲草料行业诚信体系，推行生产全过程质量安全管理制度；统筹国际国内两个市场，加强饲草料资源开发利用，着力构建安全、优质、高效的现代饲草料产业体系。

四是加快推进现代畜牧业服务体系建设。完善的服务体系是现代畜牧业发展的有效保障。完善畜牧业监测预警体系，加大信息引导产业发展力度；深入推进畜牧技术推广体系改革和建设，研发和推广一批重大产业关键性技术；建立健全产销衔接机制，完善利益联结机制；建立健全畜牧业防灾减灾体系，提高畜牧业抗风险能力，实现畜牧业减灾促增收；强化公共防疫服务，提高服务质量和水平。

五是加快推进饲料和畜产品质量安全保障体系建设。饲料和畜产品安全是现代畜牧业发展的重点。严格饲料行政许可，提高饲料和饲料添加剂生产企业准入门槛。加强对生鲜乳收购站和运输车辆的许可管理，推动生鲜乳收购站标准化建设。大力实施饲料和生鲜乳质量安全监测计划，扩大监测范围，提高监测频次，对重点环节和主要违禁物质开展全覆盖监测。加快制定和实施畜牧、饲料质量安全标准；加强检验检测、安全评价和监督执法体系建设，强化监管能力，提高执法效能；全面实施畜禽标识制度和牲畜信息档案制度，完善畜产品质量安全监管和追溯机制。

六是加快推进草原生态保护支撑体系建设。草原生态保护是现代畜牧业发展的重要方面。按照“保护草原生态、转变发展方式、促进草畜平衡、推动转移就业”的要求，加大扶持力度，完善政策体系，构建草原生态保护建设长效机制；实施草原生态保护重大工程，稳定和完善草原承包经营制度，落实基本草原保护、禁牧休牧轮牧和草畜平衡制度；加强草原执法监督和技术推广体系建设，提高人员素质，改善物质装备条件，增强执法监管和服务能力。

（四）区域布局

1.总体布局 从我国未来发展趋势看，畜产品生产要围绕稳定畜产品供给，优化畜产品结构，提高优势产区供给率，稳定销售区域自给率。 在区域布局上，生猪和家禽生产向粮食主产区集中；奶牛养殖仍以北方为主，加快南方发展；肉牛生产以牧区与半农半牧区为主要繁殖区，粮食主产区集中育肥；肉羊生产坚持农区牧区并重发展，绒毛羊养殖以东北、西北地区为主。 继续加强北方草原的保护建设，加大南方草山草坡开发利用，在有条件的地区积极发展草原畜牧业。饲料工业要进一步提高东部，稳定发展中部，加快发展西部。

2.主要畜种布局及发展重点 根据我国不同区域的资源禀赋、产业基础、养殖传统、供求关系，按照“突出区域特色，发挥比较优势，促进产业集聚，提高竞争能力”的原则，确立主导品种区域重点，因地制宜发展畜禽养殖业。

生猪:（略）

肉牛:（略）

肉羊:（略）

肉禽:（略）

蛋禽:（略）

奶牛：建设东北内蒙古产区、华北产区、西部产区、南方产区和大城市周边产区等五大奶业产区，大力推进奶牛标准化规模养殖，加强奶源基地建设，推动南方奶水牛产业发展。加快实施奶牛遗传改良计划，做好良种登记和奶牛生产性能测定等基础性工作，建立苜蓿等优质饲草料基地，提高机械化挤奶率。净化奶牛群体重大疫病，强化生鲜乳质量安全监管。积极推进学生饮用奶计划，促进乳制品消费。

绒毛用羊:（略）

特色养殖:（略）

3.饲料工业布局 “十二五”时期，根据不同区域资源禀赋、养殖业基础及发展方向，进一步优化饲料工业布局，促进东部、中部、西部和东北等不同地区饲料工业协调发展。

东部地区：包括山东、江苏、河北、北京、天津、上海、浙江、福建、广东、海南等10省（市）。立足市场、资金、交通和技术优势，重点发展高技术、高品质、高附加值的饲料、饲料添加剂产品和饲料机械。江苏、浙江、山东等地进一步巩固化工类添加剂生产能力，提高生产技术水平。

中部地区：包括山西、河南、安徽、湖北、湖南、江西等6省。立足饲料资源丰富、养殖业基础好、劳动力密集等优势，大力发展饲料原料和饲料加工业，促进粮食等饲料资源就地转化增值。着力推进饲料企业整合融合，培育市场占有率高、管理水平先进的大型饲料企业或企业集团。

西部地区：包括陕西、内蒙古、宁夏、甘肃、青海、新疆、西藏、四川、重庆、云南、贵州、广西等12省（区、市）。发展人工种草和饲草加工业，加快开发与草食动物舍饲、半舍饲养殖配套的配合饲料、浓缩饲料和精料补充料产品，提高配合饲料使用率，积极推进牧区畜牧业转型发展和南方草山草坡资源合理开发利用。

东北地区：包括黑龙江、吉林、辽宁三省。立足饲料饲草资源丰富的优势，大力发展饲料原料和饲草产业，稳定发展发酵类饲料添加剂产品和浓缩饲料产品，进一步推进秸秆养畜，提高饲料产品普及率，促进粮食就地转化增值。

4.草原保护建设布局 坚持生态优先，大力推进草原保护建设，积极发展现代草原畜牧业，因地制宜采取政策措施，加强分类指导和协调。

北方干旱半干旱草原区：该区位于我国西北、华北北部以及东北西部地区，涉及河北、山西、内蒙古、辽宁、吉林、黑龙江、陕西、甘肃、宁夏和新疆等10个省（区），是我国北方重要的生态屏障。发展重点为治理退化草原，恢复草原植被，改善草原生态，提高草原生产能力，促进农牧民脱贫致富。重点实施退牧还草、风沙源草原治理、草业良种和草原防灾减灾等工程。

青藏高寒草原区：该区位于我国青藏高原，涉及西藏、青海全境及四川、甘肃和云南部分地区，是长江、黄河、雅鲁藏布江等大江大河的发源地，是我国水源涵养、水土保持的核心区。发展重点为修复草原生态系统，恢复草原植被，维护江河源头安全，保护生物多样性，改善农牧民生产生活条件。重点实施三江源生态保护工程、退牧还草、草原防灾减灾、草原自然保护区建设和游牧民定居等工程，推行草畜平衡制度，建立符合高寒草甸实际状况的科学放牧模式，加快草原畜牧发展方式转变。

东北华北湿润半湿润草原区：该区主要位于我国东北和华北地区，涉及北京、天津、河北、山西、辽宁、吉林、黑龙江、山东、河南和陕西等10省（市）。重点加强草原监督管理，遏制乱开滥垦、乱采滥挖等违法行为，落实草畜平衡政策，坚持保护、建设和利用并重，加大建设力度，全面推行休牧和划区轮牧，实现生态与增收双赢。重点实施草地开发利用等工程，大力发展人工种草，加强天然草原改良，发展草原畜牧业和草产业，拓宽农牧民增收渠道。

南方草地区：该区位于我国南部，涉及上海、江苏、浙江、安徽、福建、江西、湖南、湖北、广东、广西、海南、重庆、四川、贵州和云南等15省（市、区）。发展重点为合理开发利用草地资源，积极发展草地农业和草地畜牧业；加快岩溶地区石漠化草地治理，恢复植被，减少水土流失。重点实施岩溶地区石漠化草地植被恢复工程和草地开发利用工程。对植被遭到破坏、水土流失严重的石漠化地区草地，采取草地改良、围栏封育、种草养畜等措施进行综合治理；改良天然草地，积极发展人工种草，推行草田轮作和冬闲田种草养畜，强化草畜配套，发展高效草地农业。

（五）重大工程

1.畜禽标准化规模养殖工程 加大“菜篮子”产品标准化生产扶持力度，继续实施生猪、奶牛标准化规模养殖场（小区）建设项目，力争扩大项目实施范围，对畜禽养殖优势区域和畜产品主产区的生猪、奶牛、肉牛、肉羊、蛋鸡和肉鸡规模养殖场（小区）基础设施进行标准化建设，重点抓好畜禽圈舍、水电路、畜禽标准养殖档案饲养与环境控制等生产设施设备建设。启动实施草原牧区生产方式转变工程。通过项目实施，加快提升畜禽养殖标准化规模化水平，促进畜牧业发展方式转变，保障畜产品有效供给。

2.畜禽良种工程 继续实施畜禽良种工程建设，进一步增强良种供种能力，强化遗传资源保护利用，推进畜禽优良品种选育，保障我国畜禽良种数量和质量安全。重点支持畜禽原种场、种公畜站、西部地区扩繁场和精液配送站建设，扶持畜禽遗传资源保护场、保护区和基因库的基础设施建设，支持畜禽新品种（系）选育，建设种畜禽生产性能测定中心和遗传评估中心。通过项目实施，加快畜禽良种繁育推广，健全国家畜禽遗传资源保护体系，增强畜禽新品种选育培育能力，完善种畜禽生产信息和质量监测体系。

3.饲料和生鲜乳质量安全保障工程 按照统一协调、突出重点、各有主攻、优势互补的原则，着力加强饲料质量安全保障能力建设，重点进行饲料安全评价基地、饲料安全检测和饲料安全监督执法等工程项目建设，建立安全评价、检验检测、监督执法三位一体、部省市县职能各有侧重的饲料安全保障体系，基本满足饲料管理部门依法履行饲料质量安全职责、保障动物性食品生产源头安全的需要。针对我国生鲜乳收购站点多面广，监管基础薄弱等突出问题，大力推进生鲜乳质量安全监管能力建设。重点建设国家级生鲜乳质量安全检验检测中心、区域级和省市级生鲜乳质量安全检验检测中心和县级生鲜乳质量安全检验监督站，改善基础设施条件，配备检验检测设施设备。通过工程项目建设，提高生鲜乳质量安全监管能力，保障生鲜乳质量安全。

4.饲草料资源高效利用工程 继续实施秸秆养畜项目，在秸秆资源丰富和牛羊养殖量较大的粮食主产区，扶持开展秸秆养畜联户示范、示范场和青贮饲料专业化生产示范建设，重点支持建设秸秆青贮氨化池、购置秸秆处理机械和加工设备、畜禽养殖和秸秆饲料加工基础设施改造以及畜禽品种改良，增强秸秆处理饲用能力，加快推进农作物秸秆资源化利用进程。推动实施优质牧草基地建设工程，支持建设百万亩苜蓿生产基地，提高优质粗饲料供给水平。支持建设饼粕、糟渣、糠麸等粮油食品工业副产品和草产品优质化加工处理示范基地，为饲料工业提供优质原料。支持建设主要畜禽品种的饲料生物学效价评价基地，提供测料配方服务，推广精准饲养技术。

5.草原保护建设工程 大力开展草原生态保护建设，实施退牧还草、草原防灾减灾和南方草地保护建设等工程，建设草原围栏，推进草原改良和人工种草。继续实施退牧还草工程，加大实施力度，完善建设内容，科学合理布局草原围栏，加快重度退化草原的补播改良，恢复草原植被。推进草原防灾减灾工程，加强草原灾害监测预警体系、防灾物资保障体系及指挥体系等基础设施建设，提高灾害防治应急反应能力。实施草原防火工程，建设物资储备库、防火站、指挥中心和防火隔离带等设施设备；加大草原鼠虫害防治力度，建设监控中心、应急防治物资储备库等设施设备。启动实施草原自然保护区建设工程，对具有代表性的草原类型、珍稀濒危野生动植物以及具有重要生态功能和经济科研价值的草原进行重点保护。扩大游牧民定居工程实施范围，适当提高补助标准。实施南方草地保护建设工程，通过草地改良、人工种草等措施，合理开发草地资源，因地制宜发展草原畜牧业，促进草地植被恢复与草原畜牧业协调发展。启动实施内蒙古及周边牧区草原畜牧业提质增效示范工程、新疆牧区草原畜牧业转型示范工程、青藏高原牧区特色畜牧业发展示范工程。结合国家生态保护和修复重点工程的实施，抓好京津风沙源治理区、黄土高原地区综合治理区、西藏生态安全屏障保护与建设项目区、三江源自然保护区、祁连山水源涵养区、甘南黄河重要水源补给生态功能区和青藏高原东南缘生态环境保护区等地区的草原保护与建设项目的组织实施，恢复和改善草原生态环境，维护国家生态安全，促进草原地区经济社会持续健康发展。

（六）重大政策

1.加大财政支持力度 深入实施草原生态保护补助奖励政策，通过禁牧补助、草畜平衡奖励、生产性补贴和绩效考核奖励等方式，保护草原生态，推进草原畜牧业发展，促进牧民增收。继续实施畜牧良种补贴政策，加大补贴力度，扩大补贴范围，加快畜禽良种化进程。继续对畜禽养殖和牧草生产机械购置给予补贴，加快推进畜牧业生产机械化。强化畜禽牧草种质资源保护，持续增加资源保护经费，保护畜禽牧草种质资源多样性，推进畜禽牧草育种工作。深入开展畜禽标准化示范创建活动，增加标准化养殖扶持政策投入，推进标准化规模养殖。加大对畜禽优势产区的支持力度，扩大生猪调出大县奖励资金规模和范围。增加饲料和生鲜乳质量安全监管经费，加大抽检频次，提高饲料和生鲜乳质量安全水平。支持开展草原防火隔离带建设、物资储备和草原鼠虫害及毒害草防治，提高草原防灾减灾能力。继续支持开展畜牧业信息监测预警工作，及时掌握生产、生态、价格等信息，为宏观决策提供信息支撑。

2.强化金融保险政策支持 加强政策引导，拓宽畜牧业融资渠道。运用财政贴息、补助等方式，引导各类金融机构增加对畜牧业生产、加工、流通的贷款规模和授信额度，鼓励有条件的地方设立畜牧业贷款担保基金、担保公司，为养殖加工龙头企业融资提供服务；创新金融担保机制，支持采取联户担保、专业合作社担保等方式，为养殖场户提供信用担保服务；优化发展环境，鼓励民间资本以多种形式进入畜牧行业。按照“政府引导、政策支持、市场运作、投保自愿”的原则，稳步扩大生猪、奶牛等政策性农业保险试点范围，探索建立适合我国国情的畜牧业政策性保险体系，提高畜牧业抗风险能力和市场竞争力，促进畜牧业稳定有序发展。

3.健全完善畜牧业监测预警及宏观调控机制 立足畜牧业发展实际，逐步建立准确高效的生产和市场信息监测调度系统，健全监测工作各项管理制度，强化形势分析研判，完善信息发布服务和预警机制，引导养殖户合理安排生产，防范市场风险。在稳定生猪生产方面，进一步完善和落实好防止生猪价格过度下跌调控预案；在稳定奶牛生产方面，逐步建立生鲜乳价格协调和利益联动机制；在稳定蛋鸡生产方面，探索建立通过调控种鸡生产减缓产业波动的有效机制。通过必要的政策手段实施生产干预，积极应对市场周期性波动，更好的稳定畜禽生产和市场供应，保障农民的合理收益。

4.培养适应现代畜牧业发展的新型农牧民 充分发挥农牧民主体作用，着力培养符合现代畜牧业需要的新型农牧民。随着标准化规模养殖不断推进，高素质畜牧业人才的需求也持续增加，要利用农村实用技术培训、阳光工程、畜禽标准化养殖示范创建等平台，切实加强农牧民的畜牧业技术培训，提高农牧民饲草料生产、畜禽养殖和经营管理水平。

5.加强畜禽规模养殖用地管理利用 在坚持耕地保护制度的基础上，认真贯彻落实国家关于规模化畜禽养殖的有关用地政策，将畜禽规模养殖用地纳入当地土地利用总体规划。合理安排畜禽养殖设施用地，坚持农地农用和集约节约的原则，加强设施农用地用途管制。合理开发利用土地资源，鼓励养殖场户在符合土地规划的前提下，积极利用荒山、荒地、丘陵、滩涂发展畜禽养殖。

（七）保障措施

1.强化组织领导 各级畜牧主管部门要站在政治和战略的高度，充分认识”十二五”时期现代畜牧业建设工作的重要性和艰巨性，切实加强组织领导，转变工作作风，扎实推进各项工作落实。切实履行规划指导、政策落实、协调服务职能，深入组织实施好”十二五”期间畜牧业发展各项重大工程，着重加快六大体系建设，不断提升现代畜牧业发展水平；切实加强与发展改革、财政等部门的沟通协调，努力确保各项强牧惠牧政策的落实；做好宣传引导工作，树立畜牧业良好形象，普及科学消费知识，正确引导消费，稳定消费信心；加大对行业协会与公共服务组织的支持引导力度，为现代畜牧业的发展提供坚强的组织保障。

2.建立健全畜牧业法律法规体系 建立和完善适应畜牧业可持续发展的法律制度，加快形成以《畜牧法》、《草原法》、《乳品质量安全监督管理条例》、《饲料和饲料添加剂管理条例》等为基础的畜牧业法律法规体系，加快出台配套法规，不断完善地方畜牧业法律法规。健全畜牧业行政执法体系，加快推进基层畜牧兽医综合执法，以强化动物防疫检疫、种畜禽生产、饲料、兽药、畜产品质量安全监管为重点，充实执法人员、落实执法经费、提高执法装备水平和检测能力，强化日常监督，创新执法体制机制，切实提高基层畜牧兽医执法水平。扎实开展丰富多样的普法宣传活动，倡导企业自律，提高养殖场户遵守法律和正确运用法律手段维护自身权利的能力，积极营造良好的法律氛围。

3.继续深化畜牧业改革开放 深入推进畜牧业改革开放。大力推进草原确权承包，进一步稳定和完善草原承包经营制度，调动广大农牧民保护生态和发展生产的积极性。完善畜禽、牧草、饲料等畜牧业相关产品进出口相关政策，充分利用国际国内两个市场，优化资源配置，拓宽畜牧业发展空间，以开放促畜牧业发展。坚持“引进来”和“走出去”相结合，不断吸收和引进畜牧业发达国家在畜禽牧草品种、饲料研制、养殖方面先进经验、技术、人才和资本，支持和引导国内有实力的畜牧业企业和科研单位到国外创业，加强国际合作与交流，提升我国畜牧业国际竞争力。

4.进一步强化畜牧业科技支撑 全面推进畜牧业领域的现代农业产业技术体系建设，引导各省（区、市）因地制宜建立健全地方现代畜牧产业技术体系，加快形成农科教、产学研紧密结合的科技创新体系。健全畜牧业技术推广服务机构，加快畜牧业先进适用技术的推广应用。围绕畜禽养殖过程的关键环节，实施畜禽牧草种业创新开发、饲料资源产业化开发与安全高效利用、畜禽健康养殖过程控制、养殖废弃物减排与资源化利用、质量安全控制、疫病防控、养殖设施设备开发推广和应用、草地畜牧业发展等重大科技项目，力争突破一系列重大技术瓶颈，为现代畜牧业发展提供强有力的科技支撑。

5.大力提升畜牧业组织化程度 继续发挥龙头企业和标准化示范场的市场竞争优势和示范带动能力，鼓励龙头企业建设标准化生产基地，采取“公司+农户”等形式带动农户发展畜牧业。认真贯彻《农民专业合作社法》，支持农牧民按照自愿、民主的原则发展多种形式的专业合作组织，为专业合作组织开展加工、运输、销售、生产资料供应、技术培训与推广等提供优惠政策，充分发挥其在技术推广、行业自律、维权保障、市场开拓方面的作用，增强市场话语权；建立互助互保互促机制，强化培训和引导，带动散养户和中小规模户发展。支持有条件的畜禽养殖场户自创品牌，提升产品附加值；鼓励规模养殖场户与大中型超市、屠宰加工企业建立直接的产销对接关系，完善产加销利益联结机制。

2010年生鲜乳专项整治行动实施方案①

农业部奶业管理办公室

为加强生鲜乳质量安全监管，提高生鲜乳质量安全水平，根据《2010年深化农产品质量安全整治方案》，制定本方案。

（一）指导思想

以科学发展观为指导，深入贯彻落实《国务院关于促进奶业持续健康发展的意见》（国发[2007]31号）、《乳品质量安全监督管理条例》和《奶业整顿和振兴规划纲要》，围绕生鲜乳生产、收购和运输三个关键环节，继续保持高压态势，严厉打击非法收购行为，规范生鲜乳收购秩序，加强生鲜乳质量安全监督监测，强化监测与执法联动，开展法规培训和技术服务，推进基层畜牧部门加强生鲜乳质量安全日常执法监管，增强生产经营者的质量安全意识，全面提高生鲜乳质量安全水平。

（二）工作目标

依法规范生鲜乳生产、收购和运输行为，生鲜乳收购站标准化管理水平显著提高，生鲜乳持证收购和运输；严厉打击生鲜乳生产、收购和运输环节违法添加三聚氰胺等有毒有害物质的行为，生鲜乳收购站检查率达到100%，生鲜乳质量安全违规单位查处率达到100%，生鲜乳中三聚氰胺检测合格率100%。

（三）整治重点

1.重点产品 生鲜乳。

2.重点单位 以生鲜乳收购站为重点，兼顾生鲜乳运输车辆和奶畜养殖场（小区）。

3.重点区域 以北京、天津、上海、内蒙古、黑龙江、辽宁、河北、山西、山东、河南、新疆、陕西、宁夏等13个主产省（区、市）为重点，兼顾其他省（区、市）。

（四）整治任务

1.生鲜乳质量安全监测与监督执法 组织实施2010年生鲜乳质量安全监测计划，在全国范围内，以三聚氰胺、皮革水解蛋白为重点，开展全国生鲜乳违禁添加物专项监测；在奶牛主产省（区、市），以三聚氰胺和β-内酰胺酶为重点，开展生鲜乳质量安全飞行抽检。在生鲜乳收购和运输环节，检查“两证一单”。实施《农业部生鲜乳质量安全监督监测工作规范》，依据监测结果，

① 本方案为农业部农产品质量安全监管局在2010年1月19日公布的《2010年深化农产品质量安全整治方案》（农质发[2010]2号通知）之一。

严厉打击违法违规行为。

2.生鲜乳收购站日常监管与标准化管理 继续保持高压态势，进一步加大生鲜乳收购站监管工作力度，防范非法收购站（点）出现反弹，坚决取缔未经许可的非法收购站（点），严厉打击非法收购行为，规范生鲜乳收购秩序；完善生鲜乳收购站日常检查、不定期巡查、监督抽查等监管制度，坚决打击各类非法添加行为；严格按照《生鲜乳生产收购管理办法》和《生鲜乳收购站标准化管理技术规范》要求，对收购站的基础设施、卫生条件、机械设备、检测手段、操作规范和人员素质等方面对收购站认真审核，提高生鲜乳收购站标准化管理水平。

3.生鲜乳质量安全生产与检测技术培训 按照《奶业整顿与振兴规划纲要》要求，开展《奶牛场卫生规范》、《生鲜乳生产技术规程（试行）》培训推广工作，同时结合奶牛良种补贴、生鲜乳收购站机械设备购置补贴、奶牛标准化规模养殖补贴和奶牛生产性能测定（DHI）等项目，积极引导奶牛标准化规模养殖，提高奶农和收购站质量安全意识；开展《乳品安全标准》培训，加强生鲜乳质量安全知识宣传和检测技术推广。

（五）工作要求

1.加强领导，明确职责 各省（市、区）畜牧兽医部门在当地政府的领导下，按照属地化管理原则，明确整治目标，建立健全相关工作机制，组织专门力量，明确分工，责任落实到具体单位、具体环节和具体人员，确保任务顺利按时完成。

2.精心组织，扎实开展 各省（市、区）畜牧兽医部门要按照本方案要求，制定切实可行的生鲜乳专项整治工作方案，加大执行力度，加快时间进度，定期对实施情况进行督导检查和绩效评估，及时解决工作中存在的困难和问题，保证各项任务按时按质完成。

3.通力合作，协同作战 充分调动畜牧行政、执法、检测、科研、教育、技术推广等各方面的积极性，加快构建检验检测、行政执法和技术服务体系；积极会同卫生、工商、质检、公安等部门，形成各尽其职、密切协作、相互支持、共同推进的工作局面。

4.总结经验，加强宣传 及时总结经验，推广实施效果好的机制、模式、经验和做法。采取多种形式宣传行动的典型经验和成效，充分发挥网络、电视、报刊、广播等新闻媒体的监督作用，积极引导正面舆论，迅速果断处理负面舆论，为奶业恢复和振兴创造良好的社会氛围。

（六）工作安排

（1）1～2月，部署2010年全国生鲜乳质量安全监测工作，印发《2010年全国生鲜乳质量安全监测计划》。印发《农业部办公厅关于加强生鲜乳收购站清理整顿的通知》，督促未完成清理整顿的省（区）加快个体收购站主体合法化改造，取缔流动收奶站（点）。

（2）3～4月，在黑龙江和内蒙古召开生鲜乳收购站标准化管理工作座谈会；进行生鲜乳质量安全检测技术培训。

（3）2～5月，开展上半年全国生鲜乳质量安全监测。

（4）5～6月，对重点省生鲜乳收购站标准化管理工作开展督导检查。

（5）4～8月，组织非奶业主产区奶牛养殖大县的标准化规模养殖师资培训。

（6）3～9月，生鲜乳质量安全生产技术培训。

（7）7～10月，开展下半年全国生鲜乳质量安全监测。

（8）4～11月，根据生鲜乳质量安全监测情况和举报投诉，开展重点地区生鲜乳质量安全飞行抽检。

（9）12月，全面总结2010年生鲜乳质量安全专项整治行动。

国家质检总局发布新乳品审查细则并要求乳企重新申请生产许可证

2010年11月1日，国家质检总局发布总局2010年第119号公告，《关于发布企业生产婴幼儿配方乳粉许可条件审查细则（2010版）和企业生产乳制品许可条件审查细则（2010版）的公告》，公布两项新细则外，同时要求现行所有获得乳制品及婴幼儿配方乳粉生产许可的企业，应当在提交能够证明其满足《乳制品工业产业政策（2009年修订）》规定相关文书的基础上，于2010年12月31日之前重新提出生产许可申请。至2011年3月1日起，凡未重新获得生产许可的，依法停止生产乳制品及婴幼儿配方乳粉等产品。

新的细则提高了从事乳品生产的门槛，尤其是要求企业必备相关检测设备并配备相关技术人员，婴幼儿配方奶粉检验项目多达64项，普通乳制品检验项目37项。要求对购入的原料奶和原料奶粉批批进行三聚氰胺等项目检验，不得委托检验。企业必须符合2009年修订的乳制品工业产业政策和两项新细则的规定才有可能重新获得婴幼儿配方乳粉或乳制品生产许可。

财政部拨付1.9亿元用于乳制品企业收购原料奶贷款贴息

财政部10月22日发布消息称，2010年，财政部拨付了1.9亿元用于乳制品企业收购原料奶贷款贴息。加上2009年已拨付的0.8亿元，财政部共拨付原料奶收购贷款贴息资金近2.7亿元，不仅有利于缓解乳制品企业资金压力，稳定乳制品企业生产经营，恢复生鲜奶收购，而且对稳定奶牛养殖，维护农民利益将发挥积极作用。

卫生部公布66项新乳品安全国家标准

2010年3月26日卫生部公布了66项新乳品安全国家标准，分为乳品产品标准（包括生乳、婴幼儿食品、乳制品等，共15项）、生产规范标准（2项）和检验方法标准（共49项），形成了统一的乳品安全国家标准体系，2010年6月1日起陆续施行。乳品安全国家标准的整合完善避免了标准间的重复、交叉和矛盾等问题，体现了标准的统一性，同时，符合中国国情和产业实际，注重可实施性。

对进口原产于新西兰的部分乳制品实施关税特保措施

根据《中华人民共和国政府和新西兰政府自由贸易协定》，中国对原产于新西兰的11个税号的农产品实施特殊保障措施。2010年，海关总署共发布4次公告，对不同乳制品实施关税特保措施。

海关总署公告[2010]23号

【发布日期】2010-3-22 【生效日期】2010-4-9

3月19日,海关总署在对外网站(www.customs.gov.cn)公布了实施特保措施管理的脂肪含量大于1%未浓缩的乳及奶油（税则号列04012000、04013000）进口数量接近今年触发水平数量的情况。至当年4月8日，上述农产品进口申报数量已达到1509.5吨，超过今年1433吨的特保措施触发标准。因此，自4月9日起，对《协定》项下进口的原产于新西兰的上述农产品按最惠国税率征收进口关税。对于在途农产品的税率适用和其他有关事宜,按照海关总署2008年第91号公告的规定执行。

海关总署公告[2010]25号

【发布日期】2010-4-12 【生效日期】2010-4-17

4月8日，海关总署在对外网站公布了实施特保措施管理的固状和浓缩非固状乳及奶油（税则号列04021000、04022100、04022900和04029100）进口数量接近今年触发标准的情况。至当年4月16日,上述农产品进口申报数量已达到104747.2吨，超过今年104738吨的特保措施触发标准。因此，自今年4月17日起，对《协定》项下进口的原产于新西兰的上述农产品按最惠国税率征收进口关税。对于在途农产品的税率适用和其他有关事宜，按照海关总署公告2008年第91号的规定执行。

海关总署公告[2010]36号

【发布日期】2010-6-11 【生效日期】2010-6-13

5月14日，海关总署在对外网站公布了实施特保措施管理的黄油和其他从乳中提取的脂和油（税则号列04051000、04059000）进口数量接近今年触发水平数量的情况。至当年6月12日,上述农产品进口申报数量已达到10463.9吨，超过今年10364吨的特保措施触发标准。因此，自6月13日起，对《协定》项下进口的原产于新西兰的上述农产品按最惠国税率征收进口关税。对于在途农产品的税率适用和其他有关事宜，按照海关总署公告2008年第91号的规定执行。

海关总署公告[2010]52号

【发布日期】2010-8-16 【生效日期】2010-9-2

8月10日，海关总署在对外网站公布了实施特保措施管理的乳酪及凝乳产品（税则号列04061000、04063000、04069000）进口数量接近今年触发水平数量的情况。至当年9月1日，上述农产品进口申报数量已达到3989.5吨,超过今年3969吨的特保措施触发标准。因此,自9月2日起,对《协定》项下进口的原产于新西兰的上述农产品按最惠国税率征收进口关税。对于在途农产品的税率适用和其他有关事宜，按照海关总署2008年第91号公告的规定执行。

调整进出境个人邮递物品管理措施

7月2日，海关总署发布2010年第43号公告——《关于调整进出境个人邮递物品管理措施有关事宜》，规定个人邮寄进境物品，海关依法征收进口税，但应征进口税税额在人民币50元（含50元）以下的，海关予以免征，该规定自当年9月1日起执行。

而公告同时废止的《海关总署关于调整进出境邮件中个人物品的限值和免税额的通知》（署监[1994]774号），规定寄自或寄往港、澳地区的个人物品，每次限值为800元（人民币，下同），免税额为400元；寄自或寄往上述地区以外的个人物品，每次限值为1000元，免税额为500元，超出的，仅征超出部分。

关税免征额度的调低，增加了邮寄的成本，从而邮购奶粉价格提高，有助于减少非正规渠道进口的婴幼儿奶粉数量。

调整进境旅客所携行李物品验放标准

8月19日，海关总署发布2010年第54号公告——《关于进境旅客所携行李物品验放标准有关事宜》，规定进境居民旅客携带在境外获取的个人自用进境物品，总值在5000元人民币以内（含5000元）的；非居民旅客携带拟留在中国境内的个人自用进境物品，总值在2000元人民币以内（含2000元）的，海关予以免税放行，单一品种限自用、合理数量，但烟草制品、酒精制品以及国家规定应当征税的20种商品等另按有关规定办理。

进境居民旅客携带超出5000元人民币的个人自用进境物品，经海关审核确属自用的；进境非居民旅客携带拟留在中国境内的个人自用进境物品，超出人民币2000元的，海关仅对超出部分的个人自用进境物品征税，对不可分割的单件物品，全额征税。

该规定自发布日起生效，将对代购奶粉和“水客”（受雇于走私团伙，以赚取“带工费”为目的，用“蚂蚁搬家”的形式，将奶粉等涉税货物化整为零，转往内地市场赚取利润的人）起到一定的遏制作用。

法　规

农业部畜禽标准化示范场管理办法[①]

（试行）

第一章　总 则

第一条　根据《农业部关于加快推进畜禽标准化规模养殖的意见》（农牧发[2010]6号）要求，为做好畜禽养殖标准化示范创建工作，加强农业部畜禽标准化示范场（以下简称示范场）管理，提升畜牧业标准化规模生产水平，制定本办法。

第二条　示范场指以规模养殖为基础，以标准化生产为核心，在场址布局、畜禽舍建设、生产设施配备、良种选择、投入品使用、卫生防疫、粪污处理等方面严格执行法律法规和相关标准，具有示范带动作用，经省级畜牧兽医主管部门验收通过并由农业部正式公布的养殖场。

第三条　示范场创建以转变发展方式、提高综合生产能力、发展现代畜牧业为核心，按照高产、优质、高效、生态、安全的发展要求，通过政策扶持、宣传培训、技术引导、示范带动，实现畜禽标准化规模生产和产业化经营，提升畜产品质量安全水平，增强产业竞争力，保障畜产品有效供给，促进畜牧业协调可持续发展。

第四条　各级畜牧兽医行政主管部门应当在当地政府的领导下，积极争取发改、财政、环保、工商和质检等部门的支持，切实抓好示范场建设工作。

第五条　中央与地方的相关扶持政策向示范场倾斜。鼓励畜牧业龙头企业、行业协会和农民专业合作经济组织积极参与示范场创建，带动广大养殖场户发展标准化生产。

第二章　示范场条件及建设要求

第六条　示范场应当具备下列条件：

（一）场址不得位于《中华人民共和国畜牧法》明令禁止区域，并符合相关法律法规及区域内土地使用规划；

（二）达到农业部畜禽养殖标准化示范场验收评分标准所规定的饲养规模；

（三）按照畜牧法规定进行备案；养殖档案符合《农业部关于加强畜禽养殖管理的通知》（农牧发[2007]1号）要求；

（四）按照相关规定使用饲料添加剂和兽药；禁止在饲料和动物饮用水中使用违禁药物及非法添加物，以及停用、禁用或者淘汰的饲料和饲料添加剂；

（五）具备县级以上畜牧兽医部门颁发的《动物防疫条件合格证》，两年内无重大疫病和质量安全事件发生；

（六）从事奶牛养殖的，生鲜乳生产、收购、贮存、运输和销售符合《乳品质量安全监督管理条例》、《生鲜乳生产收购管理办法》的有关规定，执行《奶牛场卫生规范》（GB16568-2006）。设有生鲜乳收购站的，有《生鲜乳收购许可证》，生鲜乳运输车有《生鲜乳准运证明》；

（七）饲养的商品代畜禽来源于具有种畜禽生产经营许可证的养殖企业，饲养、销售种畜禽符合种畜禽场管理有关规定。

第七条　示范场建设其他条件按照农业部和各省畜禽养殖标准化示范场验收评分标准执行。

第八条　示范场建设内容：

（一）畜禽良种化。因地制宜选用畜禽良种，品种来源清楚、检疫合格。

（二）养殖设施化。养殖场选址布局科学合理，畜禽圈舍、饲养和环境控制等生产设施设备满足标准化生产需要和动物防疫要求。

（三）生产规范化。建立规范完整的养殖档案，制定并实施科学规范的畜禽饲养管理规程，配备与饲养规模相适应的畜牧兽医技术人员，严格遵守饲料、饲料添加剂和兽药使用规定，生产过程实行信息化动态管理。

（四）防疫制度化。防疫设施完善，防疫制度健全，按照国家规定开展免疫监测等防疫工作，科学实施畜禽疫病综合防控措施，对病死畜禽实行无害化处理。

（五）粪污无害化。畜禽粪污处理方法得当，设施齐全且运转正常，实现粪污资源化利用或达到相关排放标准。

第三章　示范场确立

第九条　示范场标准

农业部制定示范创建验收评分标准，省级畜牧兽医主管部门可以根据本省区情况对评分标准进行细化，制定不低于农业部发布标准的实施细则。

第十条　创建方案制定与下达

农业部根据各地畜牧业发展现状，下达当年示范场创建方案，明确各省区标准化示范场的创建数量，并向

① 本办法来自农业部在2011年3月10日发出的“农办牧[2011]6号”，“关于印发《农业部畜禽标准化示范场管理办法（试行）》的通知”。

社会公布。

省级畜牧兽医主管部门负责细化本区域内的示范场创建方案，组织开展示范创建工作。

第十一条　申报程序

符合示范场创建验收标准的养殖场户根据自愿原则向县级畜牧兽医主管部门提出申请，经所在县、市畜牧兽医主管部门初审后报省级畜牧兽医主管部门。

第十二条　评审验收

省级畜牧兽医主管部门组织三人以上的专家组，对申请参与示范创建的养殖场进行现场评审验收，确定每个养殖场在示范期限内的具体示范任务和目标，并将验收合格的养殖场名单在省级媒体公示，无异议后报农业部畜牧业司。

第十三条　批复确认

农业部对各地上报材料进行审查并组织实地抽查复核，审核通过后正式发布，并授予“农业部畜禽标准化示范场”称号，有效期三年。

第四章　指导监督与管理

第十四条　农业部和省级畜牧兽医主管部门分别成立技术专家组。

全国畜牧总站负责对省级畜牧兽医主管部门和技术专家组成员进行培训。省级畜牧兽医主管部门负责对本省区参与示范创建的养殖场进行集中培训与技术指导，养殖场根据相关指导意见开展示范创建活动。

第十五条　示范场应当遵守相关法律法规的规定，严格按照农业部畜禽标准化示范场的有关要求组织生产，以培训和技术指导等多种方式带动周边养殖场户开展标准化生产。

示范场应当按照农业部及省级畜牧兽医主管部门要求定期提供示范场有关基础数据信息，并于每年 12 月 20 日前将本年度生产经营、具体示范任务和目标完成等情况报省级畜牧兽医主管部门。

第十六条　省级畜牧兽医主管部门应当加强示范场的监督管理，建立健全示范场奖惩考核机制，定期或不定期组织检查，并建立示范场监督检查档案记录，每年抽查覆盖率不少于 30%。

县级畜牧兽医主管部门应当掌握示范场建设情况，发现问题及时向上级畜牧兽医主管部门报告。

农业部不定期开展对示范场的监督抽查，并将示范场作为农业部饲料及畜产品质量安全监测的重点。

第十七条　有下列情形之一的，取消示范场资格：

（一）弄虚作假取得示范场资格的；

（二）发生重大动物疫病的；

（三）发生畜产品质量安全事故的；

（四）使用违禁药物、非法添加物或不按规定使用饲料添加剂的；

（五）其他必备条件发生变化，已不符合标准要求的；

（六）因粪污处理与利用不当而造成严重污染的；

（七）停止生产经营 1 年以上的；

（八）日常抽查不合格，情节严重的，或整改仍不到位的。

（九）未按规定完成示范任务和目标的。

第十八条　省级畜牧兽医主管部门应当设立监督举报电话，接受社会监督。

第十九条　地方畜牧兽医主管部门在示范场申报过程中，弄虚作假的，由农业部予以通报批评。涉及违法违纪问题的，按有关规定处理。

第五章　附 则

第二十条　各省、自治区、直辖市畜牧兽医主管部门可参照本办法，组织开展省级示范场创建工作。

第二十一条　本办法自发布之日起施行。

奶畜养殖和生鲜乳收购运输环节违法行为依法从重处罚的规定①

为贯彻落实《国务院办公厅关于进一步加强乳品质量安全工作的通知》（国办发[2010]42 号）要求，加大对奶畜养殖和生鲜乳收购运输环节违法行为的惩处力度，切实保障生鲜乳质量安全，现对有关违法行为作出如下从重处罚的规定。

一、在奶畜养殖过程中使用违禁药品和其他化合物的，依照《国务院关于加强食品等产品安全监督管理的特别规定》第四条第二款的规定，没收违法所得，货值金额不足 5000 元的，并处 2 万元罚款；货值金额 5000 元以上不足 1 万元的，并处 5 万元罚款；货值金额 1 万元以上的，并处货值金额 10 倍的罚款。对饲喂了违禁药品和其他化合物的奶畜所产的生鲜乳，依照《兽药管理条例》第六十二条的规定，责令违法行为人进行无害化处理。对违禁药品，依照《饲料和饲料添加剂管理条例》第二十九条第二款的规定予以没收。

二、生鲜乳收购者在生鲜乳收购过程中，加入非食品用化学物质或者其他可能危害人体健康的物质，依照《乳品质量安全监督管理条例》第五十四条的规定，没收

① 本规定来自农业部在 2011 年 4 月 11 日发出的“农牧发[2011]4 号”，“关于印发《奶畜养殖和生鲜乳收购运输环节违法行为依法从重处罚的规定》的通知”。

违法所得和违法生产的生鲜乳，以及相关的工具、设备等物品，并处违法生鲜乳货值金额30倍罚款。

三、生产、销售的生鲜乳含有违禁物质，不符合国家限量标准的，依照《乳品质量安全监督管理条例》第五十五条的规定，没收违法所得、违法生鲜乳和相关的工具、设备等物品，并处违法生鲜乳货值金额20倍罚款。

四、未取得生鲜乳收购许可证收购生鲜乳的，或者收购《乳品质量安全监督管理条例》第二十四条规定禁止收购的生鲜乳的，依照《乳品质量安全监督管理条例》第六十条的规定，没收违法所得、违法收购的生鲜乳和相关的设备、设施等物品，并处违法收购的生鲜乳货值金额8倍以上10倍以下罚款；有生鲜乳收购许可证的，由发证机关吊销许可证。

五、生鲜乳运输车辆未取得生鲜乳准运证明的，依照《国务院关于加强食品等产品安全监督管理的特别规定》第三条第四款的规定，没收违法所得、违法运输的生鲜乳和运输工具、设备等物品，货值金额不足1万元的，并处10万元罚款；货值金额1万元以上的，并处货值金额15倍以上20倍以下的罚款。

六、法律、行政法规对上述违法行为有新的处罚规定的，对相关违法行为在新的处罚幅度内从重处罚。

七、奶畜养殖和生鲜乳收购、运输环节违法行为涉嫌犯罪的，应当依照《行政执法机关移送涉嫌犯罪案件的规定》，移送公安机关依法追究刑事责任。

八、本规定自发布之日起施行。

生鲜乳生产收购记录和进货查验制度①

第一条 为加强生鲜乳质量安全监管，增强生鲜乳质量安全的可追溯性，提高奶畜养殖者、生鲜乳收购者等第一责任者意识，根据《乳品质量安全监督管理条例》、《国务院办公厅关于进一步加强乳品质量安全工作的通知》（国办发[2010]42号）等规定，制定本制度。

第二条 奶畜养殖场（小区）采购兽药、饲料和饲料添加剂等投入品（以下简称投入品），以及生鲜乳收购站收购、运输生鲜乳应当遵守本制度。

第三条 奶畜养殖场（小区）采购投入品时，应当查验供货商的生产（或经营）许可证、营业执照、产品批准证明文件、检验报告等资质材料，采购进口投入品还需查验进口兽药登记许可证或饲料和饲料添加剂产品进口登记证，并建立投入品供货商信息档案或记录。

第四条 奶畜养殖场（小区）采购兽药，应当现场查验并确认符合下列要求：

（一）包装完整，并按照规定印有或者贴有标签，附有说明书，字样清晰；

（二）标签或者说明书的内容与兽药行政管理部门核准的内容相符；

（三）附具产品质量合格证；

（四）在保质期内。

第五条 奶畜养殖场（小区）采购饲料和饲料添加剂，应当现场查验并确认符合下列要求：

（一）包装完整无破损；

（二）附具产品质量合格证；

（三）附具符合国家规定的饲料标签，进口饲料和饲料添加剂附具中文标签；

（四）在保质期内，且无霉变、结块。

第六条 现场查验合格后，奶畜养殖场（小区）应当填写《兽药、饲料和饲料添加剂进货记录》。

第七条 投入品供货商未提供第三条规定的资质材料的，或现场查验确认投入品不符合第四条和第五条规定的，奶畜养殖场（小区）不得采购。

第八条 奶畜养殖场（小区）不得采购违禁添加物或禁用的兽药、饲料和饲料添加剂以及其他对动物和人体具有直接或者潜在危害的物质。

第九条 生鲜乳收购站收购生鲜乳，应当查验奶畜强制免疫情况。奶畜养殖场（小区）应当提供具备符合国家规定的动物防疫条件合格证，生鲜乳收购站应当留存复印件。

第十条 生鲜乳收购站应当建立生鲜乳交售人信息档案或记录。

第十一条 生鲜乳收购站收购生鲜乳，应当按照现行标准或规范进行生鲜乳的抽样和留样，并按照《生乳》国家标准进行酸度、密度、含碱等常规检测，并填写《生鲜乳收购记录》、《生鲜乳检测记录》和《生鲜乳留样记录》。

第十二条 生鲜乳收购站收购的生鲜乳应当符合《生乳》国家标准。不符合《生乳》国家标准的生鲜乳，经有资质的质检机构检测无误后，应当在当地畜牧兽医部门的监督下进行无害化处理，并填写《不合格生鲜乳处理记录》。

第十三条 生鲜乳收购站向乳制品生产企业销售生鲜乳，应当填写《生鲜乳销售记录》。生鲜乳购销双方应当参照农业部、国家工商总局联合制定的《生鲜乳购销合同》示范文本签订购销合同。

第十四条 生鲜乳收购站应当对挤奶设施、生鲜乳贮存运输设施、挤奶厅和周边环境等进行定期清洗消

① 本制度来自农业部在2011年4月11日发出的“农办牧[2011]13号”，“关于印发《生鲜乳生产收购记录和进货查验制度》的通知”。

毒，避免对生鲜乳造成污染，并填写《设施设备清洗消毒记录》。

第十五条 生鲜乳运输应当符合下列要求：

（一）运输车辆应当携带生鲜乳准运证明，并与运输车辆牌照一致；

（二）运输车辆应当携带交接单，内容真实；

（三）生鲜乳贮存罐应当密封完好，保持低温；

（四）运输车辆的驾驶员、押运员应当持有有效的健康证明，并具有保持生鲜乳质量安全的基本知识。

第十六条 县级以上人民政府畜牧兽医部门应当加强对奶畜饲养以及生鲜乳生产、收购和运输环节的监督检查。

第十七条 县级以上人民政府畜牧兽医部门在进行监督检查时，行使下列职权：

（一）对奶畜养殖场所、生鲜乳收购站、生鲜乳运输车辆实施现场检查；

（二）向有关人员调查、了解有关情况；

（三）查阅、复印养殖档案、生鲜乳收购记录、留样记录、检测记录、购销合同、生鲜乳交接单等资料；

（四）查封、扣押有证据证明不符合乳品质量安全标准的生鲜乳；

（五）查封涉嫌违法从事生鲜乳生产经营活动的场所，扣押违法生产、收购、贮存、运输生鲜乳的车辆、工具、设备；

（六）法律、行政法规规定的其他职权。

第十八条 违反本制度规定的行为，依照《乳品质量安全监督管理条例》、《生鲜乳生产收购管理办法》等规定进行处罚。

第十九条 本制度自发布之日起施行。

2010年奶业相关政策与法规

政策或法规名称	颁布机构及文号	颁布时间	实施时间
国务院			
关于进一步加强乳品质量安全工作的通知	国办发[2010]42号	2010-09-16	
农业部			
关于公布《2010年深化农产品质量安全整治方案》的通知	农质发[2010]2号	2010-01-19	
关于开展全国生鲜乳收购站拉网式检查的通知	农办牧[2010]48号	2010-10-11	
关于贯彻落实《国务院办公厅关于进一步加强乳品质量安全工作的通知》的通知	农办牧[2010]52号	2010-10-28	
国家质检总局			
关于发布企业生产婴幼儿配方乳粉许可条件审查细则（2010版）和企业生产乳制品许可条件审查细则（2010版）的公告	总局公告2010年第119号	2010-11-1	
卫生部			
关于发布《生乳》等66项食品安全国家标准的通告	卫通[2010]7号	2010-03-26	
海关总署			
对进口原产于新西兰的脂肪含量大于1%未浓缩的乳及奶油实施特殊保障措施	总署公告[2010] 23号	2010-03-22	2010-04-9
对进口原产于新西兰的固状和浓缩非固状乳及奶油实施特殊保障措施	总署公告[2010] 25号	2010-04-12	2010-04-17
对进口原产于新西兰的黄油和其他从乳中提取的脂和油实施特殊保障措施	总署公告[2010] 36号	2010-06-11	2010-06-13
关于调整进出境个人邮递物品管理措施有关事宜	总署公告[2010] 43号	2010-07-2	2010-09-1
对进口原产于新西兰的乳酪及凝乳产品实施特殊保障措施	总署公告[2010] 52号	2010-08-16	2010-09-2
关于进境旅客所携行李物品验放标准有关事宜	总署公告[2010] 54号	2010-08-19	

2010年发布的奶业相关标准列表

序号	标准号	标准名称	发布日期	实施日期
1	GB19301-2010	生乳	2010-03-26	2010-06-1
2	GB19645-2010	巴氏杀菌乳	2010-03-26	2010-06-1
3	GB25190-2010	灭菌乳	2010-03-26	2010-06-1
4	GB25191-2010	调制乳	2010-03-26	2010-06-1
5	GB19302-2010	发酵乳	2010-03-26	2010-06-1
6	GB13102-2010	炼乳	2010-03-26	2010-06-1
7	GB19644-2010	乳粉	2010-03-26	2010-06-1
8	GB11674-2010	乳清粉和乳清蛋白粉	2010-03-26	2010-06-1
9	GB19646-2010	稀奶油、奶油和无水奶油	2010-03-26	2010-06-1
10	GB5420-2010	干酪	2010-03-26	2010-06-1
11	GB25192-2010	再制干酪	2010-03-26	2010-06-1
12	GB10765-2010	婴儿配方食品	2010-03-26	2010-06-1
13	GB10767-2010	较大婴儿和幼儿配方食品	2010-03-26	2010-06-1
14	GB10769-2010	婴幼儿谷类辅助食品	2010-03-26	2010-06-1
15	GB10770-2010	婴幼儿罐装辅助食品	2010-03-26	2010-06-1
16	GB12693-2010	乳制品良好生产规范	2010-03-26	2010-06-1
17	GB23790-2010	粉状婴幼儿配方食品良好生产规范	2010-03-26	2010-06-1
18	GB5413.33-2010	生乳相对密度的测定	2010-03-26	2010-06-1
19	GB5413.30-2010	乳和乳制品杂质度的测定	2010-03-26	2010-06-1
20	GB5413.34-2010	乳和乳制品酸度的测定	2010-03-26	2010-06-1
21	GB5413.3-2010	婴幼儿食品和乳品中脂肪的测定	2010-03-26	2010-06-1
22	GB5413.29-2010	婴幼儿食品和乳品溶解性的测定	2010-03-26	2010-06-1
23	GB5413.27-2010	婴幼儿食品和乳品中脂肪酸的测定	2010-03-26	2010-06-1
24	GB5413.5-2010	婴幼儿食品和乳品中乳糖、蔗糖的测定	2010-03-26	2010-06-1
25	GB5413.6-2010	婴幼儿食品和乳品中不溶性膳食纤维的测定	2010-03-26	2010-06-1
26	GB5413.9-2010	婴幼儿食品和乳品中维生素A、D、E的测定	2010-03-26	2010-06-1
27	GB5413.10-2010	婴幼儿食品和乳品中维生素K1的测定	2010-03-26	2010-06-1
28	GB5413.11-2010	婴幼儿食品和乳品中维生素B1的测定	2010-03-26	2010-06-1
29	GB5413.12-2010	婴幼儿食品和乳品中维生素B2的测定	2010-03-26	2010-06-1
30	GB5413.13-2010	婴幼儿食品和乳品中维生素B6的测定	2010-03-26	2010-06-1
31	GB5413.14-2010	婴幼儿食品和乳品中维生素B12的测定	2010-03-26	2010-06-1
32	GB5413.15-2010	婴幼儿食品和乳品中烟酸和烟酰胺的测定	2010-03-26	2010-06-1
33	GB5413.16-2010	婴幼儿食品和乳品中叶酸（叶酸盐活性）的测定	2010-03-26	2010-06-1
34	GB5413.17-2010	婴幼儿食品和乳品中泛酸的测定	2010-03-26	2010-06-1
35	GB5413.18-2010	婴幼儿食品和乳品中维生素C的测定	2010-03-26	2010-06-1

（续）

序号	标准号	标准名称	发布日期	实施日期
36	GB5413.19-2010	婴幼儿食品和乳品中游离生物素的测定	2010-03-26	2010-06-1
37	GB5413.21-2010	婴幼儿食品和乳品中钙、铁、锌、钠、钾、镁、铜和锰的测定	2010-03-26	2010-06-1
38	GB5413.22-2010	婴幼儿食品和乳品中磷的测定	2010-03-26	2010-06-1
39	GB5413.23-2010	婴幼儿食品和乳品中碘的测定	2010-03-26	2010-06-1
40	GB5413.24-2010	婴幼儿食品和乳品中氯的测定	2010-03-26	2010-06-1
41	GB5413.25-2010	婴幼儿食品和乳品中肌醇的测定	2010-03-26	2010-06-1
42	GB5413.26-2010	婴幼儿食品和乳品中牛磺酸的测定	2010-03-26	2010-06-1
43	GB5413.35-2010	婴幼儿食品和乳品中β-胡萝卜素的测定	2010-03-26	2010-06-1
44	GB5413.36-2010	婴幼儿食品和乳品中反式脂肪酸的测定	2010-03-26	2010-06-1
45	GB5413.37-2010	乳和乳制品中黄曲霉毒素M1的测定	2010-03-26	2010-06-1
46	GB5009.5-2010	食品中蛋白质的测定	2010-03-26	2010-06-1
47	GB5009.3-2010	食品中水分的测定	2010-03-26	2010-06-1
48	GB5009.4-2010	食品中灰分的测定	2010-03-26	2010-06-1
49	GB5009.12-2010	食品中铅的测定	2010-03-26	2010-6-1
50	GB5009.33-2010	食品中亚硝酸盐与硝酸盐的测定	2010-03-26	2010-6-1
51	GB5009.24-2010	食品中黄曲霉毒素M1和B1的测定	2010-03-26	2010-6-1
52	GB5009.93-2010	食品中硒的测定	2010-03-26	2010-6-1
53	GB21703-2010	乳和乳制品中苯甲酸和山梨酸的测定	2010-03-26	2010-6-1
54	GB22031-2010	干酪及加工干酪制品中添加的柠檬酸盐的测定	2010-03-26	2010-06-1
55	GB5413.38-2010	生乳冰点的测定	2010-03-26	2010-06-1
56	GB5413.39-2010	乳和乳制品中非脂乳固体的测定	2010-03-26	2010-06-1
57	GB4789.1-2010	食品微生物学检验　总则	2010-03-26	2010-06-1
58	GB4789.2-2010	食品微生物学检验　菌落总数测定	2010-03-26	2010-06-1
59	GB4789.3-2010	食品微生物学检验　大肠菌群计数	2010-03-26	2010-06-1
60	GB4789.4-2010	食品微生物学检验　沙门氏菌检验	2010-03-26	2010-06-1
61	GB4789.10-2010	食品微生物学检验　金黄色葡萄球菌检验	2010-03-26	2010-06-1
62	GB4789.15-2010	食品微生物学检验　霉菌和酵母计数	2010-03-26	2010-06-1
63	GB4789.18-2010	食品微生物学检验　乳与乳制品检验	2010-03-26	2010-06-1
64	GB4789.30-2010	食品微生物学检验　单核细胞增生李斯特氏菌检验	2010-03-26	2010-06-1
65	GB4789.35-2010	食品微生物学检验　乳酸菌检验	2010-03-26	2010-06-1
66	GB4789.40-2010	食品微生物学检验　阪崎肠杆菌检验	2010-03-26	2010-06-1

质量安全

2010年生鲜乳质量安全监测工作情况

农业部奶业管理办公室

按照农业部《关于开展2010年生鲜乳质量安全监测工作的通知》（农牧发[2010]1号）的要求，生鲜乳质量安全抽检工作稳步开展，监测与监督检查工作紧密结合，监测任务全面完成。一是实施全国生鲜乳中违禁添加物专项监测。二是对黑龙江等4省区开展生鲜乳质量安全飞行抽检。三是对河北等10个重点地区进行生鲜乳质量安全隐患排查。四是对北京等5省市进行生鲜乳质量安全异地抽检。2010年生鲜乳质量安全专项监测各项工作共抽检生鲜乳样品7406批次，检查生鲜乳收购站4778站次，运输车辆2628台次。生鲜乳中三聚氰胺含量全部符合临时管理限量值规定，未检出皮革水解蛋白和碱类物质等违禁添加物。生鲜乳质量安全状况良好。

上海生奶质量监测体系建设

上海奶业行业协会顾问、原秘书长　陈新

众所周知，只有高质量的原料奶，方能生产出高品质的乳制品。当今的消费者由于乳品安全事件的频发，在心理蒙上了挥之不去的阴影。近年来，奶源质量的安全与优劣同样引起了消费者的高度关注。可以说，能否不断提高奶源质量对于化解消费者信任危机，提升企业市场竞争力，提振奶业市场信心，具有决定性意义。

从1995年以来，上海奶业就矢志不渝地在提高奶源质量上狠下功夫。值得可喜的是，如今上海地区的奶源质量安全水平远高于国家规定的标准，在全国范围明显处于领先地位。原因是多方面的，诸如，奶牛生产已全部实现了适度规模经营（取消了散养户），100%实现了机械化挤奶和直冷式奶罐的生产工艺，彻底改变了传统的收奶方式（收奶站），由奶槽车直接到奶牛场收奶，推进了传统奶牛场的技术改造和标准化建设等等。然而，有一条为业内认可的成功经验和做法，即第三方检测和价格杠杆的结合，对不断提高上海地区奶源的质量水平所起到的导向作用不可低估。

回顾十多年来走过的历程，上海市农委、市奶协在与上海市物价局等部门长期进行成功合作的过程中，对实施第三方检测，统一执行按质论价政策，进行了积极而有益的探索，摸索出一系列从国情出发，逐步与国际接轨，体现中国特色，切合上海实际的生奶收购按质论价办法。实践表明，将第三方检测与按质论价办法相结合，其功效可谓三赢：企业可收到高质量的奶源；消费者可喝到高品质的牛奶；奶农可因此而增加收入。

作为亲历者和实践者，我觉得有责任、有义务对这一段历史演变的轨迹进行回顾和总结，这对于继续推进国内奶源质量的总体提升，不无裨益。

（一）上海市生乳按质论价体系的由来和演变

1.有关第三方检测的地方性政府规章出台前后　20世纪80年代，上海当时的按质论价还只是单纯的脂肪论价。计价检测机构隶属于牛奶公司。无论是计价办法还是检测机构，均无合理性和公正性可言。随着经济体制改革的不断深入，业内奶农和乳企开始呼吁建立第三方检测机构和完善按质论价办法，以满足在检测公正性、论价合理性和强化奶源质量控制方面的需求。然而，在探索第三方检测，完善按质论价办法的过程中，碰到的第一个障碍就是没有配套的政府规章和具体实施细则，导致接下来的一系列工作都无法开展。当时在市奶业工作小组办公室的牵头下，会同市物价局、市技监局、市卫生局等部门，就出台相关管理办法进行调研与协调，结果上海还是迈出了开创性的第一步。2000年2月15日，经市政府批准，由上海市农委会同市技监局、物价局、卫生局联合发布了“上海市生鲜牛乳质量管理暂行办法”（下称“暂行办法”），正式在上海市实施生鲜牛乳第三方按质论价检测。文中明确授权由上海市乳品质量监督检验站具体承担按质论价检测任务。这也成为国内有关生奶质量管理实施第三方检测的第一部（至今为止也是唯一的一部）地方性政府规章。以今天的眼光来看，尽管这一“暂行办法”远非尽善尽美，但在当时的背景下，确实具有前瞻性，为后续的生奶质量第三方检测制度的建立和发展，做出了不可磨灭的贡献。

2.有关按质论价体系发展的若干指导原则 在建立生奶收购按质论价体系的过程中，有五项原则是必须始终坚持和注意把握的。

（1）必须体现科学性、安全性、合理性和可操作性。

（2）必须确保原奶价格的有效调控。这一点是上海之所以能将第三方检测和按质论价坚持到现在的必要前提。

（3）必须对不同质量的原奶进行价格升降；对好奶一定要给予好价钱。

（4）必须遵循“走小步、不停步、循序渐进、积极稳妥”的原则。

（5）必须将国家有关标准作为依据，同时参照国际上的有关标准，并紧密结合上海的实际。

3.按质论价指标体系不断完善的若干阶段

（1）第一阶段（1996 年 6 月至 2000 年 3 月）。20 世纪 90 年代初，有两位丹麦专家经过实地调研认为，当时上海实行的单纯以脂肪论价的办法不尽合理，建议改为以脂肪和蛋白质综合计价的办法。后由市奶办出面说服了市物价局的领导，终于采纳了丹麦专家的建议，在进行试点取得一定经验的基础上，遂由市物价局发文在全市推出了将原奶中脂肪和蛋白质的含量作为收购的基础论价指标。

（2）第二阶段（2000 年 3 月至 2002 年 12 月）。这一阶段在执行基础论价指标的前提下，将原奶中的微生物、抗生素指标作为附加论价指标。微生物指标中对小于或等于 10 万/毫升给予奖励（+0.04 元/千克），50 万/毫升以上，分级予以扣款。对抗生素残留量测为阴性的为合格奶；测为阳性的，为不合格奶，按“暂行办法”有关条款处理。上述两个指标的检测从 2000 年 5 月 1 日开始试运转，时间为五个月。试运转期间，暂不与价格挂钩；但检测部门及时将检测结果反馈给奶牛场，让养牛者提高质量意识，采取整改措施，从而为正式运转做好准备；正式运转从 2000 年 10 月 1 日起开始。

（3）第三阶段（2002 年 12 月至 2004 年 5 月）。在此期间，按照国家有关指标，结合上海实际，除基础论价指标仍按原计价办法执行外，将微生物指标的计价办法作了微调，10 万/毫升以下增加了 5 万/毫升以下和 1 万/毫升以下两个奖励档次，并开始增加了黄曲霉素M1 指标。每千克牛奶黄曲霉素M1 残留量大于或等于 0.5 微克的按“暂行办法”中的有关条款处理。

（4）第四阶段（2004 年 5 月至 2006 年 6 月）。该阶段对微生物指标的计价办法又作适当调整，取消了 1 万/毫升以下的奖励指标，对 200 万以上/毫升的奶，由双方协商计价。同时，增设冰点、亚硝酸盐等两个检测计价指标。冰点指标的确定，根据当时国家的推荐标准，并参照国际上有关标准，牛奶冰点测试的合格范围为-0.546（后调整为-0.550℃）～-0.508℃。如果冰点高于-0.508℃或低于-0.546℃的，则可判定为不合格，应予扣款，并限期整改；如再次查出的则按“暂行办法”中的有关条款规定处理。亚硝酸盐指标的确定，按照国家有关标准，每千克牛奶中其含量大于 0.2 毫克的，则可判定不合格，应按“暂行办法”中的有关条款规定处理。凡超标生产单位必须立即采取整改措施，由市乳品质量监督检验站（下称“质检站”）予以指导，并进行复查，直到完全合格，才可上市。

值得一提的是，此间还推出了体细胞的按质论价指标。冰点、亚硝酸盐两个检测指标，经过三个月的试运转，已于 2004 年 9 月 21 日起正式执行。体细胞的测试则继续进行试运转，考虑到当时技术培训和现场指导的工作量很大，此项指标要达标的技术性强，难度较高，其空运转的时间也有意识地加以延长。

（5）第五阶段（2006 年 6 月至现在）。这一阶段，以推出体细胞指标为重点，正式将牛奶中体细胞的含量作为附加论价指标。该指标是衡量奶牛乳房是否健康和牧场生产管理水平高低的综合性指标。至今为止，上海市是国内第一个也是唯一的把体细胞列入计价体系的省级地区。

4.按质论价体系有关检测项目的现行计价办法

（1）脂肪、蛋白质。作为基础指标的这两个成分有一个计算公式，即每千克生奶实际价格=脂肪含量×脂肪单价+蛋白质含量×蛋白单价。按照基础价格水平（比如 3.60 元/千克），脂肪和蛋白质比例各为 50%，国家原标准脂肪 3.1%，蛋白质 2.95%，计算出脂肪单价（1%）为 0.562 元；蛋白质单价（1%）为 0.610 元。随着两者含量的变化，基础价格也随之发生变化。此方案借鉴了北欧国家的先进经验。其好处是只按干物质计价，水分高低与价格无关，从而有效杜绝了人为掺水的可能性。

（2）冰点（表 5-1）。

表 5-1 冰点的奖罚办法

检测结果范围(℃)	奖罚尺度
-0.550以下	可以拒收
-0.508～-0.550	不奖不罚
-0.505～-0.507	罚0.02元/千克
-0.500～-0.504	罚0.04元/千克
-0.499以上	可以拒收

（3）细菌总数（表 5-2）。

表 5-2　菌落总数的奖罚办法

检测结果范围	奖罚尺度
10万以下	奖0.04元/千克
10万～40万	不奖不罚
40万～100万	罚0.04元/千克
100万～200万	罚0.08元/千克
200万以上	协商解决

（4）体细胞（表 5-3）。

表 5-3　体细胞的奖罚办法

检测结果范围	奖罚尺度
50万以下	奖0.05元/千克
50万～75万	不奖不罚
75万以上	罚0.05元/千克

注：2011 年正酝酿推出加大奖罚力度的新指标体系。

5.按质论价体系实施以来的作用　回望这段历史轨迹，我们可以欣慰地看到，上海地区生奶的质量安全水平在不断地提高，奶牛场规模和结构日趋合理。具体表现在：

（1）理化指标逐步提高（图 5-1）。

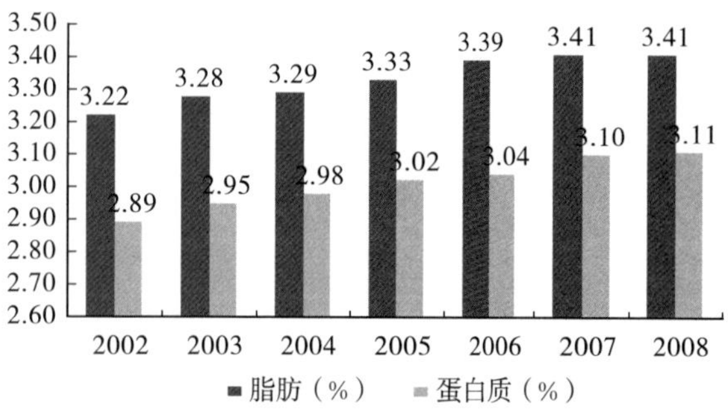

图 5-1　上海地区理化指标历年变化情况

（2）微生物指标明显改善（图 5-2）。

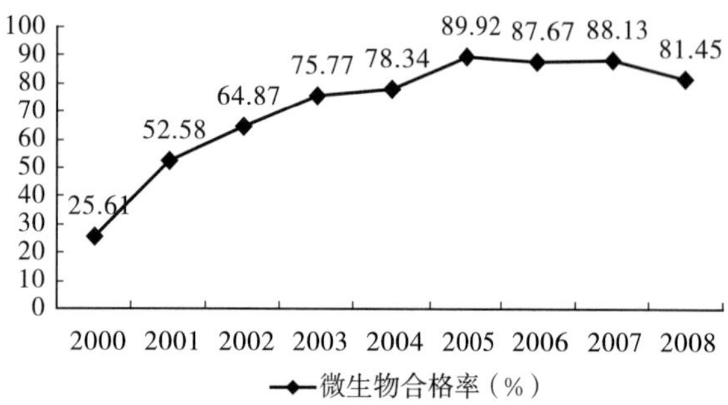

图 5-2　上海地区微生物指标变化情况

（3）体细胞的变化趋势向好（图 5-3）。

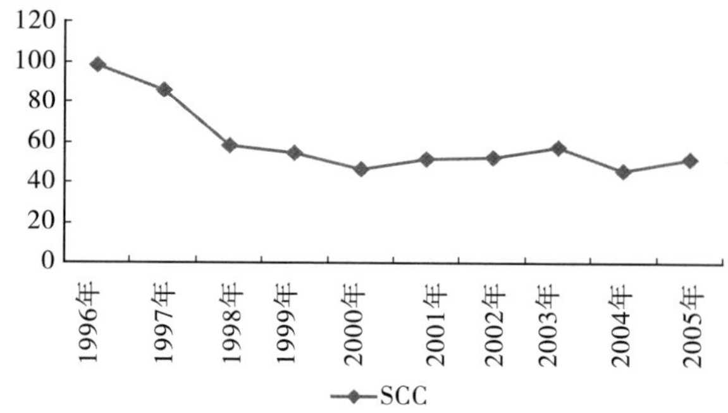

图 5-3　上海历年生奶体细胞变化曲线图

（4）收奶站逐步取消（图 5-4）。

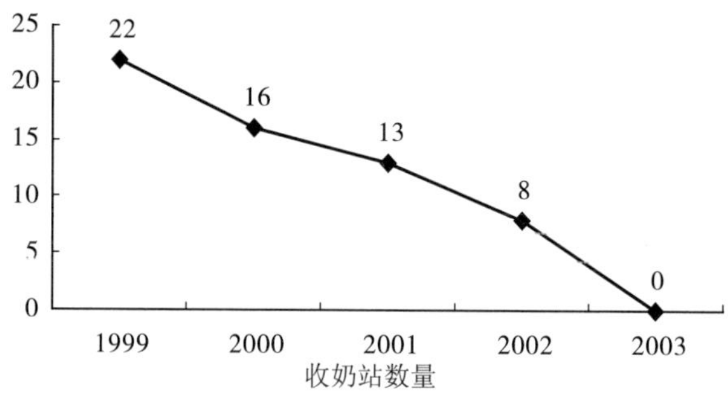

图 5-4　收奶站数量变化情况

（5）规模奶牛场发展迅速（图 5-5）。

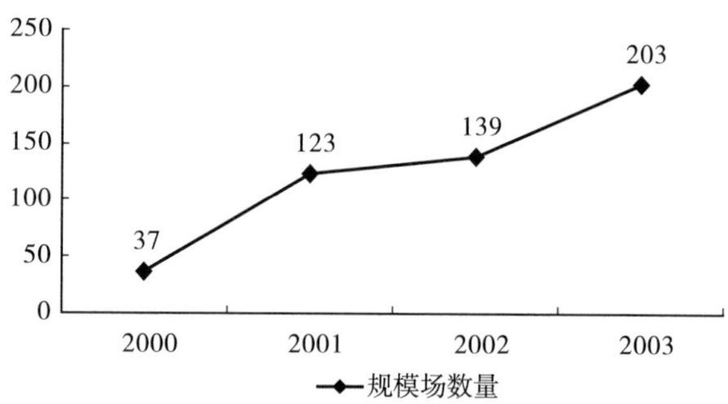

图 5-5　规模奶牛场变化情况

（6）规模化程度日趋合理（表 5-4）。

表 5-4　规模化程度日趋合理

饲养规模（头）	养殖单元（个）	奶牛数量（头）	占牛场数量比例（%）	占奶牛总数比例（%）
100头以下	3	164	2.40	0.28
101～200	36	5 802	29.03	9.91
201～500	55	17 219	44.35	29.40
501～1000	18	12 730	14.52	21.74
1000头以上	12	22 647	9.68	38.67
合　计	124	58 562		

6.生奶价格形成机制不断完善 2008年是上海奶业史上具有标志性转折意义的一年。一方面，市物价局将传统的政府定价形式改为政府指导价管理；另一方面，经海选产生的奶农代表直接参与了生奶价格的协调工作。在继续坚持生奶质量第三方检测制度和继续实行、不断完善按质论价政策的基础上，上海奶业行业协会会同市畜牧办、物价局共同制定了有关新的生奶价格形成机制方案。方案的实质内容是：由市物价局成本调查队根据各采样点跟踪调查的数据，测算出平均生产成本，加上合理利润，而得出生奶收购的基础价格。该价格可在一定幅度之内上下浮动。具体价格水平则由有关各方根据市场供求关系和成本变动情况，在充分协商的基础上合理确定。尔后仍由物价局发文执行。方案规定，在一般情况下，每年协商二次；特殊情况下可随时商议。从实践效果来看，该机制对确保价格的合理性，维护双方的合法权益，稳定上海的奶牛生产起到非常重要的作用。

（二）上海市生奶计价检测运作体系的任务和流程

根据"暂行办法"的有关规定，质检站的任务是对生奶质量安全指标进行检测，并提供客观、准确的数据。目前，实际运作情况是两种采样方法同时并存，即到牧场采样和在加工厂采样。前者系通过第三方物流运输的驾驶员采样；后者是企业自运到加工厂集中采样。而奶样则经加工厂统一转送至质检站进行检测。收奶企业的地区事业部对生奶物流配送进行调度。质检站及时将检测结果反馈给事业部和各奶牛场。事业部依据质检站提供的数据，以及市物价局统一发布的价格进行计价和结算。整个计价检测体系实施牧场监督、加工厂监督和质检站监督的有机结合（图5-6）。

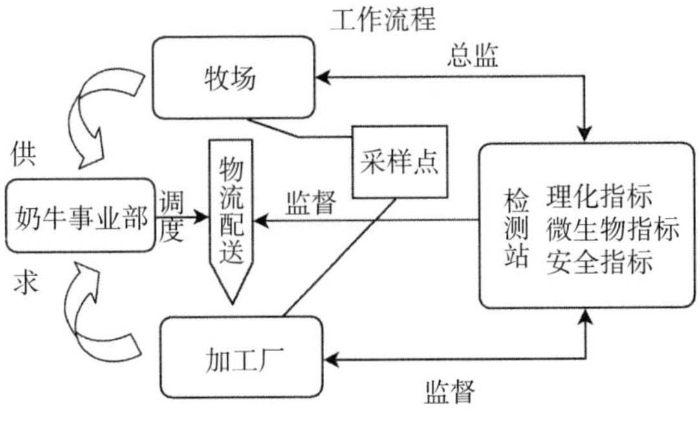

图5-6 上海市规模牧场工作流程

为保证检测数据的"三公"（公开、公平、公正），质检站对所有样品进行条形码管理。理化采样瓶附加防盗装置，微生物采样则使用一次性无菌防盗瓶。对理化指标、冰点和体细胞这几项指标做到对每个企业、每个样品，每批次必检；对微生物、抗生素、黄曲霉素及亚硝酸盐等指标采取每批采样，每十天随机抽检一次的方式。一旦出现异常情况，随时上门跟踪检查。所有指标的测试，单价由市物价局统一核定，费用由供需双方各承担50%。此外，质检站还会根据需要对供奶单位和运输、采样环节进行不定期的跟踪检查，并有针对性地开展服务、咨询和相关业务培训。

1.上海生奶质量安全监测体系的体制和功能 以质检站为中心的生奶质量安全监测体系运作至今已十年有余。由于上海是全国最早并唯一实现在全市范围内对生奶收购进行第三方计价检测和质量安全监测的地区，其运作体制自然引起兄弟省市的浓厚兴趣。就其实质来分析，检测站是一家带有政府背景、多元化组合、市场化运作的第三方检测机构。目前是一套班子挂四块牌子：农业部食品质量检验测试中心（上海）、中国绿色食品质量监督检验中心（上海）、上海市乳品质量监督检验站、上海市德诺检测有限公司。21世纪初，经改制、重组，由光明乳业、牛奶集团、联华超市和原市畜牧兽医站及经营者个人共同持股成立了德诺检测公司及董事会。公司主要承接三大业务：生奶计价检测；政府委托检测；企业委托检测。前两块业务，构成上海目前在生奶日常收购质量安全上的双重把关。再加上农委下属的兽医、疾控中心对牧场的执法监督，形成全市比较完整的生奶质量安全监测体系。

据统计，2010年质检站受各级政府委托，对生奶共监测3720批次，涉及监测项目包括：三聚氰胺、硫氰酸钠、皮革水解蛋白和β-内酰胺酶。检测结果，全部合格。2011年，监测项目从违禁添加物扩大到生奶新国际所规定的重金属、农兽药残留和其他相关安全指标，共监测2750批次生奶，农业部监测35批次，所有检测结果均全部合格。

2.值得总结的几点有益启示和历史经验

（1）制定有关第三方检测的地方性政府规章或法规，是生奶质量监测体系建设中的重要前提和关键要素。

（2）实施第三方检测与执行按质论价两者之间的有机结合是确保计价检测的"三公"，从而达到"三赢"目标的基石和保证。

（3）纵观上海按质论价办法逐步完善的历史轨迹，充分体现了前述的几个基本原则，特别是"走小步，不停步"，与国际接轨，与时俱进，不断提升的精神。

（4）紧密结合当地实际，在实战中进行摸索，通过总结所产生的奶价形成机制，对于促进奶价的合理化，保护奶农的合法权益以及稳定奶业生产具有示范性意义。

（5）每一项事关奶农切身利益和牛奶质量安全指标的出台，都抱着极为慎重的态度，都要经过试运转的阶段，发现问题，及时调整。

（6）发挥政府有关部门的权威作用非常重要。上海每一项生奶按质论价政策的出台，都离不开市物价局、市农委等部门的重视和支持。

3.有待继续改进和完善的地方 实施第三方检测，提高原料奶质量，上海迈出了坚实的步伐。随着奶业生产的不断发展和规模结构的不断变化，也对第三方检测制度的建设和完善提出了许多新的要求。无论是经营体制、运作机制，还是监督制约、政策扶持等方面都存着需要继续改革和完善的地方。

（1）作为地方性政府规章“暂行办法”颁布已经超过十年，奶业市场经历了几番沉浮，奶业格局也发生了诸多变化，政府理应着手进行必要的修改与补充，去掉“暂行”的字眼，出台更加完善的管理办法。

（2）从实际运行的效果来看，体制性的缺陷依然存在。检测公司受政府或大企业的影响较大，广大奶农的代表性缺失。资产结构和股份构成不尽合理。检测公司的股份组成应予以适当调整。

（3）采样的代表性有待改进，对生奶物流运输的监督和驾驶员的教育、培训亟待加强。

（4）监督者本身也要接受相应的监督。质检站检测仪器的定期校正和工作人员的素质保证对于体现机构的“三公”性和权威性至关重要。

（5）按质论价的指标与办法仍应继续加以改进，朝着与国际先进水平接轨的方向迈进。政府在这方面应加大政策资金扶持的力度。

（6）国家层面应考虑如何鼓励开展跨省市的中介检测服务，以促进检测设施的充分利用和资源共享。

特殊配方乳粉产品质量国家监督抽查结果①

本次抽查了天津、河北、山西、内蒙古、黑龙江、上海、浙江、福建、江西、山东、湖北、湖南、广东、陕西、宁夏等15个省、自治区、直辖市39家企业生产的58种特殊配方乳粉产品，包括了中老年乳粉、中小学生乳粉、儿童配方乳粉、孕妇及授乳妇女配方乳粉、女士奶粉等品种。

本次抽查依据《乳粉（奶粉）》GB/T 5410-2008、《预包装特殊膳食用食品标签通则》GB 13432-2004、《食品营养强化剂使用卫生标准》GB 14880-1994、《乳粉卫生标准》GB 19644-2005和经备案现行有效的企业标准及产品明示质量的规定，对特殊配方乳粉产品的铅、无机砷、亚硝酸盐（以$NaNO_2$计）、黄曲霉毒素M1、沙门氏菌、金黄色葡萄球菌、三聚氰胺、脂肪、蛋白质、菌落总数、大肠菌群、维生素A、维生素D、维生素E、维生素C、烟酸、钙、铁、锌等19个重要的安全指标和质量指标进行了检验。

抽查发现，有1种产品的维生素E含量和1种产品的钙含量不符合相关标准或标签明示值的要求。

灭菌乳产品质量国家监督抽查结果②

本次共抽查了北京、天津、河北、内蒙古、辽宁、吉林、黑龙江、上海、山东、广东、四川、陕西、宁夏等13个省、自治区、直辖市82家企业生产的120种灭菌乳产品。

本次抽查依据《巴氏杀菌、灭菌乳卫生标准》GB19645-2005、《灭菌乳》GB 5408.2-1999、《预包装食品标签通则》GB 7718-2004等国家标准及相应产品标准的要求，对灭菌乳产品的脂肪、蛋白质、酸度、铅、无机砷、硝酸盐、亚硝酸盐（以$NaNO_2$计）、黄曲霉毒素M1、菌落总数、大肠菌群、沙门氏菌、金黄色葡萄球菌、三聚氰胺等 13个项目进行了检验。

本次抽查的灭菌乳产品质量均符合标准规定的要求。

① 本文为国家质量监督检验检疫总局《关于公布2010年第2批产品质量国家监督抽查结果的公告》（总局2010年第74号公告）的附件5。
② 本文为国家质量监督检验检疫总局《关于公布2010年第4批产品质量国家监督抽查结果的公告》（总局2010年第168号公告）的附件4。

奶业产业化

全国奶业产值及奶牛规模化养殖情况

表 6-1 全国奶牛养殖业产值

单位：亿元

年份	奶牛养殖业产值[1]	畜牧业产值	占畜牧业产值[1]（%）
2000	166.00	7 393.10	2.25
2001	224.52	7 963.10	2.82
2002	280.08	8 454.64	3.31
2003	332.00	9 538.80	3.48
2004	503.00	12 173.80	4.13
2005	572.97	13 310.78	4.30
2006	660.49	13 640.15	4.84
2007	835.68	16 124.93	5.18
2008	1 015.00	20 583.56	4.93
2009	1 065.00	19 468.36	5.47
2010	1 125.00	20 825.73	5.40

注：1.估计数。

表 6-2 全国奶牛规模化养殖情况

年份	年存栏数（头）	1～4	5～19	20～99	100～199	200～499	500～999	1000头以上
2003	场（户）数	1 510 930	224 373	35 036	2 292	895	344	136
	年存栏数（头）	4 099 695	2 282 131	1 308 064	321 465	287 831	248 540	239 893
2004	场（户）数		286 973	39 592	2 821	959	346	180
	年存栏数（头）		3 045 949	1 541 994	382 806	311 593	239 417	299 462
2005	场（户）数		302 494	46 396	2 997	1 253	448	188
	年存栏数（头）		3 372 545	2 098 153	412 404	398 375	307 285	295 804
2006	场（户）数		333 944	52 491	3 656	1 616	520	248
	年存栏数（头）		3 978 623	2 200 496	532 880	521 415	359 699	425 430
2007	场（户）数	2 159 701	444 895	56 254	4 421	2 336	768	339
	年存栏数（头）	5 942 220	4 160 598	2 409 223	634 835	696 967	526 927	586 749
2008	场（户）数	1 970 755	542 102	65 646	4 425	2 679	1 026	454
	年存栏数（头）	4 966 506	4 829 121	2 529 327	618 186	835 462	690 573	849 137
2009	场（户）数	1 796 061	506 449	62 840	4 324	3 341	1 773	706
	年存栏数（头）	4 415 783	4 605 789	2 476 409	622 298	1 070 472	1 214 833	1 306 105
2010	场（户）数	1 750 895	483 913	64 208	4 604	3 579	2 061	898
	年存栏数（头）	4 339 471	4 451 122	2 606 054	674 988	1 164 795	1 475 398	1 716 073

资料来源：全国畜牧总站。

2010年农业部农民专业合作组织奶业及相关示范项目

根据《财政部关于批复农业部2010年部门预算的通知》（财预[2010]168号），2010年农民专业合作组织示范项目资金分配见表6-3。

该项目已列入财政国库集中支付范围，资金直接拨付项目主管部门。项目主管部门要在收到资金15天内，将项目资金转拨项目承担单位。农民专业合作组织要将资金到位和使用情况向全体成员公开，并设置“农业部农民专业合作组织示范项目资金”明细账，按照项目内容、经济分类及有关财务制度列支费用，专款专用。主管部门（单位）要做好组织实施和监督检查工作。

表6-3 农业部2010年农民专业合作组织示范奶业相关项目资金分配表

单位：万元

主管部门（单位）	项目单位	金 额	项目任务
黑龙江省农业委员会	杜尔伯特蒙古族自治县八公里奶牛养殖专业合作社	20	建设青贮窖；技术培训
陕西省农业厅	陕西关中奶山羊专业合作社	20	建设挤奶站；成员培训

2010年农业部农业标准化实施示范奶业相关项目

根据《财政部关于批复农业部2010年部门预算的通知》（财预[2010]168号），2010年农业标准化实施示范项目资金分配见表6-4。

该项目已列入财政国库集中支付范围，资金由财政部直接拨付项目单位。项目单位要设置“农业部农业标准化实施示范项目资金”明细账，按照项目内容、经济分类及有关财务制度列支费用。主管部门（单位）要做好组织实施和监督检查工作。

表6-4 农业部2010年农业标准化实施示范奶业相关项目资金分配表

单位：万元

项目主管部门（单位）	项目单位	金 额	项目任务
内蒙古自治区农牧厅	土默特左旗畜牧局	50	国家级奶牛标准化示范县
黑龙江省农垦总局	8511农场	50	国家级奶牛标准化示范场

2010年农业部农业标准化实施示范（奶业相关农民专业合作组织）项目

根据《财政部关于批复农业部2010年部门预算的通知》（财预[2010]168号），2010年农业标准化实施示范（农民专业合作组织）项目资金分配见表6-5。

该项目已列入财政国库集中支付范围，资金直接拨付项目主管部门。项目主管部门要在收到资金15天内，将项目资金转拨项目承担单位。农民专业合作组织要将资金到位和使用情况向全体成员公开，并设置“农业标准化实施示范（农民专业合作组织）项目资金”明细账，按照项目内容、经济分类及有关财务制度列支费用。主管部门（单位）要做好组织实施和监督检查工作。

表6-5 农业部2010年农业标准化实施示范（奶业相关农民专业合作组织）项目资金分配表

单位：万元

主管部门	项目单位	金额	项目任务
内蒙古自治区农牧业厅	突泉县敖牛奶牛专业合作社	20	新建棚圈、管理室、厕所、打井、畜牧综合服务室；购买奶牛；成员培训
西藏自治区农牧厅	西藏白朗奶业合作社	20	奶牛购置，基础设施修建，市场营销，畜牧养殖技术推广

2010年农业部农业产业化奶业相关项目

根据《财政部关于批复农业部2010年部门预算的通知》（财预[2010]168号），2010年农业产业化项目资金分配见表6-6。

该项目已列入财政国库集中支付范围，资金由财政部直接拨付项目单位。项目单位要设置“农业部农业产业化项目资金”明细账，按照项目内容、经济分类及有关财务制度列支费用。主管部门（单位）要做好组织实施和监督检查工作。

表6-6　农业部2010年农业产业化奶业相关项目资金分配表

单位：万元

主管部门	项目单位	金　额	项目任务
北京市农村工作委员会	中地种业（集团）有限公司	80	良种引进42万元，化肥、农药购置36.5万元，农民技术培训1.5万元
天津市农村工作委员会	天津梦得集团有限公司	50	挤奶厅、母牛舍、犊牛舍建设
云南省农业厅	云南大理东亚乳业有限公司	80	牛舍、食用菌温室建设70万元，防疫设施购置10万元

2010年农业部奶业行业相关标准制定和修订项目

根据《财政部关于批复农业部2010年部门预算的通知》（财预[2010]168号），2010年农业行业标准制定和修订项目资金分配见表6-7。

该项目已列入财政国库集中支付范围，资金由财政部直接拨付项目单位。项目单位要设置“农业部农业行业标准制定和修订项目资金”明细账，按照项目内容、经济分类及有关财务制度列支费用。主管部门（单位）要做好组织实施和监督检查工作。

表6-7　农业部2010年奶业行业相关标准制定和修订项目资金分配表

单位：万元

主管部门（单位）	项目单位	金　额	项目任务
华南农业大学	华南农业大学	10	牛奶、鸡蛋中多肽类药物残留量的测定 液相色谱-串联质谱法
中国农业大学	中国农业大学［农业部牧草与草坪草种子质量监督检验测试中心（北京）］	7	牧草种子检验规程 活力测定
中国农业科学院	中国农业科学院北京畜牧兽医研究所	7	奶业术语
中国农业科学院	中国农业科学院北京畜牧兽医研究所	7	奶牛热应激评价技术规范
农业部	全国畜牧总站	8	种牛术语
农业部	中国兽医药品监察所	10	牛奶中四环素类药物残留量的测定 液相色谱-串联质谱法
农业部	农业部工程建设服务中心	8	种畜禽性能测定中心建设标准 奶牛

2010年农业部生鲜乳质量安全监管项目资金的通知

根据《财政部关于批复农业部2010年部门预算的通知》（财预[2010]168号）要求，经我部审核，2010年生鲜乳质量安全监管项目资金分配见表6-8。

该项目已列入财政国库直接支付范围，资金由财政部直接拨付到项目承担单位。各项目承担单位要建立“生鲜乳质量安全监管项目资金”明细账，按照项目内容、经济分类及相关财务制度规定进行专账核算，合理列支相关费用。项目主管部门要认真做好组织指导和监督检查工作。

表 6-8　农业部2010年生鲜乳质量安全监管资金分配表

单位：万元

主管单位	项目承担单位	金　额	项目任务
农业部	畜牧业司	20	生鲜乳收购站监督检查5万元；生鲜乳监管工作总结交流会10万元；生鲜乳质量标准审定会5万元
农业部	全国畜牧总站	75	生鲜乳收购站管理信息系统研制15万元；生鲜乳质量安全检查及收购站监管工作培训30万元；奶牛标准化规模养殖技术及生鲜乳安全标准培训30万元
中国农业科学院	中国农业科学院北京畜牧兽医研究所[农业部奶及奶制品质量监督检验测试中心（北京）]	230	全国生鲜乳质量安全监测工作组织、数据汇总分析30万元，检测技术培训25万元；重点地区生鲜乳质量安全飞行抽检200批次，检查“两证一单”、检测三聚氰胺和β-内酰胺酶48万元；飞行抽检工作组织、数据分析汇总26万元；质检机构检测能力跟踪检查及现场考核30万元；β-内酰胺酶抑制剂等2项检测方法研究制定16万元；生鲜乳质量安全年度报告编制15万元、生鲜乳质量安全检测标准技术资料汇编10万元；突发性质量安全问题应急监测及调查25万元；编制《奶业专业术语》5万元
中国农业科学院	中国农业科学院饲料研究所	59	生鲜乳质量安全饲料因素排查方案编制15万元；奶牛精料补充料质量安全调查20万元；生鲜乳质量安全监测网上报系统研制及培训24万元
中国农业科学院	中国农业科学院农业质量标准与检测技术研究所	15	生鲜乳中内源性青霉素酶产生途径调查分析
中国农业科学院	中国农业科学院农业信息研究所	35	亚洲主要国家奶类消费比较研究、中澳自贸区谈判乳制品相关数据收集20万元；《全国奶业发展规划》座谈会及宣传15万元
民政部	中国畜牧兽医学会	12	年度奶业质量安全新闻宣传汇编8万元；奶业质量安全信息检索4万元
中国农业大学	中国农业大学	30	主产区奶农与乳制品企业生鲜乳购销监测10万元；中小规模养殖户生鲜乳质量制约指标筛查10万元；奶站及奶农质量安全法规及知识培训10万
内蒙古农业大学	内蒙古农业大学	16	奶业调控预案及生鲜乳安全生产预警、中澳自贸区谈判乳制品贸易政策研究
东北农业大学	国家乳制品质量监督检验中心	44	生鲜乳质量安全飞行抽检100批次，检查“三证”、检测三聚氰胺、β-内酰胺酶和硫氰酸钠24万元；植脂末等违禁添加物检测方法制定16万元；生鲜乳质量安全隐患排查方案制定4万元
北京市农业局	北京市饲料监察所	10.38	抽检北京地区生鲜乳样品90批次，检查“三证”、检测三聚氰胺90批次，检测动物水解蛋白和碱度30批次
北京首都农业集团有限公司	北京奶牛中心	22	生鲜乳质量安全状况调查8万元；生鲜乳卫生指标监测验证14万元
天津市畜牧兽医局	天津市兽药饲料监察所	10.38	抽检天津地区生鲜乳样品90批次，检查“三证”、检测三聚氰胺90批次，检测动物水解蛋白和碱度30批次
天津农垦集团总公司	天津市乳品食品监测中心[农业部乳品质量监督检验测试中心]	34.67	重点地区生鲜乳质量安全飞行抽检100批次，检查“三证”、检测三聚氰胺、β-内酰胺酶和硫氰酸钠，共计24.67万元；生鲜乳质量安全指标摸底调查10万元
河北省畜牧兽医局	河北省畜牧兽医局	10	“放心奶”奶源基地建设及奶牛大县政策调研与方案制订
河北省畜牧兽医局	河北省兽药监察所[农业部畜禽产品质量安全监督检验测试中心（石家庄）]	60.94	抽检河北地区生鲜乳样品520批次，检查“三证”、检测三聚氰胺520批次，检测动物水解蛋白和碱度190批次
唐山市农牧局	唐山市畜牧水产品质量监测中心	10	生鲜乳质量安全飞行协助抽检100批次，检查“三证”、检测三聚氰胺、β-内酰胺酶和硫氰酸钠
山西省畜牧兽医局	山西省饲料监察所	40.94	抽检山西地区生鲜乳样品360批次，检查“三证”、检测三聚氰胺360批次，检测动物水解蛋白和碱度110批次
内蒙古自治区农牧业厅	内蒙古农产品质量安全综合检测中心[农业部农产品质量安全监督检验测试中心（呼和浩特）]	64.58	抽检内蒙古地区生鲜乳样品570批次，检查“三证”、检测三聚氰胺570批次，检测动物水解蛋白和碱度170批次

（续）

主管单位	项目承担单位	金　额	项目任务
内蒙古自治区农牧业厅	内蒙古自治区饲料草种监督检验站［农业部饲料质量监督检验测试中心（呼和浩特）］	48	生鲜乳质量安全飞行抽检200批次，检查“三证”、检测三聚氰胺、β-内酰胺酶和硫氰酸钠
辽宁省畜牧兽医局	辽宁省兽药饲料监察所［农业部饲料质量及畜产品安全监督检验测试中心（沈阳）］	29.6	抽检辽宁地区生鲜乳样品260批次，检查“三证”、检测三聚氰胺260批次，检测动物水解蛋白和碱度80批次
吉林省畜牧业管理局	吉林省兽药饲料监察所	17.3	抽检吉林地区生鲜乳样品150批次，检查“三证”、检测三聚氰胺150批次，检测动物水解蛋白和碱度50批次
黑龙江省畜牧兽医局	黑龙江省畜牧兽医局	11	生鲜乳收购站标准化管理工作交流会
黑龙江省畜牧兽医局	黑龙江省兽药饲料监察所［农业部畜禽产品质量安全监督检验测试中心（哈尔滨）］	45.94	抽检黑龙江地区生鲜乳样品400批次，检查“三证”、检测三聚氰胺400批次，检测动物水解蛋白和碱度130批次
黑龙江省农垦总局	农业部食品质量监督检验测试中心（佳木斯）	19.22	抽检黑龙江农垦地区生鲜乳样品170批次，检查“三证”、检测三聚氰胺170批次，检测动物水解蛋白和碱度50批次
上海市农业委员会	农业部食品质量监督检验测试中心（上海）	10.38	抽检上海地区生鲜乳样品90批次，检查“三证”、检测三聚氰胺90批次，检测动物水解蛋白和碱度30批次
江苏省农业委员会	江苏省畜产品质量检验测试中心［农业部畜禽产品质量监测中心（南京）］	17.3	抽检江苏地区生鲜乳样品150批次，检查“三证”、检测三聚氰胺150批次，检测动物水解蛋白和碱度50批次
浙江省畜牧兽医局	浙江省兽药监察所［农业部畜禽产品质量安全监督检验测试中心（杭州）］	10.96	抽检浙江地区生鲜乳样品90批次，检查“三证”、检测三聚氰胺90批次，检测动物水解蛋白和碱度40批次
安徽省农业委员会	安徽省兽药饲料监察所	13.84	抽检安徽地区生鲜乳样品120批次，检查“三证”、检测三聚氰胺120批次，检测动物水解蛋白和碱度40批次
福建省农业厅	福建省农产品质量安全检验检测中心［福建省兽药饲料监察所］	10.38	抽检福建地区生鲜乳样品90批次，检查“三证”、检测三聚氰胺90批次，检测动物水解蛋白和碱度30批次
江西省农业厅	江西省兽药饲料监察所［农业部饲料质量监督检验测试中心（南昌）］	9.8	抽检江西地区生鲜乳样品90批次，检查“三证”、检测三聚氰胺90批次，检测动物水解蛋白和碱度20批次
山东省畜牧兽医局	山东省兽药质量检验所［农业部畜禽产品质量安全监督检验测试中心（济南）］	39.2	抽检山东地区生鲜乳样品360批次，检查“三证”、检测三聚氰胺360批次，检测动物水解蛋白和碱度80批次
河南省畜牧局	河南省兽药监察所［农业部畜禽产品质量安全监督检验测试中心（郑州）］	46.7	抽检河南地区生鲜乳样品420批次，检查“三证”、检测三聚氰胺420批次，检测动物水解蛋白和碱度110批次
湖北省畜牧兽医局	湖北省兽药监察所	10.38	抽检湖北地区生鲜乳样品90批次，检查“三证”、检测三聚氰胺90批次，检测动物水解蛋白和碱度30批次
湖南省畜牧水产局	湖南省畜禽水产品质量检验检测中心［农业部畜禽产品质量安全监督检验测试中心（长沙）］	12.88	抽检湖南地区生鲜乳样品110批次，检查“三证”、检测三聚氰胺110批次，检测动物水解蛋白和碱度40批次
广东省农业厅	广东省兽药与饲料监察总所［农业部饲料质量监督检验测试中心（广州）］	13.84	抽检广东地区生鲜乳样品120批次，检查“三证”、检测三聚氰胺120批次，检测动物水解蛋白和碱度40批次
广西壮族自治区水产畜牧兽医局	广西壮族自治区兽药监察所［农业部饲料质量监督检验测试中心（南宁）］	9.42	抽检广西地区生鲜乳样品80批次，检查“三证”、检测三聚氰胺80批次，检测动物水解蛋白和碱度30批次
海南省农业厅	海南省兽药饲料监察所	2.5	抽检海南地区生鲜乳样品20批次，检查“三证”、检测三聚氰胺20批次，检测动物水解蛋白和碱度10批次
重庆市农业委员会	重庆市动物疫病预防控制中心［重庆市兽药饲料检测所］	26.38	抽检重庆地区生鲜乳样品90批次，检查“三证”、检测三聚氰胺80批次，检测动物水解蛋白和碱度30批次10.38万元；生鲜乳检测技术培训会16万元
四川省畜牧食品局	四川省饲料工作总站［农业部畜禽产品质量安全监督检验测试中心（成都）］	16.72	抽检四川地区生鲜乳样品150批次，检查“三证”、检测三聚氰胺150批次，检测动物水解蛋白和碱度40批次
贵州省农业委员会	贵州省兽药监察所	5.38	抽检贵州地区生鲜乳样品50批次，检查“三证”、检测三聚氰胺50批次，检测动物水解蛋白和碱度10批次

（续）

主管单位	项目承担单位	金额	项目任务
云南省农业厅	云南省动物疫病预防控制中心[云南省兽药饲料检测所]	17.3	抽检云南地区生鲜乳样品150批次，检查“三证”、检测三聚氰胺150批次，检测动物水解蛋白和碱度50批次
云南省农业厅	云南省农业厅	7	奶水牛生鲜乳质量安全调查
陕西省农业厅	农业部饲料质量监督检验测试中心（西安）	56.58	抽检陕西地区生鲜乳样品450批次，应急抽检样品76批次，检查“三证”、检测三聚氰胺450批次，检测动物水解蛋白和碱度110批次
甘肃省农牧厅	甘肃省兽药饲料监察所	21.72	抽检甘肃地区生鲜乳样品190批次，应急抽检样品76批次，检查“三证”、检测三聚氰胺190批次，检测动物水解蛋白和碱度60批次
青海省农牧厅	青海省兽药饲料监察所	13.84	抽检青海地区生鲜乳样品120批次，检查“三证”、检测三聚氰胺120批次，检测动物水解蛋白和碱度40批次
宁夏回族自治区农牧厅	宁夏回族自治区兽药饲料监察所	34.6	抽检宁夏地区生鲜乳样品300批次，检查“三证”、检测三聚氰胺300批次，检测动物水解蛋白和碱度100批次
新疆维吾尔自治区畜牧厅	新疆维吾尔自治区兽药饲料监察所	30.85	抽检新疆地区生鲜乳样品270批次，检查“三证”、检测三聚氰胺270批次，检测动物水解蛋白和碱度85批次
新疆维吾尔自治区畜牧厅	新疆维吾尔自治区乳品质量监测中心	13.55	抽检新疆地区生鲜乳样品120批次，检查“三证”、检测三聚氰胺120批次，检测动物水解蛋白和碱度35批次
新疆生产建设兵团农业局	新疆生产建设兵团兵直事业单位会计核算中心[新疆生产建设兵团兽药饲料监察所]	13.55	抽检新疆兵团生鲜乳样品120批次，检查“三证”、检测三聚氰胺120批次，检测动物水解蛋白和碱度50批次
青岛市畜牧兽医局	农业部畜禽产品质量安全监督检验测试中心（青岛）	64	重点地区生鲜乳质量安全飞行抽检200批次，检查“三证”、检测三聚氰胺、β-内酰胺酶和硫氰酸钠，共计48万元；全国生鲜乳质量安全监测总结会16万元

农业部第一批奶牛标准化示范场名单

（一）北京市（12个）

1 北京市三元绿荷奶牛养殖中心金银岛牧场
2 北京奶牛中心良种场（延庆）
3 北京北庄南山奶牛养殖场
4 北京市沧达福良种奶牛繁育中心
5 北京兴发旧县奶牛场
6 北京市三力源牧业发展有限公司奶牛场
7 北京市北务广峰养殖场
8 北京万家兴业种养殖合作社
9 北京东方古运奶牛养殖有限公司奶牛场
10 北京鹏宇奶牛中心合作社
11 北京市向阳奶牛场
12 北京市福乐奶牛场

（二）天津市（8个）

1 天津嘉立荷十四场奶牛养殖有限公司
2 天津嘉立荷第七场奶牛养殖有限公司
3 天津市今日健康乳品有限公司
4 天津市润泽奶业发展有限公司
5 天津市海林奶牛养殖场
6 天津市神驰农牧发展有限公司
7 天津市富利奶牛养殖场
8 天津市宁河溢弘源奶牛养殖场

（三）河北省（25个）

1 中兴农牧股份有限公司
2 华夏畜牧（三河）有限公司
3 保定双丰牧业有限公司
4 石家庄市恒达牧业有限公司
5 唐山汉沽兴业奶牛养殖有限公司
6 宏利达实业有限公司奶牛养殖分公司
7 深泽县金玉良种奶牛繁育中心
8 涿鹿县新澳牧业有限责任公司
9 辛集市润翔乳业有限公司
10 河北华盛益康奶牛养殖有限公司
11 河北和谐奶牛养殖有限公司
12 福成五丰燕郊奶牛养殖分公司
13 张家口塞北现代牧场有限公司一期养殖场
14 宁晋县贝兰德生态牧场
15 满城县昊宇奶牛养殖有限公司
16 北京双娃乳业有限公司滦县奶牛养殖场
17 张家口察北恒盛牧业有限公司
18 冀丰动物营养科技有限公司奶牛场
19 石家庄天泉良种奶牛有限公司

20 永清县兰星牧业奶牛基地
21 容城县诚益隆农贸有限公司
22 鹿泉市天成奶牛场
23 邯郸市兴盛牧业有限公司
24 秦皇岛浩轩生态农业经济示范园
25 高碑店市华信牧场有限公司

（四）山西省（9个）
1 山西古城乳业农牧有限公司
2 大同市良种奶牛有限责任公司
3 怀仁县下湿庄奶牛有限公司
4 山西崇康奶牛养殖有限公司
5 忻州伟业奶牛养殖有限公司
6 山西省榆次博瑞乳品有限公司
7 朔州市玉收农牧有限公司
8 山西五台山奶牛养殖有限公司
9 清徐县万良牧业有限公司

（五）内蒙古自治区（56个）
1 乌兰察布市凉城县华祺养殖场
2 鄂尔多斯市骑士牧场有限公司
3 内蒙古超大畜牧有限责任公司
4 巴彦淖尔市内蒙古云海秋林图克有机牧场
5 乌兰察布市凉城县海高牧场
6 乌兰察布市内蒙古中谷牧场
7 通辽市经济技术开发区三顺乳泉养殖场
8 锡林郭勒盟正蓝旗顺腾奶牛养殖专业合作社
9 鄂尔多斯市邦成农业开发有限公司
10 海拉尔农场管理局三河种马场澳牛繁殖基地
11 兴安盟科右前旗兴达奶牛养殖专业合作社
12 通辽市高林屯种畜场
13 乌兰察布市凉城县大来牧场
14 巴彦淖尔市杭锦后旗太平乳业责任有限公司
15 海拉尔区一五窑奶牛规模养殖场
16 包头市九原区茂盛奶牛养殖场
17 扎兰屯市金玉良种奶牛场
18 元宝山区同心奶牛专业合作社
19 锡林郭勒盟白旗永义奶牛养殖专业合作社
20 兴安盟突泉县水泉镇天兴奶牛养殖家庭牧场
21 赤峰市佳禾粮油有限责任公司北井分公司奶牛场
22 海拉尔农场管理局特尼河农牧场股份制奶牛场
23 赤峰市元宝山区天济养殖公司
24 赤峰市松山区衣家营峰峪公司奶牛场
25 锡林郭勒盟宏源奶牛养殖基地
26 包头市黄河乳牛场
27 锡林郭勒盟太仆寺旗军起奶牛养殖场
28 包头市九原区开元奶牛养殖场
29 兴安盟扎赉特旗巴彦高勒牧场
30 呼和浩特市和林县蒙牛第八牧场
31 包头市石拐区义群养殖场
32 通辽市绿岛奶牛养殖有限公司
33 呼和浩特市托县旭日牧场
34 兴安盟乌兰浩特市蒙易牲畜养殖有限公司
35 通辽市开鲁县建华双胜村张文柱奶牛养殖场
36 呼和浩特市土左圣牧高科牧业公司脑木汗牧场
37 呼伦贝尔市奶牛标准化养殖示范园区
38 呼和浩特市和林欧太牧场
39 呼和浩特市和林禾华牧场
40 呼和浩特市托县古城镇奶牛场
41 呼和浩特市土左旗奶联社窑子湾牧场
42 包头市蒙利源奶牛养殖场
43 呼和浩特市赛罕区家和兴牧场
44 呼和浩特市五川县特木饵牧场
45 包头市达茂永胜奶牛养殖场
46 阿荣旗音河奶牛养殖小区
47 呼和浩特市托县友和牧场
48 呼和浩特市托县蒙俊牧场
49 呼和浩特市赛罕区永旺牧场
50 包头市达茂旗大林巴音牧场
51 呼和浩特市和林县泰佳源牧场
52 包头市宝地奶牛养殖场
53 呼和浩特市和林县浓泰牧场
54 呼和浩特市土左旗绿源牧场
55 呼和浩特市土左旗秀梅牧场
56 呼和浩特市土左旗三毛牧场

（六）辽宁省（11个）
1 辽阳顺兴实业集团有限公司
2 阜新牧源良种奶牛繁育有限公司
3 铁岭市大牛乳品有限公司
4 沈阳金秋实牧业公司
5 沈阳辉山八家子奶牛场
6 盘锦金昌畜牧有限公司
7 本溪木兰花乳业有限责任公司
8 岫岩满族自治县卧龙畜牧养殖场
9 丹东派波乳业有限公司
10 营口市老边区后山奶牛养殖专业合作社
11 抚顺四方农牧业科技发展有限公司奶牛养殖场

（七）大连市（2个）
1 大连盛大牧业有限公司
2 大连爱德现代牛业有限公司

（八）吉林省（5个）
1 白城市兴盛奶牛养殖有限公司
2 吉林市春光奶牛养殖场

3 长春市晨光奶牛养殖场
4 镇赉县建平乡英华小康村奶牛养殖场
5 关东乳业奶牛养殖示范场

（九）黑龙江省（35 个）
1 黑龙江省家畜胚胎移植技术开发中心
2 绥化裕达牧业有限公司
3 哈尔滨良种奶牛繁育中心
4 哈尔滨杏林牧业发展有限公司
5 黑龙江省克东飞鹤（欧美）国际示范牧场
6 佳木斯市新纪元乳业有限公司
7 黑龙江省七台河市吕生奶牛养殖有限责任公司
8 尚志现代牧场有限公司
9 黑龙江省甘南飞鹤（欧美）国际示范牧场
10 铁力市良种奶牛繁育公司
11 尚志市育龙牛业有限公司
12 青冈县山东屯荷斯坦奶牛繁育场
13 五常市兴国牧业有限公司
14 哈尔滨市呼兰区康乐奶牛场
15 安达市友谊牧场
16 虎林市和协经贸有限公司良种奶牛场
17 铁力市宏晟牧业有限责任公司
18 肇源县家盛奶牛良种有限公司
19 安达市希望牧场
20 富锦市天野牧业有限责任公司
21 安达市源宝养殖有限责任公司
22 牡丹江市大湾乳业有限公司奶牛场
23 大庆庆新牧业有限公司
24 嫩江县臣业奶牛场
25 安达市益恒奶牛养殖有限公司
26 林甸县任和奶牛养殖场
27 牡丹江龙大股份有限公司奶牛场
28 黑龙江省克东飞鹤原生态牧业有限公司
29 大庆和兴畜牧发展有限公司
30 黑龙江齐梅生物科技有限公司良种乳牛繁育科研基地
31 富锦头兴牧业有限责任公司
32 杜尔伯特蒙古族自治县泰康奶牛广场
33 哈尔滨松花江奶牛有限责任公司
34 大同区仟宏奶牛养殖广场
35 北安市种畜场奶牛示范场

（十）上海市（6 个）
1 上海中星奶牛场
2 上海忆南奶牛养殖有限公司
3 上海新海农场新东奶牛场
4 上海光明荷斯坦金山种奶牛场
5 上海牛奶集团（大丰）海丰奶牛场有限公司
6 上海金牛牧业有限公司跃进奶牛一场

（十一）江苏省（4 个）
1 南京卫岗乳业有限公司淳化牧场
2 镇江市长江乳业有限公司示范牧场
3 徐州绿健乳业有限公司乳牛场
4 盐城市泰来神奶业有限公司奶牛场

（十二）浙江省（3 个）
1 宁海利丰牧业有限公司
2 味全（安吉）乳品专业牧场有限公司
3 浙江东兴实业有限责任公司伊康乳业分公司

（十三）安徽省（4 个）
1 淮南市梅玲牧业有限公司
2 滁州市南谯奶牛场
3 和平乳业种奶牛繁育中心
4 现代牧业（肥东）有限公司

（十四）福建省（2 个）
1 南平市长源牧业有限公司
2 建阳市吉翔牧业有限公司

（十五）江西省（1 个）
1 江西牛牛乳业有限责任公司

（十六）山东省（38 个）
1 山东高速现代牧业有限公司
2 山东荷斯坦奶牛繁育中心有限公司牟平分公司
3 济南佳宝乳业有限公司第一奶牛繁育场
4 潍坊宝利牧业发展有限公司
5 山东遥墙农牧业科技开发有限公司
6 山东得益乳业有限公司高青示范牧场
7 山东恒大化工（集团）有限公司大疃奶牛养殖场
8 枣庄祥和乳业有限责任公司
9 汶上现代牧场有限公司
10 东营开元良种奶牛繁育集团有限责任公司
11 泰安金兰奶牛养殖有限公司
12 阳谷县良种奶牛繁育有限公司（苏海奶牛场）
13 济南天元乳业有限责任公司
14 胜大集团水产养殖厂
15 山东清大乳业有限公司
16 山东朝日绿源农业高新技术有限公司
17 泰安鲁宝奶牛养殖乳业有限公司
18 山东银香伟业集团有限公司国际牧场
19 济南维维农牧发展有限公司
20 日照市五洞府牧业有限公司
21 陵县乐悟农业科技开发有限公司
22 沂南县彩蒙奶牛养殖有限公司
23 山东盛能奶牛胚胎工程有限公司

24 济宁市任城区汇源奶牛场
25 淄博福旺养殖有限公司
26 临朐县新荷奶牛养殖有限公司
27 邹平县金土地奶牛养殖专业合作社牧场
28 海阳市磊磊奶牛养殖场
29 平原县旺源奶牛养殖专业合作社
30 临沂禄福良种奶牛发展有限公司
31 沂源县民丰奶牛养殖专业合作社奶牛养殖场
32 宁阳明达奶牛场
33 禹城市天鹿牧业有限公司
34 沂水县京援奶牛专业合作社
35 泰安市玉香奶业有限公司
36 桓台县巨鑫养牛民专业合作社
37 阳信家豪奶牛养殖有限公司
38 肥城市牧和养殖有限公司

（十七）青岛市（3个）
1 青岛奥特奶牛原种场
2 青岛福仕奶业有限公司
3 青岛绿源奶牛良种繁育中心

（十八）河南省（30个）
1 河南中荷奶业科技发展有限公司
2 河南省鼎元种牛育种有限公司
3 焦作多尔克司示范乳业有限公司
4 濮阳市裕康农业发展有限公司
5 河南佳源养殖有限公司
6 河南花花牛集团牧业有限公司
7 荥阳市山水牧业有限公司
8 洛阳巨尔牧业有限公司
9 河南科迪生物工程股份有限公司
10 河南伊源乳业有限公司
11 河南省中源农牧有限公司
12 武陟县诚信奶牛养殖专业合作社
13 偃师市高龙镇隆鑫奶牛养殖场
14 河南裕泰生物技术有限公司
15 平顶山市汝源奶业有限公司
16 焦作澳德澜牧业有限公司
17 宜阳县恒鑫养殖有限公司
18 河南源源乳业集团思源养殖有限公司
19 河南宝乐奶业有限公司
20 河南源源乳业集团有限公司
21 郏县发展牧业有限公司
22 洛阳生生乳业有限公司第一牧场
23 河南省黄河岸边乳业有限公司
24 商水县许寨牧业发展有限公司
25 虞城县科威养牛场
26 河南省豫牛乳业发展有限公司
27 浚县富邦奶牛养殖场
28 陕县程宇奶牛养殖有限公司
29 偃师市旺民奶牛养殖有限公司
30 济源市金河奶业有限公司

（十九）湖北省（4个）
1 武汉惠尔康扬子江乳业有限公司武湖牧场
2 湖北京都农业科技开发有限责任公司
3 湖北黄梅现代乳业有限公司
4 麻城市鑫旺畜牧科技发展有限公司奶牛场

（二十）湖南省（1个）
1 湖南阳光乳业股份有限公司奶牛场

（二十一）广东省（3）
1 广州珠江牛奶有限公司
2 广州市华美牛奶公司
3 深圳市光明华侨农场（集团）牛奶公司

（二十二）广西壮族自治区（2个）
1 广西水牛研究所水牛种畜场
2 广西皇氏甲天下乳业股份有限公司来宾分公司

（二十三）重庆市（1个）
1 重庆市天友纵横牧业发展有限公司北碚牧场

（二十四）四川省（4个）
1 眉山市洪雅县现代牧场有限公司东岳现代奶牛场
2 绵阳原野良种乳牛繁育推广有限公司奶牛养殖场
3 爱德现代奶业（眉山）有限公司安德牧场
4 四川新希望团结奶牛场

（二十五）贵州省（1个）
1 贵阳三联乳业有限公司第二奶牛牛场

（二十六）云南省（4个）
1 云南大理东亚乳业有限公司欧亚风景牧场
2 昆明雪兰牛奶有限责任公司石林生态牧场
3 德宏祥祥乳业有限公司
4 腾冲县巴福乐槟榔江水牛良种繁育有限公司良种繁育场

（二十七）陕西省（12个）
1 现代牧业（宝鸡）有限公司
2 杨陵科元克隆股份有限公司种牛场
3 西安草滩（咸阳）良种奶牛场
4 西安市临潼区永平养殖场
5 合阳县浩大乳业有限公司
6 陕西世丰畜牧科技有限公司百利奶牛场

7 宝鸡得力康乳业有限公司凤翔千头奶牛场
8 西安牧星乳业有限公司华宇奶牛场
9 宝鸡澳华现代牧业有限公司
10 陕西瑞丰现代农业有限公司
11 陕西新绿牧业有限公司千头现代化奶牛场
12 咸阳市泾阳民兴高产奶牛养殖园

（二十八）甘肃省（4个）
1 天水市嘉信畜牧有限责任公司良种奶牛繁育场
2 兰州牧工商有限责任公司甘肃荷斯坦奶牛繁育示范中心
3 白银市大富乳业有限公司
4 临泽县雪莲乳品有限责任公司奶牛场

（二十九）青海省（1个）
1 民和县马聚垣奶牛养殖小区

（三十）宁夏回族自治区（9个）
1 宁夏贺兰山奶牛原种繁育有限公司
2 石嘴山市卉丰农林牧场
3 贺兰县洪广营农林生态养殖场
4 宁夏塞上阳光牧场养殖有限公司
5 银川市西夏区先锋奶牛养殖场
6 吴忠市利牛畜牧科技发展有限公司
7 宁夏翔达牧业科技有限公司
8 宁夏夏进奶牛繁育科技有限公司
9 宁夏永宁蓝天奶牛养殖专业合作社

（三十一）新疆维吾尔自治区（14个）
1 新疆伊犁中洲高科技有限责任公司察布查尔牛场
2 伊犁州昭苏马场昭苏中洲牛业
3 伊犁州新疆褐牛良种繁育中心
4 沙湾县乌兰乌苏镇众意专业合作社奶牛场
5 阿勒泰市散德克库木种畜场
6 新疆呼图壁种牛场
7 昌吉市阿什里乡新峰奶牛养殖场
8 乌鲁木齐种牛场
9 新疆新投绿原农牧业科技开发有限公司奶牛养殖场
10 哈密长青农牧公司奶牛养殖场
11 瑞源乳业有限公司
12 焉耆三宇实业有限责任公司
13 新疆南达乳业有限公司畜牧分公司标准化奶牛示范场
14 克拉玛依市绿成公司标准化奶牛示范场

（三十二）新疆生产建设兵团（7个）
1 新疆兵团农一师5团奶牛一场
2 新疆兵团农七师131团天锦奶牛场
3 新疆兵团农八师西部牧业奶牛良种繁育场
4 新疆兵团农十二师五一农场奶牛场
5 新疆兵团农八师142团双旭牧业有限责任公司
6 新疆兵团农八师石河子总场双旺奶牛场
7 新疆兵团农七师澳利亚牧业有限公司九牧场

（三十三）黑龙江农垦（8个）
1 完达山良种奶牛有限责任公司
2 吉祥良种奶牛场
3 黑龙江省牡丹江农垦圣奥良种奶牛有限责任公司
4 黑龙江省绿色草原牧场奶牛中心
5 黑龙江省鹤澳奶牛繁育中心
6 黑龙江省八五七农场股份制奶牛场
7 黑龙江八五一〇农场当壁镇良种奶牛股份有限责任公司
8 二龙山农场北龙奶牛养殖基地

农业部第二批奶牛标准化示范场名单

（一）河北省（36个）
1 怀安县瑞泰农牧业有限公司
2 唐山市芦台经济开发区发展奶牛场
3 宣化县金源牧业有限公司
4 献县杨兴饲养场
5 天添乳业有限公司良种奶牛繁育场
6 涿州华辉奶牛养殖服务有限公司
7 河北红山乳业有限公司
8 馆陶县贵国奶牛养殖发展有限公司
9 河北三田乳业有限公司
10 雪计兴农牧科技有限公司
11 秦皇岛益维牧场
12 邯郸市京华生态科技养殖有限责任公司
13 南市区建寅奶农专业合作社
14 正定县宏发良种奶牛养殖基地
15 唐山市丰南区瀚源生态奶牛养殖场
16 邯郸市福泰达金牛养殖有限公司
17 抚宁县互利养牛专业合作社
18 滦南县绿林奶牛养殖场
19 康保县树棠牧业有限公司
20 丰宁三缘牧业有责任公司
21 沽源县绿源农牧业开发有限公司
22 周家庄农牧有限公司
23 沽源县宝洲现代牧场有限责任公司
24 唐山市丰南区华诚乳业有限公司
25 唐山中澳奶牛养殖有限公司
26 黄骅市渤海奶牛良繁有限公司
27 沧州华茂养殖有限公司

28　定州永发诚信畜牧发展有限公司
29　正定县金河生态养殖基地
30　遵化市新原奶牛养殖场
31　迁安市金福祉奶牛养殖场
32　饶阳县牧兴养殖公司
33　崇礼县星通富民奶牛养殖小区
34　河北绿奥乳业有限公司
35　滦平县鑫宝山牧业有限公司
36　武邑县茂祥奶牛养殖有限公司

（二）山西省（1个）
1　武乡县世纪太行乳业有限公司

（三）辽宁省（1个）
1　兴城市兴源奶牛养殖专业合作社

（四）大连市（2个）
1　大连北乐养牛专业合作社
2　大连盛丰畜牧业发展有限公司

（五）吉林省（2个）
1　康达牧业有限责任公司
2　吉林新源牧业有限公司奶牛养殖二场

（六）江苏省（8个）
1　扬州市华兴乳业有限公司
2　泰州卫岗乳品有限公司
3　波特农场有限公司昆山分公司
4　江苏梁丰食品集团有限公司机械化奶牛场
5　姜堰天资奶业有限公司
6　连云港锡云奶牛养殖有限公司
7　海安县向阳奶牛场
8　江苏康益牧业有限公司

（七）浙江省（2个）
1　金华市佳乐乳业有限公司九峰山奶牛场
2　杭州正兴牧业有限公司

（八）青岛市（2个）
1　青岛榕昕牧业有限公司
2　青岛佳顺养殖有限公司

（九）河南省（15个）
1　南阳市黄河飞龙牧业有限公司
2　南阳市青云牧业有限公司
3　新郑市佳利奶牛养殖有限公司
4　新密市民康奶牛养殖专业合作社
5　河南雪牛乳有限公司奶牛养殖基地
6　南阳市西洼奶牛养殖有限公司
7　中牟万滩标准化高产奶牛养殖示范园
8　开封市禹王乳业有限公司
9　河南汇康源牧业有限公司
10　原阳县福源奶牛有限公司
11　开封县范村百永发奶牛养殖场
12　郑州市惠济区百万奶牛养殖者专业合作社
13　沁阳市中天养殖场
14　商丘市梁园区双八镇富民奶牛养殖农民专业合作社
15　开封市祈福绿色奶业发展有限公司

（十）四川省（2个）
1　四川美联胚胎生物工程有限公司第一奶牛场
2　青神县西源奶牛养殖示范场

（十一）陕西省（5个）
1　西安市周至集贤赵代常兴畜牧场
2　陇县和氏杜阳千头奶牛场
3　西安市大为现代农业发展有限公司奶牛养殖小区
4　定边县安边镇双和康农养殖合作社
5　陕西蒲城犇犇集团奶牛场

（十二）甘肃省（1个）
1　临洮县和谐牧业科技有限公司

（十三）青海省（1个）
1　青海春源李家台奶牛养殖基地

（十四）新疆建设兵团（3个）
1　新疆兵团石河子市花园镇保林牛场
2　新疆兵团农一师五团奶牛二场
3　新疆兵团农八师石河子开发区绿洲牧业奶牛养殖有限公司

农业部等部委第四次监测合格农业产业化国家重点龙头企业名单（奶业相关企业）

（一）北京市（2家）

1　中地种业（集团）有限公司

2　北京三元食品股份有限公司

（二）天津市（4家）

1　天津海河乳业有限公司

2　天津梦得集团有限公司

3　天津津河乳业有限公司

4　天津完达山乳品有限公司

（三）河北省（2家）

1　河北福成五丰食品股份有限公司

2　小洋人生物乳业集团有限公司

（四）山西省（1家）

1　山西古城乳业集团有限公司

（五）内蒙古自治区（3家）

1　内蒙古伊利实业集团股份有限公司

2　内蒙古蒙牛乳业（集团）股份有限公司

3 包头懋菲蒙奶业股份有限公司

（六）辽宁省（3家）

1　沈阳乳业有限责任公司

2　大连三寰集团有限公司

3　辽宁优格生物科技股份有限公司

（七）吉林省（1家）

1　吉林省乳业集团广泽有限公司

（八）黑龙江省（5家）

1　大庆市银螺乳业有限公司

2　黑龙江飞鹤乳业有限公司

3　黑龙江省完达山乳业股份有限公司

4　黑龙江乳业集团有限责任公司

5　黑龙江红星集团股份有限公司

（九）上海市（1家）

1　光明乳业股份有限公司

（十）江苏省（3家）

1　南京奶业（集团）有限公司

2　维维食品饮料股份有限公司

3　江苏梁丰食品集团有限公司

（十一）浙江省（1家）

1　浙江李子园牛奶食品有限公司

（十二）安徽省（1家）

1　安徽益益乳业有限公司

（十三）福建省（2家）

1　惠尔康集团有限公司

2　福州超大现代农业发展有限公司

（十四）江西省（1家）

1　江西阳光乳业集团有限公司

（十五）山东省（5家）

1　济南佳宝乳业有限公司

2　山东得益乳业有限公司

3　山东益生种畜禽股份有限公司*

4　山东风祥（集团）有限责任公司

5　山东银香伟业集团有限公司

（十六）河南省（3家）

1　灵宝阿姆斯果汁有限公司

2　科迪食品集团股份有限公司

3　河南花花牛实业总公司

（十七）湖南省（2家）

1　湖南亚华乳业有限公司

2　湖南太子奶集团生物科技有责任限公司

（十八）广东省（3家）

1　广东燕塘乳业有限公司

2　深圳市光明集团有限公司

3　广东温氏食品集团有限公司

（十九）广西壮族自治区（1家）

1　广西皇氏甲天下乳业股份有限公司

（二十）重庆省（1家）

1　重庆市天友乳业股份有限公司

（二十一）四川省（3家）

1　成都菊乐企业（集团）股份有限公司

2　新希望集团有限公司

3　四川阿坝牦牛产业联合有限责任公司

(二十二)贵州省(2家)

1 贵州好一多乳业股份有限公司

2 贵阳三联乳业有限公司

(二十三)云南省(3家)

1 昆明雪兰牛奶有限责任公司

2 云南新希望邓川蝶泉乳业有限公司

3 云南大理东亚乳业有限公司

(二十四)西藏自治区(1家)

1 西藏高原之宝牦牛乳业股份有限公司

(二十五)陕西省(3家)

1 西安银桥生物科技有限责任公司

2 陕西和氏乳品有限公司

3 宝鸡惠民乳品(集团)有限公司

(二十六)甘肃省(2家)

1 甘肃华羚干酪素有限公司

2 兰州庄园乳业有限责任公司

(二十七)青海省(1家)

1 青海天露乳业有限责任公司

(二十八)宁夏回族自治区(1家)

1 宁夏夏进乳业集团股份有限公司

(二十九)新疆维吾尔自治区(3家)

1 新疆麦趣尔集团有限责任公司

2 新疆天康畜牧生物技术股份有限公司

3 新疆塔里木农业综合开发股份有限公司

农业部等部委递补农业产业化国家重点龙头企业名单(奶业相关企业)

(一)黑龙江省(1家)

1 黑龙江摇篮乳业股份有限公司

(二)重庆(1家)

1 重庆光大(集团)有限公司

国家学生奶计划

2010年学生饮用奶计划综述

2010 年“学生饮用奶计划”工作认真贯彻落实科学发展观，以及《国务院办公厅关于转发发展改革委等部门奶业整顿和振兴规划纲要的通知》的有关精神，积极采取有效措施，继续保持稳步推进的良好态势。

（一）总结经验，扩大推广范围

国家学生饮用奶计划自 2000 年由农业部、教育部、财政部、国家发展改革委、卫生部、质检总局等 7 部委共同倡议，经国务院同意并正式启动，至 2010 年已经实施了十年，学生饮用奶从无到有、从城市到乡镇，覆盖范围逐步扩大，截止年底，已经在全国 28 个省区市 224 个大中城市和个别有条件的乡镇共 16000 多所中小学推广实施了“学生饮用奶计划”，全国日供奶量历史性突破 500 万份，达到 556（389）万份，比上年增加 42.93%。对提升中小学生身体素质、促进奶业发展起到了积极作用。

2010 年 9 月，在人民大会堂组织举办了“学生饮用奶计划”实施十周年论坛，回顾推广历程，总结经验成绩，表彰工作先进。农业部高鸿宾副部长及其他部委领导出席论坛并做了重要讲话，明确指出要进一步强化对“学生饮用奶计划”实施工作的领导和协调，加强部际协调机制，明确各部门职责，增加投入，完善管理，推动“学生饮用奶计划”稳步发展。

经过十年的探索和实践，国家“学生饮用奶计划”积累了丰富经验，形成了具有中国特色的推广体制和模式。一是注重营养改善和推进奶业发展并举。在关注改善青少年的营养状况、增强青少年体质的同时，积极加强奶源基地的建设，健全行业质量安全体系，拉动奶业和畜牧业等相关产业的发展。二是注重政府引导和发挥市场机制并举。坚持统一制定政策规章、统一定点企业认定条件、统一使用“学生饮用奶”标识，鼓励定点生产企业之间、学生饮用奶产品之间规范有序竞争，尊重学生意愿，不搞强迫命令。三是注重稳步推进和保证质量安全并举。坚持先试点、后推广，以点带面、分步实施，成熟一个推广一个，以质量安全为先，不断创新监管方式，强化生产、加工、贮藏、配送、消费全程监控，严把产品质量关和饮奶安全关。四是注重创新和鼓励多模式推广并举。积极探索和不断完善适合我国国情的推广模式，构建行政与市场相结合的“双轮驱动”运行模式，建立双层三级协调组织，实行企业主导、联合有关力量共同推广。

（二）加强监管，加大推广工作力度

组织有关部门对学生饮用奶加工企业、学生饮用奶经销商进行检测，完成质量指标、卫生指标、有毒有害物质等项目及其内容的检测工作，确保学生饮用奶质量安全。通过文件要求、会议部署、技术培训、专家指导、专题调研等活动，督促、指导各地制定严格的卫生和质量标准，加大对学生奶生产、加工、配送各环节的监管力度。继续实行学生奶定点生产企业认定制度和招投标制度，坚决实行“谁审批，谁负责，谁监管”的原则，做好学生奶定点生产企业的审核备案工作。下发《关于切实做好学生饮用奶质量监督管理工作的通知》，加强对学生饮用奶生产环节、推广环节加强监管，进一步规范和维护好市场推广秩序。同时，组织专题调研组，分赴江苏、上海、湖北、广东等地，检查学生饮用奶推广情况，发现问题，限时整改，确保学生饮用奶的质量安全。各地积极开展学生奶质量监管活动，安徽省淮南益益乳业公司在所属品质控制部下面单独设立学生奶产品质量检验检测中心，负责对学生奶产品质量进行检验检测。全年累计投入资金近 200 万元，补充购置设备 22 台套。上海光明学生奶公司建立了驻厂代表制，代表在第一线抓产品质量，实施从原辅材料监控、生产现场监控、产品仓库监控到产品检测监控的全过程监控，坚决做到不合格产品不出厂，确保了学生奶的安全。江苏省开展 2010 年度学生饮用奶定点生产企业质量评比活动，评出一、二等奖各 10 名。四川省四次组织学生饮用奶工作专家组、教育厅、畜牧食品局、质量技术监督局相关人员赴定点生产企业的生产车间、原奶质量和成品奶生产过程、配送进行了全面检查，赴中小学校对学生饮用奶配送、储存、入校饮用等情况进行了全面检查。随机抽检了奶源基地的各种奶牛饲料，抽检了学生饮用奶的所有品种和原奶共 60 批次。

各地积极争取政策扶持，加大工作力度，不断改进和探索学生饮用奶入校和配送新模式，进一步扩大推广渠道和学生饮用奶覆盖范围。2010 年新疆全面落实《新疆维吾尔自治区实施“学生饮用奶计划”财政补贴资金管理办法》，实施“学生饮用奶计划”的地（州）、市

（县），按每个学生每天1袋学生饮用奶、每袋1元标准进行补贴。2009—2010年度新疆维吾尔自治区财政安排补贴资金5790余万元，并追加了193万元，2010—2011年度自治区财政继续安排补贴资金6375万元，包括各地、州、市的社会福利机构1837名孤儿，并按365天的标准进行补贴，已经全部拨付到各地。按各地相应配套的补贴资金计算，2010年新疆维吾尔自治区学生饮用奶计划补贴资金已达到1.53亿元。

（三）突出重点，广泛深入开展宣传教育活动

进一步加强舆论宣传和科学引导，重点宣传学生饮用奶计划的方针政策，普及学生饮用奶营养健康知识，培养学生的饮奶习惯。依托有关媒体，开展经常性的科学饮奶、营养与健康知识宣传教育，进一步提高社会各界对学生饮用奶计划的认识。

2011年与教育部体卫艺司继续共同在《中国教育报》上开辟了“学生营养与健康”专栏。出版了4期《学生饮奶与健康》专刊，每期免费发放5000份。改善栏目设置，加快信息更新频度，继续办好《中国学生饮用奶网站》。组织开展了“利乐杯”学生饮用奶废包手工创意大赛，编辑出版了学生饮用奶计划实施十周年大型画册。在CCTV-7频道播出了6集学生奶奶源基地管理技术电视专题片。与中国教育新闻网、新华网合作，开设了学生奶专题栏目。组织了多篇文章，在《新闻周刊》、《经济日报》、《参考消息》、《中国教育报》等中央和地方各大主流媒体刊出。制作发放“科学饮奶、安全护航”学生饮用奶宣传画。各地也在加强推广工作的同时，充分利用“六一”国际儿童节、国际牛奶日、学生营养日、世界学生饮用奶日等节日和纪念日开展形式多样的宣传教育活动，取得了良好的宣传效果，扩大了“学生饮用奶计划”的影响，促进了学生饮用奶的推广工作。湖北省学生奶办在《楚天都市报》、《长江日报》、《湖北日报》等省级报刊刊发新闻报道稿20多篇；在《黄冈日报》、《孝感日报》、《荆门日报》等地市报刊发表通通讯稿60多篇宣传学生饮用奶工作。内蒙古伊利公司开展“伊利杯”营养健康知识系列竞赛也伴随营养健康课一同来到孩子身边。共有23000名小学生和160名教师参加了本次活动，蒙牛开展了“安全护成长，健康齐分享”体质升级计划活动。江苏省学生奶办组织召开学生饮用奶品种调整专家论证会暨研讨会，举办学生饮用奶定点生产企业市场营销培训与经验交流会议，江苏省30家定点生产企业和3家非定点生产企业的40多名营销或质量管理部门负责人参加了交流、研讨。黑龙江龙丹乳业组织5万名小学生参加“环保与健康”废包创意大赛，评选出优秀作品150份，邀请优秀作者参加龙丹乳业特别支持的环境与健康“利乐杯”家庭环保嘉年华活动，引导学生从身边开始认识环境，关心环境，积极参与保护环境、改善环境的活动，培养了学生“举手之劳做环保”的意识。

（四）提升奶源基地建设水平，发挥示范带动作用

进一步加强学生奶奶源示范基地创建工作，完善奶源基地基础设施，建立奶牛饲养标准化体系，推广先进的生产管理技术，培训生产管理人员，全面提升奶源基地建设水平，原料奶质量明显提高，并示范带动全国奶牛养殖业健康发展。在已开展了三批学生奶奶源示范基地创建工作的基础上，2010年又研究确定了北京三元绿荷奶牛养殖中心长阳四牛场等42个奶牛场为第四批学生奶奶源示范基地创建单位，开展了第四批学生饮用奶示范基地创建活动。6月7～9日，在青岛举办奶源基地技术培训班，为第三批35家奶源示范基地颁发标牌和证书。现在四批共有100多家牧场参加了创建工作，61家奶源基地被确定为“学生奶奶源升级计划奶源示范基地”。同时，委托中国农业大学，对《中国学生饮用奶奶源管理技术手册》进行了修订再版工作。委托中国农业大学制定《学生奶奶源生产技术规范》。同中国农业电影电视中心合作，拍摄了6集奶源基地管理技术电视专题片。北京奶牛中心学生奶奶源示范基地2010年接待来自国内外参观学习的同行及技术人员共计300余人次。

通过升级创建工作，学生饮用奶的原料奶质量都达到或超过了国家标准的要求，从源头上确保了学生饮用奶产品的质量和安全。

（国家学生饮用奶计划办公室　李　玲）

内蒙古自治区2010年学生饮用奶计划

在国务院31号文件的指引下，在国家“学生饮用奶计划”部际协调小组办公室的大力支持以及自治区“学生饮用奶”领导小组的重视下，自治区学生奶办公室在相关企业及行政部门的密切配合下，克服重重困难，圆满完成了各项任务。

（一）学生饮用奶供应情况

自治区两大学生奶定点生产企业，利用先进生产设备，严格的质量检验，完善的配送体系，严格按照国家的要求做到了学生奶安全、营养、方便、廉价。2010年在全国推广的同时在自治区呼和浩特、鄂尔多斯、呼伦贝尔、乌兰察布、阿拉善盟和巴彦淖尔等6个市积极推广。

产品品种：纯奶、原味、巧克力、草莓、桃、麦香、乳酸、茹茹、美美、核桃、圆圆、哆啦A梦等各种味道的学生奶。2010年，蒙牛新增加甜橙口味新品上市与小朋友见面，新装促销活动的跟进以及香草冰淇淋口味的加入，使自治区生产的学生奶增加到14种口味各具特色的学生奶。

伊利、蒙牛两大集团2010年日供饮量突破了三百万大关，达到了301.9万份，其中蒙牛173.9万份，伊利128.0万份。

配送情况：辐射全国的内蒙古、广东、广西、山东、河南、福建、海南、天津、北京、新疆、江苏、江西、吉林、重庆、湖南、湖北、河南、海南、云南、四川、甘肃、安徽、辽宁、浙江等25个省市区，具体推广情况见表1 。其中内蒙古自治区呼和浩特市、巴彦淖尔市、鄂尔多斯市、呼伦贝尔市、阿拉善和乌兰察布市盟等6个盟市的23个旗县区已经有504所学校的学生每天定点饮用15.9万份各种花色和口味的学生奶。

（二）学生饮用奶计划的宣传情况，开展的活动、取得的效果

自治区伊利、蒙牛两大企业为中小学生提供优质学生饮用奶的同时，还印发了学生奶营养健康课本，通过老师讲解、学生思考、手工、游戏等多种形式将营养健康理念传递给小学生。并通过与各地教育科学研究所等部门的合作，在校园里开展了学生奶营养健康专题课。

伊利开展"伊利杯"营养健康知识系列竞赛也伴随营养健康课一同来到孩子身边。共有23000名小学生和160名教师参加了本次活动，本次系列活动共六项，其中涉及学生作品的五项，师生作品的一项，分别是学生征文、征图、摄影、DV、学生奶知识问答等活动以及优质课评比活动，共收集到征文7100多篇，征图650多幅次，摄影作品80件次，DV作品30件次，各实验校推出"学生营养与健康综合实践活动"优质课36节次，参与评委涉及27人次。此次活动收到了以下效果：通过活动的开展正确引导孩子掌握科学的健康知识，让家长、教师也一道来参与，分享孩子健康的快乐。

与此同时，借助伊利与奥运、世博携手的契机，我们组织了万余名学生、家长和教师参观伊利工业园，不仅让他们看到了伊利牛奶生产的全过程，而且还创造了与奥运、世博两大盛事面对面的机会，让奥运精神在孩子们的心中发芽、生长，让世博理念深入到每一个孩子心中。我们还根据孩子的兴趣爱好给他们订做了各种促销品。

2010年蒙牛学生奶全年共计在近50多家媒体上发布100多篇报道，其中68篇刊登在当地主流报纸版面，平面媒体的报道字数近10万字，共覆盖全国近40个城市。有效地宣传了国家学生饮用奶计划，并为开学订奶打下了良好的基础。

蒙牛开展了"安全护成长，健康齐分享"体质升级计划活动。

2009年举办的体制升级计划在全国10个城市取得了良好的效果，此活动也荣获了国际大奖，为了延续"小贝壳"安全主题，再次将学生奶健康的形象做宣传，2010年我们再次以学生体质升级计划为主题，配合中国教育协会体育卫生分会、中小学营养与健康促进会在全国5个城市近10万学生及家庭中开展"安全护成长，健康齐分享"体质升级计划主题活动，通过亲子学习互动，了解课间饮奶及适量体育运动对健康的重要性，在家长辅助下，了解"甲流"防护知识，了解国家学生饮用奶计划及阳光体育计划，培养孩子终生饮奶及运动习惯。让"阳光体育计划"与"学生饮用奶计划"有机地结合在一起，强调"牛奶加运动，身体更健康"的观念。活动反响热烈，受到学校老师、学生及家长的一致好评。

蒙牛开展了"安全护成长，健康齐分享"小贝壳校园安全主题活动。

2010年，蒙牛学生奶校园"安全侦探"大行动是通过在各活动城市下发近30万份互动学习资料——校园"安全侦探"侦查令，让学生学会主动的学习校园安全知识，引导学生去发现与寻找校园内存在的"危险先生"，并且能与家长一起互动，寻找解决安全隐患的小妙招。这种寓教于乐的学习方式，受到广大学生、老师及家长的高度支持及评价，"小贝壳"校园安全大行动的系列活动"小贝壳"校园安全行主题班会也在15个活动城市陆续开展。主题班会课内容形式多样，有校园安全知识大比拼，有看图智寻"危险先生"，分享安全妙招等内容。

（三）学生饮用奶质量监督监管情况

2009年8月由自治区农牧业厅教育厅、卫生厅、技术监督局和内蒙古农业大学、内蒙古奶业协会的专家、教授组成的专家组对伊利、蒙牛的生产车间、奶源基地进行严格认真的检查考核、鉴定验收后报到国家学生奶办，伊利、蒙牛集团第三次被国家学生饮用奶计划部际协调小组认定为"中国学生饮用奶定点生产企业"。

2010年，在学生饮用奶生产、配送、入校、饮用等各环节采取了严格的管理措施，在学生饮用奶推广过程中全程进行监督检查，没有出现质量问题。

（四）学生饮用奶生产企业奶源基地建设及学生饮用奶奶源升级计划工作的进展情况

国家学生饮用奶计划明确提出：优质奶源、UHT无菌包装生产线、完善的检测体系、配套的配送系统是一个企业有能力并且做好学生奶的必要条件。伊利、蒙牛集团拥有优质的奶源基地，建有大型的现代化牧场园区。本着"一切以纯正品质为中心"的理念，在原奶质量管理上采取GAP质量控制体系、DHI奶牛生产性能测定管理，并采用了利拉阀阿波罗挤奶机组等一系列配套设施，为学生奶的生产提供了优质的原奶质量保证。

2010年原计划鉴定验收7家优质奶源基地，但是由于专家工作协调原因，都推迟到2011年1月份验收。目前内蒙古自治区自2004—2009年通过验收的学生奶奶源基地共有20个。

2010年申报的学生奶基地，蒙牛4个，伊利3个。6月份奶办派伊利、蒙牛集团的项目认证专员与牧场相关技术人员参加了国家举办的学生奶升级培训，后期一直按照第四批学生奶升级标准执行，国家学生奶办的专家分别于8～9月份对学生奶基地进行实地考察指导，对于专家提出的整改意见，我们及时的出具了限期整改报告，并且要求企业落实追踪整改措施，自治区学生奶专家组成员对基地进行了实地检查和指导。在学生奶奶源升级计划专家的指导下，自治区的奶牛小区从“五统、一分、一集中”向规模化、集约化、效益化迈进，将提高奶牛单产和牛奶质量、维护奶农利益和保障消费者利益摆在首位，为推进学生奶计划的开展打好基础。

（内蒙古自治区学生饮用奶计划办公室　陈巴特尔）

江苏省2010年实施国家“学生饮用奶计划”

2010年，在省学生饮用奶计划实施协调小组成员单位的正确引导和协同监管下，江苏省“学生饮用奶计划”工作稳步推进，各项工作进展顺利。全省学生饮用奶日均供应量约98万份，比2009年约增加30万份，推广学校2589所（剔除重叠，约2000所），覆盖51个大小城市和398个县镇，学生饮用奶质量安全保障措施得力，没有发生安全事故。

（一）学生饮用奶供应情况及供应份数

全省学生饮用奶定点生产企业总数达32家，其中维维食品饮料股份有限公司、江苏梁丰食品集团有限公司和南京卫岗乳业有限公司是报经国家学生饮用奶计划部际协调小组办公室备案的学生饮用奶定点生产企业。

江苏省学生饮用奶日均供应量98.1万份（即饮奶学生数），推广学校2589所，其中中学355所，小学1185所，幼儿园1059所，详见统计表。其中维维食品饮料股份有限公司、江苏梁丰食品集团有限公司和南京卫岗乳业有限公司学生饮用奶日均供应量28万份（即饮奶学生数），推广学校854所，其中中学91所，小学479所，幼儿园284所。

从28家学生饮用奶定点生产企业上报的月报表看，自有规模奶牛场存栏奶牛3.5万多头，产奶牛1.9多万头，日产生鲜奶400多吨。

江苏省学生饮用奶定点生产企业的学生饮用奶品种为全脂灭菌乳、全脂灭菌调味乳和全脂巴氏杀菌乳，主要供应省内各大中小城市，维维食品饮料股份有限公司和南京卫岗乳业有限公司向省外供应，主要有河南、安徽等地。

表7-1　2010年江苏省学生饮用奶供应情况统计表

	学校、区域等	实施数量（个）	供应数量（万份）
学　校	中　学	355	167 828
	小　学	1 175	477 824
	幼儿园	1 059	335 122
	小计1	2 589	980 774
区　域	城　市	51	479 745
	县　镇	398	487 336
	其　他	16	13 693
	小计2	465	980 774
品　种	纯牛奶	--	682 415
	调味奶	--	298 359
	小计3	--	980 774

（二）开展学生饮用奶计划的宣传教育、活动与成效情况

1.举办市场营销经验交流与乳品国家安全标准研讨会　为积极推进“国家学生饮用奶计划”的实施，提高学生饮用奶定点生产企业学生饮用奶推广水平与推广量，扩大学生饮用奶计划实施的社会影响和覆盖面，贯彻实施《生乳》（GB19301）等食品安全国家标准（卫通〔2010〕7号），促进学生饮用奶定点生产企业健康发展和学生饮用奶推广工作有序开展，省学生饮用奶计划实施协调小组办公室于6月9～11日在南京举办了学生饮用奶定点生产企业市场营销培训与经验交流会议，全省30家定点生产企业和3家非定点生产企业的40多名营销或质量管理部门负责人参加了交流、研讨。省质量技术监督局高度重视本次活动，委派郭跃高级工程师参加会议；《中国乳业》杂志社对本次活动十分关注，杂志社副主编聂迎利同志来宁参加全程活动。

南京卫岗乳业有限公司湛洋经理作了“学生饮用奶危机管理”专题讲座，南京市卫生监督所副所长黄杰作了“学生饮用奶相关乳品安全国家标准比对及有关问题分析”讲座，中国畜产品加工研究会乳品委员会副主任曾寿瀛作了“对液体乳安全标准有关项目指标的分析”的讲座。

各定点生产企业交流了本企业学生饮用奶推广情况、经验及存在问题，并就加强学生饮用奶的市场开拓作了互动交流，对学生饮用奶计划推广工作提出了建议。与会代表一致认为，省学生饮用奶计划实施协调小组办公室举办交流与研讨活动非常必要，非常成功，大家受益匪浅，会上交流的很多经验值得互相学习、借鉴。

2.规范学生饮用奶供应秩序　为防止学生饮用奶定点生产企业低价倾销引发恶性竞争，危及学生饮用奶质量安全，防止高价攫取利润、损害学生利益的行为发生，维护江苏省学生饮用奶生产供应的良好秩序，省学生饮用奶计划实施协调小组办公室组织有关专家对各定点生产企业学生饮用奶终端价格（学生在校饮奶价）进行调研，并广泛征求意见，结合当前原料奶价格、乳品生产成本及各大品牌乳品市场销售价格，按江苏省学生饮用奶计划“统一部署、规范管理、严格把关、确保质量”的工作方针和“安全、营养、方便、价廉”的原则要求，提出常规品种与包装规格的学生饮用奶终端供应价格建议，供各定点生产企业根据地域（苏南、苏中和苏北）特点及消费水平情况定价时参考（苏学奶办[2010]4号）。

3.组织完成学生饮用奶计划实施十周年宣传图片征集工作 为总结学生饮用奶计划实施十周年取得的成效，展示该计划实施十年走过的历程，营造全社会广泛参与的氛围，以期进一步加大学生饮用奶计划的推广力度，扩大学生饮用奶覆盖范围。国家学生饮用奶计划部际协调小组办公室决定编辑出版学生饮用奶计划推广十周年大型专题画册，在全国开展征集宣传图片工作。

省学生饮用奶计划实施协调小组办公室认真部署，积极落实，共有十家企业报送有关图片近100幅。征集的照片，充分展示了十年来江苏省学生饮用奶计划推广的轨迹和成就，对进一步扩大学生饮用奶的宣传，加快奶源基地建设，加强质量监管具有积极的促进作用。

4.加强舆论正面宣传 省学生饮用奶计划实施协调小组办公室在加强正面宣传、报道方面也做了很多尝试，每次活动都尽可能在网上、杂志上报道宣传，特别是在对学生饮用奶产品给出价格指导建议、定点生产企业质量评比结果公布后，《新华日报》、《南京晨报》、《江南时报》、中国学生饮用奶网、中国奶业信息网、江苏农业网、江苏奶业信息网等对此均进行了积极报道。因此，只要有特色地开展工作并取得优异成绩，自然会赢得媒体的关注，媒体会对我们的工作、对我们所从事的学生饮用奶事业甚至整个乳业发展进行客观的报道、积极而实在的评价。

5.召开“学生饮用奶计划”工作座谈会 1月4日，召集省学生饮用奶计划实施协调小组各成员单位，召开学生饮用奶计划工作座谈会，积极推进“国家学生饮用奶计划”的顺利实施，加强学生饮用奶质量安全监管，确保学生饮用奶质量安全，保障“学生饮用奶计划”健康稳定发展。

6.组织召开学生饮用奶品种调整专家论证会 2010年10月30日，由省学生饮用奶计划实施协调小组办公室组织省内教学、科研、卫生监督、质检、医学等方面的专家组成学生饮用奶品种调整论证专家委员会，专家委员会依据乳品安全国家标准，结合江苏省学生饮用奶生产实际情况，经过认真充分的研讨论证，一致认为江苏省学生饮用奶品种可调整为巴氏杀菌乳（GB 19645）（全脂）、灭菌乳（GB 25190）中的超高温灭菌乳、调制乳（GB 25191）、发酵乳（GB 19302）中的风味酸乳，并对各品种的加工工艺和产品质量要求提出建议。

7.组织召开学生饮用奶品种调整研讨会 2010年11月8日，省学生饮用奶计划实施协调小组办公室组织召开了学生饮用奶品种调整研讨会。省农业委员会、省教育厅、省质量技术监督局、省发展和改革委员会、省经济和信息化委员会等学生饮用奶实施协调小组各成员单位，省内卫生监督、医学、质检等方面的专家，定点生产企业代表40多人参会。省学生饮用奶实施协调小组各成员单位代表认真研讨了巴氏杀菌乳（GB 19645）、灭菌乳（GB 25190）、调制乳（GB 25191）和发酵乳（GB 19302）等乳品安全国家标准，听取了省内学生饮用奶定点生产企业关于学生饮用奶品种调整的建议或意见，讨论了《关于调整学生饮用奶品种的专家论证意见》、《学生饮用奶品种调整专家论证会纪要》，结合江苏省学生饮用奶生产与推广实际情况，经过认真讨论，一致认为江苏省学生饮用奶品种可调整为巴氏杀菌乳（GB 19645）（全脂）、灭菌乳（GB 25190）中的超高温灭菌乳、调制乳（GB 25191）、发酵乳（GB 19302）中的风味酸乳，并对各品种的加工工艺和产品质量要求作出了详细规定。

8.召开学生饮用奶定点生产企业总结交流与表彰会议 为总结交流江苏省学生饮用奶推广工作中好的做法和成功经验，积极推进“国家学生饮用奶计划”的顺利实施，确保学生饮用奶质量安全，保障“学生饮用奶计划”健康稳定发展，2010年1月18～19日，在南京组织召开学生饮用奶定点生产企业总结交流与表彰会议。

会议全面总结了2009年度全省学生饮用奶计划推广工作情况，对如何加大学生饮用奶推广、加强交流与合作进行了深入讨论。与会代表一致认为，一些好的做法与成功经验值得借鉴与推广，并表示在今后的学生饮用奶推广和产品市场营销中，要进一步加强沟通合作，促进各方在有序竞争中实现共赢。会上，省学生饮用奶计划实施协调小组办公室对优秀定点生产企业进行了表彰并颁发奖牌，对2010年主要工作进行了部署。

9.组织参加“利乐杯”学生饮用奶废包手工创意大赛 为将环境教育与健康教育相结合，充分回收利用学生饮用奶废包，引导学生关心环境，积极参与保护和改善环境，国家学生饮用奶计划部际协调小组办公室组织举办“利乐杯”学生饮用奶废包手工创意大赛，江苏省积极响应，组织参赛，部分定点生产企业充分发动，积极联系教育等部门，广泛动员小学和初中在校学生踊跃参加。江苏省张家港市乐余中心小学黄昊、王一贝同学《天鹅仙鹤》荣获一等奖，张家港市三兴小学戴雨晨同学《爱的世界》荣获二等奖，张家港市城北小学胡欣怡同学《花篮•樱桃》等3件作品获三等奖，张家港市乘航小学高婧瑜同学《我的环保小屋》等14件作品获优秀奖，张家港市教育局获优秀组织奖。

10.参加学生饮用奶计划实施十周年论坛 会议通报了学生饮用计划实施十周年情况，表彰了推进学生饮用奶计划实施的先进单位和先进个人，并进行了交流。

（三）开展学生饮用奶质量的监督监管情况

1.加强对学生饮用奶定点生产企业的监督检查 4～5月和10～11月，派员重点检查了部分学生饮用奶定点生产企业是否持续保持《江苏省学生饮用奶定点生产企业资格认定暂行办法》中规定的申报必备条件，学生饮用奶定点生产企业原料奶的质量和学生饮用奶的品种、质量、标识是否符合要求，有无以其他品种、质量、包装的乳品代替学生饮用奶向学校配送行为；有无制定学生饮用奶突发事件应急预案，建立和完善应急机制；有无建立严密的学生饮用奶质量安全责任制，形成覆盖学生饮用奶生产、配送、组织饮用和监督管理全过程、全方位、可追溯的责任体系等；着重检查了乳品供给链与学生饮奶安全控制情况。

2.开展定点生产资格认定工作，强化学生饮用奶监督管理

（1）开展学生饮用奶定点生产资格认定工作。根据国务院办公厅《关于保留部分非行政许可审批项目的通知》（国发办〔2004〕62号）精神，按照《江苏省“学生饮用奶计划”暂行管理办法》（苏农牧[2006]53号）、《江苏省学生饮用奶定点生产企业资格认定暂行办法》（苏农牧[2006]54号）的要求，省学生饮用奶计划实施协调小组办公室组织专家组对各市审核上报的企业进行了现场考核，并经省学生饮用奶计划实施协调小组成员单位审议，南京卫岗乳业有限公司等17家企业通过江苏省学生饮用奶定点生产企业资格认定，其中南京卫岗乳业有限公司、维维食品饮料股份有限公司、江苏梁丰食品集团有限公司等3家企业符合中国学生饮用奶定点生产企业资格认定条件，报经国家学生饮用奶计划协调小组办公室备案。

（2）加强对学生饮用奶定点生产企业的监督管理。结合定点生产企业资格认定工作，签订学生饮用奶质量安全承诺书，要求各企业对照定点生产企业资格认定专家现场考核中提出的意见加以整改完善，同时要求各有关企业在今后长期的生产（加工）、检测、配送等工作中予以高度重视，常抓不懈，并对存在于其他企业的不足之处加以重视和防范，使专家提出的好的建议真正落到实处，强化学生饮用奶各环节安全保障。

3.布置开展定点生产企业质量评比活动 已发出“关于开展2010年度学生饮用奶定点生产企业质量评比活动的预备通知”（苏学奶办[2010]6号）和“关于开展2010年度学生饮用奶定点生产企业质量评比活动的通知”（苏学奶办[2010]17号），并作出具体部署，计划于2011年1月完成评比，评出一、二等奖各10名。通过开展2010年度学生饮用奶定点生产企业质量评比活动，提高江苏省学生饮用奶定点生产企业生产经营与质量安全管理水平，确保学生饮用奶质量安全，扩大学生饮用奶的社会影响。

（四）加强学生饮用奶奶源基地建设情况

1.组织参加奶源示范基地创建 为进一步提高学生饮用奶奶源基地建设水平，保证学生饮用奶质量安全，国家学生饮用奶计划部际协调小组办公室组织开展第四批学生奶奶源示范基地创建工作，省学生饮用奶计划实施协调小组办公室积极组织相关定点企业申报，江苏梁丰食品集团有限公司被学生饮用奶计划部际协调小组办公室确定为第四批学生奶奶源示范基地创建单位之一。

2.开展奶牛生态健康养殖示范创建和标准化养殖示范创建活动 目前，已有江苏春晖乳业有限公司、南京卫岗乳业有限公司等20多家企业的奶牛场通过生态健康养殖示范创建，且有多家企业的奶牛场通过农业部开展畜禽标准化养殖示范创建。

3.指导定点企业加强奶牛疫情控制 2010年新疆、广东、甘肃、山西、宁夏、贵州等地先后发生口蹄疫疫情，重大动物疫病防控形势十分严峻，为此省农委发出《关于切实加强畜禽规模养殖场（小区）动物防疫监管工作的通知》（苏农办牧[2010]30号）。省学生饮用奶计划实施协调小组办公室将有关通知以邮件形式转发给大家，请各有关单位注意防范疫情。

（江苏省学生饮用奶计划实施协调小组办公室）

广东省2010年学生饮用奶计划

2010年在国家学生饮用奶计划部际协调小组办公室的指导下，广东省继续强化学生饮用奶质量监管，认真组织实施各项工作，确保了广东省学生饮用奶计划的顺利实施。广东省学生饮用奶定点企业主要是广东燕塘乳业有限公司、广州风行牛奶有限公司和深圳市晨光乳业有限公司，2010年供应学生奶322220包（盒）/天，其中纯牛奶151780包（盒），调味奶170440包（盒），共供应学校2500所，其中小学2068所，中学432所。

（一）积极宣传，加强学生饮用奶推广工作

组织省奶业协会以“诚信安全放心奶”为活动主题于5月30日在广州维多利广场举行一场放心奶试饮活动，当日有超过30万人次参加了试饮和互动活动，向前来参加活动的市民免费发放了“牛奶与健康”科学饮奶知识宣传手册，活动上同时举行了第二届“牛奶与健康”全国少儿绘画和作文大赛广东省获奖学生颁奖仪式，让更多的学生家长参与到学生饮用奶的推广工作中来。

各定点企业印制了大量有关学生奶的宣传单、海报及推广手册等发放给老师、学生和家长，并组织形式多样的活动加以宣传。如晨光、风行公司组织学生参观奶牛场、生产车间，让学校和学生更直观地了解学生奶的生产流程；燕塘公司在全省各地举行了大型的宣传、推广活动 、会议及座谈会，并举办了“我的新鲜屋”—牛奶盒创意大赛；风行公司连续四年举办“我的牛奶我设计”学生奶包装设计比赛，并将赛区由广州市扩大到湛江、河源等地区进行。通过这些趣味性活动，让更多的学生了解学生饮用奶，提高了学生的饮奶意识。

（二）强化监管，保障学生饮用奶产品质量安全

质量安全一直是广东省学生饮用奶工作的重中之重，因此在保障质量安全方面做了大量工作。一是加强法律法规宣传培训。编印派发小册子，通过报刊、广播、网站等新闻媒介宣传相关法律法规，强化生产企业安全意识。二是加强生鲜乳生产、收购和运输环节的监督管理。2008年10月国务院《乳品质量安全监督管理条例》和农业部《生鲜乳生产收购管理办法》出台后，广东省及时对各定点企业的奶源基地进行摸底清查，制定印发了《生鲜乳收购许可证和生鲜乳准运证明发放程序》，细化明确了相关审核条件，严格规范申请、受理、审核及发证程序，与相关地级市农业（畜牧兽医）局及其所辖县农业（畜牧兽医）局以及生鲜乳收购站签订了《广东省生鲜乳收购站监管工作责任书》，层层落实责任，2009年上半年各学生饮用奶定点企业即依法办理了生鲜乳收购许可证和生鲜乳准运证明。2010年广东省对全省生鲜乳收购站和运输车辆进行拉网式检查，共抽检生鲜乳样品240个，全部没有检出三聚氰胺。三是依法严把生产企业准入关。根据《国务院办公厅关于保留部分行政许可审批项目的通知》（国办发〔2004〕62号），学生饮用奶定点生产企业资格认定由农业、教育、质量监督行政主管部门实施，2010年我局牵头联合教育、质监部门，根据《学生饮用奶定点生产企业申报认定暂行办法》等相关要求，对3家到期复审企业进行严格审查，确保定点企业条件符合规定条件。

各定点生产企业也始终把学生饮用奶质量安全放在首位，制定实施了管理制度，不断完善内部管理和设备设施建设，建立完善应急机制，对牧场管理、生产检验、销售配送、投诉处理等全过程加以严格控制，确保学生饮用奶质量与安全。

（三）加强组织，推进学生饮用奶奶源基地建设

为确保学生饮用奶计划顺利推行，广东省高度重视学生奶奶源示范基地创建活动，不断加强组织和宣传力度。各学生饮用奶奶源基地将通过示范基地验收视为莫大荣誉。目前广东省已有四个奶牛场通过了国家学生奶奶源示范基地验收。2011年又有广州市华美牛奶公司增城奶牛分场、广州燕都果牧生态示范园有限公司被列为示范基地创建单位。

（广东省学生饮用奶计划协调办公室）

新疆维吾尔自治区2010年学生饮用奶计划

（一）学生饮用奶供应情况

“学生饮用奶计划”推广工作在自治区党委和人民政府的重视下，2009年6月1日在全区15个地州大力推进，一是选择了22个县市开展试点工作，22个试点县（市）分别为伊宁市、塔城市、阿勒泰市、博乐市、昌吉市、乌鲁木齐市、克拉玛依市、哈密市、吐鲁番市、库尔勒市、阿克苏市、阿图什市、喀什市、和田市、石河子市等15个地州市政府所在地以及伊宁县、呼图壁县、玛纳斯县、沙湾县、阜康市、乌苏市、焉耆县等7个奶业发展重点县（市）。共有849所学校（其中：中学337所，小学512所），74.6万名中小学生享受到“学生饮用奶计划”补贴政策，其中包括部分地州、县市的特殊学生48158名，每天供应学生饮用奶152吨，供应份数为79.3万余份，2010—2011年享受补贴的学生人数从2009—2010年的74.6万人增加到79.3万人。二是为促进自治区学生饮用奶计划有序开展，我办组织七厅局和有关专家认定了15家学生饮用奶定点生产企业和29家学生饮用奶奶源基地，目前有42种学生饮用奶产品通过审核并供应实施学生饮用奶计划的地（州）、市（县），自治区学生饮用奶产品全部选用超高温全脂灭菌乳和全脂灭菌调味乳，包装形式分为“百利包”、“利乐枕”、“利乐砖”三种，保质期因上述包装形式的不同而分别为35天、45天、240天；规格为200毫升的净含量，所有的学生饮用奶包装上印有学生饮用奶标志、定点企业批准文号及监督电话0991-4669096。

（二）“学生饮用奶计划”开展情况

按照新疆维吾尔自治区人民政府《关于稳定奶业发展的意见》（新政发[2009]27号）文件精神的要求，2010年已全面落实《新疆维吾尔自治区实施“学生饮用奶计划”财政补贴资金管理办法》，自治区实施“学生饮用奶计划”的地（州）、市（县），按每个学生每天1袋学生饮用奶、每袋1元标准进行补贴。

1.宣传活动开展情况 根据自治区党委和人民政府大力推进学生饮用奶计划的有关要求，2010年我们将宣传学生饮用奶计划作为一项重要的工作内容，放到突出位置来对待。我们制定阶段性的宣传计划和方案，制作了3期学生饮用奶计划的公益宣传片，通过新疆电视台黄金时间滚动播放了30次，广播等各新闻媒体在一定时段进行大力宣传，让社会各界和人民群众广泛了解并进一步认识到饮用牛奶对改善营养状况，增强身体素质的作用，营造了良好的外部环境。通过一年的宣传，目前“学生饮用奶计划”已深入人心，取得良好的社会效益。

2.取得的效果

（1）切实改善青少年营养状况，培育乳品消费潜在市场。经过一年来大力推进，自治区学生饮用奶计划推广工作顺利实施，饮奶学生在数量和饮奶质量上得到了极大保障，饮奶人数相比2009年以前的两三万名中小学生迅速扩大到全区15个地州（市）22个县市的745966

名中小学生，在自治区财政补贴政策的有力支持下，实施地区的广大青少年能够及时稳定的饮用上学生饮用奶，“学生饮用奶计划”改善青少年营养状况的作用逐步体现，广大中小学生身体素质得到不断提高。广大学生家长的消费方式也从过去单一、少量、不讲究品牌或饮用散奶向现在的多样化、长期稳定饮用品牌牛奶转变。当前，饮用优质品牌牛奶已成为大多数居民日常生活的良好习惯，学生饮用奶计划正在培育新一代长期饮奶的消费群体，乳品消费潜在市场逐步形成和扩大。

（2）稳定奶业发展，保障企、农利益。2008 年 10 月后，受“三鹿事件”和国际金融危机双重影响，自治区乳品企业减产限收，奶价下跌严重，企、农利益受到极大影响，2009 年启动“自治区学生饮用奶计划”推进工作后，自治区生鲜乳价格逐步得到稳定并不断回升，目前，各地生鲜乳收购价普遍比 2008 年年底提高 1 ～ 1.5 倍，奶农信心得到了恢复，生产积极性不断提高，学生饮用奶计划在一定程度上缓解了“三鹿事件”和国际金融危机对自治区奶业的冲击，减少了奶农和企业的损失。同时，学生饮用奶计划推广以后，在乳品消费淡季，生鲜乳价格下降幅度变小，淡旺季区分逐渐不明显，促进了奶业健康发展；从一年的实施情况来看，大力推进学生饮用奶计划对稳定发展奶业、培育品牌和增加农牧民收入起到了积极的推动作用。

（3）积极探索合理模式，不断创新推广机制。为顺利实施学生饮用奶计划，全区 15 个地州和 22 个县市积极探索适合本地的学生饮用奶推广机制和模式，首先，各地在借鉴内地成功推广模式的基础上，采取“政府主导，市场运作，企业、学校和社会各界广泛参与”的运行模式，坚持“保证奶品质量，坚持群众自愿，运用市场机制，不强求一律”的原则，因地制宜，形成学生课间饮用方式，学生领回家饮用方式，校外网点凭券领取以及IC卡刷卡领取四种学生饮用奶配送供应方式，走出了一条符合新疆各地实际的推广道路。

（4）示范带动其他地区，产生连锁效应。在自治区学生饮用奶计划的推动下，带动了许多地区的积极性，一些地方为使更多青少年享受这一惠民政策，自筹资金扩大实施范围，取得了较好的实施效果，通过在重点城市实施学生饮用奶计划，带动了其他地区的积极性，有力地促进了这一惠民工程的进一步扩大。

（三）学生饮用奶质量监管情况

学生饮用奶计划的首要原则是“安全”，自治区通过制定和出台《新疆维吾尔自治区学生饮用奶计划暂行管理办法》等多种规章办法，严格评审奶源基地和生产企业，不断加强奶源基地和生产企业的质量控制，提升了内部管理水平，促进了乳制品整体质量控制水平的提高，自治区各地（州）、市在畜牧兽医主管部门和教育部门相应成立以党政主要领导牵头的学生饮用奶计划协调办公室，明确职责任务、加强监督管理。其次，自治区将学生饮用奶计划与“乳品质量安全监管、生鲜乳收购站安全整治”等工作结合，形成监管合力，畜牧主管部门严把学生饮用奶奶源质量安全关，大力提升机械化挤奶水平，开展经常性监督检查和质量安全培训工作，教育主管部门积极宣传教育，指导学生科学饮奶；卫生、质监、工商等部门严格执行国家标准，采取学生饮用奶产品每批次检查、留样备检的方式，特别是自治区伊犁州采取“三查一报告”即：进货查验、生产过程检验、成品检验和销售记录报告，确保产品质量安全；三是制定了学生饮用奶计划应急预案，积极应对各环节可能出现的问题，四是充分发挥自治区乳品监测中心职能作用，开展奶牛生产性能测定和生鲜乳质量第三方检测工作，通过服务和技术支持提升自治区乳品整体质量水平。目前，在保障学生饮用奶产品质量的同时，市场销售的商品奶的整体质量有了明显的提高。

（四）奶源基地升级计划工作进展情况

为做好学生饮用奶计划推进工作，确保奶源质量安全，我们积极组织学生饮用奶源基地和规模化奶牛场参加国家学生饮用奶奶源示范基地升级和培训，通过培训和指导，2010 年自治区有 6 个牛场通过国家第三批学生饮用奶奶源示范基地的现场验收。

（新疆维吾尔自治区学生饮用奶计划协调办公室）

奶业科技

2010年度国家奶牛产业技术体系工作情况

国家奶牛产业技术体系 中国农业大学　李胜利　黄文明　曹志军

国家奶牛产业技术体系（以下简称“体系”）建设依托单位为中国农业大学，下设首席科学家办公室、6个功能研究室和24个综合试验站。拥有25名岗位科学家、24名综合试验站站长，共200余人的研究团队，为构建国家奶牛科研与推广的产业技术体系打下了坚实基础。

在体系2008—2012年规划（任务主要分为四部分：重点任务、基础性工作、前瞻性研究、应急性工作）的大框架下，2010年度体系岗位科学家和试验站站长围绕我国奶业发展重点、热点和难点开展了大量的科研、示范、推广和应急性等工作，在奶牛良种扩繁、饲料营养价值评定和营养需要量研究、奶牛疫病防控关键技术研究、我国奶业和国际发达奶业国家数据库建设、科研和示范带动产业发展等五个方面取得了突破性或阶段性成果，为我国奶业顺利进入“三聚氰胺事件”后的快速发展阶段起到了促进和推动作用，受到政府部门、行业协会、养殖企业和广大奶农的认可和鼓励。

（一）主要科研进展

1.重点任务

（1）奶牛良种扩繁工作有序开展，自主育种能力大幅提升。种公牛自主培育和后裔测定工作。长期以来，我国优质种公牛的培育主要依赖进口，自主培育能力不强。近两年，体系育种与繁殖功能研究室在种公牛自主培育方面开展了大量工作，种公牛群特别是以高产母牛群组建的育种核心群规模显著增大，北京已经建立存栏规模1000头单产超过10吨的种子母牛场。以体系育种与繁殖功能研究室为主，联合中国奶业协会，依托全国120个后测母牛场组织实施了第43次和第44次全国青年公牛联合后裔测定。2010年累计新增后裔测定公牛123头，在2007—2010年体系实施四年间，累计新增后裔测定公牛488头。以每头牛每年可产4万粒冻精计算，全年可生产近2000万粒冻精，可保证我国奶牛繁殖的需要。

奶牛性别控制综合技术研究。体系科学家张胜利团队已完成奶牛性别控制综合技术的研究，包括XY精子分离、性控胚胎生产和胚胎性别鉴定等技术。原精液XY精子分离速度达到5000～6000个/秒，原精液利用率在90%以上；性控冻精产母犊率达到90%～95%以上；胚胎体外性别鉴定准确率达98%以上。奶牛性控技术将成为我国奶牛良种快速扩繁的有效实用技术，可突破奶牛传统繁殖效率低的瓶颈约束，充分利用种公牛资源，实现高产奶牛的快速扩繁，提高奶牛养殖业的生产效率和经济效益。

（2）奶牛饲料营养价值评定与营养需要量研究成果显著。饲料营养价值评定。营养与饲料研究室专家开展了大量关于饲料营养价值评定的研究，分析了不同品种、不同地区、不同收割时期的饲料样品160余种。如系统的分析了我国苜蓿主产地甘肃不同地区（金塔、玉门、酒泉）、不同收割期（现蕾期、初花期、开花期、盛花期）的苜蓿干草以及美国进口苜蓿干草和我国华北地区全株玉米青贮的养分含量及瘤胃降解率参数。这些大量的基础数据对我国奶牛饲养标准的补充和完善意义重大。

饲料颗粒度评定。体系科学家李胜利教授通过两种饲料颗粒分级筛[中国农业大学便携式颗粒度分级筛（BX-4）和美国宾州颗粒度分级筛（PSPS）]对北京地区11个规模化奶牛场的TMR和玉米青贮进行筛分试验。结果表明，在我国粗饲料质量较差以及青贮铡切较长的情况下，我国牧场不能照搬美国宾州筛的TMR标准，而应根据我国的粗饲料国情，制订适合于中国饲料资源条件的青贮与不同生长和泌乳阶段奶牛的TMR分级标准。

奶牛日粮磷需要量研究。体系科学家张晓明教授对全国13个省（自治区、直辖市）的276个牛场的奶牛日粮磷水平进行了调研。统计结果表明，泌乳牛日粮磷水平有83%超过NRC标准，1.7%超过我国国标，青年牛日粮磷水平有73.9%超过NRC标准，3.6%超过我国国标。体系科学家李胜利教授在北方和刘建新教授在南方牛场的生产试验结果得出了相似的结论，日粮中0.35%的磷水平可以满足日产奶25～30千克奶牛的生产需要，0.37%的磷水平可满足后备母牛对磷的需要。如将此项研究成果推广至全国，通过降低日粮中磷酸氢钙的使用量，每年可节约生产成本10亿元/年，减少磷排放量8万吨/年，具有巨大的经济和生态效益。

胆碱、维生素、氨基酸包被技术及需要量研究。研究建立了胆碱、烟酰胺、生物素、赖氨酸和蛋氨酸过瘤胃保护技术，过瘤胃产品逐步得到推广。在目前我国奶牛蛋白饲料资源短缺、日粮必需氨基酸缺乏条件下，过瘤胃氨基酸在奶牛日粮中的添加是提高奶产量和乳蛋白含量的一条技术捷径。

（3）奶牛疫病防控关键技术研究取得重大进展。体系疫病防控科学家王君伟教授在疫病防控技术研究方面取得重大突破，研制出了四种检测布病血清抗体的ELISA试剂盒和一种检测奶样的ELISA试剂盒，建立了与国际兽医组织（OIE）接轨的更加准确的布鲁氏菌病的大群跟踪和牛群鉴别技术，同时可以识别自然感染牛和疫苗免疫牛。在奶牛口蹄疫检测方面，建立了鉴别口蹄疫自然感染和疫苗免疫的口蹄疫病毒非结构蛋白表位肽ELISA试剂盒。另外，还制订了《布鲁氏菌病监测技术规范》、《结核病监测技术规范》、我国东北地区规模化奶牛场口蹄疫综合防控技术规范以及两种符合 OIE 标准的布鲁氏菌病 ELISA 试剂盒应用技术规范。这些方法的建立和规范的制订为我国大规模净化牛群提供了科学的方法和途径。

（4）粪污处理成效显著。天津武清试验站探索建立了一套适合于我国北方散栏式牛舍的粪污处理模式。这套模式设计的工艺和技术包括全自动刮板清粪系统、水冲循环系统、固液分离系统。发酵池利用太阳能保障有效温度，冬天池内温度可达 25℃以上，每年可节省燃煤费 6 万余元。每天可产沼气 800 立方米，可发电 1350 度，可满足全场 80%的用电需求。部分沼渣回垫牛床，改善了奶牛舒适度，奶牛卧床率高达 85%以上，瘤胃酸中毒和肢蹄病发病率大大降低。新疆呼图壁试验站年处理 1 万吨奶牛粪便的沼气工程也将于 2011 年全面投入使用。北京延庆试验站新增每天可处理 300 吨污水的设备，新建一个可日发电 1440 度的沼气发电系统。这些粪污处理系统的成功运行将成为我国奶牛场粪污处理与回收利用的教材。

2.基础性工作 已经初步建立了我国奶业和国际发达奶业国家数据库。奶牛营养数据库建设。系统地测定了包括苜蓿干草、羊草、玉米青贮、麦秸和稻秸等奶牛饲料原料的常规成分、瘤胃降解率、小肠消化率等参数，评定饲料样品 160 余个，获得了大量的基础数据，这些基础数据对我国奶牛饲养标准的补充和完善有重要意义，为提高全国奶牛生产水平打下了坚实的基础。这一项工作仍在继续进行之中。

奶牛重大普通病数据库及数字化平台建立。体系科学家通过调研初步明确了我国不同地区奶牛重大普通病种类及发病率，并建立了重大普通病数据库。以疾病种类，流行特点，防治药物对产奶量及产犊影响等方面为主要因素，建立我国重大普通病综合防治数据库和资源共享平台，并编写了一套集疾病诊断、推荐防治方案于一体的软件。该软件使用者无需专门的临床兽医知识及计算机操作技能，特别适用于基层养牛场的推广使用。

乳酸菌菌种资源库及数字化平台建设。体系岗位科学家张和平教授在体系的支持下，用 3 年的时间，完成了 3388 株乳酸菌（7 个属，58 个种和亚种）的冷冻干燥保藏，建成我国最大的具有自主知识产权的乳酸菌菌种资源库，并构建数字化平台，实现资源信息共享。该菌种资源库的建设不仅保护了我国少数民族地区传统发酵乳制品中丰富的乳酸菌资源，而且对我国乳酸菌相关产业的长远发展提供了宝贵资源和重要研发基础。张和平教授因此获得国家自然基金委的 2010 年“杰出青年”称号，并获得进一步的研究资助。

全国奶牛优势区域规模养殖场（小区）数据库建设。统计全国奶牛优势区域存栏 100 头以上养殖场（小区）分布情况，了解每个牛场的详细信息，并做到信息跟踪。为国家和行业主管部门掌握我国 100 头牛场的信息资料提供准确的基础数据和决策依据。

我国奶业科研数据库建设。集全体系的力量调研统计我国奶业科研现状，并建立数据库，包括奶业科研人员信息、奶业研发基地信息、奶业科研项目信息、种牛育种公司信息、奶牛饲料生产企业信息和奶业技术需求信息。为国家和行业部门提供准确的我国奶业科技人员、科研项目、基地和实验条件的基础数据。

奶业发达国家数据库建设。主要研究了奶业发达国家的发展历程，为我国奶业的健康发展提供借鉴。材料主要包括 3 部分：发展历程（奶牛存栏、牛奶产量、消费等数据收集）、发展模式分析、对我国奶业发展的启示。另外，国内各省数据库也在建立之中，包括生产数据、消费数据和进出口数据。这些数据库对于我国奶业科技工作者追踪发达国家奶业发展足迹，了解这些国家奶业发展过程中政策和技术的作用，为我国奶业的发展提供可以借鉴的政策、模式、经验和技术，从而提升我国奶业的整体水平。

3.前瞻性研究

（1）分子育种技术研究。分子育种技术的应用对加速优良奶牛选育进程成效显著，特别是在奶牛高产和高抗病性选育方面前景广阔。体系科学家已初步筛选出了 27 个与牛（奶牛和水牛）产奶性能（产奶量、乳脂率、蛋白含量）显著相关的基因，7 个与牛精子质量相关的基因或标记；在牛成熟精子中筛选出了 16 个mRNA高效表达的基因。根据奶牛育种发展趋势，开展了奶牛全基因组选择应用技术研究，在北京、上海、黑龙江和山东种公牛站已经有近 150 头青年公牛在国外进行了全基因组分析和遗传评估，对国内开展全基因组选择工作起到了积极的促进作用。

在奶牛抗病育种研究方面，主要包括白细胞粘附缺陷综合症（BLAD），脊椎畸形综合症（CVM），与乳腺炎相关的奶中体细胞数性状、体细胞分值，与类结核病表型（普鲁氏菌病）相关的NRAMP1（与先天抵抗力相关的巨噬细胞蛋白基因1），与疯牛病（BSE）相关的PrP基因变异，与1型先天性肌营养不良病（CMD1）的ATPA2A1基因和2型先天性肌营养不良病（CMD2）相关的SLC6A5基因，以及针对整体免疫反应水平的主要组织相容性复合物（MHC）基因等众多服务于抗病育种的重要基因。

（2）奶牛碳减排技术研究。通过试验研究建立了一种简便、可行的测定奶牛甲烷排放量的方法，即SF6示踪法，这种方法测定的甲烷产量与用呼吸测热室测定的结果没有显著性差异。另外，还开展了瘤胃调控及甲烷减排措施研究，如在奶牛日粮中添加莫能菌素、缩合单宁、海南霉素、刺蒺藜皂苷以及蒸汽压片玉米的使用等，这些研究具有显著的经济效益、社会效益和生态效益。

（3）初步完成浓缩乳蛋白（MPC）生产加工关键技术的研究。MPC的生产加工在我国仍属空白，体系科学家通过引进和借鉴国际先进技术结合自主研发，已经初步确立MPC生产关键技术和MPC加工工艺技术流程。该项目的实施完成对提高国产奶粉类制品的档次与附加值，提高同类产品的国际市场竞争力有重要作用。

（4）乳品安全检测技术研究及应用。乳品安全越来越受到消费者的重视，简单、实用、快捷、灵敏度高的乳品安全检测方法也更加受到青睐。体系科学家研制出了一系列违禁物品、药残检测方法和试剂盒，如液态奶或奶粉中三聚氰胺、过氧化氢、甲醛、麦芽糊精、磺胺类、喹诺酮类、链霉素、庆大霉素、磺胺二甲嘧啶以及8种拟除虫菊酯类农药残留的快速检测技术和酶联免疫试剂盒。

对我国某大型奶牛养殖企业的22个规模奶牛场的原料奶混合样和北京市超市销售的14种商品液态奶中8种拟除虫菊酯类农药的残留量检测表明，原料奶和商品奶在这8种拟除虫菊酯类农药残留方面是基本安全的。另外，还开展了饲料和商品液态奶中黄曲霉毒素M1含量检测，检测结果也属于安全范畴。

4.应急性工作

（1）应对极端天气对奶牛生产的影响。2010年我国大面积出现了几次极端气候天气。1月份，我国东北、西北和华北地区的低温天气；6～7月，东北、华北、新疆、长江流域和华南等地区的高温天气；云南等地区的连续干旱天气。这些极端天气导致奶牛产奶量下降明显，部分养殖户束手无策。体系专家据此完成了3篇应急报告，分别为：《寒潮暴雪天气下奶牛饲养管理技术》、《高温天气对奶牛生产的影响及应对措施》、《干旱对云南省奶牛养殖业的影响及灾后恢复措施》，这三篇文章都通过网络和纸板材料迅速传递到养殖户手中，对于养殖户在紧急灾害发生情况下，提供了雪中送炭式的技术。《寒潮暴雪天气下奶牛饲养管理技术》一文受到农业部领导和畜牧业司的高度重视和表扬。

（2）应对奶牛疫病。2010年，我国奶牛口蹄疫疫情呈现多点发生，布病和结核病检测阳性率较高的实际生产问题，体系通过调研，集中科学家智慧，针对技术和政策咨询的需要等一系列问题，为行业决策部门及时提供了以下报告：《大风沙尘天气对动物疫病传播的影响》、《口蹄疫防控措施》、《关于加强我国奶牛结核病和布鲁氏菌病的监测与防控的建议》。

（3）应对奶粉质量安全事件。2010年6月份，三聚氰胺超标奶粉再次出现在市场上，10月份“激素门”事件又闹得沸沸扬扬，严重打击了消费者本来就很脆弱的信心。针对以上情况体系完成了如下报告：《三聚氰胺超标奶粉再现不是奶源的问题》、《关于圣元奶粉事件的调研情况及建议》、《喝奶好处多》，文章详细分析了奶粉中三聚氰胺和雌激素的来源，对稳定消费者信心起到了很好的作用。

（4）完成进口奶粉对我国奶业发展的影响分析报告。“三聚氰胺事件”和“激素门事件”后，我国奶粉进口量逐月增加，2010年进口奶粉41.4万吨，同比增长67.7%。大量奶粉涌入是否会对我国奶牛养殖业产生长远影响，究竟是好事还是坏事？根据农业部奶业管理办公室和国际合作局的要求，奶牛体系经济研究室重点研究了进口奶粉对国内奶业发展的影响，并完成以下报告：《进口奶粉对中国奶业的影响》、《三聚氰胺事件对奶制品进出口的影响及启示》、《进口奶粉对完达山乳业的影响》，并发表在《中国奶业经济调查研究》上。

（二）培训、示范、推广工作

1.金钥匙培训成果显著 在农业部奶业管理办公室的大力支持下，体系针对“三聚氰胺事件”后我国生鲜乳收购站整顿治理的需要和奶牛养殖业转型升级对技术的需求，在2009年开展“金钥匙”培训的基础上，结合科学家团队已经形成的阶段性技术成果、产业沉淀的成熟技术，2010年又开展了10期培训。培训人数近3000人，培训对象主要是场长、奶牛小区区长（经理）、营养师、兽医、配种员、挤奶厅厅长、TMR操作员、省市县畜牧主管部门和推广部门。“金钥匙”培训突破了以往科学家讲课、学员听课的模式，打造了以“传授技术、宣传政策、答疑解惑、现场诊断、操作示范”五大培训板块构成的培训计划。在培训期间，都有专家组到牛场进行现场指导。同时，科学家们也能深入了解牛场生产中存在的问题，并将普遍存在的问题放进以后的培训讲课内容中。

2010年体系功能研究室、岗位科学家和站长组织和参加的培训会达324场，培训人数超过15000人次。

2.试验站科研示范和辐射带动作用明显 2010年体系内所有生产性的综合试验站奶牛生产水平比2009年都有较大提升，并都实现了盈利。体系内规模牧场奶牛生产水平处于世界先进或领先。如北京三元试验站奶牛年头均单产达到 10181 千克，个别牛场已超过 11 吨。蒙牛试验站和林格尔牧场乳脂率达 4.0%，乳蛋白率达 3.23%。这些规模牧场为我国优质奶源的供给提供了保障和科学饲养管理的示范。

河北保定试验站站长李英研究员长期工作在奶牛技术研究、推广、示范第一线，其“奶牛标准化养殖新技术推广”成果获得 2010 年全国农牧渔业丰收奖一等奖。北京延庆试验站依托单位是我国第一家有机奶生产基地，集有机饲料种植、有机奶牛养殖、有机牛奶加工、有机牛奶销售为一体，是我国有机奶生产的典范。该站每年接待大量的同行、游客、国际友人参观访问，对推动我国有机奶产业的发展有重要的示范、辐射和带动价值。站长任师喜还辅助河北、新疆、云南等地进行有机奶基地建设。

3.向农业部奶业管理办公室提供奶业信息 体系共参加了 5 次形势分析会，每次会议都向奶办领导汇报近期国内奶业现状、发展趋势以及国际贸易情况，主要涉及到我国奶牛存栏量变化、奶产量变化、奶价变化、饲料成本变化和奶牛、乳品、饲草料的进出口贸易情况，为主管领导了解国内和国际奶业动态、把握全国局势提供了第一手资料。

4.参与农业部标准化创建工作 农业部在 2010 年启动全国畜禽养殖标准化示范创建工作。全国共有 359 个奶牛场成为第一批通过验收的标准化牛场。奶牛体系协助畜牧业司制定了《奶牛标准化示范创建示范场验收标准》、编写了《奶牛养殖标准化创建示范项目 2010 年实施方案》；创建前对畜牧兽医部门相关人员进行培训，并到黑龙江、内蒙古、河南进行现场辅导；在各省市创建活动结束后，协助农业部相关部门完成对内蒙古、山东、黑龙江的奶牛标准化示范创建督导工作，完成《奶牛标准化示范创建工作督导情况报告》；协助农业部畜牧业司、农业部奶业管理办公室、全国畜牧总站在河北石家庄举办了“全国奶牛标准化示范场暨国家奶牛金钥匙技术推广培训班”。

（三）调研工作

1.开展良补公牛女儿生产性能和奶牛繁殖状况调研 在最早开展国家奶牛良种补贴的黑龙江、河北、内蒙古、宁夏开展了良种补贴公牛繁育后代女儿生长发育、体型评定以及生产性能的测定工作，2010 年进一步扩大良种补贴区域的女儿生产性能表现统计，正确评价国家实施奶牛良种补贴项目的效果。累计已对 323 个奶牛场和小区良补公牛女儿的生产性能进行了调查。

2.开展我国规模奶牛场奶牛日粮钙磷水平调研 调查范围包括 13 个省（自治区、直辖市）的 276 个牛场的实际生产数据。调查包含我国大部分重点优势奶源区及养牛大省，具有一定的广泛性和代表性。统计结果表明，泌乳牛日粮钙水平有 88%超过NRC标准，56.5%超过我国国标，青年牛日粮钙水平有 77.9%超过NRC标准，59.8%超过我国国标；泌乳牛日粮磷水平有 83%超过NRC标准，1.7%超过我国国标，青年牛日粮磷水平有 73.9%超过NRC标准，3.6%超过我国国标。

3.奶牛普通病和主要疫病调查 体系科学家在 2009 年调研的基础上，2010 年又在全国奶业优势区域开展了普通病调研，共发放调查表 12000 份，回收 8500 份。调研结果表明，2010 年奶牛疾病的总体发生情况与前两年相近，营养代谢病比较突出，多病因综合征已成为奶牛疾病防治中的疑难杂症。

4.应急调研 2010 年的寒冷、高温、干旱、洪水等极端天气和疫病、三聚氰胺奶粉再现事件、激素门事件等对我国奶业产生了不小的冲击。在应急情况发生后，体系科学家都在第一时间开展调研，并完成调研报告，分析应急事件对我国奶业当前的影响及长远影响，及时为相关政府部门决策提供支撑材料。调研报告受到农业部畜牧司和奶业管理办公室的好评。

5.奶业成本收益和国内高端乳品市场调研 完成了内蒙古呼和浩特市和林县、土左旗、赛罕区三个县区的 180 家奶户的生产、技术、管理和成本收益调查，调查涉及到小规模奶户和小区奶农。针对国内高端乳品消费量明显增加的情况，为明确消费意图，完成了 400 个消费者的调查问卷，报告题目为《我国高端液态奶消费行为研究》。

6.奶牛养殖模式典型案例调研 近几年来，在各级政府部门的大力扶持下，奶牛规模化养殖突飞猛进，但是，真正能够实现高效养殖的规模牛场为数不多。如何实现高效养殖，体系产业经济研究室完成了关于浙江嘉兴东兴奶牛场“发展现代奶业需走高效养殖之路”的报告。报告指出，大规模不是高效的必要条件，重视遗传基础、重视饲料营养、重视牛场防疫、重视成本控制才是硬道理。该养殖场是一家私人牧场，有奶牛 237 头，2010 年净利润 102 万元。

（四）宣传工作

2010 年，体系共出版 4 期工作简报和 2 期科技简报，总共发放量约 2000 册。内容主要涉及国家奶业政策、国内和国际奶业发展动态、奶业发展过程中存在的问题，以及体系岗位科学家和站长的最新科研成果。

体系在中国畜牧杂志和荷斯坦杂志开辟了专栏，分别刊登了 12 篇体系文章。中国畜牧杂志每月的发行量为 10000 册，荷斯坦杂志纸质版每月的发行量为 8000 册，电子版的发行量约 2000 册，总发行量为 240000 册。

体系奶业经济研究室编辑出版了《中国奶业经济月报》和《中国奶业贸易月报》各 12 期，《国际奶业市场动态周报》17 期，主要收集国内外奶业生产、加工及行业发展动态、奶业国际贸易、政策和趋势等相关信息，目前已成为农业部、各奶业优势省区主管领导、企业家和学者了解我国奶业和国际奶业发展、贸易情况的案头参考资料，受到政府、协会、企业界的广泛赞誉，电子版发行量逐期增加。

（五）取得的主要成绩和获取的经验

1.论文、专著、专利 2010年，体系共发表文章367篇，其中SCI收录63篇，出版专著16部。鉴定成果6项，省部级奖21项，专利62项（包括受理），标准43个（包括国标、行标、地标和企业标准），新产品25项，新工艺14项，新装置2项，计算机软件9项。

2.主推技术 体系专家将近几年沉淀的研究成果集成了一系列适于推广的技术，这些技术简单实用、经济效益显著，对促进我国奶业的稳定健康、可持续发展有极大的作用。形成的主要技术和产品如下：日粮配合优化调控降低奶牛磷排放技术、规模化奶牛场布鲁氏菌病监测与检测技术、奶牛性别控制关键技术、机械化水稻秸青贮技术、乙酰氨基阿维菌素浇泼剂、北京全混合日粮（TMR）便携分级筛、奶牛蛋白颗粒饲料等。

3.增强协作意识，集中力量解决产业重大问题 我国奶牛产业正处于转型升级阶段，目前面临的主要问题是：中国奶牛饲料及奶牛营养需要数据库不能满足产业发展的需求；奶牛场标准化规模饲养关键技术不成熟；区域性牛场疫病发病率高、奶业数据库（奶牛产业从业人员数据库、中国奶牛疫病及防控措施数据库、与奶业相关的各类企业数据库、主要奶业国家奶业发展数据库等）不健全。体系将把这四大问题作为“十二五”期间的主要研究方向。这些问题不是一两个专家、一两家企业能解决的问题，必须依靠国内奶业专家和规模化企业联合攻关。要做到这一点，体系内各领域科学家之间、科学家和试验站之间必须密切配合，建立优势互补的合作机制。

4.促进产学研结合，注重实用技术的推广和培训 产业发展的需求是科学研究的第一推动力。科研成果不适用或不能及时应用于生产企业，生产企业不愿意为科研提供试验基地，这种现象导致了需求与科研成果的隔离。然而，体系把科研专家和企业整合到了一起，这是非常了不起的结合。因此，在“十二五”期间，加强岗位科学家和试验站站长间的联系将是体系工作的一个重点。

我国奶牛养殖技术水平参差不齐，体系试验站奶牛场的奶牛单产都处于较高水平，生产管理经验也比较丰富，如体系的三元试验站奶牛场的单产已达到国际先进水平，但国内大部分奶牛场的技术水平还很欠缺，这也是我国奶牛平均单产低的主要原因。因此，在“十二五”期间，体系将特别注重成熟技术的推广和培训工作，同时，并以师傅带徒弟的形式将牛场技术员和生产管理场长带到体系试验站牛场学习，这种学习在几个月甚至几天之内就会大见成效。

2010年全国奶牛（草食动物）科技入户示范工程进展情况

中国农业科学院北京畜牧兽医研究所　王加启　张养东　赵海燕

2010年，全国奶牛（草食动物）科技入户示范工程紧紧围绕奶业恢复和振兴这一中心工作，在部、省、县三级的共同努力下，圆满完成了2010年奶牛（草食动物）科技入户示范工程主导品种和主推技术的推介、示范应用、培训和调研督导等工作；同时，积极促进国际奶业新技术、新成果的交流与应用，逐步提高我国奶牛养殖水平、提升牛奶质量和增加奶牛养殖效益。为广大奶牛（草食动物）科技示范户、辐射带动户及非项目区普通养殖户提供了稳定的技术支持，巩固和提高了奶牛（草食动物）科技入户示范工程实施以来取得的显著成绩。现将项目总结汇报如下：

（一）主要工作成效

1.科学养殖深入人心，奶农得到了实惠 近年来，我国奶牛养殖波动较大，奶牛养殖场（户）效益较低，表面原因是饲料价格上涨和原料奶收购价格偏低，但深层次原因是奶牛良种率低、养殖水平落后、生产效率低下和抗风险能力差。科技入户以推广良种繁育技术、TMR技术和生鲜乳质量安全提升技术等为工作重点，在提高奶牛的生产效率上坚持走科技之路。2010年，示范户每年每头成母牛单产水平平均比普通户高出400千克，让奶农尝到了科技实实在在的甜头，掀起了奶农学科技、用科技的热潮。

2.专家队伍日益健全，技术骨干得到了培养 奶牛（草食动物）科技入户示范工程实施5年来，组建了300人的专家队伍，其中部级专家8人、省级专家115人，县级专家177人。培养了县级技术指导员1028人，对口建立了技术依托单位94个。

3.技术转化“直通车”更加畅通，先进技术得到了应用 奶牛（草食动物）科技入户示范工程实施5年来，项目组为使先进的科学技术迅速地得到转化应用，重点建设并实施了“专家（部、省、县）—指导员—示范户”的技术快速转化通道，并依靠咨询、培训、入户指导、观摩展示、网络宣传和发放教材等多种方式为有效补充，以项目组联席会议办公室制定的管理制度和方案为考评机制，确保了良种直接到户，良法直接到人，使技术入户直通车更加畅通。

4.突发事件应急机制日益完善，突发事件得到了有效处置 奶牛（草食动物）科技入户示范工程实施5年来，建立并逐步完善了应对奶业突发事件的应急机制。在突发事件面前，由农业部科教司统一指挥并启动应急预案，部、省、县三级联动，指导奶农应对突发事件，帮助奶农稳定生产，将危害降低到最低程度。

（二）开展的重点工作

1.积极做好统筹工作 2010年1月，在总结奶牛（草食动物）科技入户示范工程连续4年来工作成效和存在问题的基础上，奶牛（草食动物）科技入户示范工程首席科学家办公室组织专家制定了《全国奶牛（草食动物）科技入户2010年技术指导方案》。《方案》明确了2010年工作的重点内容和要求，并下发到各示范县，各示范县依据《方案》制定了《示范县科技入户2010年实施方案》。

2.加强宣传报道 继续加强科技入户工作的宣传与报道，提高奶牛（草食动物）从业者学科技、用科技的意识。2010年，项目组共制作《奶牛简报》21期，发放各类实用性科学书籍和宣传手册5.8万余册，挂图260余幅，组织现场观摩和现场咨询会40余期，举办各类培训班100余次。

3.做好技术指导与培训

（1）组织召开“奶业效益与质量安全”暨全国奶牛科技入户培训班。2010年11月9～10日，农业部奶牛（草食动物）科技入户示范工程专家组在内蒙古呼和浩特市成功举办了“奶业效益与质量安全培训班”，首席科学家王加启研究员主持培训班，内蒙古自治区农牧业厅许燕辉副厅长、内蒙古农牧业科学院赵存发院长、内蒙古农业大学侯先志副校长、内蒙古自治区奶业协会那达木德秘书长和湖北黄冈市科技局郭鹰副局长、美国NRC奶牛营养需要委员会委员Trevor Tomkins博士、美国杨伯翰青年大学Richard Kellems教授、美国MSC公司董事长Tom Utgard先生、伊利原奶事业部（西北区）赵升总经理和蒙牛奶源技术支持部李永强部长等领导、专家出席了会议，来自科技入户示范县的领导、专家、技术指导员、示范养殖场（户）的场长和技术员等260余人参加了培训。内蒙古农牧业科学院赵存发院长、内蒙古农业大学侯先志副校长分别致辞，希望内蒙古农牧业科学院、内蒙古农业大学与奶牛科技入户专家组在技术培训、技术服务等方面加强合作，提高内蒙古自治区奶牛养殖业的技术水平，为广大养殖场（户）服务。王加启研究员指出，当前由于奶牛单产低、饲料成本增加等因素，造成奶牛养殖效益不高，奶牛养殖场特别是奶牛科技入户的示范场应努力应用新技术、新方法提高奶牛产奶量，提高饲料利用率和管理水平，确保生鲜乳质量安全。随后，来自中外的5位奶业资深专家就奶牛营养升级和大型奶牛场饲养管理要点等进行了专题讲座。

会议期间，奶牛科技入户专家组还向参会代表赠送了《现代奶牛养殖科学》、《青贮饲料制作技术》等实用性图书、挂图，鼓励示范县的奶牛场场长、技术人员和奶农将学到的新技术、新方法、新经验应用到奶牛养殖生产的实践中，增加奶牛养殖效益，提高生鲜乳质量安全水平。

（2）赴河北丰润区开展奶牛生产指导与培训。2010年8月26～27日，为继续做好奶牛“适度规模奶牛场标准化养殖技术”、“奶牛全混合日粮（TMR）调制技术”以及“生鲜乳安全生产技术”等三项主推技术的培训和服务工作，推进现代奶业建设，农业部奶牛（草食动物）科技入户示范工程专家组一行6人赴河北省唐山市丰润区开展奶牛生产指导和技术培训。来自河北省唐山市丰润区的县级专家、技术指导员、示范户、牧场（小区）负责人和技术人员等80余人参加了培训。8月26日，应当地养殖户的要求，奶牛科技入户专家组及丰润区相关技术人员先后深入到唐山中奥奶牛有限公司和丰润区犇福畜牧广场等养殖场（小区）进行入户指导。

8月27日，部级专家组与丰润区科技入户专家组共同举办科技入户示范工程培训班。培训班上，王立江副局长强调：此次开展科技入户指导和培训，说明国家非常重视对农民的培训，注重基层推广人员的知识更新。希望参加培训的学员认真听课，会后一定要将学到的新知识运用到实际的工作中，做好示范户的指导。随后3位长期在奶牛养殖一线从事技术研究和推广工作的专家就规模化牧场的建设、奶牛繁殖育种和TMR调配技术进行了专题培训。培训结束后专家组现场解答了养殖户提出的问题，并与养殖户进行了互动交流。

（3）组织召开中国奶协2010年年会暨“奶牛营养、环境和牛奶质量安全”论坛。2010年6月8日，中国奶业协会2010年年会在山东青岛召开，期间农业部奶牛（草食动物）科技入户示范工程部级专家组和中国奶业协会饲养饲料与环境专业委员会共同主办了“奶牛营养、环境和牛奶质量安全”论坛。首席科学家王加启研究员主持论坛，农业部奶业管理办公室王俊勋主任、马莹副主任等出席论坛。来自全国奶牛科技入户的专家、指导员，示范场（户）技术人员等近200人参加论坛。论坛气氛活跃，参会人员踊跃参加知识问答，王俊勋主任在报告后与王加启研究员一起抽取了幸运观众。培训结束，大家都一致反馈，通过培训与交流，掌握了通过强化营养和改善环境来提升牛奶质量安全的技术。

（4）宣传贯彻《生乳》国家安全标准。2010年6月9日，农业部奶牛（草食动物）科技入户示范工程首席科学家王加启研究员应邀出席“国家现代奶牛产业技术体系专场”，并针对新颁布的《生乳》国家安全标准作“牛奶质量安全与奶牛养殖”专题报告。他强调：牛奶的质量安全评价应包含“营养、化学和生物”三项，确保牛奶质量安全，奶牛养殖很关键。并详细与大家交流了如何通过强化营养和加强饲管，来提升生鲜乳的质量和确保生鲜乳的安全。

（5）组织召开“奶牛营养与牛奶质量”暨国际奶牛科技入户培训班。2010年6月23日，由农业部奶牛（草食动物）科技入户示范工程专家组和中国农业科学院北京畜牧兽医研究所等联合主办的“奶牛营养与牛奶质量国际培训班”在北京颐泉山庄召开。首席科学家王加启研究员主持培训班，培训班邀请了内蒙古农牧业科学院卢德勋研究员、美国伊利诺伊大学James Drackley教授、英国雷丁大学David Beever教授、美国康奈尔大学Mike Van Amburgh博士、美国MSC公司总裁Trevor Tomkins博士、北京奶牛中心肖定汉研究员和北京中地种畜有限公司刘云祥高级畜牧师为培训班授课。来自科技入户项目区域的领导、专家和技术指导员，饲料与养殖等生产一线的专家、场长和技术人员等120余人参加了培训。国际培训班围绕“奶牛营养和牛奶质量”相关的新技术、新成果、新理念，以改善牧场的管理水平、提高牛奶的质量与安全、增加奶农养殖效益为目的，重点开展“牛乳质量安全控制新技术”和“奶牛营养升级新技术”的推广应用培训，全球携手共同促进奶牛饲养新技术的应用。

（6）赴张北县开展奶牛养殖培训。2010年5月18～19日，农业部奶牛（草食动物）科技入户示范工程专家组赴河北省张北县开展奶牛养殖培训。培训班上，科技入户项目组专家周振峰博士作了《注重细节管理 提升生鲜乳品质 提高养殖效益》的报告。他深入的剖析了当前的奶牛养殖形势，指出在当前全国奶牛养殖成本增加，产出效益总体偏低的形势下，养殖者需要强化细节管理，提高生鲜乳产量和质量，最终提升奶牛养殖效益。培训班结束时，周振峰博士向奶农们赠送了农业部奶牛（草食动物）科技入户首席科学家王加启研究员主编的《现代奶牛养殖科学》，为奶农生产提供参考。

（7）参加“科技之光”专家服务团开展科技服务。2010年5月13～17日，农业部奶牛（草食动物）科技入户示范工程首席科学家王加启赴吉林省长春市出席了由中国科协、全国青联和吉林省主办的“科技之光”专家服务团吉林行活动启动仪式，并带领专家深入吉林市的永吉县开展科技下乡服务。在永吉县县委主办的畜牧产业发展研讨会上，王加启研究员与专家们详细解答了养殖户在政策、技术和发展思路上的困惑。就永吉县畜牧产业的发展，王加启研究员强调：永吉县畜牧业发展形势较好，有优越的地理和资源优势，永吉县应抓住当前国家畜牧业生产方式转变的契机，建立承担风险能力强、科技应用程度高和供应机制稳定的畜牧产业。同时，在畜牧业发展的思路上，要有特色，有规模，依靠畜产品深加工拉动一线养殖，并形成循环、综合利用的健康生态模式。研讨会后，王加启研究员与专家们一起深入养殖一线，开展了面对面、手拉手的服务活动。

（8）做客CCTV少儿频道解答“牛奶的秘密”。为迎接国际牛奶日的到来，2010年5月，应CCTV少儿频道邀请，农业部奶牛（草食动物）科技入户示范工程首席科学家王加启研究员参与录制题为“牛奶的秘密”节目，王加启研究员用通俗易懂的语言亲切地回答了栏目主持人和小朋友所提出的八个问题，即怎么选择五花八门的牛奶，每人每天喝多少奶好，什么时候喝牛奶好，高钙奶适合什么人喝、不适合什么人喝，牛奶如何正确加热，哪四种人最需要喝牛奶，喝牛奶会胖吗，喝牛奶有八忌是哪八忌以及哪些人不能喝牛奶等，并与栏目组形成互动，此次节目受到了电视观众的普遍欢迎。

（9）赴湖北黄冈革命老区调研指导奶业发展。2010年4月27～29日，农业部奶牛（草食动物）科技入户示范工程首席科学家王加启研究员率专家团队赴湖北黄冈革命老区对黄冈奶业发展现状进行调研并现场解决黄冈奶牛发展中存在的问题。专家们先后到英山、团风和黄州等地对湖北长宏农业技术科技开发有限公司、宏达北斗奶牛养殖公司、绿蕊奶牛养殖有限公司、黄冈祥云奶牛场和黄冈农科院试验奶牛场进行现场技术指导。王加启研究员针对黄冈奶业发展存在的问题，应邀做“黄冈如何发展奶业”的讲座，深入浅出地讲解了黄冈奶业发展中如何解决粗饲料供应、夏季热应激的防治等技术难题。

（10）赴内蒙古调研指导奶业清理整顿工作。2010年4月13～14日，农业部奶牛（草食动物）科技入户示范工程首席科学家王加启研究员带领专家组在内蒙古就奶业清理整顿工作进行调研指导。专家组一行先后调研了呼和浩特市和林格尔县、土默特左旗，包头市土默特右旗的15个生鲜乳收购站，就不同类型的生鲜乳收购站质量控制进行了指导，并对生鲜乳收购站的工作人员就生鲜乳收购站日常的管理与生鲜乳质量安全检测进行抽查提问，就如何加强奶业监管，促进奶业稳定发展和保护奶农利益等方面开展了充分讨论。

（11）推广应用TMR，专家入户指导TMR调配技术。为提高我国TMR使用比率，普及TMR饲喂技术，提高我国奶牛整体养殖水平，农业部奶牛（草食动物）科技入户示范工程部级专家组特邀国外奶牛营养专家Kent Ure博士、Alexandra博士和机械专家Thorkild博士对我国广大奶牛养殖户TMR使用技术进行长期指导和培训。

2010年4月5～7日，部级专家与国外专家一起赴宁夏银川市贺兰县金河乳业示范牧场、中良牧场、青松牧场以及内蒙古包头市九原区黄河牧场开展TMR入户指导。入户指导期间，同牧场相关人员进行了深入的交流与探讨。

2010年5月5～7日，部级专家与美国专家再次赴内蒙古和林格尔县蒙牛第八牧场、宁夏西夏区先锋牧场和银川金和乳业阳光牧场就牧场TMR设备型号及使用技术要点等进行现场指导。

4.参编生鲜乳生产收购专职岗位技能培训教材 应

中国奶业协会邀请，奶牛科技入户部级专家组积极参编生鲜乳生产收购专职岗位技能培训教材，并负责编制《生鲜乳生产收购专职岗位技能培训-检验员培训》和《生鲜乳生产收购专职岗位技能培训-综合篇》2 部分。

5.积极参与奶业整顿与振兴

（1）形势调研，生产指导。2010 年，受三鹿婴幼儿奶粉事件影响，我国奶业出现异常波动，对乳制品生产、消费和人民生活等带来较大影响。为及时掌握奶牛生产情况，了解当前我国奶牛生产中存在的问题，2010 年农业部奶牛（草食动物）科技入户专家组定期组织奶业形势调研和奶牛生产指导。截止到目前，专家组已分别赴河南省、湖南省、陕西省、新疆维吾尔自治区和内蒙古自治区开展了奶业形势调研和牛奶质量监测工作并为奶农提供技术指导；同时，撰写了《湖南省奶牛养殖现状调研报告》、《河南省奶牛养殖现状调研报告》和《内蒙古苏尼特右旗都呼木生态移民村奶牛养殖情况调研报告》等报告。

（2）积极组织撰写技术指导材料。2010 年，受低温雨雪天气、部分地区干旱及区域疫病等的影响，我国奶业出现异常波动，对乳制品生产、消费和人民生活等带来较大影响。为指导一线养殖场（户）采取有效措施抵御旱灾、低温雨雪天气、疫病以及其他灾害影响，专家组相继撰写了《春季奶牛饲养管理要点》、《旱灾地区奶牛饮水技术指导》、《奶牛养殖如何积极应对强降雨天气》、《强化饲养管理 综合缓解奶牛热应激》、《玉米青贮制作要点》以及《奶牛良好农业技术规范之饲养管理技术规范》等指导性材料，并迅速转发到各示范省、各示范县，由各地专家对指导员、养殖户进行指导培训。

（3）积极引导各示范县加强奶业振兴中的科技入户工作。2010 年是我国奶业恢复振兴的重要阶段，是我国奶业从数量型向质量效益型转型的关键时期，奶牛（草食动物）科技入户部级专家组积极引导各示范县把奶业振兴中的科技入户工作当作头等大事来抓，定期通过电话和短信等方式，与各示范县专家建立动态联络、部署工作、交流信息和指导奶业生产。并在第一时间向各示范县领导、专家和技术指导员转发了卫生部《食品安全国家标准》、国务院办公厅《关于进一步加强乳品质量安全工作的通知》（国办发〔2010〕42 号）和农业部《2010 年农业主导品种和主推技术的通知》（农办科〔2010〕14 号）等，为整顿与振兴中的奶业建立了方便快捷的信息交流通道。

6.各示范县开展工作概况 按照《全国奶牛（草食动物）科技入户 2010 年技术指导方案》，各地都制定了《2010 年科技入户实施方案》，并在 3 ～ 11 月开展了系列培训、指导、现场咨询和调研活动。各示范县开展的科技入户相关工作统计详见表 8-1。

表 8-1 2010年各示范县科技入户相关工作统计

项 目	示范户数（个）	带动户数（户）	培训期（期）	培训人数（人次）
九 原	1 000	9 000	22	7 120
双 城	800	15 500	27	2 000
仪 陇	100	1 000	12	2 000
北 流	200	4 262	65	2 500
合 计	2 100	29 762	126	13 620

（三）基本经验

1.工作机构健全是科技入户工作正常运行的有力保障 科技入户健全了工作机构，理顺了工作关系。在农业部奶牛科技入户联席会议办公室的领导下，中国农业科学院北京畜牧兽医研究所成立了农业部奶牛（草食动物）科技入户专家组办公室，各示范省、示范县组建了科技入户领导办公室，制定了工作制度，并遴选了专家、技术指导员，科技入户工作具备了组织和制度保障。

2.专家队伍结构合理是科技入户工作开展的前提 科技入户实施中，注重专家、指导员队伍的培养，组建部级专家 6 人，包括奶牛养殖、疫病防治、环境保护、饲草饲料、经济核算等专业领域；省级专家 113 人，县级专家 151 人，县级技术指导员 864 人，提供了科技推广的人力资源。

3.技术依托单位技术雄厚是科技入户工作指导的基础 科技入户实施中遴选了技术力量雄厚的众多科研单位，其中遴选中国农业科学院北京畜牧兽医研究所为奶牛科技入户项目部级承担单位，以全国畜牧总站、中国奶业协会为技术支撑单位，遴选各省农科院、农业大学和畜牧技术服务中心等 94 家为技术依托单位，同时吸引乳品、饲料和设备厂家参与。各单位技术力量雄厚，科研水平超前，在科技入户主导品种和主推技术形成与推广中起到了不可估量的作用。

4.充分整合多项目资源是科技入户工作全面展开的有益补充 近年来，国家加强了奶牛养殖各项补贴，各地方也配套系列补贴，科技入户项目与其他项目紧密整合，发挥了多项目资源优势，增强了项目实施的深度与广度，彼此提高了推广应用的效果。

5.强化主导品种、主推技术推广是加快科技入户工作成效的强劲引擎 科技入户实施 5 年来，每年都向全国征集科技入户主导品种和主推技术，并通过专家层层遴选，最终确定出覆盖范围广、推广意义重大的主导品种和主推技术。通过推广极大地提高了奶牛养殖的科技水平，提升了奶牛养殖效益。据科技入户示范县统计，农民通过种植青贮玉米每公顷可比普通玉米多收入 3750 元，奶牛养殖户使用青贮后，在不降低生产性能的情况下可节省 10% ～ 20%的精饲料，每日的养殖成本可下降 1 ～ 2 元。

“十一五”国家科技支撑计划“新型乳制品研制及其产业化开发”课题通过验收

中国农业大学　任发政　郭慧媛　张明

为了更好完成“十一五”国家科技支撑计划“新型乳制品研制及其产业化开发”课题，中国农业大学联合南京农业大学、天津科技大学、光明乳业股份有限公司、内蒙古伊利实业集团股份有限公司、内蒙古蒙牛乳业(集团)股份有限公司及北京三元食品股份有限公司等10多家单位组成产学研联合攻关团队，在2006—2010年近5年的时间内，课题组100多位科研人员在科技部领导以及专家组的指导下，紧密围绕我国奶业结构调整的关键时期的瓶颈问题开展攻关，并积极开展新产品的产业化工作，课题组完成了课题的各项任务，取得了20余项科研成果，培养了一批乳品加工科研人员，建立了我国乳品科研队伍与科研平台。

课题重点解决了契达干酪的快速成熟以及Mozzarella干酪熔化等技术难题，建立了我国最大的干酪加工基地，干酪市场占有率超过80%；开发了39种乳制品新产品、工艺及装置，建立11条中试生产线，并颁布1项国家标准及19项企业标准，共申请专利78项，其中已授权17项；发表论文137篇，其中SCI、EI收录46篇；完成专著8本；获得省部级科研成果16项；共获奖13项，获得国家科学技术进步二等奖1项，省部级科技奖励6项，促进了我国乳品结构调整，极大推动了我国乳制品工业的健康发展。具体研究成果如下：

（一）原干酪加工关键技术研究与产业化

本课题针对我国干酪基础研究起步晚，系统性差，缺乏适合我国消费者的干酪产品等突出问题，系统研究了干酪加工过程中凝乳、熔化、拉伸、成熟等机理，调查了适合我国市场的干酪品种，研究了原干酪加工关键工艺，建立了干酪加工生产线，实现了干酪产业化生产，产品市场占有率在80%以上。

课题研究建立了研究干酪风味的科学性感观评价方法，并结合电子鼻技术确定了适合中国人口味的干酪风味；采用共聚焦激光显微镜连续观察凝乳过程，探讨凝乳形成机理，采用流变仪对Mozzarella干酪加工工艺条件和熔化机理进行深入研究，建立了干酪熔化性与工艺和质构变化直接的相关性，提出了影响Mozzarella干酪凝乳和熔化特性的根本原因；探讨新鲜干酪凝乳和贮藏过程中酪蛋白胶束的结构特征，明确蛋白质结构状态在新鲜干酪加工过程中的变化趋势；研究了不同热激强度瑞士乳酸菌对Cheddar干酪加工工艺、成熟过程中非发酵剂乳酸菌及成熟过程的影响；课题研制开发了10种原干酪产品，建立相应技术指标和产品标准，建立了3条日加工10吨原干酪生产线。

（二）再制干酪加工关键技术研究与产业化

再制干酪由于具有良好的风味与组织结构，是我国发展最快的干酪类型。本课题系统研究了再制干酪的乳化机理，开发了13种干酪产品，实现了再制干酪产业化生产。课题首次对再制干酪二级结构进行研究，探讨与再制干酪生产中物性表现对应的酪蛋白凝胶基质的结构和状态，建立对契达酪蛋白结构和状态的检测标准，作为再制加工用原料干酪的标准，同时根据终产品的状态和风味筛选基料的组成、乳化盐的组合，确定再制干酪原料标准和产品标准，建立酶解干酪的质量评价标准和方法。

项目研制开发了10余种佐餐用再制干酪产品，其中含副干酪乳杆菌再制干酪产品中活菌数达10^9个/克，实现了再制干酪功能性突破；采用特殊配方和包装工艺研制出热量高、贮藏期长的航天和高寒部队专用再制干酪、绿茶味、水果味等适合中国人口感风味的再制干酪产品。

课题研制开发了耐油炸、耐蒸煮、耐微波处理的再制干酪，通过生产工艺和原料调整使耐油炸干酪熔点提高近一倍，且具有良好的色泽、口感和成型性；经亲水胶体处理后的再制干酪能够经20秒微波加热仍保持良好的质构和感观；耐蒸煮干酪可耐受100℃、15分钟高温加热。课题开发研制的产品获得了较好的产业化应用，建立再制干酪生产线6条。

（三）低过敏性婴儿配方奶粉的基础研究及产业化

牛乳是优质的营养食品，但同时又是较易引起过敏的食物之一。尤其是对以牛乳为主要食物的婴幼儿来说，大约有2%～6%的婴幼儿对乳蛋白质过敏。国外已经开发出了低过敏婴儿配方粉，国内还处于起步阶段。

项目建立了中国首个母乳研究数据库，掌握了国内不同地区母乳蛋白质、氨基酸、脂肪酸、矿物元素、维生素等成分的第一手资料，制定了科学合理的低致敏配方粉的配方方案。

项目利用β-LG和α-LA纯品制得β-LG和α-LA的多克隆抗体，建立了牛乳中β-LG和α-LA的间接竞争酶联免疫检测法。项目以牛乳过敏患者血清为探针，识别牛乳主要过敏原β-LG和αs1-酪蛋白IgE作用表位，确定过敏原致敏“靶位点”，为水解方法降低牛乳致敏性提供理论依据；首次建立了乳蛋白酶解方法调控和降低乳蛋白过敏原技术。利用碱性蛋白酶对乳清蛋白进行酶解，建立了乳清蛋白酶解产物中α-LA和β-LG抗原性与碱性蛋白酶酶解条件关系的数学模型。优选出了制备较低抗原性的酶解反应条件，酶解产物中β-LG抗原抑制率达到75.45%，α-LA抗原抑制率达到89.65%。

建成亚洲最大年产配方奶粉产品6万吨的婴儿奶粉生产线，并成功开发出“金领冠”低过敏配方粉。

（四）乳清综合利用技术研究与产业化开发

乳清是以牛奶为原料生产干酪过程中的主要废弃副产品之一。如果处理不当，既造成资源浪费，又带来一系列环境污染问题。随着干酪产业的日趋规模化发展，合理开发利用乳清资源已成为亟待解决的关键问题。

项目研究了乳清中乳铁蛋白一级结构中的活性序列与其成骨活性的关系，并首次报道了乳铁蛋白核心序列Lfcin可以促进成骨细胞的增殖，同时促进成骨细胞OPG基因mRNA的表达量，证明了LF促成骨细胞增殖及OPG表达的作用与Lfcin密切相关。首次证实了口服乳铁蛋白对卵巢切除大鼠的骨质疏松症具有治疗作用，系统地研究并提出了口服摄入乳铁蛋白治疗卵巢切除大鼠骨质疏松症的作用途径。

项目对乳清中高纯度酪蛋白糖巨肽的提取工艺进行了研究，并通过动物实验发现添加酪蛋白糖巨肽可以显著降低雄性大鼠的体重和摄食量，对肥胖大鼠的血相具有明显改善作用，为相关产业化的发展打下坚实基础。项目研究了乳清蛋白的成膜机理，开发一系列以乳清蛋白为基材的具有包装和营养双重价值的可食用膜，填补国内空白。采用蛋白酶诱导乳清浓缩蛋白成胶，优化制备多糖-乳清蛋白混合凝胶的条件，制备脂肪模拟物。在国内建立了乳清示范生产线3条，提高了干酪产业竞争力，延伸了乳品加工产业链。

（五）乳酸菌发酵剂制造核心技术创新及应用

发酵剂生产技术是限制我国乳制品工业发展的瓶颈之一。本课题首次研究了微生物微囊化发酵技术，在成功制备乳酸菌微囊基础上，对微囊壁材、成膜条件全面优化，实现了微囊孔径、机械强度、细胞释放率可控的乳酸菌微囊制备技术。课题优化了微囊化乳酸菌培养、分离浓缩条件，使得微囊化乳酸菌活菌数达到10^{11}个/克以上，实现了微囊化乳酸菌高密度连续培养。

课题分别开发研制了喷雾法和滴注法两种生物微囊批量制备设备，并将其与生物反应器串联，构建了自动化高通量微囊制备及高密度发酵系统，借助该系统实现胶囊制备、成膜反应、高密度培养、微囊分离浓缩及连续接种的自动控制。目前已建成一条微囊化乳酸菌中试线。课题通过对深冻条件、喷雾干燥条件及保护剂、冷冻干燥条件及保护剂进行系统优化、研发了适合工业化生产的高活性微囊化乳酸菌深冻发酵剂、粉末发酵剂，使活菌数达到10^{10}个/克以上。课题将微囊化复合发酵剂应用于酸奶、开菲尔、干酪等乳制品生产，并利用HPLC及GC-MS手段结合感官评价对产品品质进行全面评价，结果证实微囊化发酵剂发酵乳制品品质稳定，风味良好并相对于传统发酵剂有一定提高，非常适合发酵乳制品生产，为微囊化发酵剂的大规模产业化应用奠定基础。

课题取得了显著的经济效益与社会效益，对我国干酪产业发展的贡献率达到50%以上，对于原制干酪产品，2007年，仅北京三元食品Cheddar干酪产量854吨，销售收入4100万元；2008年，Cheddar干酪产量1381吨，销售收入5524万元，同年，Mozzarella干酪产量454吨，销售收入1816万元；2009年，Cheddar干酪和Mozzarella干酪的产量分别为1027吨和274吨，销售收入分别为4108万元和1096万元；2010年上半年这两种干酪的产量和销售收入分别为558吨、172吨和2232万元、708万元。原干酪每年可带来6000万元以上的直接经济效益。

2007年和2008年，三元、光明两公司再制干酪销售总收入分别为14568万元和24536万元；2009年蒙牛再制奶酪产品上市，与三元、光明三家企业共创再制干酪销售额29038万元。2008年奥运会期间，原干酪和再制干酪产量迅速增长，对奥运会期间我国经济发展起到促进作用。

课题引领了我国新型乳制品产业发展，其中干酪和乳清产品从无到有，开发了多种适合我国消费者的新产品，丰富了我国乳制品市场，显著提高了乳品企业的经济效益，并通过奥运会、世博会的举办提高了我国干酪市场的国际地位和产品竞争力。通过本课题的实施，提升了我国乳制品产业的科技水平，打破了多种产品被国外企业所垄断的被动局面，改善了我国乳制品工业产品同质化严重、利润低的现状，促进了我国乳制品产业的升级。

国家星火计划2010年度立项奶业相关项目

序号	项目编号	项目名称	承担单位
北京市科委			
44	2010GA610006	娟姗牛高效繁育技术集成应用与产业化示范	天津梦得集团有限公司
75	2010GA620013	乳肉兼用型牛品种改良和舍饲养殖技术示范	赤城县华田牧业有限公司
山西省科技厅			
100	2010GA630007	雁门关优质牧草试验推广	朔州美家园林草有限责任公司
102	2010GA630009	PET果粒纤维乳饮料加工技术开发	大同夏进乳业有限责任公司
110	2010GA630017	五台山西门塔尔牛扩繁技术推广	五台县台城镇锐清养殖专业合作社
内蒙古自治区科技厅			
141	2010GA640021	利用牛羊畜副产品提取高档微生物发酵用蛋白胨成果转化	内蒙古禾硕生物科技有限公司
146	2010GA640026	奶牛养殖粪污筛分处理及生物有机肥生产技术示范	内蒙古伊利实业集团股份有限公司
辽宁省科技厅			
154	2010GA650006	风味干酪、初乳粉深加工技术研究与开发	铁岭市大牛乳品有限公司
164	2010GA650016	5000头奶牛养殖示范基地建设	葫芦岛市绿保牧业有限公司
长春市科技局			
227	2010GA661004	杯装凝固型酸奶产业化关键技术开发	长春新高食品有限公司
228	2010GA661005	日处理30吨奶牛粪便生产生物有机肥	长春晨光牧业有限公司
黑龙江省科技厅			
243	2010GA670008	牛奶质量安全控制技术体系研究开发与示范应用	黑龙江飞鹤乳业有限公司
哈尔滨市科技局			
251	2010GA671002	北方高寒地区沼气发酵工艺及关键装备的开发推广	哈尔滨惠民实业有限公司
254	2010GA671005	秸秆蛋白饲料技术研究与开发项目	哈尔滨市鼎佳牧业有限公司
江苏省科技厅			
305	2010GA690025	年产10000吨复合果蔬汁酸奶开发	徐州林泉绿色食品饮料厂
335	2010GA690055	畜禽粪便与秸秆联合堆肥及产物资源化技术集成与示范	姜堰市滋龙环境科技有限公司
351	2010GA690071	沼气治理规模养殖场粪便污染及综合利用	宝应县夏集镇庭余有机农业产销专业合作社
379	2010GA690099	养殖场废弃物资源化再生技术应用及示范	泗洪县谷丰化工有限公司
381	2010GA690101	9FL-180/260移动式畜禽粪便处理机开发与应用	海门市兴农畜牧机械制造有限公司
506	2010GA690226	高品质液态乳安全控制与菊花奶产品开发	盐城市健桥乳业有限公司
宁波市科技局			
852	2010GA701057	奶牛粪便种植双孢菇技术示范与推广	奉化市东鸿农庄

（续）

序号	项目编号	项目名称	承担单位
854	2010GA701059	优质牛奶安全生产体系研究及示范推广	宁海县利丰牧业有限公司
安徽省科技厅			
960	2010GA710085	良种奶牛遗传育种高技术产业化项目	安徽精英种畜有限公司
山东省科技厅			
1091	2010GA740010	乳品专用大豆蛋白关键技术应用	山东万得福实业集团有限公司
青岛市科技局			
1236	2010GA741042	畜牧养殖粪便无害化处理研究	青岛田瑞生态科技有限公司
湖北省科技厅			
1308	2010GA760028	畜禽养殖场污染治理与废弃物高效利用	湖北双港畜禽养殖加工有限公司
1309	2010GA760029	秸秆生产生物饲料与有机复合肥料技术集成与示范	湖北大学
广西壮族自治区科技厅			
1423	2010GA790016	水牛奶深加工技术应用开发	广西壮牛水牛乳业有限责任公司
四川省科技厅			
1487	2010GA810046	利用酒糟发酵生产生物多肽饲料	四川沱牌集团有限公司
贵州省科技厅			
1549	2010GA820018	牛羊专用秸秆保健功能颗粒饲料技术示范与推广	遵义市金鼎农业科技有限公司
云南省科技厅			
1554	2010GA830001	三元杂交牛扩繁技术研究与产业化开发	云南金江绿色产业有限公司
西藏自治区科技厅			
1594	2010GA840003	西藏牛羊高蛋白方便砖饲料产业化示范推广	西藏山南地区雅龙饲料有限责任公司
1597	2010GA840006	西藏阿里地区日土县城郊高产奶牛养殖示范	阿里地区生产力促进中心
陕西省科技厅			
1633	2010GA850029	铜川市奶牛标准化养殖技术推广项目	陕西瑞丰现代农业有限责任公司
青海省科技厅			
1688	2010GA870005	青海湖地区牛羊粪便资源化利用	青海余禾生物有机肥料厂
新疆维吾尔自治区科技厅			
1728	2010GA890010	“瑞缘牌”干酪系列产品规模化生产	新疆瑞缘乳业有限公司
新疆生产建设兵团科技局			
1750	2010GA891014	牛羊高效繁育技术应用与示范	新疆生产建设兵团农业建设第十二师畜牧兽医工作站
中华全国供销合作总社			
1770	2010GA184009	万头奶牛标准化养殖示范基地及产业化开发	陕西金桥乳业有限公司

国家科技支撑计划“奶业发展重大关键技术研究与示范”项目实施情况

科技部农村科技司

“十一五”奶业科技支撑项目实施五年，围绕总体目标，在奶牛育种、繁殖、营养调控、牧草生产、重大疫病防治、乳制品开发等方面实现了一系列重大关键技术的突破，课题所取得的成果产业化应用前景广阔。

（一）奶业科技取得显著成效

1.奶牛种质资源创新及新品种培育技术研究

（1）构建自主培育荷斯坦种公牛的技术体系。制定了相关的技术规范和标准，研发集数据收集、存贮、分析为一体的网络系统；通过各种层次的技术培训，大大提高了奶牛品种登记和生产性能测定的效率和数据的可靠性；在建立健全种公牛自主培育的技术体系方面：①研究了母牛核心群选育技术和后备公牛培育技术策略；②自主研发了包括育种值估计、群体参数估计和综合选择指数估计的遗传评定技术体系。已建立的4.6万头母牛高产核心群，生产性能与遗传素质不断提升，2010年核心群平均产奶量8902千克，比2006年提高789千克。共选育种公牛430头，其中335头进入国家奶牛优质冻精良补计划，占据全国冻精市场近50%。推动了我国自主培育种公牛的能力。

（2）建立荷斯坦牛耐热新品系的遗传标记辅助核心群选育体系。通过研究不同温度下不同品种奶牛的生理、生化、免疫、体细胞增殖与凋亡、淋巴细胞凋亡、分子生物学反应等的变化，深入系统探讨了奶牛热应激的生物学机制，阐明了奶牛热应激的调控特征，创新地建立了以环境温度与奶牛机体反应有机结合的奶牛热应激评价指标，发现了奶牛耐热分子遗传标记，建立了以奶牛生产性能测定数据、生理参数为主的抗热应激奶牛分子遗传标记辅助选择系统，并通过奶牛代谢的营养和环境调节，实现对奶牛热应激的综合控制，显著提高了奶牛的产奶性能。该体系在国内外尚未见报道。

（3）建立健全兼用牛品种提纯复壮、选育提高的技术体系。为了对我国两个兼用牛品种，三河牛、新疆褐牛进行提纯复壮，从建立育种体系基础工作做起，包括品种登记、DHI测定、核心群建立，修订品种标准，实现应用常规育种技术选育出优秀种公牛和核心群。2010年三河牛核心群1000头，平均产奶量6030千克，乳脂率4.43%，乳蛋白率3.46%，体细胞计数24.52万/毫升，繁殖率90.5%。通过导血和常规育种，5年共选育种公牛80头，其中18头进入国家良补。2010年新疆褐牛核心群1121头，平均产奶量6180千克，乳脂率4.3%，乳蛋白率3.27%，体细胞计数32.6万/毫升，繁殖率86%。通过导血和常规育种，5年共选育种公牛252头，其中87头公牛获得国家良补。研制了各品种的产奶量校正系数、生长曲线、群体遗传参数、遗传评估体系、选种指数和建立了育种数据库。

2.奶牛良种扩繁技术研究及产业化开发

（1）高效奶牛人工授精综合技术的研究。通过后备公牛培育、种公牛科学饲养管理及冻精生产工艺等关键技术的研究与应用，使我国种公牛的年均冻精产量由2.5万剂提高到3.68万剂，最高产量的个体年产冻精由6万～7万剂提高到10万剂以上；培育出年产优质冻精10万剂以上的公牛12头，终身产量达到50万剂以上的4头。累计生产冻精3864万剂，2010年达840万剂。开展奶牛“低有效精子数”冷冻精液人工授精效果的研究，选择了10头不同年龄、家系的公牛个体进行了不同有效精子数量的梯度试验。目前国家标准规定的精子数量为800万个/剂，基本符合我国奶牛人工授精的实际情况。

（2）提高供体母牛超数排卵效率的关键技术的研究。通过检测牛FSHR、GnRHR、INHA、INHBA等基因单核甘酸多态性和限制性酶切多态性，并与总排卵数、可用胚胎数、未授精卵数和退化胚胎数进行关联分析，发现3个可能的功能性突变，为筛选超数排卵效率的分子遗传标记提供理论基础。通过研究母牛繁殖机理、卵巢卵泡波动力学和生殖激素变化规律，应用B型超声波检测仪和直肠卵巢触诊法监控卵巢发育状况，筛选对促性腺激素高敏感度的超排供体母牛，利用高效超数排卵技术和连续超排技术等，显著提高胚胎生产效率，加速奶牛胚胎生产和移植产业化进程，胚胎生产效率和移植受胎率显著提高。胚胎年生产能力20000枚以上，供体母牛超排获得可用胚胎由原来的6.2枚/头次提高到7.8枚/头次以上，体内鲜胚和冻胚移植受胎率分别达到63.83%和53.57%。通过综合应用CIDR、前列腺素、促卵泡素等不同激素组合，重复超排的时间间隔从原来的60天缩短为40天，使供体牛每次超排成本得到降低，采用连续超排技术，平均超排5.6次，平均每次获胚7.5枚。

（3）性控冻精及性控胚胎高效生产关键技术的研究。通过研究和改进原精的分离前添加异种动物精清等处理方法，显著提高了精子分离效果和速度，每台分离机的年产量由原来的4万～5万支提高到8万～10万支，性控准确率由90%提高95%以上。建立奶牛性控体内胚胎生产的关键技术体系，活体采胚桑囊率达45.2%，移植妊娠率为45.6%。通过对不同采卵负压、不同采卵频率以及采卵前激素处理等因素对采卵效果的影响研究，建立B超法活体采卵的技术程序，筛选出了B超引导法活体采卵的最佳技术参数，使活体采卵头均获卵数从5.81枚提高到了7.35枚。通过筛选卵母细胞体外成熟的成熟液、培养液和化学激活剂组合，建立卵母细胞体外成熟的最佳培养体系，牛卵母细胞体外培养最高成熟率达到80%以上，囊胚率达37%。采用B型超声波检测仪和直肠卵巢触诊法监控卵泡发育情况，适时授精，突破分离精液受精率低、性控胚胎生产过程中存在受精率低和胚胎发育差等技术难点，实现年生产体内性控胚胎3200枚、体外性控胚胎2700枚，冷冻性控体内胚胎和体外胚胎移植受胎率分别达到51.54%和39.23%。

3.奶牛优质饲草生产技术研究及开发

（1）优质高产抗逆饲草、饲料作物新品种（系）选育。审定登记9个优质、高产、抗逆饲草饲料新品种，其中苜蓿品种5个，饲用玉米品种1个，登记野生栽培品种3个。包括可耐受轻、中度盐碱地的“中苜3号”紫花苜蓿耐盐新品种；抗苜蓿蚜、苜蓿斑蚜、豆无网长管蚜三种苜蓿蚜虫混合种群的“甘农5号”、穗长为8～24厘米的“甘农6号”紫花苜蓿高产新品种；越冬率近100%的“龙牧807”苜蓿高产、抗逆型新品种，高产、质优、再生性强、抗寒、抗旱和耐盐碱的“龙牧808”紫花苜蓿全能型新品种；持绿期长、适应性好、抗病、抗倒伏的“科青一号”饲用玉米高产新品种；经驯化而成的抗逆型、高产野生栽培科尔沁尖叶胡枝子牧草新品种；经驯化而成的抗逆、高产、耐牧、可用于改良荒漠草原天然草地的旱生品种乌拉泊驼绒藜及伊犁心叶驼绒藜牧草新品种。构建了抗病基因表达载体pBI121-Lyz-GFP，获得一套较完善的紫花苜蓿植株基因转化体系，完成了中苜1号和田、陇东、甘农1、2、3号等5个紫花苜蓿品种的基因转化，获得抗病转基因株系9个；经过耐盐突变筛选获得了3个新品系并验证了耐盐性。

（2）苜蓿种子扩繁技术研究。在种子田优质高效生产技术方面，从种植密度、生长调节剂、刈割时期及高度、防倒伏、杀虫剂使用以及昆虫授粉技术等方面展开研究，获得各适宜种植区域的最佳参数和技术体系。通过调整参数和增加功能等手段改进收割机械，最大程度避免了苜蓿种子田由于种子落粒而造成的种子损失。在苜蓿种子质量检验与认证技术方面，开展种子水分快速测定和活力的研究。针对常规苜蓿种子发芽检测的局限性，进行了苜蓿种子加速老化的适宜条件的研究。

（3）优质饲草饲料作物高效集约生产技术体系研究与开发。综合引种和品种筛选、种植模式探索、水肥根瘤菌高效利用和疾病防控措施，实现饲草的高效集约化生产。针对东北、西北、华北、亚热带和黄淮海等不同生态条件，筛选出适宜种植的饲草饲料作物品种71个，建立了配套的高效种植、栽培组合、贮藏组合以及收获等生产技术体系。以11个秋眠等级标准对照苜蓿品种为试验材料，比较不同季节光、温、水对不同秋眠等级苜蓿品种的生长及生理影响。经根瘤数量、结瘤率、结瘤部位、植株高度和植株鲜重的分析评价，以及温室、网室土壤不灭菌盆栽试验、田间效果小区试验后，筛选出高效苜蓿根瘤菌与推广苜蓿品种组合1个（中苜1号与根瘤菌ACCC17512组合），该组合结瘤率比对照增加44.12%、根瘤重量比对照增加55.56%、植株平均高度比对照增加11.45%，干草产量比对照增加17.37%。在山西晋北、甘肃河西、京南廊坊等地进行了苜蓿节水控制试验及与肥料、根瘤菌耦合试验，为不同生态区苜蓿节水节肥高效产业化生产提供了依据。

（4）优质牧草收获加工技术研究及设备研制与开发。研发改进牧草收割、打捆、打结必备设备，提高牧草加工效率和产业化程度。对利用逆向工程获得的零件模型进行三维绘制，并对铸造成型的零件进行反复修改，共完成了打结器11个零件的精密铸造模型设计加工。研制了3套整形模；根据精密铸造零件不规则外形设计制造了8套加工胎具。2010年，打结器零件全部加工完成并进行了装配，生产出2台打结器要安装在9JK-1.7型捡拾压捆机上进行田间试验，打结成捆率达到98%以上。研究设计圆盘割草机，委托加工企业对割草机关键零件的14套模具和增速箱进行加工，在田间试验中各项指标均达到国际同类产品质量标准。

4.奶牛主要疾病综合防控技术研究及开发

（1）诊断技术。研制以牛流产嗜性衣原体OmpA基因原核表达蛋白作为抗原建立了衣原体抗体间接ELISA检测方法，操作简单、特异性强，敏感性强且可重复性良好，适用于田间大面积流行病学调查、实验室个例诊断，同时也可用于疫苗免疫状态检测。研究利用VirB8基因缺失设计内参PCR方法，自主创新建立的布鲁氏菌病PCR（VirB8）诊断技术，可用于奶牛布病的快速诊断和布鲁氏菌致病力因子的检测。

（2）疫苗研制。通过对48700个突变菌株筛选，原创性地构建了具有自主知识产权的布鲁氏菌基因缺失标记疫苗，经动物安全性、免疫效力和转基因生物安全评价，对奶牛免疫效力达1年以上，毒力明显低于现有国际疫苗，不引起妊娠动物流产，成功解决了动物布病净化根除计划中疫苗安全性和鉴别诊断的关键问题。结合PCR-目的基因克隆序列分析技术与常规技术，对鹦鹉热衣原体奶牛流行株的重要生物学特性进行研究，筛选出毒力稳定、免疫原性强而广谱的制苗用菌株，研制出奶牛衣原体病灭活疫苗，免疫后3周产生坚强的免疫力，平均保护率达94.4%，免疫保护期达10个月；临床试验免疫奶牛18557头，成功填补了国内空白。首次对引起我国奶牛乳房炎的无乳、停乳和金葡菌三种菌血清学交叉反应进行了研究，明确了引起我国奶牛乳房炎的无乳和金葡菌的血清型分布及优势血清型，首次在国内建立了奶牛乳房炎主要病原菌菌种库。

（3）药剂研制。研究制定出疗效好、残留低的抗生素六茜素的化学合成路线，解决了保护天然植被与合理利用中草药资源的问题，以电及热蒸汽为主要能源，合成六茜素纯度在98%以上，每步收率60%以上，总收率45%以上。构建了具有免疫刺激活性、富含80拷贝CpG基序的重组质粒pcDNA3.0-CpG-bc，突破了克隆串联多拷贝重复序列的技术难关，建立了大规模质粒纯化工艺，有效去除宿主RNA、DNA、杂蛋白及内毒素污染，超螺旋质粒达到80%以上，达到了动物临床使用的要求；临床经乳导管和基部注射的方法注射1.5毫克的该重组质粒，对不同程度乳房炎的奶牛有一定的疗效，有望用于奶牛乳房炎的治疗。研制出的高效、优质、安全稳定的纯中药新型复方制剂热痢净口服液，使用方便且对治疗犊牛热证腹泻临床疗效确实，对犊牛腹泻病的平均治愈率为86%，总有效率为95%。获得并改进硝唑尼特原料药物合成工艺，形成中试级生产工艺，解决了药物应用的物质基础问题；在国内首次制备驱虫药剂硝唑尼特胶囊剂并应用于临床；完成了硝唑尼特在山羊体内的药动学等研究，初步解决了药物的食品安全性问题。

（4）防治规范。①研究制定奶牛主要疾病综合防控技术规范，将已有的医疗资源适应于不同生产方式和条件下的奶牛主要疾病的综合防控，最大限度地发挥其治疗效果。②研究制定奶牛主要寄生虫病防控技术规范，利用“虫卵计数板”进行寄生虫虫卵定量、定性检测的规范技术，解决了对片形吸虫虫卵、蛭形巨吻棘头虫虫卵、前后盘吸虫病等的定量定性检测问题；建立了规模养殖家畜寄生虫病防控“定期监测、适时择药驱虫、及时评估”新模式，解决了目前使用的“定期驱虫”模式带来的盲目性、效果不确定、用药过度等问题。③研究制定奶牛安全用药技术规范，包括奶牛疾病防治用药遵循的基本原则、奶牛主要常见疾病的药物防治，同时附有奶牛常用药剂资源库。将“奶牛安全用药技术”在甘肃、江苏和天津的11个奶牛场进行讲解、试用，收集了临床兽医人员的意见，并据此进行了修改完善。

（二）奶业科技成果集成示范进展顺利

1.东北农区奶业集约化生产技术集成及产业化示范 在奶牛繁育技术研发应用方面，课题采用PDA技术确立奶牛优化选配技术体系，应用奶牛个体选配电子设备——掌中宝，自动识别奶牛电子标记和即时采集信息，对奶牛配带的微小信号转发器即人工授精芯片进行个体识别和系谱资料等遗传信息采集，配种员输入待改良的指标和与配公牛冻精号，便可自动获取选配结果，实现了移动办公和奶牛繁育的数据化管理。

在奶牛场粪便生物处理与资源化技术方面，构建了能够快速分解奶牛粪便等富含木质纤维素类物质的复合菌系，以复合菌系为核心开发出相应的畜禽粪便快速发酵菌剂，开发的发酵保温装置和发酵工艺，在冬季可以维持堆体温度50℃7天以上；将原料配比技术、快速发酵接菌剂、自动翻堆机、微好氧槽式发酵工艺、腐熟度判定等技术进行集成，形成了东北农区规模化奶牛场粪便生物处理与资源化技术体系。

在奶牛疾/疫病综合防治方面，制定了奶牛布鲁氏菌病、结核病、犊牛腹泻病、隐性子宫内膜炎的检测、诊断方法。研制了涵盖牛轮状病毒G6和G10血清型的二价减毒疫苗。对4200余头奶牛进行了乳房炎多联疫苗免疫接种，保护率平均达到60%。自主研制的恩诺沙星悬乳剂治疗子宫内膜炎，治愈率为88.6%。研制奶牛酮病早期诊断试纸条和试剂盒，用于5460头奶牛的监测。应用“酮病制剂1号”治疗奶牛酮病和隐性酮病1284例，有效率100%，治愈率83.3%。确定了奶牛布鲁氏菌检测净化的技术规范，在6个奶牛场实施了结核病和布氏杆菌病净化措施，培育健康犊牛100头。

通过确立和实施规模化饲养技术规范、普及DHI测定、强化奶牛选配技术体系、筛选项目区粗饲料品种、疾病综合防控、开发原奶质量检测技术和研发新型乳制品等技术集成示范，共126个牛场，参测良种母牛6万头，牛群51200头，选育出高产奶牛核心群10790头，平均产奶量8335千克；选出100头优秀种子母牛，平均单产10097千克，乳脂率3.86%，乳蛋白率3.3%。申请专利8项，获得专利3项，其中发明专利3项，建立了17个试验、示范基地。累计获直接经济效益11.26亿元。

2.华北农区高产奶牛良种繁育体系建立与奶业规模化生产 在育种改良技术研究方面，筛选出7个奶牛乳房炎抗性和5个奶牛高产奶性能的分子遗传标记并建立了诊断技术；建立了对乳房炎有高抗性的母牛核心群513头和公牛5头。制定了“奶牛系谱登记操作规程”等三个省级地方畜牧标准已发布实施。

在奶山羊繁育新技术研究示范与繁育体系建立方面，建立奶山羊核心养殖场5个，总规模达1450头，年平均单产816千克；利用胚胎移植技术，年扩繁良种奶山羊2136头。制定了《冀东奶山羊饲养管理技术规程》（DB13/T 813—2006）和唐山（冀东）奶山羊标准、唐山（冀东）奶山羊种羊选种标准。鲜精人工授精的情期受胎率为74.4%，细管冻精人工授精的情期受胎率为64.3%。成年奶山羊超排平均每只每次获可用胚胎13.86枚；鲜胚移植妊娠率为65.22%；幼龄羔羊超排平均每只每次获卵母细胞82.3±20.7枚，新鲜卵母细胞体外受精率为70.76%，冷冻保存卵母细胞体外受精率为55.2%。

示范区成母牛数达到15.6万头，参加DHI测定5.16万头，年平均单产6813.2千克，原料奶平均乳脂率3.63%，平均乳蛋白率达到3.03%，总细菌数19.54万/毫升，体细胞数44.7万/毫升以下。申请专利9项，获得专利2项，应用6项新工艺，研制15种新型乳制品。建立了38个试验、示范基地。累计获直接经济效益约5亿元。

3.西北农区生态型奶业生产技术和奶牛性控技术研究与开发 在奶牛性控和快繁技术研究方面，开发了奶牛精液冷冻新型稀释液配方，更新和改善了奶牛性控冻精生产设备和工艺，性控精子的冻后活力由原来0.38提高到0.52，产品合格率提高了11%。分离速度由原来3400个/秒提高到5200个/秒，性控冻精成本从每剂70元降低到38.85元；探索低剂量性控精液深部人工授精技术，使配种总受胎率达到80%；奶牛卵母细胞成熟率达到了94.6%，卵裂率达到91.32%，囊胚率达到38.91%，供体牛头均可用胚胎6～8枚/次，胚胎移植成功率鲜胚达到60.95%，冻胚达到50.35%，犊牛性别控制准确率达到95.2%。

在奶牛规范化饲养模式研究与示范方面，提出了配合TMR饲养技术的不同阶段奶牛TMR日粮关键营养素需要量标准，建立了适合西北地区特点和奶牛各阶段的TMR饲喂工艺，开发了高产奶牛精饲料配方、粗饲料及精细化养殖信息自动化控制系统。建立了18个良种登记示范小区，5个标准化核心示范场，2个示范企业；成年母牛数量达到12.5万头，平均产奶量6530千克，高产奶牛核心群2.6万头，平均产奶量达到8070千克，示范区奶牛饲养效益提高20%以上。

通过课题实施，参加DHI测定牛群达到2.6万头，平均产奶量达到了8070千克，乳脂率为3.5%，乳蛋白率达3.0%以上，带动规范了120多家奶牛小区，成年母牛数量达到12.5万头，平均产奶量6530千克，牛奶中总细菌数低于20万/毫升，体细胞数低于50万/毫升。申请专利55项，获得专利38项，其中发明专利37项，建立了49个试验、示范基地及中试线、生产线。累计获直接经济效益5.2亿元。

4.华东农区现代奶业生产技术模式建立与主要奶牛疾病综合防治技术应用 在胚胎早期妊娠诊断与无创性别鉴定技术研发方面，通过早期妊娠诊断技术，比目前国内判断妊娠状态水平提早5～15天。根据妊娠母牛的（外周）血中存在游离的胚胎DNA，建立了妊娠牛胚胎性别无创伤性鉴定的分子检测方法，避免对胚胎的损害，以保证胚胎的正常发育和生长，为母牛胚胎性别鉴定提供了一条准确、简洁、快速的新方法。

关于奶牛生殖疾病控制技术，课题利用药物剂型（泡腾片、凝胶）自身特点应用于动物不孕症、乳腺炎防治的技术获得发明专利。聚维酮碘泡腾片在置入阴道后立即发泡，泡沫增加了药物与阴道、宫颈黏膜的皱褶深部的接触，充分发挥其治疗作用；凝胶含有大量水分的亲水性的网状高分子溶胀体，能够吸收子宫中大量的炎性渗出物。聚乙烯吡咯烷酮可以缓慢释放其中的碘，不仅延长碘的杀菌效果，而且避免碘对黏膜的刺激作用，有利于炎症组织的愈合。

研究形成的奶牛高效养殖模式、规模奶牛场高效饲养管理体系、妊娠和性别鉴定等高效繁殖技术体系、粗饲料种植和存贮技术体系、奶牛乳房炎及生殖疾病防控技术、奶牛热应激评价及环控综合技术体系等，促进了项目区的奶业发展。示范区母牛群达13万头，产量达到6220千克，乳脂率3.42%以上，乳蛋白3.10%以上，总细菌数20万/毫升以下，体细胞数50万/毫升以下。培育核心高产奶牛群10530头，平均单产8620千克。获得专利15项，累计获直接经济效益6.95亿元。

（三）组织管理经验

1.组织方式 专门建立了专项协调领导小组和管理办公室，加强专项管理工作，并成立了专项总体专家组，负责专项技术管理；同时，示范区课题专门成立地方各级政府、部门和有关单位组成的组织管理机构，确保课题顺利实施。

2.政府决策和专家咨询相结合 充分发挥各级政府在保障资源统一配置、力量统一整合中的作用，以及专家在奶业科技发展目标、发展方向咨询，项目论证、评审、考核、监督方面的作用，妥善处理政府决策和专家咨询的关系，使两者优势互补，统一协调。在项目实施过程中，与中国奶业协会等行业协会和学术团体保持密切联系，听取意见和建议，充分调动社会各界积极性。

3.加强过程管理 严格的过程管理是专项实施成功的关键。为此，根据国家有关管理办法的原则和精神，结合奶业专项的特点，专门制定了奶业专项实施管理细则，作为过程管理的依据。采取定期检查、不定期抽查、年度汇报、课题承担单位主管部门监督检查等多种方式；同时加强对专利、自主知识产权、重大产品等成果的预测与管理，落实快速吸纳创新性成果的机制。

4.实施专利战略，推进成果转化 奶业专项全面贯彻和落实专利战略，利用知识产权促进科技创新。激励科技人员在奶业专项实施中创造自主知识产权，多出成果，出大成果。注重成果转化，对形成的成果及时进行鉴定和报奖，对已获得的专利和研发的新产品，在生产单位进行试验，并尽快在相关企业中试生产，将科研和实际应用相结合，使研究的成果及早转化为生产力。

5.加强国际合作，充分利用国外资源和技术优势 发达国家在奶牛遗传资源和奶业生产技术方面远超前于我国，为了尽快缩短与发达国家的技术差距，通过开展国际合作，与美国、加拿大、澳大利亚、英国、法国、日本等国家和地区建立广泛合作关系，在不影响自主知识产权的前提下，通过走出去和引进来相结合，充分利用国际智力和物力资源，促进项目的实施。

饲草与饲料

2010年我国牧草产业发展概况

（一）2010 年牧草产业政策

2010 年，牧区发生寒潮冰雪灾害天气，农业部出台了相关政策，指导新疆、内蒙古等草原牧区抗灾保畜、转场救灾和冬春畜牧业生产，并向灾区紧急调运大量饲草料。农业部相继组织多次牧区工作调研和牧区科技工作座谈会，加强牧草草业生产。国务院扶贫办在贵阳召开“石漠化地区种草养畜产业化扶贫贵州试点工作会议”。国务院总理温家宝主持召开国务院常务会议，决定从 2011 年起，中央财政每年安排资金 134 亿元在内蒙古、新疆、西藏、青海、四川、甘肃、宁夏和云南 8 个主要草原牧区省区，全面建立草原生态保护补助奖励机制。全国畜牧兽医工作会议强调要全力推进现代畜牧业建设，保障主要畜产品有效供给。

（二）2010 年牧草的生产情况

2010 年，我国牧草生产处于逐步恢复发展阶段，整体呈现人工牧草种植规模有所增加，区域格局不断优化，加工企业多元化发展，牧草产品供不应求的特点。与畜牧业发达国家相比，不论是品种、技术还是产品均有明显的差距，我国牧草产业发展相对较慢。

1.生产分布 总体分为 6 大优势区域，即东北、华北和西北紫花苜蓿草产品生产加工优势产业带，东北羊草生产区，青藏高原燕麦和南方黑麦草等草产品生产加工优势区，牧草生产的“一带两区”已初步形成，比较优势逐步显现。未来还有可能在海河低平原、黄河沿岸、黄河三角洲、苏北沿海平原和淮北平原区的盐碱地、滩涂地等区域形成规模化、集约化和产业化的牧草生产。

2.面积和产量 2010 年，牧草种植面积为 1300 万公顷，其中苜蓿种植面积近 300 万公顷，牧草种子田种植面积约为 23 万公顷。由于北方遭受持续低温、干旱影响造成牧草小幅减产，干草产量 2300 ～ 2400 万吨。

3.单产 牧草平均产量较低，仅为 4500 ～ 6000 千克/公顷；且还未形成专门的牧草生产种子带，草种生产还不规范，草种产量低，单产仅 500 ～ 600 千克/公顷。

4.品质 目前，牧草种子一级品不足 20%，良种使用率仅为 50%左右，机械化程度低下，雨季调制干草问题突出，牧草平均粗蛋白含量仅为 14% ～ 16%，70%以上的苜蓿草产品质量仍为三级品，产品结构不合理，缺乏竞争力。

5.品种结构 用于牧草生产的种类主要有紫花苜蓿、羊草、高羊茅、老芒麦、披碱草、燕麦、猫尾草、紫花苕、黑麦、多年生黑麦草、青贮玉米、沙打旺、苏丹草、聚合草、象草、王草、杂交狼尾草、红豆草、白三叶、菊苣、饲用高粱等，其中紫花苜蓿产品占 90%以上。紫花苜蓿和羊草是北方地区的主栽品种之一，多年生黑麦草是南方地区的主栽品种之一，燕麦是青藏高原的主栽品种之一。

（三）2010 年牧草的加工情况

2010 年，全国牧草生产加工企业共有 450 多个，其中设计加工能力 5 万吨以上的 35 个，占 8%，设计生产能力 1 万吨以下的 98 个，约占 21%，设计加工能力 10 万吨以上的 9 个。总设计生产能力 500 多万吨，总实际生产加工量仅 100 多万吨。牧草产品品种结构中，77%左右的草产品为草捆，2%左右为草块，8%左右为草颗粒，7%左右为草粉，6%左右为其他草产品，产品结构不合理，缺乏竞争力。

（四）2010 年草产品市场（包括贸易）情况

2010 年，在国内牧草产品市场供应趋紧的情况下，我国牧草贸易整体呈净进口格局，苜蓿干草进口大幅增长，牧草进口来源国主要是美国，牧草出口目的地国主要是韩国，进口价格高于出口价格。

1.出口贸易 受国内牧草供求偏紧的影响，我国牧草出口有所下降。2010 年 1 ～ 11 月份我国出口牧草产品 1.64 万吨，比上年同期减少 22.28%。其中出口苜蓿干草 0.84 万吨，比上年同期减少 18.99%，出口平均价格为 199.62 美元/吨，主要出口到韩国、马来西亚，出口省份主要集中在内蒙、辽宁、山东、湖北等地；出口紫苜蓿粗粉及颗粒 0.80 万吨，比上年同期减少 21.89%，出口平均价格为 205.26 美元/吨，主要出口到韩国、蒙古，出口省份主要集中在北京、内蒙、山东等地。

2.进口贸易 伴随我国草食畜牧业的快速发展，国内优质牧草需求旺盛，2010 年我国苜蓿草进口大幅增长。1 ～ 11 月份我国进口牧草产品 21.27 万吨，比上年同期增加 228.93%。其中进口苜蓿干草 20.94 万吨，比上年同期增加 224.47%，进口平均价格为 269.12 美元/吨，进口主要来自美国（约占 96%以上），进口省份主要集中在上海、北京、天津、安徽等地；进口紫苜蓿粗粉及颗粒 0.33 万吨，比上年同期增加 2546.33%，进口平均价格为 381.11 美元/吨，进口主要来自美国（约占 97%以上），进口省份主要集中在山东、北京、上海等地。

（五）2010 年草业产业体系实施情况

2010 年国家牧草产业技术体系紧密围绕牧草育种与良种繁育、高产优质人工草地建植与管理、草地病虫害防控、牧草加工与利用、草业机械设备关键部件研发等方面部署，扎实有效地推进各项工作的开展。

主要完成 520 份野生、引进、人工诱变等牧草种质材料评价筛选与选育工作，筛选出适合不同区域种植的牧草品种 18 个，培育牧草新品种（或品系）10 个，发掘或克隆优异种质材料 4 份，建立牧草良种繁育技术体系 3 套，初步建立牧草种子认证技术；研制出高效人工草地旱作栽培、节水灌溉、草田轮作、牧草混播等关键技术 6 套，出版草地建植与管理技术专著 12 部；研制出 9GFQA-600 型苜蓿干燥茎叶分离成套设备 1 套，完成玉米青贮打捆包膜机控制系统、干草捆打结器开发与试制，并进行批量生产；构建了杀菌剂拌种病害防治技术体系 1 套，完成了牧草主产区蝗虫和草地螟监测预警技术的研究和应用；进行了苜蓿助干机制及添加剂贮藏技术、混合青贮技术、牧草的添加剂青贮技术以及苜蓿深加工等关键技术的集成与组装，并在示范基地开展了玉米、苜蓿等主要饲草原料的草产品加工技术示范推广。各研究室和综合试验站密切配合，对牧草产业先进的关键技术进行示范推广，共建立核心示范区 0.33 万公顷，辐射种植区域近 0.93 万公顷，共同培训技术人员及农牧民累计 6000 余人次，发放各类培训教材 10000 余册。批量生产蛋白含量≥ 20%的一级苜蓿产品，提升了我国苜蓿干草产品竞争力。以牧草为切入点，凝聚牧草，联合奶牛、肉牛、绒毛用羊、肉羊、兔等六大体系专家开展多体系间协作，进行牧草与有机畜牧业发展关键技术联合攻关，开创了体系间“大联合”，“大协作”的新模式。

（六）存在问题及发展对策和建议

与美国、加拿大、新西兰、澳大利亚等牧草生产先进国家相比，我国在牧草品种选育、草种良繁、栽培管理、加工、机械化程度、品质评定、利用和精深加工等方面与国外仍存在很大差距，技术落后 20 ～ 30 年，主要表现如下。

1.牧草的地位仍得不到足够重视 应进一步提升牧草的地位，将牧草尤其是紫花苜蓿作为主要农作物对待。种草享受与种粮相同的待遇，给予种植补贴，为我国的健康农业、有机农业、循环农业、中低产田改良和节粮型畜牧业发展做出应有的贡献。

2.技术成果转化推广滞后 充分发挥牧草产业技术体系和牧草产业技术创新战略联盟的作用，加强牧草行业产学研结合，加大牧草产业技术创新力度，加快优良品种、先进生产技术的应用和示范推广，加强产业技术社会化服务体系的建设，提高牧草产业组织化程度。

（中国农业大学草地研究所 杨富裕）

2010年我国玉米、大豆、豆粕的市场情况

（一）玉米市场

1.总体情况 2010 年我国玉米成为粮食品种中的明星产品。为抑制粮价，国家出台政策三次修改临储玉米拍卖细则，限定参与竞拍的用粮企业主体资格。下半年国家叫停了中储粮原粮市场贸易业务，先后出台多项旨在稳定农产品价格的措施，玉米深加工放量的消费需求和饲料企业规模化演进中，2010 年玉米全年均价以 12 月的 2040 元/吨，创下历史均价的高点。

2.2010 年供需情况

（1）产量增幅有限。2010 年中国玉米播种面积为 3250 万公顷，同比提高 132 万公顷，增幅 4.2%；玉米产量预计 1.725 亿吨，同比提高 853 万吨，增幅 5.2%。图 9-1 显示，玉米播种面积增幅越发收窄，玉米增幅主要依靠单产的提高。

（2）进口玉米出现转折性增加。2010 年 5 月份，鉴于中国 2009 年东北产区玉米减产，深加工、饲料企业、国家储备同时入市收购新玉米，不断创下新高的玉米价格使进口玉米能够得以操作。以广东港口为例，5 月份广东到港玉米成交价格主要集中在 2020 ～ 2040 元/吨。而美国玉米到中国港口完税价格在 1950 ～ 1970 元/吨，

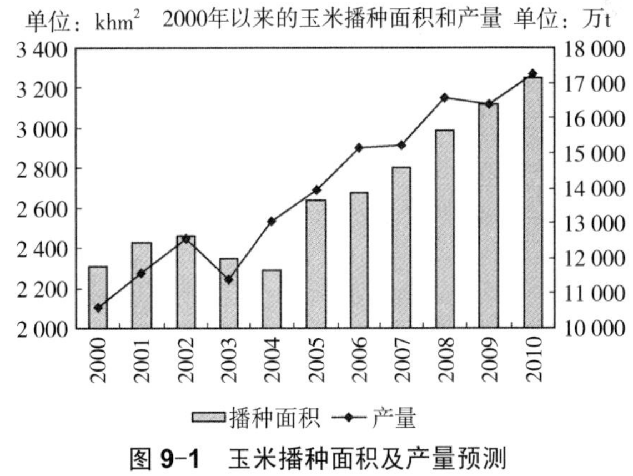

图 9-1 玉米播种面积及产量预测

虽然价差仅仅在 50 ～ 70 元/吨，但远期玉米价格继续上涨的几率比较大，第三季度一般为玉米需求旺季，部分具有前瞻性并有进口配额的用粮企业开始尝试批量进口玉米。据悉，当月向饲料和深加工企业发放了 288 万吨进口配额；同时，还为国有中国粮油食品进出口（集团)有限公司额外发放了 50 万吨配额。截至 12 月 31 日，2010 年 1 ～ 12 月份我国进口玉米为 157.3 万吨，其中

大部分玉米主要来自美国，超过 150 万吨的玉米。约占总进口量 95%以上。

（3）收储和拍卖政策对 2010 年玉米影响。2010 年东北三省加上内蒙古地区玉米国储竞价拍卖 2730 万吨，成交 1599 万吨，共计进行 36 次拍卖。相比 2009 年，上述四省区计划拍卖 4815 万吨，而成交仅为 1411.7 万吨。2010 年跨省移库拍卖 3624 万吨，实际成交量 1144 万吨。共计拍卖 50 次。从分次拍卖数量来看，进入 11 月份，随着新玉米上市，玉米价格不跌反涨的格局使得玉米拍卖价格逆势短暂冲高。虽然后期成交量和价格均有回撤，但总体价格维持高位震荡格局。

据统计，截至 2010 年 12 月 31 日，国内主产区已经累计收购 2010 年新产玉米 3006.5 万吨，其中国有粮食企业收购 762.8 万吨，占收购总量的 25%。据悉，上述收购量由河北、内蒙古、辽宁、吉林、黑龙江、山东、河南、四川、陕西、甘肃等 10 个玉米主产省区各类粮食经营企业共同完成。与 2009 年比较，2010 年新玉米收购数量明显放大。

（4）小麦对玉米价格影响逐渐深化。图 9-2 是据农业部数据显示，2010 年冬小麦播种面积达 2.44 千公顷，同比增加 330 千公顷。全年小麦产量预计为 1.127 亿吨。同比下降 240 万吨，幅度为 2.1%。小麦播种面积提高，主要得益于国家对小麦最低收购价格的提高。

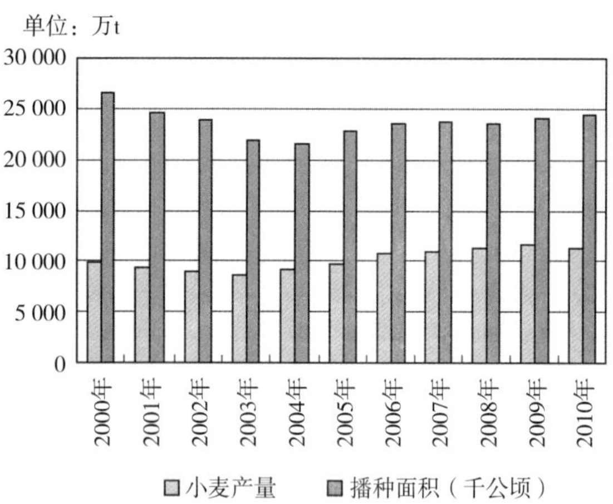

图 9-2　2000年以来小麦产量和播种面积对比

（5）DDGS进口增幅比较大，替代玉米用量增多。2009 年 1 ～ 12 月累计进口量为 65.6 万吨，较上一年进口量 0.67 万吨，约增长 97 倍。而 2010 年 1 ～ 12 月累计进口 316.42 万吨，较 2009 年同期 65.6 万吨，增长 3.82 倍。如果按照中国饲料 1.5 亿吨的产量保守估算，若添加 10%DDGS预测，则每年对DDGS的需求量为 1500 万吨。国产DDGS年供应量 360 万～ 380 万吨，潜在市场需求量至少 1120 ～ 1140 万吨。进口DDGS的数量不断提高，这不仅提高了饲料、养殖企业对玉米消费需求的选择性，也有利于国内玉米购销市场价格的稳定。

（6）2010 年饲料养殖需求不断扩大，仍为玉米消费的主力军。2010 年，饲料产业进入一个快速兼并过程，同时也是养猪业快速扩张的时期。

图 9-3 显示，2010 年我国饲料产量为 1.64 亿吨，同比上涨了 5%。主要得益于饲料消费需求的提升和国内大企业集团化并购和收购加快。全价配合饲料的消费量逐年提升。这和此前饲料产量增幅以浓缩料和预混合饲料增幅形成鲜明对比。饲料企业进入大集团化势必加快原料采购的力度和强度。规模化和规范化的采购将对玉米价格形成支撑。

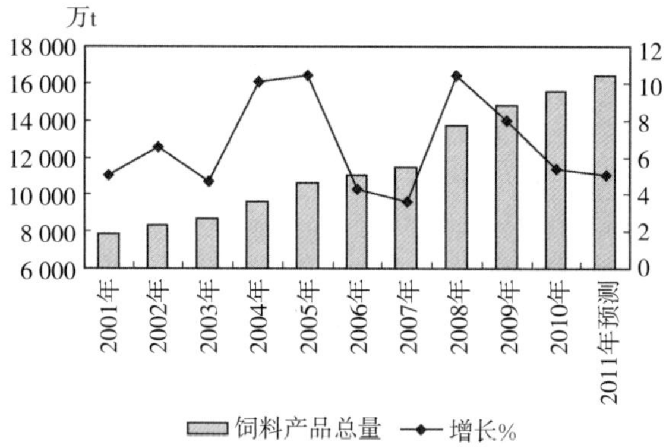

图 9-3　2001年以来中国饲料产量及增长情况

（7）深加工企业快速扩张也加大玉米需求量。从 2009 年下半年开始，随着经济的复苏，玉米深加工产品价格开始上涨，玉米深加工企业产能利用率不断提高，对玉米需求量增加。2010 年以来，玉米深加工产品价格继续上涨，推动深加工企业开工率维持高位。

（8）国际玉米市场走势及影响因素。2010 年以来，国际玉米价格也上了一个台阶。美国农业部数据显示，2010/2011 年度库存降至历史低点。全球玉米价格上涨主要动力来自中国消费需求的大幅提升。

3.2010 年玉米市场存在问题和发展对策及建议

2010 年中国玉米市场受到拍卖和进口转基因玉米对玉米市场的影响，但天气异常加剧玉米市场竞争因素。未来，饲料企业和深加工企业将对玉米市场发展起到关键性作用。

（1）玉米拍卖诟病频出，抑价作用微弱。2010 年我国玉米拍卖出现一系列新的问题。主要表现在部分玉米拍卖后很难进入市场，即使流入市场也因各种手续费用过高，中间环节时间过长而影响玉米的正常消费。另外，由于要求参与玉米竞拍的企业要求严格，部分饲料企业没有机会进入竞拍，从而使得竞价交易的企业有限，对价格抑制作用不明显。

（2）进口转基因玉米对市场的影响。2010 年，进口转基因玉米量出现大幅增加。上半年我国陆续从美国订单了一定量玉米，创下了近年来再次进口玉米的高点。

（3）2010 年农业生产气象条件极为不利。全国部分地区自然灾害不断，西南地区持续干旱、南方部分地区洪涝灾害、东北玉米主产区持续低温冷害，这都对农业及粮食生产带来不利影响。

（4）打破豆粕—玉米在饲料日粮的主导地位　挖掘多元化饲料配方类型。2010 年以来，代替玉米的主要能量饲料不断增多，其中饲料小麦、稻谷、麦麸等用量不断增多，DDGS的用量在饲料中的配比量增幅比较明显，饲料中玉米和豆粕的使用比例在不断下降。

（二）大豆、豆粕市场

2010 年中国大豆市场在供求、政策及国际市场的共同作用下，保持稳中上涨走势；价格在 2009 年价格水平的基础上有所提高，全年整体表现相对平稳，月均价维持在 3560 ～ 4000 元/吨区间理性波动，大多数时间高于 2009 年同期水平，幅度在 200 ～ 420 元/吨不等。

2010 年的国内豆粕市场大致呈现“V”型走势，全年价格依然处于近年来较高的水平，2010 年豆粕日均价格差最大 955 元/吨，未超过 2009 年 1058 元/吨的价差，日均最高价格 3669 元/吨亦低于 2009 年水平（3847 元/吨）。原因是中国大幅增加的进口大豆到港量保证了豆粕供应量，市场供过于求的状况奠定了 2010 年国内豆粕市场稳健的基调。

1.2010 年市场回顾

（1）国产大豆产量。国家粮油信息中心预计 2010 年中国大豆播种面积 880 万公顷，较 2009 年减少 39 万公顷，减幅 4.24%。但由于大豆作物生长期内长势良好，单产普遍提高，2010 年国内大豆产量 1 520 万吨，同比增加 22 万吨，增幅 1.47%（表 9-1）。

（2）大豆进口情况及分析。由于需求增加、进口大豆价格相对较低等因素影响，2010 年中国大豆进口量较 2009 年大幅提高（图 9-4）。海关数据显示，1 ～ 12 月中国共进口大豆 5480 万吨，同比增长 28.8%，将创下历史最高记录。2010 年进口大豆量占我国大豆新增总供应量的比例继续提高至 78%，2009 年该比例为 74%。主要来自美国、巴西和阿根廷，1 ～ 12 月，从美国进口大豆数量为 2360 万吨，从巴西进口 1859 万吨，从阿根廷进口 1119 万吨，分别占进口总量的 43.1%、33.9%和 20.4%。2010 年中国进口豆粕 18.8 万吨，同比增长 41.34%，其中 96.4%来自印度。

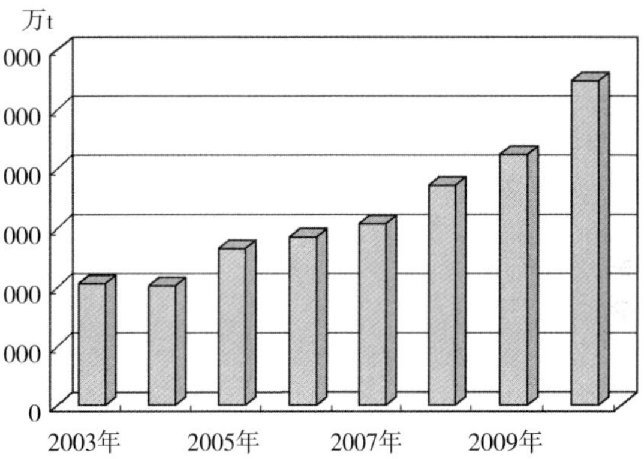

图 9-4　2003—2010年大豆年进口量对比

表 9-1　2003—2010年国产大豆种植面积、产量及进口量

单位：万公顷、万吨、%

年　份	2003	2004	2005	2006	2007	2008	2009	2010
种植面积	931.3	958.9	959.1	928	875.4	912.7	919	880
产　量	1539	1740	1635	1597	1273	1555	1498	1520
产量同比增幅	-6.78	13.06	-6.03	-2.32	-20.29	22.15	-3.67	1.47

（3）大豆、豆粕出口情况。2010 年 1 ～ 12 月出口大豆 17.2 万吨，同比降低 51.46%。主要出口国是韩国、日本。其中对韩国出口 5.2 万吨，同比降低 70.3%；对日本出口 4.7 万吨，同比下降 6.88%。2010 年中国出口豆粕 101.6 万吨，同比降低 9.54%，仍主要销往日本、韩国和越南。

（4）进口大豆库存量和消耗情况。2010 年以来国内进口大豆到港量持续庞大，2010 年国内港口进口大豆库存量持续在 450 万吨之上，尤其 7 月后基本维持在 600 万～ 650 万吨，而 2009 年国内港口进口大豆库存量基本在 300 万～ 450 万吨。

2.大豆、豆粕供需情况

（1）大豆供需情况。2010 年国内大豆消费量继续增长，但供应量增幅高于消费量，大豆市场整体依然供过于求。2010 年国内大豆供应量约 7280 万吨，同比增长 27.6%；其中国产大豆产量 1520 万吨，进口大豆量 5480 万吨。2010 年国内大豆需求量约 6190 万吨，同比增长 21.9%；其中，用于压榨的消费量约 5200 万吨，较 2009 年增加 1030 万吨，增幅 24.7%，其中包含 400 万吨国产大豆及 4800 万吨进口大豆。

（2）豆粕供需情况。2010 年，国内豆粕市场整体供过于求，其中供应量增幅较大，而消费量增幅有限。2010 年国内豆粕供应量约 4150 万吨，同比增长 24.77%，其中国内豆粕产量 4136 万吨，同比增长 24.7%，来自进口大豆压榨的豆粕产量为 3816 万吨；2010 年国内豆粕消费量约 3700 万吨，较 2009 年增加 389 万吨，同比增长 11.8%，其中饲料消费量约 3500 万吨，较 2009 年增加 400 万吨，同比增长 12.9%；2010 年豆粕结余量约 453 万吨，明显高于 2009 年供需基本平衡的水平。

（3）进口大豆成本分析。2010 年国内进口大豆到港完税成本在连续下滑后出现稳步上涨，全年价格较 2009 年水平有所提高。1 ～ 7 月，国内进口大豆到港完税成本持续下降，其中 1 ～ 2 月到港的进口大豆平均完税成本在 3700 元/吨以上，至 7 月跌至 3400 元/吨附近。8 月之后，随着CBOT大豆期价的震荡上扬，进口大豆到港成本也维持上升局面，11 月进口大豆平均到港完税成本涨至 4020 元/吨，12 月预计为 4120 元/吨。

3.影响 2010 年国内大豆、豆粕市场的主要因素

（1）国际市场大豆价格走势对国内市场的传导作用明显。进口大豆对国内市场的冲击仍是影响国内大豆市场的主要因素。2010 年中国大豆进口需求强劲，令美国和全球大豆库存收紧，从而带动 2010 年国际大豆期货价格震荡走高，为国内大豆市场提供支撑。

（2）国内宏观经济形势向好，农产品集体涨价。大豆需求受国内宏观经济形势影响较大。2010 年国内宏观经济向好势头得到进一步巩固，2010 年中国国内生产总值（GDP）增长 10%左右，高于 2009 年 8.7%的增速。国内饲料养殖业发展较快，据统计局数据，前 3 季度畜禽肉产量 5439 万吨，同比增长 2.6%，提振大豆需求保持旺盛。另外，随着宏观经济形势向好，国际市场的变化以及人们对全球通货膨胀的担忧，农产品价格出现了大幅暴涨。

（3）国内政策扶持与引导并存，调控并非打压。国家通过临储收购及拍卖政策调控大豆市场的供给水平，进一步影响国内大豆市场价格。国家连续实行大豆临储收购政策，筑稳了大豆价格底部空间；同时，还通过批发市场对国家临储大豆和地方储备大豆进行拍卖，对大豆市场价格形成一定的影响。大豆价格的合理上涨是可以接受的。

（4）CBOT大豆期价先抑后扬，从成本上影响国内豆粕价格。CBOT大豆期价的变化造成了进口大豆到港价格的波动。

（5）国内豆粕饲料消费需求继续增长。随着人民生活水平的逐步提高，我国城乡居民对肉蛋禽鱼等食品的摄取量大幅增加，促进了饲料工业的迅猛发展。

（6）养殖需求变化对豆粕影响深刻。近年国内豆粕饲料消费量占消费总量的 93% ～ 97%，饲料工业的发展情况对豆粕消费形势影响明显，而养殖业是影响饲料需求的关键，畜禽产品价格、养殖效益以及存补栏情况等都能直接反映终端养殖行情。

（7）饲料消费继续支撑豆价。2010 年玉米价格涨势较快并创下历史新高，浓缩饲料和预混合饲料优势减弱，尤其是浓缩料使用量大幅降低，配合饲料的使用比重增加，豆粕消费因此受到一定的影响。此外，饲料企业在豆粕价格相对较低时弃用菜棉粕，又加大了豆粕的消费量。

（8）国内经济保持较快增长，农产品价格明显上涨。2010 年，面对复杂多变的国内外环境，我国国民经济运行态势总体良好，全年国内生产总值（GDP）同比增长 10.3%，高于 2009 年 9.2%的增幅，整体呈现前高后低、逐季回落的特点；2010 年我国居民消费价格（CPI）同比上升 3.3%；全国工业品出厂价格（PPI）同比上涨 5.5%。2010 年宏观经济形势向好，但总体上价格依然维持高位运行趋势。

（全国畜牧总站 中国饲料工业协会信息中心 王长梅）

繁殖育种与DHI

2010年奶牛良种补贴项目入选的种公牛站及种公牛

单位：头

编号	单　　位	荷斯坦牛			娟姗牛	乳肉兼用西门塔尔	奶水牛	褐牛	牦牛	三河牛	小计
		CPI1	CPI2	TPPI							
111	北京奶牛中心	32	19	25	4	9		5			94
121	天津市奶牛发展中心	18		41							59
131	河北省畜牧良种工作站	37		36							73
132	秦皇岛全农精牛繁育有限公司	28		9							37
133	亚达艾格威（唐山）畜牧有限公司			21							21
141	山西省家畜冷冻精液中心	6		9							15
151	内蒙古天和荷斯坦牧业有限公司	10		15							25
152	通辽京缘种牛繁育有限责任公司					8					8
153	海拉尔市农牧场管理局家畜繁育指导站			5						18	23
154	赤峰赛奥牧业技术服务有限公司										0
211	辽宁省牧经种牛繁育中心有限公司		1	20							21
221	长春新牧科技有限公司										0
223	延边畜牧开发总公司延边种公牛站										0
224	四平市兴牛牧业服务有限公司					4					4
231	黑龙江博瑞生物技术有限公司	15	4	69							88
232	大庆市银螺乳业有限公司种公牛站	1		24							25
311	上海奶牛育种中心有限公司	33		79							112
312	上海市肉牛育种中心有限公司										0
322	南京利农奶牛育种有限公司	2	4	17							23
343	安徽精英种畜有限公司			30							30
361	江西天添畜禽育种有限公司	1		1							2
371	山东省种公牛站有限责任公司					24					24
373	山东奥克斯生物技术有限公司	36	4	42							82
374	山东盛能奶牛胚胎工程有限公司			17							17
411	河南省鼎元种牛育种有限公司	8	4	25		9					46
413	南阳昌盛牛业有限公司			2							2
414	洛阳市洛瑞牧业有限公司			5		4					9
421	武汉兴牧生物科技有限公司						11				11
431	湖南光大牧业科技有限公司						6				6
451	广西壮族自治区畜禽品种改良站						54				54
511	成都汇丰动物育种公司			3	7	14					24
521	贵州省家畜冷冻精液站						11				11
531	云南恒翔家畜良种科技有限公司	1					20				21
532	大理白族自治州家畜繁育指导站	3		10			28				41
611	陕西秦申金牛育种有限公司	7		2							9
621	甘肃省家畜繁育中心					3					3
631	青海省家畜改良中心			6		2			22		30
641	宁夏四正生物工程技术研究中心	11		32							43
651	新疆天山畜牧生物工程股份有限公司	25		28		29		74			156
合　　计		274	36	573	11	106	130	79	22	18	1 249

2010年获得农业部《种畜禽生产经营许可证》的单位

根据《中华人民共和国畜牧法》和《〈种畜禽生产经营许可证〉管理办法》的规定，经考核和质量检测合格，中华人民共和国农业部于2010年3月22日、7月30日和9月17日，分别发布第1355号、第1431号、第1462号公告，共批准12个单位从事冷冻精液生产经营，并核发《种畜禽生产经营许可证》，有效期为3年（表10-1）。

表10-1　2010年获得农业部《种畜禽生产经营许可证》颁发目录

许可证编号	单位名称	生产经营范围	有效期
（2010）001501	徐州市家畜良种站	西门塔尔牛、夏洛来牛、利木赞牛、荷斯坦牛、娄来恩牛冷冻精液	2010.04.01-2013.03.31
（2010）001502	南京利农奶牛育种有限公司	荷斯坦牛冷冻精液	2010.04.01-2013.03.31
（2010）001503	云南恒翔家畜良种科技有限责任公司（原云南省家畜冷冻精液站）	荷斯坦牛、安格斯牛、西门塔尔牛、短角牛、婆罗门牛、摩拉水牛、尼里水牛、槟榔江水牛冷冻精液	2010.04.01-2013.03.31
（2010）001504	通辽京缘种牛繁育有限责任公司	西门塔尔、夏洛来牛冷冻精液	2010.08.01-2013.07.31
（2010）001505	山东盛能奶牛胚胎工程有限公司	荷斯坦牛冷冻精液	2010.08.01-2013.07.31
（2010）001506	湖南光大牧业科技有限公司	西门塔尔、安格斯、德国黄牛、利木赞、湘西黄牛、摩拉水牛冷冻精液	2010.08.01-2013.07.31
（2010）001507	陕西秦申金牛育种有限公司	荷斯坦、西门塔尔、安格斯、秦川牛冷冻精液	2010.08.01-2013.07.31
（2010）001508	新疆天山畜牧生物工程股份有限公司	荷斯坦、褐牛、西门塔尔、夏洛来、安格斯牛冷冻精液	2010.08.01-2013.07.31
（2010）001509	内蒙古天和荷斯坦牧业有限公司	荷斯坦、西门塔尔牛冷冻精液	2010.10.01-2013.09.30
（2010）001510	江西省天添畜禽育种有限公司	荷斯坦、西门塔尔、夏洛来、摩拉水牛、尼里-拉菲水牛冷冻精液	2010.10.01-2013.09.30
（2010）001511	许昌市夏昌种畜禽有限公司	西门塔尔、夏洛来、夏南牛冷冻精液	2010.10.01-2013.09.30
（2010）001512	内蒙古蒙牛繁育生物技术股份有限公司	荷斯坦、娟姗牛冷冻精液	2010.10.01-2013.09.30

中国荷斯坦青年公牛全国联合后裔测定情况

中国奶业协会　陈绍祜　闫青霞　曹　正

（一）后裔测定组织形式

中国荷斯坦青年公牛全国联合后裔测定工作开始于1983年，经过20多年的发展，为我国培育了许多优秀验证公牛。为了进一步加快我国独立自主培育中国荷斯坦优秀种公牛的进程及规范全国联合后裔测定操作流程，中国奶业协会根据我国奶业发展的需要，于2007年制定并发布了《中国荷斯坦青年公牛联合后裔测定规程》（以下简称《规程》）。《规程》规定，全国青年公牛联合后裔测定工作，是在农业部畜牧行政主管部门领导下，由中国奶业协会育种专业委员会负责组织相关单位实施。具体要求为：各地奶牛育种和推广机构负责后裔测定公牛冻精的分发及相关数据的收集；并要求参加联合后裔测定的公牛站必须持有农业部核发的《种畜禽生产经营许可证》；后裔测定牛场须通过中国奶业协会育种专业委员会认定；中国奶业协会育种专业委员会负责全国后测数据的收集汇总，经遗传评定后，将公牛后裔成绩报送农业部行政主管部门，并有计划地向全国公布。

（二）参测牛场及公牛情况

目前全国范围内共有认定的后裔测定牛场150个，分布于12个奶业重点省份（表10-2）。

表 10-2 后裔测定奶牛场分布情况

序号	省份	场数	序号	省份	场数
1	北 京	20	7	宁夏	7
2	广 东	1	8	山东	20
3	河 北	12	9	山西	11
4	河 南	7	10	上海	22
5	黑龙江	20	11	天津	11
6	内蒙古	17	12	新疆	2

截至 2011 年 11 月第 46 批后裔测定，全国累计参加测定的公牛已经达到 1492 头，有 34 个公牛站参加过测定，后测冻精发放范围分布在 25 个省（直辖市、自治区）。历次后裔测定公牛数量及各公牛站累计参测牛头数（表 10-3、表 10-4）。

表 10-3 历次后裔测定公牛数量

批次	牛数	批次	牛数	批次	牛数
1	3	17	32	33	62
2	6	18	9	34	71
3	27	19	20	35	97
4	16	20	5	36	74
5	12	21	15	37	41
6	13	22	15	38	20
7	7	23	2	39	63
8	13	24	15	40	60
9	9	25	20	41	96
10	11	26	26	42	85
11	6	27	15	43	59
12	13	28	14	44	64
13	16	29	34	45	96
14	18	30	33	46	58
15	5	31	43		
16	13	32	60		

表 10-4 部分公牛站青年公牛参测情况

站号	公 牛 站	公牛数
111	北京奶牛中心	199
121	天津市奶牛发展中心	68
131	河北省畜牧良种工作站	65
132	秦皇岛全农精牛繁育有限公司	58
133	亚达艾格威（唐山）畜牧有限公司	23
141	山西省家畜冷冻精液中心	24
151	内蒙古天和荷斯坦牧业有限公司	43
153	海拉尔市农牧场管理局家畜繁育指导站	4
211	辽宁省牧经种牛繁育中心有限公司	25
231	黑龙江省博瑞遗传有限公司	165
232	大庆市银螺乳业有限公司种公牛站	38
311	上海奶牛育种中心有限公司	215
322	江苏省奶牛育种中心	49
341	安徽省畜禽遗传资源保护中心	3
343	安徽精英种畜有限公司	22
361	江西省种公牛站	19
371	山东省种公牛站有限责任公司	9
372	山东曹县中大种公牛站	2
373	山东奥克斯生物技术有限公司	62
374	山东盛能奶牛胚胎工程有限公司	11
411	河南省鼎元种牛育种有限公司	32
413	南阳昌盛牛业有限公司	2
414	河南省洛阳市白马寺种公牛站	20
421	武汉兴牧生物科技有限公司	3
441	广州市奶牛研究所有限公司	15
511	成都汇丰动物育种有限公司	8
531	云南省家畜冷冻精液站	15
532	大理白族自治州家畜繁育指导站	28
551	重庆市种公牛站	4
611	陕西秦申金牛育种有限公司	14
612	西安光明荷斯坦奶牛育种有限公司	74
631	青海省家畜改良中心	6
641	宁夏四正生物工程技术研究中心	27
651	新疆天山畜牧生物工程有限责任公司	76

2010年我国奶牛生产性能测定情况

中国奶业协会　闫青霞　曹　正

奶牛生产性能测定诞生于1907年，经过100年的发展，已经逐渐发展演变为综合的牛场管理方案，旨在向奶农提供全面的牛场管理的信息。1953年，美国、加拿大两国正式启动了“牛群遗传改良计划”，即奶牛生产性能测定。目前加拿大已有70%的牛群参加生产性能测定，美国有45%的牛群参加生产性能测定，奶牛单产水平最高的以色列参加生产性能测定的牛群高达90%。几十年的发展证实，美国、法国、荷兰等奶业发达国家通过应用奶牛生产性能测定这一先进体系来为奶农提供指导服务，产生了巨大的经济效益。

我国奶牛生产性能测定起步较晚，首先是企业行为，简单测定，真正意义的测定主要是依托国际合作项目开展的，主要有中日奶业技术合作项目，中加综合奶牛育种项目及中荷项目。1992年在“中日奶业技术合作项目”的扶持下，天津启动了奶牛生产性能测定工作；1995年随着中国--加拿大奶牛综合育种项目的实施，先后在上海、北京、西安、杭州等地逐步开展奶牛生产性能测定。2008年国家开始实施奶牛生产性能测定项目，此后，奶牛生产性能测定工作在全国如火如荼地开展起来，测定数量迅速增加，每年国家直接补贴2000万元用于奶牛生产性能测定，截止到2010年，经过中国奶业协会和全国畜牧总站认定的生产性能测定实验室达到21家，全国参加生产性能测定的奶牛达到41.4万头，累计达到了77.1万头。2010年参测荷斯坦牛平均胎次产量达到了6999.75千克，乳脂率3.67%，乳蛋白率3.23%，体细胞数46.65万个/毫升。项目覆盖我国奶牛养殖优势区域，包括北京、天津、上海、河北、内蒙古、黑龙江、山东、河南、宁夏和新疆等18个省（区、市）以及黑龙江农垦总局和新疆生产建设兵团20个地区的1034个奶牛养殖场，项目区域奶牛存栏量占全国奶牛存栏总量的95%以上。

2010年在各级政府部门的大力支持下，奶牛生产性能测定规模和范围继续扩大，取得了良好的效果。为了进一步提高奶牛生产性能测定中心（实验室）检测和技术服务水平，加强对奶牛生产性能测定的指导，项目单位做了大量的技术培训和技术服务工作，采取不同形式的培训，累计培训技术人员27000人次，向2300个奶牛场发放技术手册25000册，科普技术光盘12000张，提供现场技术服务4700次。中国奶业协会和全国畜牧总站联合表彰了2008—2009年度全国奶牛生产性能测定先进奶牛场100个。

项目取得的经济效益十分明显，2010年按照全国40万头奶牛参加测定计算，每头牛胎次产奶量平均达到6999千克，较上一年提高106千克，40万头牛共增产4万多吨，按市场平均牛奶价格2.8元/千克，可增加直接经济效益1.1亿元；乳品质量提高平均每千克增加0.05元，40万头牛按单产6999千克计算，可增加直接经济收入约1.4亿元。2000万元的项目投入，产生2亿多元的直接效益。奶牛生产性能测定已经成为奶牛场，尤其是大中型奶牛场在生产管理中一项实用、有效、不可缺少的重要工作。

同时中国奶牛数据中心通过项目收集的测定日记录，评定种公牛816头，完成了45万头中国荷斯坦母牛和2861头荷斯坦种公牛的品种登记，并建立了数据库。各测定中心全年为参测奶牛场提供DHI报告34200份。为宣传项目和交流情况，全年印发了八期《国家奶牛生产性能测定补贴项目工作简报》。到2010年，全国累计参加测定的公牛已经达到1341头，共收集了770头公牛的后裔测定成绩，占全部参测公牛的60.5%，有生产性能测定记录的女儿总数达到24万多头，平均每头公牛女儿数为312头。在此基础上，健全了“中国奶牛性能指数”（CPI）。

奶牛生产性能测定是一项长期性、持续性的工作。相信我国奶牛生产性能测定工作会随着不懈的努力持续向着健康的方向发展，为提高我国奶牛养殖水平、增加奶牛养殖效益起到一定的推动作用，为我国奶业生产发展做出更大贡献。

表 10-5　2010年全国各地区生产性能测定奶牛场性能概况

省号	牛场数（个）	奶牛头数	测定日平均产奶量（千克）	测定日平均乳脂率（%）	测定日平均蛋白率（%）	测定日平均体细胞数（千个/毫升）
北　京	79	40 094	31.47	3.77	3.19	327.18
天　津	31	21 097	27.27	3.77	3.23	373.12
河　北	87	32 728	24.07	3.79	3.33	464.48
山　西	55	16 480	17.53	3.6	3.22	522.6
内蒙古	42	29 661	24.51	3.34	3.35	384.16
辽　宁	16	14 565	20.89	4.01	3.26	394.3
吉　林	1	367	17.69	3.99	3.24	409.55
黑龙江	113	59 646	19.79	3.61	3.25	485.04
上　海	116	40 610	25.26	3.59	3.2	445.89
江　苏	41	17 030	23.99	3.75	3.28	419.93
浙　江	8	5 337	22.06	3.95	3.25	683.47
安　徽	8	2 958	21.99	3.62	3.21	549.89
山　东	102	28 780	18.73	3.82	3.3	469.48
河　南	94	23 427	19.91	3.57	3.22	458.01
湖　北	11	5 897	17.75	3.74	3.23	570.38
湖　南	6	2 044	15.66	3.77	3.22	313.33
广　东	3	3 710	20.88	3.51	3.31	384.19
广　西	3	1 061	20.88	3.55	3.11	622.14
贵　州	2	324	14.66	3.75	3.29	480.91
云　南	37	10 252	15.42	3.67	3.22	822.61
重　庆	4	1 684	18.76	3.63	3.31	487.54
陕　西	82	14 632	21.69	3.66	3.22	623.59
宁　夏	50	19 860	25.8	3.79	3.37	568.1
新　疆	36	18 700	25.04	3.79	3.21	581.73
福　建	7	3 112	20.59	3.78	3.29	771.1
总　计	1034	414 056	22.97	3.68	3.25	467.23

表 10-6　2010年全国各地区不同规模生产性能测定奶牛场性能概况

规　模	牛场数（个）	测定日平均产奶量（千克）	测定日平均乳脂率（%）	测定日平均蛋白率（%）	测定日平均体细胞数（千个/毫升）
<50	52	20.58	3.73	3.19	587.6
50～100	122	19.27	3.67	3.26	626.37
100～200	240	20.24	3.61	3.23	531.46
200～500	345	21.37	3.69	3.25	514.76
500～1000	187	23.35	3.72	3.24	464.07
≥1000	88	24.48	3.66	3.26	415.82

奶畜资源与养殖

2010年原料奶生产情况分析

2010 年对于广大奶农来说是罕见的好年景，原料奶价格全年保持升势，虽然饲草料价格上涨吞噬了部分养殖利润，但总体上盈利不错，奶农积极性提高；另外，在各级政府的推动下，奶牛规模化水平继续提高，原料奶质量安全状况总体良好。在以上形势下，奶牛养殖业也扭转了三聚氰胺事件后的颓势，产量恢复正增长。

（一）奶牛存栏稳定

由于原料奶价格自 2009 年 8 月份开始，一直处于增长过程中，大部分奶农收益增加，补栏积极，此外，有些龙头企业规模牧场建设力度大，积极进口奶牛，比如辽宁省，在辉山乳业的带动下，该省 2010 年共进口奶牛 22142 头，成为我国当年进口奶牛最多的省份，该省年末奶牛存栏比年初增加 3 万头，进口奶牛超过奶牛增量的 70%。当然，也有些奶农将手中的奶牛出售，离开了奶牛业，这在奶牛散养多、奶价增长缓慢的省份较明显。从总体上看，奶牛存栏稳定，据国家统计局统计，2010 年末，我国奶牛存栏 1420 万头。

（二）原料奶生产恢复增长

根据国家统计局统计，2010 年，我国奶类产量 3748 万吨，虽然仅上涨 1.91%，但标志着我国奶业基本克服了三聚氰胺事件的不利影响，重新走上正常的发展轨道。2010 年，我国牛奶产量 3576 万吨，同比增长 1.55%。

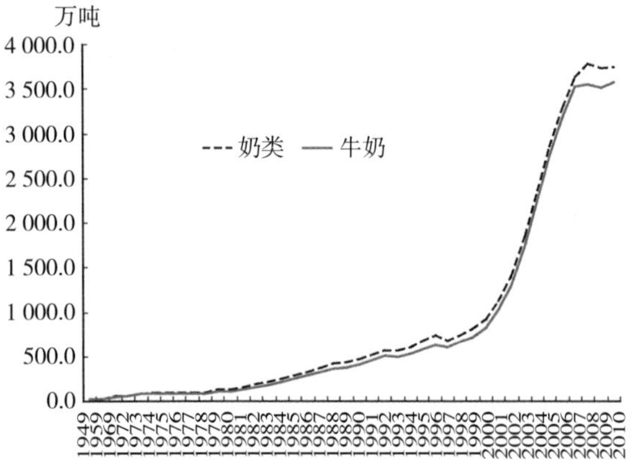

图 11-1　我国原奶产量增长情况

2010 年牛奶产量前 10 省份中，内蒙古产量稳定，为 905.2 万吨，增长 0.2%，占全国的 25.3%；黑龙江产量 552.5 万吨，同比增长 4.5%，占全国的 15.5%；河北省仍然下滑，为 439.8 万吨，同比下降 2.6%，占全国的 12.3%；河南 290.9 万吨，同比增长 3.2%，占全国的 8.1%；山东增长 7.1%，达到 253.1 万吨，占全国的 7.1%；陕西 137.5 万吨，同比下降 7.9%，在前十省份中降幅最大，占全国的 3.8%；新疆 128.6 万吨，同比增长 6.4%，占全国的 3.6%；辽宁 121.2 万吨，同比增长 10.2%，占全国的 3.4%；宁夏 84.5 万吨，同比增长 4.2%，占全国的 2.4%；山西 73.2 万吨，同比增长 1.0%，占全国的 2.0%。

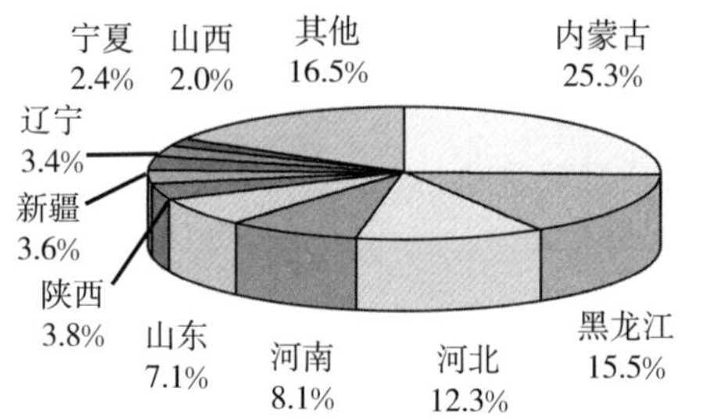

图 11-2　我国主要省份原料奶生产情况

（三）规模化比例进一步提高

三聚氰胺事件后，在各级政府的推动和政策支持下，在乳品企业积极的参与下，我国奶牛养殖业规模化进程加快。根据据全国畜牧总站统计的数据，2003 年，我国奶牛存栏 20 头以上的规模养殖比例 27.38%，到 2008 年达到 36.05%，5 年时间仅提高了 8.67 个百分点，2009 年为 42.58%，据全国畜牧总站统计，2010 年该比例将达到 46.49%，两年时间提高了 10 个百分点，规模化进程明显加快。

（四）原料奶价格上涨贯穿始终

据农业部定点监测，2010 年我国原料奶价格始终处于上升的趋势中，在当年发布的 50 周监测数据中，只有 1 周下降。这在我国奶业发展史上都是罕见的，行业第一次没有了淡旺季之分。2010 年 12 月 29 日，内蒙古、河北等 10 个主产省原料奶价格 3.14 元/千克，比 1 月 6 日的 2.66 元/千克上涨 18.05%。如果算上南方非主产省，价格将更高。

（五）原料奶质量

三聚氰胺事件后，在各级农业部门的努力下，生鲜乳收购站以及运输车辆都得到了妥善的管理，生鲜乳收购站从设备到管理制度都得到了极大提升，同时，经历过三聚氰胺事件后，奶农的质量安全意识有了较大提高，生鲜乳质量安全状况较好。

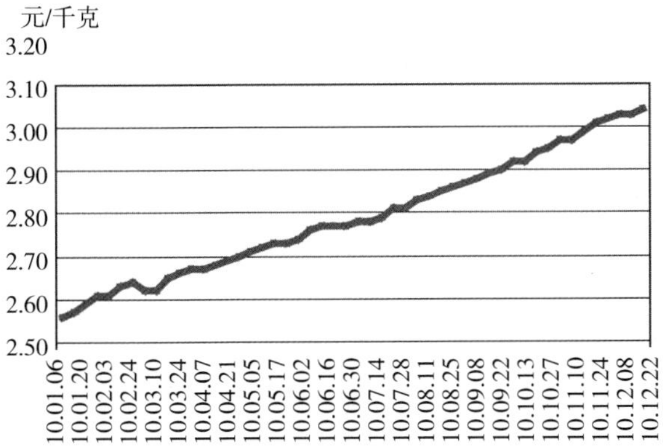

图 11-3　2010年十个主产省原料奶价格

2010 年，全国 13503 个生鲜乳收购站 100%实现持证收购，机械化挤奶率达到 87%；农业部共抽检生鲜乳样品 7406 批次，奶站 4778 批次，运输车 2628 批次，三聚氰胺全部符合临时管理限量值规定，没有检出皮革水解蛋白等违禁添加物质，生鲜乳质量安全状况总体良好。

从整个监管的角度，奶站问题应全部纳入监管。为防止部分已取缔的个体私营奶站死灰复燃，农业部于 2010 年 10 月份发出《农业部关于开展全国生鲜乳收购站拉网式检查的通知》，进一步净化了生鲜乳收购市场。

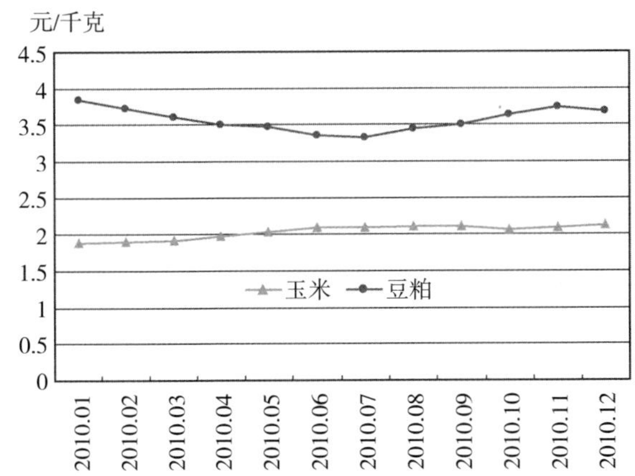

图 11-4　2010 年玉米、豆粕月度价格走势

（六）养殖效益

全年处于涨势的原料奶价格给奶农带来了稳定的收益，虽然饲草料价格也在上涨，但全年来看，能够盈利的奶农占绝大多数。

从大宗饲料原料玉米和豆粕来看，玉米价格涨幅在 12%左右，豆粕价格 2010 年前 7 个月处于下降趋势中，年底恢复至年初水平，两者涨幅均小于原料奶价格。而进口苜蓿干草的月度进口价格虽然涨跌不一，但幅度也不大，7 月价格最高，但比 1 月份涨幅也只有 8.30%，也低于原料奶价格涨幅。这种走势保证了奶农的利润。

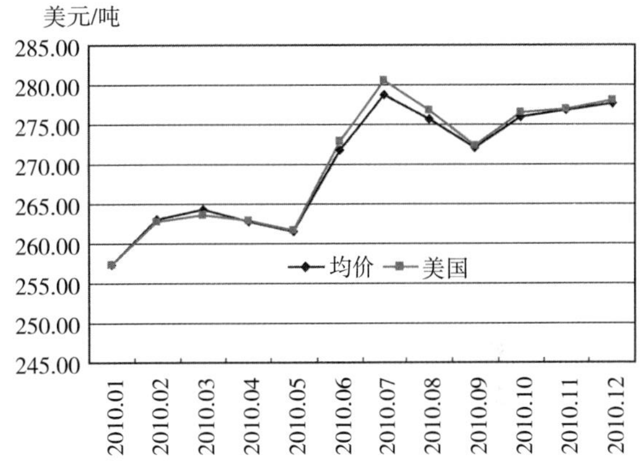

图 11-5　2010年苜蓿干草月度进口价格走势

据农业部有关负责人透露，从全国奶农养殖效益来看，5 吨左右的奶牛平均盈利 1500 ～ 2000 元。

从各地总结来看，2010 年奶牛养殖业盈利普遍较好。内蒙古东部盟市散养户每头奶牛年纯收入 3000 元左右，规模养殖场每头奶牛年纯收入 5000 元左右；中部盟市散养户每头奶牛年纯收入 1500 元左右，规模养殖场每头奶牛年纯收入 3000 元左右；西部盟市散养户每头奶牛年纯收入 2000 元左右，规模养殖场每头奶牛年纯收入 3500 元左右。黑龙江省上半年原奶价格较低，奶牛养殖亏损严重，7 月份实行交易参考价和政府指导价相结合的生鲜乳购销价格定价机制后，养殖效益得到提升。河北省中等规模的牛场，一头盈利 2000 元左右。山东省一头奶牛年平均盈利 3000 元。河南开封等地饲养一头奶牛年盈利在 5000 元左右。陕西一头泌乳牛盈利 4000 元左右。宁夏银川奶牛日单产 18 千克牛奶的普通牛场，一头奶牛盈利 3000 ～ 4000 元，高产牛场盈利更多。辽宁省每头奶牛年盈利 2000 ～ 3000 元。上海一头成母牛年盈利 2500 元左右。

（中国奶业年鉴编辑部　豆明　孙兰欣）

全国奶水牛、奶山羊、牦牛养殖状况

1.全国奶水牛养殖状况 我国奶水牛主要分布在浙江、福建、湖北、湖南、广东、广西、四川、云南、陕西等地，2010年部分省、自治区提供的奶水牛养殖情况如下：

浙江省：2010年水牛存栏5.27万头，其中能繁母牛2.26万头；主要分布的地区是衢州、温州、丽水、台州。年产水牛奶0.03万吨，比上年增长11.1%。

福建省：2010年水牛存栏20.94万头，其中能繁母牛9.24万头；由摩拉水牛和尼里拉菲水牛改良的奶水牛0.94万头，其中挤奶水牛0.65万头；主要分布在漳州、泉州、龙岩等3个地区，其改良奶水牛存栏数占水牛总存栏数4.49%；主要分布在芗城区、龙文区、长泰县、华安县、龙海市、南靖县、晋江市、平和县、上杭县、漳浦县、云霄县等11个县，其改良奶水牛存栏数占水牛总存栏数的4.06%。

湖北省：2010年奶水牛存栏4179头。

湖南省：2010年水牛存栏40.7792万头，其中能繁母牛14.1525万头；主要分布的地区（地级市）是常德市、怀化市、郴州市、衡阳市、益阳市。

广东省：2010年水牛存栏0.96万头，主要分布的地区（地级市）是广州市、揭阳市，其改良奶水牛存栏数占水牛总存栏数的68%；主要分布的县（县级市）是普宁市、番禺区，其改良奶水牛存栏数占水牛总存栏数的0.5%。

广州市：2010年奶水牛0.1976万头。奶水牛奶产量0.2489万吨。

广西壮族自治区：2010年水牛存栏438万头，其中能繁母牛221万头，由摩拉水牛和尼里拉菲水牛改良的奶水牛5.18万头，其中挤奶水牛1.35万头；主要分布在钦州市的灵山、蒲北2个县，其改良奶水牛存栏数占全广西奶水牛总存栏数的67.95%。

四川省：2010年水牛存栏255.98万头，其中能繁母牛116.17万头，摩拉水牛和尼里拉菲水牛改良的奶水牛9.2万头，其中挤奶水牛138万头；主要分布的地区（地级市）是凉山、广元、宜宾、泸州、绵阳、乐山、资阳、巴中，其改良奶水牛存栏数占水牛总存栏数的4.0%；主要分布的县（县级市）是安岳、犍为、合江、古蔺、宜宾、阆中、巴州、达川、大竹、通江、剑阁、德昌、西昌，其改良奶水牛存栏数占水牛总存栏数的4.6%。2010年水牛奶产量1.4万吨。

重庆市：2010年水牛存栏42.87万头，其中能繁母牛20.94万头；主要分布的地区（地级市）是黔江区、涪陵区、丰都县、垫江县、武隆县、彭水县、酉阳县、永川区、潼南县、石柱县、梁平县。

云南省：2010年奶水牛存栏2.67万头，水牛奶产量为6500吨，目前全省水牛奶原料奶收购价为4～6元/千克，4家水牛奶加工企业。

昆明市：2010年水牛存栏18.56万头，其中能繁母牛5.216万头；由摩拉水牛和尼里拉菲水牛改良的奶水牛0.1229万头，其中挤奶水牛0.0350万头；主要分布的地区（地级市）是昆明市，其改良奶水牛存栏数占水牛总存栏数的0.66%；主要分布的县（县级市）是寻甸县，其改良奶水牛存栏数占水牛总存栏数的0.66%；

陕西省：2010年水牛存栏1.2万头，其中能繁母牛0.49万头。

2.全国奶山羊养殖状况 我国奶山羊主要分布在山西、辽宁、吉林、福建、陕西等地，2010年部分省、自治区提供的奶山羊养殖情况如下：

山西省：2010年全省奶山羊存栏13.98万只，主要品种为洪洞奶山羊，是莎能公羊及少部分吐根堡公羊与当地山羊杂交育成的地方品种。奶山羊主要分布于临汾、运城、晋中、大同等4市，其存栏数占总存栏数的96.87%。奶山羊存栏2000只以上的县（市、区）有洪洞县、平遥县、临汾市尧都区、万荣县、广灵县、霍州市、古县、河津县、浮山县、昔阳县、永济市和祁县等12个县（市、区），其存栏数占总存栏数的86.35%，其中洪洞县存栏6.46万只，占全省总量的46.16%。

2010年，全省奶山羊存栏比2009年减少2.65%，比2008年减少20.88%，其原因是原料奶销售出现困难，农民养羊的积极性受到影响。

辽宁省：2010年奶山羊存栏6万只，主要分布的地区（地级市）是阜新、本溪，其奶山羊存栏数占总存栏数的80%，主要分布的县（县级市）是阜新县本溪县，其奶山羊存栏数占总存栏数的75%。

吉林省：2010年奶山羊存栏7.9万只，主要品种及其存栏数量为延边奶山羊、萨能奶山羊及其杂交品种，6.5万只，主要分布的地区（地级市）是吉林、辽源、通化、白山、延边、松原等地，其奶山羊存栏数占总存栏数的91.1%，主要分布的县（县级市）是丰满区、东丰、东辽、通化县、临江、长白、敦化、安图、大安等县，其奶山羊存栏数占总存栏数的46.4%。

福建省：2010年奶山羊存栏0.6318万只，主要品种为萨能奶山羊、关中奶山羊、崂山奶山羊，主要分布在莆田市、漳州市、泉州市、龙岩市等4个设区市，其奶山羊存栏占总存栏数的89%，主要分布的地区是涵江区、长泰县、漳浦县、南靖县、石狮市、丰泽区、永定县、长汀县、上杭县等9个县，其奶山羊存栏数占总存栏数的73.5%。

湖南省：2010 年奶山羊存栏 0.3 万只，主要品种为黑山羊，存栏 0.3 万只，主要分布在娄底市，其奶山羊存栏数占总存栏数的 100%，主要分布在冷水江市，其奶山羊存栏数占总存栏数的 66.7%。

广西壮族自治区：2010 年奶山羊存栏 0.19 万只，品种全部为莎能奶山羊，主要分布在北海、玉林 2 个地级市的郊区。

四川省：2010 年奶山羊存栏 1.89 万只，主要品种为萨能、土根堡、大耳羊，主要分布的地区（地级市）是雅安、资阳、绵阳、成都，其奶山羊存栏数占总存栏数的 35%，主要分布的县（县级市）是雨城、简阳、大邑、北川、平武、乐至，其奶山羊存栏数占总存栏数的 40%。2010 年羊奶产量 0.80 万吨。

云南省：2010 年奶山羊存栏 33.1 万只，山羊奶产量为 39600 吨，3 家羊奶乳饼加工企业，山羊奶收购价为 2.5 元/千克。

昆明市：2010 年奶山羊存栏 185673 只，主要分布的县（县级市）是东川、宜良、石林。

陕西省：2010 年奶山羊存栏 176.25 万只，主要品种为关中奶山羊，存栏约 176.24 万只，主要分布在西安、宝鸡、咸阳、渭南等市，其奶山羊存栏数 166.88 万只，占总存栏数的 94.68%；主要分布在富平、泾阳、三原、蒲城、临潼、凤翔、永寿、千阳、麟游等县，其奶山羊存栏数 114.57 万只，占总存栏数的 65.00%。

2010 年奶山羊存栏比 2009 年增长 0.7%。主要是富平县羊奶加工发展较快，带动了奶山羊的发展。

甘肃省：2010 年奶山羊存栏 9.10 万只，主要品种为关中奶山羊、萨能奶山羊和地方奶山羊，主要分布在庆阳、平凉、天水、定西市等 4 个地区，环县、合水、宁县、正宁、麦积等 20 个县，其奶山羊存栏数占总存栏数的 90%。奶羊存栏呈上升趋势。

3.全国牦牛养殖情况 我国牦牛主要分布在四川、云南、西藏、青海等地，2010 年部分省、自治区提供的牦牛养殖情况如下：

四川省：2010 年牦牛存栏数 480 万头，主要品种为九龙牦，分布的地区（地级市）是甘孜、阿坝、凉山，其牦牛存栏数占总存栏数的 50%，主要分布的县（县级市）是红原、阿坝、若尔盖、九龙、马尔康、壤塘、松潘。牦牛奶产量 22.2 万吨。

云南省：2010 年生产牦牛奶为 7200 吨。

西藏自治区：2010 年牦牛存栏数 494.03 万头，主要品种为帕里牦牛、斯布牦牛、娘亚牦牛、九龙牦牛，主要分布的地区（地级市）是 那曲、拉萨、昌都、林芝、日喀则，其牦牛存栏数占总存栏数的 16.1 %，主要分布的县（县级市）是 那曲县、安多县、聂荣县、巴青县、比如县、索县、嘉黎县、丁青县、类乌齐县、江达县、昌都县、林周县、当雄县、工布江达县、亚东县。

甘肃省：2010 年牦牛存栏数 130.1 万头，主要品种为藏系牦牛，天祝白牦牛 6.53 万头，主要分布在甘南、张掖和武威等 3 个地区，玛曲、夏河、碌曲、卓尼、天祝和肃南等 10 个县，其牦牛存栏数占总存栏数的 93%。

青海省：2010 年牦牛存栏数 424.01 万头，主要品种为青海牦牛、大通牦牛，主要分布的地区（地级市）是西宁市、海东，其牦牛存栏数占总存栏数的 3.16%，主要分布的县（县级市）是海南、海北、海西、黄南、玉树、果洛，其奶牛存栏数占总存栏数的 96.84%。

2010年全国奶类生产前10位省（区）

单位：万吨、%、万头

	省 份	产量	占全国比例	增长率	奶牛存栏	占全国比例	增长率
1	内蒙古	945.7	25.2	1.2	292.5	20.6	28.7
2	黑龙江	558.8	14.9	4.5	205.4	14.5	4.3
3	河 北	449.1	12.0	-2.6	180.8	12.7	8.0
4	河 南	307.9	8.2	2.2	98.5	6.9	95.0
5	山 东	271.6	7.2	5.2	93.3	6.6	11.3
6	陕 西	177.6	4.7	-4.4	41.3	2.9	-5.0
7	新 疆	132.8	3.5	6.1	148.2	10.4	-13.1
8	辽 宁	126.7	3.4	9.5	32.1	2.3	11.2
9	宁 夏	84.5	2.3	4.2	26.9	1.9	-1.1
10	山 西	74.9	2.0	1.2	28.8	2.0	5.0
前10位合计		3 129.5	83.5	1.9	1 147.8	80.8	12.2
全 国		3 748.0	100.0	1.9	1 420.1	100.0	12.7

资料来源：国家统计局。

2010年全国奶牛养殖规模化情况

规模（头）	2009年		2010年		2010年比2009年增加	
	场（户）数	存栏比重%	场（户）数	存栏比重%	场（户）数%	存栏比重（百分点）
1～4	1 796 061	28.1	1 750 895	26.4	-2.5	-1.7
5～9	369 172	16.6	345 667	14.8	-6.4	-1.8
10～19	137 277	12.7	138 246	12.3	0.7	-0.4
20～49	49 155	9.8	49 450	9.6	0.6	-0.2
50～99	13 685	6.0	14 758	6.3	7.8	0.3
100～199	4 324	4.0	4 604	4.1	6.5	0.1
200～499	3 341	6.8	3 579	7.1	7.1	0.3
500～999	1 773	7.7	2 061	9.0	16.2	1.2
1000以上	706	8.3	898	10.4	27.2	2.1
全国	2 375 494	100	2 310 158	100	-2.8	

资料来源：全国畜牧总站。

2010年农业部畜禽种质资源保护奶牛相关项目

根据《财政部关于批复农业部2010年部门预算的通知》(财预[2010]168号)要求,经我部审核,现将2010年畜禽种质资源保护项目资金下达你单位（详见附件),用于开展国家级和省级重要畜禽种质资源的调查、监测和保护等。请列入政府收支分类科目2010年度2130135“农业资源保护”，专款专用。

该项目已列入财政国库直接支付范围，资金由财政部直接拨付到项目主管部门。项目主管部门要在收到资金15天内,将项目资金转拨项目承担单位。各项目承担单位要建立“畜禽种质资源保护项目资金”明细账，按照项目内容、经济分类及相关财务制度规定进行专账核算，合理列支相关费用。项目主管部门要认真做好组织指导和监督检查工作。

表11-1　2010年农业部畜禽种质资源保护奶牛相关项目资金分配表

单位：万元

序　号	主管部门	项目承担单位	金　额	项目任务
4	农业部	全国畜牧总站	200	开展生猪奶牛肉牛绵羊良种补贴项目管理和技术培训，组织评选项目用种公牛，加强种公牛站的管理与培训，编印技术资料和宣传图册，加强项目督导和宣传，组织实施生猪遗传改良计划和生猪绵羊良种登记工作，组织开展家畜性能测定培训工作。
10	农业部	中国农业科学院农业经济与发展研究所	40	调查摸清我国畜禽种质资源保护的基本现状，分析存在的问题，全面评价资源保护与开发利用的实施效果，制定发展战略，提出措施建议。
11	农业部	中国农业科学院农业信息研究所	15	研究世界各国的畜牧业发展及畜禽种质资源保护状况，建立相关数据库，研究世界畜牧业发展趋势，为促进我国畜牧业持续健康发展提供参考数据。
79	云南省农业厅	云南省家畜冷冻精液站	30	引进大额牛优秀个体，开展活体保种和基因物质保存；开展种质鉴定、性能测定、品种登记和选育提高，制定品种标准和保种方案；采用MOET技术生产大额牛胚胎，用于移植和冷冻保存等。
83	甘肃省农牧厅	甘肃省天祝白牦牛育种实验场	20	开展天祝白牦牛资源调查、种质鉴定、性能测定、品种登记和保种繁育，完善品种标准和保种技术方案，建立健全各项技术规范、管理制度和系谱档案，开展技术培训，加强质量管理。

注：本表为2010年3月25日农业部关于下达2010年畜禽种质资源保护项目资金的通知（农财发〔2010〕40号）中，摘录与奶业相关部分。

奶畜疫病控制

农业部关于印发《2010年国家动物疫病强制免疫计划》的通知①

为切实做好2010年重大动物疫病免疫工作，根据《动物防疫法》有关规定，我部会同财政部组织制定了《2010年国家动物疫病强制免疫计划》，现印发给你们，请遵照执行。

一、法律依据

为全面落实强制免疫工作，防止重大动物疫病发生和流行，根据《中华人民共和国动物防疫法》第十三条规定，制订2010年国家动物疫病强制免疫计划。

二、总体要求

2010年对高致病性禽流感、高致病性猪蓝耳病、牲畜口蹄疫、猪瘟等四种动物疫病强制免疫的总体要求是，群体免疫密度常年维持在90%以上，其中应免畜禽免疫密度要达到100%，免疫抗体合格率全年保持在70%以上。对小反刍兽疫的总体要求是，在西藏等受威胁边境地区所有羊强制免疫，群体免疫密度常年维持在90%以上，其中应免畜禽免疫密度要达到100%。

三、职责分工

各级地方人民政府对辖区内重大动物疫病强制免疫工作负总责，组织有关部门按照职责分工，落实国家动物疫病强制免疫计划，保证免疫密度。

各级兽医部门具体实施免疫计划，负责强制免疫动物疫病疫苗的采购、保存、使用监管，并制定强制免疫计划实施方案报本级人民政府批准后执行。

各级财政部门负责落实动物疫病强制免疫计划执行所需经费，包括疫苗、耗材、人工、监测等经费，负责疫苗等相关经费的监管。

其他有关部门依法配合做好国家动物疫病强制免疫计划的实施工作。

各国家兽医参考实验室和相关动物疫病专业实验室负责疫病的科学研究，追踪病毒变异情况，按规定开展流行病学调查，评价免疫效果，保证诊断试剂供应。

饲养动物的单位和个人应当依法履行动物疫病强制免疫义务，按照兽医主管部门的要求做好强制免疫工作。

定点疫苗生产企业负责保证疫苗质量和疫苗供应，做好售后服务，承担疫苗质量责任。

四、组织实施

（一）及时制定实施方案。各地要按照国家动物疫病强制免疫计划要求，结合本地实际，及时制定本省（自治区、直辖市）强制免疫计划实施方案。

（二）加强免疫技术培训。中国动物疫病预防控制中心在春秋集中免疫工作开展前组织免疫技术师资培训，各地要组织好乡镇及村级防疫员免疫技术培训。免疫时要规范操作，按要求更换注射针头，做好各项消毒工作，防止人为传播疫情。同时，要加强疫苗的运输和保存管理，保证疫苗质量。

（三）加强免疫档案建立。对养殖户畜禽存栏、出栏及免疫等情况要有详细记录。特别要做好免疫用疫苗种类、生产厂家，生产批号等记录。做到乡镇畜牧兽医站、基层防疫员、养殖场（户）有免疫记录，免疫家畜有二维码标识，做到记录与标识相符。

（四）加强免疫信息报告。对疫苗定购和免疫情况实行月报制度，在春防、秋防集中免疫期间，对免疫进展实行周报告制度，突发重大动物疫情对紧急免疫情况实行日报告制度。各地要明确专人负责免疫信息收集统计工作，及时报告中国动物疫病预防控制中心。同时，要及时反馈免疫过程中发现的问题。

五、疫苗监管

农业部根据疫苗生产情况进行监督抽检，对不合格疫苗产品信息进行通报。中国兽医药品监察所具体实施疫苗质量监管工作，对疫苗质量进行监督检验，对生产企业实行飞行检查，必要时实行驻厂监督。省级兽医主管部门负责辖区内疫苗生产企业监督管理，对投标企业诚信记录进行审核，对疫苗的保存、运输、使用等环节冷链体系运行情况进行监管。

疫苗招标采购应以疫苗质量、售后服务和价格等综合指标为评判标准，不得单纯采用询价方式采购。

各定点疫苗生产企业不得采取恶意方式竞标，不得以低于成本的价格参与竞标。各疫苗生产企业不得超出使用范围宣传，干扰国家动物疫病强制免疫计划。

严禁任何单位和个人倒买倒卖国家动物疫病强制免

① 本通知为农业部2010年1月28日发布，2010年1月8日生效的文号为农医发[2010]1号文件。索引号07B130312201000044。

疫疫苗。

六、经费支持

（一）疫苗经费分摊方式。国家动物疫病强制免疫疫苗经费由中央财政和省级财政共同按比例分担，分摊比例按原办法执行。

（二）疫苗中央财政补助标准。补助标准另行通知。因采购疫苗不同，不足部分由地方财政负担。疫苗经费按照疫苗实际使用量进行测算，实行年度清算制，结转资金转入下一年度继续使用。

（三）各级财政部门保障动物疫病防控各项经费落实到位。

（四）疫苗经费专款专用，不得挤占、挪用，对虚报冒领、挤占挪用的，要严肃处理。

七、监督检查

（1）切实落实免疫责任制。针对免疫工作，逐个环节研究细化责任，层层落实到人。对因免疫不到位引发动物疫情的，要严肃追究相关人员责任。对不履行强制免疫职责的单位和个人，要依法追究其责任。

（2）各级财政部门要不定期的对疫苗等经费使用进行监督和检查。

（3）各级兽医部门要加强免疫效果监测，要定期组织免疫效果监测与评价工作，对被抽检的场（厂）、乡（镇）或村存栏家畜（禽）群体抗体合格率未达到规定要求的，尽快进行加强免疫。农业部将根据不同时期的免疫情况组织进行随机抽检，并将抽检结果进行通报。

（4）加强动物卫生监管。动物卫生监督机构出具检疫证明时，应严格核查调运畜禽的免疫情况，对调出县境的种畜禽或其他非屠宰畜禽，在调运前2周进行一次强化免疫，对调运的种蛋和未达首免日龄的仔畜、雏禽，应标明其供体的免疫情况，未强化免疫或免疫情况不明的禁止调运。

（5）加大督促检查力度。农业部重大动物疫病防控定点联系工作组要及时掌握本联系区域的免疫工作进展，定期进行督促检查。各地也要加大督查指导力度，确保免疫工作到位。

（6）省级兽医主管部门对辖区内的动物疫病要及时对免疫失败情况进行调查处理。

八、其他

各省、自治区、直辖市人民政府兽医主管部门根据本行政区域内动物疫病流行情况增加实施强制免疫的动物疫病病种和区域，报本级人民政府批准后执行，并报农业部备案，其增加的强制免疫所需疫苗经费由省级财政负担。

各地在做好国家动物疫病强制免疫计划工作的同时，也要抓好新城疫、狂犬病、炭疽、布鲁氏菌病、猪流行性乙型脑炎等其他动物疫病的免疫工作，非强制免疫病种的免疫方案按照农业部《关于做好2009年重大动物疫病免疫工作的通知》（农医发[2009]1号）规定执行。

农业部将根据动物疫病发生与发展状况，会同财政部调整本计划。

附件1：高致病性禽流感免疫计划（略）

附件2：口蹄疫免疫计划

附件3：高致病性猪蓝耳病免疫计划（略）

附件4：猪瘟免疫计划（略）

附件5：小反刍兽疫免疫计划

附件2：口蹄疫免疫计划

一、要求

对所有猪进行O型口蹄疫强制免疫；对所有牛、羊、骆驼、鹿进行O型和亚洲I型口蹄疫强制免疫；对所有奶牛和种公牛进行A型口蹄疫强制免疫；对广西、云南、西藏、新疆和新疆生产建设兵团边境地区的牛、羊进行A型口蹄疫强制免疫。

二、免疫程序

规模养殖场按推荐免疫程序进行免疫，散养家畜在春秋两季各实施一次集中免疫，对新补栏的家畜要及时免疫。

1．规模养殖家畜和种畜免疫仔猪、羔羊：28～35日龄时进行初免。犊牛：90日龄左右进行初免。

所有新生家畜初免后，间隔1个月后进行一次强化免疫，以后每隔4～6个月免疫一次。

2．散养家畜免疫春、秋两季对所有易感家畜进行一次集中免疫，每月定期补免。有条件的地方可参照规模养殖家畜和种畜的免疫程序进行免疫。

三、紧急免疫

发生疫情时，对疫区、受威胁区域的全部易感家畜进行一次强化免疫。边境地区受到境外疫情威胁时，要对距边境线30公里以内的所有易感家畜进行一次强化免疫。最近1个月内已免疫的家畜可以不进行强化免疫。

四、使用疫苗种类

牛、羊、骆驼和鹿：口蹄疫O型-亚洲I型二价灭活疫苗、口蹄疫O型-A型二价灭活疫苗和口蹄疫A型灭活疫苗。

猪：口蹄疫O型灭活类疫苗，口蹄疫O型合成肽疫苗（双抗原）。

空衣壳复合型疫苗在批准范围内使用。

五、免疫方法

各种疫苗免疫接种方法及剂量按相关产品说明书规定操作。

六、免疫效果监测

猪免疫28天后，其他畜21天后，进行免疫效果监测。

1．检测方法亚洲I型口蹄疫：液相阻断ELISA；O型口蹄疫：灭活类疫苗采用正向间接血凝试验、液相阻断ELISA，合成肽疫苗采用VP1 结构蛋白ELISA。A型口蹄疫：液相阻断ELISA。

2．免疫效果判定亚洲I型：液相阻断ELISA的抗体效价≥ 26 判定为合格；O型：灭活类疫苗抗体正向间接血凝试验的抗体效价≥ 25 判定为合格，液相阻断ELISA的抗体效价≥ 26 判定为合格，合成肽疫苗VP1 结构蛋白抗体ELISA的抗体效价≥ 25 判定为合格。A型：液相阻断ELISA的抗体效价≥ 26 判定为合格；存栏家畜免疫抗体合格率≥ 70%判定为合格。

附件 5：小反刍兽疫免疫计划

一、要求

根据风险评估结果，对西藏自治区等受威胁地区羊进行小反刍兽疫强制免疫。

二、免疫程序

新生羔羊 1 月龄以后免疫一次，对本年未免疫羊和超过 3 年免疫保护期的羊进行免疫。

三、紧急免疫

发生疫情时对疫区和受威胁地区所有健康羊进行一次强化免疫。最近 1 个月内已免疫的羊可以不进行强化免疫。

四、使用疫苗种类

小反刍兽疫活疫苗。

五、免疫方法

疫苗免疫接种方法及剂量按相关产品说明书规定操作。

农业部关于印发《2010年国家动物疫病监测计划》的通知①

为及时掌握动物疫病免疫状况、流行规律和疫情动态，增强重大动物疫情预警预报能力，根据《中华人民共和国动物防疫法》、《重大动物疫情应急条例》的有关规定，我部组织制定了《2010 年国家动物疫病监测计划》。现印发给你们，请遵照执行。

一、指导思想

全面掌握和分析高致病性禽流感、口蹄疫、高致病性猪蓝耳病等主要动物疫病病原分布和流行规律，评估重大动物疫病免疫效果，及时掌握疫情动态，消除疫情隐患，发布预警预报，科学开展防控工作。

二、基本原则

（一）国家监测和地方监测相结合。《国家动物疫病监测计划》分国家计划和辖区计划。国家计划由农业部制定下发，所需经费纳入中央财政预算。各省、自治区、直辖市要结合本地区实际情况，制定并实施本辖区监测计划，所需经费纳入地方财政预算。中国动物疫病预防控制中心、中国动物卫生与流行病学中心和相关动物疫病国家参考实验室或专业实验室，要按农业部部署对重点动物疫病开展直接采样监测和分析。

（二）常规监测与应急监测相结合。各地要按照国家动物疫病监测计划，按月度完成常规监测任务；对突发重大动物疫病和新发动物疫病，要及时开展应急监测。

（三）定点监测与全面监测相结合。各地根据本辖区疫病流行特点，在辖区内设立固定监测点，实行定时定点持续监测。在春秋两季集中免疫后，要分别开展一次全面集中监测工作。

（四）抗体监测与病原监测相结合。要通过免疫抗体水平监测，及时评估重大动物疫病免疫效果；通过开展病原学监测，及时掌握动物疫情动态和病原分布情况。

三、职责分工

（1）农业部主管全国动物疫情监测工作，负责制定、调整年度国家动物疫病监测计划并组织实施；及时发布动物疫情监测结果；组织相关实验室对重大动物疫病开展抽检；组织诊断试剂生产单位审查认可，监督诊断试剂质量，协调诊断试剂有效供应。

（2）中国动物疫病预防控制中心负责组织实施《国家动物疫病监测计划》，及时汇总分析全国监测数据，并重点开展全国种畜禽场抽样监测工作。其中，外来动物疫病监测计划由中国动物卫生与流行病学中心负责组织实施。

（3）各省（自治区、直辖市）兽医主管部门依据《国家动物疫病监测计划》，结合当地实际情况，制定本辖区动物疫病监测计划，省级动物疫病预防控制机构负责组织实施。

（4）国家动物疫情测报站和边境动物疫情监测站按照农业部要求，做好相应区域内动物疫病监测工作。

（5）国家参考实验室或专业实验室按照农业部要求，负责重点动物疫病的直接采样监测工作，以及各地病原学检测阳性样品的复核、病原分离鉴定。各疫情监测单位发现阳性样品应按规定及时将有关材料送交国家参考实验室或专业实验室。

（6）各级动物疫病预防控制机构，接到养殖企业、

① 本通知为农业部 2010 年 01 月 28 日发布，2010 年 1 月 7 日生效的文号为农医发[2010]2 号文件。索引号 07B130312201000046。

诊疗机构等单位和个人发现动物异常情况报告后，应将可疑动物纳入监测范围。

四、监测结果报告

（一）国内动物疫病监测结果报送

（1）各省级动物疫病预防控制机构在每月底前将上月21日至本月20日的监测结果报送至中国动物疫病预防控制中心，每个季度报送一次监测工作总结。

（2）国家动物疫情测报站和边境动物疫情监测站在每月底前将上月21日至本月20日的监测结果报送至中国动物疫病预防控制中心和本省级动物疫病预防控制机构。在7月15日前和翌年1月15日前，分别将上半年和下半年监测结果、监测工作总结分别报至中国动物疫病预防控制中心和本省级动物疫病预防控制机构。

（3）国家参考实验室或专业实验室在每月底前将上月21日至本月20日的监测结果报送至中国动物疫病预防控制中心，并抄送相关省份的省级动物疫病预防控制机构。

（4）中国动物疫病预防控制中心应在每月10日前将上月度全国动物疫病监测结果汇总及分析报告报至农业部兽医局。

（二）外来动物疫病监测和流行病学调查结果报送

各承担外来动物疫病监测和流行病学调查计划的单位，按以下要求报送监测和流行病学调查结果。

（1）各省级动物疫病预防控制机构在每月底前将上月21日至本月20日的监测结果报送至中国动物卫生与流行病学中心，每个季度报送一次监测工作总结。

（2）国家动物疫情测报站和边境动物疫情监测站在每月底前将上月21日至本月20日的监测结果报送至中国动物卫生与流行病学中心和本省级动物疫病预防控制机构。在7月15日前和翌年1月15日前，分别将上半年和下半年监测结果、监测工作总结分别报至中国动物卫生与流行病学中心中心和本省级动物疫病预防控制机构。

（3）国家参考实验室或专业实验室在每月底前将上月21日至本月20日的监测结果报送至中国动物卫生与流行病学中心，并抄送相关省份的省级动物疫病预防控制机构。

（4）中国动物卫生与流行病学中心应在每月10日前将上月度全国动物疫病监测结果汇总及分析报告报至农业部兽医局。

五、监测结果处理

（1）农业部兽医局根据监测情况，组织风险评估、预警预报，及时发布相关信息，并向各省通报情况，采取相关措施。

（2）监测中发现群体免疫抗体水平不合格的，按照有关规定及时补免，确保免疫密度和质量。

（3）监测中发现病原学阳性的，根据病种特点按农业部有关规定或防治技术规范进行处置。对扑杀高致病性禽流感、口蹄疫等重大动物疫病病原学阳性畜禽及同群畜禽的，按重大动物疫情处置的有关规定给予补偿。

六、其他

《2010年全国高致病性禽流感和口蹄疫等主要动物疫病流行病学调查方案》作为本计划的一部分，将另行下发。

附件 1：国内动物疫病监测计划（略）

2：外来动物疫病监测计划（略）

农业部关于印发《2010年全国高致病性禽流感和口蹄疫等主要动物疫病流行病学调查方案》的通知①

为依法推进动物流行病学调查工作，掌握高致病性禽流感、口蹄疫等主要动物疫病发生规律，判断动物疫病发生风险和流行趋势，科学评估动物疫病流行状况和防控效果，提升重大动物疫病预测预警、风险防范、应急处置能力和防控水平，根据《2010年国家动物疫病监测计划》，我部组织制定了《2010年全国高致病性禽流感和口蹄疫等主要动物疫病流行病学调查方案》。现印发给你们，请遵照执行。

一、指导思想

依法推进动物流行病学调查工作，全面掌握高致病性禽流感、口蹄疫等主要动物疫病发生规律，科学判断动物疫病发生风险和流行趋势，系统评估动物疫病流行状况和防控效果，不断提升重大动物疫病预测预警、风险防范、应急处置能力和防控水平。

二、调查方式

依据不同调查目的和任务，设置以下3种调查方式：

（一）紧急流行病学调查

出现以下情况之一时：

（1）怀疑或确认发生高致病性禽流感等重大动物疫病；

（2）怀疑或确认发生疯牛病等外来动物疫病；

（3）猪瘟等主要动物疫病流行特征出现明显变化；

（4）牛瘟等已消灭疫病再次发生。

① 本通知为农业部农业部兽医局2010年1月28日发布。

县级以上人民政府畜牧兽医主管部门应当及时组织实施现地、追溯和追踪调查，寻找风险因素、判断扩散趋向、评估防控效果，提高重大动物疫病应急处置工作的科学性。具体方案见附件1。

（二）定点流行病学调查

中国动物卫生与流行病学中心和省级动物疫病预防控制机构要在重点地区（以国家动物疫情测报站、边境疫情监测站所在地为主体）设置流行病学调查点，持续监视动物养殖、免疫、流通、屠宰环节的风险因素变化情况，结合特定动物疫病的血清学和病原学监测结果，预测疫情发展趋势，评估疫病防控效果，提高防控工作的针对性。具体方案见附件2。

（三）专项流行病学调查

针对重大动物疫病防控中遇到的特定问题，中国动物卫生与流行病学中心和相关省级动物疫病预防控制机构适时启动专项调查研究，为畜牧兽医主管部门提供决策咨询。具体方案见附件3。

三、职责分工

（1）农业部主管全国动物疫病流行病学调查工作，根据全国动物疫病防控状况，制定和发布全国动物疫病流行病学调查方案，并组织实施。全国动物防疫专家委员会流行病学分委员会承担全国动物疫病流行病学调查方案及重要调查结论的审定、论证、咨询和技术支持工作。

（2）各省、自治区、直辖市畜牧兽医主管部门依据本方案，结合当地实际情况，制定辖区内工作方案。省级动物疫病预防控制机构具体实施辖区内流行病学调查工作，监督指导辖区内国家动物疫情测报站和边境疫情监测站的流行病学调查工作。省级动物流行病学调查专家组承担辖区内技术支持和培训工作。

（3）市、县两级动物疫病预防控制机构组建的流行病学调查工作队具体实施辖区内流行病学调查工作。国家动物疫情测报站和边境疫情监测站要按照本方案要求，承担指定区域内动物疫病流行病学调查和评估工作，定期报送流行病学调查信息。

（4）中国动物卫生与流行病学中心协调各分中心和相关兽医实验室，承担全国主要动物疫病流行病学调查、分析评估、技术指导和培训工作；汇总全国流行病学调查和检测数据，组织起草流行病学调查评估报告。各分中心和相关兽医实验室按照本方案规定，分别承担或参与有关动物疫病的调查检测和分析评估工作。必要时，相关兽医实验室根据农业部要求参加主要动物疫病流行病学调查工作。

四、工作要求

（一）加强领导、明确责任。地方各级畜牧兽医主管部门要切实加强领导，尽快制定辖区内工作方案，协调有关部门将所需经费纳入地方财政预算，将流行病学调查工作纳入动物防疫考核的重点工作内容；保障动物疫病预防控制机构组织开展流行病学调查，协调畜牧兽医技术推广机构、动物卫生监督机构提供畜牧业生产和检疫监管数据。各定点联系工作组要加强对各地流行病学调查工作的督促检查。对组织机构、责任机制、技术力量落实不到位的，要进行通报批评。对影响重大动物疫病防控工作、造成疫情扩散的，要依法追究责任。

（二）科学规范、协调一致。地方各级动物疫病预防控制机构应当按照附件1规定的范围、程序和要求，全面、规范、及时地开展紧急流行病学调查；中国动物卫生与流行病学中心应当按照附件2和附件3规定的任务，根据《2010年国家动物疫病监测计划》规定的监测范围，强化资源整合，协调各分中心、有关专业实验室、地方各级动物疫病预防控制机构和国家动物疫情测报站（边境监测站），有序开展定点调查和专项调查工作。

（三）强化技术支持、健全交流机制。中国动物卫生与流行病学中心要进一步完善动物流行病学数据库，及时研发相关调查软件、熟化调查评估技术、建立培训计划，加强技术推广；强化流行病学分析评估工作，及时向农业部兽医局报告流行病学调查工作进展。省级动物疫病预防控制机构要健全流行病学调查、分析评估和工作报告机制，有计划地提高技术支持能力。各市、县动物疫病预防控制机构要系统、规范开展流行病学调查，及时准确报送信息，定期开展评估，为动物疫情预测预警和应急处置工作提供技术支持。各分中心要按本方案要求及时向中国动物卫生与流行病学中心报告调查工作进展。

中国动物卫生与流行病学中心及各分中心，在开展流行病学调查结束后，要及时与相关省份交换有关流行病学调查工作意见和结果。

五、其他

中国动物卫生与流行病学中心要在3月份前联合有关方面，起草定点流行病学调查和专项流行病学调查的具体实施方案，经全国动物防疫专家委员会流行病学分委员会审议通过，并报农业部兽医局批准后，尽快组织实施。

附件1：紧急流行病学调查工作方案

附件2：定点流行病学调查工作方案

附件3：专项流行病学调查工作方案

附件1：紧急流行病学调查工作方案

一、范围

怀疑或确认发生以下情况时，省级兽医行政主管部门组织本省动物疫病预防控制机构根据本方案的要求启动紧急流行病学调查工作，并及时填报紧急疫情调查表：

（1）高致病性禽流感、口蹄疫、高致病性猪蓝耳病、炭疽、狂犬病；

（2）猪瘟、新城疫、布鲁氏菌病、结核病、蓝舌病等主要动物疫病发病率或流行特征出现异常变化；

（3）小反刍兽疫、疯牛病、非洲猪瘟等外来动物疫病；

（4）牛瘟、牛肺疫等已消灭疫病再次发生；

（5）猪甲型H1N1流感等新发病以及其他呈暴发流行或病因不明的疫病。

二、目的任务

（1）界定疫病发生情况；

（2）探寻病因及风险因素；

（3）分析可能扩散范围；

（4）预测疫病暴发或流行趋势，提出控制措施建议；

（5）评价控制措施效果。

三、工作程序

（1）县级动物疫病预防控制机构接到疑似紧急疫情报告后，应立即核实信息，进行初步调查并按规定报告疫情。

省级兽医行政主管部门接到报告后，立即组织本省动物疫病预防控制机构开展现场流行病学调查。

（2）现场调查人员进一步核实情况后，按照相应紧急流行病学调查表（附表1～6）的要求，详细、全面、准确收集相关信息，填写调查表。

（3）现场调查人员应根据调查情况，描述动物疫情现状（空间、时间和群间分布等），分析疫病来源，判断疫情发展趋势，提出控制措施建议，形成调查评估报告。怀疑疫情扩散时，应在高风险地区开展追踪调查。

（4）省级流行病学调查专家组要对现场调查人员形成的调查评估报告及其结论进行审核。

（5）必要时，中国动物卫生与流行病学中心及相关分中心要派出专家组开展现场流行病学调查，并组织开展经济损失和防控措施评估等专项调查。

四、工作要求

（1）省级流行病学调查专家组要对现场调查人员形成的调查评估报告及其结论进行审核，审核意见作为重大动物疫情解除封锁的重要依据。

（2）疫情解除封锁前，省级动物疫病预防控制机构要将流行病学调查表、现场调查评估报告及省级流行病学调查专家组的审核意见报中国动物卫生与流行病学中心备案。

（3）中国动物卫生与流行病学中心要尽快完善紧急流行病学调查软件，做好技术推广工作，并对紧急疫情应急处置措施和扩散风险进行及时评估，汇总分析流行规律，定期报告农业部兽医局。

（4）地方各级动物疫病预防控制机构要明确专人负责动物流行病学调查表填报工作。

附件2：定点流行病学调查工作方案

一、常规流行病学调查

国家动物疫情测报站和边境动物疫情监测站要按照本方案要求，做好所在县畜牧业生产、动物免疫、屠宰加工和畜禽价格（反映动物流通情况）调查工作，并结合当地重大动物疫病监测数据，分析当地疫情发展趋势。

各国家动物疫情测报站和边境动物疫情监测站应当定期向省级动物疫病预防控制机构和中国动物卫生与流行病学中心报送以下流行病学调查信息。

（1）4月30日前填报2009年犬养殖和狂犬病免疫信息（报表格式见附表7）；

（2）6月30日前填报2009年畜牧业生产和屠宰加工信息（报表格式见附表8）；

（3）每月月底前填报上月21日至本月20日畜禽价格信息（报表格式见附表9）；

（4）12月15日前提交年度工作报告。

二、省级定点流行病学调查

各省（自治区、直辖市）畜牧兽医主管部门应当根据当地重大动物疫病防控实际，制定辖区内定点流行病学调查方案，建立健全定点流行病学调查工作机制。

各省（自治区、直辖市）动物疫病预防控制机构要分病种设立流行病学调查点，定期开展高致病性禽流感、新城疫等主要禽病，口蹄疫、猪瘟、猪蓝耳病等主要家畜疫病，动物布病、结核病等主要人兽共患病定点调查，并结合本省畜牧业生产、动物免疫、屠宰加工和畜禽流通情况，分析辖区内疫情发展趋势，并于12月20日前向中国动物卫生与流行病学中心提交年度工作报告。

三、国家定点流行病学调查

（一）禽群疫病定点调查

（1）目的。了解我国禽群禽流感、新城疫、传染性支气管炎、传染性喉气管炎、传染性法氏囊病、病毒性关节炎，以及J亚型白血病、网状内皮增生症、马立克病等主要免疫抑制病免疫情况、感染情况和病原变异情况。

（2）范围。在吉林、天津、山东、山西、河南、安徽、湖北、江苏、贵州、宁夏、广东、海南等12个省份，各选择3个动物疫情测报站所在县（市、区）作为定点调查点。

（3）调查方式。①临床健康禽群调查：每个调查点选取7个采样点（3个规模场、1个行政村、3个活禽交易市场），同步采集30只家禽的拭子和血清样品进行检测，3～5月份和9～11月份各实施一次。②发病禽群调查：定点调查省或定点调查县依据临床症状和所怀疑疫病的检测要求，采集疑似病禽样品，送中国动物卫生与流行病学中心检测。

（4）承担单位。中国动物卫生与流行病学中心和相关省级动物疫病预防控制机构联合实施。

（二）猪群疫病调查

（1）目的。掌握猪群疫病发展趋势；监视猪群疫病主要病原分子流行病学和病原遗传演化动态。

（2）范围。在辽宁、河北、河南、云南、广西、福建、江西、安徽、湖南、四川等10个省份开展定点流行病学调查。

（3）方式。①临床健康猪群调查：按照代表性原则，每省份选取5个屠宰场（省会城市1个、地级市2个、县级市2个）开展流行病学调查和采样检测，每个屠宰场各同步采集15份血清和组织样品，3～5月份、9～11月份各实施一次。②发病猪群调查：每省份每半年至少向中国动物卫生与流行病学中心送检25份发病猪样品。必要时，中国动物卫生与流行病学中心根据疫病流行情况，在相关省份实施专项流行病学调查及检测。

（4）承担单位。中国动物卫生与流行病学中心、兰州分中心、相关省份动物疫病预防控制机构。

（三）猪流感定点调查

（1）目的。监视猪流感的流行动态和病原遗传演化规律。

（2）范围。同猪群疫病调查。

（3）方式方法。在每个省份的养猪重点地区，选取5个屠宰场（省会城市1个、地级市2个、县级市2个）和3个养猪场开展流行病学调查和采样检测。在每个屠宰场和养猪场各同步采集15份血清和鼻拭子，3～5月份、9～11月份各实施一次。各省份每半年向中国动物卫生与流行病学中心送检25份流感疑似病猪的样品。必要时，中国动物卫生与流行病学中心根据疫病流行情况，在相关省份实施专项流行病学调查及检测。

（4）承担单位。中国动物卫生与流行病学中心和相关省份动物疫病预防控制机构。

（四）动物布病与结核病调查

（1）目的。了解奶牛和羊布病、牛结核病的感染和发病情况，分析流行特点和风险因素。

（2）范围。在黑龙江、吉林、辽宁、内蒙古、甘肃、西藏、云南、贵州、四川、青海、新疆、浙江、山东、北京、上海、重庆等16个省（自治区、直辖市），各选择奶牛和羊饲养量较大的3个国家动物疫情测报站（边境疫情监测站），作为流行病学调查点。

（3）方式。①常规抽样：以调查点所在县为重点区域进行流行病学调查，每县从散养户、规模养殖场、屠宰场分别采集奶牛和羊血样500份进行检测。各省份具体组织实施，中国动物卫生与流行病学中心统一提供诊断试剂和检测技术培训，并对阳性样品进行复核，年终汇总相关调查检测数据。②发病样品收集：各省份收集牛羊流产胎儿，扑杀结核阳性牛和屠宰场有病变牛肺脏或淋巴结，病料-20℃保存，定期送中国动物卫生与流行病学中心监测室检测（每年每省份不少于10份）。

（4）承担单位。中国动物卫生与流行病学中心、新疆畜牧科学院联合相关省份动物疫病预防控制中心制定具体工作方案，共同实施。

（五）血吸虫病调查

上海分中心要在设定的血吸虫监测点持续开展血吸虫病流行病学调查监测工作。

附件3：专项流行病学调查工作方案

一、疫苗临床应用情况调查

（1）范围。高致病性猪蓝耳病活疫苗、经典毒株猪蓝耳病疫苗、高致病性猪蓝耳病灭活疫苗；猪瘟脾淋苗、猪瘟原代细胞苗、猪瘟传代细胞苗；亚洲I型-O型口蹄疫二价灭活疫苗、O型口蹄疫疫苗（包括灭活疫苗和合成肽疫苗）。

（2）指标。临床使用范围、安全性、有效性等。

（3）范围。①猪瘟疫苗、猪蓝耳病疫苗：在辽宁、河北、山东、河南、云南、广西、福建、江西、安徽、湖南、四川等11个省份开展；②口蹄疫疫苗：在黑龙江、辽宁、新疆、河南、河北、天津、山东、安徽、江西、福建、四川、云南、贵州、广西等14个省份开展。

（4）方式。猪蓝耳病疫苗评估采取问卷调查、现场调查；猪瘟和口蹄疫疫苗的评估采取问卷调查、现场调查和采样检测相结合的方式，每一种猪瘟和口蹄疫疫苗各选30个养殖场进行调查，并选择一定数量的养殖场和屠宰场采样进行抗体和病原学监测。

（5）承担单位。中国动物卫生与流行病学中心和相关省份动物疫病预防控制机构联合实施。

二、高致病性禽流感防控成本调查

（1）目的。通过对2004年以来高致病性禽流感防控成本的抽样调查，对当前实施的免疫与扑杀相结合的防控政策进行回顾性评价和经济学分析评估，提供防控政策实施效果决策咨询。

（2）范围。在山东、河南、广西、江苏、辽宁、四川等6省份，按照家禽饲养量（密度）、生产方式和区域代表性原则，每省份选择2个县，进行抽样调查。

（3）方式。采用问卷调查和现场调查访谈相结合的方式，了解2004年以来当地禽流感防控情况和相关成本费用（免疫、监测、应急处置等环节）发生情况。

（4）承担单位。中国动物卫生与流行病学中心联合有关省份动物疫病控制机构共同实施。

三、牛支原体肺炎风险因素调查

（1）目的。通过调查和监测活动，分析导致支原体肺炎发生和传播的风险因素，研究提出应对措施。

（2）范围。在山东、四川、吉林、河南、广东、湖南、湖北、江西、安徽、福建、重庆等11个省份实施调查。必要时，调查范围延伸至其他活牛调入调出省份。

（3）方式。采用现场调查、抽样检测、追溯追踪调查相结合的方式，在饲养场（户）、交易市场、屠宰场进行调查，掌握健康牛群支原体肺炎带菌情况、流通运输环节的风险因素。

（4）承担单位。由中国动物卫生与流行病学中心、哈尔滨分中心、华中农业大学和相关省份动物疫病预防控制机构、动物卫生监督机构共同实施。

四、家畜棘球蚴病流行病学调查

（1）目的。了解西部牧区家畜棘球蚴病感染情况、风险因素及防控效果。

（2）范围。在青海、新疆、内蒙古、宁夏4个省份，各选择疫情较重县2个、疫情较轻县1个，对牛羊（中间宿主）和犬（终末宿主）进行调查和抽样检测。

（3）方式。采用问卷调查、现场抽样调查与实验室检测相结合的方式，调查牛羊和犬棘球蚴病感染情况和风险因素（具体调查方案另行制定）。

（4）承担单位。中国动物卫生与流行病学中心、新疆畜牧科学院联合相关省份动物疫病预防控制中心共同实施。

五、牦牛布病流行病学调查

（1）目的。了解西部部分省份牦牛分布、布病感染情况及其风险因素。

（2）范围。在甘肃、青海、西藏、四川等4个省份及新疆建设兵团，各选择牦牛饲养量较大的3个国家动物疫情测报站或边境测报站开展牦牛布病调查。

（3）承担单位。中国动物卫生与流行病学中心联合相关省份和新疆建设兵团动物疫病预防控制中心共同实施。

六、狂犬病流行病学调查

（1）目的。了解家犬、流浪犬分布情况，掌握狂犬病疫苗免疫情况、防控效果及疫情风险因素，分析狂犬病防控过程中存在的主要问题。

（2）范围与方式。在广东、广西、贵州、云南、山东、内蒙古、北京、上海等8个省份，每省份选择省会城市、2个地级市和2个国家动物疫情测报站（边境动物疫情监测站）作为调查点，随机选取一定数量的社区、宠物医院和犬饲养户进行现场调查，必要时进行抽样检测。

（3）承担单位。中国动物卫生与流行病学中心联合相关省份动物疫病预防控制机构共同实施。

乳制品加工与包装

我国乳制品加工概况

根据国家统计局统计，2010年全国784家规模以上（国有和年产品销售收入500万元以上非国有企业）乳制品企业共实现工业产值1949.50亿元，同比增长16.87%；销售收入1939.79亿元，同比增长19.51%；利润总额176.99亿元，同比增长69.27%；销售利润率为9.12%，比上年提高2.68个百分点，显示2010年行业盈利能力再次大幅提升，这也是销售利润率自1998年以来的最高值；147家企业亏损，亏损比例为18.75%，比例再次下降。

2010年全国规模以上乳制品企业共生产乳制品（包括液态奶和干乳制品）2159.39万吨，同比增长11.18%；其中，液态奶1845.59万吨，同比增长11.10%；干乳制品313.80万吨，同比增长11.65%；奶粉产量140.31万吨，同比增长10.60%。

（一）经济指标

1.总体情况 由于三聚氰胺事件后，我国奶牛过量淘汰，加上疫病等因素的影响，2010年，我国原料奶紧缺状况较严重，原料奶价格全年处于涨势，但在此情况下，乳品加工行业仍然取得了不俗的业绩，体现在经济指标中，主要是主营业务成本、营业费用涨幅均小于收入涨幅，全年利润总额大幅增长69.27%。

伊利、蒙牛、光明、贝因美、雅士利等大企业销售收入均实现较大增长。

2.地区分布

（1）工业产值。与上年相比，前5位的省份及其顺序没有变化，只不过具体占全国的份额有所变化。内蒙古345.62亿元，同比增长7.07%，占全国的17.73%，份额进一步下降；黑龙江315.67亿元，同比增长11.56%，占全国的16.19%，份额略微下降；山东197.17亿元，同比增长25.06%，占全国的10.11%；河北逐渐从三聚氰胺事件的阴影中恢复过来，全年达140.78亿元，同比增长18.60%，占全国的7.22%，份额有所提升；广东119.51亿元，同比增长24.27%，占全国的6.13%。前五位省份中，内蒙古份额下降较大，山东份额增长较大（图13-1）。

（2）销售收入。前5位的省份为：内蒙古337.87亿元，同比增长8.40%，占全国的17.42%，份额下降超过1个百分点；黑龙江306.68亿元，同比增长17.63%，占全国的15.81%，份额略微下降；山东186.96亿元，同比增长19.62%，占全国的9.64%；河北141.86亿元，同比增长23.20%，占全国的7.31%；上海119.24亿元，同比增长18.08%，占全国的6.15%（图13-2）。

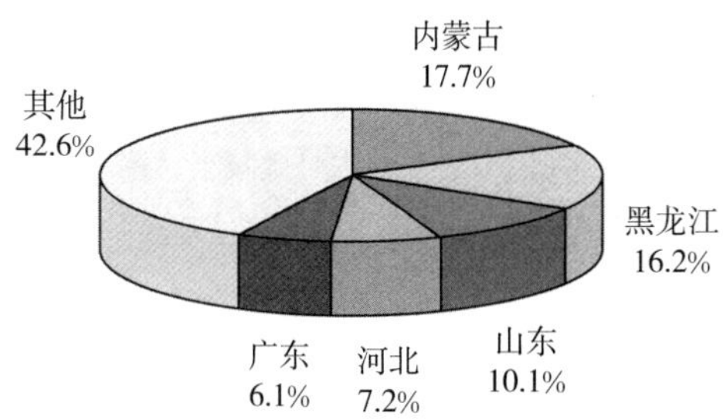

图13-1 乳品加工业工业产值地区分布

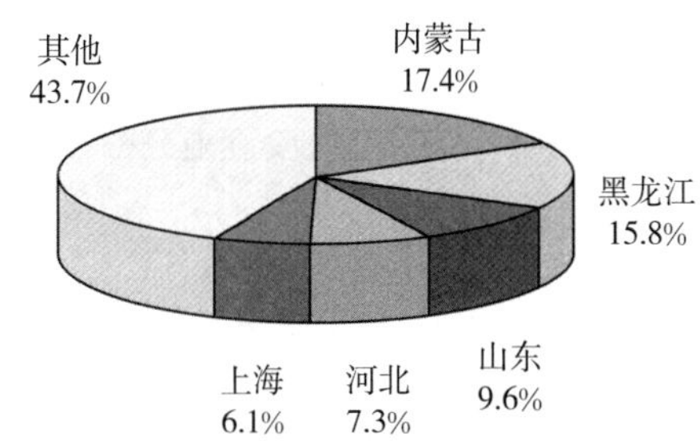

图13-2 乳品加工业销售收入地区分布

（3）利润总额。利润总额超出预期，行业盈利能力也大幅提升：国家统计局公布的1～11月份利润总额为89.01亿元，而经过调整的全年利润总额高达176.99亿元；全年销售利润率高达9.12%，不仅远远高于1～11月的5.16%，也远远高于此前所有年份。而且，所有省份利润总额均为正数，这是1998—2009年间从未有过的现象，这也说明行业逐步好转。

前5位的省份为：内蒙古47.32亿元，同比增长1.64倍，占全国的26.74%；黑龙江31.08亿元，同比增长51.26%，占17.56%；山东15.80亿元，同比增长41.23%，占8.93%；上海13.60亿元，同比增长35.54%，占7.69%；广东13.21亿元，同比增长74.13%，占7.46%

（图 13-3）。

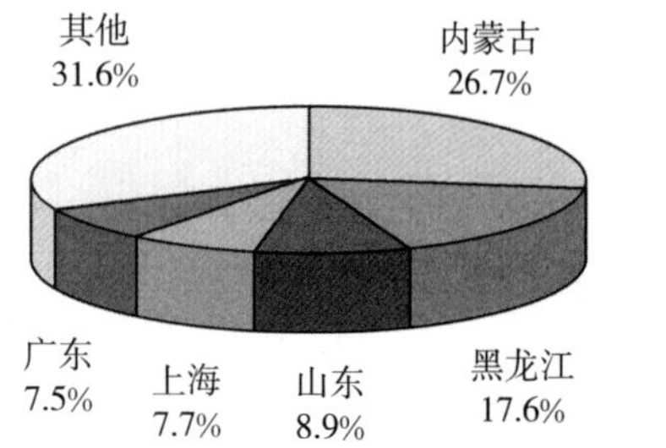

图 13-3　乳品加工业利润总额地区分布

3.企业分布　2010 年销售收入前 5 位的企业为：蒙牛乳业 302.65 亿元，同比增长 17.72%，占全国的 15.60%，份额有所下降；伊利集团 296.65 亿元，同比增长 21.96%，占全国的 15.29%；光明乳业 95.72 亿元，同比增长 20.51%，占全国的 4.93%；贝因美 34.70 亿元，同比增长 27.14%，占全国的 1.79%；完达山乳业 30.65 亿元，同比下降 8.72%，占全国的 1.58%。这 5 大企业占全国的比重达到 39.20%，与上年相比略微减小（图 13-4）。

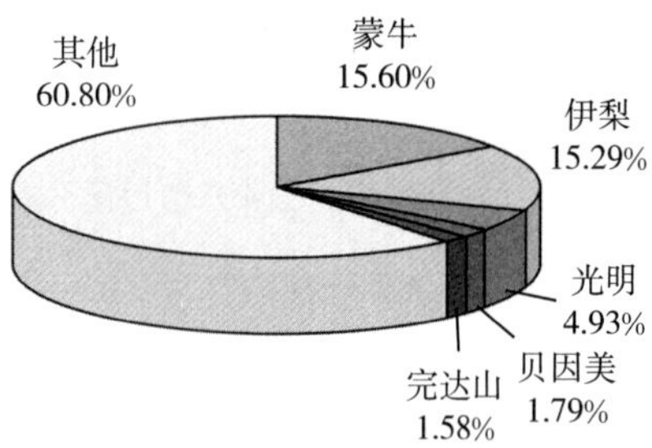

图 13-4　乳品销售收入企业分布

（二）乳制品产量

1.乳制品（包括液态奶）　2010 年全国规模以上乳制品企业共生产乳制品 2159.39 万吨，同比增长 11.18%。产量前 5 位的省份为：内蒙古 345.36 万吨，同比下降 10.14%，占全国总产量的 15.99%，份额下降 3.62 个百分点；河北回升至第二位，255.44 万吨，同比增长 14.64%，占全国的 11.83%，份额上升；山东 249.64 万吨，同比增长 38.05%，占全国的 11.56%，份额略微上升；黑龙江乳制品以奶粉为主，因此排名靠后，为 183.90 万吨，同比增长 5.04%，占全国的 8.52%；陕西 147.97 万吨，同比增长 28.10%，占全国的 6.85%。前 5 位省份中，内蒙古、黑龙江份额下降，其他三省上升，五省合计占全国总产量的 54.75%，与上年相比，份额再次下降（图 13-5）。

2.液态奶　2010 年全国规模以上乳品企业共生产液态奶 1845.59 万吨，同比增长 11.10%。前 5 位的省份为：内蒙古 308.92 万吨，同比下降 12.77%，占全国的 16.74%，份额下降超过 4 个百分点；河北 229.40 万吨，同比增长 21.18%，占全国的 12.43%，份额有较大提升；山东 220.09 万吨，同比增长 42.90%，占全国的 11.92%；黑龙江 116.93 万吨，同比增长 5.34%，占全国的 6.34%；陕西取代江苏排第五位，为 112.16 万吨，同比增长 30.92%，占全国的 6.08%。前 5 大省份产量共占全国总产量的 53.51%，下降 2.7 个百分点（图 13-6）。

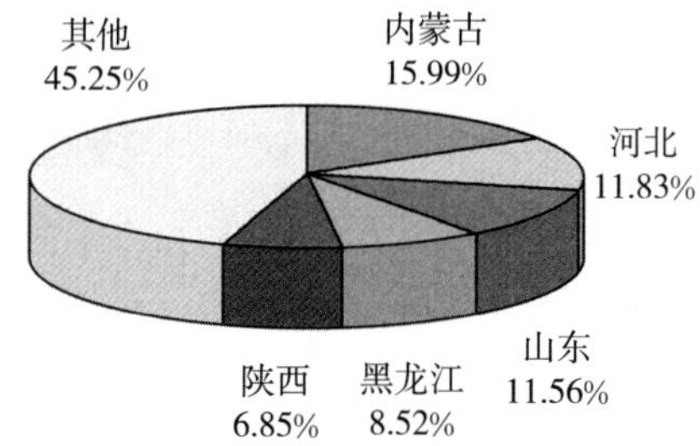

图 13-5　乳制品产量地区分布

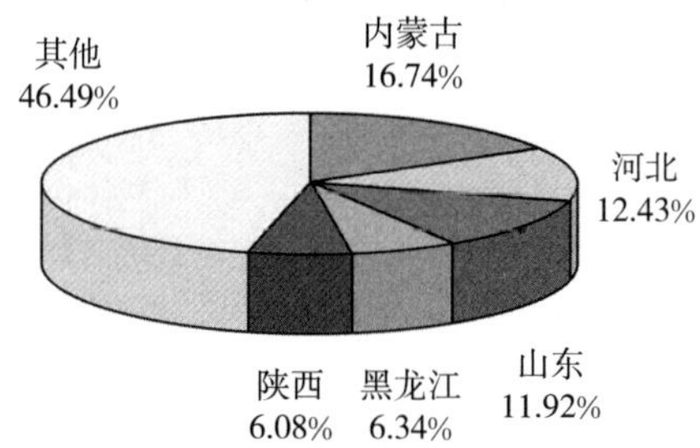

图 13-6　液态奶产量地区分布

3.干乳制品　2010 年，全国规模以上乳品企业共生产干乳制品 313.80 万吨，同比增长 11.65%。产量前 5 位的省份为：黑龙江 66.97 万吨，同比增长 4.52%，占全国的 21.34%；内蒙古 36.44 万吨，同比增长 20.56%，占全国的 11.61%；陕西 35.81 万吨，同比增长 20.02%，占全国的 11.41%；山东 29.56 万吨，同比增长 10.22%，占全国的 9.42%；河南 26.24 万吨，同比增长 44.99%，占全国的 8.36%。前 5 位省份产量占全国总产量的 62.15%，下降超过 3 个百分点（图 13-7）。

上年辽宁排第二位，但实际来看，辽宁 2010 年之前并没有大型奶粉企业，也没有大型的生产其他干乳制品的企业，因此，属于统计错误。今年辽宁干乳制品产量 1.98 万吨，排第 23 位。

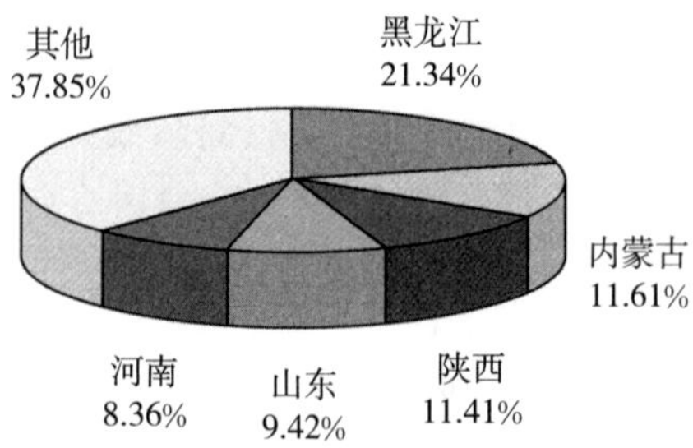

图 13-7　干乳制品地区分布

4.奶粉 2010年，全国规模以上乳品企业共生产奶粉140.31万吨，同比增长10.6%。产量前5位的省份为：黑龙江45.33万吨，占全国的32.31%，份额下降超过5个百分点；内蒙古31.13万吨，占全国的22.19%；陕西10.39万吨，占全国的7.41%；新疆5.71万吨，占全国的4.07%；山东取代湖南排第五位，为5.47万吨，占全国的3.90%。奶粉产量集中度更强，前5大省区产量占全国的69.87%，但份额下降了近5个百分点（图13-8）。

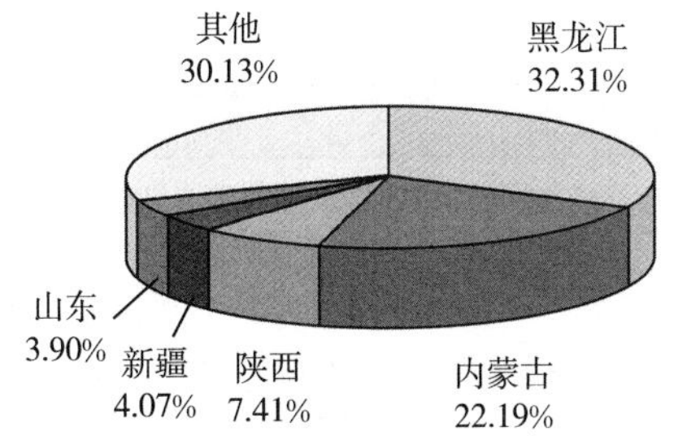

图13-8 奶粉产量地区分布

（中国奶业年鉴编辑部 孙兰欣）

全国销售额前十名乳品企业

单位：亿元

公司名称	2009年销售收入	2010年销售收入
内蒙古蒙牛乳业（集团）股份有限公司	257.10	302.65
内蒙古伊利实业集团股份有限公司	243.24	296.65
光明乳业股份有限公司	79.43	95.72
浙江贝因美科工贸股份有限公司	27.30	34.70
黑龙江完达山乳业股份有限公司	33.57	30.65
雅士利国际控股有限公司	25.86	29.54
北京三元食品股份有限公司	23.80	25.72
西安银桥生物科技有限责任公司	17.53	18.08
黑龙江飞鹤乳业有限公司	18.51	17.33
青岛圣元乳业有限公司	19.27	17.01

数据来源：上市公司年报；各地奶协；新希望数据来自其公布的审计报告。

全国及各省份通过审核的婴幼儿配方乳粉企业情况

序　号	企业名称	产品工艺	证书编号
天　津			
1	天津伊利乳业有限责任公司	干法工艺	QS121705020002
2	多加多乳业（天津）有限公司	干法工艺	QS120005020085
3	美可高特（中国）羊乳有限公司	干法工艺	QS121105020023
4	黑龙江红星集团天津食品有限公司	干法工艺	QS121405020003
河　北			
1	廊坊飞鹤乳业有限公司	干法工艺	QS130005020027
2	张家口察哈尔乳业有限公司	湿法工艺	QS130005020045
3	河北三元食品有限公司	湿法工艺、干法工艺	QS130105020002
山　西			
1	山西古城乳业集团有限公司	湿法工艺	QS140005020111
2	山西雅士利乳业有限公司	湿法工艺	QS140005020124

（续）

序　号	企业名称	产品工艺	证书编号
内蒙古			
1	内蒙古欧世蒙牛乳制品有限责任公司	干法工艺、湿法工艺	QS150105020003
2	内蒙古伊利实业集团股份有限公司奶粉事业部	干法工艺、湿法工艺	QS150105020095
3	内蒙古金海伊利乳业有限责任公司	干法工艺、湿法工艺	QS150105020001
4	呼伦贝尔友谊乳业（集团）有限责任公司	湿法工艺	QS150005020112
5	内蒙古呼伦贝尔农垦雪花乳业有限公司	湿法工艺	QS150005020087
6	呼伦贝尔亚华乳业有限责任公司	湿法工艺	QS150705020005
7	呼伦贝尔阳光乳业有限公司	湿法工艺	QS150705020004
8	内蒙古伊利实业集团股份有限公司	湿法工艺、干法工艺	QS150005020013
吉　林			
1	敦化美丽健乳业有限公司	湿法工艺	QS222405020001
2	镇赉金鹤乳业有限公司	湿法工艺	QS220805020003
3	白城龙丹乳业科技有限公司	湿法工艺	QS220805020002
黑龙江			
1	黑龙江飞鹤乳业有限公司	湿法工艺	QS230005020009
2	飞鹤（甘南）乳品有限公司	湿法工艺	QS230005020056
3	双城雀巢有限公司	湿法工艺	QS230005020005
4	黑龙江贝因美乳业有限公司	湿法工艺	QS230005020117
5	黑龙江省农垦龙王食品有限责任公司	湿法工艺	QS230005020118
6	黑龙江省完达山乳业股份有限公司双城分公司	干法工艺	QS230005020210
7	肇州县摇篮乳业有限责任公司	湿法工艺	QS230005020080
8	北安宜品乳业有限公司	湿法工艺	QS230005020108
9	黑龙江省索康营养科技有限公司	湿法工艺	QS230005020208
10	黑龙江省光明松鹤乳品有限责任公司	湿法工艺	QS230005020125
11	海伦兴安岭乳业有限公司	湿法工艺	QS230005020211
12	齐齐哈尔明一乳业有限公司	湿法工艺	QS230005020070
13	黑龙江明翔乳业有限责任公司	湿法工艺	QS230005020081
14	北安完达山乳品有限公司	湿法工艺	QS230005020076
15	黑龙江省完达山乳业股份有限公司军川分公司	湿法工艺	QS230005020067
16	黑龙江省完达山乳业股份有限公司八五一一分公司	湿法工艺	QS230005020077
17	杜尔伯特伊利乳业有限责任公司	湿法工艺、干法工艺	QS230005020092
18	大庆乳品厂有限责任公司	湿法工艺	QS230005020093
19	黑龙江常庆乳业有限责任公司	湿法工艺	QS230005020212
20	哈尔滨太子乳品工业有限公司	湿法工艺、干法工艺	QS230005020021
21	依安县摇篮乳业有限责任公司	湿法工艺	QS230005020068
22	黑龙江雅士利乳业有限公司	湿法工艺	QS230005020065
23	黑龙江辰鹰乳业有限公司	湿法工艺	QS230005020062
24	黑龙江省富裕明星食品有限公司	湿法工艺	QS230005020025
25	黑龙江红鸟乳业有限公司	湿法工艺	QS230005020206
26	大庆市绿叶乳品有限公司	湿法工艺	QS230005020103
27	黑龙江华丹乳业有限公司	湿法工艺	QS230005020207
28	黑龙江农垦多元乳业有限公司	湿法工艺	QS230005020128
29	黑龙江农垦摇篮乳业有限责任公司	湿法工艺	QS230005020202
30	黑龙江农垦正元乳业有限责任公司	湿法工艺	QS230005020201
31	黑龙江澳乐滋乳业有限公司	湿法工艺	QS230005020203

（续）

序　号	企业名称	产品工艺	证书编号
32	黑龙江美庐乳业有限公司	湿法工艺	QS230005020205
33	黑龙江红星集团股份有限公司	湿法工艺	QS230005020084
34	哈尔滨森永乳品有限公司	湿法工艺	QS230005020071
35	杜尔伯特金山乳品有限责任公司	湿法工艺	QS230005020213
36	黑龙江龙丹乳业科技股份有限公司	湿法工艺	QS230005020010
37	黑龙江省农垦华威乳业有限公司	湿法工艺	QS230005020116
38	哈尔滨惠佳贝食品有限公司	干法工艺	QS230005020119
39	伊春惠佳贝乳业有限公司	湿法工艺	QS230005020131
上　海			
1	多美滋婴幼儿食品有限公司	湿法工艺、干法工艺	QS310005020003
2	上海纽贝滋营养乳品有限公司	干法工艺	QS310005020069
3	上海花冠营养乳品有限公司	干法工艺	QS310005020041
4	上海晨冠乳业有限公司	干法工艺	QS310005020037
江　苏			
1	惠氏营养品（中国）有限公司	湿法工艺	QS320005020002
浙　江			
1	浙江贝因美科工贸股份有限公司	干法工艺	QS330005020007
2	杭州贝因美母婴营养品有限公司	干法工艺	QS330105020001
3	杭州味全生技食品有限公司	干法工艺	QS330005020032
安　徽			
1	淮南益益营养食品科技有限公司	湿法工艺	QS340405020052
福　建			
1	明一（福建）婴幼儿营养品有限公司	干法工艺	QS350005021771
2	福鼎市晨冠乳业有限公司	湿法工艺	QS350005020074
3	贝登（福建）婴幼儿营养品有限公司	干法工艺	QS350005020096
江　西			
1	江西美庐乳业有限公司	干法工艺	QS360005020057
2	江西英雄乳业股份有限公司	湿法工艺	QS360005020099
3	江西金薄金生态科技有限公司	干法工艺	QS360005020120
4	江西雄鹰乳业有限公司	干法工艺	QS360005020059
山　东			
1	迈高乳业（青岛）有限公司	干法工艺	QS370005020029
2	圣元营养食品有限公司	干法工艺	QS370005020047
3	青岛索康营养科技有限公司胶州分公司	干法工艺	QS370005020026
河　南			
1	河南金元乳业有限公司	湿法工艺	QS410005020075
湖　北			
1	宜昌贝因美食品科技有限公司	干法工艺	QS420505020099
2	杜尔伯特伊利乳业有限责任公司武汉分公司	干法工艺	QS420005020097
湖　南			
1	湖南长沙亚华乳业有限公司	干法工艺	QS430005020102
2	湖南南山食品有限公司	干法工艺	QS430005020100
3	澳优乳业（中国）有限公司	干法工艺	QS430005020101
4	湖南亚华乳业控股有限公司	湿法工艺	QS430005020014

（续）

序　号	企业名称	产品工艺	证书编号
广　东			
1	广东雅士利集团有限公司	干法工艺	QS440005020004
2	施恩（广州）婴幼儿营养品有限公司	干法工艺	QS440005020034
3	美赞臣营养品（中国）有限公司	干法工艺	QS440005020012
4	雅培（广州）营养品有限公司	干法工艺	QS440005020054
5	广州柏赛罗药业有限公司	干法工艺	QS440105020138
6	雅贝氏（深圳）乳业有限公司	干法工艺	QS440005020135
7	广东一家人食品有限公司	干法工艺	QS440005020133
8	蕊盛蕊（广州）乳业有限公司	干法工艺	QS440005020035
9	广州市美素力营养品有限公司	干法工艺	QS440005020060
10	广东东泰乳业有限公司	干法工艺	QS440005020053
广　西			
1	北海贝因美营养食品有限公司	干法工艺	QS450005020001
云　南			
1	云南新希望邓川蝶泉乳业有限公司	湿法工艺	QS530005020082
陕　西			
1	陕西圣唐秦龙乳业有限公司	干湿法复合工艺	QS610005020127
2	西安喜羊羊生物科技有限公司	干湿法复合工艺	QS610105020009
3	西安市阎良区百跃乳业有限公司	湿法工艺	QS610005020031
4	陕西关山瑞芙乳业有限公司	干湿法复合工艺	QS610105020011
5	西安市临潼区宏兴乳业有限公司	干湿法复合工艺	QS610105020008
6	西安银桥生物科技有限责任公司	湿法生产	QS610005020006
7	西安贝多营养食品有限公司	干法工艺	QS610005020036
8	陕西和氏乳品有限公司	湿法工艺、干法工艺	QS610005020126
9	陕西关山乳业有限责任公司	干湿法复合工艺	QS610005020106
10	陕西红旗乳业科技有限公司	湿法工艺	QS610405020005
11	杨凌圣妃乳业有限公司	干湿法复合工艺	QS610405020010
12	陕西雅泰乳业有限公司	干湿法复合工艺	QS610415020012
13	陕西优利士乳业有限责任公司	干湿法复合工艺	QS610405020004
14	陕西凯达股份有限公司	干湿法复合工艺	QS610005020113
15	陕西美恩乳业股份有限公司	干法工艺	QS610405020002
16	陕西金牛乳业有限公司	干湿法复合工艺	QS610505020003
17	陕西省定边县乳品实业有限公司	湿法工艺	QS610805020001
甘　肃			
1	合水县古象奶业有限责任公司	干法工艺	QS620005020052
2	甘南州燎原乳业有限责任公司	湿法工艺	QS620005020050
3	酒泉市好牛乳业食品有限责任公司	湿法工艺	QS620005020051
宁　夏			
1	宁夏红果乳业有限公司	湿法工艺	QS640005020123
2	宁夏雪泉乳业有限公司	湿法工艺	QS640005020001
3	中宁县黄河乳制品有限公司	湿法工艺	QS640005020002
新　疆			
1	石河子伊利乳业有限责任公司	湿法工艺	QS659005020001
2	银桥国际控股（新疆奎屯市）乳业有限公司	湿法工艺	QS654005020002

注：中国奶业年鉴编辑部查询时间截至 2011 年 11 月 15 日。

全国及各省份通过审核的乳品加工厂数量

	企业数	婴幼儿奶粉企业数
全国合计	746	122
北　京	28	0
天　津	16	4
河　北	38	3
山　西	14	2
内蒙古	72	8
辽　宁	22	0
吉　林	8	3
黑龙江	76	39
上　海	14	4
江　苏	46	1
浙　江	21	3
安　徽	13	1
福　建	10	3
江　西	9	4
山　东	58	3
河　南	32	1
湖　北	14	2
湖　南	12	4
广　东	37	10
广　西	15	1
海　南	2	0
重　庆	4	0
四　川	22	0
贵　州	5	0
云　南	15	1
西　藏	2	0
陕　西	44	17
甘　肃	27	3
青　海	9	0
宁　夏	21	3
新　疆	40	2

注：中国奶业年鉴编辑部查询时间截至 2011 年 11 月 15 日。

乳品消费

2010年我国城镇居民鲜乳品消费情况

1.鲜乳品消费量同比下降6.24% 2010年我国城镇居民鲜乳品消费为13.98千克/人，人均消费比2009年减少0.93千克，同比下降6.24%，降幅相比上年又有所扩大（表14-1、图14-1）。

表14-1 2001—2010年我国城镇居民人均鲜乳品消费量变化趋势

年 份	鲜乳品（千克/人）	增长率（%）
2001	11.90	19.72
2002	15.72	32.10
2003	18.62	18.45
2004	18.83	1.13
2005	17.92	-4.83
2006	18.32	2.23
2007	17.75	-3.11
2008	15.19	-14.42
2009	14.91	-1.84
2010	13.98	-6.24

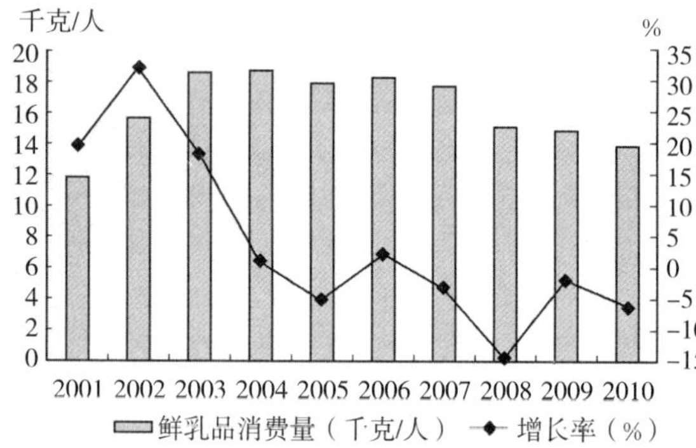

图14-1 2001—2010年我国城镇居民人均鲜乳品消费量变化趋势

2.鲜乳品平均单价同比上升8.32% 2010年，我国城镇居民鲜乳品的人均消费支出为103.72元/人，比2009年增长了1.60元/人；平均单价为7.42元/千克，比2009年的6.85元/千克增长了0.57元/千克，同比上升8.32%（表14-2）。

表14-2 2009—2010年前10位地区城镇居民鲜乳品消费情况对比

2010年					2009年				
排 序	地 区	消费量（千克/人）	消费支出（元/人）	平均单价（元/千克）	排 序	地 区	消费量（千克/人）	消费支出（元/人）	平均单价（元/千克）
	全 国	13.98	103.72	7.42		全 国	14.91	102.12	6.85
1	北 京	22.24	167.40	7.53	1	山 西	24.75	119.85	4.84
2	宁 夏	22.10	113.04	5.11	2	新 疆	24.19	99.39	4.11
3	青 海	22.05	104.06	4.72	3	宁 夏	23.67	114.14	4.82
4	上 海	22.02	215.16	9.77	4	上 海	23.55	219.09	9.30
5	山 东	21.90	145.80	6.66	5	北 京	23.22	165.25	7.12
6	新 疆	21.80	104.52	4.79	6	山 东	23.06	142.27	6.17
7	天 津	20.41	140.94	6.90	7	青 海	22.77	102.41	4.50
8	甘 肃	19.80	103.03	5.20	8	天 津	21.92	132.08	6.03
9	陕 西	19.41	127.17	6.55	9	甘 肃	20.72	94.53	4.56
10	重 庆	17.83	140.67	7.89	10	内蒙古	18.29	96.17	5.26

3.大中城市居民鲜乳品消费量同比下降5.47%，平均单价同比上升7.44% 2010年，我国36个大中城市居民鲜乳品人均消费量为18.68千克/人，同比下降5.47%；人均消费支出为148.38元/人，同比上升1.62%；鲜乳品的平均价格为7.94元/千克，与2009年的7.39元/千克相比增长了0.55元/千克，同比上升7.44%（表14-3）。

4.鲜乳品消费各季度变化不明显 2010年，我国城镇居民的鲜乳品人均消费量除1季度稍高，为3.81千克/人以外，其他各季度比较均衡，其平均单价受季度变化的影响也不大，但全年各季度的平均价格呈缓慢爬升态

表 14-3　2009—2010年前10位大中城市居民鲜乳品消费情况对比

2010年					2009年				
排　序	城　市	消费量（千克/人）	消费支出（元/人）	平均单价（元/千克）	排　序	城　市	消费量（千克/人）	消费支出（元/人）	平均单价（元/千克）
	全　国	18.68	148.38	7.94		全　国	19.76	146.01	7.39
1	银　川	32.22	127.65	3.96	1	银　川	35.23	131.23	3.72
2	南　昌	27.98	164.78	5.89	2	南　昌	28.45	161.13	5.66
3	南　京	27.01	232.18	8.60	3	大　连	27.88	156.42	5.61
4	成　都	26.07	165.88	6.36	4	石家庄	27.51	129.14	4.69
5	北　京	24.00	181.01	7.54	5	成　都	27.37	176.75	6.46
6	呼和浩特	23.76	148.87	6.26	6	南　京	25.79	216.60	8.40
7	福　州	23.39	193.19	8.26	7	北　京	24.89	178.68	7.18
8	重　庆	23.20	182.02	7.85	8	青　岛	24.89	160.21	6.44
9	大　连	22.63	148.39	6.56	9	上　海	23.55	219.09	9.30
10	上　海	22.02	215.16	9.77	10	呼和浩特	23.06	135.33	5.87

势（表 14-4）。

表 14-4　2010年我国城镇居民鲜乳品消费季度变化

季　度	消费量（千克/人）	平均单价（元/千克）
1	3.81	7.27
2	3.40	7.35
3	3.36	7.44
4	3.41	7.64

我国 36 个大中城市居民的鲜乳品消费与全国城镇居民的鲜乳品消费大致相似。除 1 季度消费量稍微多一些以外，其他各季度变化也不明显。但是，与全国城镇居民的鲜乳品消费相比，大中城市居民的人均消费量及平均单价都相对较高，且其平均单价各季度也呈缓慢上涨的态势（表 14-5）。

表 14-5　2010年我国36个大中城市居民鲜乳品消费季度变化

季　度	消费量（千克/人）	平均单价（元/千克）
1	5.10	7.77
2	4.59	7.85
3	4.37	7.97
4	4.62	8.21

（中国农业大学经济管理学院　周俊玲）

2010年我国城镇居民酸奶消费情况

1.酸奶消费量同比下降 5.41%　2010 年我国城镇居民酸奶的人均消费量为 3.67 千克/人，比 2009 年减少了 0.21 千克/人，同比下降 5.41%（表 14-6、图 14-2）。

表 14-6　2001—2010年我国城镇居民人均酸奶消费量变化趋势

年　份	酸奶（千克/人）	增长率（%）
2001	1.36	21.43
2002	1.82	33.82
2003	2.53	39.01
2004	2.85	12.65
2005	3.23	13.33
2006	3.72	15.17
2007	3.97	6.72
2008	3.54	-10.83
2009	3.88	9.60
2010	3.67	-5.41

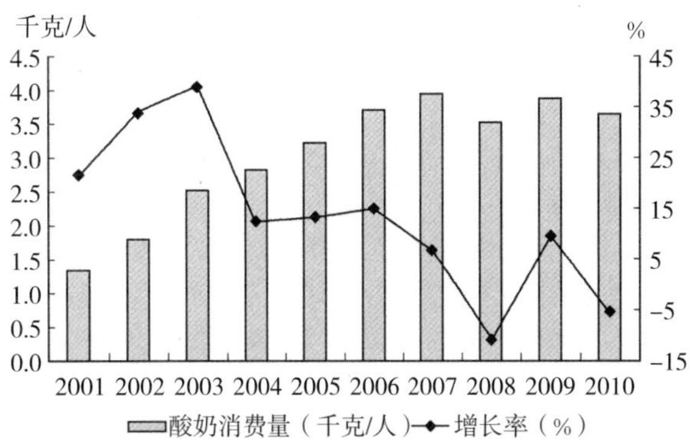

图 14-2　2001—2010年我国城镇居民人均酸奶消费量变化趋势

2.酸奶平均单价同比上升 6.27%　2010 年，我国城镇居民酸奶的人均消费支出为 29.85 元/人，比 2009 年增长了 0.17 元/人，同比上升 0.57%；平均单价为 8.13 元/千克，比 2009 年的 7.65 元/千克增长了 0.48 元/千克，同比上升 6.27%（表 14-7）。

表 14-7　2009—2010年前10位地区城镇居民酸奶消费情况对比

2010年					2009年				
排　序	地　区	消费量（千克/人）	消费支出（元/人）	平均单价（元/千克）	排　序	地　区	消费量（千克/人）	消费支出（元/人）	平均单价（元/千克）
	全　国	3.67	29.85	8.13		全　国	3.88	29.68	7.65
1	安　徽	9.29	73.06	7.87	1	北　京	8.64	81.59	9.44
2	北　京	9.10	91.50	10.05	2	安　徽	8.35	63.97	7.66
3	上　海	6.81	75.05	11.02	3	辽　宁	7.48	55.45	7.41
4	青　海	6.17	44.60	7.22	4	河　北	7.26	40.95	5.64
5	西　藏	5.44	54.74	10.06	5	青　海	6.75	43.68	6.47
6	宁　夏	5.29	28.47	5.38	6	上　海	6.36	67.76	10.65
7	河　北	5.12	30.67	5.99	7	山　西	5.98	35.26	5.90
8	陕　西	5.04	33.13	6.58	8	西　藏	4.92	53.10	10.79
9	辽　宁	4.80	37.29	7.77	9	宁　夏	4.80	25.74	5.36
10	重　庆	4.61	33.04	7.16	10	陕　西	4.77	29.18	6.12

3.大中城市居民酸奶消费量同比下降 3.00%，平均单价同比上升 7.20%　2010 年，我国 36 个大中城市居民酸奶的人均消费量为 4.85 千克/人，同比下降 3.00%；人均消费支出为 44.72 元/人，同比上升 3.93%；酸奶的平均价格为 9.23 元/千克，与 2009 年的 8.61 元/千克相比增长了 0.62 元/千克，同比上升 7.20%（表 14-8）。

表 14-8　2009—2010年前10位大中城市居民酸奶消费情况对比

2010年					2009年				
排　序	城　市	消费量（千克/人）	消费支出（元/人）	平均单价（元/千克）	排　序	城　市	消费量（千克/人）	消费支出（元/人）	平均单价（元/千克）
	全　国	4.85	44.72	9.23		全　国	5.00	43.03	8.61
1	合　肥	13.78	105.10	7.62	1	石家庄	13.62	70.37	5.17
2	北　京	9.85	99.26	10.08	2	合　肥	11.49	81.16	7.06
3	石家庄	9.84	59.16	6.01	3	沈　阳	10.45	82.82	7.93
4	银　川	8.31	43.08	5.19	4	北　京	9.16	88.01	9.61
5	西　宁	7.25	56.62	7.81	5	太　原	8.65	67.19	7.77
6	青　岛	6.94	54.87	7.91	6	西　宁	8.33	56.27	6.76
7	上　海	6.81	75.05	11.02	7	青　岛	7.88	52.58	6.67
8	拉　萨	6.51	41.81	6.42	8	拉　萨	7.74	46.89	6.06
9	太　原	6.09	50.57	8.30	9	银　川	7.30	37.83	5.18
10	沈　阳	6.09	54.36	8.92	10	上　海	6.36	67.76	10.65

4.酸奶消费 1 季度最少，3 季度最多，平均单价全年缓慢上涨　2010 年，我国城镇居民酸奶的人均消费量 1 季度最少为 0.80 千克/人，3 季度最多为 1.09 千克/人，其平均单价全年缓慢上涨，4 季度的平均单价为 8.37 元/千克，相对于 1 季度的涨幅为 5.55%（表 14-9）。

表 14-9　2010年我国城镇居民酸奶消费季度变化

季　度	消费量（千克/人）	平均单价（元/千克）
1	0.80	7.93
2	0.96	8.11
3	1.09	8.13
4	0.82	8.37

我国 36 个大中城市居民的酸奶消费量与平均单价均比城镇居民相对较高。其全年消费也是 1 季度最少为 1.01 千克/人，3 季度最多为 1.42 千克/人，平均单价全年缓慢上涨，4 季度最高为 9.46 元/千克，相对于 1 季度的涨幅为 5.46%（表 14-10）。

表 14-10　2010年我国36个大中城市居民酸奶消费季度变化

季　度	消费量（千克/人）	平均单价（元/千克）
1	1.01	8.97
2	1.29	9.14
3	1.42	9.28
4	1.13	9.46

（中国农业大学经济管理学院　周俊玲）

2010年我国城镇居民奶粉消费情况

1.奶粉消费量同比下降6.25% 2010年我国城镇居民奶粉的人均消费量为0.45千克/人，人均消费比2009年减少0.03千克，同比下降6.25%，是近十年中奶粉消费的最低水平（表14-11、图14-3）。

表14-11 2001—2010年我国城镇居民人均奶粉消费量变化趋势

年　份	奶粉（千克/人）	增长率（%）
2001	0.50	2.04
2002	0.55	10.00
2003	0.56	1.82
2004	0.51	-8.93
2005	0.52	1.96
2006	0.50	-3.85
2007	0.45	-10.00
2008	0.57	26.67
2009	0.48	-15.79
2010	0.45	-6.25

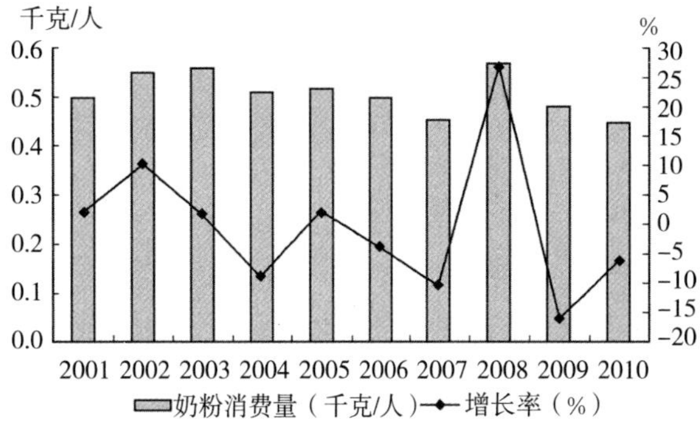

图14-3 2001—2010年我国城镇居民人均奶粉消费量变化趋势

2.奶粉平均单价同比上升7.02% 2010年，我国城镇居民奶粉的人均消费支出为41.47元/人，比2009年增加0.02元/人；平均单价为92.41元/千克，比2009年的86.35元/千克上涨了6.06元/千克，同比上升7.02%（表14-12）。

表14-12 2009—2010年前10位地区城镇居民奶粉消费情况对比

2010年					2009年				
排　序	地　区	消费量（千克/人）	消费支出（元/人）	平均单价（元/千克）	排　序	地　区	消费量（千克/人）	消费支出（元/人）	平均单价（元/千克）
	全　国	0.45	41.47	92.41		全　国	0.48	41.45	86.35
1	海　南	1.26	95.88	76.34	1	西　藏	1.44	34.87	24.22
2	安　徽	1.20	65.16	54.10	2	海　南	1.19	87.03	73.13
3	西　藏	1.16	31.23	26.88	3	安　徽	1.05	59.80	56.95
4	重　庆	0.70	44.08	63.07	4	广　东	0.78	96.81	124.12
5	四　川	0.68	59.53	86.91	5	陕　西	0.71	60.91	85.79
6	广　东	0.66	82.07	124.37	6	湖　南	0.63	40.68	64.57
7	青　海	0.66	13.98	21.06	7	四　川	0.62	51.34	82.81
8	陕　西	0.57	37.03	65.26	8	重　庆	0.57	39.64	69.54
9	北　京	0.50	73.84	148.08	9	北　京	0.54	61.84	114.52
10	湖　南	0.48	32.99	69.27	10	河　北	0.54	23.63	43.76

3.大中城市居民奶粉消费量同比下降9.09%，平均单价同比上升12.05% 2010年，我国36个大中城市居民奶粉的人均消费量为0.50千克/人，同比下降9.09%；人均消费支出为57.51元/人，同比上升1.36%；奶粉的平均价格为115.59元/千克，与2009年的103.16元/千克相比上涨了12.43元/千克，同比上升12.05%（表14-13）。

4.奶粉消费各季度变化不明显 2010年，我国城镇居民的奶粉人均消费量各季度变化不明显，平均每季消费量为0.11千克/人，平均单价3季度最高为97.50元/千克（表14-14）。

表 14-13　2009—2010年前10位城市城镇居民奶粉消费情况对比

2010年					2009年				
排　序	城　市	消费量（千克/人）	消费支出（元/人）	平均单价（元/千克）	排　序	城　市	消费量（千克/人）	消费支出（元/人）	平均单价（元/千克）
	全　国	0.50	57.51	115.59		全　国	0.55	56.74	103.16
1	海　口	2.00	123.99	62.03	1	海　口	1.85	117.50	63.51
2	拉　萨	1.58	38.12	24.12	2	拉　萨	1.66	41.94	25.27
3	深　圳	1.12	121.95	109.00	3	长　沙	1.38	72.84	52.78
4	合　肥	1.01	81.38	80.81	4	合　肥	1.27	85.26	67.13
5	西　宁	1.01	18.97	18.81	5	深　圳	1.06	142.12	134.08
6	长　沙	0.88	49.70	56.33	6	广　州	0.89	107.15	120.39
7	成　都	0.88	113.14	128.29	7	成　都	0.77	85.93	111.60
8	厦　门	0.72	92.28	127.61	8	哈尔滨	0.76	41.55	54.67
9	南　昌	0.68	38.79	56.99	9	长　春	0.72	87.59	121.65
10	重　庆	0.67	51.57	77.55	10	南　昌	0.71	48.77	68.69

表 14-14　2010年我国城镇居民奶粉消费季度变化

季度	消费量（千克/人）	平均单价（元/千克）
1	0.12	92.83
2	0.11	93.82
3	0.10	97.50
4	0.12	85.50

36 个大中城市居民的奶粉消费全年也比较均衡，1 季度的消费量略多，为 0.14 千克/人，4 季度的平均单价最高为 120.08 元/千克。与全国城镇居民的奶粉消费相比，36 个大中城市居民奶粉的人均消费量及平均单价都相对较高（表 14-15）。

表 14-15　2010年我国36个大中城市居民奶粉消费季度变化

季度	消费量（千克/人）	平均单价（元/千克）
1	0.14	108.64
2	0.12	116.00
3	0.12	116.42
4	0.12	120.08

（中国农业大学经济管理学院　周俊玲）

奶业进出口贸易

我国改良种用牛进口情况

2010年我国进口改良种用牛共计90837头，比上年多50246头，增长1倍多，进口量连续两年翻番。

三聚氰胺事件后，在政府的推动，大企业的参与下，我国奶牛养殖规模化趋势加快。2010年，辉山乳业、现代牧业等进口奶牛的力度加大，奶牛进口量迅速增加。

1.进口数值 2010年，中国包括奶牛、种公牛在内的改良种用牛共进口90837头，进口额1.99亿美元，进口量同比增长123.79%，进口总额同比上涨144.06%（图15-1）。

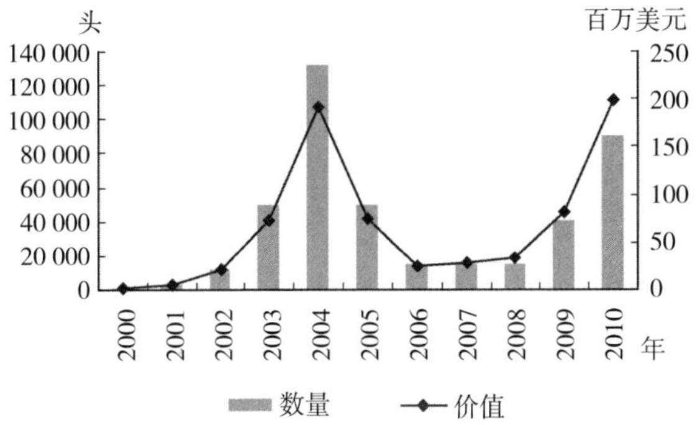

图15-1　2000—2010年改良种用牛进口情况

2.来源国 2010年，中国进口的改良种用牛来自澳大利亚、新西兰和乌拉圭，进口量分别为67068头、15521头和8248头。与上年相比，澳大利亚牛进口量增长151.93%，新西兰增长55.23%，乌拉圭增长107.76%（图15-2、表15-1）。

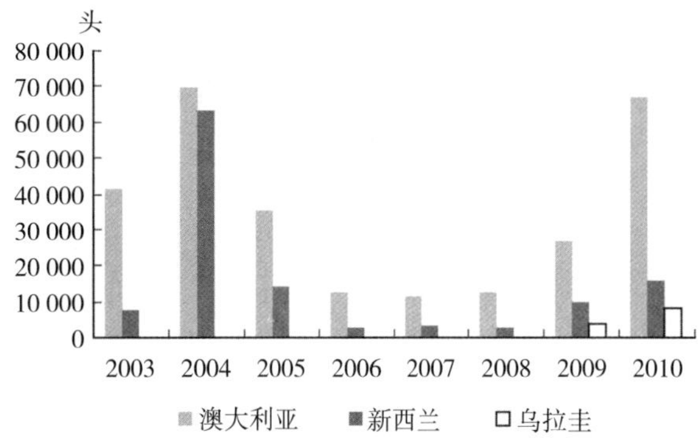

图15-2　2003—2010年改良种用牛主要进口来源国情况

3.进货地区 2010年，随着奶牛进口量再次翻番，进口的省份相应也增加，超过千头的有辽宁、黑龙江、山东等12个省份（图15-3）。

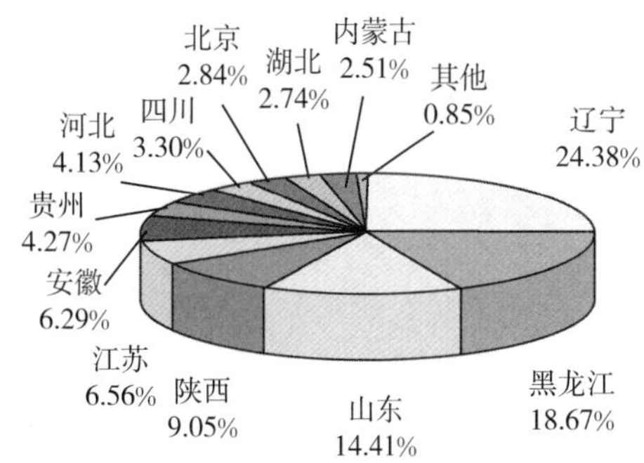

图15-3　2010年中国改良种用牛进货地区

表15-1　2007—2010年改良种用牛进口来源国情况

单位：头、万美元

地　区	2007		2008		2009		2010	
	进口量	进口额	进口量	进口额	进口量	进口额	进口量	进口额
总　计	14 744	2 898.12	15 075	3 420.47	40 591	8 148.96	90 837	19 888.22
澳大利亚	11 344	2 135.86	12 416	2 642.09	26 622	5 596.84	67 068	14 842.24
新 西 兰	3 400	762.26	2 651	750.29	9 999	1 678.72	15 521	3 121.74
乌 拉 圭					3 970	873.40	8 248	1 924.25
南　非			8	28.08				

（中国奶业年鉴编辑部　孙兰欣）

我国动物胚胎与牛的精液进口情况

根据海关统计方式，动物胚胎和牛的精液进口量以液氮罐的重量（千克）作为计量单位。因此在分析上，只有进口额有参考价值，以下主要根据动物胚胎和牛的精液的历年进口额作为分析对象。

1.进口数值

（1）动物胚胎。我国进口的动物胚胎包括牛的胚胎、羊的胚胎、猪的胚胎、其他动物的胚胎等等，因此单从动物胚胎数据上并不能完全反映奶牛胚胎的进口情况。

2010 年我国动物胚胎进口额 170.95 万美元，同比增长 68.38%（图 15-4）。

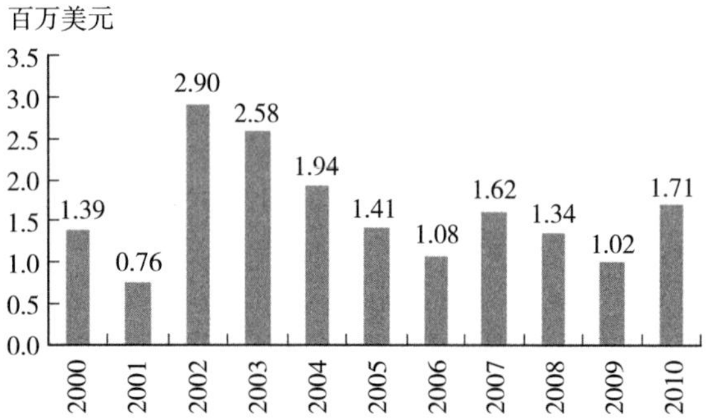

图 15-4　2000—2010年我国动物胚胎进口额变化趋势

（2）牛的精液。2010 年牛精液进口额 1231.80 万美元，同比增长 176.67%（图 15-5）。

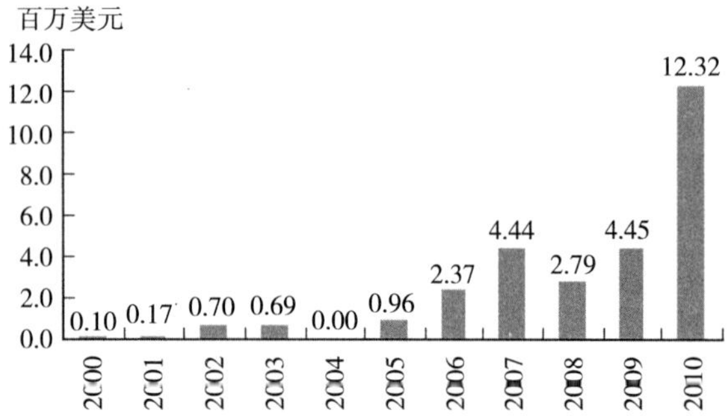

图 15-5　2000—2010年我国牛的精液进口额变化趋势

2.来源国

（1）动物胚胎。2010 年，美国成为我国动物胚胎最大的来源国，澳大利亚、加拿大分列第二、三位，同上年相比，都大幅增长，美国、澳大利亚、加拿大分别增长 24.41%、179.57%、116.56%。泰国、俄罗斯 2010 年成为我国进口动物胚胎的最新来源国，但进口较少（表 15-2）。

（2）牛的精液。2010 年，从进口金额来看，加拿大产冻精增加了 5 倍多，重新成为第一大进口来源国；美国增长 48.78%，下降至第二位；德国增长 5.8 倍，列第三位；荷兰增长 1.45 倍，列第四位；其他进口量较小（表 15-3）。

3.收货地区

（1）动物胚胎。2010 年我国进口动物胚胎的省份较多，主要是北京，占全国进口总额的 61.87%，黑龙江、山东、河北、河南进口量也较大（图 15-6）。

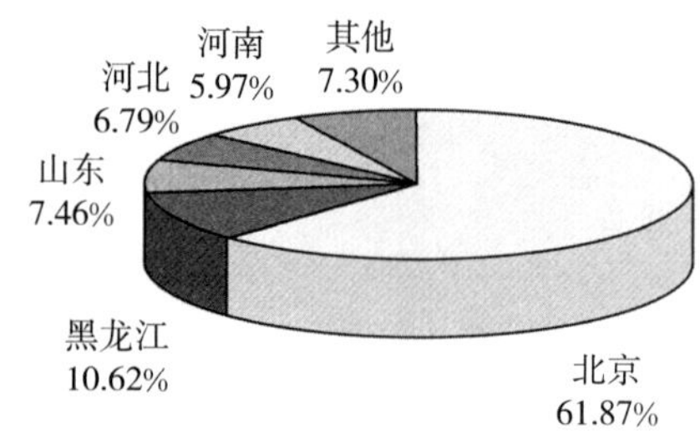

图 15-6　2010年我国进口动物胚胎的地区

（2）牛的精液。2010 年，我国 5 个省份进口牛精液，主要是北京和山东，分别占全部进口额的 51.77% 和 25.58%；其他省份中，内蒙古占 12.07%，黑龙江占 10.52%，河南进口量较小（图 15-7）。

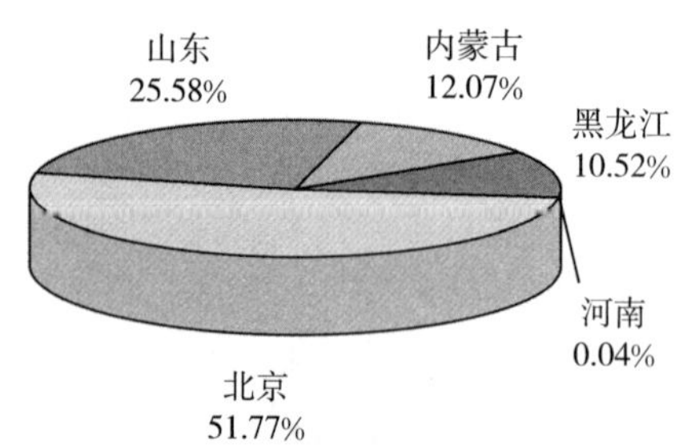

图 15-7　2010年我国进口牛的精液的地区

表 15-2 2007—2010年我国动物胚胎进口来源国情况

单位：万美元

地　区	2007		2008		2009		2010	
	进口量	进口额	进口量	进口额	进口量	进口额	进口量	进口额
总　计	14 744	2 898.12	15 075	3 420.47	40 591	8 148.96	90 837	19 888.22
澳大利亚	11 344	2 135.86	12 416	2 642.09	26 622	5 596.84	67 068	14 842.24
新西兰	3 400	762.26	2 651	750.29	9 999	1 678.72	15 521	3 121.74
乌拉圭					3 970	873.40	8 248	1 924.25
南　非			8	28.08				

表 15-3 2005—2010年我国牛的精液进口来源国情况

单位：万美元

	2005	2006	2007	2008	2009	2010
合　计	95.80	237.15	444.01	278.90	445.23	1 231.80
加拿大	95.80	141.40	287.32	65.60	88.09	571.64
美　国		67.00	52.41	69.52	276.22	410.94
德　国		21.90	89.22	103.68	19.58	133.68
荷　兰				15.42	41.91	102.71
法　国			8.49	10.07	10.70	11.72
挪　威					2.25	1.10
意大利			6.56	7.91	5.45	0.01
澳大利亚		6.86			1.04	
新西兰				6.71		

（中国奶业年鉴编辑部　孙兰欣）

我国乳制品进口情况

2010年，我国乳制品出口总额继续下滑。从具体产品类型来看，大部分品种其实出现了回升势头，但由于主导品种奶粉下降太多，以至于出口总额继续下滑。

鲜奶出口2.25万吨，同比增长12.29%，出口额1599.63万美元，同比增长19.89%；酸奶出口1174.73吨，同比增长39.25%，出口额114.41万美元，同比下降0.53%；奶粉出口继续大幅下降，只有2969.70吨，同比下降69.50%，金额942.89万美元，同比下降69.45%；乳清出口445.54吨，金额80.06万美元，同比分别增长40.95%和136.27%；炼乳出口量3443.52吨，同比下降6.73%，金额590.28万美元，同比增长3.36%；奶油出口3038.76吨，同比增长48.55%，金额972.28万美元，同比增长94.06%；奶酪出口196.40吨，同比增长71.19%，金额94.67万美元，同比增长98.32%，但出口量和金额仍然较少（表15-4）。

2010年，虽然不同品种乳制品进口量涨跌不一，但由于奶粉进口增幅较高，加上价格上涨，乳制品进口额继续大幅增长。

奶粉进口41.40万吨，增长67.77%，金额13.88亿美元，增长1.4倍；乳清进口26.45万吨，同比下降8.40%，金额3.45亿美元，同比增长21.32%；炼乳进口3266.03吨，同比增长88.54%，金额739.17万美元，同比增长85.95%；奶油进口2.34万吨，同比下降17.56%，金额9140.62万美元，同比增长39.20%；奶酪进口2.29万吨，增长35.01%，金额1.05亿美元，增长51.35%；鲜奶进口1.59万吨，同比增长24.34%，金额2818.93万美元，同比增长43.08%；酸奶进口1229.15吨，同比下降19.44%，金额419.34万美元，同比下降3.84%（表15-5）。

从2010年全年平均进出口价格来看，酸奶出口价格下降，炼乳进口价格微降，其他都出现增长。进口价格中，增幅最大的是奶油，其次是奶粉，增幅超过40%，而2009年，奶油、奶粉价格降幅排第一、二位，降幅超过40%；出口价格中，涨幅最高的为乳清，其次是奶油，分别增长67.62%和30.64%（表15-6）。

从各品种的进出口价格对比来看，乳清、奶酪出口价格高于进口价格，其他品种进口价格都高于出口价格。

进口额大幅增长，出口额大幅下降，2010年我国乳制品贸易逆差继续加大（图15-8）。

表 15-4　我国乳制品出口情况

单位：吨、万美元、%

产品类型	2009		2010		同比增长	
	出口量	出口额	出口量	出口额	数量	金额
液态奶	20 873.73	1 449.27	23 666.90	1 714.04	13.38	18.27
鲜　奶	20 030.12	1 334.25	22 492.16	1 599.63	12.29	19.89
酸　奶	843.61	115.02	1 174.73	114.41	39.25	-0.53
干乳制品	15 905.95	4 239.71	10 093.91	2 680.17	-36.54	-36.78
奶　粉	9 737.53	3 085.97	2 969.70	942.89	-69.50	-69.45
乳　清	316.09	33.88	445.54	80.06	40.95	136.27
炼　乳	3 691.95	571.11	3 443.52	590.28	-6.73	3.36
奶　油	2 045.65	501.01	3 038.76	972.28	48.55	94.06
奶　酪	114.73	47.73	196.40	94.67	71.19	98.32

表 15-5　我国乳制品进口情况

单位：吨、万美元、%

产品类型	2009		2010		同比增长	
	进口量	进口额	进口量	进口额	数量	金额
液态奶	14 305.25	2 406.28	17 119.09	3 238.27	19.67	34.58
鲜　奶	12 779.41	1 970.20	15 889.94	2 818.93	24.34	43.08
酸　奶	1 525.84	436.08	1 229.15	419.34	-19.44	-3.84
干乳制品	582 694.00	100 392.94	728 174.45	193 714.17	24.97	92.96
奶　粉	246 787.44	58 040.89	414 039.80	138 810.02	67.77	139.16
乳　清	288 753.81	28 422.04	264 499.03	34 480.99	-8.40	21.32
炼　乳	1 732.28	397.51	3 266.03	739.17	88.54	85.95
奶　油	28 443.69	6 566.50	23 448.93	9 140.62	-17.56	39.20
奶　酪	16 976.78	6 966.00	22 920.66	10 543.37	35.01	51.35

表 15-6　我国乳制品进出口平均价格情况

单位：美元/吨、%

产品类型	出口价格			进口价格		
	2009	2010	同比增长	2009	2010	同比增长
鲜奶	666.12	711.20	6.77	1 541.70	1 774.04	15.07
酸奶	1 363.42	973.90	-28.57	2 857.96	3 411.59	19.37
奶粉	3 169.15	3 175.05	0.19	2 351.86	3 352.58	42.55
乳清	1 071.92	1 796.81	67.62	984.30	1 303.63	32.44
炼乳	1 546.91	1 714.17	10.81	2 294.71	2 263.20	-1.37
奶油	2 449.13	3 199.59	30.64	2 308.60	3 898.10	68.85
奶酪	4 160.72	4 820.20	15.85	4 103.25	4 599.94	12.10

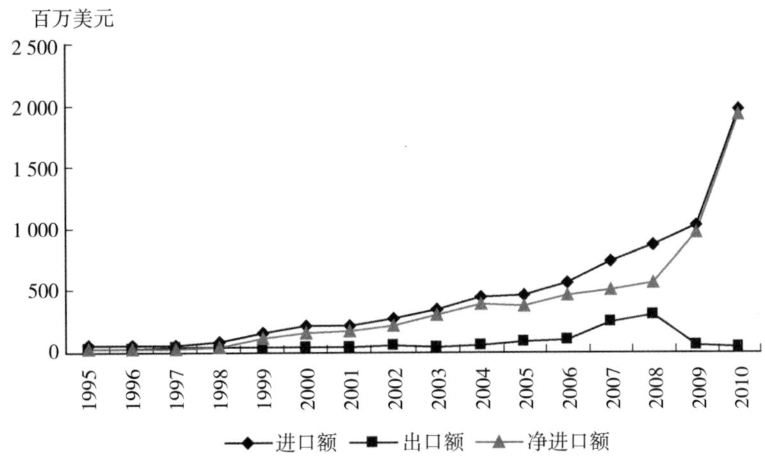

图 15-8　乳制品进出口额

（中国奶业年鉴编辑部　孙兰欣）

我国奶粉进口情况

经历了2009年的翻倍增长，我国奶粉进口增幅2010年再创历史新高，主要原因在于：受三聚氰胺事件的影响，国内消费者对国产奶粉消费信心仍然不足；三聚氰胺事件后奶牛过量淘汰，液态奶消费恢复超出预期，国内奶源相对不足。

1.进口数值　2010 年我国进口奶粉 41. 40 万吨，同比增加 67. 77%，进口金额 13. 88 亿美元，同比上升 139. 16%（图 15-9）。2009 年进口量增长 1. 4 倍，2010 年进口额增长 1. 4 倍。

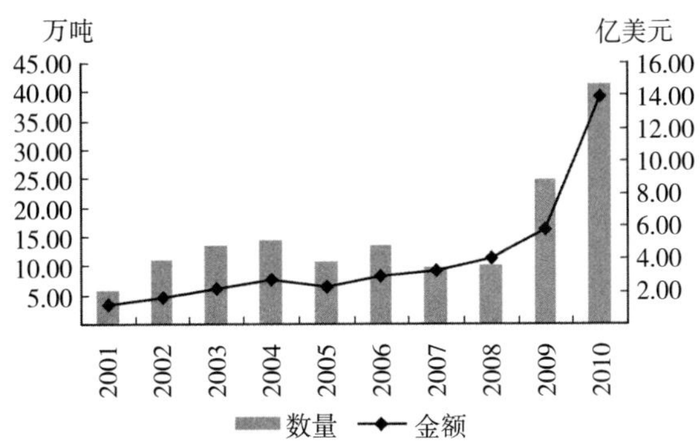

图 15-9　我国奶粉进口情况

我国进口奶粉基本上以全脂奶粉为主，2010 年进口 32. 55 万吨，同比增长 84. 58%，占全部进口奶粉的 78. 61%，增加超过 7 个百分点；脱脂奶粉进口 8. 85 万吨，同比增长 25. 70%，占 21. 39%（图 15-10）。

2.进口来源国　2010 年，我国进口奶粉的最大来源国仍然是新西兰，占 81. 27%；欧盟超越澳大利亚成为第二大来源地区，占 6. 82%；澳大利亚排第三位，占 5. 98%；美国仍然排第四位，占 3. 50%。由于产自南美洲阿根廷、乌拉圭、智利的奶粉进口大幅增加，新西兰比例有所下降（图 15-11）。

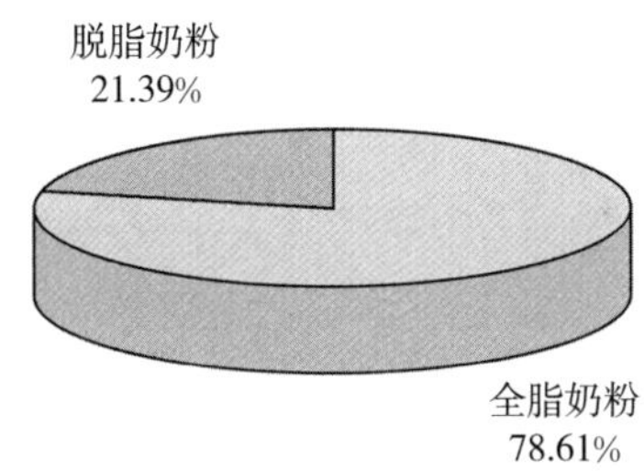

图 15-10　我国进口奶粉结构

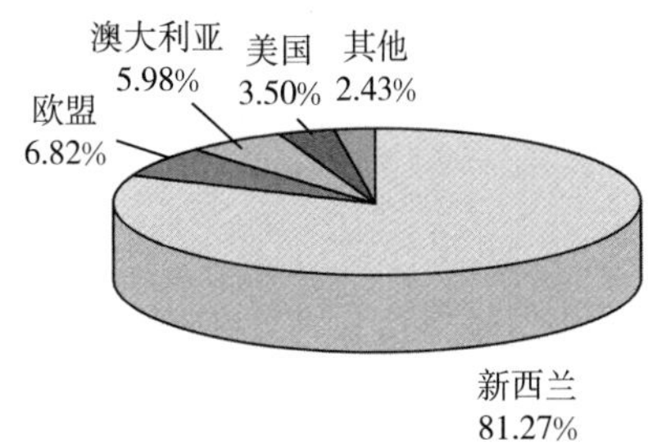

图 15-11　我国奶粉进口来源国情况

2010 年，我国奶粉进口前四大来源地均大幅增长，新西兰增长 65. 02%；欧盟增长 72. 91%，欧盟有 11 个国家向中国出口奶粉，其中除法国下降超过 1/4 外，其他国家都出现增长；澳大利亚增长 37. 16%；美国增长 138. 94%。从价格来看，前四大地区奶粉价格都大幅增长，澳大利亚奶粉价格涨幅最大，美国奶粉价格最低（表 15-7）。

表 15-7　2010年我国奶粉主要进口来源国进口数值及价格

	进口量	同比	进口额	同比	价格	同比
	吨	%	万美元	%	美元/吨	%
合计	414 039.80	67.77	138 810.02	139.16	3 352.58	42.55
新西兰	336 489.02	65.02	113 582.31	137.69	3 375.51	44.04
欧盟	28 251.11	72.91	9 267.03	114.03	3 280.24	23.79
澳大利亚	24 760.62	37.16	8 634.39	115.02	3 487.15	56.76
美国	14 487.11	138.94	4 215.90	207.92	2 910.10	28.87

3.进货地区　2010 年，我国进口奶粉的仍然主要是天津、浙江、广东、上海、山东五个拥有港口的省市，只不过浙江、广东两省的排序相互转换，上海与山东排序相互转换，五省市共占进口总量的 84.13%，下降了 3 个多百分点，主要原因在于内蒙古、北京、江苏等进口增长较快（图 15-12）。

5 个主要进口地区中，山东下降超过 1/4，其余四个增幅都较大，其中天津增长超过 1 倍，浙江、上海增幅超过 80%，广东增长 1/4（表 15-8）。

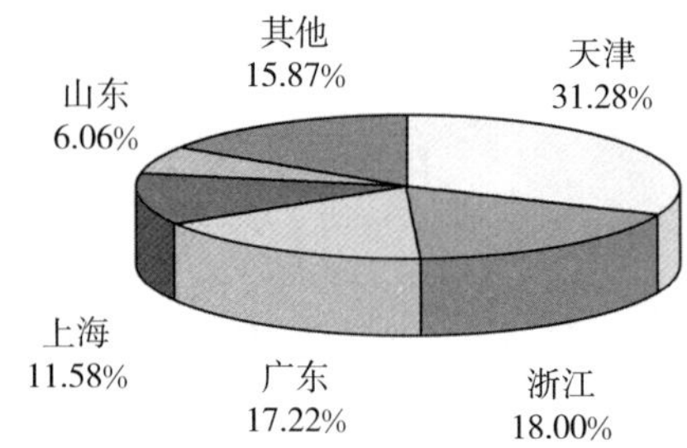

图 15-12　我国奶粉进口主要地区

表 15-8　2010年我国奶粉主要进口地区进口数值及价格

	进口量	同比	进口额	同比	价格	同比
	吨	%	万美元	%	美元/吨	%
合　计	414 039.80	67.77	138 810.02	139.16	3 352.58	42.55
天　津	129 515.80	123.01	41 900.18	236.12	3 235.14	50.72
浙　江	74 540.28	87.93	24 554.81	162.45	3 294.17	39.66
广　东	71 279.13	24.66	25 070.11	84.32	3 517.17	47.86
上　海	47 928.07	82.57	15 859.52	160.48	3 309.02	42.67
山　东	25 074.66	-26.40	8 654.17	-4.04	3 451.36	30.37

4.奶粉进口大幅增长的势头在延续　三聚氰胺事件的影响在 2010 年仍然在延续，国产奶粉消费信心仍未得到恢复，此外，在三聚氰胺事件导致奶牛过量淘汰等因素影响下，国内奶源紧缺，因此，虽然国际市场奶粉价格大幅上升，我国奶粉进口仍然大幅增加。除 8、9、10 三个月进口量因季节原因稍小以外，其他月份进口量都较大，6 月份进口量最高，进口了 4.42 万吨，这也是奶粉进口历史上的月度峰值（图 15-13）。

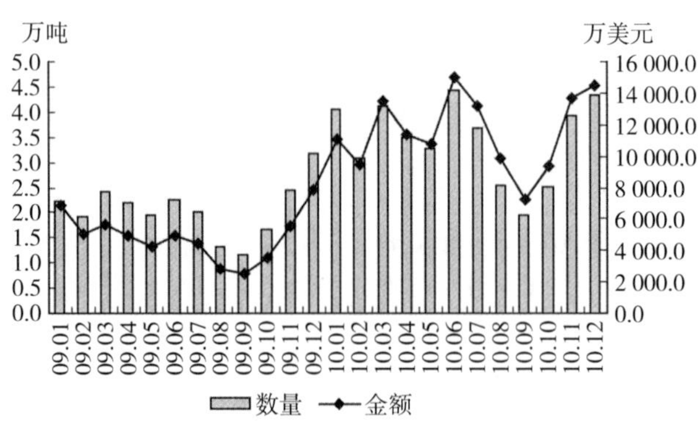

图 15-13　2009—2010年我国奶粉进口月度变化

（中国奶业年鉴编辑部　孙兰欣）

我国乳清粉进口情况

1.进口量下降，进口金额大涨 2010年，乳清粉进口在上年再创历史新高后回调，下跌8.40%，为26.45万吨，而进口金额同比增长21.32%，达到3.45亿美元（图15-14）。

从价格上看，经历2008、2009连续两年下跌后，我国2010年进口的乳清粉平均价格大幅增长32.44%，为1303.63美元/吨。

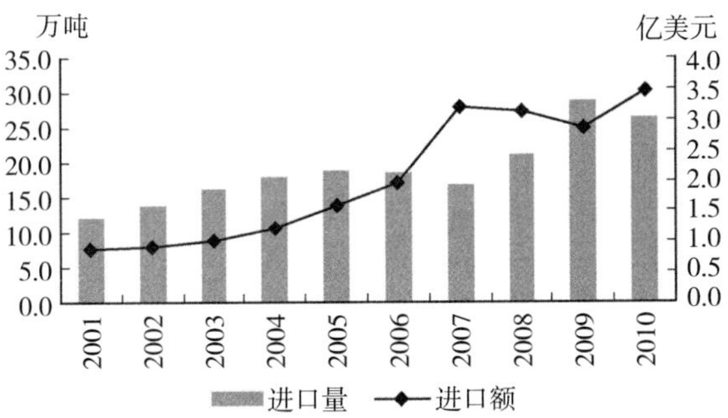

图 15-14　2001—2010年中国进口乳清粉趋势

2.主要来自美国、欧盟 2010年，我国进口乳清粉的主要来源国（或地区）仍然为美国、欧盟，美国仍处第一位。两地进口数量占我国乳清粉进口总量的90.36%，增加约1个百分点，但美国份额上升，欧盟份额下降。另外，来自阿根廷的产品减少，但乌拉圭产品进口大幅增加，南美洲已排第三位。

价格方面，乳清粉价格的高低与其用途有很大关系，饲料级价格低，而用于婴幼儿奶粉生产的脱盐乳清粉价格较高。前五位国家或地区的乳清粉价格均出现大幅增长，澳大利亚产乳清粉价格增幅最大，新西兰乳清粉价格最高，接近最低的美国乳清粉价格的5倍（图15-15、表15-9）。

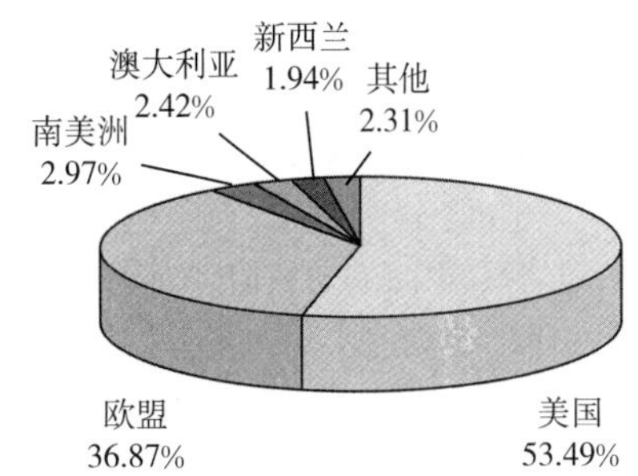

图 15-15　2010年我国乳清粉主要进口来源国

表 15-9　2010年我国乳清粉主要进口来源国进口数值及价格

	进口量	同比增长	进口额	同比增长	平均价格	同比增长
	万吨	%	百万美元	%	美元/吨	%
合　计	26.45	-8.40	344.81	21.32	1 303.63	32.44
美　国	14.15	1.04	121.77	51.98	860.66	50.41
欧　盟	9.75	-17.44	172.11	2.13	1 764.73	23.70
南美洲	0.79	30.54	13.43	55.17	1 710.06	18.87
澳大利亚	0.64	-28.46	9.48	17.01	1 483.86	63.56
新西兰	0.51	37.87	20.73	115.22	4 033.13	56.10

3.拥有港口的省份进口较多 与上年相比，我国进口乳清粉前五位的省份中，前三位仍然是天津、上海、广东，且排序不变，北京、福建取代辽宁、山东分列第四、五位，前五个地区的乳清粉合计进口数量17.55万吨，占全国乳清粉进口总量的66.34%，减少2个百分点。前五个地区中，天津、广东进口量出现下降，天津下降超过1/5。价格上，从福建进口的乳清粉价格最低，天津进口的价格最高，前五个地区进口乳清粉价格都出现大幅增长（图15-16、表15-10）。

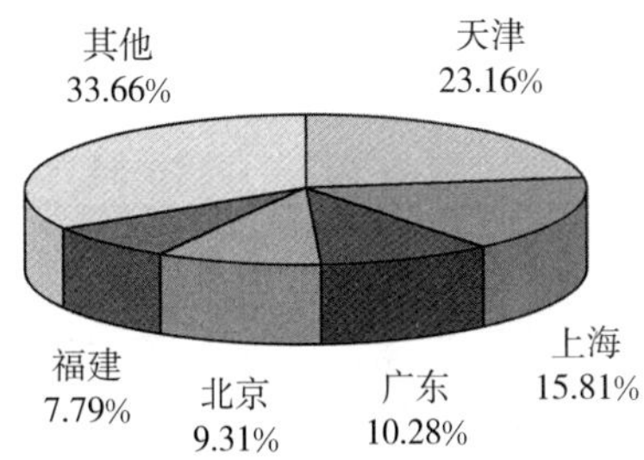

图 15-16　2010年我国进口乳清粉的主要地区

表 15-10　2010年我国进口乳清粉的主要地区的进口数值及价格

	进口量	同比增长	进口额	同比增长	平均价格	同比增长
	万吨	%	百万美元	%	美元/吨	%
合　计	26.45	-8.40	344.81	21.32	1 303.63	32.44
天　津	6.13	-21.30	99.83	11.16	1 629.68	41.25
上　海	4.18	0.63	49.02	35.15	1 172.38	34.31
广　东	2.72	-2.48	33.53	45.69	1 233.43	49.39
北　京	2.46	7.65	23.24	36.08	944.18	26.42
福　建	2.06	5.70	15.88	75.55	770.65	66.08

（中国奶业年鉴编辑部　孙兰欣）

我国奶酪进口情况

1.进口量再次大增；价格上涨　2010 年，我国奶酪进口再次大幅增长，增长 35.01%，增幅超过上年，进口量 2.29 万吨，进口金额 1.05 亿美元，增长 51.35%，增幅超过进口量增幅，因进口价格同比增长 12.10%，达到 4599.94 美元/吨（图 15-17、表 15-11）。

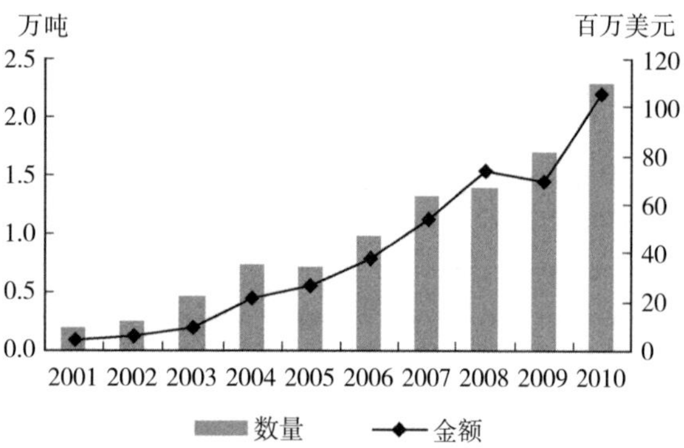

图 15-17　2001—2010年干酪的进口情况

2.来源国　2010 年，中国进口干酪主要的来源国仍然是新西兰和澳大利亚，来自两国的产品占我国干酪进口总量的 74.31%，但与上年相比，份额下降 3.58 个百分点，主要原因在于：虽然两国产品进口都出现增长，而且新西兰增幅还较高，但来自美国、欧盟、南美洲的奶酪进口增幅大大高于新西兰和澳大利亚，尤其是南美洲，增加 1.75 倍，这与中国-智利自由贸易协定的生效以及中国-阿根廷乳制品出口议定书的签署有很大关系，将来是我国干酪等乳制品进口的重要来源地（图 15-18）。

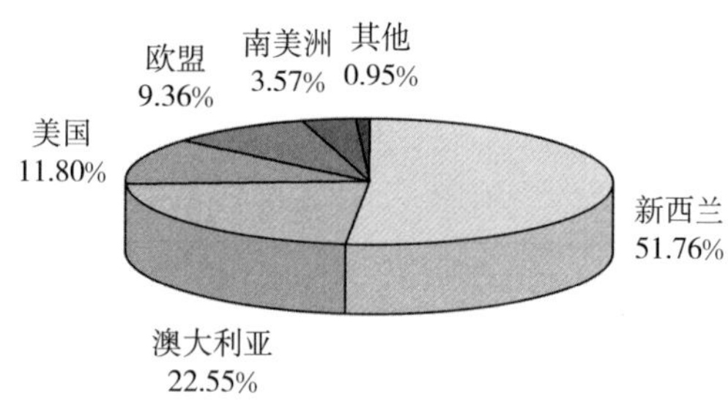

图 15-18　2010年我国进口干酪的主要来源国

2010 年，进口干酪的平均单价出现较大增长，前 5 位国家或地区中，只有欧盟奶酪价格出现下降，美国奶酪价格增幅较低，其他三个地区奶酪价格均大幅增长，南美洲奶酪价格增幅最高，高达 35.98%；不过，从具体价格来看，欧盟产奶酪价格最高，为 7403.86 美元/吨（表 15-11）。

表 15-11　2010年我国进口干酪的主要来源国情况

	进口量	增长率	进口额	增长率	平均单价	增长率
	吨	%	万美元	%	美元/吨	%
合　　计	22 920.66	35.01	10 543.37	51.35	4 599.94	12.10
新 西 兰	11 863.30	35.82	5 069.52	61.74	4 273.28	19.08
澳大利亚	5 169.62	15.16	2 132.25	31.47	4 124.58	14.16
美　　国	2 703.57	59.88	1 276.57	65.87	4 721.79	3.74
欧　　盟	2 146.08	49.13	1 588.92	40.58	7 403.86	-5.73
南 美 洲	819.25	175.44	310.47	274.53	3 789.68	35.98

3.收货地区 我国进口奶酪的地区主要是沿海发达地区和发达城市，与上年相比，前5位省份及其排序都没有变化，在光明的带动下，上海已连续五年位居奶酪进口的首位。2010年，前五位收货省份共进口干酪2.07万吨，占全国干酪进口总量的90.39%，与上年相比，下降超过1个百分点，主要原因在于辽宁、江苏等其他沿海省份进口力度加大（图15-19）。

从价格上看，各地进口干酪的价格与2009年相比都出现增长，福建进口的奶酪价格增幅最高；从具体价格来看，广东进口奶酪价格最高，天津最低（表15-12）。

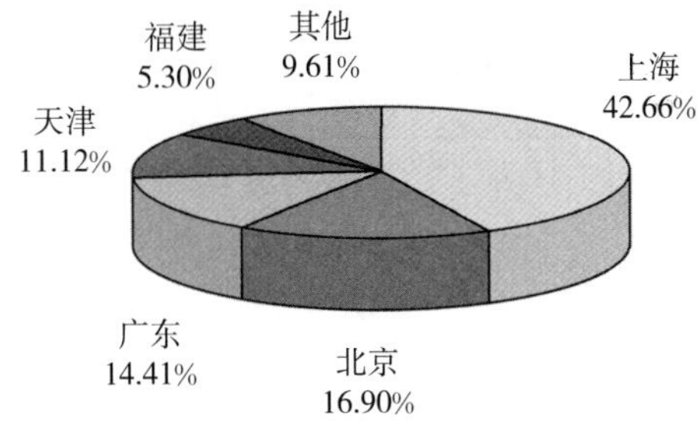

图 15-19 2010年我国进口干酪主要收货地区

表 15-12 2010年我国进口干酪的主要收货地区情况

	进口量	增长率	进口额	增长率	平均单价	增长率
	吨	%	万美元	%	美元/吨	%
合 计	22 920.66	35.01	10 543.37	51.35	4 599.94	12.10
上 海	9 778.49	22.55	4 589.01	34.23	4 692.96	9.53
北 京	3 873.83	15.23	1 784.18	35.74	4 605.74	17.80
广 东	3 304.01	46.62	1 590.19	59.75	4 812.92	8.95
天 津	2 547.67	148.06	1 026.01	190.34	4 027.26	17.04
福 建	1 213.99	33.07	501.63	66.48	4 132.05	25.10

（中国奶业年鉴编辑部 孙兰欣）

我国奶油进口情况

1.进口量下降，价格大幅增长 2010年我国奶油进口量2.34万吨，下降17.56%，进口额9140.62万美元，同比增长39.20%，平均价格为3,898.10美元/吨，同比上涨68.85%（图15-20、表15-13）。

1995年以来，我国奶油进口经历过几次突然增长：1999年进口量增加了5.75倍；2002年增加了2.5倍；2003年增加了1.2倍；2009年增加1.1倍。不过，经历过2009年的高增长后，2010年进口量出现了下滑。

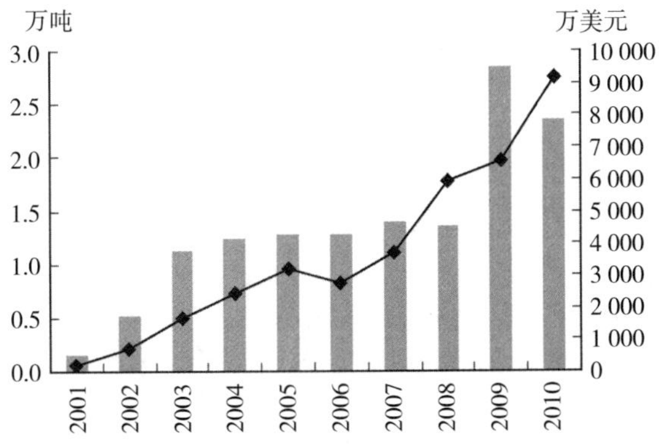

图 15-20 2001—2010年中国进口奶油情况

2.来源国家或地区 新西兰仍是我国进口奶油的最主要来源国，2010年进口数量占我国奶油进口总量的83.16%，下降超过2个百分点，为1.95万吨，进口量下降超过1/5。来自澳大利亚和欧盟的奶油进口也都出现了下降，美国产奶油虽然大幅增长，但来自阿根廷等南美洲的产品增幅更大，2010年超过美国。从价格上来看，前五位国家或地区中，价格均出现高涨，南美洲奶油价格涨幅最高，但具体价格最低（图15-21、表15-13）。

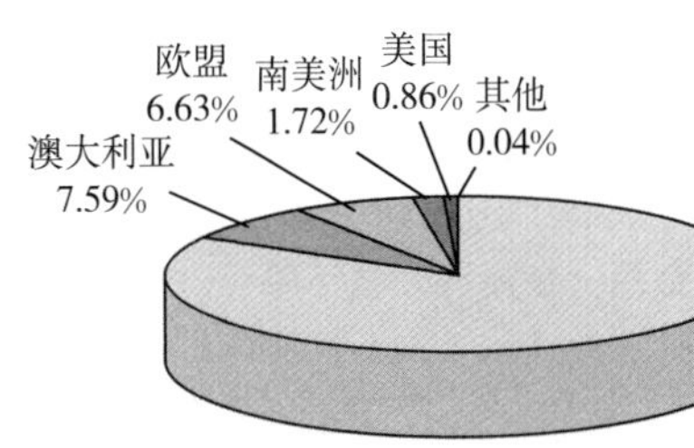

图 15-21 2010年中国进口奶油的主要来源国

表 15-13　2010年我国进口奶油的主要来源国情况

	进口量	增长率	进口额	增长率	平均单价	增长率
	吨	%	万美元	%	美元/吨	%
合　计	23 448.93	-17.56	9 140.62	39.20	3 898.10	68.85
新西兰	19 500.49	-20.07	7 349.64	38.15	3 768.95	72.85
澳大利亚	1 779.38	-16.67	728.31	46.80	4 093.06	76.17
欧　盟	1 555.03	-4.17	832.75	26.30	5 355.20	31.81
南美洲	402.63	422.90	134.46	828.65	3 339.61	77.60
美　国	202.33	79.90	91.83	127.76	4 538.70	26.60

3.进货地区　与2009年相比，2010年我国进口奶油前五位的省份中，前四位及其排序均不变，浙江取代江苏排第五位。2010年奶油进口仍然主要集中在上海、广东两地，但进口均出现下降，共进口1.40万吨，占全国进口总量的59.81%，由于其他三省份进口增加，两省份占全国的份额有所下降。价格方面，浙江进口的奶油价格最高，北京进口的奶油价格增幅最大（图15-22、表15-14）。

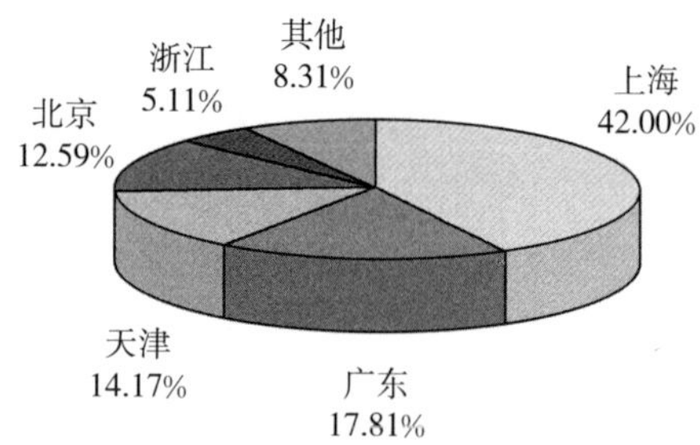

图 15-22　2010年我国进口奶油的主要收货地区

表 15-14　2010年我国进口奶油的主要收货地区情况

	进口量	增长率	进口额	增长率	平均单价	增长率
	吨	%	万美元	%	美元/吨	%
合　计	23 448.93	-17.56	9 140.62	39.20	3 898.10	68.85
上　海	9 849.17	-24.74	3 739.20	22.48	3 796.46	62.74
广　东	4 176.72	-18.67	1 649.28	39.66	3 948.74	71.72
天　津	3 322.61	14.98	1 211.40	95.34	3 645.92	69.88
北　京	2 952.33	7.50	1 226.05	96.77	4 152.80	83.05
浙　江	1 198.45	15.74	519.62	100.48	4 335.77	73.21

（中国奶业年鉴编辑部　孙兰欣）

我国奶粉出口情况

2010年，我国乳制品出口仍未全面恢复，奶粉、炼乳出口仍在下降，尤其是奶粉，出口量下降幅度高达69.50%，带动乳制品出口总额下降。

1.出口数量、金额均大幅下降　2010年，中国奶粉出口只有2969.70吨，同比下降69.50%，主要是全脂奶粉，2780.49吨，同比下降71.44%，占奶粉总出口的93.63%；出口金额942.89万美元，同比下降69.45%，其中全脂奶粉出口额为873.86万美元，同比下降71.68%，占奶粉总出口额的92.68%（图15-23）。

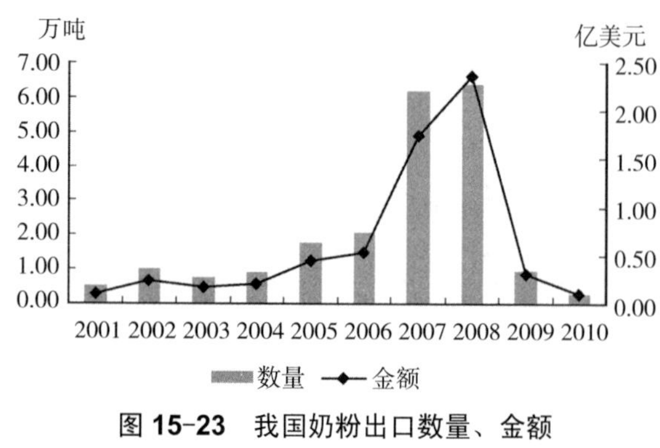

图 15-23　我国奶粉出口数量、金额

2.出口目的地结构 2010年，东南亚成为进口我国奶粉最多的地区，占53.95%；我国港澳台地区占比回升至第三位，占12.16%；而作为我国进口奶粉最大来源国的新西兰居然也进口了730.95吨我国奶粉，占24.61%，排第二位；2009年占比较大的非洲2010年仅进口了少量，连续两年进口我国奶粉量较大的委内瑞拉停止了进口（表15-15）。

表15-15 我国奶粉出口目的地结构

单位：%

	2006	2007	2008	2009	2010
东南亚	22.41	28.12	10.91	17.06	53.95
新西兰					24.61
我国港澳台	66.59	31.51	16.66	0.81	12.16
非洲	0.83	11.30	10.34	26.46	4.90
西亚	7.59	17.69	4.17	0.47	3.37
南亚	0.61	9.14	0.89	0.84	0.16
委内瑞拉			55.71	53.92	
其他	1.97	2.24	1.32	0.44	0.85

2010年我国奶粉出口到东南亚1602.09吨，同比下降3.54%，金额588.85万美元，同比增长14.61%，主要是缅甸进口；出口到新西兰730.95吨，金额134.23万美元，3月份、4月份分别出口378.28吨和352.68吨，从天津出口；我国港澳台地区361.06吨，同比增长358.62%，金额135.87万美元，同比增长449.78%，虽然总量不多，但由于上年进口总量不足百吨，因此增幅很大；非洲145.60吨，下降94.35%，金额46.79万美元，下降93.16%；西亚100吨，增长116.56%，金额24万美元，下降7.36%（表15-16）。

表15-16 我国奶粉出口情况

单位：吨；万美元

	2009		2010		同比（%）	
	数量	金额	数量	金额	数量	金额
合计	9 737.53	3 085.97	2 969.70	942.89	-69.50	-69.45
东南亚	1 660.95	513.80	1 602.09	588.85	-3.54	14.61
新西兰			730.95	134.23		
我国港澳台	78.73	24.71	361.06	135.87	358.62	449.78
非洲	2 577.00	684.52	145.60	46.79	-94.35	-93.16
西亚	46.18	25.91	100.00	24.00	116.56	-7.36
南亚	81.85	19.86	4.88	4.96	-94.04	-75.05
委内瑞拉	5 250.00	1 801.79				
其他	42.83	15.39	25.12	8.20	-41.35	-46.70

3.出口货源地有较大变化 2010年，东南亚成为我国奶粉出口最大的目的地，其中主要是缅甸进口，云南成为我国奶粉出口最大的货源地，占全国奶粉出口量的44.55%，从具体数据来看，云南出口的奶粉全部到了缅甸，缅甸也未从我国其他省份进口奶粉；2009年没有奶粉出口的天津2010年出口量排全国第二位，占全国的27.30%；辽宁跃居第三位，占6.18%；山东仍然位居第四位，占5.77%；内蒙古下滑至第五位，占4.58%；2009年出口量排第一位的黑龙江跌出前五位（图15-24）。

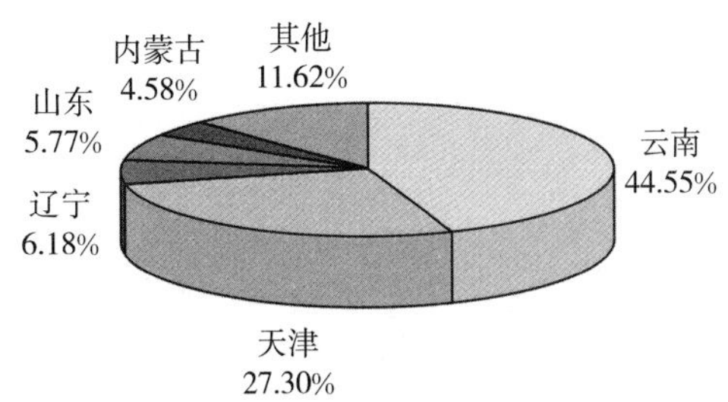

图15-24 我国奶粉出口货源地情况

4.进出口价格 延续2009年11月、12月的涨势，2010年8月前奶粉月度进口价格一路上涨，后四月处于下滑状态。而出口价格反复相对较大，主要原因在于货源地不同，南北方成本差异大，7、8两月主要是云南省出口到缅甸，出口市场也相对稳定，因此价格高（图15-25）。

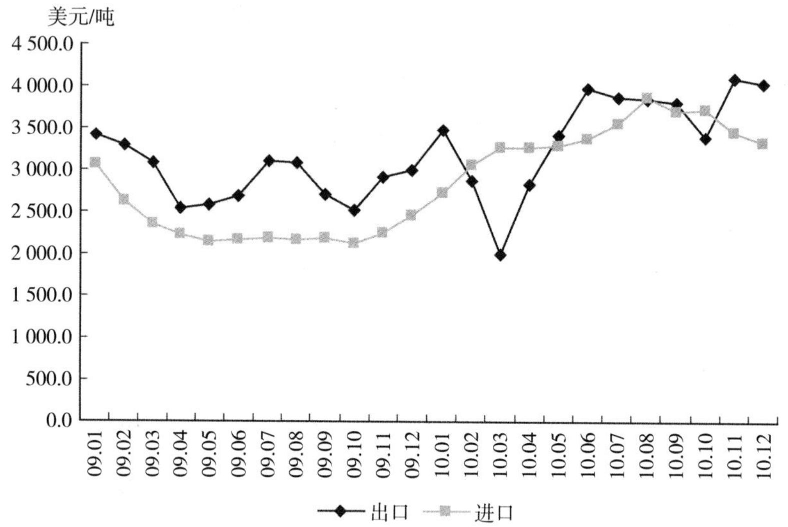

图15-25 2009—2010年奶粉进出口月度平均价格

综合全年来看，进口价格增幅较大，出口价格增幅较小，进口价格高于出口价格（图15-26）。

总体上看，三聚氰胺事件对我国奶粉出口的影响仍在继续，出口量继续下降。

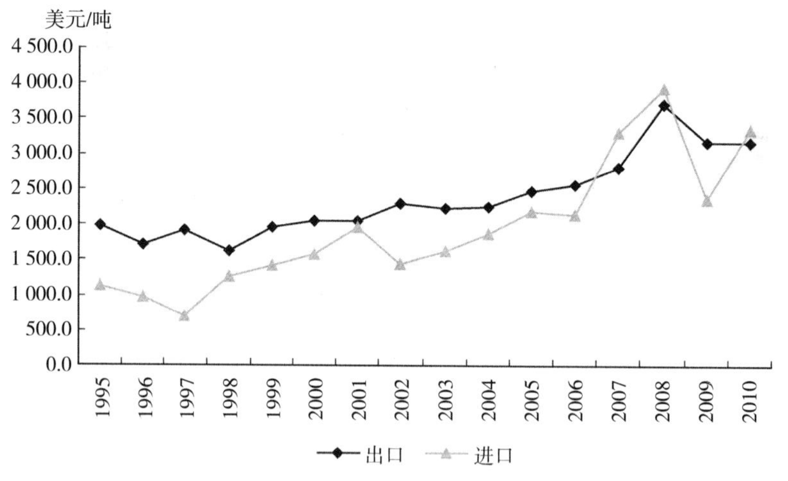

图15-26 1995—2010年奶粉进出口年度平均价格

（中国奶业年鉴编辑部 孙兰欣）

各地奶业

北京市

【奶类生产】本地区2010年奶牛存栏14.9万头，全部为荷斯坦牛。

随着奶业市场的稳定，市民对饮奶的信心增强，市场看好。再加上政府对奶农的支持，北京奶牛存栏恢复到历史最好水平。奶农大部分盈利。

本地区2010年奶类总产量64.1万吨。

北京地区主要是生产牛奶，而且都是荷斯坦奶牛，2010年产量增加，主要是头日产提高，特别是以三元绿荷为代表的现代养牛业，饲养规模大，奶牛产奶高，科技先进，技术领先，产量达国际水平，在其影响下，北京奶牛产量在稳定头数的情况下将稳步提高。

本地区2010年全年的平均奶价为3.44元/千克，同比增加8%，春夏秋冬季奶价分别是3.3元/千克、3.36元/千克、3.51元/千克、3.55元/千克。

北京地区几个主要乳品生产厂家的价格，半年过后，趋于稳定，规模牛场的价格大部分每千克3.6～3.7元左右，本地区无保护价措施，主要靠市场决定。

【乳品加工】2010年本地共有乳品加工企业11个，日处理鲜奶的能力总计达到2000吨。

当年新建项目1个，日处理鲜奶能力为1200吨。

本地2010年巴氏消毒奶、UHT奶、奶粉、酸奶的产量分别为5万吨、40万吨、5200吨、15万吨，同比增长2.0%、2.5%、2.3%、1.2%。主要生产企业各产品的生产情况：北京三元是本地区生产量最大企业，品种多，也是巴氏奶的主要生产基地，三元依托三元绿荷优质奶源基地，生产出多个高端品牌牛奶，占据大部分高端市场，蒙牛、伊利、光明在北京的产品以UHT奶、酸奶、冷饮为主。

北京地区加工生产基本稳定，没有大的变化，巴氏消毒奶占有一定的比例，大多是三元送奶到户产品，每天送奶到户产品包括酸奶近100吨。

【市场与消费】本地区2010年城镇居民人均奶制品（折合成原料奶）消费量38.67千克/人，其中鲜乳品22.24千克/人，奶粉0.50千克/人，酸奶9.1千克/人。本地区2010年农村居民鲜奶购买量6.88千克/人，奶及奶制品消费量9.85千克/人。

本地区奶品市场比较稳定，利乐枕与巴氏消毒奶供应人群比较稳定，各占一定的群体，夏季酸奶及冷饮消费较大，城市与农村的差距在缩小，但在婴儿奶粉方面，城市大部分选进口奶粉，农村选国产优质品牌，主要是价格因素。

【奶源基地建设】2010年，本地区奶牛存栏1～5头的有545个场（户）、6～20头的有537个场（户）、21～100头的有130个场（户）、101～200头的有117个场（户）、201～500头的有94个场（户）、501～1000头的有25个场（户）、1000头以上40个场（户）。

奶牛养殖小区292个，奶牛存栏72215头。

2010年末共有奶站64个，其中企业自建的23个，合作社建设21个，其他20个。奶站平均日收奶5.6吨。2010年本地区机械化挤奶达到100%。

奶站整理早已结束，纯奶站已剩不多，主要奶站都是散户挤奶，或集中饲养的养殖小区奶站，这对控制牛奶质量有着稳定的保障，单独收奶已成为过去。

2010年共使用冷冻精液22.3万剂；共生产冷冻精液394万剂；共进口奶牛5头、胚胎180枚、冷冻精液2万剂。

人工牧草种植面积4666公顷，全部为苜蓿草；专用青贮玉米种植面积1.5万公顷，有青贮窖1476个，共1476000立方米。

奶牛配合饲料的生产企业44个，年产奶牛配合饲料48万吨，其中主要生产企业三元绿荷饲料厂，年生产配合饲料8万吨。

随着北京城市建设进程的加快，城市周边六环内养牛企业逐步外迁，而六环外对于环保要求越来越严，北京周边养殖也有向外埠扩展的趋势，北京可供养殖的饲料基地也在大幅减少。

目前，三元已经开始在河北、河南、山东建设奶源基地，其中河南新乡已投产，河北定州基地也已起动建设。

【重要建设项目】本地区2010年建设的奶业项目：（1）三元食品工业园，项目规模：日处理原料1200吨，投资额：8亿，启动时间：2010年3月，完工时间：2011年10月。（2）三元种业饲料厂，项目规模：加工能力35万吨/年，启动时间：2010年5月，完工时间：2012年10月。

【支持政策】土地优惠：对于新建小区，规模养殖场，远郊区县，给予土地优惠政策，但不能改变性质。

税收优惠：实行税收减免政策。

良种支持：对改良品种、精液实行半价补贴政策，北京2010年10万头，每头补贴30元。

政策保险：在良种保险上，政府出资补贴，让农民享实惠。

【奶农协会建设】奶农协会共12个，包含农户4007个，存栏奶牛132629头；奶农合作社共10个，包含农户3982个，存栏奶牛130985头。

合作组织是新的组织形式，但在统一管理，统一销售，统一采购饲料方面只是一种设想，或在逐步实践，完全像国外那样，发挥合作组织的作用还需要进一步摸索实践。

【质量管理】各乳品生产厂家对原料奶质量的控制都很重视，各牛场都有驻场人员定点管理，质量抽检已制度化和规范化，而且每个样品都要经过第三方检测。北京奶源的质量是经得起检验的，所有原料均达到或超过国家标准。绿荷原料奶达到欧盟标准。

北京经过多次市场抽检，绝大多数产品达到优良以上，北京市场牛奶品种丰富，质量优良，老百姓吃着放心，市场前景良好。

【学生奶计划】北京三元食品股份有限公司被认定为中国学生奶定点生产企业，使用中国学生饮用奶标志，全国统一编号为smc110601，自2006年11月23日。学生奶供应数量是每天25000盒，供应品种有原味、草莓、巧克力、热带水果、麦香，供应价格为每盒1.5元，饮奶人数为25000人。

【奶业科技】北京三元绿荷通过鉴定及参加的省部级项目成果3个。

1.2010年通过省部级鉴定的奶业研究成果

奖项名称：2010年度北京市农业技术推广奖

等级：三等奖，编号2010畜-3-20

项目名称：北京地区夏季奶牛热应激及控制措施的研究与应用推广

执行单位：北京三元绿荷奶牛养殖中心

完成人：张振新 乔绿 郑建华 王亚庆 李锡智 张振山 王新宇 何长起 张红涛 程艳辉

研究进展：针对暑期热应激长期困扰奶牛生产这一瓶颈问题，北京三元绿荷奶牛养殖中心自2006年启动“北京地区奶牛夏季热应激及控制措施技术研究与应用推广”研究课题。项目实施四年来，通过不断创新、研究与应用，建立了以物理降温、营养调控、饲养管理等为一体的北京地区奶牛夏季抗热应激综合配套技术体系，该体系集成、凝练了暑期抗热应激的先进理念和措施，是对传统奶牛暑期管理的一次重大创新和突破，填补了国内暑期奶牛管理的空白，达到了国际同行业先进水平，极大地缓解了奶牛暑期热应激带来的影响，促进了奶牛生产水平的稳定和提高，产生了显著的经济、社会和生态效益。

应用情况：暑期抗热应激综合配套技术体系在北京市各郊县规模化奶牛场和养殖小区得到广泛应用，成果推广区域奶牛暑期降奶幅度由30%降低到15%，特别是三元绿荷2万头成母牛的暑期降奶幅度由15.9%下降到10.5%，暑期热应激对奶牛生产性能、繁殖性能及牛群健康的影响得到历史性的控制和缓解。在整个项目实施期间，累计实现直接经济效益6016万元，效果十分显著；通过该成果的推广应用，极大地促进了京郊奶牛养殖业的综合生产水平的提高，奶牛单产水平提高，减轻了奶牛养殖业对环境的压力，有明显的社会效益和生态效益。

2.正在开展的省部级科研项目概况

项目名称：国家奶牛产业技术体系

项目首席科学家：李胜利教授

三元试验站站长：张振新

项目进展情况：三元绿荷奶牛养殖中心作为国家奶牛产业技术体系综合试验站参加项目，试验站站长为总经理张振新。试验站与体系岗位科学家共同开展8个项目的研究，分别为：

（1）奶牛饲料资源高效利用与健康养殖关键技术（CARS-37-01A）

（2）奶牛场标准化规模饲养关键技术研究（CARS-37-02A）

（3）奶牛群体改良与新品系培育关键技术研究与应用（CARS-37-04B）

（4）奶牛场重大疫病防控与净化技术研究与示范（CARS-37-03A）

（5）奶牛群体改良与新品系培育技术研究与应用（CARS-37-04B）

（6）奶牛高效安全新兽药研发与普通病的防治（CARS-37-06B）

（7）奶牛营养需要与生态饲养技术（CARS-37-07B）

（8）奶业转型时期的要素、市场及产业政策研究（CARS-37-10B）

试验站按照项目要求逐步开展实验。已检测饲料样本约300个，调整并进一步完善了奶牛营养数据库；并针对高产奶牛围产期饲养管理及后备牛能量与蛋白质需要量开展深入研究。通过培训、示范，培训牛场兽医、配种人员200余人次。与繁殖育种岗位科学家共同开展了奶牛群体改良与新品系培育关键技术研究；通过春检、秋检及抽检，确定了本地区规模化牛场两病流行情况，并比对了不同检测方法的差异，制定了合理可行的两病防控方案，同时通过抽检的方式确定了口蹄疫免疫后抗体效价的变化。

3.2010农业部农垦系统畜牧业高产攻关项目

项目名称：2010年度农垦系统畜牧业奶牛高产攻关项目

文件文号：农垦办[2011]9号

执行单位：北京三元绿荷奶牛养殖中心

项目执行情况：按照《农业部办公厅关于印发2010年农垦系统畜牧高产攻关活动方案的通知》（农办垦

表 16-1 2010年度三元绿荷奶牛高产攻关项目

单位：头、千克/头

攻关地号名称	中以	二牧	金银岛	一牧	北一	金牛
全群年存栏	1 760	2 449	2 628	1 901	2 188	2 333
成母牛存栏	903	1 381	1 371	967	1 160	1 241
攻关目标	9 000	9 000	9 000	9 000	9 000	9 000
成母牛年平均产奶	11 770	10 570	10 540	10 250	10 134	9 790

表 16-2 北京三元食品股份有限公司正在承担的主要科研项目

项目名称	项目来源和起止时间
乳制品质量安全控制技术研究与产业化（2009BADB9B06）	“十一五”国家科技支撑计划重大项目课题（2009. 1-2011. 12）
传统发酵乳制品微生物资源开发与产业化关键技术（2011AA100903）	“十二五”国家高技术研究发展计划（863计划）课题（2009. 1-2011. 12）
“干酪加工关键技术研究与产业化开发”课题（D10110504600001）	北京市重大科技计划项目课题（2009. 1-2011. 12）
“功能性乳清制品开发与产业化研究”（D101105046010002）	北京市重大科技计划项目课题（2009. 1-2011. 12）
“乳制品质量控制体系的建立与应用”（D101105046010003）	北京市重大科技计划项目课题（2009. 1-2011. 12）

完成人：陈历俊等，研究进度：课题按计划进度进行，部分成果已应用于生产；应用情况：部分成果已应用于生产。

[2010]16 号）的文件精神，决定 2010 年在农垦系统继续开展畜牧高产攻关活动。按通知要求三元绿荷奶牛养殖中心 2010 年选定六个中高底牛场作为高产攻关的试点单位，即金银岛牧场、中以示范牛场、金星牛场、北郊一场、绿荷第一牧场、绿荷第二牧场。在 2010 年农垦系统畜牧业高产攻关活动——9000 千克目标中，三元绿荷参加的六个牛场均圆满完成了任务，并且中以示范牛场完成了 11770 千克，以超目标 2770 千克的可喜成绩名列前茅（表 16-1）。

三元绿荷自成立以来，在奶牛饲养和管理上，不断改革和创新，吸纳了世界先进的生产工艺和理念，创立并推行了贯穿奶牛繁育、饲养工艺、饲料与营养、TMR 饲养技术、牛奶质量控制、奶牛保健等环节的企业技术标准体系，同时建立了与之相配套的工作标准和管理标准，在全国范围内率先使用和推广了“TMR”日粮工艺，并在实践中凝练出科学的、领先的、独有的“EDTN”理论管理体系。

北京三元食品股份有限公司正在承担的主要科研项目（表 16-2）。

（北京市奶业协会　经宝临　王大明）

天津市

【奶类生产】天津市 2010 年奶牛存栏 15.7 万头，同比减少 0.82%，全部为荷斯坦牛，主要分布在武清区、北辰区、静海县、嘉立荷牧业有限公司，其奶牛存栏数占总存栏数的 80%。

2010 年天津市奶牛存栏与 2009 年相比变化不大，存栏数稍微有所下降。其原因是三聚氰胺事件后，奶牛养殖进行了清理整顿，至 2009 年底，散养模式在天津已不存在，奶牛养殖趋于稳定，存栏在 15.8 万头左右。2010 年底存栏 15.6 万头，下降幅度在正常范围内，主要是小城镇建设、工业园区建设，占用了部分奶牛养殖小区用地。

天津 2010 年奶类总产量 69.3 万吨，比上年同期增长 0.95%，奶类总产量中牛奶 69 万吨，同比增长 1.10%。

牛奶总产较 2009 年小幅度下降，其原因一是奶牛存栏小幅度下滑，二是 2010 年 1 ～ 2 月份温度异常低，部分奶牛场奶牛乳房有冻坏的现象，致使产奶量有所下降。

本地区 2010 年全年的平均奶价为 3.57 元/千克，同比增加 27.5%，春夏秋冬季奶价分别是 3.28 元/千克、3.43 元/千克、3.51 元/千克、3.58 元/千克，比上年同期增加 0.67 元/千克、0.77 元/千克、0.62 元/千克、0.41 元/千克。

2010 年原奶收购价格较 2009 年大幅度上升，主要是 2009 年上半年，受三聚氰胺、进口奶粉的影响，原奶收购价格属不正常现象。2010 年在国家的调控下，奶业趋于稳定，价格比较稳定上升，价格虽然较高，但在正常合理范围之内。

原料奶收购中没有地方保护价。

【乳品加工】2010 年天津共有乳品加工企业 10 个，日处理鲜奶的能力总计达到 2200 吨，其中外资 4 个、合资企业 3 个、地方自建企业 3 个。

乳品企业总销售额为 215572 万元。

当年扩建项目 2 个，日处理鲜奶能力分别为 300 吨、395 吨。

产品结构：天津 2010 年巴氏消毒奶、UHT奶、奶粉、酸奶的产量分别为17864吨、189192吨、361.68吨、25102吨，同比增长50%、-9.06%、-10.19%、-32.55%。

【市场与消费】本地区2010年城镇居民人均奶制品（折合成原料奶）消费量28.03千克/人，各种乳制品消费量：鲜乳品20.41千克/人，奶粉0.23千克/人，酸奶3.61千克/人。本地区2010年农村居民鲜奶购买量3.85千克/人，奶及奶制品消费量4.94千克/人。

当地质检部门抽检情况：天津市质监部门，在乳品加工企业派驻检测人员，按《条例》要求开展检测。同时为保证乳品质量安全，2010年下半年，对全市含乳食品企业，开展批批检测。

【奶源基地建设】2010年，天津奶牛存栏6～20头的有757个场（户）、21～100头的有1248个场（户）、101～200头的有301个场（户）、201～500头的有33个场（户）、501～1000头的有68个场（户）、1000头以上18个场（户）；标准化规模养殖场（小区）157个，奶牛存栏15.62万头；其中新建1个，存栏5000头。

2010年末共有奶站157个，其中企业自建的17个，合作社建设17个，其他123个。奶站平均日收奶1760吨。天津2010年机械化挤奶达到100%。

在奶站清理整顿中全市各级畜牧兽医主管部门累计出动执法人员2864人次，累计检查奶牛养殖场1272场次，生鲜乳收购站1280站次，检查覆盖率100%，切实做到了全面覆盖，不留死角，保证了生鲜乳生产、收购、运输各个环节质量安全，从而进一步提高了天津市生鲜乳收购站规范化管理水平。

2010年共改良各种牛群93000头，使用冷冻精液178000剂。

全年开展两次结核检疫、一次布病检疫，口蹄疫（A型、O型、亚I）按照免疫程序进行免疫，并开展血清学检测。同时，科学的开展乳房炎、肢蹄病、繁殖障碍等病的防治。

人工牧草种植面积6700公顷，其中苜蓿草700公顷；专用青贮玉米种植面积6000公顷。

天津市共有157个奶牛养殖场和奶牛养殖小区，2010年天津市嘉立荷牧业有限公司，基建投资9700万元，建成全市最大存栏5000头的现代奶牛场。

【重要建设项目】嘉立荷示范牛场，项目规模：5000头，投资额9700万元，启动时间：2010年6月已完工。

【支持政策】天津市奶牛示范园区建设，2010年支持10个奶牛场实施此项目，每个园区政府支持200万元资金。

【奶农协会建设】奶农协会共2个，包含农户220个，存栏奶牛3.5万头；奶农合作社共17个，包含农户560个，存栏奶牛1.1万头。

2010年奶牛养殖大区武清区成立了武原奶农合作社，有27个奶牛养殖场和小区加入了合作社，占武清区奶牛60%以上。合作社起到了与乳品加工企业沟通、协调生鲜乳价格、质量的作用，初步理顺奶农和乳品加工企业利益联结关系。但天津其他奶农合作组织，目前在运作上存在很多问题，只是在奶牛养殖环节起到一些作用，但在与加工环节对接上，起不到应有的作用。

【质量管理】全年用于原料奶质量安全检测资金240万元。质量安全监测由市奶业办公室负总责，市畜产品质量安全监测中心负责抽样和检测。市和区县畜牧兽医管理部门每月对生鲜乳质量安全进行监督检查。

【奶业科技】见表16-3。

【学生奶计划】一是对第三批（嘉立荷牧业公司的第五、第八、第十牧场）申报“国家级学生饮用奶奶源基地”单位进行现场验收。二是组织第四批国家学生饮用奶源示范基地申报工作，并组织基地管理、技术人员参加国家学生饮用奶办公室召开的“学生饮用奶奶源基地培训班”，进一步了解了创建内容和要求，为今后各牛场创建工作奠定了基础。三是组织天津市小学生积极参加第二届“牛奶与健康”全国少儿绘画作文大赛活动，天津市荣获优秀奖一名；积极组织参与国家学生饮用奶办开展的“征集学生饮用奶计划实施10周年宣传图片”活动，选送30余幅图片报送国家学生饮用奶办公室；组织开展了“学生饮用奶废旧包材手工制作活动，并选出优秀作品报国家学生饮用奶办公室参加全国手工制作大赛。四是针对市教委、市纠风办、市物价局、市财政局四部门联合下发的《关于规范天津市普通中小学服务性收费和代收费的通知》，根据天津市目前学生饮用奶计划工作开展情况，我中心组织召开了“学生饮用奶计划工作交流会”，特别邀请国家学生饮用奶办公室、利乐公司有关专家和天津市学生饮用奶定点生产企业负责人参会进行交流探讨，对天津市下一步推进学生饮用奶行动计划工作给了很大的启

表16-3　2010年通过省、部级奶业科研项目

项目名称	主管部门	承担单位	主持人
提高奶牛合成乳蛋白能力的技术集成与示范	北辰科委	天津梦得牧业发展有限公司	于清
奶牛饲用微生物添加剂的应用	津南科委	天津市普丰饲料有限公司	樊建华
奶牛蹄病与变形蹄综合防治新技术的推广	农垦集团	天津嘉立荷牧业有限公司	李德林
奶牛肢蹄病综合防治技术的示范与推广	农学院	天津农学院动物科学系	杨升
现代奶牛繁育关键技术及配套设施的示范应用	市农科院	天津市畜牧兽医研究所	冯建忠
现代奶牛设施化生产关键技术集成与示范	市畜牧兽医局	天津市畜牧兽医局	刘克成

研究进展：正在实施中。

发。同时通过媒体（天津日报）对有关定点企业、学校、学生、家长进行采访调查，加大学生奶计划的正面宣传力度。

目前“学生饮用奶计划”行动已在全市6个区县的40多所中小学推广实施，每天供应学生饮用奶1.1万份。

（天津市奶业办公室　赵祥增）

河北省

【奶类生产】本地区2010年奶牛存栏180.8万头，同比增长8.00%主要分布的地区（地级市）是唐山、石家庄、张家口、保定四个奶业优势区域，其奶牛存栏数占总存栏数的75%，主要分布的县（县级市）是丰润、滦南、行唐、栾城、张北、正定、宁晋等51个县，其奶牛存栏数占总存栏数的85%。

奶牛存栏同比增长12%，原因主要是河北奶业逐步走向恢复，乳品企业开工生产，奶牛养殖效益扭转走势见好，所以奶牛存栏开始增加。

本地区2010年奶类总产量449.1万吨，同比降低2.59%，其中牛奶439.8万吨，同比降低2.60%。

本地区2010年全年的平均奶价为2.89元/千克。

本地区原料奶收购中无地方保护价。

【乳品加工】2010年本地共有乳品加工企业61个，日处理鲜奶的能力总计达到13000吨，其中外资2个、合资企业5个、地方自建企业54个。

主要企业的销售额和利税：君乐宝销售收入136420万元、河北三元食品有限公司51555万元，河北新希望天香销售收入20956万元、长城乳业销售收入2260万元、乡瑶乳业销售收入6925万元、滏阳乳业销售收入2629万元

当年新建项目3个、扩建项目1个。

2010年，河北奶业格局基本形成。蒙牛、伊利两大巨头成就河北奶业霸主地位；君乐宝独扛河北奶业大旗，不断扩张成长；长城、滏阳、贝兰德、乡瑶等区域品牌，特色产品区域经营，也是有声有色；其他大部分乳品企业或是代加工寻找新的生存方式，或是停产。

【市场与消费】本地区2010年城镇居民人均奶制品（折合成原料奶）消费量24.05千克/人，其中鲜乳品14.99千克/人，奶粉0.35千克/人，酸奶5.12千克/人。本地区2010年农村居民鲜奶购买量2.32千克/人，奶及奶制品消费量3.48千克/人。

各级质检部门对全省主要乳品企业实行批批检测，保证流通到市场的每一包产品都是合格的，保证了河北乳制品的安全营养。

2010年全省奶业环境规范，乳品消费恢复，消费行为越来越理性。在产品品种上，酸奶消费增长较快，农村以奶粉和乳饮料为主。但是，消费信心是制约消费市场增长的瓶颈。

【奶源基地建设】2010年，全省有50头以上的规模养殖场（小区）2462个，其中300以上的的规模养殖场（小区）1914个，存栏170.43万头，占存栏总量的94.19%。150头以下的规模养殖场244个，存栏3.15万头，占1.74%；150～300头的规模场91个，存栏2.12万头，占1.17%；300头以上的规模场499个，存栏47.33万头，占26.16%。300头以下的养殖小区213个，存栏5.24万头，占2.9%；300头以上的养殖小区1415个，存栏123.09万头，占68.03%。

标准化规模养殖场1914个，奶牛存栏170.43头。

2010年末共有奶站1996个，其中企业自建的114个，合作社建设842个，其他1040个。本地区2010年机械化挤奶达到100%。

奶站经过清理整顿，现有奶站全部达到“五有一符合”标准，全部实现管道式挤奶，《生鲜乳收购许可证》和《生鲜乳准运证明》持证率均为100%。

人工牧草种植面积200万公顷，其中苜蓿草27万公顷；专用青贮玉米种植面积48万公顷，有青贮窖25万个，共2300万立方米。

奶牛配合饲料的生产企业257个，年产奶牛配合饲料25万吨，其中主要生产企业生产情况：河北兴达饲料年产10万吨、河北凯特饲料公司年产3万吨，廊坊普瑞纳公司年产10万吨。

河北奶源基地建设向集约化、标准化、规模化方向发展，奶牛饲养小区数量增多，规模扩大，管理规范，其原因：一是奶农逐渐认识到规模饲养方能提高效益；二是社会化服务体系日趋完善；三是乳品企业重视产品质量，在技术及奶源上下功夫，增加投入；四是政府在资金上给予大力支持，鼓励小区建设的标准化、规范化。

【奶农协会建设】各级奶业合作组织积极开展工作，发挥桥梁和纽带作用，帮助奶农搞好饲养管理、繁殖育种、防疫灭病等工作，积极开展技术交流和饲养技术培训工作，促进了奶业的发展。主要问题是经费不足，利益联结机制还不完善，协会组织还不够规范等。

【质量管理】各级政府和乳品企业都加大了对原料奶质量的控制，各部门加强了对奶牛养殖小区和乳品加工企业的检查检测力度，取消流动奶站，从奶源监控到产品出厂批批检测，各乳品加工企业实行托管经营奶站养殖小区，配备先进的检测设备，不合格的牛奶拒收，合格的牛奶还要根据脂肪、蛋白、干物质、微生物等主要指标定级，做到优质优价。对于不合格的牛奶要分析原因，属于掺杂使假者，严厉处罚；企业帮助奶农找原因，加以改进。

各级质监、食品监督局、工商局等部门定期、不定期对乳制品生产企业进行检查，对于检验不合格的进行处罚，并限期整改，如果整改不合格的停产。

（河北省奶业协会　李贺峰）

石家庄市

【奶类生产】本地区2010年奶牛存栏40.49万头，全部为荷斯坦牛，主要分布的县（县级市）是藁城、栾城、行唐，其奶牛存栏数占总存栏数的38.95%。

本地区2010年奶类总产量113.9万吨，比上年同期增长5.4%。奶类总产量中牛奶113.7万吨，羊奶0.2万吨。

本地区奶类总产量比上年上升，乳品价格略微上涨，本地企业逐渐恢复生产。

本地区2010年全年的平均奶价为2.9元/千克，同比增加9.3%，春夏秋冬季奶价分别是2.75元/千克、2.78元/千克、2.92元/千克、2.98元/千克，比上年同期增加0.05元/千克、0.21元/千克、0.4元/千克、0.28元/千克。

1～6月份价格集中在2.75元/千克之间，下半年价格在2.95元/千克之间，最高价为3元/千克。

本地区原料奶收购中无地方保护价，但由于成立生鲜乳价格协调委员会，启动生鲜乳价格协调机制，协调乳制品加工企业与奶农之间的利益，2010年共召开4次价格协调会，根据生鲜乳生产成本和季节变化及时调整生鲜乳参考价格。

【乳品加工】2010年本地共有乳品加工企业16个，日处理鲜奶的能力总计达到4660吨，其中合资企业2个、地方自建企业14个。

主要企业的销售额和利税：君乐宝乳业有限公司销售收入为136419.86万元，利润为1836.56万元；三元食品有限公司销售收入为51554.85万元，利润为-15074.12万元。

当年新建项目1个，日处理鲜奶能力为750吨。

本地2010年巴氏消毒奶、UHT奶、奶粉、酸奶的产量分别为1100吨、77726.64吨、6671.57吨、148583.84吨，同比增长0%、-72.8%、12.8%、-8.6%。主要生产企业河北三元食品有限公司日处理能力为680吨，实际处理量为167.95吨。

【市场与消费】本地区2010年城镇居民人均奶制品（折合成原料奶）消费量31.97千克/人，其中鲜乳品20.59千克/人，奶粉0.06千克/人，酸奶9.84千克/人。

在农业部对全部奶站进行的普检中，各奶站检测全部合格，未发现违法添加物。

【奶源基地建设】2010年，本地区奶牛存栏21～100头的有1个场(户)、101～200头的有13个场（户）、201～500头的有215个场（户）、501～1000头的有150个场（户）、1000头以上23个场（户）。

奶牛养殖小区370个，其中新建小区13个。

标准化规模养殖场31个，奶牛存栏2.3万头。

2010年末共有奶站403个，其中企业自建的1个，合作社建设133个，其他269个。奶站平均日收奶1400吨。

本地区2010年机械化挤奶达到100%。

奶站清理整顿后，全部实现奶站与奶牛养殖场（小区）一体化建设与管理，生鲜乳收购许可证和车辆准运证达到100%发证率；403家奶站全部安装使用了电子监控设备并实现全市联网，所有奶站都与乳品企业签订了“生鲜乳收购合同示范文本”，全部由乳品企业派驻质量监管员，全市基本实现“养殖入区、挤奶进厅、站企挂钩、全程监管”的工作目标。

2010年共改良各种牛群25万头，使用冷冻精液50万剂；共生产胚胎550枚。

【支持政策】良种支持：石家庄市奶牛胚胎移植补助项目。每准胎一例在省财政补贴3000元的基础上，市财政配套补贴1000元。

【奶农协会建设】奶农协会共17个，奶农合作社共112个。

本地区合作组织总体数量已初具规模，涉及养殖品种比较广泛，服务内容日趋增多。有利于推进现代牧渔业进程；有利于实现牧渔业增长方式的转变；有利于区域产业发展优势和特色产业的形成；有利于牧渔业标准化生产模式的建立；有利于转变政府的行政管理职能。

存在问题：区域发展不平衡；规模普遍偏小，带动能力不强；管理不够规范；标准化生产水平低；资金严重短缺，融资特别困难。

【质量管理】检测牛奶中项目主要有三聚氰胺、β-内酰胺酶、硫氰酸钠、皮革水解蛋白等项目。

石家庄市2009年奶站整治实现了“散养入区、挤奶进站、站企挂钩、全程监管”的目标，为全面完成省政府冀政[2008]91号文件确定的任务目标，2010年加大了奶站整顿力度，大力推进规模化养殖、标准化生产、规范化管理、全程化监管、产业化经营、一体化发展，把全市奶站的整体素质和效益提高到一个新水平。

（1）深入开展奶站标准化建设和规范化管理。提出奶站落实奶站和小区一体化建设的“八项要求、十项管理制度和一项技术操作规程”，在消毒通道的规范使用、奶厅内外环境卫生、企业驻站监管、完善各项记录档案等存在问题较多的薄弱环节提高水平，促进全市奶站的规范化管理。

（2）深化合同化管理和价格协调工作，维护正常的生鲜乳收购秩序。为进一步规范全市的生鲜乳收购秩序，解决好奶站和乳品企业之间的生鲜乳质量纠纷，稳定购销关系，堵塞监管漏洞，积极探索，创新机制。一是规范奶站变更交奶企业行为，维护三方认定的“生鲜乳收购合同”在执行上的严肃性。在保持奶站和乳品企业之间稳定购销关系的基础上，针对如何维护广大奶农利益的问题，制定了《关于进一步规范生鲜乳收购合同化管理工作的通知》，明确规定了奶站变更交奶企业应具备的条件和应履行的程序，以及对随意变更交奶企业的奶站和乳品企业的处理措施。对两家私自变更交奶企业的奶站认真进行了查纠，通过协调教育使这两家奶站和相关乳品企业认识到了错误行为并按期纠正了变更行为，巩固了生鲜乳收购市场秩序整治行动成果，有效保证了合同化管理的严肃性。二是对价格协调机制不断进行完善。2010 年 8 月底部分奶站奶农代表反映，周边部分省市生鲜乳收购价格普遍高于石家庄市，市生鲜乳价格协调委员会办公室立即对周边部分省、市的生鲜乳收购价格进行了调查了解，并结合石家庄市奶源市场的实际情况，及时做出调整，将原定于 9 月 15 日组织召开的 2010 年第三季度生鲜乳价格协调会议，提前到 9 月 2 日召开，并要求各乳品企业将 8 月份的结算价格在 7 月份参考价格的基础上适度上调，将 9 月份的生鲜乳收购参考价格、最低限价和最高限价分别提高至 3.5 元/千克、3.35 元/千克和 3.65 元/千克，同时决定从 9 月份开始，市价格协调委员会办公室定期调查了解周边省、市的生鲜乳收购价格作为参考，再结合奶牛饲养成本的变化和价格监测点反馈的乳品企业实际结算价格以及石家庄市实际情况，对生鲜乳收购参考价格、最低保护价和最高限价及时进行调整。三是公开各乳品企业的生鲜乳计价体系。将在石家庄市收奶的各乳品企业的计价体系进行整理，并通过石家庄日报向社会进行公布，同时要求各乳品企业要将每天的生鲜乳检测结果及时反馈给奶站奶农，使生鲜乳收购价格更加透明，有效地减少了乳品企业压质、压价现象的发生，保护了奶农、奶站的合法权益。

（3）依靠科技手段，创新监管模式，强力推进奶站视频监控网络系统建设。随着奶站标准化建设和规范化管理的进一步推进，畜牧部门和乳品企业都迫切要求以一种全新的监管模式来替代驻站监管。奶站视频监控网络系统建设是 2010 年石家庄市畜牧系统的一项重点工程，是展现全市奶业形象的一个亮点。为确保奶站监控联网项目的顺利实施，有关部门多次参与召开了项目研讨会，确定了实施奶站监控联网的科学性、客观性和有效性，创新了监管模式。2009 年，全市所有奶站在挤奶大厅、储奶间和装车处都安装电子监控设备的基础上，经充分酝酿和广泛征求乳品企业、奶站、奶农意见，与中国联通石家庄市分公司合作，按照远程监控、分层管理、压减费用、共同负担、统一实施的原则，大力推进全市奶站视频监控网络系统建设，实现了奶站视频监控网络系统在市、县级畜牧部门、乳品企业和所有奶站之间的互联互通，可实时查看生鲜乳生产过程，并可随时调取所辖奶站 3 个月内的视频资料。同时，各乳品企业对所管理奶站的所有生鲜乳运输车辆加装GPS全球定位系统，对生鲜乳运输车辆行车路线进行监管和查询，实现了对生鲜乳的生产收购活动实施全程有效监管。奶站视频监控网络系统建设将目前的由各乳品企业派驻质量监督员的依靠人盯人的驻站监管模式逐渐转变为依靠科技手段的监管模式。从 2010 年 8 月 20 日召开奶站视频监控网络系统建设启动仪式起，截止目前全市奶站视频监控网络系统建设已初步完成。

（石家庄市畜牧水产局　刘亚男　桂　蕴　云慧卿）

唐山市

【奶类生产】本地区 2010 年奶牛存栏 45.85 万头；主要分布在丰润、丰南、滦县、滦南等 4 个县，其奶牛存栏数占总存栏数的 75%。

2010 年，唐山市奶业持续健康发展，全市奶牛存栏同比下降 2.5%。全市奶牛年平均单产为 5.9 吨，同比增长 18%。综合分析奶牛养殖业发展情况，一是全市规模化奶牛养殖比例达到 100%，取缔散养，低产奶牛被淘汰；二是国家及省奶牛项目补贴的落实，稳定了奶农生产积极性；三是市场需求的不断加大，提高生鲜乳收购价格，奶农收益良好；四是中央及省市财政对奶业的扶持，提高了全市规模化养殖程度，规模化养殖比例达到 80%以上；五是奶站整治工作得到全力推进，奶业生产秩序良好；六是行业协会的重大作用，协调了奶牛养殖户和加工企业之间的产业链条关系；七是龙头企业的带动作用。现在已经建成投产较大规模乳品企业有 5 家，总资产 23.15 亿元，其中固定资产 18.9 亿元，日处理鲜奶能力 3900 吨，创利税近 2 亿元。在企业不断发展壮大的同时，也拉动、稳定了鲜奶的价格，确保奶农收益，促进奶农的养殖积极性。

本地区 2010 年奶类总产量 186.94 万吨，比上年同期增长 7%，商品奶类（企业收购）181.52 万吨；其中牛奶 178.56 万吨，羊奶 3.92 万吨，分别比上年同期增长了 3.3%，下降 8.2%。

【乳品加工】2010 年本地共有乳品加工企业 5 个，日处理鲜奶的能力总计达到 3900 吨，其中合资企业 4 个、地方自建企业 1 个。

【奶源基地建设】2010 年，本地区奶牛存栏 50～100 头的有 74 个场（户）、101～500 头的有 176 个场（户）、500～1000 头的有 269 个场（户）、1000 头以上 114 个场（户）。

奶牛养殖小区 331 个，奶牛存栏 20.03 万头；其中新建小区 18 个。

本地区机械化挤奶达到 100%。

【重要建设项目】本地区当年引进的外资项目 1 个，汉沽恒天然牧场，项目规模：日处理鲜奶 800 吨，投资额：1.5 亿元，启动时间：2008 年，现已投产；引进区外项目 1 个，滦县伊利乳业，项目规模：设计奶牛存栏 8000 头，目前已存栏 1500 头，部分投产。

【支持政策】《关于对新（改）、扩建 300 头以上奶牛场（小区）补贴办法》、《唐山市奶业发展规划》、《唐山市奶牛养殖场及奶站建设规划》、《唐山市标准化规模养殖场（小区）建设补贴办法》。

【奶农协会建设】奶农协会共118个，包含农户7530个。

（唐山市畜牧水产局　李　萍）

山西省

【奶类生产】2010年，全省奶牛存栏28.8万头，同比增长4.96%，全部为荷斯坦牛；主要分布于朔州、大同、忻州、晋中、太原等5市，其奶牛存栏数占总存栏数的86.82%。奶牛存栏3000头以上或牛奶产量10000吨以上的养殖县（市、区）有山阴县、应县、朔州市朔城区、大同市南郊区、忻州市忻府区、祁县、阳高县、怀仁县、晋中市榆次区、平遥县、定襄县、太原市小店区、大同县、浑源县、阳曲县、天镇县、繁峙县、清徐县、广灵县、翼城县、洪洞县、右玉县、汾阳市、太谷县和晋源区等25个县（市、区），其奶牛存栏数占总存栏数的84.60%。

2010年，全省奶山羊存栏13.98万只，主要品种为洪洞奶山羊，是莎能公羊及少部分吐根堡公羊与当地山羊杂交育成的地方品种。奶山羊主要分布于临汾、运城、晋中、大同等4市，其存栏数占总存栏数的96.87%。奶山羊存栏2000只以上的县（市、区）有洪洞县、平遥县、临汾市尧都区、万荣县、广灵县、霍州市、古县、河津县、浮山县、昔阳县、永济市和祁县等12个县（市、区），其存栏数占总存栏数的86.35%，其中洪洞县存栏6.46万只，占全省总量的46.16%。

2010年，全省奶山羊存栏比2009年减少2.65%，比2008年减少20.88%，其原因是原料奶销售出现困难，农民养羊的积极性受到影响。

2010年，全省奶类总产量达到74.9万吨，比2009年增长1.16%。其中牛奶产量73.2万吨，同比增长1%。

牛奶产量略增的主要原因，一是奶牛养殖仍是部分农村地区农民增加收入的重要渠道之一，在饲料价格较高、生鲜乳价格偏低的情况下，奶农以淘汰低产牛、少养后备牛、减少支出、保留良种的方式进行过渡饲养，因而出现奶牛存栏略降而牛奶产量略增的现象。二是各级政府在奶牛良种、饲草种植、青贮窖建设、奶牛保险、贷款支持等方面给予较大的政策扶持，支持奶农夯实发展奶业的基础，促进奶业平稳发展。三是奶牛养殖科学技术逐步在基层得以推广运用。近几年，通过畜牧技术推广机构、协会组织、生鲜乳收购企业等部门举办的技术培训，奶牛养殖场（户）的科技应用程度有所提高，如全株玉米青贮、TMR全混日粮的推广运用等。

根据2010年全省15个畜产品价格监测点测报，全年生鲜乳平均收购价为2.80元/千克，同比增加29.6%，一年四季的生鲜乳收购价分别是2.68元/千克、2.72元/千克、2.91元/千克和3.05元/千克，比2009年同期增加0.46元/千克、0.63元/千克、0.74元/千克和0.62元/千克。

【乳品加工】2010年，全省共有乳品加工企业44个，其中合资企业6个、地方自建企业38个。总计日处理鲜奶的能力为3408吨，实际日处理量2280吨。

2010年，全省巴氏消毒奶、UHT奶、奶粉、酸奶的产量分别为24.75万吨、31.25万吨、2.7万吨和7.86万吨，同比增长8.0%、9.1%、-12.5%、19.0%。

2010年，全省乳制品种类包括巴氏消毒奶、UHT奶、奶粉和酸奶，由于乳制品销售市场逐渐好转，巴氏消毒奶、酸奶的产量有所增长；UHT奶和乳粉产量增减的主要原因是雅士利（应县）集团公司在2010年有5个月以进口乳粉为原料生产乳制品，减少了收购本地生鲜乳的数量，这部分原料乳被其他乳制品企业收购加工成UHT奶。山西古城乳业集团公司主要生产UHT奶、系列奶粉、乳酸饮料奶等产品；山西雅士利（应县）集团公司主要生产系列奶粉；其他大型乳制品加工企业主要生产UHT奶和乳酸饮料奶；中小型乳制品加工企业主要生产巴氏消毒奶，部分企业还生产酸奶和乳酸饮料奶。

【市场与消费】本地区2010年城镇居民人均奶制品（折合成原料奶）消费量25.07千克/人，其中鲜乳品16.71千克/人，奶粉0.27千克/人，酸奶4.02千克/人。本地区2010年农村居民鲜奶购买量3.38千克/人，奶及奶制品消费量6.05千克/人。

【奶源基地建设】2010年，全省奶牛存栏1～5头的有63843个户，存栏量121705头，占全省存栏量的31.2%；存栏6～20头的有13053个场户，存栏量102684头，占全省存栏量的26.4%；存栏21～100头的有1218个场户，存栏量51758头，占全省存栏量的13.3%；存栏101～200头的有148个场户，存栏量20510头，占全省存栏量的5.3%；存栏201～500头的有165个场户，存栏量48562头，占全省存栏量的12.5%；存栏501～1000头的有50个场户，存栏量31697头，占全省存栏量的8.1%；存栏1000头以上的有10个场户，存栏量12402头，占全省存栏量的3.2%。

2010年12月，全省共有生鲜乳收购站607个，其中乳品企业开办43个，占总数的7.08%；规模养殖场开办208个，占总数的34.27%；奶农专业生产合作社开办356个，占总数的58.65%。全省收购站日均收奶1700多吨。机械化挤奶达到66.6%。全省生鲜乳运输车374台。

2010年，全省上下紧紧抓住生鲜乳质量安全这一中心，明确工作思路，狠抓突出问题，采取有力措施，加大整治力度，省级先后召开生鲜乳和饲料质量安全工作会议6次，转发、下发生鲜乳质量安全管理类文件30个，举办奶业和饲料法律法规及技术培训班4期，开展生鲜乳收购站清理整顿“回头看”、“拉网式”检查以及“问题乳粉”清缴等3次专项整治行动，全省生鲜乳生产经营秩序明显规范，经营主体责任意识明显增强，质量安全水平显著提高。

2010年，全省落实奶牛良种补贴资金600万元，项目改良奶牛20万头。在奶牛良种补贴项目中，省畜牧兽医部门制定了奶牛良种补贴项目冻精管理办法，采取政府招标采购的形式，采购使用省内外冻精共40万剂。奶牛改良县（区）建立了奶牛良种冻精补贴发放登记簿和数据库。全省项目内外改良奶牛共24万头。另外，在太原、大同、朔州、忻州、晋中、临汾6市的54个牛场开展了DHI测定，并进行了品种登记及系谱整理。

2010年，山西省各级奶业主管部门按照《山西省重大动物疫病应急预案》规定要求，坚持“加强领导，密切配合，依靠科学，依法防控，群防群控，果断处置”的方针，进一步健全重大疫情预警、预报网络，加强集中监测、动态监测和疫情应急监测工作，奶牛疫病防控取得明显成效，有效地预防控制了疫病的流行。奶牛养殖场（户）认真落实防疫措施，应免免疫密度达到99%以上。

2010年，中央财政安排山西省雁门关区奶牛标准化规模养殖小区建设资金5000万元，其中700万元用于朔州市建设青贮窖等农发行贷款贴息补助，4300万元按每个奶牛养殖小区补助50万元的标准，在朔州、大同、忻州3市所属的14个县（区）建设了86个奶牛标准化养殖小区，20多万平方米的棚圈（标准为每个小区建设圈舍2370平方米）。主要建设内容为圈舍新建或改扩建、青贮窖建设、挤奶站设施设备建设，以及饲草料加工机械等。2010年安排的86个小区中有85个小区已开工建设，开工率达到99%，预计2011年8月底全部完工并投入使用。另外，“扩大内需中央政府农业投资”项目共建设奶牛标准化规模养殖场（小区）项目17个，涉及太原、大同、朔州、晋中、运城、忻州、临汾7市，已全部开工，项目总投资2532万元，其中中央预算内投资1000万元，地方投资1532万元。

【质量管理】2010年，全省年度计划任务检测生鲜乳样品672批次，拉网检测发证奶站生鲜乳样品575个，开展生鲜乳例行监测302批次，抽检饲料企业饲料样品58批次，检测结果全部符合生鲜乳中三聚氰胺临时管理限量值的规定。

【学生饮用奶计划】2010年，山西省组织相关专家，按照有关程序，对山西古城乳业集团有限公司进行了学生饮用奶定点生产企业资格的复审认定，并报国家学生饮用奶计划办公室备案。该企业在全省1市3县的34所学校供应学生饮用奶，日均供奶1.5万份，品种为纯牛奶，规格为利乐包221毫升，单价1.25元/包，饮奶人数1.5万人。

监管措施：一是贯彻落实国家部际协调小组办公室关于加强学生饮用奶质量监管方面的文件精神；二是定期组织省厅际协调小组成员及相关专家赴定点生产企业进行生产工艺、环境卫生、产品质量的监督检查；三是指导定点企业制定奶源、生产、配送、入校及推广等环节相关质量安全的规章制度，严格操作流程，规范程序和管理；四是制定学生饮用奶突发性事件预防与处理预案；五是组织专家对学生奶奶源示范基地进行监督检查与技术指导，组织技术培训，推进落实学生饮用奶奶源升级计划工作。

学生饮用奶计划活动：一是利用“学生营养日”、“国际儿童节”及“世界学生饮用奶日”等纪念日，通过各种媒体，采取多形式、全方位、广角度地大力宣传牛奶的营养价值和作用，宣传山西省学生饮用奶计划推广先进个人和先进单位的典型事迹，树立正面的舆论导向；二是借国家学生饮用奶计划部际协调小组办公室与教育部举办“利乐杯”学生饮用奶废包手工创意大赛之机，组织推荐30余件优秀作品参加全国比赛，还对2009年举办的第二届“奶牛与健康”全国少儿绘画和作文大赛上获奖的作品进行表彰；三是定点生产企业古城集团公司组织供奶学校的教师、学生及家长代表约1000余人分六批亲临学生饮用奶奶源基地、生产车间、质检中心等进行了参观，同时编印资料画册进行进校宣传，赢得社会各界对学生饮用奶的广泛关注。

（山西省奶业协会　王印魁）

太原市

【奶类生产】本地区2010年奶牛存栏2.40万头，全部为荷斯坦牛，主要分布的县是阳曲县、清徐县、小店区和晋源区，其奶牛存栏数占总存栏数的96%。

奶牛存栏比上年减少0.26万头，主要原因是收奶企业对牛奶质量要求高，散户的牛奶拒收，加之养奶牛利润偏低，养牛积极性不高，因而牛群数量减少。

本地区2010年奶类总产量9.76万吨，比上年同期增长0.002%，其中商品奶类（企业收购）9.27万吨，同比增长1.85%。奶类总产量中牛奶9.76万吨，比上年增长0.002%。

奶牛头数有所减少，但牛奶生产与上年基本持平，变化不大，主要原因是散户的奶牛全部进入园区，提高了饲养水平，因而产奶量有所增加。

本地区2010年全年的平均奶价为3.1元/千克，同比增加0.10%，春夏秋冬季奶价分别是3.2元/千克、2.8元/千克、3.1元/千克、3.3元/千克，比上年同期增加0.32元/千克、0.48元/千克、0.5元/千克、0.27元/千克。

小店区3.3元/千克，比上年提高0.7元/千克，晋源区3.1元/千克，比上年提高0.3元/千克，清徐县3.2元/千克，比上年增加0.17元/千克，阳曲县2.8元/千克，与上年基本持平。

本地区原料奶收购中没有地方保护价。

2010年本地共有乳品加工企业5个，日处理鲜奶的能力总计达到267吨，全部为地方自建企业。

乳品企业总销售额为6436.67万元，利税为217.25万元。

本地2010年巴氏消毒奶、酸奶的产量分别为3816.7吨、6381.8吨，同比减少0.92%、0.20%。主要生产企业：山西维尔公司、山西崇康公司和阳曲瑞美公司、永昌公司主要生产巴氏消毒奶和酸奶，其他企业为酸奶和饮料奶。

2010年乳制品加工企业减少一家。原因：设备陈旧，产品质量不符合标准，因而取缔。

【市场与消费】本地区2010年城镇居民人均奶制品（折合成原料奶）消费量25.32千克/人，其中鲜乳品15.01千克/人，奶粉0.34千克/人，酸奶6.09千克/人。

当地质检部门抽检52次，所有指标全部合格。

随着人民生活水平的不断提高，对乳制品的消费越来越高，尤其是对巴氏鲜牛奶和酸奶的认识普遍有所提高，因而消毒鲜牛奶和酸奶的消费量比以往高。

【奶源基地建设】2010年，本地区奶牛存栏1～5头的有389个场（户）、6～20头的有249个场（户）、21～100头的有29个场（户）、101～200头的有8个场（户）、201～500头的有16个场（户）、501～1000头的有5个场（户）、1000头以上2个场（户）。

奶牛养殖小区17个，存栏6170头。

标准化规模养殖场30个，奶牛存栏9059头。

2010年末共有奶站41个，其中奶畜养殖场开办32个，合作社建设9个。奶站平均日收奶106.8吨。

本地区2010年本地区机械化挤奶达到95%。

奶站清理整顿情况：(1)太原市辖区内现有发证奶站41个，没有无证经营的收奶站。收奶站制度健全，发证奶站均建立健全了卫生消毒制度、生鲜乳日常检测制度、质量监管员制度、生鲜乳收购站购销台账制度、营运交接制度等；并且完善实施了奶牛育种档案、养殖场（小区）建设档案、生产记录、饲料及饲料添加剂使用记录、奶站产奶销售记录、防疫消毒记录等。(2)及时准确上报奶站相关统计资料：每月一次生鲜乳生产和收购情况月度监测汇总表、生鲜乳交售情况汇总表；太原市生鲜乳收购站基本情况统计表、太原市生鲜乳运输车辆基本情况表、太原市奶牛规模养殖情况调查表、生鲜乳收购站拉网式现场检查情况表。(3)日常监管到位，做到定期不定期的巡视工作，确保生鲜乳收购站安全生产、秩序正常。(4)全市共完成监测520次。

2010年市政府拨款10万元，共改良各种牛群500头，使用冷冻精液1000支。

2010年奶牛布氏杆菌病检疫：4982头，无阳性；结核病检疫：5796头，无阳性；口蹄疫免疫：24623头。

人工牧草种植面积4013公顷，其中苜蓿草1580公顷；专用青贮玉米种植面积2433公顷，有青贮窖101个，共20.26万立方米。

奶牛配合饲料的生产企业22个，年产奶牛配合饲料165450吨，其中主要生产企业：山西汇福科技有限公司生产能力30吨/时，年产17251吨、山西正大公司生产能力18吨/时，年产38466吨；山西时创公司10吨/时，年产5550吨；山西晋龙公司生产能力10吨/时，年产8000吨。

【重要建设项目】本地区2010年区内企业自建项目1个。山西九牛公司，建设规模：5000头，投资2亿元人民币，2009年启动，2010年基本完工。

【支持政策】每年市财政拨款10万元冻精补贴，用于牛群改良。其他政策：市政府给予奶站化验费补贴13万元。

【奶农协会建设】奶农协会共3个，包含农户153个，存栏奶牛11590头；奶农合作社共26个，包含农户208个，存栏奶牛12435头。

新建协会1个、奶农合作社14个，运行良好，解决了散户饲养、挤奶、卖奶等许多问题，使奶农受益匪浅。存在问题：资金不足，管理水平有限。需政府给予一定的补贴。

【质量管理】2010年全年原料奶抽检520份，全部合格。

（太原市乳品监察管理站　雷秀敏　王学文）

内蒙古自治区

【奶类生产】本地区2010年奶牛存栏292.5万头，同比增长28.71%，其中荷斯坦牛240万头，西门塔尔牛45.8万头，三河牛49.5万头，草原红牛0.2万头，改良牛45.0万头；主要分布的地区（地级市）是呼和浩特市、包头市、呼伦贝尔市、兴安盟、通辽市、赤峰市、锡林郭勒盟、乌兰察布市、鄂尔多斯市、巴彦淖尔市10个盟市等，其奶牛存栏数占总存栏数的98.0%，主要分布的县（县级市）是呼市赛罕区、土左旗、托县、和林县、包头市九原区、土右旗、达茂旗、赤峰市元宝山区、林西县、通辽市科尔沁区、奈曼旗、扎鲁特旗、鄂尔多斯市达拉特旗、呼伦贝尔市海拉尔区、阿荣旗、莫力达瓦旗、鄂温克旗、陈巴尔虎旗、牙克石市、扎兰屯市、额尔古纳市、兴安盟乌兰浩市、科右前旗、扎莱特旗、锡盟锡林浩特市、兰旗、太仆寺旗、多伦县、乌兰察布丰镇县、凉城县、察右中旗、察右前旗、兴和县、巴彦淖尔市杭锦后旗等34个旗县市区，其奶牛存栏数占总存栏数的79.7%。

本地区2010年奶类总产量945.7万吨，比上年同期增长1.25%，其中牛奶905.2万吨，同比增长0.23%。

本地区2010年全年的平均奶价为2.95元/千克，同比增加3.5%，春夏秋冬季奶价分别是2.85元/千克、2.95元/千克、3.00元/千克、3.10元/千克，比上年同期增加0.05元/千克、0.05元/千克、0.10元/千克、0.15元/千克。

呼伦贝尔涨幅最高，达到0.4～0.5元/千克，呼市、包头涨幅约5%左右。

个别地方出台了地方保护价，如兴安盟地区保护价3.0元/千克。

【乳品加工】2010年本地共有乳品加工企业163个，日处理鲜奶的能力总计达到20000吨。

乳品企业总销售额为600亿元；主要企业的利税：33亿元。

【市场消费】本地区2010年城镇居民人均奶制品（折合成原料奶）消费量26.37千克/人，其中鲜乳品16.64千克/人，奶粉0.36千克/人，酸奶3.19千克/人。本地区2010年农村居民鲜奶购买量2.78千克/人，奶及奶制品消费量6.98千克/人。

【奶源基地建设】本地区奶牛存栏1～4头的有325417个场（户）、5～9头的有82894个场（户）、10～19头的有25038个场（户）、20～49头的有9483个场（户）、50～99头的有3097个场（户）、100～199头的有772个场（户）、200～499头的有437个场（户）、500～999头的有195个场（户）、1000头以上的有81个场（户）。

标准化规模养殖场1485个，奶牛存栏489451头；其中新建200个，奶牛存栏60000头。

2010年共改良各种牛群268万头，使用冷冻精液400万剂；共生产胚胎1000枚、冷冻精液350万剂；共进口奶牛3.5万头、胚胎1000枚、冷冻精液5500剂。

全区各地兴建规模养殖小区和养殖场，规模化养殖比例已提高35%以上，年内建设万头以上基地5个，其中3个已投入生产。

【奶农协会建设】奶农协会有盟市级7个，旗县级66个，存栏奶牛180万头；奶农合作社共960个，包含农户72000多个，存栏奶牛96万头。

合作组织从2008年起在全区大范围建立，其主要原因是为了争取各级发改委奶牛规模基地资金，所以运行机制不健全，对奶农利益的保护和生产中作用不大。

【质量管理】全区原料奶质量监督和质量监控特别严格，2010年对全区的所有奶站进行拉网式调查摸底和建档立卡，所有奶站和运奶车发放收购证和运输证，奶站在全区范围内进行电脑联网管理，运奶车通过GPS全程监控。

【学生奶计划】伊利、蒙牛两大集团2010年日供饮量突破了300万大关，达到了301.9万份，其中蒙牛173.9万份，伊利128.0万份。区内日供应量达15.6万份。2010年全区在学生饮用奶生产、配送、入校、饮用等各环节采取了严格的管理措施，在学生饮用奶推广过程中全程进行监督检查，没有出现质量问题，学生饮用奶推广工作顺利进行。伊利、蒙牛两大企业为中小学生提供优质学生饮用奶的同时，还印发了学生奶营养健康课本，通过老师讲解、学生思考、手工、游戏等多种形式将营养健康理念传递给小学生。并通过与各地教育科学研究所等部门的合作，在校园里开展了学生奶营养健康专题课。

【奶业科技】2010年国家奶业发展重大关键技术研究与示范——农牧交错区生态型奶业生产技术集成及产业化示范和草原型奶业现代化生产技术集成与产业化示范项目在本区继续实施，通过了国家科技部鉴定验收。完成单位是伊利集团、蒙牛集团、内蒙古科技厅、农牧业厅和内蒙古农业大学、内蒙古自治区家畜改良工作站、内蒙古农牧科学院。示范区高产奶牛达15万头，单产达6500千克以上，乳脂率3.6%以上，乳蛋白3.0%以上，总细菌数20万/毫升以下，体细胞数50万/毫升以下；培育高产核心群母牛1万头，年平均产奶量达到8000千克以上。

【奶业大事记】

1.自治区农牧业厅、发改委、财政厅特别注重奶牛规模化生产，包括国家和自治区共投资近1亿元在奶牛主产区重点扶持和兴建大型奶牛场（园区）等工作。

2.自治区奶牛DHI测定工作步入正常轨道，2010年共测定3万头，为奶牛养殖企业提供科学的饲养管理数据，有力促进了奶牛优质高产方向发展进程。

3.蒙牛原副总邓九强领衔成立的现代牧业建成12座大型牧场，并在香港上市。在我国开启了自建大型牧场，专做原奶供应商的先河。

4.伊利敕勒川示范园区建设完成投产，标志着伊利自建大型牧场战略的起步。

5.蒙牛原副总裁姚同山注册成立圣牧高科，引进香港景林投行2亿多资金当年建8个3000～5000头的规模牧场。是仅次于现代牧业的原奶供应商。

6.2010年11月，内蒙古奶联科技有限公司成功获得深圳市创新投资集团有限公司等投资机构注资1.28亿元，“奶联社”模式被认为是中国奶牛养殖从“小、散、低”到规模化、标准化、产业化的“一步到位”最佳模式。

（内蒙古奶业协会　陈巴特尔）

呼和浩特市

【奶类生产】本地区2010年奶牛存栏70.5万头，其中荷斯坦牛70.5万头，改良牛70.5万头；主要分布的县（县级市）是土左旗、和林县、托县、赛罕区，其奶牛存栏数占总存栏数的95%。

呼和浩特市奶牛存栏与上年相比变化不明显，增幅为0.07%。其原因是规模化牛场在增加，散养户在减少。

本地区2010年奶类总产量305.6万吨，比上年同期增长0.06%，奶类总产量中牛奶305.4万吨，比上年增长0.06%。

【市场与消费】本地区2010年城镇居民人均奶制品（折合成原料奶）消费量34.08千克/人，其中鲜乳品23.76千克/人，奶粉0.25千克/人，酸奶4.29千克/人。

【奶源基地建设】2010年，本地区奶牛存栏1～5头的有59601个场(户)、6～20头的有13830个场(户)、21～100头的有1516个场（户）、101～200头的有86个场（户）、201～500头的有83个场（户）、501～1000头的有37个场（户）、1000头以上有71个场（户）。

奶牛养殖小区88个，奶牛存栏44000头。标准化规模养殖场230个，奶牛存栏280000头；其中新建80个，奶牛存栏96000头。

奶站建设与管理：2010年末共有奶站908个，其中企业自建的23个，合作社建设710个，其他175个。2010年机械化挤奶达到100%。

通过对奶站的清理整顿，呼和浩特市奶站收购牛奶和运输牛奶车辆的经营井然有序。全年未出现违规行为，抽检合格率达100%。

2010年共改良各种牛群705000头，使用冷冻精液860000剂；共进口奶牛4525头、冷冻精液139200剂。

奶牛重大动物疫病免疫率100%，全年未发生重大疫情。

人工牧草种植面积5.80万公顷，其中苜蓿草1.41万公顷；专用青贮玉米种植面积9.68万公顷，新建青贮窖1975个，共39500万立方米。

奶牛配合饲料的生产企业100个，年产奶牛配合饲料50万吨。饲料企业正在向规模化、集约化和科学化方向迈进，配合饲料入户率达到70%以上。

呼和浩特市奶源基地建设规模化养殖场在增多，规模化饲养比例在快速增长，散养户在逐步减少。

（呼和浩特市奶业协会呼和浩特市农牧业局　巴根那　白梅花）

包头市

【奶类生产】本地区2010年奶牛存栏34.75万头，全部为荷斯坦牛；主要分布的县（县级市）是土右旗、九原区、达茂旗、固阳县、东河区，其奶牛存栏数占总存栏数的88.2%。

2010年与2009年相比，奶牛存栏量减少1.1万头，主要是由于淘汰低产牛。

本地区2010年奶类总产量155.02万吨，比2009年增加11.12万吨。

2010年包头市奶类生产量与2009年相比增长11.12万吨，主要是奶牛的质量提升了，奶牛单产水平提高所致。

本地区2010年全年的平均奶价为3.0元/千克，同比增加7.1%，春夏秋冬季奶价分别是3.0元/千克、2.8元/千克、3.0元/千克、3.2元/千克，比上年同期增加0.2元/千克、0.2元/千克、0.2元/千克、0.2元/千克。

奶源集中地区牛奶收购价格与2009年相比均有提高。

包头市原料奶收购没有地方保护价。

【乳品加工】2010年本地共有乳品加工企业6个，日处理鲜奶的能力总计达到2300吨，地方自建企业5个。

乳品企业总销售额为256000万元；主要企业的销售额和利税：其中包头伊利销售额26850万元，利润2785万元。蒙牛乳业销售额28612万元，利润3204万元。

本地区2010年液态奶产量为475000吨。

【市场与消费】据城调队资料，本地区2010年城镇居民人均奶制品（折合成原料奶）消费量42千克/人，各种乳制品消费量：鲜奶28千克/人，奶粉2千克/人，酸奶12千克/人；据农调队资料，本地区2010年农村居民人均奶制品（折合成原料奶）消费36千克/人，各种乳制消费量：鲜奶25千克/人，奶粉2千克/人，酸奶9千克/人。

据当地质检部门抽检，包头市5个乳品加工企业生产的乳制品及各大超市销售的乳制品均符合国家标准。

【奶源基地建设】2010年，本地区奶牛存栏6～20头的有124个场（户）、21～100头的有86个场（户）、101～200头的有90个场（户）、201～500头的有98个场（户）、501～1000头的有8个场（户）、1000头以上5个场（户）。

2010年本地区机械化挤奶达到100%。

2010年共有奶站184个，其中企业自建的38个，合作社建设43个，其他103个。奶站平均日收奶5.9吨。

人工牧草种植面积22247公顷，其中苜蓿草8333公顷；专用青贮玉米种植面积70293公顷，有青贮窖563个，共32万立方米。

奶牛配合饲料的生产企业26个，年产奶牛配合饲料22万吨。

【重要建设项目】本地区2010年引进区外项目：10个奶牛规模化养殖场（小区）建设项目，总投资500万元，2010年8月启动，2010年10月完成。

【质量管理】2010年在全市生鲜乳收购站和鲜乳运输车辆进行了随机检查，共抽检生鲜乳样品96个，检测合格率达100%。

据当地质检部门抽检，包头市6个乳品加工企业生产的乳制品及各大超市销售的乳制品均符合国家标准。

（包头市农牧业局　索茂芳）

呼伦贝尔市

【奶类生产】本地区 2010 年奶牛存栏 67.6 万头，其中三河牛 9.12 万头，改良牛 10.1 万头；主要分布的地区（地级市）是海拉尔区、扎兰屯市、陈旗、鄂温克旗、额尔古纳市、牙克石市、阿荣旗、东旗，其奶牛存栏数占总存栏数的 85%。

奶牛存栏数稳定增长，质量结构进一步优化。一是本年度牛奶价格稳中有升，奶农积极性较高，后备奶牛选留数量增加；二是 2009 年低产、老龄牛淘汰较多，2010 年所产犊牛质量普遍较好；三是奶业振兴政策的影响。

本地区 2010 年奶类总产量 132 万吨，比上年同期增长 0.7%，其中商品奶类（企业收购）84 万吨，同比增长 5%。

奶类增长幅度不大，基本与上年持平。一是产奶牛数量减少，后备母牛比例高；二是产奶牛单产水平提高，产奶量保持稳定，没有出现奶量下降。

本地区 2010 年春夏秋冬季奶价分别是 2.42 元/千克、2.64 元/千克、2.45 元/千克、2.93 元/千克，比上年同期增加 0.92 元/千克、0.94 元/千克、0.65 元/千克、0.63 元/千克。

本地区原料奶收购中的地方保护价 2.05 元/千克。

【乳品加工】2010 年本地共有乳品加工企业 25 个，日处理鲜奶的能力总计达到 6000 吨，其中外资 1 个、地方自建企业 24 个。

主要企业的销售额和利税：呼伦贝尔雀巢有限公司，销售额和利税为 4512 万元和 274 万元。扎兰屯伊利乳业有限公司，销售额和利税为 19060 万元和 286 万元。

【奶源基地建设】2010 年，本地区奶牛存栏 1～5 头的有 9.9 万个场（户）、6～20 头的有 6000 个场（户）、21～100 头的有 4050 个场（户）、101～200 头的有 114 个场（户）、201～500 头的有 64 个场（户）、501～1000 头的有 20 个场（户）、1000 头以上 7 个场（户）。

奶牛养殖小区 271 个，奶牛存栏 18.5 万头。

2010 年末共有奶站 336 个，其中企业自建的 180 个，合作社建设 143 个，其他 13 个。奶站平均日收奶 1200 吨。2010 年本地区机械化挤奶达到 58%。

奶站清理整顿工作：一是组织生鲜乳收购从业人员举办生鲜乳质量安全培训班计 12 期、760 人次，经过培训的人员持证后上岗。二是各旗市区根据本行政辖区情况，统一印刷了生鲜乳收购记录单、生鲜乳检测记录单、生鲜乳运输交接单等，分发到各生鲜乳收购站、运输车辆以及纳入监管的乳品企业。所有注册奶站全部实现了奶农合作社承办或企业直管、托管，生鲜乳收购市场“两证一单”运行模式基本形成。三是与质量技术监督、公安等相关部门配合，组成联合执法组，共出动执法车辆 135 台次，执法及技术人员 1200 多人次，取缔不合格生鲜乳收购站 7 家，扣押无证经营生鲜乳运输车辆 21 台。四是配合自治区农产品质量安全综合检测中心，两次对全市生鲜乳收购站、运输车辆中的鲜奶进行抽样化验。共抽取样品 460 份，检测指标是三聚氰胺、水解蛋白、黄曲霉等。经检测全部样品指标无异常。

人工牧草种植面积 4.4 万公顷，专用青贮玉米种植面积 6.5 万公顷。

2010 年奶牛存栏 67.6 万头，同比增长 12.4%，其中产奶牛存栏 41.8 万头，同比增长 10.3%。全市共建有奶牛养殖场（小区）271 个，2010 年新建、改扩建奶牛养殖场（小区）70 个，其中中央预算内投资 17 个计 850 万元。相对集中饲养的奶牛达 19 万头，占全市奶牛总数的 28%，较 2009 年增长 7.5%，其余 72%仍为农牧户散养方式。全市涉及养奶牛的农牧户 12 万，占全市农牧户总数的 40%。奶牛养殖场（小区）建设步伐较快，社会民间资本投资奶牛标准化养殖场金额也很大。但入住养殖场（小区）的奶牛数量有限，在经营模式、体制上还需进一步探讨适合当地奶牛养殖发展的路子。

（内蒙古呼伦贝尔市农牧业局　李剑军）

乌兰察布市

【奶类生产】本地区 2010 年奶牛存栏 33.8 万头，全部为荷斯坦奶牛；主要分布在凉城、前旗、中旗等三个县，其奶牛存栏数占总存栏数的 47.5%。

2010 年，奶牛数量开始下降，原因是养殖效益下滑，外出打工工资增长。

本地区 2010 年奶类总产量 100 万吨，比上年同期增长 8.6%，商品奶类（企业收购）81.5 万吨；奶类产量全部是牛奶，比上年收购增加 27.7%。

经过选择优秀高产奶牛，淘汰低产奶牛，奶牛的个体产量不断提高。

（1）牧场养殖：饲养数量在 100 头以上，占奶牛饲养量的 27%，直接交售给龙头企业收购价 3.6～4.3 元/千克，与 2009 年相比稍有涨幅；（2）园区养殖：占奶牛饲养量的 66%，收购鲜奶价格 2.6～2.9 元/千克，与 2009 年相比稍有涨幅；（3）散户养殖：占奶牛饲养量的 7%，鲜奶无法出售，靠饲喂犊牛和加工奶食处理。

冬季，牛奶的收购价格提高到 2.6～2.8 元/千克。

原料奶收购中无地方保护价。

【乳品加工】2010 年本地共有乳品加工企业 7 个，日处理鲜奶的能力总计达到 1160 吨，合资企业 1 个、地方自建企业 3 个。

乳品企业总销售额为 114503.6 万元；主要企业的销售额和利税：伊利乌兰察布乳品厂的销售额为 68312.86 万元，利润 642.07 万元；草原牛妈妈乳业公司销售额 18280 万元，利润 276.8 万元；圣元乳业公司销售额 9561 万元，利润-511 万元；蒙帝乳业销售额 18349.2 万元。

本地2010年巴氏消毒奶、奶粉、酸奶的产量分别为331932吨、20957吨、6300吨，同比增长26%、42%、18.8%。主要生产企业各产品的生产情况：伊利厂的主要产品为消毒奶，日处理鲜奶能力700吨，实际300～500吨；草原牛妈妈乳业的主要产品为巴氏消毒奶，日处理鲜奶能力130吨，实际日加工70～100吨；蒙帝乳业日生产能力100吨，实际80吨。

液态奶2010年以巴氏消毒奶为主。雪糕系列产品的品种增加。生产企业销售额、利润和税金比较2009年有所增加。

当地质检部门进行定期和不定期抽检，其结果99.1%合格。

居民人均奶制品消费有所增加。

【奶源基地建设】2010年，本地区奶牛存栏1～5头的有11350个场（户）、6～20头的有9370个场（户）、21～100头的有1150个场（户）、101～200头的有15个场（户）、201～500头的有7个场（户）、501～1000头的有4个场（户）、1000头以上3个场（户）。

奶牛养殖小区127个，奶牛存栏12.8万头。

本地区机械化挤奶达到91.6%，分散饲养集中机械挤奶的奶站127个，辐射到2.8万个农户17.6万头奶牛。

2010年共改良各种牛群19.8万头，使用冷冻精液32万剂。

市农牧业局认真组织防疫员，一年注射两次“W”病疫苗、一次炭疽疫苗，疫病防治工作良好，无重大疫病和传染病的发生。

人工牧草种植面积138000公顷，其中苜蓿草41800公顷；专用青贮玉米种植面积82300公顷，有青贮窖87160个，共860万立方米。

奶牛配合饲料的生产企业20个，年产奶牛配合饲料51.2万吨，其中主要生产企业生产情况：乌兰察布市宏泰饲料公司年生产饲料24600吨，销售收入5412万元；兴牧饲料厂年生产饲料12000吨，销售收入2640万元；科星饲料厂年生产饲料10000吨，销售收入2380万元。

奶源基地建设的变化：(1)奶牛养殖户的数量减少，户养殖头数增加，由副业变成专业养殖；(2)小区养殖成本高，城郊周边农户分散饲养集中挤奶，成本低效益高，成为发展方向；(3)大规模牧场养殖，鲜奶质量好收购价高，效益高，成为发展奶源基地的方向。

【支持政策】乌兰察布市出台了“三补两免一提高”政策，即补贴购奶牛贷款利息，补贴奶牛冷冻精液购买费用，每支细管冷冻精液市政府补贴10元，补贴基层防疫人员岗位防疫费，每人每年补贴1000元；免收拉运牛奶车辆的养路费和工商管理费，免收国家规定的奶牛防疫费。

乌兰察布市没有奶农协会，或者说奶农协会无法有效运行。市政府成立一个奶业协会，组织具有实践经验的畜牧科技人员共20人，为养殖户进行科技服务，以提高农牧民的饲养管理技术。

【质量管理】乌兰察布市乳品企业收购原料奶的质量标准较国家标准偏高，随着企业销售和鲜奶的供应情况而有所变化。干物质含量在11.9%以上，蛋白质在2.95%以上，脂肪在3.3%以上。质量标准应该由国家制定，企业统一执行。

市场监督情况良好，无伪劣或过期乳制品进入市场。

（内蒙古乌兰察布市家畜改良工作站　魏润元）

辽宁省

【奶类生产】本地区2010年奶牛存栏32.1万头，比上年同期增长11.16%，主要分布在沈阳、阜新、锦州，其奶牛存栏数占总存栏数的60%。

奶山羊存栏6万只，主要分布的地区（地级市）是阜新、本溪，其奶山羊存栏数占总存栏数的80%，主要分布的县（县级市）是阜新县本溪县，其奶山羊存栏数占总存栏数的75%。

奶畜存栏的规模化集中化饲养进度加快。

本地区2010年奶类总产量126.7万吨，比上年同期增长9.52%，奶类总产量中牛奶121.2万吨，比上年同期增长10.20%。

随着奶牛存栏和奶产量增加，产品质量已有较大改善，产能平衡。

本地区2010年全年的平均奶价为2.9元/千克，同比增加20%，春夏秋冬季奶价分别是2.8元/千克、2.7元/千克、3.1元/千克、2.9元/千克，比上年同期增加0.3元/千克、0.4元/千克、0.3元/千克、0.2元/千克。

【乳品加工】2010年本地共有乳品加工企业30个，其中合资企业2个、地方自建企业28个。

【市场与消费】本地区2010年城镇居民人均奶制品（折合成原料奶）消费量23.29千克/人，其中鲜乳品14.52千克/人，奶粉0.3千克/人，酸奶4.8千克/人。本地区2010年农村居民鲜奶购买量1.87千克/人，奶及奶制品消费量2.82千克/人。

【奶源基地建设】2010年，本地区奶牛存栏21～100头的有410个场（户）、101～200头的有320个场（户）、201～500头的有220个场（户）、501～1000头的有170个场（户）、1000头以上95个场（户）。

奶牛养殖小区650个，奶牛存栏19.5万头。

标准化规模养殖场565个，奶牛存栏15.25万头。

2010年末共有奶站850个，其中企业自建的650个，合作社建设150个，其他50个。

2010年本地区机械化挤奶达到90%。

【奶农协会建设】奶农协会共32个，存栏奶牛2000头；奶农合作社共279个，包含农户2500个，存栏奶牛85000头。

（辽宁省奶业协会　刘兴久）

吉林省

【奶类生产】本地区2010年奶牛存栏37.1万头（国家统计局数字为19.5万头），其中荷斯坦牛34.6万头，西门塔尔牛1.68万头，草原红牛0.79万头，改良牛0.63万头；主要分布的地区（地级市）是长春、吉林、四平、白城、松原，其奶牛存栏数占总存栏数的82%，主要分布的县（县级市）是洮南市、洮北区、镇赉、通榆、长岭、前郭、德惠、榆树、农安、九台、双阳、公主岭、双辽、梨树、东丰、东辽，其奶牛存栏数占总存栏数的78.6%。

奶山羊存栏7.9万只，主要品种及其存栏数量为延边奶山羊、萨能奶山羊及其杂交品种，6.5万只，主要分布的地区（地级市）是吉林、辽源、通化、白山、延边、松原等地，其奶山羊存栏数占总存栏数的91.1%，主要分布的县（县级市）是丰满区、东丰、东辽、通化、临江、长白、敦化、安图、大安等县，其奶山羊存栏数占总存栏数的46.4%。

2010年全省奶牛存栏数比2009年增加了5.4%（国家统计局数字为增长1.35%），增加的主要原因：一是科学谋划，合理布局，制定并实施了《吉林省畜牧业管理局关于贯彻〈奶业整顿和振兴规划纲要〉的实施方案》，制定了促进奶业发展的各项措施和目标；二是加大了奶业扶持政策，省政府专门制定并印发了《吉林省人民政府关于实行奶业补助加快恢复奶业健康发展的意见》(吉政发〔2008〕37号)；三是规范了奶站建设，制定《吉林省生鲜乳收购站建设暂行标准》。

本地区2010年奶类总产量97.9万吨（国家统计局数字为44.6万吨），比上年同期增长8.8%（国家统计局数字增长0.29%），其中商品奶类（企业收购）54.7万吨，同比增长7.0%。奶类总产量中牛奶96.7万吨，羊奶2.17万吨，分别比上年增长10.1%和下降1.4%。

奶类增加的主要原因是国家和各级政府的政策支持，奶农对发展奶业的认识普遍增强，养殖奶牛的积极性普遍提高，奶牛存栏量总体增加，科学技术不断普及，品种的良种化不断提高，淘汰劣质奶牛，单产平均水平提高，奶牛疾病发病率下降，效益明显增加。

本地区2010年全年的平均奶价为3.4元/千克，同比增加44.0%，春夏秋冬季奶价分别是2.9元/千克、3.0元/千克、3.3元/千克、3.5元/千克，比上年同期增加1.1元/千克、1.0元/千克、1.1元/千克、1.2元/千克。

长春、吉林、四平、白城、松原5个地区的价格为3.4元/千克、3.3元/千克、3.4元/千克、3.5元/千克、3.5元/千克，与上年相比增加了1.1元/千克、1.05元/千克、1.15元/千克、1.1元/千克、1.1元/千克。

【乳品加工】2010年本地共有乳品加工企业9个，日处理鲜奶的能力总计达到1900吨，其中外资1个、合资企业2个、地方自建企业6个。

乳品企业总销售额为891248万元；主要企业的销售额和利税：吉林省广泽乳业公司销售额10009万元，吉林省新高乳业公司销售额5810.04万元，吉林农大乳品厂销售额2.4万元，吉林市春光乳业公司销售额4600万元，白城市阿宝乳品厂销售额60万元。

当年扩建项目2个，广泽30万吨乳品酸奶加工项目和新高10万吨乳品酸奶加工项目，日处理鲜奶能力分别为800吨、200吨。

本地2010年巴氏消毒奶、UHT奶、奶粉、酸奶的产量分别为5000吨、5000吨、230吨、100吨，比2009年有所下降。

【市场与消费】本地区2010年城镇居民人均奶制品（折合成原料奶）消费量16.35千克/人，其中鲜乳品9.77千克/人，奶粉0.35千克/人，酸奶2.54千克/人。本地区2010年农村居民鲜奶购买量1.28千克/人，奶及奶制品消费量2.34千克/人。

【奶源基地建设】2010年，本地区奶牛存栏1～5头的有15540个场（户）、6～20头的有9571个场（户）、21～100头的有3614个场（户）、101～200头的有189个场（户）、201～500头的有141个场（户）、501～1000头的有29个场（户）、1000头以上10个场（户）；奶牛养殖小区319个，奶牛存栏98890头；其中新建小区24个，奶牛存栏8911头。

标准化规模养殖场129个，奶牛存栏45152头；其中新建14个，奶牛存栏4342头。

2010年末共有奶站370个，其中企业自建的13个，合作社建设268个，其他89个。奶站平均日收奶872.46吨。

2010年本地区机械化挤奶达到87%。

奶站清理整顿情况：吉林省全面贯彻落实《乳品质量安全监督管理条例》和国家《奶业整顿和振兴纲要》精神，加大对生鲜乳收购站清理整顿力度，加强了奶站的监管力度。一是生鲜乳收购站得到了进一步清理整顿。二是生鲜乳收购站许可证制度全面实施。三是个体收购站和流动收奶点整治成效显著。四是机械化挤奶程度有所提高。五是生鲜乳收购站规范化标准化建设大幅度提升。

2010年共改良各种牛群3.2万头，使用冷冻精液33万剂。

吉林省建有稳定的动物防疫体系，省、市、县设有动物卫生监督所、动物疫病预防控制中心，县、乡、村三级动物防疫网络设有防疫协助员，对奶牛口蹄疫、布氏杆菌病、结核病等疫病加强了防控，对检出的阳性牛采取扑杀政策，财政予以补贴。

人工牧草种植面积49.3万公顷，其中苜蓿草18.6万公顷；专用青贮玉米种植面积20.4万公顷，有青贮窖33.4万个，共785.4万立方米。

奶牛配合饲料的生产企业473个，年产奶牛配合饲料76万吨。

【支持政策】

（1）吉林省畜牧业管理局关于贯彻《〈奶业整顿和振兴规划纲要〉》的实施方案。主要内容：明确了今后一个时期内全省奶业发展的阶段性目标和工作方针，明确了奶业发展的各项工作任务和责任，制定了促进奶业发展的各项措施，加大对生鲜乳收购站清理整顿力度，加强了奶站的监管力度。

（2）吉林省人民政府关于实施奶业补助加快恢复奶业健康发展的意见。主要内容：对符合标准的新建奶站实施补助的政策，积极鼓励和扶持乳品加工企业、奶牛养殖场、奶农合作社兴建标准化生鲜乳收购站。

对存栏产奶奶牛每头一次性补助200元；

对从国外、省外新购进的奶牛（包括省外规模迁移到吉林省饲养的奶牛）每头一次性补助1000元；

对符合规划和标准的新建榨奶站给予补助20万元；

对奶牛布病、结核病检疫监测，检出的染疫病牛全部扑杀并作无害化处理，经费由省财政负担60%。

（3）吉林省生鲜乳收购站建设暂行标准。主要内容：结合吉林省实际情况，根据《乳品质量安全监督管理条例》、《奶业整顿和振兴规划纲要》的要求，参照《生鲜乳收购站标准化管理技术规范》和《奶牛标准化规模养殖生产技术规范》，制定了标准。

【奶农协会建设】奶农协会共11个，包含农户40182个，存栏奶牛39813头；奶农合作社共261个，包含农户6589个，存栏奶牛48561头。

【质量管理】吉林省为了扶持奶业，在发展合作经济组织上出台了很多优惠政策，从农业、工商、环保、卫生等相关部门登记上给予大力支持，鼓励奶农发展合作社，在科技立项上优先于农民专业合作社，农民的积极性特别高。一是与政府的政策对接，设专人整理各种信息，有利把握有关政策；二是与龙头企业对接，与大公司洽谈，争取享受饲料最低的优惠价格和更高奶价；三是与技术部门对接，与各大专院校建立合作，聘请专家、教授举办各类培训班，使农户不但懂得饲养技术，还及时了解奶牛产业的发展方向；四是与金融部门对接，与信用社沟通，利用户联保的形式为农民解决贷款资金，还利用合作社向政府部门申请借款，畅达奶牛小区缺少资金问题。

吉林省对畜产品质量安全工作非常重视，加强了乳品质量安全监管，加大科技宣传，积极推进奶牛标准化养殖，加强养殖档案管理，要求养殖场（小区）要建立养殖档案，详细记录饲料、兽药采购及使用、疫病诊疗、消毒等，严禁使用违禁兽药、饲料及其添加剂，严格兽药休药期制度。加强奶站监管，严格奶站标准，认真执行生鲜乳收购站持证收奶制度，全省共对302个达标的奶站发放了生鲜乳收购许可证。强化了生鲜乳质量检测。每个季度对奶站、生鲜乳运输车的生鲜乳进行抽样检测一次，主要检测三聚氰胺和抗生素。

（吉林省畜牧总站　付殿国）

黑龙江省

【奶类生产】本地区2010年奶牛存栏205.4万头，同比增长4.28%，全部为荷斯坦牛。主要分布的地区（地级市）是哈尔滨市、绥化市、农垦和齐齐哈尔市，其奶牛存栏数占总存栏数的62%，

本地区2010年奶类总产量558.8万吨，比上年同期增长4.50%。

2010年黑龙江省奶类总产量占全国比重由“十五”期末的15.9%提升到目前的18.4%。乳制品的80%的销往全国各地和国际市场，鲜奶产量稳居全国第二位。保持稳定增长的原因是政府采取的措施得当。在2010年，黑龙江省在全国率先实施“参考价”和“政府指导价”双轨制，强化政府在生鲜乳购销过程中的调节和干预作用，使得生鲜乳价格迅速恢复到合理水平，有效地保护了农企双方的合理利益，保证了生乳产量的稳定增长。

本地区2010年全年的平均奶价为2.75元/千克，同比增加14%，春夏秋冬季奶价分别是2.53元/千克、2.61元/千克、2.87元/千克、3.01元/千克，比上年同期增加0.51元/千克、0.62元/千克、0.61元/千克、0.75元/千克。

双城市奶价2.80元/千克，较上年高0.70元；杜蒙县奶价2.94元/千克，较上年高0.52元；安达市奶价2.85元/千克，较上年高0.50元；富裕县奶价2.75元/千克，较上年高0.55元；肇东市奶价2.80元/千克，较上年高0.42元；林甸县奶价2.85元/千克，较上年高0.65元；甘南县奶价2.70元/千克，较上年高0.50元；泰来县奶价2.70元/千克，较上年高0.50元。

在黑龙江省双城市、富裕县和肇东市实行政府指导价。确定双城市和肇东市机械化榨乳的生乳标准奶（脂肪3.1%，蛋白2.8%）购销基准价为2.95元/千克，富裕县为2.94元/千克，实际购销价格在基准价的基础上上浮幅度不限，但不得下浮，执行时间为2010年7月1日至9月30日。

【乳品加工】2010年本地共有乳品加工企业75个，日处理鲜奶的能力总计达到2.4万吨，其中外资1个、合资企业2个、地方自建企业72个。

2010年，全省乳制品总产量为1838990吨，其中液态奶1169295吨，乳粉563303吨，全省规模以上（年收入500万元）乳品加工企业75家。本地2010年液态奶和奶粉的产量分别为1169295吨和563303吨。

【市场与消费】本地区2010年城镇居民人均奶制品（折合成原料奶）消费量19.42千克/人，其中鲜乳品11.5千克/人，奶粉0.37千克/人，酸奶2.17千克/人。

本地区2010年农村居民鲜奶购买量1.81千克/人，奶及奶制品消费量3.18千克/人。

当地质检部门抽检情况：经国家和省质监等部门对黑龙江省奶粉和液态奶生产企业进行产品抽查和检查，全部合格。

【奶源基地建设】2010年，本地区奶牛存栏1～4头的有193640个场（户）、5～19头的有126987个场（户）、20～99头的有14400个场（户）、100～199头的有712个场（户）、201～500头的有202个场（户）、501～1000头的有65个场（户）、1000头以上42个场（户）。

奶牛养殖小区964个，奶牛存栏46万头。

2010年，黑龙江省奶站机械化挤奶比重达到81.9%。

【质量管理】黑龙江省畜牧兽医局召开全省生鲜乳收购站拉网式检查启动会议，组成10个检查组，对生鲜乳收购站进行异地交叉拉网式检查、奶样抽取和检测，生鲜乳样品进行三聚氰胺、碱类物质、黄曲霉毒素M1检测等。

【学生奶计划】2010年，全省学生奶事业保持了稳定的发展。截止到11月30日，黑龙江省有182所学校开展学生奶饮用计划工作；日配送学生奶达到了60070份。完达山乳业集团借助于省农垦总局领导对学生饮用奶的重视，积极动员各分局及所属农场对学生饮用奶进行补贴，垦区各分局、农场积极落实“学生饮用奶计划”，加大了行政推动与政策倾斜力度，把落实学生奶计划纳入民心工程和教育考核内容，对实施学生奶的意义宣传到位，各分局、农场根据各自的情况分别对学生奶实施不同标准的补贴，补贴分为两种：一种是对饮奶学生进行补贴，一种是对贫困学生免费饮奶，北安分局9个农场对饮奶学生每人每天补贴0.2～0.85元；齐齐哈尔分局克山农场、九三分局哈拉海农场对饮奶学生每人每天补贴0.7元；牡丹江分局858农场对饮奶学生每人每天补贴0.2元；宝泉岭分局13个农场对饮奶学生每人每年补贴100元；九三分局对22所学校400名贫困学实施免费饮奶（上学期），这些政策措施加快了黑龙江垦区学生饮用奶计划的实施，为完达山乳业学生饮用奶的销售工作积累了丰富的经验。目前，垦区9个分局102所中小学60%的学校已经开始学生奶订购工作。

黑龙江龙丹乳业股份有限公司经过近几年的运作，2010年保持了稳中有升的势头，现在哈尔滨市内的50所小学校供应学生饮用奶，现日供学生饮用奶近20070份，核桃牛奶、麦香牛奶、草莓牛奶、巧克力牛奶、香草牛奶等学生奶产品不仅口味繁多，并且给予学生全面的营养补充，同时充分考虑到学生在智力发育及身体发育的营养所需，确保了学生饮奶的安全、放心、营养的要求，得到了学校、家长、学生三方的首肯。

【奶业科技】2010年通过省部级鉴定的奶业研究成果：（1）优质牧草新品种选育及生产配套技术研究，执行单位：黑龙江省畜牧研究所，完成人：李红等，获省科技进步一等奖。（2）畜禽良种资源综合利用支撑技术的研究，执行单位：黑龙江省家畜繁育指导站，完成人：孔宪臣等，获省科技进步二等奖。（3）动物疫病风险评估方法的建立及应用，执行单位：黑龙江省动物卫生监督所，完成人：虞塞明等，获省科技进步二等奖。（4）奶牛高效生产技术集成应用与示范，执行单位：黑龙江省畜牧局现代化处，完成人：王思再等，获省科技进步二等奖。（5）东北农区奶牛高效饲养综合技术的研究，执行单位：黑龙江省八一农垦大学，完成人：苗树君等，获省科技进步三等奖。（6）奶牛真菌病感染的致病机理及防治关键技术的研究，完成人：刘云等，获省科技进步三等奖。（7）奶牛营养障碍性疾病防治工程研究与推广应用，执行单位：东北农业大学，完成人：徐世文等，获省科技进步三等奖。

【奶业大事记】

（1）3月29日，黑龙江-新西兰奶业研讨会在哈尔滨召开，来自新西兰的各大乳品加工企业、设备生产商、大学、协会的代表30余人与来自黑龙江省的100名奶业主管部门领导、奶协负责人等相关奶业工作者，针对遗传育种、牧场管理、奶业技术、生物安全、牧草鲜奶测试、培训教育等奶业产业链等各个方面进行座谈，促进了两地的奶业交流与合作。

（2）5月14日，省奶业协会和生活报社联合举办了黑龙江省乳品企业媒体见面会。省内有生产基地的蒙牛、飞鹤、完达山、黑乳集团龙丹、森永和金星等分支部门、摇篮、万家宝、硕业、娃哈哈等乳企的市场和销售负责人参加了见面会，就媒体如何帮助企业提高品牌知名度，增加消费者信心方面进行深入的探讨。

（3）5月24日，杜尔伯特县与伊利集团就伊利六期婴幼儿配方奶粉加工项目正式签约，项目总投资达8亿元，产后日处理鲜奶能力达到3000吨。

（4）7月1日，黑龙江省畜牧兽医局公布第三季度全省生乳交易参考价，并对部分地区实施政府指导价。

（5）6月29～30日，齐齐哈尔市首届奶业博览会在齐齐哈尔市隆重举行。

（6）7月20日至8月18日，伊春市卫生局组织开展乳品与含乳食品专项清查行动，严查餐馆单位采购和使用乳粉情况及索证、索要和进货台账验收落实情况，出动监督执法人员500余人次，车辆120余台次，检查餐饮单位1826家，未发现使用问题乳粉的违法行为。

（7）9月2日，黑龙江省畜牧兽医局祖伟局长带队到安达市检查指导奶业发展情况，分别走访安达市贝因美乳业、澳佳乳业、澳佳2000头牧场等，检查生鲜乳价格机制落实情况、奶站清理整顿情况、奶牛耳标佩戴情况、奶牛标准化规模养殖场示范情况、疫病防控情况等。

（8）9月27～29日，黑龙江省奶业协会分别到哈尔滨周边地区、哈尔滨双城市、大庆市周边地区和大庆市杜蒙县进行规模化奶牛场、奶牛小区和奶农户的经营和盈利模式的现场调研。

（9）10月29日，黑龙江省畜牧兽医局召开全省生鲜乳收购站拉网式检查启动会议，组成10个检查组，对生鲜乳收购站进行异地交叉拉网式检查、奶样抽取和检测，生鲜乳样品进行三聚氰胺、碱类物质、黄曲霉毒素M1检测等。

（10）11月2日，黑龙江省最大的优良种畜生产基地——黑龙江省博瑞遗传有限公司新生产基地在五常市牛家镇落成。

（黑龙江省奶业协会　阿晓辉）

哈尔滨市

【奶类生产】本地区2010年奶牛存栏46.4万头，全部为荷斯坦牛，奶牛存栏数占总存栏数的28.3%，主要分布的县（县级市）是双城、尚志、五常，其奶牛存栏数占总存栏数的70.4%。

本地区2010年奶类总产量143.1万吨，比上年同期增长3%，其中商品奶类（企业收购）98万吨，奶类总产量中牛奶140万吨，羊奶3.1万吨，分别比上年增长3.2%、-5.4%。

奶牛存栏同比稍有下降，受饲料和人工成本上涨等原因奶农效益进一步压缩，奶牛存栏下降趋势明显。

本地区2010年全年的平均奶价为2.7元/千克，同比增加20%，春夏秋冬季奶价分别是2.5元/千克、2.6元/千克、2.9元/千克、2.9元/千克，比上年同期增加0.4元/千克、0.5元/千克、0.6元/千克、0.5元/千克。

2010年，哈尔滨市主要奶源集中地区收奶价格较上年同期都有大幅上涨，但饲料和人工成本的上涨又压缩了养殖业者的生产效益。

【乳品加工】2010年本地共有乳品加工企业10个，日处理鲜奶的能力总计达到4700吨，其中合资企业2个、地方自建企业8个。

当年扩建项目1个，日处理鲜奶能力250吨。

【市场与消费】本地区2010年城镇居民人均奶制品（折合成原料奶）消费量23.34千克/人，其中鲜乳品14.991千克/人，奶粉0.33千克/人，酸奶4.36千克/人。

【奶源基地建设】2010年，本地区奶牛存栏1～5头的有19632个场（户）、6～20头的有22874个场（户）、21～100头的有3058个场（户）、101～200头的有98个场（户）、201～500头的有68个场（户）、501～1000头的有12个场（户）、1000头以上9个场（户）。

奶牛养殖小区122个，奶牛存栏41127头。

标准化规模养殖场14个，奶牛存栏16178头。

2010年末共有奶站325个。

2010年本地区机械化挤奶达到70%。

2010年共改良各种牛群265000头，使用冷冻精液630000剂。

人工牧草种植面积2367万公顷，其中专用青贮玉米种植面积38333公顷，有青贮窖2500个，共27万立方米。

奶牛配合饲料的生产企业120个，年产奶牛配合饲料35万吨，其中主要生产企业有哈尔滨市荣耀饲料、哈尔滨市青河饲料、哈尔滨市远大饲料。

【支持政策】2010年奶牛标准化规模养殖场建设项目，全市16个奶牛养殖场获得国家扶持资金850万元。

【奶农协会建设】奶农协会共34个，包含农户2223个，存栏奶牛11211头。

（哈尔滨市畜牧兽医局　孙桂霞）

绥化市

【奶类生产】本地区2010年奶牛存栏51.8万头，比上年同期增长15.4%。

奶牛存栏稳步发展，主要原因是场区建设标准高，奶源质量好，奶价高，外购奶牛增加，自然繁殖逐步增长，奶牛存栏稳步增长。

本地区2010年奶类总产量130.3万吨，比上年同期增长25.5%。

【乳品加工】2010年本地共有乳品加工企业14个，日处理鲜奶的能力总计达到138万吨。

当地质检部门抽检样品全部合格。

【奶源基地建设】2010年，本地区奶牛存栏1～5头的有12032个场（户）、21～100头的有757个场（户）。

奶牛养殖小区88个，奶牛存栏51061头。

2010年末共有奶站688个，其中企业自建的297个，合作社建设352个，其他39个。奶站平均日收奶1509.8吨。

2010年全市开展了畜产品质量安全专项整治行动，狠抓了奶站专项整治。年初下发了《2010年生鲜乳专项整治行动方案》，集中时间、集中力量在全市范围内对生鲜乳生产、收购和运输环节进行了彻底的清理整顿，关闭不合格奶站48个，对31个奶站提出整改措施，对经营主体合格的657个奶站全部核发了生鲜乳收购许可证，使生鲜乳达到了生产标准化、收购站管理规范化。严厉打击违法添加三聚氰胺等有毒有害物质的行为，保持了鲜奶市场稳定。按年初拟定的任务指标对全市鲜奶进行抽样检测。

2010年奶牛标准化配种站点达到683个，购入34.8万剂特一级奶牛冻精，冻配奶牛17.4万头。

针对日趋复杂的动物疫情，高度重视口蹄疫和高致病性蓝耳病等重大动物疫病防控工作。先后制定下发了《绥化市2010年动物防疫工作要点》等相关文件。市政府和市畜牧兽医局分别与各县（市、区）政府及畜牧局签订了责任状。各地都加大了对动物防疫工作资金的投入力度，把防疫资金投入纳入了本级财政预算，保证了绥化市动物防疫工作的顺利进行。绥化市的强制免疫和常规免疫均达到了应免的100%和95%以上，免疫注射密度达到了国家标准，死亡率低于国家标准。由于措施得力，全市没有重大动物疫情发生。

人工牧草种植面积10000公顷，其中苜蓿草800公顷；专用青贮玉米种植面积33000公顷，有青贮窖容积1545000立方米。

【重要建设项目】2010年建设的奶业项目：(1) 安达贝因美三期乳品加工续建和扩建项目。(2) 海伦市引进了兴安乳业有限公司，投资2亿元，兴建年处理鲜奶10万吨乳品生产企业，目前已进行试生产。

【支持政策】土地优惠：绥化市的肇东在养奶牛使用土地上，政府实施无偿使用的优惠政策。

【奶农协会建设】奶牛经济合作组织共99个，包含农户3833个，存栏奶牛81262头。

合作组织主要是机械榨奶站牵动，统一榨奶、统一饲料供应、统一防病。存在问题是管理混乱，制度不完善。

【质量管理】2010年，全市共抽检生鲜乳样品760个，经检验全部合格。同时，按照省下发的《生鲜乳抗生素残留专项整治实施方案》的要求，对奶畜养殖环节、动物诊疗机构和奶站进行专项监管整治。共处理非法收奶案件5起，查处无证收奶车辆16辆，查处散收乱抢鲜奶29吨，查处有抗奶21吨，并全部进行无害化处理。

【学生奶计划】肇东伊利，年生产100万吨，每袋1.5元。

（黑龙江省绥化市畜牧兽医局　翟振双　裴立峰）

上海市

【奶类生产】本地区2010年奶牛存栏6.7万头，同比增长124.00%，全部为荷斯坦牛；主要分布在奉贤、金山、崇明，其奶牛存栏数占总存栏数的20.5%（补充说明：光明食品集团奶牛场分别位于崇明、奉贤、金山和江苏大丰县上海农场内，其中奶牛存栏数50%）。

2010年存栏奶牛67210头，比2009年的63990头增加了3220头，增幅5%。

本地区2010年奶类总产量24.7万吨，比上年同期增长16.3%。

本市奶牛存栏数和成乳牛存栏数分别比上年增加5%和20.74%，平均单产提高12.3%。所以牛奶总产量增加了。

【乳品加工】2010年本地共有乳品加工企业12个，日处理鲜奶的能力总计达到805吨，其中外资3个、合资企业6个、地方自建企业3个。

当年新建项目2个、扩建项目2个。

【市场与消费】本地区2010年城镇居民人均奶制品（折合成原料奶）消费量36.23千克/人，其中鲜乳品22.02千克/人，奶粉0.4千克/人，酸奶6.81千克/人。本地区2010年农村居民鲜奶购买量5.48千克/人，奶及奶制品消费量7.03千克/人。

【奶源基地建设】2010年，本地区奶牛存栏21～100头的有2个场(户)、101～200头的有29个场(户)、201～500头的有54个场（户）、501～1000头的有14个场（户）、1000头以上17个场（户）。

2010年本地区机械化挤奶达到100%。

2010年上海使用冷冻精液7万剂，胚胎移植396枚（来源美国，培育种公牛用）；共生产冷冻精液360万剂；共进口胚胎217枚（来源美国，培育种公牛用）、冷冻精液20135剂（荷兰CRV）。

2010年上海专用青贮玉米种植面积804公顷，有青贮窖25个，共109875立方米。

奶牛配合饲料的生产企业1个，年产奶牛配合饲料70000吨，其中上海光明荷斯坦饲料公司，位于上海市青浦青东农场内，具有年产配合饲料10万吨，预混料2万吨的生产加工能力，该饲料公司分别通过了ISO9001和HACCP的认证。

【质量管理】原料奶每日送第三方检测机构检测8项指标，收奶企业按检测结果按质论价，优质优价（见表16-4）。2010年经检测部门市场抽查，合格率达到100%。

【学生奶计划】

(1) 按照国家学生奶办（2010）3号《关于开展第四批学生奶奶源示范基地创建工作的通知》要求，配合创建第四批奶源示范基地工作。奶办抽调两名专家专门配合国家学生奶办委托的奶源专家，对上海金牛牧业有限公司（跃进奶牛一场）、上海牛奶集团三岛奶牛养殖有限公司（跃进奶牛二场）进行了全面的实地考察，对牧场生奶质量、卫生条件、防疫及疫病检测、饲料质量、繁殖产犊、日产水平等作了重点检查。专家在听取牧场工作汇报后，查看了牛场管理、挤奶设施、饲料仓库、粪尿处理场以及生奶检验、检疫记录等有关资料，并对存在的不足之处提出了改进建议，认为两个场全部符合学生奶奶源基地建设的要求。于2011年2月11～12日完成了第四批学生奶奶源基地验收工作。

(2) 按照国务院办公厅国办发（62）号文件和国家学生饮用奶计划部际协调小组办公室有关通知精神，积极做好对定点生产企业资格复审认定工作。首先对定点企业资质审评细则进行修改，为复审认定准备好审评标准；2010年上半年和11月分别对定点生产企业的牧场、加工厂、配送等三个部分全面按审评细则进行复审，在完成复审的基础上，学生奶办会同市质量技术监督局等相关部门审核、认定。市学生奶办将复审认定结果发文通知定点生产企业——光明乳业股份有限公司，确认定点生产企业资格从复审认定日起，有效期为三年。经过认真复审，专家们认为该企业符合资格认定的条件，建议同意该企业关于要求延长有效期（三年）的申请在复审认定，并报送国家学生奶办备案。

（3）继续做好学生奶质量监管工作（表16-5）。

（4）积极开展学生饮用奶计划的宣传教育工作。

（5）撰写关于推广“上海学生饮用奶”新模式的请示。

表16-4　2010年上海市原料奶按质论价体系（1～12月）

基准价价格计算 按物价局成本测算+7%利润，2010年1月1日起至4月30日每千克收购价3.27元 计算方法：脂肪含量×脂肪单价+蛋白含量×蛋白单价=每千克生奶价格				
1%脂肪单价（元）	1%蛋白单价（元）	标准价（元）	脂肪比例	蛋白比例
0.51094	0.55424	3.27	50%	50%
基准价价格计算 按物价局成本测算+7%利润，2010年5月1日起至6月30日每千克收购价3.39元 计算方法：脂肪含量×脂肪单价+蛋白含量×蛋白单价=每千克生奶价格				
1%脂肪单价（元）	1%蛋白单价（元）	标准价（元）	脂肪比例	蛋白比例
0.52969	0.57458	3.39	50%	50%
基准价价格计算 按物价局成本测算+7%利润，2010年7月1日起至10月31日每千克收购价3.57元 计算方法：脂肪含量×脂肪单价+蛋白含量×蛋白单价=每千克生奶价格				
1%脂肪单价（元）	1%蛋白单价（元）	标准价（元）	脂肪比例	蛋白比例
0.55781	0.60508	3.57	50%	50%
基准价价格计算 按物价局成本测算+7%利润，2010年11月1日起至12月31日每千克收购价3.49元 2010年12月收购的原料奶给予每千克0.10元的补贴。 计算方法：脂肪含量×脂肪单价+蛋白含量×蛋白单价=每千克生奶价格				
1%脂肪单价（元）	1%蛋白单价（元）	标准价（元）	脂肪比例	蛋白比例
0.54531	0.59153	3.49	50%	50%
细菌数计价标准				
细菌数范围	每千克奖（元）	每千克扣（元）		
<10万/毫升	奖0.04			
10万～40万/毫升	不奖不扣			
40万～200万/毫升		>40万扣0.04；>100万扣0.08		
体细胞数计价标准				
体细胞数范围	每千克奖（元）	每千克扣（元）		
≤50万/毫升	奖0.05			
50万～75万/毫升	不奖不扣			
>75万/毫升		扣0.05		
冰点				
-0.500～-0.504	扣0.04			
-0.505～-0.507	扣0.02			
-0.508～-0.549	不奖不扣			
≥-0.499	可以拒收			
≤-0.550	可以拒收			

其他指标：
- 牛奶抗生素残留量检测为阴性的判为“合格奶”；若为阳性，判为“不合格奶”。
- 牛奶黄曲霉毒素M1残留量≥0.5毫克/千克的，判为“不合格奶”。
- 牛奶亚硝酸盐含量>0.2毫克/千克的，判为“不合格奶”。

表 16-5　2010年上海学生饮用奶供应情况调查表

	供应学校和区域	实施的学校和数量（个）	供应数量（包、盒）/天
学校			
	小学	320（幼儿园）	78 000
	小计1	320	78 000
区域	城市	320	78 000
	小计2	320	78 000
品种	纯牛奶	/	58 000
	调味奶	/	20 000
	小计3	/	78 000

【奶业科技】

表 16-6　2010年上海通过省部级鉴定的奶业研究成果

项目名称	执行单位	完成人
后备种公牛测定及良种牛胚胎产业化	上海光明荷斯坦牧业有限公司	刘光磊等
奶牛饲料添加剂、预混料配制关键技术研究	上海光明荷斯坦牧业有限公司	袁耀明等

执行单位：上海光明荷斯坦牧业有限公司；研究进展：通过验收；应用情况：在全国推广应用。

【奶业大事记】

（1）2010年是上海的“世博年”。为确保上海举办一届成功、精彩、难忘的世博会，首先要确保原料奶的质量安全，严把原料奶的质量安全关，从而为乳品加工企业提供可靠的优质奶源。上海奶协开展了生鲜乳“优质高产”排行榜活动，每月公布优质（体细胞数）、高产（奶产量）的前20名牧场。对倒数20名的牧场发函通告，要求其尽快整改。

（2）4月28～29日由浙、苏、皖、沪三省一市的奶业协会联合举办的“第四届长三角奶牛技术与管理论坛”暨“第七届中美奶业发展研讨会”在浙江省杭州市的萧山金马大酒店召开，参会人数超过300人。使“长三角奶牛技术与管理论坛”成为地方奶协的一个会议品牌，在全国奶业行业协会中具有一定的影响力和号召力。

（3）11月初《上海奶业简史》正式出版，该书由上海奶协组织业内资深专家，花费4年多时间，于2010年6月完稿，并邀请上海市农委和畜牧办领导帮助补充完善内容。

（上海市奶业行业协会　朱从余　季爱华）

江苏省

【奶类生产】2010年奶牛存栏22.1万头，同比增加2.56万头，增幅16.72%。；主要分布的地区（地级市）是徐州、南京、苏州、宿迁、盐城，其奶牛存栏数占总存栏数的72.7%，主要分布的县（县级市）是徐州市铜山县、睢宁县、云龙区，南京市江宁区、浦口区，苏州市相城区、张家港市、昆山市，盐城市大丰市，无锡市江阴市，宿迁市泗洪县、宿城区，淮安市淮阴区，连云港市灌云县等14个县（市、区），其奶牛存栏数占总存栏数的66.5%。

奶牛存栏稳中有升，苏北地区增幅明显。2010年以来，受原料奶价格大幅上涨、奶牛养殖效益逐步好转影响，全省奶业生产继续保持恢复增长势头。受新农村建设推进、环保压力加大等因素影响，苏南地区奶牛养殖不断萎缩。2010年末，南京、无锡、常州三市奶牛存栏同比下降0.48万头、0.08万头、0.02万头，降幅为18.3%、8.9%和3.8%。苏中、苏北地区一方面主动承接来自上海、苏南地区奶牛产业的转移，另一方面加快原有生产基地的扩能增效，奶业发展增速明显。2010年末，徐州、宿迁、连云港、盐城四市奶牛存栏同比分别增加0.44万头、0.39万头、0.17万头、0.15万头，增幅分别达6.9%、21.9%、26.2%和13.2%。

2010年全省奶类总产量57.3万吨，比上年同期增长3.40%，全部为牛奶。

牛奶产量逐步增长，奶牛单产水平稳步提高。主要得益于三个方面工作的推进：一是大力推进标准化养殖。江苏省从2008年起，启动实施以提高标准化水平为主的生态健康养殖示范创建活动，全省规模奶牛场积极参与，按照生产标准化、产品优质化、生态优良化的要求，完善基础设施建设，规范奶牛饲养管理，加强粪污综合利用，3年来，全省共创建奶牛生态健康养殖示范基地94家，有力带动了全省奶牛标准化生产水平的提高。二是加大高效增产配套技术的推广。重点推广奶牛繁育技术、全混合日粮（TMR）饲喂技术、DHI测定技术等，提高奶牛产奶量和生鲜牛奶质量。三是组织实施奶牛良种补贴项目。2010在全省实施奶牛良种补贴项目，对全省12万头成年荷斯坦奶牛（含娟姗牛）全部实施良种奶牛冻精补贴，补贴资金360万元。全年使用冻精28.05万份，配种奶牛13.85万头，受孕奶牛10.08万头，受惠农户2.2万多户。随着奶牛生态健康养殖的推进、高效增产配套技术的推广和奶牛良种补贴项目的实施，全省奶牛群体生产水平和养殖水平稳步提高，促进了奶牛生产的平稳发展。

本地区2010年全年的平均奶价为3.20元/千克，同比增加10%，春夏秋季奶价分别是3.02元/千克、3.15元/千克、3.25元/千克，比上年同期增加0.19元/千克、0.25元/千克、0.3元/千克。

从地区来看，江南奶业经济带为3.3元/千克，扬泰奶业经济带为3.31元/千克，徐宿淮奶业经济带为2.96元/千克，比上年同期增加0.39元/千克、0.43元/千克、0.16元/千克。

【乳品加工】2010年本地共有乳品加工企业45个，其中外资1个、地方自建企业44个。

乳品企业总销售额为1267594万元；主要企业的销售额和利税：维维乳业有限公司销售额880647万元，利税56999万元;南京卫岗乳业有限公司销售额151053万元,利税2013万元;徐州绿健乳业有限责任公司乳品厂销售额95302万元,利税2247万元。

当年新建项目6个、扩建项目18个,日处理鲜奶能力分别为722吨、470吨。

本地2010年巴氏消毒奶、UHT奶、奶粉、酸奶的产量分别为331002吨、318149吨、1477吨、320866吨,同比增长6.6%、16.8%、0%、11.2%。

主要生产企业各产品的生产情况:

维维乳业有限公司:巴氏消毒奶、UHT奶、奶粉、酸奶的产量分别为126800吨、247350吨、1470吨、153184吨,同比增长14.3%、15.1%、300%、12.6%。

南京卫岗乳业有限公司:巴氏消毒奶、UHT奶、酸奶的产量分别为110716吨、39304吨、48059吨,同比增长2.2%、40.0%、3.5%。

徐州绿健乳业有限责任公司:巴氏消毒奶、UHT奶、酸奶的产量分别为48992吨、12495吨、53223吨,同比增长1.5%、1.6%、1.5%。

【市场与消费】本地区2010年城镇居民人均奶制品(折合成原料奶)消费量24.74千克/人,其中鲜乳品17千克/人,奶粉0.30千克/人,酸奶3.16千克/人。本地区2010年农村居民鲜奶购买量3.42千克/人,奶及奶制品消费量6.07千克/人。

【奶源基地建设】随着江苏省规模养殖的稳步推进,奶牛散养户不断退出,奶牛养殖逐渐向大中型规模场集聚。2010年,本地区奶牛存栏1～5头的有583个场(户)、6～20头的有1457个场(户)、21～100头的有636个场(户)、101～200头的有96个场(户)、201～500头的有113个场(户)、501～1000头的有57个场(户)、1000头以上32个场(户),分别存栏奶牛1813头、15087头、23427头、14041头、35608头、37395头、75789头,分别占全省比重0.9%、7.4%、11.5%、6.9%、17.5%、18.4%、37.3%。

2010年末共有奶站108个,其中企业自建的52个,合作社建设17个,其他39个。奶站平均日收奶450吨。机械化挤奶达到95%。

重点推广奶牛高产高效生产技术,主要包括奶牛繁育技术、全混合日粮(TMR)饲喂技术、DHI测定技术等,提高奶牛产奶量和生鲜牛奶质量。

2010年共改良各种牛群13.85万头,使用冷冻精液28.05万份。

人工牧草种植面积35418.37公顷。

【支持政策】为保障全省奶业健康稳定发展,江苏省积极贯彻落实国家有关扶持政策,并结合省里实际出台了一系列扶持政策,并得到了较好落实。一是奶牛标准化规模场建设项目补贴。组织全省18个奶牛规模场实施2010年国家奶牛标准化规模场建设项目,中央投资1300万元。二是奶牛良种补贴。争取中央财政补贴资金360万元,对全省12万头奶牛实施奶牛良种补贴项目。三是各类省级项目补贴。在省级高效农业项目中安排资金用于标准化奶牛养殖场的基础建设补助,在农业三项工程项目中安排资金用于奶牛新技术、新品种和新模式推广,在农村清洁能源工程项目中安排资金用于规模奶牛场沼气治理。四是奶牛政策性保险。每头保费240元,农户承担40%,其余由各级财政负担,其中省级财政对苏南、苏中、苏北承担比例分别为20%、30%、50%。2010年,全省共投保奶牛2.1万头,投保资金总额504万元,其中省级下达补贴资金148万元。

【质量管理】2010年,全省加大生鲜乳质量安全监管工作力度,着力抓好乳品质量安全回头看行动、生鲜乳运输车辆调查行动、问题乳粉清查专项整顿行动、生鲜乳抗生素残留整治专项行动和生鲜乳收购站拉网式检查行动等"五个行动"。2月份组织开展乳品质量安全"回头看"行动,重点检查生鲜乳生产、收购与运输环节。全省共出动检查人员901人次,检查奶站124个,检查覆盖率100%,全省共抽样263批次,检测结果全部合格。5月份开展生鲜乳抗生素残留专项整治,对900余家奶牛养殖场(户)、30余家兽医诊疗机构的奶牛用药规范情况进行监督检查。7月份开展生鲜乳运输车辆"调查行动",全省111辆生鲜乳运输车辆全部持证运输;开展生鲜乳及饲料产品质量安全监管专项整顿行动,全省共出动执法人员2100余人次,对500余家奶牛养殖场(户)、124家生鲜乳收购站、111个生鲜乳运输车辆、400余家饲料生产企业进行了监督检查。10月份开展生鲜乳收购站拉网式检查行动。同时,在例行抽样监测的基础上,加大生鲜乳抽样力度。2010年,全省共检测生鲜乳样品2395个,其中生鲜乳收购站样品1331个,奶牛养殖场样品1006个,运输车辆样品58个,均未检测到三聚氰胺等违禁物品,合格率100%,保证了生鲜乳的质量安全。

【学生奶计划】2010年,在省学生饮用奶计划实施协调小组成员单位的正确引导和协同监管下,江苏省"学生饮用奶计划"工作稳步推进,各项工作进展顺利。全省学生饮用奶定点生产企业总数达32家,学生饮用奶日均供应量约90万份(即饮奶学生数),比2009年增加20多万份,推广学校2375所(剔除交叉,约2000所),覆盖50个大小城市和355个县镇,学生饮用奶质量安全保障措施得力,没有发生安全事故。维维食品饮料股份有限公司、江苏梁丰食品集团有限公司和南京卫岗乳业有限公司等三家企业日均供应量28万份,推广学校854所。

(江苏省奶业协会　华　棣)

南京市

【奶类生产】本地区2010年奶牛存栏2.14万头,全部为荷斯坦牛，主要分布在江宁区和溧水县，其奶牛存栏数占总存栏数的63%。

2010年较2009年奶牛存栏下降4780头，降幅18.25%，主要原因是城市化进程的加快和新农村建设的逐步推进，部分奶牛养殖场（户）搬迁或转产，同时养殖成本上涨，养殖风险加大，散户养殖效益偏低，逐渐退出养殖环节，规模养殖比例提升。

本地区2010年奶类总产量8.08万吨，比上年同期下降15.6%，全部是牛奶，其中商品奶类（企业收购）8.08万吨，同比下降15.6%。

本地区2010年全年的平均奶价为2.96元/千克，同比增加10.4%，春夏秋冬季奶价分别是2.93元/千克、2.91元/千克、2.94元/千克、3.03元/千克，比上年同期增加0.28元/千克、0.31元/千克、0.24元/千克、0.28元/千克。

本地区原料奶收购中没有地方保护价。

【乳品加工】 2010年本地共有乳品加工企业4个，日处理鲜奶的能力总计达到1350吨，其中地方自建企业3个。

乳品企业总销售额为156853万元；主要企业的销售额和利税：卫岗销售额151053万元，利税1729万元。

当年新建项目1个，日处理鲜奶能力为150吨，扩建项目1个。

本地2010年巴氏消毒奶、UHT奶、酸奶的产量分别为103856吨、39354吨、50519吨，同比增长-0.76%、38.75%、-0.53%。主要生产企业各产品的生产情况：2010年卫岗乳业巴氏消毒奶100716吨，UHT奶39304吨，酸奶48059吨，分别同比增长2.15%、28.35%和3.41%。

【市场与消费】 本地区2010年城镇居民人均奶制品（折合成原料奶）消费量35.93千克/人，其中鲜乳品27.01千克/人，奶粉0.43千克/人，酸奶4.06千克/人。

当地质检部门定期抽检市场销售的乳制品，年检合格率达到100%。

由于受益生菌改善胃肠道等功能的媒体宣传，以及酸奶口味多样化的消费引导，酸奶消费比例上升。

【奶源基地建设】 2010年，本地区奶牛存栏1～5头的有164个场（户）、6～20头的有246个场（户）、21～100头的有101个场(户)、101～200头的有13个场（户）、201～500头的有17个场（户）、501～1000头的有6个场（户）、1000头以上2个场（户）。

标准化规模养殖场（小区）42个，奶牛存栏12386头；其中新建1个，奶牛存栏300头。

2010年末共有奶站26个，其中企业自建的2个，合作社建设2个，其他22个。奶站平均日收奶72吨。机械化挤奶达到75%。

2010年全市加大奶站监管力度，严把许可证的发放工作，开展专项整治，督查全市生鲜乳收购秩序，对辖区内28家奶站开展季度督查，共检查生鲜乳收购站360家次，出动执法人员1548人次，抽查生鲜乳运输车126车次，检查奶牛场232场次，开展全市及区（县）集中培训6次，培训104人次，发放宣传资料800份。全年抽检生鲜乳样品376份，合格数量376份，合格率100%。

2010年共改良各种牛群16080头，使用冷冻精液32160剂。

人工牧草种植面积2100公顷，其中苜蓿草66公顷；有青贮窖72个，共19300立方米。

奶牛配合饲料的生产企业4个，年产奶牛配合饲料20030吨，其中南京卫岗乳业有限公司饲料厂产量最高，为7900吨。

通过“牛入寓”、奶牛冻精良种补贴、DHI测定等奶牛标准化养殖技术的推进，奶牛规模养殖比重提升到96.5%，2010年，省、市用于推进奶牛场（小区）和奶站建设的资金达135万元，其中用于奶牛小区建设为120万元，奶站建设为15万元。

【重要建设项目】 本地区2010年区内企业自建项目1个。卫岗徐州分公司技改，项目规模：新增150吨/天；投资额：9000万元；启动时间：2010年12月。

【支持政策】 当年地方政府对发展奶业出台的文件有：关于开展2010年奶牛标准化规模养殖场（小区）项目前期工作的通知（苏发改农经发〔2010〕213号）、关于下达2010年标准示范奶站建设补助资金的通知（宁农政字〔2010〕323号）、《关于下发2010年度奶牛良补冻精数量分解明细的通知》（苏牧总[2010]25号）。

良种支持：江苏省奶牛良种冻精补贴，共32160剂。

政策保险：奶牛保险（南京市提高了财政补贴比例，财政补贴保费比例由60%提高到80%，农户只需自行承担20%，即48元/头）。

其他政策：奶牛规模养殖场建设奶站标准站与示范站建设，生鲜乳视频监控系统建设。

【奶农协会建设】 奶农协会1个，包含农户98个，存栏奶牛6800头；奶农合作社共10个，包含农户403个，存栏奶牛5600头。

奶农组织的作用：促进集中饲养，一定程度上提高了奶牛规模养殖比例。存在的问题：结构松散，没有经济利益捆绑，凝聚力不强。

【质量管理】 依托市动物疾病防控中心，开展生鲜乳质量安全飞行检查，全年抽检生鲜乳样品376份，重点检测三聚氰胺、碱性物质、淀粉、非蛋白氮等指标，合格数量376份，合格率100%，同时，南京卫岗、金阳光等四家乳品企业对入厂的所有奶站、奶牛场的生奶逐批进行三聚氰胺的检测。通过抽检和企业自检的不同方式，将全市奶源100%纳入了监管范围，保证了南京市原料奶的质量安全。

【学生奶计划】 南京卫岗乳业有限公司、金阳光乳业有限公司和南京光明乳业有限公司通过了江苏省学生饮用奶定点生产资质审核。2010年全市学生饮用奶月均供应量180.85万份，日供应量9.1万份（即饮奶学生数），其中，卫岗日平均供应量在8.25万份，金阳光日平均供应量0.85万份，推广学校共计266所。

2010年全市学生饮用奶品种主要为全脂灭菌乳、全脂灭菌调味乳和全脂巴氏杀菌乳。卫岗利乐砖包装规格200毫升，出厂价格为1.53元/份，销售价为1.7元/份；金阳光巴氏杀菌乳包装规格为180毫升，出厂价格为1.30元/份，销售价格为1.50元/份。

【奶业科技】2010年通过省级鉴定的奶业研究成果：长三角区域奶牛高效健康养殖关键技术研究、集成与应用，获2010年度江苏省科学技术二等奖，执行单位：南京农业大学、南京卫岗乳业有限公司、江苏省农业科学院、南京市农业委员会，完成人：王根林，卢俭，沈益新，王恬，邵涛，王锋，谷成标，黄克和，梁学武，周韬，宋维龙，刘铁铮，韩兆玉。

研究进展：紧密围绕制约我国长三角乃至南方地区奶牛优质粗饲料资源缺乏和夏秋严重的热应激两个核心问题，创新开展了热应激综合控制和粗饲料生产技术的攻关研究，并集成国内外先进的奶牛选育与饲养技术，取得了重大科技突破和应用效果。

应用情况：(1) 在江苏、浙江、安徽和福建四省建成核心技术示范奶牛养殖基地6个，覆盖200头以上核心技术推广奶牛场计12.8万头。(2)建立抗热应激奶牛核心群，单产8560千克。(3) 高产优质青贮乐迷2.53万公顷，多花黑麦草0.67万公顷。建成3万吨秸秆饲料加工厂6个。(4)推广优良冻精56万份。(5)应用隐形乳房炎防控技术牛群4万头。

（南京市农业委员会畜牧处　谷成标　杜　娟）

浙江省

【奶类生产】本地区2010年奶牛存栏6.1万头，全部为荷斯坦牛，主要分布的地区是杭州、宁波、温州、金华。

本地区2010年水牛存栏5.27万头，其中能繁母牛2.26万头；主要分布的地区是衢州、温州、丽水、台州。

浙江省2010年奶牛存栏比上年增长2.91%。主要原因（1）奶价回升，奶农养殖信心增强;（2）浙江组织实施奶牛标准化养殖项目，实行奶牛良种补贴及后备母牛补贴政策在一定程度上刺激了奶牛存栏数增加。

本地区2010年奶类总产量20.3万吨，比上年同期增长1.71%，全部为牛奶，水牛奶0.03万吨，分别比上年增长1.66%、11.1%。

浙江省2010年牛奶产量比上年增加0.28%。2010年浙江奶牛存栏数的增加主要体现在后备奶牛存栏的增加，由于前几年奶牛良种冻精的推广使用，全省奶牛平均产奶量有所提高。

本地区2010年全年的平均奶价为3.18元/千克，同比增加2.6%，春夏秋冬季奶价分别是3.11元/千克、3.04元/千克、3.27元/千克、3.30元/千克，比上年同期增加0.09元/千克、0.06元/千克、0.12元/千克、0.1元/千克。

2010年全年金华、杭州、宁波、温州的平均奶价分别为3.0元/千克、3.2元/千克、3.05元/千克、3.1元/千克，同比增长6.7%、3.4%、2.6%、1.7%。

本地区原料奶收购中没有地方保护价。

【乳品加工】2010年本地共有乳品加工企业26个，日处理鲜奶的能力总计达到1300吨。

【市场与消费】本地区2010年城镇居民人均奶制品（折合成原料奶）消费量19.61千克/人，其中鲜乳品11.43千克/人，奶粉0.4千克/人，酸奶2.77千克/人。本地区2010年农村居民鲜奶购买量1.93千克/人，奶及奶制品消费量5.57千克/人。

【奶源基地建设】2010年，本地区奶牛存栏1～5头的有1094个场（户）、6～20头的有1095个场（户）、21～100头的有415个场(户)、101～200头的有55个场（户）、201～500头的有33个场（户）、501～1000头的有13个场（户）、1000头以上11个场（户）；奶牛养殖小区257个，奶牛存栏35000头；其中新建小区10个，奶牛存栏2700头。

标准化规模养殖场8个，奶牛存栏10219头；其中新建1个，奶牛存栏1200头。

2010年末共有奶站107个，其中企业自建的73个，合作社建设16个，其他18个。奶站平均日收奶65吨。2010年本地区机械化挤奶达到100%。

奶站清理整顿的情况：制定了全省生鲜乳收购站和运输车集中检查方案，及时下达贯彻文件精神，要求各地进一步强化监管责任，确保每个监管责任人每个月两次到场、到户、到站现场督查，并派出三个工作组，对奶牛养殖重点地区金华、杭州、嘉兴、温州等地进行拉网式检查，督促各地强化生鲜乳质量安全监管责任制。检查结束后，督促13辆合格运输车办理了准运证，取缔2辆非法营运车，保证全省99辆生鲜乳运输车全部取得准运证，依法运输，并对外省乳品加工厂的运输车进行了备案登记。到年底，全省没有发生生鲜乳重大质量安全事故，三聚氰胺检测合格率达100%，奶业生产和收购秩序良好，奶价回暖。

2010年共改良各种牛群4万头，使用冷冻精液14万剂，共进口奶牛434头、冷冻精液5000剂。

按照农业部的统一部署，浙江以瑞安、海宁和金华市婺城区作为全国2010年布病专项调查抽样县，全面开展了布病调查摸底工作，继续对奶牛“两病”采取“监测、扑杀、隔离、消毒”相结合的综合防控措施，对发现的阳性畜均及时规范处置。于1月28日和7月7日分别对瑞安市、上虞市奶牛布病疫情进行了督促指导，病牛均在第一时间扑杀无害化处理，有效防范疫情扩散蔓延。使用牛羊O型-亚洲I型口蹄疫二价苗526.54万毫升和A型灭活疫苗39.19万毫升，分别免疫牛57.68万头（次）、羊39.91万只（次）、奶牛14.65万头（次），其他动物口蹄疫免疫1.02万头（次）。

人工牧草种植面积4万公顷，其中苜蓿草550公顷；专用青贮玉米种植面积5000公顷，有青贮窖155个，共103250立方米；奶牛配合饲料的生产企业2个，年产奶牛配合饲料1500吨。

【重要建设项目】本地区2010年建设的奶业项目：

（1）德清县秸秆养畜示范项目，主要包括青贮窖、处理机械和养殖基础设施建设，投资501.6万元，2009年启动，2011年10月底完工。

（2）浙江星野集团有限责任公司杭江奶牛场建设项目，规模为150头，投资额296万元，2009年启动，2010年完工。

（3）金华市金东区含香奶牛生态养殖场扩建项目，规模为60头，投资额101万，2009年启动，2010年完工。

（4）金华市婺城区下杨养殖小区标准化养殖场改扩建项目，规模为60头，投资额102万，2009年启动，2010年完工。

（5）平湖市新仓镇逢源奶牛标准化养殖场改扩建项目，规模为60头，投资额101万，2009年启动，2010年完工。

（6）平阳县萧江镇万兴奶牛场奶牛标准化养殖改扩建项目，规模为50头，投资额118万，2009年启动，2010年完工。

（7）舟山燕牌乳业有限公司奶牛养殖示范园区扩建项目，规模为60头，投资额102万，2009年启动，2010年完工。

【支持政策】土地优惠：作为农业设施用地管理；税收优惠：国税减免，地税部分减免；良种支持：每支冻精补助15元，超出部分由养殖户承担；其他政策：后备奶牛由省财政和地方财政配套补贴每头500元。

【奶农协会建设】奶农协会共5个，包含农户765个，存栏奶牛5300头；奶农合作社共3个，包含农户63个，存栏奶牛1350头。

合作社组织开展"五统一"服务，即：统一生产标准、统一防疫、统一配送饲料、统一销售、统一建档。合作社与乳业公司签订购销合同，所产生鲜乳经检测合格后统一配送。通过合作社的运行，养殖成本降低，设施设备加强，鲜乳质量提升，推行标准化建设。但合作机制还不够完善，产业化程度还需提升，需要进一步加强建设。

【质量管理】根据《2010年浙江省生鲜乳专项整治行动实施方案》要求，对奶牛养殖场（户）兽药及其他投入品使用情况进行专项检查，组织在生鲜乳生产相对集中的金华、杭州等市进行生鲜乳抗生素残留监测抽样，由省兽药监察所完成了检测工作，强化了生鲜乳质量安全监管，提升了质量安全水平，经检测生鲜乳三聚氰胺检测合格率达到100%，实现了专项整治目标。

【学生奶计划】2010年杭州新希望双峰乳业有限公司、杭州美丽健乳业有限公司、宁波市牛奶集团有限公司等三家乳品公司荣获国家"学生饮用奶计划"定点生产企业称号。目前，全省学生饮用奶已供应660余所中小学校及幼儿园，日供应量20多万份。浙江省实施"学生饮用奶计划"对提升中小学生身体素质，促进奶业发展起到了积极作用。

【奶业科技】2010年通过省部级鉴定的奶业研究成果：

（1）反刍动物饲料原料基础数据研究，执行单位：浙江大学，完成人：刘建新等，已结题。

（2）奶牛营养调控及高效饲养技术研究，执行单位：浙江大学，完成人：刘建新等，已结题。

（3）奶牛过瘤胃保护功能性氨基酸的研制及其应用示范，执行单位：浙江大学，完成人：刘建新等，已投入生产应用。

【奶业大事记】4月28日，"第四届长三角奶牛技术与管理论坛"暨"第七届中美奶业发展研讨会"在杭州萧山金马饭店召开。本届论坛由浙江省奶牛业协会、上海奶业行业协会、江苏省奶业协会、安徽省奶业协会、中美奶牛研究中心和美国谷物协会共同主办，大会的主题是"规模奶牛场的现代化管理"。会上，受邀请的美国、意大利、瑞典等国家以及我国的奶牛技术专家，就牧场管理、奶牛健康、繁殖、饲养、信息、环保等方面的实际问题进行授课；会议还举办有奖竞猜活动，与会者主要就目前我国奶牛业热点问题进行现场讨论。来自全国范围内的奶牛场与相关企业的奶业人士近400人参加。

（浙江省奶业协会）

安徽省

【奶类生产】安徽2010年奶牛存栏9.8万头，荷斯坦牛占91%，主要分布在合肥、淮南、蚌埠、马鞍山、淮北、亳州等市。

安徽2010年奶类总产量20.5万吨，全部为牛奶，比上年同期增长1.90%。

本地区2010年全年的平均奶价为3.2元/千克左右，淮北2.6～3.2元/千克，淮河以南2.9～3.5元/千克。

原料奶收购中没有地方保护价。

【乳品加工】2010年安徽经省质监督局认定的乳品加工企业13个，日处理鲜奶的能力总计达到2700吨。

安徽省2010年奶制品有：巴氏消毒奶、UHT奶、奶粉、酸奶、各类花色奶。

【市场与消费】本地区2010年城镇居民人均奶制品（折合成原料奶）消费量29.93千克/人，其中鲜乳品10.16千克/人，奶粉1.2千克/人，酸奶9.29千克/人。本地区2010年农村居民鲜奶购买量0.50千克/人，奶及奶制品消费量2.01千克/人。

【奶源基地建设】2010年，奶牛存栏6～50头的有14个场（户）、51～100头的有26个场（户）、101～200头的有19个场（户）、201～500头的有24个场（户）、501～1000头的有11个场（户）、1000头以上11个场（户）。

安徽现代牧业在香港证交所上市。

2010年末共有奶站41个，机械化挤奶达到100%。通过整治，奶站已全部达到国家标准。根据省兽药饲料监察所跟踪监测，全省生鲜乳产品质量检测180批，均未超过国家规定的限量范围，合格率100%。

全年开展两次结核检疫、一次布病检疫，口蹄疫（A型、O型、亚Ⅰ）按照免疫程序进行免疫，开展血清学检测，并科学地开展乳房炎、肢蹄病、繁殖障碍等病的防治。

【重要建设项目】重点建设项目为伊利长丰奶牛养殖基地，项目规模：10000头，2010年1月启动，2010年已完工。

【支持政策】2010年地方政府对发展奶业出台了《安徽省关于加快奶业发展的意见》，其中出台15项扶持政策。合肥市在省扶持政策的基础上1:1配套。

【质量管理】原料奶质量抽检和质量控制由省农业行政主管部门负责。乳制品市场监督由质监部门负责。

（安徽省奶业协会　嵇　斌）

福建省

【奶类生产】福建2010年奶牛存栏5.0万头，比上年增长1.54%，全部为荷斯坦牛；主要分布在南平市、莆田市、福州市、泉州市等4个地区，其奶牛存栏数占总存栏数88.06%，主要分布在延平区、建瓯市、建阳市、莆田市辖区、南安市、福清市、涵江区、长乐市、顺昌县、浦城县、闽侯县、邵武市、仙游县、漳州市辖区等14个县市，其奶牛存栏数占总存栏数的85.8%。

福建2010年水牛存栏20.94万头，其中能繁母牛9.24万头；由摩拉水牛和尼里拉菲水牛改良的奶水牛0.94万头，其中挤奶水牛0.65万头；主要分布在漳州、泉州、龙岩等3个地区，其改良奶水牛存栏数占水牛总存栏数4.49%；主要分布在芗城区、龙文区、长泰县、华安县、龙海市、南靖县、晋江市、平和县、上杭县、漳浦县、云霄县等11个县，其改良奶水牛存栏数占水牛总存栏数的4.06%。

奶山羊存栏0.6318万只，主要品种为萨能奶山羊、关中奶山羊、崂山奶山羊，主要分布在莆田市、漳州市、泉州市、龙岩市等4个设区市，其奶山羊存栏占总存栏数的89%，主要分布的地区是涵江区、长泰县、漳浦县、南靖县、石狮市、丰泽区、永定县、长汀县、上杭县等9个县，其奶山羊存栏数占总存栏数的73.5%。

福建2010年奶类总产量15.7万吨，比上年同期增加0.99%，其中牛奶15.4万吨，其余为羊奶、水牛奶。

2010年奶牛存栏量比2009年增加0.72万头，增加14.3%，牛奶产量上升5.21%。主要原因是“三聚氰胺”事件对奶业造成了巨大冲击，引起了国家相关部门和奶业界的高度重视。《食品安全法》、《乳品质量安全监督管理条例》、《奶业整顿和振兴规划纲要》等一批法律法规相继出台，为奶业恢复生产提供了前提保障，同时，乳品企业提高了原料奶的收购价格，对养殖户增收起到积极的推动作用，因此，奶牛养殖逐渐恢复，养殖户补栏积极性有所增加。

2010年12月，福建省南平市延平区原料奶收购价为3.78元/千克，同比增长8.9%；建阳市3.76元/千克，同比增长6.9元/千克；邵武市3.80元/千克，同比增长7.8%。

【乳品加工】2010年福建共有乳品加工企业12个，日处理鲜奶的能力总计达到750吨，其中合资企业2个、地方自建企业10个。

福建加工企业抓住发展契机，加强宣传，明确定位，抢占本省鲜乳市场，提高市场占有率，同时，加强与奶牛养殖场合作，建立共赢机制，扩大优质奶源供应。全省生鲜乳收购价也从3.18元/千克，上升到3.80元/千克，实现了互利双赢。

【市场与消费】本地区2010年城镇居民人均奶制品（折合成原料奶）消费量20.88千克/人，其中鲜乳品14.24千克/人，奶粉0.33千克/人，酸奶2.5千克/人。本地区2010年农村居民鲜奶购买量1.24千克/人，奶及奶制品消费量4.08千克/人。

【奶源基地建设】2010年，福建奶牛存栏1～5头的有2355个场（户）、6～20头的有717个场（户）、21～100头的有45个场（户）、101～200头的有3个场（户）、201～500头的有9个场（户）、501～1000头的有12个场（户）、1000头以上12个场（户）。

福建机械化挤奶达到65%。

2010年共有奶站32个，其中企业自建的9个，合作社建设1个，其他22个。

奶站清理整顿情况：加强奶站日常监管，配合做好2010年生鲜乳专项整治工作，下发了《福建省农业厅办公室关于开展生鲜乳收购站标准化建设管理专项检查的通知》（闽农综明传[2010]77号），确保生鲜乳收购站标准化建设质量。

品种改良情况：2010年共改良各种牛群4.6万头，使用冷冻精液10万多剂。

疫病防治情况：认真贯彻“预防为主，防重于治”

的方针，做好疫病预防控制的强制免疫工作，口蹄疫重点开展春秋两季免疫工作，免疫密度达 100%。定期开展奶牛两病的监测工作，对阳性率进行无害化处理，部分场还开展乳房炎检测工作。

【支持政策】2010 年国家安排福建省奶牛良种补贴 4.6 万头，补贴资金 128 万元，其中奶水牛良种补贴 1 万头，荷斯坦能繁母牛良种补贴 3.6 万头，该政策实施惠及面广，共涉及 8 个设区市，怀孕奶牛 1.7 万头，生产犊牛 1.3 万头，社会经济效益十分明显，并将有效提高奶牛良种率，提高奶牛单产水平。

【质量管理】福建长富乳业集团股份有限公司、福建大乘乳业股份有限公司、福建澳牛天凌乳业有限公司内部都设立质检部门，对基地牧场收购的牛奶开展细菌数、常规质量和抗生素残留检测，确保收购牛奶的质量。

【学生奶计划】一是加强质量监管。派人前往厦门市开展学生饮用奶计划推广工作调研，听取有关学生饮用奶经销商的工作情况和建议，并对厦门市学生饮用奶 6 个样品进行抽检，经有关资质单位检测，被检学生奶全部合格。二是督促做好招标。对厦门、福州等地的学生饮用奶招投标相关工作，进行有效协调、沟通，促进学生饮用奶计划推广工作。三是开展专项监测。根据农业部部署，认真执行 2010 年学生饮用奶计划管理财政专项，做好学生饮用奶专项监测工作。

（福建省畜牧总站　陈玉明　任播杨）

江西省

【奶类生产】

（1）奶业生产稳定增长。2010 年，江西省奶业生产保持稳步发展态势，全省奶牛存栏 6.7 万头，同比增长 67.15%，鲜奶产量 11.9 万吨，同比增长 5.83%。江西省奶牛品种均为荷斯坦，奶牛平均单产达到 5200 千克。奶牛养殖区域化布局明显，主要分布在南昌、赣州、抚州、吉安等 4 个设区市，南昌县、新建县、昌北经济开发区、青云谱区、进贤县、于都县、东乡县、吉州区等 8 个奶业生产重点县（区），奶牛存栏占全省奶牛存栏的 90%。

（2）奶价持续高位运行，养殖效益较好。近年来，乳品质量安全得到有效保障，乳品消费信心增强，市场消费不断增加，生鲜乳价格保持较高价位。全年鲜奶均价 3.5 元/千克，同比增长 9.4%。全省奶农 852 户。从全年看，饲养一头奶牛可盈利 3000 元左右，养殖效益较好。

（3）奶站得到有效监管。通过开展生鲜乳收购站清理整顿，不符合建设主体和要求的生鲜乳收购站（点）被取缔，设施设备和管理制度达不到标准化建设规范的，通过采取整改措施，奶站建设条件得到完善，基本达到标准化建设的要求。2010 年底全省有 9 个奶站，全部分布在奶牛重点产区，其中 6 个属于乳品企业自建，1 个属于养殖场兴建，2 个属于奶农专业合作社兴建。9 个奶站日收奶量 130 吨左右。9 个奶站全部核发生鲜乳收购许可证，共有 15 辆生鲜乳运输车，全部核发了准运证明。

（4）生鲜乳质量安全良好。根据国家《2010 年生鲜乳质量安全监测计划》，结合江西省实际，制定了全省生鲜乳质量安全监测计划，对全省生鲜乳收购站、运输车辆和奶牛养殖场户全面进行监测。全年省级检测机构共抽检生鲜乳样品 101 批次，其中抽检生鲜乳收购站样品 60 批次，抽检生鲜乳运输车样品 41 批次。所有样品全部检测三聚氰胺，另有 33 批次样品加检测皮革水解蛋白和碱类物质。经检测，所有样品三聚氰胺、皮革水解蛋白和碱类物质监测合格率达到 100%。

【乳品加工】江西省乳制品加工取得较快发展，全省获得乳制品生产许可证的企业有江西阳光乳业集团有限公司、江西英雄乳业股份有限公司、江西牛牛乳业有限责任公司、于都高山青草奶业有限公司等 20 个，其中合资企业 13 个、地方自建企业 7 个。目前在生产的乳制品企业有 8 家，年加工鲜奶能力 20 万吨。（1）江西阳光乳业集团有限公司（地方自建）产值:50465 万元，日处理鲜奶能力 200 吨，利润:5733 万元，主要产品：巴氏奶、调味奶、酸奶。（2）江西英雄乳业股份有限公司（地方自建）产值:12079 万元，日处理鲜奶能力 150 吨，利润:705.3 万元，主要产品：奶粉、巴氏奶、酸奶、调味奶。（3）江西牛牛乳业有限责任公司（合资）产值：13376 万元，日处理鲜奶能力 100 吨，利润：1270 万元，主要产品：液态奶。（4）于都高山青草奶业有限公司（地方自建）产值:5000 万元，日处理鲜奶能力 150 吨，利润:1000 万元，主要产品：液态奶。

【市场与消费】本地区 2010 年城镇居民人均奶制品（折合成原料奶）消费量 20.87 千克/人，其中鲜乳品 14.1 千克/人，奶粉 0.37 千克/人，酸奶 1.97 千克/人。本地区 2010 年农村居民鲜奶购买量 0.67 千克/人，奶及奶制品消费量 3.18 千克/人。

【奶源基地建设】江西省奶牛规模养殖场不断兴起，规模化发展加快。2010 年，全省奶牛养殖场（户）852 户，奶牛存栏 20 头以上的养殖场（户）达到 311 个，存栏奶牛 3.02 万头，占全省奶牛存栏比重 85.3%，其中存栏 100 头以上的养殖场达到 55 个，存栏奶牛 1.88 万头，占全省奶牛存栏比重 53.1%。全省发展奶牛养殖小区 32 个，存栏奶牛 5365 头，占全省奶牛存栏的 15.2%。奶牛存栏 1～5 头的有 125 个场（户）、6～20 头的有 416 个场（户）、21～100 头的有 256 个场（户）、101～200 头的有 26 个场（户）、201～500 头的有 18 个场（户）、501～1000 头的有 9 个场（户）、1000 头以上 2 个场（户）。

全省奶牛养殖机械化挤奶比重达 80%，主要挤奶机有利拉伐、广东乐宝等。其中奶牛规模养殖场机械化挤奶比重达 100%；小规模的养殖户仍以手工挤奶为主。

江西省 2010 年人工种草面积达 16 万公顷，青贮饲料种植面积 0.33 万公顷，品种主要为桂牧一号象草、青贮玉米、黑麦草等，建有青贮、氨化池面积达 10 万立方米，年青贮、氨化饲料 4 万吨左右。规模化养殖场利用微贮加工工艺处理青粗饲料得到推广应用，而存栏 50 头以下的奶牛养殖户对青饲料还较少采取青贮加工利用。

1.奶业发展特点

（1）规模化养殖不断推进。近年来，江西省奶牛规模养殖发展较快，养牛小区和适度规模的养牛场户蓬勃发展，奶牛规模养殖比重达到 85%。进贤县新增 4 个奶牛规模养殖场，存栏奶牛增加 1800 头，如阳光乳业在进贤县长山建设了一个现代化生态牧场，目前引进奶牛 600 头，设计存栏量 1500 头；英雄乳业重新投产后，加快优质奶源基地建设，建设了一个 1000 头的现代化牧场。全省存栏奶牛 100 ～ 500 头的规模养殖场（小区）44 个，存栏 500 ～ 1000 头的规模养殖场（小区）9 个，存栏 1000 头以上的规模养殖场（小区）2 个。

（2）区域化布局初步形成。近年来，江西省加大了对养牛示范基地县的建设力度，建立了奶牛良种补贴示范县 2 个。通过示范县的建立，有效地推动了江西省养牛业的区域化发展，逐步形成了赣中、赣南两大优质奶源基地。全省奶牛养殖主要集中在于都县、新建县、英雄开发区、青云谱区、南昌县、东乡县、进贤县和吉州区等 8 个县（区），奶牛存栏占全省的 90%。

（3）牛改良工作取得新进展。2010 年，全省推广奶牛冻精 15 万支，同比增长 10%以上。利用国家奶牛良种补贴项目，在全省全面推广奶牛优秀冻精 7.26 万支，对江西省奶牛改良产生了积极的影响。2010 年全省共补贴荷斯坦 2.7 万头，乳肉兼用西门塔尔牛 1 万头，通过良种冻精的推广，江西省的奶牛生产水平得到了明显的改善，奶牛单产水平提高了 5%，达到 5200 千克。

2.存在问题

（1）奶牛养殖方式仍较落后，集中机械挤奶推行缓慢。当前，江西省奶牛养殖规模仍以 10 ～ 100 头的小规模饲养为主，存栏 100 头以上的 50 多家，集中饲养的奶牛小区只有 15 个，而且管理比较粗放，生产水平较低，采取人工挤奶和手推式挤奶机方式挤奶占较大比重。目前江西省只有阳光、牛牛、英雄等少数企业采用了挤奶厅集中机械挤奶，仅占到全省奶牛数量的 10%左右。

（2）奶站基础设施仍不完善，与标准化建设规范还有差距。通过奶站清理整顿，奶站基础设施不断优化，但仍有些奶站条件稍简陋，设施设备不很完善，环境条件较差，特别是由于受资金、技术等因素制约，大多数奶站检测设备较为简单，检测水平较低，仅能做一些常规成分的检测，难以建立完善的质量安全控制体系。另外，有的奶站地址已经列入城市开发区范围，面临搬迁问题，标准化建设被迫延期。

（3）生鲜乳质量安全检测体系有待加强。当前，省兽药饲料监察所承担着全省饲料兽药质量监察和全省畜产品质量安全检测工作，任务十分繁重，而且仪器设备较少、装备水平不强，检测能力有待加强。各区市和奶业重点产区牛奶质量安全监管检测体系不健全，没有三聚氰胺检测仪器设备，加工企业和奶站检测设施也相对滞后，检测能力有限，严重制约了质量监管工作及时有效的开展。

3.主要工作与措施

（1）抓好奶牛良种补贴工作。截至 12 月底，共发放奶牛良种补贴项目冻精 7.26 万支，使用冻精数 6.46 万支，已配奶牛 3.19 万头，受胎奶牛 2.35 万头，完成任务 98.12%，受益农户 8478 户。项目实施对奶牛养殖健康发展起到巨大推动作用。一是使江西省的奶农养殖户得到实惠，每头奶牛奶农可节省 30 元冻精成本。二是加快了市县奶牛的改良步伐。优良冻精的推广使用，使江西省奶牛群体的平均水平得到明显提高。三是促进了奶牛养殖的技术水平的提高，通过实施奶牛良种补贴项目，广泛宣传和开展养殖技术培训，使奶牛的健康状况和养殖技术显著改善。

（2）认真实施奶牛标准化规模养殖场建设项目。为提高奶牛标准化规模养殖水平，国家发改委、农业部从 2009 年开始投资支持奶牛标准化规模养殖场建设。主要扶持对象为存栏 200 头以上的养殖场（小区）。按照标准化建设项目的管理规定和要求，督促 2009 年度 7 个项目建设单位按照项目批复，加快项目建设进度，加快栏舍标准化改造和集中挤奶厅建设，加强粪污治理，提高奶牛养殖场标准化生产水平。认真组织筛选 8 个奶牛规模场申报 2010 年度标准化建设项目，指导项目建设单位编制项目初步设计，完善项目建设内容，督促项目实施。2010 年 8 个奶牛规模养殖场（小区）实施标准化建设项目，总投资 1158.96 万元，其中中央投资 500 万元，自筹资金 658.96 万元。

（3）加强组织领导，周密部署生鲜乳质量安全监管工作。江西省高度重视奶业发展，把奶业发展列入了江西省鄱阳湖生态经济区农业发展规划，提出了奶业发展的具体目标和任务。保安全是江西省畜牧业发展的总体要求，江西省畜牧兽医局也专门成立了领导小组，由局长任组长，分管领导任副组长，由畜牧、饲料、医政药政等部门负责人为成员，全面负责畜产品质量安全工作的组织领导和协调，组织召开畜产品质量安全专题会议 10 多次，对生鲜乳质量安全监管工作进行部署。同时，明确分工，落实责任，由省畜牧技术推广站负责技术培训与推广，由省畜产品质量安全中心负责生鲜乳质量监测。各奶业重点市县也成立了领导小组，认真部署奶站标准化建设、质量安全监管、质量监测以及奶牛场标准化建设与管理等各项工作，制定了工作方案，明确了工作任务和具体责任人，层层抓落实。

（4）积极行动，认真开展生鲜乳收购站整顿工作。继续加大工作力度，开展生鲜乳收购站清理整顿，严密监控全省生鲜乳收购情况，防止不具备收购资格的收奶点和不具备兴建条件的个体私营收购站，开展生鲜乳收购活动。对于取得生鲜乳收购许可证的9个奶站，加大监督检查，重点检查奶站设施设备、管理制度、卫生防疫条件完善情况，及时提出整改措施，加快推进收购站的标准化建设步伐。据统计，全年全省各级畜牧主管部门共出动执法人员186人次，累计检查生鲜乳收购站78个次，检查生鲜乳运输车65辆次。

（5）加强技术指导与宣传培训，提高奶业标准化建设水平。组织专家和技术人员，深入生鲜乳收购站和奶牛养殖场户，开展技术服务，指导生鲜乳收购站规范生鲜乳收购、检测、销售记录，运输环节严格执行生鲜乳交接单制度，按照生鲜乳收购站标准化建设规范，完善基础设施和消毒防疫等各项管理制度，指导养殖场建立养殖档案。多次组织奶站负责人和奶业主产市县畜牧主管部门，通过召开会议或举办培训班和讲座的形式，及时传达农业部的有关奶业发展精神，学习《乳品质量安全监督管理条例》和农业部《生鲜乳收购管理办法》等条例法规。全年全省共举办培训班24次，培训人员960人次，发放宣传材料3600份。

（江西省畜牧技术推广站　吴志坚　宁　财）

南昌市

【奶类生产】本地区2010年奶牛存栏1.54万头，全部是荷斯坦牛；主要分布在青云谱区、青山湖、南昌县、新建县、进贤县、南昌高新开发区、南昌经济技术开发区，其奶牛存栏数分别占总存栏数的14.78%、2.21%、15.19%、23.21%、2.56%、1.09%和40.96%。

奶牛存栏与上年持平，主要原因是奶料比价不合理，奶农积极性不高。

本地区2010年奶类总产量4.82万吨，比上年同期增长3.65%，其中商品奶类（企业收购）4.45万吨，同比增长1%。

本地区2010年全年的平均奶价为3.3元/千克，同比增加6.9%，春夏秋冬季奶价分别是3.2元/千克、3.4元/千克、3.4元/千克、3.2元/千克。

本地区原料奶收购中没有地方保护价。

【乳品加工】2010年本地共有乳品加工企业3个，日处理鲜奶的能力总计达到400吨，全部是地方自建企业。乳品企业总销售额为62100万元。

本地2010年巴氏消毒奶、奶粉、酸奶的产量分别为46000吨、1050吨、49740吨，同比增长27.7%、10.5%、25.2%。

阳光乳业以生产巴氏消毒奶、酸奶、调味奶为主；英雄乳业以生产液态奶和奶粉为主；维雀乳业以生产液态奶为主。

【市场与消费】本地区2010年城镇居民人均奶制品（折合成原料奶）消费量35.90千克/人，其中鲜乳品27.98千克/人，奶粉0.68千克/人，酸奶2.19千克/人。

当地质检部门抽检乳制品全部合格。

【奶源基地建设】2010年，本地区奶牛存栏1～5头的有110个场（户）、6～20头的有265个场（户）、21～100头的有205个场（户）、101～200头的有3个场（户）、201～500头的有2个场（户），目前还没有存栏501头以上的规模养殖场。

奶牛养殖小区4个，奶牛存栏3000头。

2010年末共有奶站4个，其中企业自建的3个，其他1个。奶站平均日收奶20吨。

2010年本地区机械化挤奶达到85%。

2010年共改良各种牛群3000头，使用冷冻精液4500剂；共生产冷冻精液20万剂。

疫病防治主要是春秋两防（流感、炭疽）。

人工牧草种植面积700公顷；专用青贮玉米种植面积500公顷，有青贮窖6个，共20万立方米。

奶牛配合饲料的生产企业3个，年产奶牛配合饲料100万吨，其中主要生产企业江西华达饲料公司年产50万吨。

【学生奶计划】学生奶定点企业2个，供应步履维艰。

（南昌市奶业管理办公室　赵建成　陶春文）

山东省

【奶类生产】2010年全省奶牛存栏93.3万头，比上年增长11.33%，主要分布的地区是济南、泰安、淄博、潍坊、烟台、威海、德州、东营、滨州等，其奶牛存栏总数占总存栏数的70%。主要分布的县（县级市）是平阴、桓台、高青、广饶、东营、牟平、临朐、泰山、宁阳、文登、荣成、禹城、齐河、邹平、阳信、章丘、济南历城区等，其奶牛存栏总数占总存栏数的83.2%。

2010年全省奶牛存栏增长速度加快，主要原因是各级政府对奶业的扶持力度加大，奶制品销售恢复性增长，奶农饲养奶牛的积极性开始提高。

全省2010年奶类总产量271.6万吨，比上年同期增长5.20%。奶类总产量中牛奶253.1万吨，比上年增长7.10%。

奶类产量增长比例高于奶牛存栏比例的原因是随着奶牛养殖标准化、规模化、科学化水平的提高，奶牛的单产水平也不断提高。

本地区2010年全年的平均奶价为2.86元/千克，春夏秋冬季奶价分别是2.83元/千克、2.82元/千克、2.88元/千克、3.21元/千克。

【乳品加工】2010年本地共有乳品加工企业86个，日处理鲜奶的能力总计达到2.1万吨，其中外资2个、合资企业5个、地方自建企业79个。

乳品企业总销售额为101.02万元；主要企业的销售额和利税：青岛雀巢公司2010年销售额11.62亿元，纳税9290万元。

当年新建项目1个、扩建项目1个，日处理鲜奶能力分别为20吨、10吨。

产品结构：本地2010年巴氏消毒奶、UHT奶、奶粉、酸奶的产量分别为126.35万吨、132.47万吨、26.03万吨、114.98万吨，同比增长5%、37.6%、7.9%、1.3%。

出口情况：2010年青岛雀巢有限公司出口奶产品1.95万吨。

【市场与消费】本地区2010年城镇居民人均奶制品（折合成原料奶）消费量30.21千克/人，其中鲜乳品21.90千克/人，奶粉0.26千克/人，酸奶4.48千克/人。本地区2010年农村居民鲜奶购买量4.04千克/人，奶及奶制品消费量6.26千克/人。

【奶源基地建设】2010年，本地区奶牛存栏1～5头的有8649个场（户）、6～20头的有3285个场（户）、21～100头的有1257个场（户）、101～200头的有246个场（户）、201～500头的有696个场（户）、501～1000头的有20个场（户）、1000头以上15个场（户）。

奶牛养殖小区1174个，奶牛存栏34万头；其中新建小区24个，奶牛存栏1097头。

2010年末共有奶站847个，其中企业自建的119个，合作社建设651个，其他77个。奶站平均日收奶1078吨。2010年本地区机械化挤奶达到100%。

全省奶站全部实现机械化挤奶，全部实现持证经营，全部纳入依法管理轨道。

2010年共改良各种牛群53万头，使用冷冻精液106万剂。

（山东省奶业协会　张思聪）

济南市

【奶类生产】本地区2010年奶牛存栏15.74万头，全部为荷斯坦牛，主要分布在章丘市、历城区、长清区、平阴县、济阳县，其奶牛存栏数占总存栏数的82%。

2010年奶牛存栏比2009年增长12.2%，增长的主要原因是国家和地方政府对奶业的扶持政策效应显现，现代奶业项目带动一批规模化奶牛养殖场改扩建，奶农养殖积极性提高。

本地区2010年奶类总产量42.1万吨，比上年同期增长12.7%，原因是奶牛种群规模加大，管理水平逐步提升，单产水平不断提高。

【乳品加工】2010年本地共有乳品加工企业6个，日处理鲜奶的能力总计达到2100吨。

【市场与消费】本地区2010年城镇居民人均奶制品(折合成原料奶)消费量28.56千克/人，其中鲜乳品18.82千克/人，奶粉0.42千克/人，酸奶5.05千克/人。

【奶源基地建设】2010年，本地区奶牛存栏1～5头的有3680个场（户）、6～20头的有个场（户）、21～100头的有2130个场（户）、101～200头的有112个场（户）、201～500头的有68个场（户）、501～1000头的有35个场（户）、1000头以上26个场（户）。

2010年末共有奶站120个，其中企业自建的36个，合作社建设68个，其他16个。奶站平均日收奶1153吨。

奶站清理整顿后，机械化挤奶率100%，发证率100%。

2010年共改良各种牛群7.52万头，使用冷冻精液15.04万剂。

疫病防治方面：坚持常规防疫、检疫和强制免疫相结合，免疫率达100%，无重大疫病发生。

人工牧草种植面积1200公顷，其中苜蓿草1000公顷。

奶牛配合饲料的生产企业5个，年产奶牛配合饲料10000吨。

（济南市畜牧兽医局　吕洪义）

青岛市

【奶类生产】本地区2010年奶牛存栏11.54万头，全部为荷斯坦牛；主要分布在莱西、即墨、平度、胶州，其奶牛存栏数占总存栏数的89%。

奶山羊存栏1万只，主要品种及其存栏数量崂山奶山羊7000只，主要在崂山区。

本地区2010年奶类总产量36.15万吨，比上年同期增长1.0%，其中商品奶类（企业收购）30万吨，同比增长-0.9%。奶类总产量中牛奶32.31万吨，羊奶0.5万吨，分别比上年增长1.3%、-50%。

本地区2010年全年的平均奶价为3.2元/千克，同比增加16%。

本地区原料奶收购中没有地方保护价。

【乳品加工】2010年本地共有乳品加工企业15个，日处理鲜奶的能力总计达到1100吨，其中外资1个、地方自建企业14个。

本地2010年巴氏消毒奶、UHT奶、奶粉、酸奶的产量分别为35000吨、92000吨、1000吨、20000吨，同比增长-8%、-8%、-17%、-10%。

【市场与消费】本地区2010年城镇居民人均奶制品（折合成原料奶）消费量38.41千克/人，其中鲜乳品24.70千克/人，奶粉0.51千克/人，酸奶6.94千克/人。

当地质检部门抽检合格率99%。

【奶源基地建设】2010年，本地区奶牛存栏1～5头的有256个场（户）、6～20头的有851个场（户）、21～100头的有350个场(户)、101～200头的有58个场（户）、201～500头的有37个场（户）、501～1000头的有2个场（户）、1000头以上2个场（户）；奶牛养殖小区332个，奶牛存栏37000头；其中新建小区2个，奶牛存栏2000头。

标准化规模养殖场5个，奶牛存栏3000头；其中新建2个，奶牛存栏1200头。

2010年末共有奶站18个，其中企业自建的8个，合作社建设10个。奶站平均日收奶100吨。机械化挤奶达到95%。

2010年经青岛市畜牧主管部门普查，注销了6个不合格奶站。

2010年共改良各种牛群12000头，使用冷冻精液24000剂，胚胎移植1000枚。

饲草饲料情况：人工牧草种植面积1.8万公顷，其中苜蓿草6000公顷；专用青贮玉米种植面积6000公顷，有青贮窖4800个，共200万立方米。

奶牛配合饲料的生产企业2个，年产奶牛配合饲料12000吨。

【奶业法规和条例建设】2011年1月4日，青岛市畜牧兽医研究所主持完成的《DB3702/T166—2011奶牛档案记录》，由青岛市质量技术监督局批准，2011年1月10日实施。该标准为青岛市推荐性地方标准，规定了奶牛的牛只编号、个体资料卡、测定与记录，适用于奶牛养殖场（小区、户）的档案管理。该标准的实施对规范奶牛档案记录，推进奶牛生产标准化进程具有重要意义。

【奶农协会建设】奶农协会共5个，包含农户4000个，存栏奶牛56000头；奶农合作社共8个，包含农户1000个，存栏奶牛15000头。

【质量管理】2010年青岛市畜牧主管部门和市奶业协会在2009年的基础上继续加大力度抓好奶源质量，定期检查各收奶站。各收奶站都配备了必要的检测设备，鲜奶质量明显提高。

（青岛市奶业协会　宗绪贵）

河南省

【奶类生产】本地区2010年奶牛存栏98.5万头，全部是荷斯坦牛；主要分布的地区（地级市）是洛阳、郑州、新乡、平顶山、商丘、南阳、焦作、开封、周口市、鹤壁市、安阳市，其奶牛存栏数占总存栏数的68%，主要分布的县（县级市）是洛阳孟津县、郑州中牟县、商丘虞城县、新乡原阳县、开封市开封县、平顶山宝丰县、洛阳偃师市、南阳宛城区、周口沈丘县、郑州荥阳市、焦作武陟县、焦作孟州市、南阳卧龙区、郑州金水区，其奶牛存栏数占总存栏数的32%。

随着国家质量监管力度的加大、正面宣传引导和国家扶持政策的拉动，特别是全国多家乳品知名品牌企业在河南生产规模的扩大，全省奶业生产持续得到发展，奶牛存栏量也随着市场需求的恢复发展逐渐增加。

本地区2010年奶类总产量307.9万吨，比去年同期增长2.19%，其中牛奶290.9万吨，比上年增长3.20%。

随着奶牛存栏的逐渐增加，奶产量呈现稳步增长态势。

本地区2010年全年平均奶价为3.1元/千克，同比增加3.3%，没有地方保护价。

【乳品加工】2010年本地共有乳品加工企业105个，日处理鲜奶的能力总计达到1500吨。

当年扩建项目2个，日处理鲜奶能力分别增加200吨、500吨。

本地2010年巴氏消毒奶、UHT奶、酸奶的产量分别为30万吨、180万吨、140万吨，同比增长20%、20%、12%。

【市场与消费】本地区2010年城镇居民人均奶制品（折合成原料奶）消费量21.90千克/人，其中鲜乳品12.82千克/人，奶粉0.31千克/人，酸奶4.29千克/人。本地区2010年农村居民鲜奶购买量0.52千克/人，奶及奶制品消费量2.44千克/人。

【奶源基地建设】2010年，本地区奶牛存栏1～5头的有95个场（户）、6～20头的有13000个场（户）、21～100头的有7000个场（户）、101～200头的有420个场（户）、201～500头的有78个场（户）、501～1000头的有55个场（户）、1000头以上26个场（户）。

2010年末共有奶站483个，2010年机械化挤奶达到100%。

（河南省奶业协会　宋洛文）

郑州市

【奶类生产】本地区2010年奶牛存栏9.182万头，全部是荷斯坦牛，主要分布在中牟县、荥阳市、新郑市、金水区、惠济区，其奶牛存栏数占总存栏数的85.85%。

奶山羊存栏2.45万只，主要品种是荥阳奶山羊，主要分布的县（县级市）是荥阳市，其奶山羊存栏数占总存栏数的100%。

2010年，国家、省对郑州市奶业的政策扶持；《郑州市人民政府关于促进奶业持续健康发展的实施意见》和《郑州市沿黄现代畜牧业发展规划的》的实施等政府支持政策的落实；各级政府和业务部门的政策应对；生鲜乳价格一直处于稳步上升的局面；饲料原料价格上涨引发饲料价格上涨、牛奶成本增加制约了奶畜存栏的增涨。

本地区2010年奶类总产量46.5万吨，比去年同期增长10.4%，其中商品奶类（企业收购）41万吨，同比增长2.5%。奶类总产量中牛奶42.3万吨，羊奶4.2万吨。

奶牛标准化规模化养殖比例和大型机械化挤奶比例增加、DHI生产性能测定、TMR全混合日粮饲喂、苜蓿的利用、牛舍环境的改善等先进科学的饲养方式，使奶牛的单产水平有所提高。

本地区2010年全年的平均奶价为3.2元/千克，同比增加16.4%，春夏秋冬季奶价分别是3.0元/千克、3.5元/千克、3.2元/千克、3.1元/千克，比去年同期增加0.1元/千克、0.5元/千克、0.4元/千克、0.8元/千克。

中牟县平均奶价3.4元/千克；荥阳市平均奶价3.5元/千克；惠济区平均奶价3.2元/千克。

本地区原料奶收购没有地方保护价。

【乳品加工】2010年本地共有乳品加工企业5个，日处理鲜奶的能力总计达到1200吨，全部是地方自建企业。

乳品企业总销售额为52000万元；主要企业的销售额和利税：河南花花牛乳业股份有限公司销售产值25000万元；郑州光明乳业有限公司销售产值9100万元；郑州妙可乳业有限公司销售产值10168万元。

本地2010年巴氏消毒奶、UHT奶、奶粉、酸奶的产量分别为1825吨、2344吨、4176吨、13898吨。主要生产企业各产品的生产情况：河南花花牛乳业股份有限公司产量分别为：巴氏消毒奶1825吨、UHT奶14600吨、酸奶2555吨；郑州光明山盟乳业有限公司产量分别为：UHT奶2304吨、酸奶13828吨；郑州妙可乳业有限公司奶粉产量4176吨。

【市场与消费】本地区2010年城镇居民人均奶制品（折合成原料奶）消费量25.42千克/人，其中鲜乳品16.86千克/人，奶粉0.27千克/人，酸奶5.45千克/人。

【奶源基地建设】2010年，本地区奶牛存栏1～5头的有500个场（户）、6～20头的有720个场（户）、21～100头的有350个场(户)、101～200头的有50个场（户）、201～500头的有27个场（户）、501～1000头的有45个场（户）、1000头以上16个场（户）；奶牛养殖小区55个，奶牛存栏53000头；其中新建小区5个，奶牛存栏4500头。标准化规模养殖场33个，奶牛存栏25000头；其中新建2个，奶牛存栏1800头。

2010年末共有奶站88个，其中企业自建的33个，合作社建设55个。奶站平均日收奶800吨。机械化挤奶达到100%。

奶站在清理整顿中集中力量和时间，多次对全市符合条件的88个生鲜乳收购站进行了拉网式排查和专项整治。目前郑州市所有的奶牛养殖场和生鲜乳收购站100%建立了规章制度和生产记录；生鲜乳收购站许可证持证率达到100%；生鲜乳车辆准运证明和生鲜乳交接单使用率达到100%；生鲜乳中三聚氰胺等违禁物质检验合格率达到100%。奶业生产、生鲜乳收购达到了进一步的规范，每个生鲜乳收购站都实现了：1条标语、1个举报电话、1个警示牌、1个责任公示栏、1份交接单、2个证件、3个书、7本记录、13项制度（规范、规程、规定、制度、条例等）。

2010年共改良各种牛群6.35万头，使用冷冻精液9.85万剂。

人工牧草种植面积4560公顷，其中苜蓿草4300公顷；专用青贮玉米种植面积400公顷，有青贮窖1万个，共210万立方米。

【支持政策】市政府出台了《郑州市人民政府关于促进奶业持续健康发展的实施意见》（郑政文[2008]5号）和《郑州市沿黄现代畜牧业发展规划》（郑州市政府119次常务会议通过）。

投资倾斜政策：

（1）良种支持：市财政每年安排100万元奶牛良种工程经费；（2）奶牛小区标准化建设：市财政每年安排300万元奶牛小区补助资金。其中，200万元用于水电路等基础设施补助，100万元用于综合技术服务站（含奶牛生产性能测定及防疫设施）补助；（3）奶农合作组织建设：市财政每年安排20万元，用于奶农合作社和各级奶业协会补助；（4）新建500头奶牛场（小区）补贴40万元，示范园区补贴60万元，原有奶牛小区升级改造补贴10万～20万元；（5）每台新购进的挤奶设备补贴10万元。

【奶农协会建设】奶农协会共15个，包含农户1600个，存栏奶牛7万头；奶农合作社共30个，包含农户500个，存栏奶牛2.5万头。

（郑州市畜牧局　刘宏亮）

湖北省

【奶类生产】本地区2010年奶牛存栏6.2万头，比上年增加15.51%，全部为荷斯坦牛，主要分布在黄冈、武汉、咸宁、宜昌。

本地区2010年奶水牛存栏4179头。

本地区2010年奶类总产量30.4万吨，比上年同期增长7.44%，其中牛奶14万吨，比上年下降9.80%。

本地区2010年生鲜乳收购价格，可分为牧场和小区（含养殖散户）两大类型。鲜奶主产区（如武汉、黄冈、宜昌等）以牧场为主，其他地区以小区为主。武汉地区的惠尔康、开隆、金旭牧场的生鲜乳2009年外销部分的平均售价为每千克3.5～3.6元，高出其他小区和散户3.1～3.2元（奶站或直接送乳品厂农户与乳品厂结算价格)的10%左右。2010年生鲜乳收购价格比2009年普遍都上涨了10%～15%，以惠尔康扬子江外销部分的上涨最多，每千克结算价达4.1～4.2元，涨幅约15%。其他地区全年价格波动不大，黄冈市3.7元/千克；襄樊市3～3.2元/千克；恩施州3元/千克；十堰市2.5元/千克；天门市2.4～2.6元/千克。

当前，生鲜乳生产成本，武汉市牧场约为每千克3.05元（其中饲料成本2.18元），比2009年的每千克2.75元（其中饲料成本1.9元）上涨约为10.91%，其中主要是饲料成本上涨了14.74%；小区农户因低投入换取低产出以及未正常计算奶牛折旧等因素，生鲜乳生产成本每千克约为2.7元，比2009年的每千克2.46元，上涨了9.76%。东西湖新沟小区的个别奶农，因奶牛单产水平的降低，成本的上升，即使生鲜乳收购价格上调近10%，但千克奶营利空间反而减少了近0.1元。

【乳品加工】2010年湖北省主要乳制品加工企业12家，年加工能力达到50万吨以上。已经基本形成以武汉光明、黄冈伊利、宜昌蒙牛为奶制品加工企业龙头，以武汉、黄冈、宜昌、咸宁等地为养殖基地的奶牛产业化经营体系。

【市场与消费】本地区2010年城镇居民人均奶制品（折合成原料奶）消费量16.42千克/人，其中鲜乳品9.77千克/人，奶粉0.43千克/人，酸奶2.68千克/人。本地区2010年农村居民鲜奶购买量0.16千克/人，奶及奶制品消费量1.22千克/人。

【奶源基地建设】2010年本地区荷斯坦奶牛养殖场（户）339户，奶水牛203户。奶牛存栏1～5头的有12个场（户）、6～20头的有121个场（户）、21～100头的有145个场（户）、101～200头的有12个场（户）、201～500头的有17个场（户）、501～1000头的有18个场（户）、1000头以上14个场（户）。

生鲜乳收购站全部采用机械化挤奶，机械化挤奶比重达到100%。

2010年，因气候等原因，致使全省部分牧场和小区的青贮饲料收储严重不足，如武汉地区开隆牧场全年收储青贮饲料9000吨，与前年比相差4000吨；其他许多小区基本上只是象征性收购了一些，还有的干脆就不收购。这种情况，影响饲料供应，导致饲料成本上升，奶产量减少，养牛效益下降。全省奶牛牧场基本是采用全混合日粮饲喂技术。

【质量管理】湖北省生鲜乳质量安全监测工作中，一是做好奶牛场养殖环节监管，要求全省所有奶牛养殖场（小区）执行《奶牛场卫生规范》和《湖北省奶牛标准化规模养殖生产技术规范（试行）》，要求饲养管理员的监管每月不少于一次，并认真填写监管记录；二是强化生鲜乳收购环节监管，先后三次对全省生鲜乳收购站进行了抽查，一次对全部生鲜乳收购站进行拉网式检查，从拉网式省药检所检测报告看，44批生鲜乳收购站样品检测三聚氰胺、黄曲霉毒素、碱类物质合格率均达到了100%，奶站检查未发现重大安全隐患。

（湖北省畜牧兽医局草业管理处　吴晓萍）

武汉市

【奶类生产】本地区2010年奶牛存栏1.24万头，全部为荷斯坦牛，主要分布在黄陂区、东西湖区、蔡甸区，其奶牛存栏数占总存栏数的95.28%。

根据奶畜发展规划，在武汉三环以内散养奶牛禁养，将散养奶牛的规模化集中饲养820头，完成目标任务117.14%，完成挑战目标的102.5%。因禁养要求时限及小区建设不能满足要求，迁出汉川、咸宁、黄梅等地的奶牛达1126头。

本地区2010年奶类总产量4.92万吨，全部为牛奶，比上年同期略下降了5.69%，其中商品奶类（企业收购）4.67万吨，同比略下降了5.78%。

部分奶牛迁出市外饲养，成母奶牛比例降低导致奶产量略有下降。

本地区2010年全年的平均奶价为3.45元/千克，同比增加6.2%，春夏秋冬季奶价分别是3.3元/千克、3.5元/千克、3.5元/千克、3.5元/千克，比上年同期增加0.23元/千克、0.43元/千克、0.3元/千克、0.2元/千克。

本地区原料奶收购中没有地方保护价。

【乳品加工】2010年本地共有乳品加工企业5个，日处理鲜奶的能力总计达到125027吨，其中合资企业4个、地方自建企业1个。

乳品企业总销售额为138000万元；全年实现产品销售利润6112万元，比2009年的3533万元增长73%；全年上缴税金5092万元，比2009年的3916万元，增加30.03%。

主要生产企业加工量情况：蒙牛（武汉）友芝友乳品有限公司175000吨；武汉光明乳品有限公司53136吨；武汉惠尔康扬子江乳业有限公司10950吨；武汉维维香满楼乳业有限公司8500吨。

【市场与消费】本地区2010年城镇居民人均奶制品（折合成原料奶）消费量17.87千克/人，其中鲜乳品12.95千克/人，奶粉0.26千克/人，酸奶2.52千克/人。

2010年，全市共检测生鲜乳样品118个，检测“三聚氰胺”、“β—内酰胺酶”，全部合格。

【奶源基地建设】2010年末共有奶站10个，其中企业自建的3个，合作社建设5个，其他2个。奶站平均日收奶12.76吨。

本地区2010年机械化挤奶达到85%。

为了深入贯彻《乳品质量安全检测管理条例》和《奶业整顿和振兴规划纲要》精神，2010年，武汉市加强对生鲜乳收购运输许可管理，严格审核生鲜乳收购站和运输车辆资质条件，对已发证的这10家生鲜乳收购站和23辆生鲜乳运输车辆，于2010年2月重新进行了审核换证。

2010年共改良各种牛群7400头，使用冷冻精液14800剂。

疫病防治情况：坚持春秋两季重点防疫，实行季防互补；查漏补缺，防检结合。2010年，未发生重大疫情。

人工牧草种植面积13000公顷；专用青贮玉米种植面积11000公顷，有青贮窖150个，共15000立方米。

（武汉市奶业管理办公室　谈宇晴）

湖南省

【奶类生产】本地区2010年奶牛存栏13.1万头，比上年同期增长402.31%，全部为荷斯坦牛；主要分布的地区（地级市）是邵阳市、常德市、长沙市，其奶牛存栏数占总存栏数的88.6%，主要分布的县（县级市）是城步苗族自治县，其奶牛存栏数占总存栏数的53.9%。

本地区2010年水牛存栏40.7792万头，其中能繁母牛14.1525万头；主要分布的地区（地级市）是常德市、怀化市、郴州市、衡阳市、益阳市。

奶山羊存栏0.3万只，主要品种为黑山羊，存栏0.3万只，主要分布在娄底市，其奶山羊存栏数占总存栏数的100%，主要分布在冷水江市，其奶山羊存栏数占总存栏数的66.7%。

2010年奶牛减少3000头左右。主要原因：(1)养殖成本提高；(2)缺乏政策扶持；(3)乳品企业拖欠奶款。

本地区2010年奶类总产量7.8万吨，全部为牛奶，比上年同期增长1.60%。

本地区2010年全年的平均奶价为3.44元/千克，同比增加16.2%。

邵阳市年平均奶价2.75元/千克；长沙市3.2元/千克；常德市3.39元/千克；郴州市6元/千克。与上年相比都有提高。

邵阳市保护价2.2元/千克，常德市保护价3.3元/千克。

【乳品加工】2010年本地共有乳品加工企业19个，日处理鲜奶的能力总计达到1046吨，全部为地方自建企业。

乳品企业总销售额为321548万元；主要企业的销售额和利税分别为314810万元、利税39416万元。

当年新建项目1个、扩建项目3个，日处理鲜奶能力分别为120吨、150吨。

本地2010年巴氏消毒奶、UHT奶、奶粉、酸奶的产量分别为14065吨、116932吨、35935吨、27920吨，同比增长29.7%、73.2%、3.5%、4.5%。

奶粉和酸奶的生产增长缓慢，UHT奶增长最快，巴氏消毒奶次之。原因：(1)原料奶的生产速度赶不上乳品加工速度；(2)奶粉和酸奶的消费少于液态奶的消费；(3)UHT奶储藏期较长，消费量大；(4)2010年增加了湖南光明乳品有限公司和株洲高科奶业经营有限公司的生产数据。

【市场与消费】本地区2010年城镇居民人均奶制品（折合成原料奶）消费量13.44千克/人，其中鲜乳品5.76千克/人，奶粉0.48千克/人，酸奶2.13千克/人。本地区2010年农村居民鲜奶购买量0.17千克/人，奶及奶制品消费量0.96千克/人。

【奶源基地建设】本地区奶牛存栏1～5头的有485个场（户）、6～20头的有847个场（户）、21～100头的有138个场（户）、101～200头的有9个场（户）、201～500头的有6个场(户)、1000头以上4个场(户)。奶牛养殖小区10个，奶牛存栏2314头。标准化规模养殖场12个，奶牛存栏8727头。

2010年末共有奶站12个，均为企业自建，奶站平均日收奶187吨。机械化挤奶达到54%。

省市畜牧主管部门按照生鲜奶收购站质量管理要求和考核标准，对各奶站进行了抽样检查，没有发现不合格鲜奶。

2010年共改良各种牛群57802头，使用冷冻精液95479剂，共生产冷冻精液53000剂；共进口冷冻精液56450剂。

疫病防治：坚持以防为主，防重于治的原则，定期严格奶牛免疫注射的同时，重点抓好了奶牛常见病的防治工作。主要奶源基地（邵阳市）对奶牛口蹄疫、牛出败、气肿疽进行春秋免费防疫，对奶牛普通病由兽医有偿治疗。

人工牧草种植面积42311公顷，其中苜蓿草1042公顷；专用青贮玉米种植面积12859公顷，有青贮窖9558个，共298170立方米。

主要奶源基地（邵阳市城步县）相对稳定，其他奶源基地建设缓慢，并呈减少趋势。原因：(1)主要奶源基地宜牧不宜农，既有养奶牛的地理条件，又有地方政策扶持；(2)其他奶源基地宜农不宜牧，奶牛养殖成本高、效益低，尤其缺乏省级政策扶持。

【支持政策】良种支持：主要奶源基地（邵阳市城步县）免费提供良种冻精，县政府组建专职品改队伍，纳入财政预算，免费为奶农养的奶牛配种。主要奶源基地（邵阳市城步县）对国家政策落实较好。

【奶农协会建设】奶农协会共4个，包含农户650个，存栏奶牛7800头。

【质量管理】各地州市质检部门进行不定期抽查，主要奶源基地（邵阳市城步县）对所有原料奶批次每批都进行常规检查和抽样检测，全年共销毁不合格原料奶6吨。

湖南省疾控部门和湖南省质量技术监督部门不定期对湖南乳制品抽检，2010年11月7日发现湘潭市远山乳业公司生产的“乳酸玉米奶”三聚氰胺含量超标。原因：(1)当地原料奶不足；(2)为了降低原料成本，在购买价格较为便宜的外地原料奶粉中有严重超标的三聚氰胺。湖南省质监局执法人员在远山乳业有限公司配电间查获并销毁剩余的21千克“东垣奶粉”。该事件发生后，“远山乳业”不再生产含乳饮料，仅生产花生奶饮料。

【学生奶计划】学生奶定点企业：湖南阳光乳业；供应数量：28万份/天；品种：酸奶、巴氏奶；价格：1.2～1.5元/份；饮奶人数:28万；监管措施：专门生产、定向供应、

专人跟踪监管。阳光乳业第一、第二牧场是全国学生奶源升级示范基地。

（湖南省奶业协会　伍佰鑫）

广东省

【奶类生产】本地区2010年奶牛存栏5.4万头，比上年同比减少4.15%，其中荷斯坦牛4.85万头，娟姗牛0.31万头，主要分布的地区（地级市）是广州、惠州，其奶牛存栏数占总存栏数的49.23%，主要分布的县（县级市）是博罗县、英德市，其奶牛存栏数占总存栏数的24.91%。

本地区2010年水牛存栏0.96万头，主要分布的地区（地级市）是广州市、揭阳市，其改良奶水牛存栏数占水牛总存栏数的68%；主要分布的县（县级市）是普宁市、番禺区，其改良奶水牛存栏数占水牛总存栏数的0.5%。

2010年底荷斯坦奶牛统计总数比2009年底减少了5%，奶水牛减少了7.7%，总存栏数的减少主要是由于珠三角经济发达地区奶牛养殖场的搬迁造成，从主要养殖区（县）的变化就可以看出。

本地区2010年奶类总产量14.5万吨，比上年同期增长0.85%，奶类总产量中牛奶14.2万吨，同比增长1.39%，水牛奶0.3万吨。

在广东省全体奶牛养殖同行的努力下，成母牛平均单产逐年提高，其中珠江奶牛场已达到并超过7吨的目标，正在向8吨工程冲刺。至2010年底牛奶总产量统计数字比上年有所下降，主要也是由于奶牛场的搬迁造成产奶量下降或者搬迁时采取断奶措施。

本地区2010年全年的平均奶价为4.2元/千克，同比增加9%。

奶源集中的广州、惠州等地区收购价格都在4.2～4.5元/千克，比2009年平均收购价格有所升高。

本地区原料奶收购中没有地方保护价。

【乳品加工】2010年本地共有乳品加工企业52个。当年新建项目1个、扩建项目3个。

自2008年发生的“三鹿牌婴幼儿奶粉质量安全事故”以来，广东省生产的乳制品以“更安全、更优质”的品质得到更多市民的认可，2010年市场平均销售量比上年增加了20%。

【市场与消费】本地区2010年城镇居民人均奶制品（折合成原料奶）消费量17.37千克/人，其中鲜乳品7.91千克/人，奶粉0.66千克/人，酸奶1.84千克/人。本地区2010年农村居民鲜奶购买量0.22千克/人，奶及奶制品消费量0.76千克/人。

2010年广东省各级质检部门对乳制品的抽查批批合格。

【奶源基地建设】2010年，本地区奶牛存栏1～19头的有383个场（户）、20～99头的有76个场（户）、100～199头的有33个场（户）、200～499头的有20个场（户）、500～999头的有10个场（户）、1000头以上18个场（户）。

2010年末共有奶站43个，其中企业自建的39个，合作社建设4个。奶站平均日收奶198吨。机械化挤奶达到100%。

奶站清理整顿至2010年底，经检查没有违规奶站存在，奶站数量未变。

奶源基地建设情况分为三方面，一是在珠三角经济发达地区由于土地使用紧张，当地鼓励奶牛养殖户搬迁，导致奶牛数量减少、产奶量减少，一些农户卖掉奶牛；二是，乳品企业奶源基地建设，为了逐步完成《纲要》中提出的“2011年10月底前，乳制品生产完成良好生产规范改造，基地自产生鲜乳与加工能力的比例达70%以上”的要求，乳品企业都在加大自身奶源基地建设；三是，广东省的奶牛群体基数小，奶牛总头数还不到全国的0.5%，因此加大奶牛群体数量的一个可行办法是在广东省奶牛养殖场的基础上改扩建规模，加强管理水平，提高产奶量。

【奶业法规和条例建设】广东省奶业协会制定《广东省奶牛养殖场挤奶技术手册》和《广东省奶牛养殖场挤奶操作挂图》免费分发到各个奶牛养殖场，深受欢迎。

【学生奶计划】广东省学生饮用奶定点企业主要是广东燕塘乳业有限公司、广州风行牛奶有限公司和深圳市晨光乳业有限公司，2010年共供应学生奶322220包（盒）/天，其中纯牛奶151780包（盒），调味奶170440包（盒）；共供应学校2500所，其中小学2068所，中学432所；涉及城市1263个，县镇492个。广东省积极响应由学生饮用奶部际协调小组办公室举办的“利乐杯”手工创意大赛等各种比赛活动。各学生饮用奶企业通过邀请学校负责人参观基地，举办各种活动，如广州市风行牛奶有限公司举办的“我的牛奶我设计”、广东燕塘乳业股份有限公司举办的“营养不放假”、“我的新鲜屋——牛奶盒设计创意大赛”等，让更多学生和家长了解学生饮奶，从而推动“国家学生饮用奶计划”在各区稳步推广。此外，学生饮用奶企业严格按照各项标准生产，建立严格质量、配送监督管理措施，并建立完善的应急管理机制，使广东省学生饮用奶推广情况走在全国前列。2010年学生饮用奶计划部际协调小组办公室《关

于协助开展学生饮用奶推广先进单位和个人表彰活动的通知》（学奶办[2010]9 号），广东省共有 8 个单位获得“学生饮用奶计划推广先进单位”，8 位负责同志获得“学生饮用奶计划推广先进个人”荣誉称号。

（广东省奶业协会　陈三有）

广州市

【奶类生产】本地区 2010 年奶牛存栏 1.7744 万头，比上年减少 7.5%，其中荷斯坦牛（含娟珊奶牛及娟珊杂交奶牛）1.5968 万头，奶水牛 0.1976 万头。

本地区 2010 年奶类总产量生鲜牛奶总产量 5.5534 万吨，比上年增长 4.9%，其中奶水牛奶 0.2489 万吨、荷斯坦牛奶 5.3045 万吨；生鲜牛奶生产总值 2.2254 亿元，比上年增长 4.9%；液态奶乳品加工总产量 20.7291 万吨，比上年增长 20.6%，其中常温奶（UHT）2.5285 万吨，巴氏鲜奶 3.1359 万吨，酸牛奶 3.728 万吨，乳酸奶饮料 5.1175 万吨，炼乳 2026 吨，其他产品 3.6638 万吨；液态奶产品加工生产总值 16.7729 亿元；益生菌乳饮品 4.38 亿支/年，年销售总额 6.351 亿元；奶粉加工生产总量 4.5 万吨，年销售总额 48.6 亿元，比上年增长 26.2%；全市生鲜乳与乳制品生产总值 61.7239 亿元。本地产生鲜牛奶自供率占乳品加工总量的 27.6%，比上年下降了 10.4%，奶源不足部分，靠从本省珠海、博罗、清远等地和福建省南平市、云南省大理市外地调入补充，仍不足部分则使用还原奶弥补解决。日均上市牛奶（乳酸饮料除外）205.43 万瓶（份），比上年增长 1%；学生饮用奶全年生产供应量 1.1 万吨，比上年增长 2.8%；年销售总额 8250 万元，比上年增长 2.8%。全年生鲜牛奶收购均价每千克 4.25 元，比上年增长 7.6%。

【乳品加工】本地乳品加工业保持平稳发展势头，产品价格与市场供应稳定。广州风行牛奶有限公司 2010 年乳品加工总量 3 万吨，年销售总额 2.5 亿元，每吨产品单价 8321 元。广美香满楼畜牧有限公司 2010 年乳品加工总量 1.55 万吨，年销售总额 1.38725 亿元，每吨产品平均售价 8950 元。广东燕塘乳业乳制品加工总量 7.3331 万吨，比上年增长了 7.4%；年销售总额 6.098 亿元，比上年增长了 17.4%；每吨产品的平均售价达到 8315 元。广州维记牛奶食品有限公司 2010 年乳品加工总量 4.5 万吨，年产品销售总额 2.3 亿元，每吨产品平均售价 5111 元。广州光明乳品有限公司 2010 年乳品加工总量 3.2 万吨，年产品销售总额 2.8 亿元，平均每吨产品售价 8750 元。广州市强强兴乳品有限公司 2010 年乳品生产加工总量 9500 吨，年销售总额 0.665 亿元，平均每吨产品售价 7000 元。华农大乳品厂 2010 年乳品加工总量 1160 吨，年产品销售总额 997 万元，平均每吨产品售价 8600 元。从化市日日鲜乳品厂 2010 年乳品加工总量 80 吨，年产品销售总额 96 万元，平均每吨产品售价 1.2 万元。

表 16-7　2010年广州市各区、县级市奶牛存栏与生产情况

区、县市名称	年末存栏（头）	与上年对比增或减（%）	牛奶产量（吨）	与上年对比增或减（%）
天　河	3 024	-8.6	9 700	-13.0
白　云	1 350	2.8	4 000	9.3
番　禺	2 283	-3.3	3 765	1.1
花　都	3 239	-19.7	9 358	-9.8
南　沙	2 382	-6.7	8 826	22.2
萝　岗	790	14.9	1 785	25.6
增　城	2 819	-5.7	10 300	13.4
从　化	2 057	-28.7	7 800	2.5
合　计	17 944	-11.3	55 534	5.2

注：上述统计表数字已包含奶水牛及其所产牛奶。

【市场与消费】本地区 2010 年城镇居民人均奶制品（折合成原料奶）消费量 25.71 千克/人，各种乳制品消费量：鲜乳品 15.14 千克/人，奶粉 0.47 千克/人，酸奶 3.27 千克/人。

【质量管理】生鲜奶质量安全有较大的保障，经农业部、广东省农业厅、广州市奶业管理办公室共 8 次的抽检，合格率达 100%。供港、供亚运会和上市的牛奶，都在严密的质量安全监管下组织生产，产品质量有可靠保证，可放心饮用，全年尚未发生过重大食品安全事故。

广州地区奶牛养殖业在通涨背景下受饲料价格高价位运行和人工成本上涨等因素的影响，奶农虽未出现倒奶、杀牛现象，但效益已有所下降，有 5 户奶农处于保本、微亏经营状态，其中有 2 户将奶牛出卖放弃养殖；全市奶牛养殖年内未发生过重大疫病情。

2010 年 4 月 22 日国家卫生部颁布了 66 项乳品安全新国家标准，其中生鲜牛奶蛋白质含量下调为 2.80%，细菌总数调升至 200 万个落菌单位。而广州的奶牛养殖场与乳品企业仍按原高于国家标准即蛋白质含量 3.0%和细菌总数 20 万个落菌单位这一标准执行。

【支持政策】2010 年，全市 0.966 万头黑白花奶牛获得国家农业部优良奶牛冷冻精液共 1.9320 万支的补贴，折算补贴款 28.98 万元；奶水牛获农业部奶水牛冷冻精液共 3318 支补贴，折算补贴款为 3.318 万元。广州市政府对此良种项目作出同步配套资金补贴，补贴款总额达 25.13 万元。广州燕都果牧生态试范园有限公司奶牛场获国家发改委规模奶牛场标准化建设补贴 150 万元；广州市奶牛研究有限公司福禾奶牛场获农业部良种奶牛补贴 3 万元，国家发改委规模奶牛场标准化建设补贴 150 万元，广州市财政农机补贴 19 万元。

【学生奶计划】学生饮用奶售量比上年增长不大，仅增加 300 吨。广州风行牛奶有限公司和广东燕塘乳业有限公司两学生饮用奶定点生产企业，曾向广州市物价局申请提升学生饮用奶的售价，从 1.50 元/盒提至 1.80 元/盒，未获批准，售价仍按广州市物价局 2008 年批准的价格执行。全年学生奶供应总量1.1万吨，其中广州风行牛奶有限公司生产供应0.7万吨，广东燕塘乳业有限公司生产供应0.4万吨。

（广州市奶业管理办公室　王丁棉）

深圳市

【奶类生产】本地区2010年奶牛存栏1.83万头，全部为荷斯坦牛。主要分布在光明新区、龙岗区，其奶牛存栏数占总存栏数的100%。

本地区2010年奶类总产量11.39万吨，比上年同期增长5%，其中商品奶类（企业收购）10.3万吨，同比增长5%。

2010年本市在稳定牧业的基础上，有了恢复性的发展，晨光乳业巩固自己的牧场，及时淘汰产奶少的成母牛，虽然奶牛存栏增加不多，牛奶的产量有了明显的提高。同比增加24%。时代乳业公司在惠东建设现代牧场，一期规模300头奶牛。饮料基地建设有新的发展。

本地区2010年全年的平均奶价为4.83元/千克，春夏秋冬季奶价分别是4.42元/千克、4.62元/千克、4.42元/千克、4.82元/千克，比上年同期增加1.18元/千克、1.46元/千克、1.12元/千克、0.62元/千克。

其中晨光乳业公司4.86元/千克，同比增加0.66元/千克，时代乳业公司4.62元/千克，同比增加1.02元/千克。

本地区原料奶收购中无地方保护价。

【乳品加工】2010年本地共有乳品加工企业6个，日处理鲜奶的能力总计达到10.3万吨，其中外资2个、合资企业3个、地方自建企业1个。

乳品企业总销售额为20亿元；主要企业的销售额和利税：晨光乳业公司总收入9亿元，固定资产4亿元，利税6000万元，生奶收购量400吨/日，生奶年均收购价4.8元/千克，日处理能力500吨。

本地2010年巴氏消毒奶、UHT奶、酸奶的产量分别为3.8吨、2.2吨、5.39吨，同比增长10%、-23%、20%。主要生产企业各产品的生产情况：晨光乳业公司是本地区生产巴氏奶的龙头企业，有自己的牧场、科研机构、新产品开发试验牧场和出口奶基地，巴氏奶的市场占有90%，都市牧人、纯鲜牛奶已成为市民不可缺少的早餐食品；时代乳业公司主供团购，富士康、比亚迪，同时在本地是第一个送奶到户企业；绿雪生物公司生产高档酸奶，是全市第一酸奶品牌；多牧多实业公司，更具活力，是全市第一家上市企业。

本地区30年来，奶制品稳定出口我国香港6000吨/年，目前在我国独供香港鲜奶企业是晨光乳业公司，同时也是维它奶生产基地。

2010年贯彻《食品安全法》，对乳制品企业进行整顿改造，不合格生鲜乳不准入厂，不合格产品不准出厂，清洁车间达到GMP\无菌10万级标准。各企业已建立了ISO9000、14000、18000。HACCP即B/T22000食品安全管理体系。2010年11月国家质检总局和工信部对本地区乳品加工企业进行产业政策和生产许可证进行审核。协会配合审核组对所有企业进行整改，严格按照各项法律法规认真进行审核，不达标者进行整改，整改后不合格不发许可证。

【市场与消费】本地区2010年城镇居民人均奶制品（折合成原料奶）消费量25.66千克/人，其中鲜乳品9.02千克/人，奶粉1.12千克/人，酸奶2.13千克/人。

三聚氰胺事件以来，常年加强对奶制品的安全质量监管力度。每周对生产企业产品进行抽样检验，发现三聚氰胺超标，立即停产整顿，追回市场流通的产品，结合贯彻《食品安全法》生产企业使用添加剂进行严格检查登记，并索票索证。全市贯彻国务院“22号文件”配合省政府统一审核，第一步下企业进行摸底预审，补齐检测设备，完善生产工艺，审核过程也对企业提高管理水平有了很大的提高。

2010年本地区巴氏杀菌乳价格的增长幅度较快，从3.1元/只，上升到3.6元/只，增长幅度15.5%；婴幼儿配方奶粉900克罐装236元/罐增长到348元/罐，涨幅47%，特别是进口洋奶粉，基本占领奶粉市场，而国产奶粉基本无人问津。

【奶源基地建设】21～100头的有26个场（户）、101～200头的有22个场（户）、201～500头的有18个场（户）、501～1000头的有2个场（户）、1000头以上1个场（户）。奶牛养殖小区3个，奶牛存栏500头。标准化规模养殖场3个。

2010年末共有奶站28个，其中企业自建的16个，合作社建设10个，其他2个。奶站平均日收奶360吨。机械化挤奶达到100%。

在本市区范围内，大部分是企业自建，公司加牧场的经营模式，奶牛大部分为个人承包牧场，合作社方式为多牧多在惠州建起的奶联社。

奶牛常见病为乳房炎、蹄疫，重点防疫为口蹄疫、结核病。农业畜牧处指导防疫站及时防病，每年进行传染病检查，发现传染及时上报，疫情报告有专责部门负责统计上报。

人工牧草种植面积3600公顷，专用青贮玉米种植面积3600公顷，有青贮窖16个，共1200立方米。

奶牛配合饲料的生产企业23个，年产奶牛配合饲料2.3万吨，饲料加工企业，100头以上的牧场，基本自备加工饲料，这部分牧场统一核算，大型饲料加工企业同时生产猪、鸡、鸭等混合饲料，主要原料如豆粕、玉米，大部分从内地购买。

2010年，珠三角地区奶源基地建设统一规划，在清远、惠州发展为奶源基地，深圳、广州内无法发展奶牛基地建设。同时，考虑到港澳地区，惠州有 333.3 万公顷甜玉米基地建设，秸秆作为饲料，奶牛的粪便又可作为有机肥料，增加土地的有机质，这种良性循环，已经纳入“十二五”规划。

【质量管理】2010 年乳制品质量安全抓根本，就要从源头上抓起，原料奶的质量是关键，各企业一定要把好这个关，不合格不准入厂，奶的运输车辆，要有准运证，鲜奶单位，生鲜奶时间、数量、交接的时间有经手人、押运员、司机、收奶员签字，生鲜乳交接单一式两份，分别保管，出现问题由责任人追究责任。

2010 年深圳市设市场监管局，直接管市场，管质量、加强质量安全管理，贯彻《食品安全法》。工商质量由一个单位统一管，出了问题一查到底，政府监管到位，净化了市场，完善了制度。

【学生奶计划】深圳市唯一学生奶定点企业为深圳市晨光乳业，2010 年供 1340 吨，比 2009 年 1145 吨增加了 195 吨，主要是中、小学校、幼儿园，价格低于市场价格 30%，没有政府补贴，企业在亏本和基本平衡状态下运作，学生的供应是学校负责组织，由学生个人自愿，企业负责供应。有的学校将学生奶说成是学校硬性摊派，学生家长有意见，学校不积极，企业负担重，国外的经验是一杯牛奶强壮一个民族，是国家承担费用，学生负责喝奶，当然有积极性。如果要解决目前状况，国家应给企业一定的补贴，问题才能得到真正的解决。

（深圳市奶业协会　赵庆政）

广西壮族自治区

【奶类生产】本地区 2010 年奶牛存栏 4.4 万头，同比增长 90.87%，其中荷斯坦奶牛 1.71 万头，奶水牛 2.69 万头；主要分布在南宁、钦州、柳州、桂林、来宾、玉林、北海等 7 个地级市，其奶牛存栏数占总存栏数的 94.79%。

水牛存栏情况，本地区 2010 年水牛存栏 438 万头，其中能繁母牛 221 万头，由摩拉水牛和尼里拉菲水牛改良的奶水牛 5.18 万头，其中挤奶水牛 1.35 万头；主要分布在钦州市的灵山、蒲北 2 个县，其改良奶水牛存栏数占全广西奶水牛总存栏数的 67.95%。

奶山羊存栏 0.19 万只，品种全部为莎能奶山羊，主要分布在北海、玉林 2 个地级市的郊区。

本地区 2010 年奶类总产量 8.2 万吨，比 2009 年增长 1.70%。

荷斯坦鲜牛奶收购价为每千克 3.3 ～ 3.6 元；新鲜水牛奶收购价为每千克 6.5 ～ 6.8 元。

春夏秋冬季奶价都一样，与 2009 年同期提高 0.10 元/千克（荷斯坦鲜牛奶）、0.3 元/千克（新鲜水牛奶）。

【乳品加工】2010 年本地共有乳品加工企业 23 个，日处理鲜奶的能力总计达到 675 吨，全部为地方自建企业。

【市场与消费】本地区 2010 年城镇居民人均奶制品（折合成原料奶）消费量 17.22 千克/人，其中鲜乳品 10.67 千克/人，奶粉 0.46 千克/人，酸奶 0.9 千克/人。本地区 2010 年农村居民鲜奶购买量 0.06 千克/人，奶及奶制品消费量 0.33 千克/人。

当地质检部门抽检符合有关规定的卫生标准要求。

【奶源基地建设】2010 年，本地区奶牛存栏 1 ～ 5 头的有 15337 个场（户）、6 ～ 20 头的有 563 个场（户）、21 ～ 100 头的有 134 个场（户）、101 ～ 200 头的有 8 个场（户）、201 ～ 500 头的有 35 个场（户）、501 ～ 1000 头的有 10 个场（户）、1000 头以上 6 个场（户）。奶牛养殖小区 86 个，奶牛存栏 30820 头。本地区机械化挤奶达到 50%。

2010 年共有奶站 28 个，其中企业自建的 26 个，合作社建设 1 个，其他 1 个。奶站平均日收奶 130 吨。

奶站清理整顿情况：2010 年，广西认真贯彻落实《乳品质量安全监督管理条例》、《奶业整顿和振兴规划纲要》和《国务院办公厅关于进一步加强乳品质量安全工作的通知》以及农业部相关法规，深入开展奶站清理整顿“回头看”、拉网式检查，加强生鲜乳和乳制品质量安全监管，加大对奶业生产扶持力度，突出发展奶水牛产业。2010 年全广西共撤销 2 辆不合格运输车的准运证；经各地畜牧部门检查，广西没有流动收奶点，也不存在个体生鲜乳收购站骗取许可证的情况。从 2010 年各地抽检情况看，所有抽检生鲜奶样品和奶牛场（户）自配饲料样品都未发现有三聚氰胺等有害物质，生鲜乳中三聚氰胺检测合格率 100%，奶牛场（户）自配饲料中三聚氰胺检测合格率 100%。如广西兽药饲料监测所抽检奶站样品 26 批，全部合格。

2010 年共改良各种牛群 440000 头，使用冷冻精液 704000 剂（支）。

疫病防治方面主要是严格遵守疾病防治程序和饲养管理规程，防治结核病、乳房炎、生殖疾病等。

人工牧草种植面积 8000 公顷，其中专用青贮玉米种植面积 3000 公顷。

奶牛养殖小区数量比 2009 年多 6 个，饲养规模也扩大了，主要原因是政府重视，出台有关政策，正确引导规模养殖的结果。

【质量管理】2010 年对广西生产的乳制品进行不定期抽检，所检乳制品均合格。

【学生奶计划】2010 年广西皇氏乳业有限公司和广西灵山百强水牛奶乳业有限公司生产有学生奶产品，严格按照国家有关规定和要求生产和销售，农业部对这两个公司的产品抽检均合格。

（广西壮族自治区畜牧总站　唐善生）

海南省

【奶类生产】本地区2010年奶牛存栏0.2万头，同比增长51.64%，全部为荷斯坦牛；主要分布的地区（地级市）是海口、三亚，其奶牛存栏数占总存栏数的100%。

本地区2010年水牛存栏53.07万头，其中能繁母牛2.2101万头；由摩拉水牛和尼里拉菲水牛改良的奶水牛2.67万头，主要分布海口、儋州2个市，其改良奶水牛存栏数占水牛总存栏数的5.03%；主要分布的县（县级市）是澄迈、屯昌、定安等，其改良奶水牛存栏数占水牛总存栏数的2.18%。

2010年存栏量比2009年增加，原因是国家畜牧良种补贴优惠政策的引导，大力推广奶牛冷冻精配种技术，提高了优良奶牛的覆盖率。

本地区2010年奶类总产量0.2万吨。

大力推广奶牛品种改良与增加奶牛饲养量是奶类获得大幅度增产的主要原因。

本地区2010年全年的平均奶价为5.5元/千克，同比增加17.82%，春夏秋冬季奶价均为5.5元/千克，比上年同期增加0.80元/千克。

本地区原料奶收购中无地方保护价。

【乳品加工】2010年本地共有乳品加工企业2个，日处理鲜奶的能力总计达到70吨，其中外资1个、合资企业1个。

乳品企业总销售额为8516万元；利税344万元。

当年扩建项目1个，日处理鲜奶能力4吨。

本地2010年巴氏消毒奶、酸奶的产量分别为5585吨、3891吨，同比增长141.77%、170.21%。主要生产企业各产品的生产情况：海南艾森牧业有限公司：巴氏消毒奶3510吨，酸奶2075吨；海南新海乳有限公司：巴氏消毒奶3250吨，酸奶640吨。

巴氏消毒奶、酸奶产量大幅度增长，这与艾森、新海2家乳品生产加工企业有较多奶牛投入生产及市场需求增长有一定关系。

【市场与消费】本地区2010年城镇居民人均奶制品（折合成原料奶）消费量15.71千克/人，其中鲜乳品4千克/人，奶粉1.26千克/人，酸奶0.99千克/人。本地区2010年农村居民鲜奶购买量0.07千克/人，奶及奶制品消费量0.27千克/人。

市场与消费的增加是人们生活消费水平的逐步改善与市场需求的增加促进生产加工数量的增长。

【奶源基地建设】2010年，本地区奶牛存栏1～5头的有3310个场（户）、6～20头的有564个场（户）、201～500头的有2个场（户）、501～1000头的有1个场（户）。

奶牛养殖小区2个。标准化规模养殖场3个，奶牛存栏1850头；其中新建1个，奶牛存栏202头。

2010年末有企业自建奶站1个，平均日收奶22.87吨。

2010年本地区机械化挤奶达到86.9%。

奶站清理整顿后，都已通过了整改，核发了生鲜乳收购许可证和运输许可证。

2010年共改良各种牛群10260头，使用冷冻精液19980剂。

2010年没有出现口蹄疫、结核、布氏杆菌等重大疫情案例。

人工牧草种植面积105公顷，有青贮窖10个，共5210立方米。

【质量管理】原料奶质量未出现过重大安全隐患，质量由生产企业自行把关，地方质检部门不定期抽检。

【学生奶计划】省内没有定点生产企业，也没有符合条件的认定企业。定点配送企业为海南深光配送服务公司。配送学生饮用奶数量8万～9万盒。有完善制度，不定期开展促销活动。

（海南省畜牧兽医局　张一心）

重庆市

【奶类生产】本地区2010年奶牛存栏2.7万头，同比增长54.67%，其中荷斯坦牛2.50万头，娟姗牛0.019万头，主要分布的县（县级市）是渝北区、万州区、江北区、荣昌县、长寿区、沙坪坝区、北碚区、南岸区、巴南区、垫江县，其中奶牛存栏数占总存栏数的77.14%。

本地区2010年水牛存栏42.87万头，其中能繁母牛20.94万头；主要分布的地区（地级市）是黔江区、涪陵区、丰都县、垫江县、武隆县、彭水县、酉阳县、永川区、潼南县、石柱县、梁平县。

到2010年底，重庆存栏成年母牛1.8万头，奶牛存栏和奶产量均较2009年有所增长，但增长幅度不大。城郊地区奶牛存栏大幅度减少，远郊区县大幅度增加。主要原因是城郊地区进行养殖污染治理，被划为禁养区、限养区，奶牛养殖被迫退出城郊养殖区县。在奶牛退出城郊地区的过程中，有部分奶牛被卖到市外和淘汰，一部分转移到新发展地区。尽管新发展区奶牛数量增长迅速，但由于近郊区县奶牛减少得多，全市存栏总量增加不大。

本地区2010年奶类总产量8万吨，比上年同期增长0.50%，全部为牛奶。

2010年牛奶产量同比增长较为明显，原因一是奶牛数量略有增加，二是通过低产牛的淘汰和养殖技术的提高，奶牛单产得以大幅度提高，成母牛单产由2009年的4.78吨提高到2010年的5.33吨，提高11.5%。

本地区2010年全年的平均奶价为3.22元/千克，同比增加11.03%，春夏秋冬季奶价分别是3.26元/千克、3.15元/千克、3.16元/千克、3.32元/千克，比上年同期增加0.32元/千克、0.31元/千克、0.31元/千克、0.33元/千克。

奶源集中典型地区的奶价比其他地区奶价平均高0.2元/千克，比2010年增加7.2%。

本地区原料奶收购中没有地方保护价。

【乳品加工】 2010年本地共有乳品加工企业4个，日处理鲜奶的能力总计达到1410吨，均为地方自建企业。

乳品企业总销售额为121490万元；主要企业的销售额117760万元，利税总额7770万元。

当年扩建项目5个，日处理鲜奶能力为1100吨。

本地2010年巴氏消毒奶、UHT奶、奶粉、酸奶、乳饮料的产量分别为16924吨、78795吨、150吨、41950吨、66739吨，同比增长-31.8%、60.7%、12.2%、13.9%、-12.3%。主要生产企业为重庆天友乳业股份有限公司和重庆光大乳业集团，生产各类乳制品130874吨，占全市奶制品总产量的95.0%。

（1）乳品加工能力扩大。第一是企业通过改扩建项目扩大了产能，乳品加工能力扩大。第二是乳品企业做大做强，欲跻身乳品强企和为上市作准备，扩大了加工能力。第三是新建乳品企业的投产，使全市加工能力扩大。

（2）乳制品产量增长。消费市场的扩大，乳品销售量增加；产品质量的稳定赢得了消费者的信赖；乳品企业在市场开拓中下了功夫，在竞争中不致落败。

（3）小型乳企在竞争中处于劣势，举步维艰。小型乳品企业由于没有品牌效应和拳头产品逐渐被消费者抛弃，销售市场萎缩，面临生存困境，2010年有一家乳品企业停产关闭。

【市场与消费】 本地区2010年城镇居民人均奶制品（折合成原料奶）消费量29.03千克/人，其中鲜乳品17.83千克/人，奶粉0.7千克/人，酸奶4.61千克/人。本地区2010年农村居民鲜奶购买量0.68千克/人，奶及奶制品消费量1.73千克/人。

【奶源基地建设】 2010年，本地区奶牛存栏1～5头的有2510个场（户）、6～20头的有656个场（户）、21～100头的有125个场（户）、101～200头的有20个场（户）、201～500头的有4个场（户）、501～1000头的有4个场（户）、1000头以上2个场（户）。

奶牛养殖小区9个，奶牛存栏2860头；其中新建小区4个，奶牛存栏1415头。

标准化规模养殖场9个，奶牛存栏5157头；其中新建5个，奶牛存栏1016头。

2010年末共有奶站23个，其中企业自建的21个，牧场自建2个。奶站平均日收奶250吨。机械化挤奶达到68.8%。

奶站清理整顿后，有23个收奶站，经2010年审查全部合格，颁发了收奶许可证，全部持证经营。2010年11～12月开展的全市生鲜乳收购站拉网式检查中，共检查了11个区县的23个生鲜乳收购站，抽取了23批次的生鲜乳样品检测，通过对三聚氰胺、碱类物质、黄曲霉毒素M1检测，所检样品合格率100%。

2010年共改良各种牛群17000头，使用冷冻精液34000剂。

疫病防治情况：（1）对高致病性重大疾病口蹄疫的防控实行强制采取春秋两季集中免疫，对所有奶牛进行A型口蹄疫强制免疫。（2）常年免疫密度保持在90%以上，春、秋季动物疫病综合防控行动应免疫动物免疫密度达到100%，动物群体免疫抗体合格率全年保持在70%以上。牲畜免疫标识佩戴率、免疫畜禽建档率、畜禽圈舍消毒面、畜禽驱虫面均达到100%。（3）抓散养牛拉网式普免、消毒灭原、疫病普查、畜禽驱虫、防疫知识及法律法规宣传等动物疫病综合防控工作。（4）乡、镇兽医划片包干，采取5日巡查制度，所包干的区域，无论是否发生疫病，5日必须巡查一次。（5）成立了疫情控制110联动指挥中心，配备设施设备和车辆，发生疫情与110联合行动，以最快最有效的方式控制疫情。

全市有奶源基地22个，奶牛存栏占全市总存栏量的88.0%。随着乳品加工能力的提高和市场消费的需要，乳品加工对原料奶的需求不断扩大，原料奶的供应已满足不了加工的需要，出现了严重不足，供应缺口较大。乳品企业加快了奶源基地建设步伐，奶源基地建设出现了新情况：一是奶源基地逐步外延，半径扩大，建立在奶牛适养区的三峡库区和武陵山区。二是乳品企业对奶源基地牛奶实行订单收购，奶价高于非基地奶价6.6%。三是乳品企业加大了对奶源基地的扶持，并配套建立奶牛技术服务站，加强了对基地的培育和服务。四是乳品企业自营牛场占奶源基地的比例增加，并起着示范带动作用。

【重要建设项目】 本地区2010年建设的奶业项目：

（1）天友奶牛胚胎移植中心建设，市农业发展资金200万元，建立1个奶牛胚胎移植中心。

（2）奶牛良种冻精补贴，中央资金51万元，购买冻精3.4万剂。

（3）牛冷配体系建设，市农业发展资金100万元，建立肉奶牛冷配体系。

（4）奶牛冻精推广，市农业发展资金20万元，购买奶牛性控冻精。

（5）优质青贮玉米栽培与加工利用，市农业发展资金50万元，饲用玉米栽培和青贮示范、推广。

（6）优质牧草基地建设，市农业发展资金30万元，优质牧草种植示范。

（7）夏季奶牛增产技术，中央科技推广项目70万元，示范推广奶牛夏季热应激综合防控技术。

（8）畜禽养殖技术培训，市农业发展资金100万元，培训基层畜牧技术人员和包括奶牛养殖在内的养殖业主。

（9）奶牛养殖标准化示范创建，市财政资金80万元，补贴建立标准化示范场1个。

【支持政策】重庆市2010年启动“两翼农户万元增收工程”项目，奶牛养殖是万元增收工程项目之一。为“万元增收”工程出台的所有优惠政策、文件都包括奶牛养殖所享受的政策、文件。其中包括重庆市委《关于实施“两翼”农户万元增收工程的意见》、重庆市农委、市财政局《关于对农林产业化龙头企业带动两翼农户增收进行补助或贷款贴息的通知》和《关于2010年两翼农户万元增收工程首批良种场项目实施方案的批复》，文件内容涵盖了奶牛养殖发展计划和支持政策、对奶牛养殖龙头企业的贷款贴息、对奶牛核心母牛场的补贴等等。两翼地区政府为实施“两翼万元增收工程”也纷纷出台了包括奶牛养殖在内的扶持政策和资金支持文件。

【投资倾斜政策】

优惠贷款：市级农业担保公司和区县级农业担保公司对奶牛养殖贷款进行担保或提供低息贷款；部分区县财政对奶牛养殖实施了贷款贴息；乳品加工龙头企业对奶源基地养殖场、户给予购牛担保和购牛贷款贴息，按1头牛3000～5000元贷款利息的30%贴息。

土地优惠：各级政府把在规划区域、奶牛适养区建牛场、建小区用地视为农业用地，简化手续，优先审批。有的区、县政府招商引资制定了优惠政策，为奶牛场提供基础设施建设：路通、水通、电通、地基平整的“三通一平”。

税收优惠：奶牛养殖免税；乳品加工享受西部地区优惠税收政策，企业所得税减半。

良种支持：国家良种补贴51万元；市财政农业发展资金良种补贴20万元。

政策保险：每头奶牛保险费300元，市财政出资210元，乳品加工龙头企业出资45元，奶牛场、户出资45元。死亡赔付6000元。

其他政策：(1)中央500万元农业发展资金支持奶牛标准化规模场（小区）建设。(2)市财政800万元农业发展资金支持奶牛标准化规模场和示范场建设。

【奶农协会建设】奶农协会共3个，包含农户126户，存栏奶牛2180头；奶农合作社共10个，包含农户233个，存栏奶牛4779头。

2010年新组建了9个奶农合作社，新建奶牛养殖小区都成立了奶农合作社。奶农合作社由合作社负责人负责联系牛奶交售有关事宜；为奶农提供技术服务，提供医、配、喂免费服务或低价有偿服务；协调联系奶牛饲料供应；协调联系技术培训；协调奶农之间的矛盾和奶企之间的矛盾等事宜。合作社将松散的奶农组织起来成为较为紧密的组织形式，积极为奶农提供各方面服务，对奶农和奶牛养殖发展起到了积极有益的作用。

【质量管理】严格按照农业部《关于开展2010年生鲜乳质量安全监测工作的通知》、《关于下达2010年生鲜乳抗生素检测计划的通知》和农业部办公厅《关于开展全国生鲜乳收购站拉网式检查的通知》及市农委有关文件要求，有产就有检，加大了对生鲜乳中三聚氰胺、β-内酰胺酶、硫氰酸钠和动物水解蛋白等非食用物质的监督抽检密度和数量，及时开展生鲜乳质量安全隐患排查监测，深化生鲜乳生产、收购和运输环节的质量安全监控。进行了生鲜乳质量安全专项整治行动，并重点在“五一”和国庆等重大节日前进行监控。

在全市奶牛养殖区县，以三聚氰胺、皮革水解蛋白和抗生素残留监测为重点，开展了四次生鲜乳质量安全专项监测，覆盖全市23个收购站、53辆运输车（次），57个养殖场（户），涉及11个区县，共抽检生鲜乳样品501批次，全部合格，合格率100%。开展了四次生鲜乳抗生素残留抽检、1次雌激素监测和1次生鲜乳收购站拉网式检查，鲜乳收购站和运输车抽检覆盖率均达100%，共96批次样品均检测了三聚氰胺，30批次检测了皮革水解蛋白和碱类物质，80批次检测β-内酰胺类抗生素药物残留，40批次检测四环素类药物残留，40批次检测氨基糖苷类药物残留，40批次检测林可胺类和大环内酯类药物残留，检测结果均未超过农业部规定的残留限量。

乳制品市场监督：一是组织对全市乳制品及含乳食品生产企业的全面监督检查。二是严格乳制品生产许可。对新建乳制品生产企业严格审核，对已获证乳制品企业限时重新审核。三是强化检验检测。督促食品加工企业建立生鲜乳和原料乳粉购入申报制度，按国务院《通知》要求加强对生鲜乳、原料乳粉的检验。四是切实做好风险监测和信息通报。五是完善进货查验制度。包括建立生鲜乳进货查验制度、乳粉、炼乳、奶酪等其他原辅材料进货验证制度、原辅材料进货台帐、食品添加剂进货台帐和使用记录等。六是开展对相关检测机构和全市乳制品生产企业的检测能力考核，并对企业开展了全面检查，未发现企业使用“问题乳粉”作为原料及违规添加三聚氰胺的违法行为，同时还对企业购进的原料乳粉、生产的成品进行了抽样检验，均未检出三聚氰胺。对全市学生奶，企业收购的生鲜乳进行了抽检，均未检出三聚氰胺。全市申报重新审核的4家乳制品生产企业中，其中3家通过了现场审查。

【学生奶计划】2010年推广学校达1194所，日供学生饮用奶82.1万份，分别比2009年增长212.46%、379.37%。全市有“重庆市天友乳业股份有限公司”、“重庆光大集团有限公司”和“重庆市万州区乳峰乳业有限公司”共3家学生饮用奶计划定点生产企业。

学生饮用奶计划严格按照《食品安全法》、《预包装食品标签通则》及《我国“学生饮用奶计划”暂行管理办法》的规定和要求，学生奶产品执行国家标准《灭菌乳》标准，所用原料牛奶执行《生鲜牛乳收购标准》，产品净含量符合《定量包装商品净含量检验规则》规定，并严格执行国家对学生奶的相关质量要求，坚持不使用复原乳生产，不添加任何防腐剂；采用超高温瞬时灭菌生产工艺，无菌灌装。

学生奶定点生产企业重庆天友乳业股份有限公司，在各区县教育部门的配合下开展了18场学生饮用奶专项培训工作，从《学生奶饮用计划简介》、《营养与牛奶》、《学生奶与普通奶的区别》、《天友学生奶生产工艺与质量控制》、《学生奶为什么要在第二节课下了后饮用》、《学生奶学校危机意识》、《学生奶可能出现的质量问题》、《学生饮奶身体不适可能的原因》、《学生奶学校储藏装卸运输规定》、《学生饮奶注意事项》、《学生奶学校危机应对基础知识》、《学生奶危机应对技巧》等各个方面对学校师生开展了相关培训，学生奶应用宣传工作得到了众多师生及家长的好评。定点生产企业重庆光大乳业集团举办多起学生奶知识讲座和校园活动，并不定期组织学生参观公司的生态奶牛场、奶牛科技馆、科普基地，帮助更多的中小学生增长了奶牛历史、养殖、乳品生产的相关知识，掌握健康的饮用习惯。

两家定点生产企业加强了学生饮用奶奶源、生产、配送、入校、分发、饮用等各个环节的管理，并接受了市质量监督局对学生奶奶源和学生奶质量的监督检验。市学生饮用奶计划管理部门按照国家学生饮用奶计划的有关要求，强化了监督监管措施，保障了在2010年学生饮用奶的推广过程中没有出现任何质量问题。

【奶业科技】 夏季奶牛增产技术应用，农业部科技推广项目，执行单位：重庆市畜牧技术推广总站，完成人：凌虹、景开旺，2010年完成项目实施技术、项目区域选定、技术研发、资金准备，2011年夏季示范推广。

【奶业大事记】

2010年1月1日，重庆天友乳业股份有限公司被重庆市商委、重庆市对外文化交流中心、重庆市食品工业协会评为新中国成立60年推动重庆食品行业发展十大功勋企业。

2010年5月17日，重庆天友乳业股份有限公司顺利通过了三体系（ISO9001质量管理体系、ISO22000食品安全管理体系和HACCP危害分析与关键控制点体系认证证书）的现场审核，取得三体系认证证书。

2010年6月1日，重庆天友乳业股份有限公司、重庆光大集团被重庆市食品安全促进会、重庆市商业联合会、重庆市消费者权益保护委员会评为诚信示范企业。

2010年6月，经中国绿色食品发展中心审核，天友牌纯牛奶符合绿色食品A级标准，被认定为绿色食品A级产品。

2010年6月29日下午，利乐拉伐集团全球副总裁StromerstenSam先生一行抵达天友乳业渝北基地进行参观考察，并与天友乳业公司领导层进行会谈。

2010年6月，天友牌纯牛奶被中国产品评价中心推荐为中国优质产品。

2010年12月6日，重庆天友乳业股份有限公司通过良好农业规范（GAP）认证。

（重庆市畜牧技术推广总站　凌　虹）

四川省

【奶类生产】 本地区2010年奶牛存栏22.3万头，比上年增长0.05%，其中荷斯坦牛19.7万头，同比增长0.05%，西门塔尔牛1万头，三河牛0.2万头，草原红牛0.4万头，新疆褐牛0.1万头，娟姗牛0.02万头，改良牛0.88万头；主要分布的地区（地级市）是成都、眉山、绵阳、雅安、南充、达州、凉山、德阳、巴中、西昌、广元，其奶牛存栏数占总存栏数的52%，主要分布的县（县级市）是雅安、顺庆、涪城、崇州、邛崃、新都、郫县、彭州、双流、东坡、雨城、汉源、中江、宣汉、西充，其奶牛存栏数占总存栏数的60%。

本地区2010年水牛存栏255.98万头，其中能繁母牛116.17万头，摩拉水牛和尼里拉菲水牛改良的奶水牛9.2万头，其中挤奶水牛138万头；主要分布的地区（地级市）是凉山、广元、宜宾、泸州、绵阳、乐山、资阳、巴中，其改良奶水牛存栏数占水牛总存栏数的4.0%；主要分布的县（县级市）是安岳、犍为、合江、古蔺、宜宾、阆中、巴州、达川、大竹、通江、剑阁、德昌、西昌，其改良奶水牛存栏数占水牛总存栏数的4.6%；

奶山羊存栏1.89万只，主要品种为萨能、土根堡、大耳羊，主要分布的地区（地级市）是雅安、资阳、绵阳、成都，其奶山羊存栏数占总存栏数的35%，主要分布的县（县级市）是雨城、简阳、大邑、北川、平武、乐至，其奶山羊存栏数占总存栏数的40%。

牦牛存栏数480万头，主要品种为九龙牦，分布的地区（地级市）是甘孜、阿坝、凉山，其牦牛存栏数占总存栏数的50%，主要分布的县（县级市）是红原、阿坝、若尔盖、九龙、马尔康、壤塘、松潘。

四川大乳企兼并小乳企步伐加快，自建奶源基地数量及规模均有增长，四川奶畜存栏量较上年有所增加。

本地区2010年奶类总产量70.3万吨，比去年同期增长2.40%，其中商品奶类（企业收购）49万吨，同比增长2.1%。奶类总产量中牛奶69.8万吨，比上年增长2.40%（以上为国家统计局数据），羊奶0.80万吨，水牛奶1.4万吨，牦牛奶22.2万吨（四川省统计数据）。

2010年四川省奶牛存栏总数增加，成乳牛增加，所有奶业企业重视奶源基地建设，同时政府和行业协会也在奶牛养殖方面给予了大力支持，进一步提高单产水平，所以产奶量上升。

2010年全年的平均奶价为3.2元/千克，同比增加5%，春夏秋冬季奶价分别是2.9～3.2元/千克、2.9～3.5元/千克、2.9～38元/千克、3.2～3.5元/千克，比上年同期增加0.5元/千克、0.6元/千克、0.4

元/千克、0.5 元/千克。

原料奶收购价格：成都、绵阳、南充、眉山、自贡、凉山的牛奶收购价 3.50 ～ 3.80 元/千克，奶价同期增加 21%。原料奶地方保护价 2.9 元/千克

【乳品加工】2010 年本地共有乳品加工企业 57 个，日处理鲜奶的能力总计达到 5980 吨，其中外资 3 个、合资企业 5 个、地方自建企业 49 个。

乳品企业总销售额为 196500 万元；主要企业的销售额和利税：四川菊乐食品有限公司销售收入 36000 万元；西部牦牛产业集团公司 15700 万元；四川华西乳业有限公司、四川新阳平乳业有限公司 37900 万元；四川绵阳雪宝乳业有限公司 1600 万元。

当年扩建项目 3 个，日处理鲜奶能力 361 吨。

2010 年巴氏消毒奶、UHT奶、奶粉、酸奶的产量分别为 13 万吨、22 万吨、2.3 万吨、7.4 万吨，同比增长 7.7%、5.0%、5.0%、1.4%。

由于伊利、蒙牛等企业新建、扩建乳品加工生产线，2010 年本省乳品加工总产量增加。从乳制品分类上来看，巴氏奶、奶粉、UHT奶的增长较快。

【市场与消费】本地区 2010 年城镇居民人均奶制品（折合成原料奶）消费量 23.53 千克/人，其中鲜乳品 14.26 千克/人，奶粉 0.68 千克/人，酸奶 2.71 千克/人。本地区 2010 年农村居民鲜奶购买量 0.9 千克/人，奶及奶制品消费量 2.31 千克/人。

四川所有乳制品企业每批次产品抽检均合格。

【奶源基地建设】2010 年，本地区奶牛存栏 1 ～ 5 头的有 46000 个场（户）、6 ～ 20 头的有 7300 个场（户）、21 ～ 100 头的有 750 个场（户）、101 ～ 200 头的有 66 个场（户）、201 ～ 500 头的有 45 个场（户）、501 ～ 1000 头的有 39 个场（户）、1000 头以上 10 个场（户）；奶牛养殖小区 812 个，奶牛存栏 69978 头；其中新建小区 5 个，奶牛存栏 7232 头。新希望、维维、蒙牛的奶源基地大量增加奶牛数量。2010 年机械化挤奶达到 46%。

2010 年共改良各种牛群 47 万头，使用冷冻精液 132 万剂，胚胎移植 263 枚；共生产胚胎 262 枚、冷冻精液 88 万剂；共进口奶牛 2700 头、胚胎 172 枚、冷冻精液 9300 剂。

疫病防治工作开展了无规定疫病区建设，进行了常规的防疫和检疫，开展了结核病、布氏杆菌病的防检疫工作。

人工牧草种植面积 18100 公顷，其中苜蓿草 5300 公顷；专用青贮玉米种植面积 6200 公顷，有青贮窖 3800 个，共 132100 立方米；奶牛配合饲料的生产企业 8 个，年产奶牛配合饲料 4.7 万吨。

【重要建设项目】本地区 2010 年建设的奶业项目：（1）成都伊利康美包生产线，项目规模 48 吨/日，投资额 348 万元；（2）成都伊利液奶技术改造，项目规模 240 吨/日，投资额 3802 万元；（3）成都伊利儿童奶生产线技术改造，项目规模 83 吨/日，投资额 2385 万元。

【奶农协会建设】奶农协会共 180 个，包含农户 9.9 万个，存栏奶牛 1.99 万头，奶农合作社共 602 个，包含农户 1.17 万，存栏奶牛 16 万头；其他经济合作组织共 2900 个，包含农户 16.7 万，存栏奶牛 4.8 万头。

【质量管理】乳品加工企业加强对原料奶进行控制，对原料奶进行常规检测及三聚氰胺专项检测。

【学生奶计划】2010 年本地区学生饮用奶定点生产企业有四家：新希望华西、阳坪、菊乐公司和雪宝，现每日供应 1260 份，190 毫升，价格 1.6 元。由四川省农业厅、四川省奶业协会牵头的四川省学生饮用奶领导小组办公室不定期督促监管质量，定点企业有学生饮用奶专用生产线，质量专管配送冷链体系，学校专门管理发放。在牛奶日，四川省奶业协会组织学生进行饮用奶宣传活动。

（四川省农业厅农场管理局　马继良）

成都市

【奶类生产】成都 2010 年奶牛存栏 2.94 万头，其中荷斯坦牛 2.44 万头，西门塔尔牛 0.50 万头；主要分布在郫县、新都、彭州、崇州、邛崃、金堂、双流等 7 个区（市）县，其奶牛存栏数 2.58 万头，占总存栏数的 87.76%。

本地区 2010 年水牛存栏 2.22 万头，其中能繁母牛 0.86 万头，没有奶水牛。

成都市的奶畜存栏主要以荷斯坦奶牛为主，仅有少量的西门塔尔杂交牛。2010 年度奶畜总存栏 2.94 万头，比 2009 年度增加 2189 头，增加 8.04%；其中荷斯坦奶牛存栏 2.44 万头，比 2009 年度减少 0.09 万头，西门塔尔牛存栏 0.5 万头，比 2009 年度增加 0.31 万头；能繁奶畜存栏 22086 头（其中荷斯坦 19080 头，西门塔尔牛 3006 头），比 2009 年度增加 2119 头，增加 10.61%。主要原因：一是 2008 年下半年及 2009 年度奶价持续低迷，以及受“三聚氰胺”事件负面影响，养殖奶畜效益很低，乃至亏损，导致成都市的奶畜存栏和产奶牛连续两年逐年减少。2009 年底奶价开始回升，奶农养殖有利可赚，规模牧场也在增加，存栏 100 头以上的规模奶牛场规模场 28 个，存栏奶牛 12974 头。二是伊利在邛崃新建了 3 个规模牧场，现存栏奶牛 4300 多头。因此 2010 年度存栏奶畜有所增加，但散养奶农的户数和养牛数量在减少。

成都 2010 年奶类总产量 12.54 万吨，比上年同期下降 0.3%，其中商品奶类（企业收购）11.75 万吨，同比下降 11.19%。

2010 年度奶类总产量比 2009 年度减少 0.04 吨。主要原因：前两年奶价低迷时淘汰了部分低产牛、老弱病残牛，2010 年底奶牛存栏数量及能繁奶畜有所增加，但

主要是补栏后备牛和初产牛，因此产奶量与2009年度基本持平，略有下降。二是2010年度乳品加工企业收购原料奶比2009年度减少1.48万吨。主要原因：成都市的乳品加工生产企业偏多，多数乳品加工企业收不到奶，加上外地乳品加工企业如重庆的天友乳业、绵阳的雪宝乳业都到成都地区来争夺奶源，导致“僧多粥少”的局面。

成都2010年全年的平均奶价为3.40元/千克，同比增加7.91%，春夏秋冬季奶价分别是3.10元/千克、3.21元/千克、3.51元/千克、3.40元/千克，比上年同期增加0.05元/千克、0.07元/千克、0.31元/千克、0.15元/千克。

在奶源集中的金堂县、彭州的奶牛养殖户的鲜奶主要交成都金蒙乳业有限公司，均价为3.53元/千克，，比2009年升0.33元/千克；邛崃市的奶牛养殖户的鲜奶主要交邛崃伊利乳业有限公司，均价为3.35元/千克（邛崃市政府对本辖区内的奶农再补贴0.2元/千克），比2009年升0.20元/千克；新都区、郫县、双流县奶牛养殖户的鲜奶主要交四川新希望乳业有限公司和四川菊乐食品有限公司，均价为3.35元/千克，比2009年升0.25元/千克；崇州市鲜奶主要交成都光明乳业有限公司，均价为3.60元/千克，比2009年升0.35元/千克。

成都原料奶收购中没有地方保护价。

【乳品加工】2010年成都共有乳品加工企业6个，日处理鲜奶的能力总计达到1605吨，其中合资企业3个、地方自建企业3个。

乳品企业总销售额为193812.86万元；主要企业的销售额和利税：四川新希望华西分公司的销售收入和利税总额分别为37249.74万元和2926.19万元；四川菊乐食品有限公司销售收入和利税总额为50977.0万元和3000万元；成都金蒙乳业公司销售收入和利税总额为3400万元和980.0万元；成都光明乳业有限公司销售收入和利税总额为13000万元和200.0万元；成都伊利乳业公司销售收入和利税总额为88593.12万元和3936.044万元；成都沙河置业有限公司乳品公司销售收入和利税总额为593.0万元和-196.0万元。

当年新建项目7个，日处理鲜奶能力为480吨。

产品结构：成都2010年巴氏消毒奶、UHT奶、酸奶的产量分别为12831.87吨、60813.53吨、50699.83吨，分别增长-24.72%、-45.62%、6.40%；奶粉产量198.47吨，上年没有生产。

主要生产企业各产品的生产情况：①四川新希望乳业华西分公司总产量64854.58吨，其中液体乳类64519.53吨（巴氏杀菌乳10207.87吨、灭菌乳25605.53吨、酸牛奶28706.13吨）；收购原料奶90247.47吨，日处理量178.7吨。②四川菊乐食品有限公司总产量102703.47吨，其中液体乳35185.0吨（巴氏杀菌乳994吨、灭菌乳33513.0吨、酸牛奶678吨）；含乳饮料67320吨；收购原料奶54555吨，日处理量160吨；其他奶粉198.47吨。③成都伊利乳业（邛崃）总产量187021.28吨，其中乳制品9995.7吨（酸牛奶9995.7吨），冰淇淋44260.65吨；含乳饮料132764.93吨；收购原料奶32944.29吨，日处理量600吨。④成都金蒙乳业有限公司液体乳78000吨（巴氏杀菌乳1330吨、灭菌乳1850吨、酸牛奶2820吨）；乳冰淇淋72000吨；收购原料奶72041.91吨，日处理170吨。⑤成都光明乳业有限公司总产量25300吨，其中液体乳10300吨（巴氏杀菌乳300吨、灭菌乳1500吨、酸牛奶8500吨）；含乳饮料15000吨；收购原料奶13400吨，日处理量40吨。⑥成都沙河乳品有限公司总产量2273吨，其中灭菌乳1950吨；含乳饮料2078吨；收购生奶328吨；日处理量1.6吨（因市政建设占用，该厂于2010年6月停产搬迁，新厂待建中）。

成都2010年没有出口奶制品。

2010年成都市乳品加工总产量达459817.28吨，比上年增加152529.27吨，增长49.64%。从乳制品的分类看，液体乳产量比2009年减少50322.42吨，下降28.51%；冰激凌产量比2009年增加56877.57吨，增长95.78%；含乳饮料比2009年增加145775.75吨，增长204.2%。冰激凌产量增加的主要原因是成都伊利乳业公司（邛崃）新增1条冰激凌生产线；含乳饮料翻2倍的原因是成都伊利乳业公司（邛崃）和成都光明乳业有限公司各增加了一条生产线所致；而酸奶略有增加、灭菌乳大幅度减少主要是因为市场消费需求导致乳品生产企业调整而致。

【市场与消费】本地区2010年城镇居民人均奶制品（折合成原料奶）消费量37.03千克/人，其中鲜乳品26.07千克/人，奶粉0.88千克/人，酸奶3.36千克/人。

成都市奶制品的市场均价2010年度比2009年度上升0.6元/千克，消费总量与2009年同期基本持平。主要原因：2010年度生鲜奶收购价比2009年度上涨0.25元/千克，加上人员工资上涨，导致奶制品价格上涨。消费品种：城市居民对巴氏奶、酸奶、冰激凌等高端奶制品的消费比重大些；农村及小城镇的居民对UHT奶、乳饮料类、奶粉的消费比重偏大些，主要是UHT奶、乳饮料类、奶粉的保存时间长，保存条件要求低，而且价格便宜。

【奶源基地建设】2010年，本地区奶牛存栏1～5头的有431个场（户）、6～20头的有633个场（户）、21～100头的有38个场（户）、101～200头的有6个场（户）、201～500头的有15个场（户）、501～1000头的有5个场（户）、1000头以上2个场（户）；奶牛养殖小区3个，奶牛存栏718头。

标准化规模养殖场6个，奶牛存栏6427头；其中新建3个，奶牛存栏4304头。

2010年末共有奶站28个，其中企业自建18个，合作社建设6个，其他4个（私营1个、养殖场3个）。奶站平均日收奶137.68吨。2010年成都机械化挤奶达到63%。

2010年全市共有标准化收奶站28个，全部办理了生鲜奶收购许可证。新建的生鲜乳收奶站按照《成都市收奶站标准化建设》和《成都市生鲜牛奶管理办法》实施。市级主管部门每年对全市所有的生鲜乳收奶站进行2次监督检查，规范收奶站软硬件设施：具有相关的检验设备和检验人员，建立食品安全质量管理制度，建立生鲜乳收购和销售记录台账（保存2年），要求从业人员每年进行1次体检，持有健康证，并对从业人员进行相关的培训。每个收奶站所在地的农牧部门派1名驻站监督员。

2010年共改良各种牛群2.21万头，使用冷冻精液4.86万剂；共从省外引进奶牛4650头。

疫病防治主要抓奶牛口蹄疫的强制预防接种（每年每头牛3次）和奶牛布病、结核病的监测工作。2010年度全市奶牛口蹄疫免疫密度达100%，并随机抽查789头奶牛进行抗体测定，647头有抗体，无口蹄疫抗体的牛实施补免；全市对15626头能繁奶牛进行布病、结核病监测，对确诊的176头阳性牛强行扑杀；同时开展奶农及规模养殖场技术培训，大力推广奶牛乳房炎、繁殖疾病等防治技术。

人工牧草种植面积3450公顷，其中苜蓿草525.33公顷；专用青贮玉米种植面积1263公顷。

奶牛配合饲料的生产企业9个，年产奶牛配合饲料50207.96吨，其中主要生产企业有7家，生产情况：农标普瑞纳（成都）饲料有限公司20950.0吨、成都同乐饲料科技有限公司11721.93吨、先进（成都）饲料有限公司5120吨、希杰（成都）饲料科技有限公司4849吨、成都西源奶业有限公司4018吨、成都威来特科技有限公司2220吨、成都茂发饲料厂1300吨。

成都市共有奶源基地7个：金堂、邛崃（一线）和郫县、新都、崇州、彭州、双流（二线），存栏奶牛25828头，占全市奶牛总存栏数的87.73%，其中成乳牛18434头；奶源基地奶产量达109341吨，占全市牛奶总产量的87.16%，平均单产为5930千克/头。

原因分析：奶源基地数量2010年与2009年没有变化，近郊区的郫县、新都、双流由于环境综合整治的要求，奶牛年末存栏数量在逐步下降；远郊的金堂、邛崃奶牛年末存栏在不断增加，主要是成都伊利在邛崃新建了3个标准化牧场，金堂的规模场养殖数量也在不断增加。

【重要建设项目】本地区2010年建设的奶业引进的外资项目1个、引进区外项目2个；区内企业自建项目7个。主要项目情况：（1）成都伊利康美新建优酸乳，项目规模：日产48吨，投资额：348.万元，启动时间：2010年3月，预计完工时间：2010年12月。（2）成都保龄乳品有限公司新建，项目规模：日产150吨，投资额：1000万元，启动时间：2010年5月，预计完工时间：2011年12月。（3）成都伊利液态奶技术改造，项目规模：日产240吨，投资额：3800万元，启动时间：2010年3月，预计完工时间：2011年5月。（4）成都伊利杨坝牧场建设，项目规模：存栏1800头，投资额：8000万元，启动时间：2009年1月，预计完工时间：2010年8月。（5）成都伊利金鸡牧场建设，项目规模：存栏1200头，投资额：4000万元，启动时间：2009年10月，预计完工时间：2011年2月。（6）加拿大爱德牧业邛崃牧场扩建，项目规模：存栏1000头，投资额：1100万元，启动时间：2009年8月，预计完工时间：2010年12月。

【支持政策】良种支持：2010年成都市继续实施国家奶牛良种工程项目，按照每头能繁母牛年繁殖1胎，每胎配种使用2头份精液测算，由四川省畜禽改良总站统一招标采购（每剂国家补助15元）的优质冻精。2010年度共推广北京奶牛育种中心、上海奶牛育种中心、四川省种牛繁育中心的优质冻精3.4万剂，配种奶牛1.68万头。

政策保险：参保范围及承保机构：对1周岁以上10周岁以下有正常产奶能力的奶牛，按照国家免疫接种免疫，并佩戴免疫标志，单户存栏5头以上的奶牛实施政策性保险，确定了中国人民财产保险股份有限公司、中华联合财产保险股份有限公司及法国安盟保险公司为承保机构。保险责任：（1）保险奶牛疫病：口蹄疫、布鲁氏菌病、牛结核病、牛焦虫病、炭疽、伪狂犬病、副结核病、牛传染性鼻气管炎、牛出血性败血病、日本血吸虫病。（2）自然灾害：暴雨、洪水、风灾、冰雹、雷电击、地震、冻灾。（3）意外事故：泥石流、山体滑坡、火灾、爆炸、建筑物倒塌、空中运行物体坠落。保险金额、保费及分摊比例：保险金额5000元/头，保费250元/头，费率5%，保费分摊比例：中央财政补贴30%、省财政补贴11%、市（区）县两级补贴9.5%，投保人自筹保费40%（即100元/头）。保险期限：12个月。2010年成都市参保奶牛6580头。

其他政策：（1）对监测出的布病、结核病阳性牛扑杀补助按照农业部关于重大动物疫病扑杀补助经费申请的通知（中央国家机关发电农机字[2009]第70号）的精神，按照每头牛的补助经费为3000元（中央财政承担60%、地方财政20%、养殖农户承担20%）。（2）邛崃市政府对本辖区内的奶农，若将生鲜奶交售成都伊利乳业有限公司（邛崃）的，每千克合格鲜奶补助0.2元；2009年6月邛崃市政府与伊利集团签订了投资合作协议，即在本辖区内新建存栏不低于5000头以上的标准化示范牧场，建成投产后邛崃市政府给予政策扶持即按照每头良种奶牛补贴4500元给伊利公司。

【奶农协会建设】奶农协会共 2 个，包含农户 72 个，存栏奶牛 465 头；奶农合作社共 7 个，包含农户 226 个，存栏奶牛 8795 头；其他经济合作组织共 5 个。

2010 年度，成都市共有奶业协会、合作社共 14 个，基层奶（业）农协会、合作社由于行业不景气，运转情况不好，基本的会费都无法收取，大多数奶农（业）协会或者合作社艰难地维持着，个别已名存实亡。但 2010 年在规范收奶站建设中，有 5 个合作社建立了收奶站，并取得了生鲜乳收购许可证。总之，协会或合作社由于缺乏政策资金的支持和固定的办公经费，运作全靠负责人的个人魅力和能力，加之协会（合作社）都没有专职人员，基本上是兼职人员，在协会又没有领取报酬，在资金紧缺和人力资源贫乏的情况下，合作组织很难为奶农提供充分的信息服务，更难在政府、企业、市场之间起到联系的纽带和桥梁作用。

【质量管理】四川省畜产品检测中心、四川省药监所对成都市所有在册的收奶站进行全覆盖监督抽样 121 个，对 6 家乳品加工企业的 23 个奶罐车原料乳进行监督抽样 23 个，经过四川省畜产品和四川省药监所检测中心检测，均未检出三聚氰胺，检出 3 个样有抗生素（检出率 2.08%）；成都市药监局每个月对生产环节的奶牛养殖场（小区）、收奶站的生鲜奶进行抽样，全年共抽 190 个样品，送成都市药监局检测中心进行抗生素、三聚氰胺检测，未检出三聚氰胺，19 个样检出抗生素（检出率 10%）。

【学生奶计划】成都市学生饮用奶定点生产企业有 2 家：四川新希望乳业有限公司和成都菊乐食品有限公司，属于国家认定的定点学生奶生产企业。2010 年度共生产学生奶 1550 万盒（含省外代加工）。在成都地区推广学生饮用奶 1028 万盒。学生奶品种有：200 毫升利乐包的纯奶及草莓、巧克力、麦香、香橙、哈密瓜等口味奶，成都市物价局定价为 1.45 元/盒。此外，成都市对有困难的低保学生实行免费饮奶，2009 年 10 月至 2010 年 6 月（1 学年）有低保学生 16735 人，市政府在价格调控基金中按照 1.0 元/盒补助给生产企业；2010 年 10 月至 2011 年 6 月（1 学年）有低保学生 11329 人，市政府在价格调控基金中按照 1.2 元/盒补助给生产企业。每个低保生每学年按 8 个月、每月 22 天计算，每学年每个低保生免费领取 176 盒学生奶。

（成都市奶业协会　王春秀）

贵州省

【奶类生产】本地区 2010 年奶牛存栏 2.2 万头，同比减少 77.01%，全部为荷斯坦牛，主要分布的地区（地级市）是贵阳市、遵义市、黔南州，其奶牛存栏数占总存栏数的 94.59%，主要分布的县（县级市）是清镇、开阳、息峰、修文、乌当、花溪区、都匀市、红花岗区、独山县，其奶牛存栏数占总存栏数的 93.98%。

本地区 2010 年水牛存栏 185.93 万头，能繁母牛 76.47 万头；挤奶水牛 12 万头；主要分布的地区（地级市）是黔南州，主要分布的县（县级市）是福泉市。

本地区 2010 年奶类总产量 4.6 万吨，比上年同期增长 2.20%。

本地区 2010 年全年的平均奶价为 3.41 元/千克，同比基本持平，无地方保护价。

【乳品加工】2010 年本地共有乳品加工企业 4 个，日处理鲜奶的能力总计达到 500 吨，全是地方自建企业。乳品企业总销售额为 35221 万元；主要企业的销售额和利税：31809 万元、415 万元。

当年新建项目 1 个，日处理鲜奶能力为 1000 吨。

本地 2010 年产品结构：巴氏消毒奶、UHT奶、酸奶的产量分别为 16879 吨、5651 吨、6432 吨。

【市场消费】本地区 2010 年城镇居民人均奶制品（折合成原料奶）消费量 16.20 千克/人，其中鲜乳品 11.57 千克/人，奶粉 0.33 千克/人，酸奶 1.15 千克/人。本地区 2010 年农村居民鲜奶购买量 0.14 千克/人，奶及奶制品消费量 0.45 千克/人。

【奶源基地建设】2010 年，本地区奶牛存栏 1 ～ 5 头的有 254 个场（户）、6 ～ 20 头的有 73 个场（户）、21 ～ 100 头的有 8 个场（户）、101 ～ 200 头的有 8 个场（户）、201 ～ 500 头的有 15 个场（户）、501 ～ 1000 头的有 5 个场（户）、1000 头以上 4 个场（户）；奶牛养殖小区共 30 个，存栏奶牛 19423 头，占 90%，全省 20 个奶站中，17 个奶站实施机械化挤奶，占 85%。

全省共有奶站 20 个，主要分布在贵阳、遵义、安顺、黔南、黔东南等 5 个地区 10 个县，其中乳品生产企业开办 7 个，占 35%，养殖场开办 12 个，占 60%，奶农专业合作社开办 1 个，占 5%。

奶站清理整顿情况：制定《贵州省 2010 年生鲜乳收购站拉网式检查工作实施方案》，组织省、市、县有关人员，开展了全省生鲜乳收购站拉网式检查工作。严格按照《农业部生鲜乳质量安全监测工作规范》和生鲜乳抽样方法和要求，对生鲜乳收购站的检查和抽样都达到 100%。检查结果显示，全省生鲜乳各项指标达到国家标准，合格率为 100%，各生鲜乳收购站经营主体合法，生产经营者的质量安全意识明显增强，奶站布局合理，基础设施、卫生条件、机械设备、检测手段、人员素质进一步提高，生鲜乳收购规范有序，未发现添加三聚氰胺等违法行为，有效地保障了奶业的健康稳定发展和生鲜乳质量安全。

2010 年共改良各种牛群 54.18 万头，使用冷冻精液 72.92 万剂，生产胚冷冻精液 34.42 万剂。

2010 年全省人工牧草种植面积 6.33 万公顷，冬季农田种草 8.67 万公顷，秸秆处理应用 370 万吨。

（贵州省农委畜牧办　廖正录　邓晓静）

云南省

【奶类生产】本地区2010年奶牛存栏14.7万头（国家统计局数据）（省内统计数据18.7万头），同比增长3.81%，奶水牛存栏2.67万头，奶山羊存栏33.1万只。

本地区2010年奶类总产量54.1万吨（国家统计局数据）（省内统计数据61.2万吨），同比增产6.17%，其中牛奶50.4万吨（国家统计局数据）（省内统计数据56万吨），同比增产4.20%。水牛奶产量为6500吨，山羊奶产量为39600吨，牦牛奶为7200吨（省内统计数据）。

目前全省水牛奶原料奶收购价为4～6元/千克，山羊奶收购价为2.5元/千克。

【乳品加工】2010年全省共有34家以荷斯坦原料奶为主的乳品企业，日加工能力为4000多吨。全省牛奶日收购量1532吨。3家羊奶乳饼加工企业，4家水牛奶加工企业。

全省有186个持有生鲜乳收购许可证的奶站，与奶站有业务关系的养殖场户数为46379个，成母牛存栏数达到84955头，奶站全年挤奶量和收购量合计为287892.031吨（不包括水牛奶），平均收购价格与平均交售价格分别为2.5元/千克、2.65元/千克。其中：昆明片区平均收购价格2.56元/千克、平均交售价2.86元/千克；大理片区平均收购价格2.74元/千克，平均交售价2.79元/千克。2010年云南省奶站生产收购情况基本正常，没有出现质量问题，有的奶站自制的鲜奶收购登记卡内容详尽明细，很受养殖户欢迎。此外也有奶站反映运输成本高、在运输过程中有损耗等问题。

【市场与消费】本地区2010年城镇居民人均奶制品（折合成原料奶）消费量10.44千克/人，其中鲜乳品7.11千克/人，奶粉0.15千克/人，酸奶0.92千克/人。本地区2010年农村居民鲜奶购买量0.19千克/人，奶及奶制品消费量0.43千克/人。

【奶源基地建设】全省奶牛（包括奶水牛）养殖小区和规模化养殖场141个，荷斯坦奶牛规模养殖场（小区）为71个，存栏总数为35753头，占全省总数的18.77%，其中有12个还没有机械挤奶。

云南省94%的土地面积属于山区，坝区（土地平整）土地资源紧张，一般全省50～100头规模场较多，适度规模也符合云南省情。

【支持政策】

（1）奶牛标准化规模养殖场（小区）建设。2010年，国家投资1200万元共补助17个小区（场），主要用于云南省奶牛（奶水牛）养殖场（小区）的水、电、路、粪污处理、防疫、挤奶等配套设施及饲草料基地建设补助，使牛奶生产更趋于规范化，使乳品质量从源头上得到安全保证。

（2）奶牛良种补贴。2010年云南省的国家奶牛良种补贴项目工作荷斯坦奶牛已扩展到11个县市；奶水牛扩展到15个县市，通过引进全国畜牧总站公布过的优秀种公牛冻精对云南省奶牛（奶水牛）改良配种，全省荷斯坦奶牛共改良配种116082头，奶水牛改良配种79092头，受胎数分别为100577头、39826头，经过奶牛良种改良，全省奶牛平均单产水平提高约3%，增幅近100千克，雪兰公司的高产奶牛单产达到6500千克，接近国内先进水平。项目的实施，引导、带动了牛冻精生产单位基础设施建设和设备购置，为扩大生产规模打下基础，云南省两个公牛站积极培育后备公牛，并积极向农业部和中国奶协申请后测场资格。2010年，项目区荷斯坦奶牛受益农户达5.75万户，受益人口达25.9万人，2010年，项目区牛奶产量51.25万吨，比2006年全省项目开展前增加了25万吨，农户增加收入（2元/千克）5亿元；全省水牛奶产量达到6534吨，农户增加收入（5元/千克）3267万元，奶水牛正成为云南省奶业的有效组成部分。

（3）奶牛DHI生产性能测定。2010年，云南省按国家规范建立档案的奶牛已经达到13344头，其中荷斯坦奶牛12721头，奶水牛623头；上报中国奶业协会数据处理中心的DHI有效测定数据已经达到5632头，其中荷斯坦奶牛5474头，奶水牛158头，超额完成2010年农业部、财政部下达的4000头测定任务（完成任务的140.80%）。

【质量管理】根据统一部署，2010年11月22日至2011年3月31日，云南省组织全省46家乳制品获证企业重新审核生产许可证，经过宣传培训、重新审核、组织核查、接受监督和结果公告五个阶段，目前有14家乳制品生产企业取得生产许可，分别是昆明4家乳品企业：昆明雪兰牛奶有限责任公司、昆明龙腾生物乳业有限公司、昆明市海子乳业有限公司、七彩云乳业股份有限公司；楚雄1家乳品企业：云南楚雄汇东乳业有限公司；红河州3家乳品企业：云南乍甸乳业有限责任公司、云南多喝乳业有限责任公司、红河云牛乳业有限责任公司；大理5家乳品企业：大理来思尔乳业有限责任公司、云南新希望邓川蝶泉乳业有限公司、云南大理东亚乳业有限公司、大理金花乳业有限责任公司、大理银河乳业有限责任公司；德宏州有德宏祥祥乳业有限公司通过审核。其中云南新希望邓川蝶泉乳业有限公司同时取得婴幼儿配方乳粉生产许可。

（云南省家畜改良工作站　刘红文）

昆明市

【奶类生产】本地区2010年奶牛存栏4.2579万头，其中荷斯坦牛2.8060万头，改良牛1.4519万头；主要分布的县（县级市）是官渡、西山、呈贡、晋宁、宜良、嵩明、石林、安宁、寻甸。

本地区2010年水牛存栏18.56万头，其中能繁母牛 5.216 万头；由摩拉水牛和尼里拉菲水牛改良的奶水牛 0.1229 万头，其中挤奶水牛 0.0350 万头；其改良奶水牛存栏数占水牛总存栏数的 0.66%；主要在寻甸县。

奶山羊存栏 185673 只，主要分布的县（县级市）是东川、宜良、石林。

昆明地区 2010 年奶牛存栏比 2009 年有大幅增长，2009 年受市政规划和昆明城市化加快的影响，滇池流域核心区 2920 平方公里范围内实行禁种、禁养，昆明市经开区、官渡区、呈贡县奶牛合作社（养殖场）于 2009 年 12 月 30 日前已全部迁出，晋宁县部分奶牛合作社已迁出入滇河道。由于政策到位，各级职能部门措施得力，昆明奶牛养殖业搬迁、新建，重新洗牌后，奶业养殖业得以发展，奶牛存栏逐步增加。

本地区 2010 年奶类总产量 10.8196 万吨，其中商品奶类（企业收购）11.4902 万吨。奶类总产量中牛奶 9.7704 万吨，羊奶 1.0492 万吨，水牛奶 0.001095 万吨。

根据《昆明市人民政府关于在"一湖两江"流域禁止畜禽养殖的规定》，昆明地区原有的 70%以上的奶源基地基本完成了搬迁、合并或撤销，昆明地区的奶牛养殖和奶源供应进行了重新组合和较大调整，养殖户只有搬迁验收后才能得到补助。而新建奶牛场，基础投入较大，严重影响奶源基地的搬迁新建。另由于搬迁建场用地租用困难、奶牛养殖对环境条件要求高（主要指饲料来源、离乳品加工企业距离等），好多地块都办不了环保手续，有的地方能办，却因搬迁所在地方政府需要承担一定比例的补助资金，加上养殖产业不能给当地政府带来税收，还会增加一些诸如疫病防治压力等问题，当地政府都不太愿意引进奶牛养殖业，造成用地困难。所以部分奶源基地禁养搬迁后已不再从事该行业。已经搬迁的奶源基地由于奶牛应急反应较强和饲料不能满足供应，产奶量恢复较慢，搬迁后的奶源基地交送加工厂总奶量已锐减近 20%，加剧了昆明地区奶源竞争的态势。乳品厂收购原料奶的价格也一路攀升，从年初的 2.45 元/千克上涨到了目前的均价 2.98 元/千克左右，原料奶单价涨幅达到 22%。

自 2010 年初至 2011 年 3 月 1 日，除学生奶价格维持不变以外，乳制品产品进行了分批次提价，涨幅在 0.2 元/袋到 1.5 元/袋不等。雪兰 500 毫升袋装纯牛奶由原价 2.6 元/袋涨到 3 元/袋，雪兰 1 升盒装纯牛奶由原价 6 元/盒涨到 7 元/盒，雪兰 150 毫升×6 盒装纯酸奶由原价 7 元/板涨到 8.5 元/板，其余 250 毫升装甜牛奶、红枣奶、玉米奶等每袋涨幅在 0.5 元。前进乳业公司也有纯牛奶等 3 个产品提价，每袋涨了 0.2 元。海子的 200 毫升巧克力奶从 1.5 元涨到 1.8 元，500 毫升海子全脂灭菌奶从 2.5 元涨到 2.8 元；七彩云牛袋装 220 毫升常温牛奶从 1 元涨到 1.2 元。

本地区 2010 年全年的平均奶价为 2.75 元/千克，同比增加 12.5%，春夏秋冬季奶价分别是 2.49 元/千克、2.60 元/千克、2.85 元/千克、2.90 元/千克，比上年同期增加 0.04 元/千克、0.11 元/千克、0.2 元/千克、0.45 元/千克。

本地区原料奶收购中无地方保护价。

【乳品加工】2010 年本地共有乳品加工企业 6 个，日处理鲜奶的能力总计达到 884 吨，其中合资企业 3 个、地方自建企业 3 个。

乳品企业总销售额为 53384 万元；主要企业的销售额和利税：昆明雪兰牛奶有限责任公司:销售额 32256 万元，利税 2627 万元；昆明市海子乳业有限公司:销售额 8696 万元，利税-150.22 万元；昆明七彩云乳业股份有限公司:销售额 6500 万元，利税 63 万元；昆明市宜良李子园牛奶食品有限公司：销售额 4192 万元，利税 0 万元；昆明市宜良乳制品总厂：销售额 140 万元，利税 125 万；昆明市龙腾生物乳业有限公司：销售额 1600 万元，利税 50 万元。

当年新建项目 1 个、扩建项目 5 个，日处理鲜奶能力分别为 20 吨、95 吨。

本地 2010 年巴氏消毒奶、UHT奶、奶粉、酸奶的产量分别为 38288 吨、28509 吨、2136 吨、12208 吨。

主要生产企业各产品的生产情况：昆明雪兰牛奶有限责任公司：巴氏消毒奶 10443 吨、UHT奶 33428 吨、酸奶 9698 吨；昆明市海子乳业有限公司：巴氏消毒奶 13166 吨、UHT奶 1980 吨、奶粉 36 吨、酸奶 0 吨；昆明七彩云乳业股份有限公司：巴氏消毒奶 4900 吨、UHT奶 2880 吨、酸奶 2510 吨；昆明市宜良李子园牛奶食品有限公司：含乳饮料类 15640 吨；昆明市宜良乳制品总厂：奶粉 600 吨；昆明市龙腾生物乳业有限公司：奶粉 1500 吨。

受全国终端产品涨价的影响，加之昆明奶牛养殖基地的搬迁转移，产品供不应求，奶源争夺大战加剧，终端产品价格上涨，原料奶价格上涨，乳品企业和奶牛养殖出现双赢局面。昆明地区乳制品消费主要以液态乳制品为主，液态乳制品消费量日均 300 吨左右，巴氏消毒奶占 45%。UHT奶占 55%，其他消费占 5%。随着消费者消费水平的提高，液态乳制品和高端牛奶的消费呈上升的趋势，另外，2010 年昆明因商业发展需要兴建昆明螺狮湾国际商贸城，前进乳业在搬迁范围，于 2010 年关闭，新乳品加工厂正在筹建中，其所占市场份额由其余加工厂占有，奶源主要由昆明雪兰牛奶有限责任公司收购。

【市场与消费】本地区 2010 年城镇居民人均奶制品（折合成原料奶）消费量 13.06 千克/人，其中鲜乳品 9.96 千克/人，奶粉 0.16 千克/人，酸奶 1.30 千克/人。

【奶源基地建设】2010 年，本地区奶牛存栏 101 ～ 200 头的有 1 个场（户）、201 ～ 500 头的有 14 个场（户）、501 ～ 1000 头的有 16 个场（户）、1000 头以上 8 个场（户）。

奶牛养殖小区 39 个，奶牛存栏 28060 头；其中新建小区14个。

2010年本地区机械化挤奶达到85%，分散饲养集中机械挤奶的奶站42个，辐射到2200个农户33629头奶牛。

2010年共有奶站14个，均为合作社建设。奶站平均日收奶80吨。

2010年开展了两次奶站清理整顿，规范了收奶秩序，提高了原料奶质量。

人工牧草种植面积580公顷，其中苜蓿草133公顷；专用青贮玉米种植面积390公顷，有青贮窖52个，共15600立方米。

奶牛配合饲料的生产企业4个，年产奶牛配合饲料5600吨，其中主要生产企业有云南农业大学金田园奶牛配合饲料、普瑞纳奶牛配合饲料、新希望奶牛配合饲料、晋宁县奶业合作社奶牛配合饲料。

由于农村奶牛合作社与加工企业密切挂钩，产品销售渠道畅通，合作社奶价比散奶高，加之合作社可以提高奶户的组织化程度，有效抵御市场风险，形成紧密型利益关系，共同应对奶业市场出现的风险，因此各地都在加快合作社为主的基地建设。昆明机械化挤奶程度进一步提高。

【重要建设项目】本地区2010年建设的奶业项目：（1）石林牧场标准化建设，项目规模:3000头，投资额:350万元，启动时间:2010年3月，预计完工时间:2011年6月。（2）兴隆牧场标准化建设，项目规模:2000头，投资额:250万元，启动时间:2010年5月，预计完工时间:2011年10月。（3）雪兰石林牧场二期建设，项目规模：3000头，投资额：2500万元，启动时间：2010年8月，预计完工时间：2011年8月。（4）昆明市标准化奶牛场建设示范项目（4个），项目规模：500～1000头，投资额:4000万元，启动时间:2010年12月，预计完工时间：2013年12月。

【质量管理】奶牛合作社都是机械挤奶，各乳品厂皆制定了按质论价方案，因此合作社的原料奶基本都达到国标水平。散户都是手工挤奶，质量无法保证。昆明成立了DHI检测中心，除对所有规模基地进行DHI服务外，还不定期对所有乳品加工企业原料奶进行检测。并指导乳品企业和各奶牛养殖基地进行优质奶源及产品生产。

质量管理主要由乳品加工企业每批次自检，市级质检局抽检监督。目前昆明乳制品质量由于有稳定优质的奶源做后盾，加之乳品企业生产规范，质检监督有力，乳制品质量稳定，乳制品销售供不应求。

【学生奶计划】昆明市学生奶定点企业只有雪兰公司一家，生产六种口味的利乐包学生奶，目前全市除石林、寻甸两县学校无学生奶供应外，全市每天供应230所中小学校及幼儿园学生奶，每份规格200毫升，单价1.50元。2010年全年共供应学生奶1560万份。

（昆明市奶业协会　谢　红）

陕西省

【奶类生产】陕西2010年奶牛存栏41.3万头（国家统计局数据），同比减少4.99%，全部为荷斯坦牛，主要分布的市区（地级市）有西安、宝鸡、咸阳、渭南、铜川、杨凌，其奶牛存栏数占总存栏数的95.4%，主要分布的县（县级市）有临潼区、泾阳县、陇县、武功县、乾县、千阳、临渭区，其奶牛存栏数占总存栏数的52.7%。

陕西省2010年水牛存栏1.2万头，其中能繁母牛0.49万头。

奶山羊存栏176.25万只，主要品种为关中奶山羊，存栏约176.24万只，主要分布在西安、宝鸡、咸阳、渭南等市，其奶山羊存栏数166.88万只，占总存栏数的94.68%；主要分布在富平、泾阳、三原、蒲城、临潼、凤翔、永寿、千阳、麟游等县，其奶山羊存栏数114.57万只，占总存栏数的65.00%。

2010年奶山羊存栏比2009年增长0.7%。主要是富平县羊奶加工发展较快，带动了奶山羊的发展。

陕西省2010年奶类总产量177.6万吨，比上年同期减少4.44%。

牛奶收购价格稳定、规模牛场发展较快，技术水平提高，特别是推广标准化奶牛养殖技术和良种奶牛补贴工程实施见效，奶牛单产提高明显，因而牛奶产量增加明显，效益突出。群众养牛积极性较高。

陕西省2010年全年的平均奶价为3.00元/千克，同比增加20%。

其中奶源集中的宝鸡市全年平均为每千克2.70元，咸阳3.00元，西安地区3.20元。季节差异不大，大约在0.1～0.3元之间。

2010年奶牛发展一直较稳，奶价一直稳中有升，至年底最后一周全省奶价平均为3.47元/千克。2010年初几周全省平均奶价为2.60～2.70元/千克。没有地方保护价。

【乳品加工】2010年陕西共有乳品加工企业78个（包括在建2个），日处理鲜奶的能力总计达到8200吨，其中合资企业3个、地方自建企业75个。

乳品企业总销售额为123.5亿元。

全省乳制品总产量为148万吨，同比增长28.1%，其中液体乳总产量为112.2万吨，同比增长30.9%，奶粉总产量为36万吨，增长19.1%。全行业实现工业总产值132亿元，增长30.16%，实现销售总值123.5亿元，产品销售率为93.6%。

三鹿奶粉事件后，省里加强了对乳制品的监管力度，对一些不具备生产条件的乳品厂进行了停业整顿，使原先105家乳品厂，剩下76家（2家扩建、正建除外）生产企业，因而市场的加工份额又重新进行了分配，质量好的大企业本来产能过剩，随着份额增加，因而乳品厂虽然减少但产量却增加了，产品质量也有所提高。

此外，大型乳品加工企业仍然产能过剩，原料奶满足不了加工能力的需要，虽经调整日加工量有所增加，仍显原料奶源不足。

【市场与消费】本地区 2010 年城镇居民人均奶制品（折合成原料奶）消费量 31.11 千克/人，其中鲜乳品 19.41 千克/人，奶粉 0.57 千克/人，酸奶 5.04 千克/人。本地区 2010 年农村居民鲜奶购买量 1.07 千克/人，奶及奶制品消费量 4.11 千克/人。

据陕西省质监局公布的陕西省上半年食品监督抽检结果：液体奶产品的抽检合格率为 94.7%，不合格问题是菌落总数和大肠菌群超标。

2010 年下半年，陕西省质量技术监督局组织对乳制品实施了监督抽查。本次共抽取西安、宝鸡、咸阳、渭南等 5 个市的 22 家企业生产的 40 个批次样品，抽取产品种类包括普通乳粉、婴幼儿配方乳粉、特殊配方乳粉、液体乳。经检验样品批次合格率 100%，较上半年上升了 5.3 个百分点。

【奶源基地建设】2010 年，陕西省奶牛存栏 1 ～ 4 头的有 121394 个场（户）、5 ～ 19 头的有 11718 个场（户）、20 ～ 99 头的有 1392 个场（户）、100 ～ 199 头的有 181 个场（户）、200 ～ 499 头的有 299 个场（户）、500 ～ 999 头的有 54 个场（户）、1000 头以上 15 个场（户）；奶牛养殖小区 675 个，奶牛存栏 238481 头；其中新建小区 50 个，奶牛存栏 17662 头。

标准化规模养殖场 15 个，奶牛存栏 27301 头；其中新建 1 个，奶牛存栏 5730 头。

2010 年末共有奶站 531 个，其中，合作社建设 297 个。单个奶站平均日收奶 2.5 吨。陕西省 2010 年机械化挤奶达到 50.8%。

奶站清理整顿中对所有奶站进行了重新登记和检查，对不符合建站条件的奶站停发营业执照，取消经营资格。

2010 年共改良各种牛群 36 万头，使用冷冻精液 72 万剂，胚胎移植 22 枚；共进口澳大利亚奶牛 8000 多头。

口蹄疫免疫率 100%。

人工牧草种植面积 74 万公顷，其中苜蓿草 45 万公顷。

全省有奶牛配合饲料生产企业 252 个，年产奶牛配合饲料 937130 吨。其中，陕西华秦农牧科技有限公司 2010 年完成总销量 10.9 万吨，同比增长 6%，销售收入 3.3 亿元，同比增长 5.1%；实现利润 667 万元。公司销售收入比 2007 年增长 103%，提前两年实现了经营规模翻一番的目标。2010 年启动了年产 30 万吨饲料生产线建设项目，与此同时，陕西省饲料工程研究中心落户华秦。精益化管理见成效。近三年来，以“执行、效率、创新、成本”等核心指标为要求的精益化管理理念在全员中内化于心、固化于行，科学、系统的管理机制、流程和模式在企业初步形成，由此企业每年实现管理创效 300 多万元。

陕西省奶源基地建设正在向标准化奶牛小区、集中挤奶站、规模化牛场、奶牛合作社方向发展，2010 年全省有奶牛小区 675 个，存栏牛 238481 头，当年新增小区 50 个；全省有机械化挤奶站 531 个，挤奶牛存栏 96706 头；百头以上的规模牛场 549 家，存栏牛 191739 头；全省有奶牛合作社 297 家，存栏牛 185171 头。奶牛小区、规模牛场、奶牛合作社三家共存栏牛 61.53 万头，占全省牛存栏的 88.4%（陕西省内统计数据）。

【重要建设项目】陕西省 2010 年区内企业自建项目 4 个。主要项目情况：（1）标准化小区示范县，项目规模：建立 30 个示范小区，投资额：5000 万，启动时间：2010 年 1 月，预计完工时间：2010 年 12 月。（2）省奶牛中心建设，项目规模：3000 头核心牛群，投资额：1 亿，启动时间：2010 年 1 月，预计完工时间：2010 年 12 月。（3）红星羊乳加工，项目规模：日处理 600 吨，投资额：1.6 亿，启动时间：2010 年 7 月，预计完工时间：2011 年 3 月。（4）饲料加工，项目规模：年产 30 万吨浓缩料，投资额：9159.7 万元，启动时间：2010 年 10 月，预计完工时间：2011 年 10 月。

【奶业法规和条例建设】陕西省人民政府办公厅关于进一步做好乳品质量安全工作的通知陕政办发〔2010〕110 号。

【支持政策】铜川市近年来先后出台了《促进畜牧持续健康发展的决定》等政策，加快了奶牛业发展，生产规模持续扩大。“十一五”期间，铜川市通过引进扶持龙头企业，建设养殖小区、专业村，奶牛购置补贴和良种补贴等，促进了奶牛业的发展，全市存栏百头以上的奶牛养殖小区和示范场 14 个。铜川市新区及时兑付新增良种奶牛补贴，为进一步加快奶源基地建设，迅速增加高产奶牛比例，稳定提高奶液生产能力，新区工委、管委会相继出台了一系列扶持畜牧业发展的优惠政策，使全区奶牛养殖数量保持良好的增长趋势。2010 年以来，全区新增良种奶牛 650 头，奶牛存栏达 1550 头，其中符合补贴标准的奶牛 152 头，新增奶牛补贴资金 88000 元；新建青贮窖 932 立方米，补贴资金 9320 元；规模养殖场收购散养户奶牛补贴资金 45000 元，三项补贴共计 142320 元。此项补贴共惠及全区两个街道办事处 9 个行政村 24 个养殖户和 1 个规模养殖场。

为将新增良种奶牛补贴及时送达养殖户手中。区农村工作局、动物卫生监督所领导带队，深入各养殖场与养殖小区，逐户逐头实地调查、登记，核实新增奶牛数量，查阅新增良种奶牛购入、产犊等相关信息资料，认真填写登记表，严格做到“四见”即见牛、见人、见标、见榜。对享受补贴的奶牛加强管理，建立完整的档案资料，规定享受补贴的良种奶牛三年内不得随意出售。通过一系列扎实有效的工作，截止 12 月底，已按时全部顺利地兑现了全区新增良种奶牛补贴。

2010年，陇县围绕贯彻宝鸡市委“率先发展八大工程”的要求，确定2010年为“标准化奶牛园区建设推进年”，大力建设“人畜分离、集中饲养、现代特征”的标准化奶牛养殖园区。计划新建千头奶牛场2个，改扩建千头奶牛场2个，新建标准化奶牛园区16个，改扩建15个，进口优质高产奶牛3000头，建成20个奶牛专业合作社和1个鲜奶质量检测站，开办高级奶牛学校，总投资达1.5亿元。

围绕奶畜园区建设，陇县制定了一系列优惠扶持政策，新建千头奶牛养殖场，一次性补贴水电路配套资金100万元；新建存栏300头以上标准化奶牛养殖园区，财政每个补贴40万元；新建存栏200头以上奶牛园区，财政每个补贴10万元；新发展100头以上的奶牛养殖场，财政每个补贴5万元；50头以上奶牛养殖大户一次性补贴3万元；30头以上奶牛养殖大户一次性补贴1万元。

2010年是阎良区实施国家奶牛良种补贴项目的第4年，2007—2009年共向全区配发国家奶牛良种补贴冻精细管53500支，改良奶牛15253头。2010年1～4月份，已向全区24个奶牛繁育点按计划配送国家奶牛良种补贴冻精细管3000余支，改良奶牛1283头。项目共为养殖群众节约奶牛良种资金84.75万元，改良后奶牛年单产均提高300千克左右。

【奶农协会建设】2010年陕西省有奶农协会共26个，存栏奶牛98961头；奶农合作社共297个，存栏奶牛158171头。

奶农积极性很高，合作社发展较快，随着新技术新方法的推广，提高了牛奶的产量和质量，也增强了奶农和企业的对话权。合作社虽然建起来了，但仍然是一家一户养牛，这样对疾病防疫、推广阶段饲养法、分群饲养、分群管理以及推广标准化饲养难度较大，提高技术水平、饲养管理水平程度有限。

【质量管理】由农业部安排，陕西省饲料监督检验所负责全省原料奶的质量抽检，定期或不定期抽检全省不同地区的原料奶，主要检测三聚氰胺、皮革水解蛋白、碱性物质等，检测方法、抽检数量和检测的时间范围由农业部确定。

陕西省质量技术监督局下发《关于对全省乳制品生产企业进行监督检查的通知》(陕质监食〔2010〕24号)。2010年12月21日上午，陕西省乳品行业项目（企业）审核清理工作动员大会在西安举行，全省在册登记乳品企业的负责人参加，审核工作正式开始。105家乳企最后整改剩余78家，产能为8200吨。

陕西省物价局2010年发出三个通知，对乳制品等市场进行管理：陕西省物价局关于认真贯彻落实国家发展改革委、商务部、国家工商总局关于加强农产品市场监管维护正常市场秩序的紧急通知（陕价检发〔2010〕80号）；陕西省物价局价格监测分局关于做好国庆节期间价格监测工作的通知（陕价监测[2010]16号）；陕西省物价局关于立即组织开展全省市场价格检查和做好督查工作的通知（陕价检发[2010]133号）。

【学生奶计划】根据《陕西省人民政府办公厅关于做好义务教育阶段学生营养餐工作的通知》精神，省食品药品监督管理局、省工商行政管理局、省质量技术监督局、省农业厅，确定了“蛋奶工程”奶产品供应定点企业名单：西安银桥生物科技有限责任公司、西安伊利泰普克饮品有限公司、西安东方乳业有限公司、蒙牛乳业（宝鸡）有限公司、陕西和氏乳品有限公司、光明乳业（泾阳）有限公司、大荔县龙首山矿泉水业有限责任公司。

陕西省政府不仅专门下发了《关于做好中小学生营养餐的通知》。全省学生奶饮用人数为184.7万人，占全省中小学生人数的38.6%，省市县各级政府总投资3亿元。蛋奶工程所需蛋奶和其他食品必须经过政府采购才能进入校园；奶制品必须在省政府指定的奶制品企业和品牌中选用；鸡蛋应优先选择大型养殖场新鲜的批次产品。一个鸡蛋一包牛奶收费2元。主要由政府买单(80%)，家长出小部分。

【奶业科技】

1.西北农区生态型奶业生产技术及奶牛性控技术研究与示范，西北农林科技大学西安银桥生物科技有限公司等单位执行，项目主持人昝林森，执行情况：构建了西北农区生态型奶业生产技术框架和奶牛性控技术体系；形成了高效稳定的奶牛冻精及性控冻精生产工艺；完善了奶牛胚胎生产、移植技术体系，有效地提高了奶牛良种率。课题组指导建立了5个高产奶牛规范化饲养示范场，全部通过了GAP或GSP认证；研究完善了奶牛粗饲料加工技术及精饲料配方；研制出了治疗奶牛乳房炎等3种常见病的快速诊断试剂盒和专用纳米药物，推动了奶牛生态健康养殖。

课题还研究示范了“企业—奶站—农户”原料奶三级质量检测制度，完成了便携式家庭型鲜奶掺假快速检测试剂盒。开发出功能性乳制品、液态奶、早餐奶、配方奶粉等4个系列15个产品，年产量达1300吨以上，创建了西北地区乳品名牌产品。

5年来，课题组在陕西、新疆选育组建高产奶牛核心群2.6万头，培育国家级农业产业化重点龙头企业及国内上市企业各1个，新增社会经济效益5.2亿元以上。鉴定成果5项，获省部级奖6项次；授权发明专利38项，培养博士研究生21名、硕士研究生67名，发表相关学术论文140篇，其中SCI收录11篇。项目通过了国家科技部组织的验收。

2.奶牛生产性能测定，执行单位中国奶协全国畜牧总站、陕西畜牧技术推广总站、奶牛生产性能测定中心。

2010年是项目执行的第二年，陕西省测定牛场由最初的30家增加为57家，受测牛2万头，月均测定8000

头，全年测定81616头牛，月发送测定报告50多家，形成的有效样品为4000个。在参测单位中存栏200头以上的测定牛场有26家（存栏10376头），占200头以上牛场的7.1%。存栏100头左右的测定牛场12家（存栏1817头），占百头牛场的6.6%。参加测定的小区19个（存栏2000头），占全省小区数的3%。

从测定结果看，2010年参加DHI测定单位的平均乳脂率、乳蛋白率、脂蛋比都比初期参测明显改善，符合标准要求；体细胞高,平均泌乳天数长（正常170），高峰日（正常在产犊后的60～70天）晚。3项指标说明：乳腺炎发病率高、繁殖病多，干奶期或产后能量水平跟不上。

3.推广奶牛全混合日粮技术（TMR）。2008年底，全省共有10家规模牛场应用TMR技术，2010年底已增加至30多家。目前参加DHI测定的TMR牛场中已有14家,存栏牛约8000多头。TMR技术在规模牛场的应用率不足4%。

凡长期应用TMR技术的牛场,乳脂率、乳蛋白率、产奶量都较高,脂蛋比都在正常牛的范围（1.12%～1.30%），奶的产量和质量都较高。这些场子的共同特点是：都用全株玉米青贮、苜蓿干草作为泌乳牛配方原料，都能按照奶牛不同生理阶段的营养需要制定相应的日粮配方，通过TMR机混合各种配方原料，使得不同生理阶段牛的日粮营养更加均匀、全面，基本保证了不同牛只生长发育、泌乳和其他目的的营养需求，同时也保证了奶牛的营养健康需求。接受调查的14家TMR牛场泌乳牛305天产奶量几乎全部在7000千克以上，平均为7790千克，最高为9000多千克，这些牛场泌乳牛的乳脂率、乳蛋白率都在2010年颁布的生牛乳国家标准（GB19301-2010）之上，分别平均为3.72%和3.08%（国标:3.1%和2.8%）。体细胞数都在100万/毫升以下,细菌总数在50万/毫升（国标:2×106）以下，分别平均为48万和32万，达到一级奶以上的收购标准。而且消化系统的发病率明显降低。据不完全统计，宝鸡澳华牛场使用TMR之前代谢病的发病率为26%，使用TMR后，其代谢病的发病率降低为4%以下。宝鸡现代牧场存栏牛5730头，泌乳牛109头，使用之前代谢病发病率为24%，使用之后为3%，明显降低。得力康牛场使用后代谢病发病率降低为0.9%。新源牛场使用后未出现一头因代谢病发病的牛。

（陕西省畜牧技术推广总站　邱昌功）

甘肃省

【奶类生产】2010年奶牛存栏30.8万头，同比增长120.24%，其中荷斯坦牛10.66万头，改良牛8.14万头；主要分布在酒泉、兰州、白银、张掖、临夏、定西等6个市（州）的肃州、甘州、七里河、红古临夏、临洮等15个县（区），其奶牛存栏数占总存栏数的86%。

奶山羊存栏9.10万只，主要品种为关中奶山羊、萨能奶山羊和地方奶山羊，主要分布在庆阳、平凉、天水、定西市等4个地区，环县、合水、宁县、正宁、麦积等20个县，其奶山羊存栏数占总存栏数的90%。

牦牛存栏数130.1万头，主要品种为藏系牦牛，天祝白牦牛6.53万头，主要分布在甘南、张掖和武威等3个地区，玛曲、夏河、碌曲、卓尼、天祝和肃南等10个县，其牦牛存栏数占总存栏数的93%。

2010年和2009年相比，奶牛、奶羊存栏呈上升趋势。目前，甘肃奶业和全国一样，正处在自我调整和升级的关键时期，正在由粗放型向集约型发展转变，在调整转变过程中的“阵痛”,已引起政府高度关注——必须从临时救助和长远振兴着手，采取有力措施，合理引导。主要原因：一是大型乳业企业积极建设奶源基地，解决困扰乳业发展的奶源难题。兰州庄园乳业公司从2010年开始，投资2亿元在兰州、定西、武威、临夏等市的15个县建设20个标准的庄园奶源规模化养殖场,仅甘肃省内建成武威瑞达牧场（和平中庄)、临夏瑞安牧场（临夏县安家坡）、临夏瑞园牧场（临夏县北塬朱番）、临夏庄园牧场（临夏县黄泥湾)、榆中瑞泰牧场（榆中三角城）、榆中瑞丰牧场（榆中双尖子）等牧场于2010年底基本建成。二是政府重视奶业发展，白银市把大力发展奶牛标准化生产作为加快生产方式转变、提高牛奶质量的主要抓手，加大资金支持、政策扶持和技术服务力度，着力提升奶牛生产水平和奶品的质量档次，增强市场竞争力，增加奶农收入。从2007年开始市财政每年拿出200万元专项资金用于发展奶产业，采取“以奖代补”、重点扶持的办法，对奶牛规模养殖场引进的良种奶牛和冻精实行补贴。这些惠农政策的落实，极大地调动了全社会发展养殖业的积极性，促进了奶牛产业的快速发展。

2010年奶类总产量36.3万吨，比上年同期减少3.66%。

随着国务院批转国家发改委等13个部门的《奶业整顿振兴规划纲要》的不断深入贯彻实施，奶业消费市场的逐步回暖，有效促进了甘肃奶业平稳健康发展。2010年原奶价格逐月回升，比较好的规模化奶牛场的管道奶由年初的3.1元/千克,到年底上升到了3.80元/千克；原料奶收购价大幅上升，奶牛养殖利益逐步在回升，良种奶牛存栏上升，乳品企业产品销售逐渐畅通，市场逐步回稳，奶业生产恢复性增长明显。

2010年全年的平均奶价为2.80～3.80元/千克,同比增加30%～40%,春夏秋冬季奶价分别是2.20～3.20元/千克、2.40～3.40元/千克、2.60～3.60元/千克、2.80～3.80元/千克，比上年同期增加0.2元/千克、0.4元/千克、0.6元/千克、0.8元/千克。原奶无地方保护价。

【乳品加工】2010年共有乳品加工企业41个，实际上规模的13个。日处理鲜奶的能力总计达到1500吨，其中合资企业1个、地方自建企业37个。乳品企业总销售额为117599万元；主要企业的销售额和利税：兰州庄园乳业销售收入13711万元，利税1265万元；酒泉好牛乳业销售收入6000万元，利税300万元。当年扩建项目1个，日处理鲜奶能力为160吨。

本地巴氏消毒奶、UHT奶、奶粉、酸奶的产量分别为30000吨、80000吨、14821吨、21000吨，同比增长2.5%、9.1%、6.41%、4.76%。主要生产企业各产品的生产情况：兰州庄园乳业全脂奶粉180吨、巴氏杀菌乳4631吨、灭菌乳33680吨、纯酸牛乳2526吨；酒泉好牛乳业全脂奶粉120吨、婴幼儿奶粉1700吨、灭菌纯牛乳12620吨、纯酸牛乳710吨。

2010年底，根据国家质检总局新规，全省41家上规模乳制品生产企业中有21家乳品生产企业顺利拿到生产许可证。

【市场与消费】本地区2010年城镇居民人均奶制品（折合成原料奶）消费量28.51千克/人，其中鲜乳品19.8千克/人，奶粉0.36千克/人，酸奶4.29千克/人。本地区2010年农村居民鲜奶购买量1.15千克/人，奶及奶制品消费量2.72千克/人。

甘肃省农牧厅负责原料奶检测，甘肃省质检局负责成品奶(乳制品)检测。2010年甘肃省农牧厅在全省组织开展了生鲜乳收购站拉网式检查，生鲜乳收购站检查率达到100%，生鲜乳质量安全违规单位查处率达到100%，生鲜乳中三聚氰胺检测合格率达到100%。并监督市县依法取缔无证经营和不合格的奶站。

【奶源基地建设】2010年全省共有17566奶牛养殖场（户），存栏奶牛188047（头），年牛奶产量387000吨。1～5头的有12620个，存栏奶牛53667（头），年牛奶产量76200吨；6～20头的有4460个，存栏奶牛55840（头），年牛奶产量86100吨；21～100头的有386个，存栏奶牛19850（头），年牛奶产量39200吨；101～200头的有41个，存栏奶牛6765（头），年牛奶产量18000吨；201～500头的有31个，存栏奶牛16900（头），年牛奶产量52000吨；501～1000头的有15个，存栏奶牛12500（头），年牛奶产量39900吨；1000以上的有13个，存栏奶牛22525（头），年牛奶产量75600吨。

本地区机械化挤奶达到40%，分散饲养集中机械挤奶的奶站48个，辐射到4500个农户30000头奶牛。

品种改良情况：2010年共完成黄牛冻配改良53000头，生产冷冻精液800000支，销售700000支。

疫病防治情况：开展了无规定疫病区建设，进行了常规的防疫和检疫，开展了结核和布病的防检疫工作。

饲草饲料情况：人工牧草种植面积117.8万公顷，其中苜蓿草58万公顷；专用青贮玉米种植面积56万公顷。奶牛配合饲料的生产企业200个，年产奶牛配合饲料6万吨。

2010年，甘肃农牧部门狠抓了奶源基地建设和小区建设，质检部门狠抓了乳品的质量检测和控制，积极消除了三聚氰胺的阴影，使奶业得到了稳步的恢复。在奶业大县新建奶牛养殖小区20个，建设奶源基地、对散养户入驻小区奶牛达500头以上、实行集中管道式挤奶的企业，每个补助25万元。对符合全省奶站规划布局和已核发《生鲜乳收购许可证》的30个标准化奶站，给予质量检测设备购置补贴，每个奶站补贴10万元以内。重点扶持20个奶牛标准化生产场（小区），每场（小区）一次性奖励10万元。甘南奶源基地是发展的趋势，兰州、酒泉奶源基地有缩小的趋向。牦牛是甘南藏族同胞的衣食父母，加之近年来国家加大了对牧区草原建设投资的力度；而兰州酒泉奶源基地的萎缩关键是消费市场的低迷，加之宁夏、陕西、内蒙古等外埠奶源低价冲击甘肃市场。

【重要建设项目】本地区当年引进区外项目1个。

【奶业法规和条例建设】甘肃省人民政府根据全国食品安全整顿工作办公室《通知》要求，于2010年11月5日发布清缴问题乳粉公告。并要求市州地方政府彻底清查、收缴、销毁问题乳粉，确保根除隐患。

【奶农协会建设】奶农协会共8个，包含农户374个，存栏奶牛2058头；相对有规模的奶农合作社共1个，甘州区前进奶牛专业合作社，位于甘州区南二环路1.5公里处，是以融资入股方式成立的奶牛合作社。合作社立足新农村小康建设，高起点规划、高标准建设，高技术生产，占地面积8.67公顷，存栏优良品种荷斯坦奶牛1500多头。现有员工86人，其中管理人员6人，财务人员2人，技术人员10人，工人68人。目前已形成“龙头+基地+专业合作社+农户”的产业化运作模式。园区总体规划投资8000万元，分三期建成养殖规模5200头、年产鲜奶23660吨并能加工奶产品的综合奶牛产业园区。从2007年开始，已完成一、二期工程，共投资3000万元，建成职工宿舍、办公楼、草料棚、精饲料加工车间各一栋、牛舍7栋、青贮窖4座、运输车辆及地磅等生产设备12台。2010年，享受农机补贴资金42.16万元，补贴机具有：9NZL03-3冷藏灌1个、9NZL03-6冷藏灌2个、9NZL03-8冷藏灌1个、9JGD-YG24*12挤奶机1台（补贴12万元）、9J-JI-Y2*12挤奶机2台、9Z-9A铡草机2台、9SJW-1200饲料搅拌机1台；东方红-LX904拖拉机1台。

奶农合作组织建设在起步阶段，为了加快农民专业合作社规范健康发展，切实做好农民专业合作社示范社工作，省农牧厅举办全省农民专业合作社示范社理事长专题培训班。并按照农业部等11部门《关于开展农民专业合作社示范社建设行动的意见》，确定的示范社建设目标和主要内容，结合各地示范社建设经验，制定了《农民专业合作社示范社创建标准（试行）》。

【质量管理】由甘肃省农牧厅农产品检测中心负责。主要是对全省100多个收奶站的原料奶进行质量检测。

由省质检局负责主要是对全省38个乳品企业的乳

制品进行检测。

（甘肃省奶业协会　沈启云）

青海省

【奶类生产】本地区2010年奶牛存栏29.7万头，同比增长5.43%，其中荷斯坦牛14.12万头，西门塔尔牛0.11万头，改良牛6.98万头；主要分布的地区（地级市）是西宁市、海东地区，其奶牛存栏数占总存栏数的81.80%，主要分布的县（县级市）是海南、海北、海西、黄南，其奶牛存栏数占总存栏数的18.20%。

牦牛存栏数424.01万头，主要品种为青海牦牛、大通牦牛，主要分布的地区（地级市）是西宁市、海东，其牦牛存栏数占总存栏数的3.16%，主要分布的县（县级市）是海南、海北、海西、黄南、玉树、果洛，其奶牛存栏数占总存栏数的96.84%。

奶畜存栏随市场的波动而起伏，受乳品加工企业的制约性较大。

本地区2010年奶类总产量26.3万吨，比上年同期增长3.59%。

全省实施奶牛良补后，规模养殖场数量增加，奶牛生产性能有所提高，所以牛奶产量同比增长。牦牛奶产量同比下降，为了提高犊牛成活率，全省许多牧区采取不挤奶，让犊牛自由采食。

本地区2010年全年的平均奶价为2.92元/千克，同比增加8.15%，春夏秋冬季奶价分别是2.6元/千克、2.4元/千克、2.8元/千克、3.4元/千克，比上年同期增加0.5元/千克、－0.1元/千克、0.3元/千克、0.7元/千克。

【乳品加工】2010年本地共有乳品加工企业20个，日处理鲜奶的能力总计达到47000吨。

乳品企业总销售额为22915万元；主要企业的销售额和利税：青海天露乳业有限责任公司销售额7865万元、利税260万元；青海小西牛生物乳业股份有限公司销售额14800万元、利税3225万元；青海民和县湟乳乳制品有限公司销售额250万元、利税100万元。

当年扩建项目2个，日处理鲜奶能力分别为60吨、20吨。

本地2010年巴氏消毒奶、UHT奶、奶粉、酸奶的产量分别为4500吨、10100吨、2180吨、12300吨，同比增长－6.0%、87.42%、28.24%、－10.84%。主要生产企业各产品的生产情况：青海天露乳业有限责任公司生产全脂奶粉300吨、巴氏杀菌乳4500吨、灭菌乳4000吨、酸牛乳1300吨；青海小西牛生物乳业股份有限公司灭菌乳6100吨、酸牛乳11000吨；青海民和县湟乳乳制品有限公司奶粉1880吨。

【市场与消费】本地区2010年城镇居民人均奶制品（折合成原料奶）消费量35.33千克/人，其中鲜乳品22.05千克/人，奶粉0.66千克/人，酸奶6.17千克/人。本地区2010年农村居民鲜奶购买量1.82千克/人，奶及奶制品消费量14.20千克/人。

随着人们物质生活水平的提高，市场对乳制品的消费逐年增加。

【奶源基地建设】2010年，本地区奶牛存栏1～5头的有91039个场（户）、6～20头的有1891个场（户）、21～100头的有47个场（户）、101～200头的有14个场（户）、201～500头的有12个场（户）、501～1000头的有1个场（户）、1000头以上2个场（户）。标准化规模养殖场24个，奶牛存栏8969头。

2010年末共有奶站71个，其中企业自建的48个，合作社建设12个，其他11个。奶站平均日收奶90.07吨。机械化挤奶达到20.8%。

奶站清理整顿中，对原来的73家生鲜乳收购站（点）经过整治，2家生鲜乳收购站达不到条件已取缔。保留了71家生鲜乳收购站（点），对这71家生鲜乳收购站发放生鲜乳收购许可证，发证率100%，并全部纳入监管范围内。

2010年共改良各种牛群92300头，使用冷冻精液177500剂，胚胎移植70枚；冷冻精液18万剂。

全年二次注射五号苗，并进行结核、布病检测。

人工牧草种植面积119200公顷，其中苜蓿草28030公顷；专用青贮玉米种植面积91170公顷，有青贮窖335个，共31000立方米。

奶牛配合饲料的生产企业4个，年产奶牛配合饲料26300吨，青海江河源农牧科技发展有限公司年生产奶牛混合料10000吨；青海互帮农业公司年生产奶牛混合料1300吨。

【重要建设项目】本地区2010年建设的奶业项目：（1）青海牧野农畜产业发展有限责任公司，投资额：700万元；（2）青海春源畜牧责任有限公司，投资额：270万元；（3）青海互邦农业开发有限公司，投资额：270万元；（4）青海天源畜牧科技开发有限公司，投资额：816.3万元；（5）乐都碾伯镇东门巷奶牛养殖小区，投资额：200.44万元；（6）互助县兴盛奶牛养殖专业合作社，投资额：182.5万元；（7）大通县友谊畜牧养殖专业合作社，投资额：354.57万元；（8）民和县湟乳乳制品有限公司，投资额：930万元；（9）天源奶制品有限公司，投资额：1000万元。以上各项目启动时间：2010年3月，预计完工时间：2011年2月。

【奶业法规和条例建设】《奶牛标准经养殖小区建设规范》、《奶牛标准化养殖小区饲养管理技术规范》、《青海省生鲜乳收购站建设标准》由青海省畜牧总站制定，青海省质量技术监督局发布。

【支持政策】税收优惠：对养殖户免税。良种支持：实施国家奶牛良种补贴项目。政策保险：实施国家奶牛良种保险项目。

【质量管理】原料奶每年进行4个批次的抽检，均合格。

【学生奶计划】学生奶的定点企业有青海省天露乳业有限责任公司。

（青海省奶业协会　张惠萍）

宁夏回族自治区

【奶类生产】本地区2010年奶牛存栏26.9万头；同比减少1.10%，主要分布在吴忠市，其奶牛存栏数占总存栏数的52.5%，主要分布在青铜峡，其奶牛存栏数占总存栏数的8.9%。

本地区2010年奶类总产量84.5万吨，比上年同期增长4.20%。

本地区2010年全年的平均奶价为3.12元/千克，同比增加41.8%，春夏秋冬季奶价分别是2.9元/千克、3元/千克、3.1元/千克、3.1元/千克。

【乳品加工】2010年本地共有乳品加工企业20个，日处理鲜奶的能力总计达到3595吨。

乳品企业总销售额为13.27亿元；主要企业的销售额和利税：宁夏夏进乳业集团股份有限公司销售额5亿元，利税4805万元；银川维维北塔乳业股份有限公司销售额9600万元，利税190万元；宁夏北方乳业有限公司销售额4780万元，利税380万元；银川市金河乳业有限公司销售额3330万元，利税7.8万元。

2010年巴氏消毒奶、UHT奶、奶粉、酸奶的产量分别为2700吨、40731吨、56475吨、22748.5吨。

【市场与消费】本地区2010年城镇居民人均奶制品（折合成原料奶）消费量30.78千克/人，其中鲜乳品22.1千克/人，奶粉0.21千克/人，酸奶5.29千克/人。本地区2010年农村居民鲜奶购买量1.25千克/人，乳及乳制品消费量4.48千克/人。

【奶源基地建设】2010年，本地区奶牛存栏10头以下的有14128个场（户）、10～20头的有4311个场（户）、21～50头的有1094个场（户）、51～100头的有454个场（户）、100头以上的有174个场（户）。

奶牛养殖小区和标准化规模养殖场383个，奶牛存栏16万头。

2010年末共有奶站489个，其中乳品企业开办185个，奶畜养殖场开办110个，奶农合作社开办194个。奶站平均日收奶3340吨。机械化挤奶达到95%。

按照“预防为主、源头治理、全程监管”的原则，自治区采取监督查处与指导服务相结合的方式，加大了对重点地区和关键环节的监管。一是加大了对奶牛养殖环节中各类投入品的监管，大力推行奶牛标准化饲养技术，强化了奶牛安全用药宣传、指导和休药期制度，引导养殖场户完善各类生产记录和投入品使用记录。二是依法从严对奶站、生鲜乳运输车辆核发生鲜乳收购许可证和准运证，规范、严格了交接单的填写，以生鲜乳收购许可证、准运证、交接单（两证一单），生鲜乳收购销售记录、生鲜乳检测记录、奶站消毒记录和生鲜乳购销合同（三记录一合同）为监管核心，加强对各自辖区内奶站、运输车的日常巡回检查，大力提升奶站的规范化运作水平。先后5次对全区生鲜乳质量安全监管工作进行了督导检查，2次开展生鲜乳收购站拉网式排查工作，使自治区生鲜乳质量安全监管工作取得了明显成效。

全年累计出动执法人员2450人次，检查生鲜乳收购站1822个次，检查生鲜乳收购车950辆次。通过一系列扎实有效的工作，全面保障了自治区生鲜乳质量安全，区域内存在的突出问题得到有效解决，生产环境得到有效净化、生产秩序得到有效规范，总体状况运行良好。截至2010年底，全区共有生鲜乳收购站489个，生鲜乳准运输车319辆，生鲜乳收购站和运输车辆全部持证经营。

品种改良情况：2010年认真组织实施奶牛良种补贴项目，引进国内外优质奶牛冻精41.8万支。其中，引进国外验证公牛冻精4万支，共冷配改良荷斯坦奶牛20万头，培训年检奶牛人工授精员400名，编制完成了《2010年宁夏奶牛良种补贴公牛和往年与配公牛亲缘系数表》，补充修订了《全国重点种公牛站血缘关系图》，印制了《2010年宁夏奶牛良种补贴种公牛名录》，统一发放到所有奶牛冷配改良点和规模奶牛场（园区）进行张贴。

（宁夏畜牧工作站　封　元　邵怀峰　脱征军）

新疆维吾尔自治区

【奶类生产】本地区2010年奶牛存栏148.2万头，比上年减少13.05%。

2010年牛奶总产量132.80万吨，比上年增长6.13%。

2010年企业平均收奶价格2.77元/千克，奶站平均收奶价格为2.6元/千克。形成了以天山北坡、伊犁河谷、塔额盆地、额尔齐斯河谷、焉耆盆地为重点的奶业产业带，其生产的鲜奶及乳制品占全区总产量的80%以上。全自治区共有奶站440座，其中：乳品加工企业开办的奶站223座，占总数的51%；奶畜养殖场开办的奶站49座，占总数的11%；奶农合作社开办的奶站168座，占总数的38%。440座奶站中机械化集中挤奶站284个，占奶站总数的64.5%。全区共有生鲜乳运输车辆313辆。

【乳品加工】2010年，全区共有乳品加工企业55家，日处理鲜奶能力6098.8吨，实际加工量2301.8吨；全年主要乳制品产量为：UHT奶12.53万吨、巴氏奶1.44万吨、奶粉4.58万吨、酸奶5.62万吨。

【市场与消费】本地区2010年城镇居民人均奶制品（折合成原料奶）消费量28.64千克/人，其中鲜乳品21.8千克/人，奶粉0.23千克/人，酸奶3.38千克/人。

本地区 2010 年农村居民鲜奶购买量 1.48 千克/人，奶及奶制品消费量 5.34 千克/人。

【奶源基地建设】2010 年,全区存栏 21～50 头奶牛的养殖户有 5020 户，奶牛存栏数 21.03 万头；存栏 50～100 头：2590 户，奶牛存栏数 14.71 万头；存栏 101～200 头：478 个，奶牛存栏数 10.33 万头；存栏 201～500 头：138 个，奶牛存栏数 5.87 万头；存栏 500～999 头：74 个，奶牛存栏数 4.89 万头；存栏 1000 头以上 48 个，奶牛存栏数 6.44 万头，全区奶牛规模养殖总存栏 63.27 万头，占全区奶牛总存栏的 26.5%。

饲草料情况：主要粗饲料为小麦秸、苜蓿、玉米青贮和田间杂草，主要精料为正大生产配合料和天康生产配合料，奶牛养殖场（户）自配精饲料原料主要为玉米、小麦、大麦、小麦麸、棉籽饼、豆饼、葵饼及其他矿物质、微量元素和维生素等。

【奶业法规和条例建设】奶业管理办公室组织奶业专家和学者修订《自治区奶业条例》，在广泛调研和争求质监、工商等七厅局和广大奶农、生产企业、奶业监管人员的基础上，通过人民政府向自治区人大常委会提请修订《自治区奶业条例》，目前《自治区奶业条例（修订草案）》已通过审议，并于 11 月 24 日召开了新闻发布会，定于 12 月 1 日正式实施。

积极推进奶业监管信息平台建设。奶办根据畜牧厅的安排，积极推进新疆畜牧业综合信息应用平台奶业监管系统建设试点工作，遴选呼图壁种牛场以及昌吉市的 14 个奶站作为试点单位，应用系统化管理技术，通过信息平台进一步加快各项奶业信息传递、技术推广，努力加快全区生鲜乳质量安全监管信息化工作进程。

2010 年全区原料奶和奶粉、液态奶等乳制品价格一路走高，原料奶价格由 2009 年平均 1.8 元/千克上涨到目前的 3.0 元/千克以上，上涨 40%。极大地调动了全区农牧民的养殖积极性。

【支持政策】

（1）积极争取奶牛良种补贴资金，进一步加大良种牛的推广力度，提升全区牛的整体生产水平。2009—2010 年，国家每年向全区下拨奶牛及肉牛良种补贴资金 2040 万元，对 84 个县市的 40 万头荷斯坦牛、22 个县市的 24 万头褐牛、30 个县市的 12 万头乳用西门塔尔牛以及 42 个县市的 12 万头肉牛实施了补贴。在此基础上，自治区增加良种冻精补贴资金 480 余万元，对部分县市冻精缺口予以补助，补贴冻精 140 余万剂。累计改良牛 200 余万头，全区良种牛比例达到 59%以上。

（2）加大奶牛标准化养殖小区（场）建设扶持，提高奶牛生产水平。2008—2010 年，国家累计安排全区奶牛标准化养殖小区建设补助资金 9500 万元，共组织建设奶牛养殖小区 153 个。同时，将自治区每年 2000 万元奶业发展专项资金，重点用于奶牛标准化养殖小区建设，累计扶持建设养殖小区 60 多个。通过项目建设实施，使区内奶牛养殖场户主动开展奶牛标准化养殖积极性明显提高，奶牛养殖水平不断提升。截至 2010 年，全区共建有奶牛标准化养殖小区 560 多个。

（3）以财政补贴的形式推进“学生饮用奶计划”，全区财政补贴资金 1.54 亿元，其中自治区财政补贴资金 6315 万元，学生饮用奶计划推广人数达 79.3 万人，占全国推广人数的 23%，位居全国前列。同时，积极配合国家学生饮用奶部际协调办公室的专家对申报的 7 个学生饮用奶奶源基地升级计划工作进行验收，已顺利通过；编写了《新疆维吾尔自治区学生饮用奶计划文件汇编》，共印制了 1000 本；为提高学生饮用奶计划推广工作的积极性，确保此次工作顺利开展，向全区 22 个试点县市学生饮用奶计划推广协调办公室每年拨付专项工作经费 120 万元。

（4）加快生鲜乳第三方监测体系建设，自治区财政安排 600 万元资金，完成了 79 个地县级生鲜乳第三方检测仪器设备的配备和人员培训工作。

（5）为提高全区奶业整体生产水平，不断加大投资力度，逐步推广奶牛生产性能测定技术，截至 2010 年底，全区开展奶牛生产性能测定的参测牛场有 44 个，在测牛头数达到 1.8 万头，上传数据 1.4 万组，其中有效数据 1.17 万组。

（6）顺利完成了 2010 年生鲜乳收购站清理整顿工作，通过积极鼓励动员乳制品加工企业收购、兼并和托管，鼓励奶牛养殖小区向奶农专业生产合作社发展，对现有生鲜乳收购站改造，对不符合条件的生鲜乳收购站和流动奶站及生鲜乳运输车辆坚决予以取缔等一系列措施办法，截至 2010 年，全区的生鲜乳收购站 440 个、生鲜乳运输车辆 313 辆，均已发证，实现了生鲜乳收购站、运输车辆全部持证运营。并按照农业部的要求将已发证的生鲜乳收购站、生鲜乳运输车辆以及畜牧兽医监管机构和举报电话在自治区畜牧厅网站上进行了公示，加强了社会监督。

（新疆维吾尔自治区奶业办公室　孙新华）

乌鲁木齐市

【奶类生产】2010 年末全市奶牛存栏 2.42 万头，其中成母牛 1.93 万头，同比增加 1.3%和 12.8%。其中奶牛存栏千头以上区县：米东区奶牛存栏 16600 头，成母牛 15600 头；乌鲁木齐县奶牛存栏 4500 头，成母牛 2200 头；沙区奶牛存栏 2100 头，成母牛 1260 头；天山区奶牛存栏 1800 头，成母牛 800 头。全市牛奶总产量 5.61 万吨，同比基本持平。全市平均成母牛单产 2.9 吨。

2010 年由于原料奶供应偏紧、饲料原料价格大幅度上涨等因素影响，2010 年生鲜乳收购价格始终趋高，没有出现明显的季节性不平衡，尤其是乌市作为首府城市是各乳品生产企业主要竞争的焦点，原料奶价格较其他地州偏高，原料奶收购价格由年初的2.20～2.40元/千克上涨到目前的3.0～3.8元/千克。原料奶价格年平均在2.6元/千克。目前，全市约有奶农近4000人，2010年由于饲料原料价格以及人工工资等大幅度上涨，每千克牛奶生产成本由过去的1.8～2.0元提高到目前的2.4～2.5元，规模场2.8～3.0元/千克，总体呈现上涨趋势。奶农每生产1千克牛奶纯收益约在0.2～0.3元。据了解，全价料价格上涨0.3元/千克左右（由年初的1.8～1.95/千克涨到2.1～2.25元/千克），其中：苜蓿上涨0.4元/千克左右（由1.5元涨到1.8～2.0元/千克），人工费月涨500元。

目前全市有生鲜乳收购站20家，其中：乳品企业开办奶站2家，奶畜养殖场开办7家，奶农养殖合作社开办11家，20家生鲜乳收购站均配有集中机械化挤奶设备，并实现了标准化、规范化管理，日收购原料奶量61.5吨。全市拥有生鲜乳运输车11辆，其中：生鲜乳收购站自有9辆，乳品企业自有2辆。均核发了生鲜乳准运证，日运输奶量61.5吨。

乌鲁木齐市自2008年6月1日起全面实行农产品市场准入制度后，按照“确定重点，量力而行，先易后难，有所侧重，合理分工，资源共享”的工作原则，加强牛奶生产环节投入品监管、加大生鲜乳收购站清理整顿、加大奶牛两病检疫、加强生鲜乳质量安全检测、管理等生鲜乳质量安全管理工作。一是全面组织开展生鲜乳收购站的清理整顿工作。为了从源头杜绝不符合卫生质量标准的原料奶进入加工环节或直接进入市场，根据农业部、自治区畜牧厅关于加强生鲜乳收购站清理整顿、加大生鲜乳质量安全监管的通知要求，研究制定《乌鲁木齐市生鲜乳收购站清理整顿实施方案》并下发，组织动物疾病控制中心、农产品检测中心等部门和单位开展4次综合执法大检查，对全市符合生鲜乳收购要求的20家生鲜乳收购站发放了《生鲜乳收购许可证》，对检查中还未达到要求的生鲜乳收购站下达了限期整改通知书，对达不到要求和限期整改后仍不符合要求的12家生鲜乳收购站实行关闭。规范了原料奶的收购和管理。同时，举办全市奶站规范化管理培训班，培训人员近60人。二是以加强奶牛健康证制度落实为手段，严格实施奶牛两病检疫工作。坚持严格防疫、严格疫情监测，在全疆率先实行了动物防疫免疫抗体效价的测定，并据此掌握防疫情况或调整免疫程序。建立健全了养牛场（户）的防疫档案，做到规模牛场每年2次“两病”检疫，3次重大疫病防疫；农户散养牛每年进行1次“两病”检疫，2次集中防疫和不定时的补免，同时，能够严格按《技术规范》处理阳性牛，发放防疫本和《奶牛健康证》。2010年共检疫奶牛“两病”19319头只，其中检疫结核病9543头牛，检疫出阳性牛35头，阳性率为0.37%；布病检疫9776头，其中阳性牛86头，阳性率0.88%。并对检出的阳性病牛进行了无害化处理工作。三是依托市、区县、市场和重点生产加工企业三级农产品检测网络，加大对牛奶生产基地、生鲜乳收购站、散装奶销售市场等环节生鲜乳质量安全检测、监测力度，建立索证、无证检验检测制度，严把市场准入关。目前，全市农产品质量安全检测站已达到207个，其中：生鲜乳检（监）测点20个，仅2010年就新增检测站点34个，监测点42个。检测人员已达到600多人。其中，在重点奶牛养殖厂（小区）、生鲜乳收购站配备了乳品检测设备。2010年全市日常抽检生鲜乳1.1万个，全年开展6次农产品质量安全状况例行抽检，共计抽检生鲜乳样品177个，检测合格率达100%。有效地杜绝兽药残留超标的生鲜乳进入加工环节及市场销售，使乌鲁木齐市生鲜乳质量安全管理水平逐年提高。

【乳品加工】2010年全市有乳品加工企业3家，日处理鲜奶能力为738吨，实际日处理能力200吨。3家企业全年总产值2.95万元，销售收入2.5亿元，资产总额3.28亿元，利税总额943万元。乳制品总产量7.4万吨，其中：UHT纯牛奶产量3.44万吨，占总产量的46.5%；UHT花色奶1.63万吨，占总产量的22%；巴氏奶0.58万吨，占总产量的7.8%；酸奶0.78万吨，占总产量的10.5%；乳酸饮料0.92万吨，占总产量的12.4%；奶粉147吨。

【市场与消费】本地区2010年城镇居民人均奶制品（折合成原料奶）消费量25.49千克/人，其中鲜乳品19.95千克/人，奶粉0.08千克/人，酸奶3.51千克/人。

【奶源基地建设】全市现有奶牛养殖户2931户，其中：1～5头2581户，存栏奶牛10324头；6～20头329户，存栏奶牛5260头；21～50头25户，存栏奶牛1000头；50～100头5户，存栏奶牛400头。规模化奶牛养殖场7个，其中：101～200头规模牛场1个，存栏奶牛136头；201～500头规模牛场4个，存栏奶牛1180头；501～1000头规模牛场2个，存栏奶牛2000头。规模牛场均实行了TMR全混日粮技术，并实行严格的标准化技术操作。近年来，全市共有奶牛养殖小区7个，其中：新建奶牛养殖小区4个，目前存栏奶牛340头；农民合作组织租用场地建立养殖小区2个，存栏奶牛560头，原有奶牛养殖小区1个，存栏奶牛60头。目前这些奶牛养殖小区正处于不断完善和发展中，奶牛存栏规模还没有完全达到设计要求。

【质量管理】奶牛养殖规模化程度逐年提高，饲养管理较规范，奶源质量好。近年来，随着国家、自治区不断加强乳品质量安全监管工作力度，乌鲁木齐市加大了规模化、标准化奶牛养殖小区和生鲜乳收购站建设，共投入资金2300多万元，其中各级财政补贴480万元，企业、奶农自筹1820万元新建标准化奶牛养殖小区4个，标准化奶站（配有机械化挤奶厅）18个。规模奶牛场实现了100%机械化挤奶，均配有鲜奶冷却设备。

【疫病防治】乌鲁木齐市委、市政府高度重视动物疫病预防工作，每年都要召开4～5次防疫工作会议，安排部署防疫工作，同时，在年初均把防疫工作列为各级政府、各部门的目标进行考核，从而促进了动物防疫工作的开展。在市政府的统一领导下，在各区、县、乡政府和业务部门的共同努力下，在进一步加大奶业执法监督管理的基础上，坚持严格防疫、严格疫情监测，在全疆率先实行了动物防疫免疫抗体效价的测定，并据此掌握防疫情况或调整免疫程序。

乌鲁木齐市农牧局（兽医局）

黑龙江农垦

【奶类生产】2010年奶牛存栏39万头，全部为荷斯坦牛，主要分布在牡丹江管理局、宝泉岭管理局、北安管理局、九三管理局、齐齐哈尔管理局，其奶牛存栏数占总存栏数的82.2%。

2010年底，黑龙江垦区奶牛存栏比上年增长4.2%。2010年投入奖励资金9500万元，建设奶牛小区100个，奶牛小区面积69万平方米，奶牛养殖小区饲养比重为60%；2010年投入资金5966万元用于奶站建设，其中奶站土建投资2362万元，挤奶贮奶等机械设备投资3604万元；共建设标准化奶站200个，其中机械挤奶式83个，制冷式奶站117个。分别制定了《奶站建设地点要求标准》、《奶站建设奶牛数量及配套机械设备标准》、《机械式标准化奶站土建标准》和《制冷式标准化奶站土建标准》，并严格按标准施工、建设奶站。同时还成立了由局长任组长的“黑龙江省农垦总局奶业管理委员”，对垦区奶业发展进行科学管理和宏观调控。继续推广奶牛规范化饲养、玉米青贮应用、畜禽疫病综合防治和全混合日（TMR）粮应用等畜牧实用技术。黑龙江垦区2009—2011年连续三年每年投入良种推广资金1000万元，引进世界顶级奶牛性控冻精。通过“科技兴牧”工程的推进，黑龙江垦区奶牛良种化率达100%，成母牛平均单产达到5.7吨，有一批奶牛场单产超7吨。黑龙江垦区通过坚持以“科技兴牧”为支撑，以强化动物疫病防控为保障，突出抓标准化养殖场（小区）、标准化奶站和良种工程建设，使垦区奶牛业总体上保持了稳定发展的良好态势。

奶类产量：本地区2010年牛奶总产量120万吨，比上年同期增长5%，其中商品奶类（企业收购）120万吨，同比增长5%。

本地区2010年全年的平均奶价为3.076元/千克，同比增加28%，春夏秋冬季奶价分别是2.877元/千克、2.982元/千克、3.114元/千克、3.331元/千克，比上年同期增加0.47元/千克、0.69元/千克、0.84元/千克、0.68元/千克。

本地区原料奶收购中地方保护价为2.94～3.1元/千克。

【乳品加工】2010年共有乳品加工企业8个，都是地方自建企业。

乳品企业总销售额为404800万元；主要企业的利润2700万元，税金27900万元。

当年新建项目1个，日处理鲜奶能力为600吨。

本地2010年巴氏消毒奶、UHT奶、奶粉、酸奶的产量分别为24476吨、172806吨、93766吨、46769吨，同比增长1.7%、1%、7.4%、121%。

【市场与消费】2010年城镇居民人均奶制品（折合成原料奶）消费量37.43千克/人，各种乳制品消费量：鲜奶27.19千克/人，奶粉0.48千克/人，酸奶9.76千克/人；2010年农村居民人均奶制品（折合成原料奶）消费8.63千克/人，各种乳制消费量：鲜奶5.4千克/人，奶粉1.39千克/人，酸奶1.84千克/人。

黑龙江省技术监督局委托农垦检测中心每周对本地区的生鲜乳及乳制品进行一次三聚氰胺的检测，检验合格率为100%。完达山产品经国家质量技术监督局历年、历次抽检，合格率100%。

国产产品市场日益低迷，居民购买奶粉倾向于进口产品，其主要原因在受到国内食品质量安全事故频发的影响，对国产产品缺乏信心所致。受此影响，居民消费心态出现明显升级趋势，中高档产品成为购买的首选，推动乳制品价格不断上涨。一方面有市场消费结构升级的影响，同时因为几年来生产成本不断上涨，乳制品价格被动上调也推动了这一趋势。

【奶源基地建设】2010年奶牛存栏1～5头的有13625个场（户）、6～20头的有24748个场（户）、21～100头的有508个场（户）、101～200头的有120个场（户）、201～500头的有148个场（户）、501～1000头的有87个场（户）、1000头以上32个场（户）。奶牛养殖小区411个，奶牛存栏24万头；其中新建小区100个，奶牛存栏5万头。

2010年末共有奶站435个，其中企业自建的417个，合作社建设17个，其他1个。奶站平均日收奶7.3吨。

2010年机械化挤奶达到100%。

按照“边建设、边发展、边提高”的思路，黑龙江垦区克服基础设施薄弱、技术装备落后、资金短缺等困难，根据“三年起步、五年发展、两年突破”的总体规划，2010年黑龙江垦区投入资金1.52亿元，配套挤奶、贮奶机械设备480台套，建成标准化挤奶站304个。

2010年共改良各种牛群13000头，使用冷冻精液28000剂；共生产胚胎100枚；共进口奶牛3500头，冷冻精液28000剂。

全垦区共计免疫牲畜口蹄疫78万头份，统一进行免疫抗体监测，共监测牛血清样品345份，口蹄疫免疫抗体合格率均在70%以上。

人工牧草种植面积3800公顷，其中苜蓿草3800公顷；专用青贮玉米种植面积45000公顷，有青贮窖4441

个，共 202 万立方米。

奶牛配合饲料的生产企业 45 个，年产奶牛配合饲料 32 万吨。

【重要建设项目】本地区 2010 年区内企业自建项目 1 个。完达山日处理 600 吨鲜奶加工项目，投资额 6500 万，启动时间：2010 年 6 月，预计完工时间：2011 年 6 月。

【支持政策】农垦总局设立专项资金 3000 万元，借款利率为月息 2‰，每年循环使用支持畜牧业发展；出台畜牧业发展金政策。要求农牧场每年按照每公顷耕地不少于 30 元标准安排用于发展畜牧业资金。黑龙江垦区一直在全垦区实施黑龙江省政府生鲜乳收购指导价定价机制，2010 年，完达山乳业对垦区生鲜乳政府指导奶价一直在 2.94 ～ 3.1 元/千克。2010 年总局投入良种推广资金 1000 万元，进口 3 万剂世界顶级奶牛性控冻精用于种群改良，垦区奶牛冻精配种率 100%，奶牛良种化率 100%；垦区给予标准化养殖场建设补贴 300 元/平方米，管理局再配套补贴 100 元/平方米。

优惠贷款：为养殖户发展奶牛进行贷款贴息，凡购进享受总局政策补贴的畜牧机械，管理局再按照购进价格的 30%给予补贴。

土地优惠：按成母牛 0.2 公顷/头（青贮量 8 ～ 11 吨/头）、育成牛 0.13 公顷/头（青贮量 4 ～ 7 吨/头）划拨青贮饲料地，并免收或减收 50%以上利费。

良种支持：直接从国外引进良种奶牛，管理局给予每头 1500 元补贴。

其他政策：垦区通过积极争取国家财政支持、银行贷款、企业和职工自筹等形式用于奶牛生产基础设施建设的投入。

【质量管理】黑龙江省农垦总局于 2010 年 3 ～ 4 月份、8 ～ 9 月份和 11 ～ 12 月份，分别对垦区生鲜乳质量安全进行了 2010 年度的三次质量安全监测监督工作。共抽检生鲜乳样品 714 个，其中生鲜收购站样品 654 个，生鲜乳运输车辆样品 60 个，监督检测项目为三聚氰胺、皮革水解蛋白、碱类物质，监测结果总体合格率为 100%。按农业部 1 :1 配套抽检工作的要求，由总局自筹配套资金，自行检测生鲜乳收购站及生鲜乳运输车辆样品 205 批次，三聚氰胺、皮革水解蛋白、碱类物质，总体合格率为 100%。

【学生奶计划】黑龙江省完达山阳光乳业公司、黑龙江完达山哈尔滨乳品有限公司被国家学生饮用奶计划部际协调小组办公室认定为学生奶定点生产企业。目前完达山乳业供应学生奶数量为每日 4 万份，学生奶有草莓、木瓜、巧克力、香蕉、炼乳五种口味，规格 200 毫升/盒，价格 2 元/盒。为保证学生饮用奶安全、放心，从奶源开始严格控制产品质量，采用学生奶专用牧场的奶源，有 5 个牧场获得学生奶奶源示范基地。使用国际最先进的生产设备进行生产，全程进行跟踪检测，让学生喝上安全、营养、放心的牛奶。

【奶业科技】2010 年通过部级鉴定的奶业研究项目：

（1）“三江平原绿色农业种养加协调发展模式研究与示范”，国内领先，完成人：黑龙江省农垦科学院畜牧兽医研究所李宁（农业部）。

（2）“三江平原奶牛规模化、集约化健康养殖技术体系研究和示范”，完成人：黑龙江省农垦科学院畜牧兽医研究所甘文平（农业部）。

（3）“北方农区良种奶牛规模化高效养殖技术的引进与应用”，完成人：黑龙江省农垦科学院畜牧兽医研究所孙晓玉（农业部）。

2010 年执行的奶业研究项目：

（1）“现代奶牛关键技术及产业化示范——中美合作提高黑龙江省奶牛场综合生产水平”，完成人：黑龙江省农垦科学院畜牧兽医研究所孙晓玉（省级，准备鉴定）。

（2）“新型益生菌制剂的开发与应用技术研究”，完成人：黑龙江省农垦科学院畜牧兽医研究所甘文平（省级，2011 年鉴定）。

（3）“黑龙江省奶肉牛性控冻精配种良种快速扩繁技术推广”，完成人：黑龙江省农垦科学院畜牧兽医研究所张景伟（省级）。

（4）“提高高产奶牛利用年限的综合技术”，完成人：黑龙江省农垦科学院畜牧兽医研究所甘文平（科技部）。

（5）“东北农区奶牛良种繁育体系的建立与示范”，完成人：黑龙江省农垦科学院畜牧兽医研究所孙晓玉（科技部）。

（黑龙江省农垦总局畜牧兽医局　张忠旭）

奶业大事记

2010年度奶业大事记

1月

4日　江淮晨报报道，安徽白帝乳业41%的国有股权以26512万元成交价格易主，受让方新希望乳业控股有限公司正式实现对安徽白帝乳业有限公司的全额控股。

5日　中国经济新闻网报道　由路透社主办的“2009亚太杰出商业领袖”评选结果揭晓。伊利集团董事长潘刚荣膺“2009年度亚太杰出商业领袖奖”。

6日　皇氏乳业A股正式在深圳证券交易所挂牌上市。

11日　商务部发布2010年第1期重要农产品进口预警通报，近期奶粉进口出现大幅度增长，商务部提醒相关企业及时关注市场走势，提高风险防范意识，避免过量集中进口造成损失。

15日　新华网报道，农业部新闻办公室发布消息，新疆库尔勒市发生A型口蹄疫疫情。2009年12月30日，新疆库尔勒市西尼尔镇水管处试验基地发生口蹄疫疑似疫情，28头肉牛发病，未出现死亡病例。2010年1月12日，经国家口蹄疫参考实验室确诊为A型口蹄疫。

20日　新华网报道，北京市农业局在对全市重点养殖场（小区）、交易市场等开展重大动物疫病监测时，从大兴区礼贤镇龙头村龙头奶牛养殖小区检测出23份A型口蹄疫病原学阳性样品。北京市立即启动预案，采取果断处置措施，发布封锁令，扑杀阳性牛和同群牛共575头，并全部进行了无害化处理。对大兴区其他养殖小区进行排查，未发现异常情况。

20日　农民日报报道，农业部就农机购置补贴实施过程中的收费问题发出紧急通知。通知主要内容：一是严禁向农民收费。二是严禁向农机生产企业收费。三是严禁向补贴产品经销企业收费。四是严禁以工作经费不足为由向企业及农民收费。

20日　农民日报报道，第一届食品安全国家标准审评委员会成立大会在北京召开。卫生部部长陈竺出席会议。

23日　由北京中博农整体设计的飞鹤镇赉县三万头生态牧场项目论证会在北京蟹岛度假村召开。飞鹤牧业董事长王绍岗、镇赉县政府副县长黄秀清、县农业银行行长卢宝祥、县农牧局局长张振夺、中博农董事长张定宏出席论证会。

参加论证会的专家有农业部奶业管理办公室副主任邓荣臻、全国畜牧总站奶业与畜产品办公室处长刘海良、国家奶牛产业体系首席科学家李胜利、中国农大动科院副教授刘继军、环球种畜技术总监阿里斯迪尔、美国达农威技术总监比尔、河北福成五丰奶牛场场长张学、飞鹤牧业总经理徐晶辉、飞鹤克东二牧牧场场长王永信。

26日　新奶业周刊报道，“第二届荷斯坦奶农俱乐部年会”在北京蟹岛召开。农业部奶业管理办公室王俊勋主任、中国奶协理事长刘成果、中国奶协常务副理事长兼秘书长魏克佳出席会议。全国各地近300名奶农参加此次年会。

28日　宁夏日报报道，金河、北方、红果合建的宁夏塞尚乳业集团揭牌暨奶酪、蛋白粉项目奠基仪式在银川德胜工业园区举行。项目总投资5.3亿元。

2月

2日　新西兰恒天然合作集团宣布计划在中国投资再建两家牧场，继续加大优质和安全的牛奶供应。

3日　陕西省公安厅公布渭南市乐康乳业有限公司三聚氰胺超标乳制品案件查处情况。已查明污染源20吨问题奶粉为2008年大荔县荔华乳业公司未被销毁的“毒奶粉”，系社会人员马双林将“毒奶粉”售给乐康乳业有限责任公司。问题奶粉流入广东、福建两食品企业，被用作生产奶糖等。

8日　乳多宝国际公司宣布完成对呼伦贝尔北雪乳业有限公司、鄂温克旗北雪乳业有限公司和呼伦贝尔市海拉尔区北雪乳品厂三家乳品公司的收购。这三家乳品公司将被划归到乳多宝公司的全资子公司“腾顺科技发展有限公司”的旗下。

9日　首农集团受让北京同德同益投资咨询有限责任公司所持有的山东三元乳业有限公司5%的股权，股权变更登记手续完成后，首农持有的山东三元的股权比例将从95%提升为100%。根据三元食品此前与首农集团签署的《委托经营协议》的约定，三元将受托经营山东三元100%股权及相关一切权利和权益。

9日　新希望公告宣布以2651万元的价格成功竞购安徽白帝乳业有限公司41%国有股权，至此新希望乳业已持有白帝乳业100%的股权。

9日　辽宁辉山控股（集团）有限公司与瑞士英雄集团签约，就年产8万吨高端婴幼儿奶粉项目开展合作。沈阳市长陈海波出席签约仪式并会见瑞士英雄集团董事会主席欧特克尔。

10日　新华网报道，9日，国务院食品安全委员会召开第一次全体会议。国务院副总理、国务院食品安全委员会主任李克强强调，对近期发现的使用和销售“问题奶粉”的违法犯罪案件，要彻底追查，对“问题奶粉”要全部销毁，对不法分子要予以严惩。

11日　三元食品发布公告称，公司接到实际控制人首农集团通知，首农集团将全资持有山东三元股权。

25日　新华网报道，上海市奉贤区法院公开审理涉嫌生产、销售有毒、有害食品的上海熊猫乳品有限公司的三名责任人王岳超、洪旗德及陈德华。

28日　中国农业部乳业考察团顺利抵达新西兰首都惠灵顿，开始为期10天的乳业考察。考察团由全国畜牧总站站长谷继承担任团长，农业部奶业管理办公室副主任邓荣臻担任秘书长。考察团由官方“新西兰—中国乳业会话”组织接待。

3月

1日　从1日起，进口乳制品必须提供有效的官方卫生证书，否则无法进行进口报检。为加强对进口乳制品的质量监管，各地检验检疫部门将对进口乳制品所附卫生证书实施查验。目前，英国、法国、德国、阿根廷、爱尔兰、澳大利亚、巴西、波兰、丹麦、希腊、荷兰、美国、日本、瑞士、西班牙、新西兰、智利、意大利18个国家主管机构出具的输华乳制品证书已经得到国家质检部门的确认。

3日　上海市奉贤区人民法院对熊猫乳品案作出一审判决，以生产、销售有毒、有害食品罪，判处上海熊猫乳品公司原法定代表人兼常务副总经理王岳超有期徒刑5年并处罚金40万元，原总经理洪旗德被判有期徒刑4年6个月并处罚金30万元，原副总经理陈德华被判有期徒刑3年并处罚金20万元。

5日　2010年农业部奶业机械产品选型质量分析会暨奶业机械产品部级推广鉴定培训班在广州召开，农业部农业机械实验鉴定总站刘敏站长、中国奶业协会常务副理事长兼秘书长魏克佳、农业部农机化管理司科教质量管理处李庆东调研员、广东省农业厅农机化管理办公室郑宏宣主任、农业部农业机械实验鉴定总站检验一室主任李伟、广东省农业机械鉴定站站长姚运仕出席了本次会议。

12日　新闻晚报报道，9日，伊利集团投建辽宁省阜新奶源基地及乳品生产项目签约仪式在北京钓鱼台国宾馆举行。

14日　由国家质量监督检验检疫总局指导，中国质量万里行促进会主办的“中国质量万里行2010′3•15中国质量消费维权论坛”在北京国际会议中心召开。蒙牛入选“中国质量万里行优秀会员单位”，成为唯一一家入选的乳品企业。

15日　根据全国31个省份报告，各地在集中清查问题乳粉期间共报告发现问题乳粉2.51万吨。截至目前，除极少量作为司法证据保存等特殊需要外，问题乳粉已全部采取高温焚烧、生活垃圾填埋场填埋等方式予以销毁，未发现流入市场。

19日　陕西省奶牛中心项目建设奠基开工仪式在泾阳县举行。该中心是该省农业重点建设项目，投资约8800万元，总占地约40公顷，分三年建设完成。

22日　新奶业周刊报道，19日，农业部奶业管理办公室在京召开“2010年第一季度奶业形势分析会”。会议由王锋副主任主持。副主任马莹、邓荣臻，农科院信息所所长许世卫、农科院北京畜牧兽医研究所王加启所长和近30名代表人参加会议。

内蒙古农业经济管理学院乔光华教授、农科院北京畜牧兽医研究所周振峰博士、中国农业大学李胜利教授、中国社会科学院刘玉满教授、《中国奶业年鉴》编辑部豆明主任、农科院农业信息所冯艳秋等，分别从生产、市场、贸易等不同角度分析了当前奶业形势，并针对当前奶业发展的突出问题提出建议。

23日　新华社报道，胡锦涛主席于3月21～23日到宁夏回族自治区考察了宁夏塞上阳光牧场。他鼓励企业充分利用当地发展奶牛养殖业的独特优势，不断扩大养殖规模，切实保证奶源质量，带动更多群众勤劳致富、科技致富。

23日　伊利冷饮加工项目在陕西省蓝田县开工，该项目总投资4.45亿元、日产250吨。

25～27日　由农业部奶业管理办公室和国家奶牛产业技术体系、中国奶业协会、河北省畜牧兽医局联合主办的2010年国家奶牛产业技术体系“金钥匙工程”培训计划启动仪式暨奶牛“金钥匙工程”培训班在石家庄召开。

农业部奶业管理办公室主任王俊勋、国家奶牛产业技术体系首席科学家李胜利教授、中国奶协秘书处办公室主任李栋、河北省畜牧兽医局副局长刘肇清在启动仪式上致辞。农业部奶业管理办公室副主任邓荣臻、李胜利教授、知名奶牛疫病防治专家肖定汉、河北畜牧兽医学会理事长李英、河北农大教授李建国做了主题培训讲座。

26日　山东省平阴县招商选资大项目签约仪式举行，18个大项目集中签约。其中，北京天申农牧开发项目投资3.8亿元，建成后，可使全县奶牛养殖规模达到2.5万头。

29日　黑龙江—新西兰奶业研讨会在哈尔滨举行。双方就奶业发展以及畜产品贸易等方面问题展开研讨。新西兰农业部长大卫•卡特，黑龙江省副省长吕维峰出席会议并致词。

30日　伊利母婴营养研究中心第二阶段专家项目研讨会在北京成功召开，会上发布了母乳研究最新成果——“中西方母乳氨基酸（蛋白质）结构对比”。

31日　维他奶集团以底价2162.7532万元拍下狮山镇狮西村委会一地块，将在广东建立第二个厂房。新工厂将在2011年投入运营。

4月

6日　中国新闻网报道，中国与荷兰小犊牛合作项目第一阶段成果发布会在北京举行。此项目将填补国内生产高档小犊牛肉的一项空白。

7日　三元股份公告，2010年4月2日，公司及全资子公司河北三元食品有限公司与北京三元创业投资有限公司（系公司实际控制人的全资子公司）、公司与三元创业分别签署《委托经营协议》。

10日　湖北省通山县政府与现代牧业集团有限公司签署协约，联合开发建设万头奶牛牧场。该项目建成后，将成为该省最大万头奶牛现代牧场。项目将落户在该县九宫山镇，总投资4亿元，包括投资5000万元建设的有机肥公司。

12日　湖北省乳制品质量监督检验中心在黄冈市黄州区路口镇谢家小湾举行奠基仪式。该项目总投资8000万，规划用地4万平方米。

14日　巴西戈亚斯州商贸商务代表团在中国大饭店举办了“巴西戈亚斯州商贸洽谈与对接会”，巴西驻中国大使馆、戈亚斯州各级政府官员、商务代表等约20人以及中方各企业代表、贸易商、投资公司代表等约30人与会。巴西戈奶业巨头LATICINIO BELA VISTA公司贸易经理Silvana da Silva Toledo女士，专程到中国寻找贸易伙伴，她们出口中国的主打产品是工业奶粉、浓缩奶。

16日　北京三元种业科技股份有限公司畜牧研究院在北京揭牌宣告成立。

17日　伊利发布投资公告，公司在山东省临朐县新建日产900吨超高温灭菌奶及日产140吨冷饮项目，项目投资金额为39008.9602万元。投资回收期5.87年，投资回报率20.26%，内部收益率13.33%，预计建设期为15个月。此项目已于2010年4月16日经公司第六届董事会临时会议审议通过。

18～19日　农业部畜牧业司在哈尔滨召开生鲜乳收购站清理整顿工作座谈会。内蒙古、黑龙江等11个省（区、市）的奶业分管处长，5个督导组，共30余人参加了座谈会。会议由农业部奶业管理办公室王俊勋主任主持，畜牧业司王智才司长出席会议并讲话。

19日　中国新闻网报道　国务院总理温家宝主持

召开国务院常务会议，研究部署进一步扶持农业生产的政策措施。会议决定了进一步扶持农业生产的7项政策措施。其一为实施新疆、内蒙古冰雪灾区牲畜饲草料补助。中央财政增加补助资金1.5亿元，用于解决新疆、内蒙古灾区3000万头（只）受灾牲畜安全度春短期补饲和接羔育幼需要。

20日　陕西省奶牛中心项目建设合作合同签字仪式在西安香格里拉大酒店举行，陕西省棉花原种场分别与西安智德通品牌推广营销公司、西安银桥生物科技有限责任公司签订了省奶牛中心建设项目合作合同。陕西省农业厅厅长王宏、副厅长郭志诚出席签约仪式并分别讲话，签约仪式由省畜牧兽医局局长杨黎旭主持。

陕西省奶牛中心项目签约三方按照股份比例，用2年时间投资8800万元，建成存栏高产良种奶牛3000头，集良种繁育、第三方检测、胚胎移植、科技培训、产学研为一体的标准化规模养殖场，该项目一期工程投资5500万元，其中省棉花原种场投资2475万元，西安智德通品牌推广营销有限公司投资2024万元，西安银桥生物科技有限责任公司投资1001万元。项目于2010年11月底建成3000头规模的标准化养殖场。

22日　从卫生部获悉，经第一届食品安全国家标准审评委员会审查，卫生部日前公布了《生乳》(GB19301-2010)等66项新乳品安全国家标准。新的乳品安全国家标准包括乳品产品标准15项、生产规范2项、检验方法标准49项。

28日　重庆市黔江区政府与重庆市农垦集团签订了黔江区万头奶牛养殖基地建设项目战略合作协议。

28日　“第四届长三角奶牛技术与管理论坛”暨“第七届中美奶业发展研讨会”在杭州萧山金马饭店隆重召开。

30日　国家质检总局和农业部联合发布公告，禁止直接或间接从日本输入偶蹄动物及其产品，包括日本奶粉、牛奶、牛肉等一切相关产品，以免传播口蹄疫疫情。

5月

12日　重庆银行与重庆农垦集团、黔江区政府签订三方合作协议，1.5亿元贷款获得审批通过，该笔贷款将支持农垦集团落户黔江区，为万户农户增收带来实惠。

13～14日　四川省畜禽繁育改良总站在成都承办第七期全国奶牛标准化规模养殖技术培训班，来自全国10个省（直辖市）奶牛养殖市县的畜牧技术推广单位技术人员120余人参加了培训班。全国畜牧总站书记何新天、四川省畜牧食品局副局长姜文康、四川省畜禽繁育改良总站站长刁运华、农业部奶业管理办公室副主任邓荣臻等有关领导和专家出席了开班仪式。全国畜牧总站体系建设与推广处副处长刘长春主持了开班仪式。

20日　“2010年中国奶业发展高峰论坛”在四川绵阳举行，论坛由农业部奶业管理办公室、中国人民大学农业与农村发展学院主办，人大—利乐奶业研究中心承办。中国奶协理事长刘成果、农业部奶业管理办公室主任王俊勋、四川省农业厅常务副厅长傅志康、四川省畜牧食品局副局长宾军宜、利拉伐东亚及日韩区总裁Markku Vauhkon和利乐中国副总裁杨斌女士出席了论坛开幕式并致辞，本次论坛主题是“奶源基地建设和科学发展”，与会专家和代表围绕奶源基地建设、适度规模化养殖和提高原奶质量、产量等奶业可持续健康发展的根本性问题进行了深入探讨。国家发改委农经司副司长方言、农业部奶办王俊勋主任、国家奶牛产业体系首席科学家李胜利教授、中国人民大学张利庠教授、新希望奶源发展中心总经理杨盛兴、荷兰奶与奶制品质量控制专家Antoon Mentink、内蒙古奶联社副总李兆林在论坛上分别作了主题报告。来自各奶业优势产业区域畜牧业的主管领导、全国各规模牛场高层管理人员及主流媒体代表近百人参加了论坛。中国人民大学农业与农村发展学院副院长张利庠教授和农业部奶业管理办公室马莹处长分别主持开幕式和专家报告。

20日　利拉伐捐赠的VMS全自动机器人挤奶系统项目竣工交接仪式在四川绵阳永丰牧场举行，中国奶协理事长刘成果、四川省农业厅副厅长傅志康、国家奶牛产业体系首席科学家李胜利、利乐中国副总裁杨斌、利拉伐东亚及日韩区总裁Markku Vauhkonen等嘉宾以及参加2010中国奶业发展高峰论坛的多位代表参加。竣工交接仪式由利拉伐中国区总裁张家淇主持。四川“5•12”汶川地震后，利乐拉伐集团旗下利拉伐公司向灾区捐赠1500万美元，重点援建了四川灾区绵阳永丰牧场、绵阳雪宝乳业牧场和新希望洪雅示范牧场。

24日　黑龙江杜尔伯特县与伊利集团就伊利六期婴幼儿配方奶粉加工项目正式签约。该项目总投资8亿元，计划于6月开工建设。项目建成达产后，杜尔伯特伊利乳业有限责任公司年上缴税金将超过2亿元，日处理鲜奶能力将超过3000吨。杜尔伯特县也将成为全球最大的婴幼儿配方奶粉生产基地。

26日　由青海金祁连乳业公司投资建设的年产1万吨乳制品加工项目召开奠基仪式，祁连县政府副县长贾海亮及各有关部门负责人参加了仪式。

27 日　现代牧业通辽万头奶牛养殖基地项目同内蒙古通辽市签约。该项目占地 66.67 公顷，总投资 4 亿元人民币。

29 日　由山东高速集团“特地”牛奶独家冠名的 2010 年第五届中国（济南）儿童产业国际博览会开幕。在开幕式后举行的新闻发布会上，山东高速投资控股有限公司总经理于少明高调宣布，该集团将扩大奶牛养殖规模和鲜奶产量。高速集团在 2010 年 4 月份成立了山东高速生物工程有限公司，收购了山东天甫乳业公司。投资 6000 余万元，占地 46.67 公顷、设计奶牛饲养规模 5000 头的现代化牧场，现拥有新西兰纯种荷斯坦牛 1200 头，是山东境内十大牧场之一。主打高品质的巴氏杀菌鲜牛奶。

30 日　中地种畜有限公司北京良种奶牛科技园项目经过两年的筹备，已获政府立项。由北京农业产业基金组成的投资团向北京中地种畜有限公司注资 1 亿元人民币，在北京顺义建设规模为 2500 头成乳牛的良种奶牛科技园项目。5 月 30 日该项目顺利通过专家论证，将全面启动建设。

6月

3 日　英国驻华领馆贸易投资总署、西北英格兰发展署和上海奶业行业协会在上海世博园共同举办了中英奶牛研讨会。来自上海、江苏奶业行业的光明乳业、南京卫岗乳业有限公司、多美滋婴幼儿食品有限公司、南京农业大学动物科学院、上海牛奶集团、光明荷斯坦公司、上海荷斯坦公司、上海乳品检测中心、上海普尼测试中心、上海奶牛研究所经理、专家、教授和上海奶业行业协会、江苏省奶业协会的秘书长、专家近 30 人出席了研讨会。

5 日　辽宁阜新万事达化工集团有限公司与北京兴牧富民奶牛专业合作社“万头奶牛示范场”项目签约仪式在阜新蒙古族自治县举行。同时，阜新县政府还与北京市大兴区畜牧局签订了牧业发展战略合作协议。

7 日　“2010 年学生奶奶源升级计划培训班暨 2009 年奶源示范基地授牌仪式”在山东青岛举行。来自全国 15 个省（区、市）奶业管理办公室的相关负责人出席了活动。仪式上，第三批 35 家“学生奶奶源示范基地”被正式授牌。至此，学生奶奶源升级计划已经建成 61 家学生奶奶源示范基地，原奶质量达到甚至超过欧盟标准。

8 日　为中国奶牛养殖业做出巨大贡献的国际主义战士寒春逝世。

9 日　中国教导型企业家第 50 期家人到安顺市贵州奇秀乳业有限责任公司考察，并签约分三期向贵州奇秀乳业有限责任公司投资 1 亿元。

8～10 日　中国奶业协会在山东青岛市组织召开了首届中国奶业大会暨第八届中国国际奶业展览会，开展了乳制品市场促销活动。农业部和山东省政府领导出席会议并作了重要讲话。中国奶业大会的主题是推进奶业产业一体化，建立产加销利益联结的长效机制，为振兴奶业提供保障。中国奶业协会理事长刘成果作了“推进奶业产业一体化”的主题报告。

会议期间，中国奶业协会联合蒙牛、伊利、光明、完达山、三元、佳宝、雀巢、飞鹤等 8 家知名乳品企业开展了乳制品市场促销活动。

会议同期举办了第八届中国国际奶业展览会及高层论坛，还举办了奶牛养殖、乳品加工与市场消费、乳制品质量安全等专场研讨与国际奶业交流专场。参加本次奶业大会、展览会和促销活动的有：全国各奶业有关行政管理部门、行业协会、奶牛养殖场（户）、奶站、乳品加工企业、奶业机械设备企业、教学科研单位有关方面的代表，相关国家驻华使馆官员和国外奶业界同仁等，共计两千余人。

10 日　由美国谷物协会和华夏畜牧主办的“第一届大型奶牛场管理研讨会”在北京召开。主办方邀请 8 位美国专家进行讲座。来自全国各规模奶牛场的管理人员及技术人员和奶牛养殖相关企业的代表 200 多人参会。

15 日　荷兰合作银行发布了 2010 年度“全球乳业 20 强”榜单。蒙牛以 37.7 亿美元的营收从第 19 位跃居第 16 位；伊利以 35.6 亿美元的营收第一次上榜，列第 17 名。雀巢以 259 亿美元的营收位列榜单第一。

17 日　完达山林海公司与上海科星生物技术有限公司在“北大荒经贸合作恳谈会暨项目签约仪式”上签订了年生产能力 10000 吨的无糖牛奶加工项目，签约额为 1 亿元。林海公司总经理高保军代表公司与上海科星生物技术有限公司签约，董事长宋颀年出席签约仪式并见证了签约过程。

18 日　湖南株洲警方对外证实，太子奶创始人李途纯涉嫌非法吸收公众存款，已被警方控制。与此同时，“太子奶”的破产程序也已经启动。这个曾经坐拥资产达 30 亿元、在全国拥有 5 个基地的民营企业，现在只有湖南株洲一个基地在生产。

19～20日　新希望邓川蝶泉乳业有机示范牧场技术研讨会在大理召开，来自全国各地乳业专家和政府领导等30余人为新希望邓川蝶泉乳业有机示范牧场项目工程建设出谋划策。新希望乳业在国内投资的首个全资有机牧场将在云南开建。该项目选址位于大理州洱源县，项目占地28公顷，其中牧场建设用地12公顷，有机牧草用地16公顷，总投资3305万元人民币，计划2010年内开工建设，2011年建成投产。

21日　蒙牛现代牧场通辽万头奶牛养殖基地项目在内蒙古通辽市签约。基地占地2000亩，总投资4亿元人民币，工程分三期建设，一期工程6月底动工，10月末交付使用。

23日　由中国农业科学院北京畜牧兽医研究所、中国奶业协会饲料饲养与环境专业委员会和农业部科技入户奶牛专家组联合主办的“奶牛营养与牛奶质量国际培训班”在北京市颐泉山庄召开。主办方邀请来自美国的营养专家、参与奶牛营养与牛奶质量提升计划项目的专家、技术人员，科技入户示范工程专家、技术指导员，TMR示范场技术人员一起围绕“奶牛营养和牛奶质量”相关的新技术、新成果，重点开展“奶牛营养升级新技术”的推广应用培训。

26～27日　由农业部奶业管理办公室、国家奶牛产业技术体系、中国奶业协会、黑龙江省畜牧兽医局、大庆市政府、黑龙江省奶业协会联合主办，东北农大、奶业体系哈尔滨综合试验站、奶业体系哈尔滨农垦综合试验站、大庆市畜牧兽医局承办的“金钥匙工程”黑龙江培训班在大庆召开。大庆市政府副秘书长王大宇在启动仪式上致欢迎词。

29日　中国宋庆龄基金会与新西兰恒天然集团共同宣布设立总金额为200万元人民币的“恒天然奖学金”项目，在未来4年奖励400名畜牧业和食品科学相关专业的大学生，以吸引更多优秀的本地人才致力于中国食品行业的发展。中国宋庆龄基金会副秘书长李希奎先生、恒天然中国董事总经理腾斐励先生、中国农业大学党委副书记秦世成先生等嘉宾及媒体出席了该项目的启动仪式。

30日　中国荷斯坦X挪威红杂交改良后代命名仪式在内蒙古农业大学校园举行。该仪式由内蒙古奶协和呼和浩特市农牧业局主办，内蒙古农大和挪威基诺育种与A.I.协会中国办事处承办。出席此次命名仪式的嘉宾有挪威农业食品部Heggem副部长、中国农业部奶业管理办公室主任王俊勋、挪威农业食品部Odlo司长、挪威农业食品部李博副司长、中国质检总局于书敏、中国牛业协会会长许尚忠、内蒙古奶协秘书长那达木德、内蒙古农大副校长李金泉教授、基诺首席执行官毕雍斯达、现代牧业总裁高丽娜、伊利原奶事业部技术服务部总监李效、荷斯坦主编豆明等。仪式由内蒙古奶协秘书长那达木德主持。

7月

1日　农业部在广州召开全国饲料和生鲜乳质量安全监管工作会议。农业部副部长高鸿宾出席并讲话。各省（区、市）畜牧饲料管理部门及新疆生产建设兵团畜牧兽医局、黑龙江农垦畜牧局分管饲料和生鲜乳质量安全的厅（局）长和处长参加了会议。公安部、监察部、商务部、卫生部、国家工商总局、国家质检总局等6个部委的代表应邀到会。会议由国家首席兽医师于康震主持，广东省副省长李容根出席并致辞。

5日　河北省石家庄市行唐县凯兴牧业集团投资1000万元的新设备正式投产，年生产能力可达30万吨，成为华北地区最大的奶牛饲料生产基地。

7日　新西兰恒天然集团与中国宋庆龄基金会共同在甘肃省兰州市举办“恒天然乡村母婴健康项目”推进仪式，双方向甘肃省卫生厅捐赠了价值540万元人民币的医用救护车和医疗设备，旨在帮助该省农村地区改善妇幼保健工作和服务能力。此次捐赠包括救护车、医疗设备和其他医疗物资，以及免费的医疗培训，覆盖区域达38个县。

8日　新华网报道，警方查明，在青海省一家乳制品厂，检测出三聚氰胺超标达500余倍，而原料来自河北等地。

13日　卫生部举行新闻发布会，介绍乳品安全国家标准的有关情况。

13日　由全国畜牧总站主办，西藏自治区农牧厅承办的“2010年全国奶牛、肉牛良种补贴项目管理与培训班”在拉萨正式开班，来自全国各地180名学员接受了培训。培训班组委会邀请了来自中国农业科学院、中国农业大学、北京奶牛中心等专业机构的11名专家授课。

13日　蒙牛乳业集团在全国范围内授牌的首个奶源基地落户宁夏石嘴山市惠农区。

15日　中国奶业协会理事长刘成果在蒙牛赛科星董事长姚海涛、销售总监韩玉福和技术总监李喜和博士等的陪同下，参观了蒙牛赛科星位于呼和浩特市和林格尔县城关镇林场南的种公牛站。

15日　伊利宁夏乳业有限公司项目奠基仪式在吴忠举行。项目一期工程投资2.8亿元，主要用于液态奶基地的建立，达产后日产液态奶800吨。

16日　“2010乳业发展国际论坛”在呼和浩特市举行。出席此次论坛的演讲嘉宾有中国奶协理事长刘成果、呼和浩特市市委副书记兰恩华、荷兰合作银行东亚区主管石瑞迪、瑞士银行董事卡尔•贝瑞斯福德、内蒙古奶协秘书长那达木德、内蒙古奶联社总经理李正洪。内蒙古农牧业厅原厅长、内蒙古奶业协会理事长陶克参加了会议。此次论坛由呼和浩特市人民政府主办，呼和浩特市农牧业局、内蒙古奶联社、呼和浩特市奶业协会承办。

16日　新华网报道，农业部新闻发言人说，今年上半年全国牛奶生产同比增长2.2%。

20日　伊利投资5.52亿元在黑龙江杜尔伯特建立奶粉项目第6期工程奠基仪式启动。

20日　内蒙古蒙牛集团银川基地日产1000吨高端液态奶项目奠基仪式在银川经济技术开发区举行。

20日　证券时报报道，中天城投发布公告称公司与贵阳三联乳业有限公司签订《协议书》，已经贵阳市人民政府原则同意。按照协议的有关约定，公司拟在贵阳清镇市为三联乳业新建奶业基地，预计总投资为人民币3.50亿元，以此置换三联乳业的乌当奶牛场土地及地面建筑物、构筑物及附属设施等资产。乌当基地建设用地约466.67公顷。

8月

3日　内蒙古通辽市与蒙牛乳业集团合作的300吨低温奶和种牛繁育技术以及与现代牧业集团合作的万头奶牛牧场3大畜牧业产业化项目在呼和浩特市同时签约。

5日　光明乳业召开临时股东大会，审议《关于认购新西兰Synlait Milk公司51%新增股份的提案》，最终以99.96%的同意比例高票通过此次海外并购，光明乳业的首次海外并购正在按程序逐步推进中。

7～8日　第一届中国国际乳酸菌及发酵乳制品加工技术创新学术大会在呼和浩特召开。来自新加坡、日本、澳大利亚、荷兰、美国、加拿大等国的高等院校、研究所、企业的200多位专家参加会议。

10日　光明乳业表示，由公司承建的“乳业生物技术国家重点实验室”已通过科技部专家组评审认证，这将是中国乳业唯一的国家重点实验室。

10～11日　全国畜牧总站在西安举办了奶牛全混合日粮（TMR）配制技术推广培训班。

12日　天津嘉立荷牧业有限公司5000头示范奶牛场建成。该项目位于宝坻区大钟庄农场内，总投资1亿元，占地48.73公顷。奶牛饲养量5000头，其中成母牛3000头。

13日　新疆天润生物科技公司以9100万元的价格，拍得沙湾盖瑞乳业有限责任公司65%的股权，以及沙湾金牛生物有限责任公司90%的股权。

18～21日　第八次“《中国奶业年鉴》全国特邀编辑座谈会”在呼和浩特市召开，主编刘成果、农业部奶业管理办公室王俊勋主任出席会议并讲话。

19日　吉林省招商引资说明会暨经贸合作项目签约仪式在长春农博园举行，镇赉县与黑龙江飞鹤乳业集团，签订了投资9亿元的合作项目，将联手建设万头奶牛示范牧场。

19日　陕西省农垦集团与西安经发集团战略合作签字仪式暨陕西草滩金牛畜牧有限责任公司华阴奶牛养殖基地开工奠基仪式在华阴农场举行。此次合作，陕西草滩金牛畜牧有限责任公司在华阴农场占地133.33公顷，牛群规模1万头，预计投资1.75亿元。

21日　以“诚信•责任•质量”为主题的中国乳制品工业协会第十六次年会在宁夏回族自治区首府银川召开。国家工信部总工程师朱宏任，宁夏回族自治区副主席郝林海，美国大使馆公使辛思凯，新西兰驻华大使伍开文，澳大利亚大使馆公使孟哲伦，国际乳品联合会总干事罗伯特，中国乳制品工业协会理事长宋昆冈等出席会议。全国乳制品行业的专家、企业家等1000多人参加了会议。

26～27日　由中国食品土畜进出口商会举办的乳制品国际贸易与产业发展研讨会在北京亮马河大厦召开。商务部外贸司重要农产品进口处副处长焦燕，农业部奶业管理办公室主任王俊勋，质检总局进出口食品安全局处长蔡显枫、中国疾病预防控制中心营养与食品安全所院士陈君石，工信部消费品工业司食品处处长郭翔，以及新西兰驻华大使馆农业参赞康宁博士、美国驻华大使馆高级农业专员吴麦克、加拿大国会议员Alice Wong出席了会议并做了演讲。中国奶业年鉴编辑部豆明主任，北京三元股份陈历俊副总经理，内蒙古伊利实业集团重点客户部郭云龙总经理等多位专家对乳制品行业的热点和行业关注的问题与参加会议的 200 多名代表进行了交流。

9月

1 日 农业部部长韩长赋在内蒙古自治区党委副书记、自治区主席巴特尔的陪同下，在呼和浩特市重点考察了伊利、蒙牛两大乳品企业。

3 日 北京奶牛中心博士后科研工作站揭牌成立。

8 日 光明食品集团与日本三井物产株式会社缔结战略合作协议，合作主要内容是糖业与流通业的互相协助，以及乳制品的海外加工事业的共同经营。

9 日 中国新闻网报道，广东龙头马生态有机奶牛养殖基地、现代转基因农业观光基地在广东河源市紫金县柏埔镇良洞村举行奠基仪式。该基地共有七大组团投资项目，预计总投资 8.2 亿元。生态有机奶牛养殖基地、旅游观光园是该集团开发建设的主导项目，投资近 2 亿元，其中奶乳牛养殖基地用地面积达 12000 平方米，规划发展养殖奶牛 10000 头，年产奶啤酒 20 万吨、奶酪 12000 吨、奶酿白酒 8000 吨、奶酿配制酒 800 吨。

12 日 安徽马鞍山市在呼和浩特市举行蒙牛马鞍山PET含乳饮料项目签约仪式，蒙牛集团日生产 600 吨含乳饮料生产线落户该市。项目占地 10 公顷，是蒙牛集团在马鞍山投资建设冰淇淋、酸奶、常温液态奶的基础上，第四次扩产工程，项目计划 2010 年 10 月份开工。

13 日 飞鹤乳业宣布公司变更英文名称，由American Dairy, Inc. 更名为Feihe International, Inc.，即飞鹤国际。

14 日 宁夏银川市兴庆区万亩奶牛基地在月牙湖乡东山坡开工建设。该基地占地 1 万余亩（666.67 公顷），建成后将成为首府最大的养殖业发展基地。

14 日 利拉伐在瑞典发布了全球首台全自动机器人转台挤奶系统（AMR™）。

18 日 内蒙古伊利实业集团发布公告称，将投资 3.46 亿元，在河北省张家口市张北县新建日产 1200 吨超高温灭菌奶项目，建设期为 19 个月。

20 日 “国家学生饮用奶计划实施十周年论坛”在人民大会堂隆重举行。此次论坛由国家学生饮用奶计划部际协调小组主办。农业部、国家发改委、教育部和中国奶业协会等部委领导出席此次活动，并对表现突出的先进集体和个人进行了表彰。

26 日 成都太子奶生物科技发展有限公司破产资产拍卖公告见诸报端，全部厂房设备叫卖 2.25 亿元。

27 日 《福布斯亚洲》杂志刊发 2010 年“亚洲上市公司 50 强”福布斯排行榜，中国内地有 16 家企业上榜，其中，蒙牛品牌作为中国唯一入榜乳品企业，率先挺进 50 强的名单。

27 ～ 29 日 2010 年全国种公牛站站长培训班在上海举办。培训班由农业部畜牧业司、全国畜牧总站主办，上海奶牛育种中心有限公司、上海肉牛育种中心有限公司承办。来自农业部畜牧业司、畜牧总站、冻精质检中心的领导，全国各省市的公牛站站长、赞助商等近 120 位代表参加培训班。

30 日 贵州三联乳业乳品工业园正式开工。含冰激凌、奶粉在内，有近 30 条生产线、日处理鲜奶能力 1000 吨。

10月

10 ～ 12 日 农业部在宁夏银川市召开“德系西门塔尔（弗莱维赫）”乳肉兼用牛区域试验示范推广项目管理与技术会议，贺兰县四海肉牛养殖场被选定为示范观摩点，12 日来自农业部和全国 13 个省区的领导专家参加了观摩。

12 日 科技日报报道，河南省生物工程院士工作站在河南花花牛集团公司揭牌。这是该省 2010 年首批批准在企业设立的 42 个院士工作站中第二个揭牌的工作站。河南省生物工程院士工作站，由中国工程院院士李宁与花花牛集团共同组建。

14 日 中新网报道，据农业部网站消息，农业部办公厅日前发布《关于开展全国生鲜乳收购站拉网式检查的通知》。通知称，农业部将于近期组织开展全国生鲜乳收购站拉网式检查，所有抽检的样品检测三聚氰胺。通知要求各省（区、市）畜牧兽医（奶业）主管部门于 2010 年 11 月 30 日前完成拉网式检查和抽样，12 月 10 日前完成样品的检测及复议工作，12 月 20 日前将拉网式检查总结报送农业部奶业管理办公室。

14日　中新网报道，投资5.1亿元的蒙牛PET项目日前落户河北保定望都县。

15日　广西武宣县水产畜牧兽医局代表该县与广西皇氏甲天下乳业股份有限公司在南宁签订建设奶水牛养殖基地合作协议。根据协议，皇氏乳业将武宣县列为水牛奶源生产基地，从今年10月起至2011年12月底，在武宣县投资约1000万元，建成10个标准化的“广西皇氏乳业武宣奶水牛养殖小区”以及一个标准化的奶水牛养殖示范场。

17～18日　“中加奶业技术研讨会”在西安举行。此会由加拿大驻华大使馆、加拿大国际项目署、陕西省畜牧兽医局共同主办，陕西省畜牧技术推广总站、亚达艾格威公司承办。加拿大驻华大使馆参赞孔乐思、加拿大农业部市场准入司司长高富德、陕西省畜牧技术推广总站站长郭庆宏、亚达艾格威公司总经理罗伯特—华森出席了研讨会开幕式。陕西省畜牧局畜牧处刘收选处长代表畜牧局致开幕词，会议由郭庆宏站长主持。陕西省关中地区奶牛养殖大县的县市级畜牧兽医人员、规模牛场的技术负责人和畜牧兽医技术人员，共120多人参加会议。

18日　总投资2亿元的上海光明牛奶集团万头奶牛牧场建设项目在富裕县友谊乡小哈洲村破土动工。

19日　云南昆明市举办现代奶业体系建设技术培训会。培训会由昆明市农业局主办，市动物卫生监督所承办。昆明市各区县畜牧局、畜牧站负责人，昆明雪兰等乳品公司奶源部和大型牧场场长、技术人员近百人参加培训。

19日　以色列LR集团集约化养牛项目推介会在哈尔滨市举行。该项目采用“工厂化农业”的理念，来自哈尔滨市各个区、县（市）的近百个养牛大户代表参加了推介会。

20日　新西兰恒天然集团与河北省玉田县政府正式达成协议，将在该县兴建恒天然牧场。继唐山恒天然牧场成功试点后，恒天然集团将再投资2亿元以扩大其在中国本地的牛奶生产。

21日　人民网报道，20号，国家质检总局举行2010年版《企业生产婴幼儿配方乳粉许可条件审查细则（征求意见稿）》听证会。新版《细则》的最大特点，是提高了对企业自行检验产品质量的要求，特别强调了对三聚氰胺的检验。

22日　中国财政部发布消息称，财政部拨付了1.9亿元用于乳制品企业收购原料奶贷款贴息。加上2009年已拨付的0.8亿元，财政部共拨付原料奶收购贷款贴息资金近2.7亿元。

23日　包括北京市消协在内的17个省市消协组织在北京召开“部分城市母乳代用品市场消费状况研讨会”，会上披露目前国内的纯母乳喂养率只有不到20%。

26日　广州番禺区召开亚运赛时奶牛安全生产工作会议，区畜牧兽医局相关领导、有奶牛养殖的镇街农办（经管科）、畜牧兽医站负责人参加了会议。

27日　龙江银行齐齐哈尔分行与黑龙江省齐齐哈尔市畜牧兽医局共同签署奶牛产业金融服务合作框架协议。协议规定，未来三年，龙江银行齐齐哈尔分行将提供4亿元以上的信贷资金，用于支持建华、铁锋、昂昂溪、梅里斯、碾子山等区的奶牛产业发展。

29日　京华时报报道，卫生部近日公布食品安全国家标准《食品营养强化剂使用标准》，向社会公开征求意见。根据该标准，儿童配方调制乳粉和调制奶油粉中二十二碳六烯酸（即DHA）占总脂肪酸含量的百分比必须≤0.5%。此外，还对儿童米粉、米糕等食品中的DHA含量做了规定。

11月

2日　中新网报道，由中国扶贫发展中心、四川阿坝藏族羌族自治州人民政府主办，西部牦牛集团和北京三千三乳业有限公司在京举行新闻发布会，产自青藏高原、最优质、最天然的健康乳品红原牌“三千三”系列牦牛乳粉，正式走出藏区进军全国高端奶粉市场。

2日　黑龙江畜牧兽医信息中心报道，黑龙江省最大的优良种畜生产基地黑龙江省博瑞遗传有限公司新生产基地落成。该生产基地占地10万平方米，其生产环境控制和产品生产管理处于世界领先水平，投产后年优质遗传产品生产能力将达到400万份，将使该省奶牛和肉牛的良种化率达到100%。

3日　国家质检总局发布《企业生产婴幼儿配方乳粉许可条件审查细则（2010版）》和《企业生产乳制品许可条件审查细则（2010版）》，对生产婴幼儿配方乳粉和乳制品的企业提出更具体、更细致、更明确的要求。

8日　三农在线报道，4日，全国畜禽养殖标准化示范创建现场会在湖北宜昌市召开。

23 日　新华网报道，20 日，第八届“中国食品安全年会”开幕式在北京人民大会堂举行，年会由国家工商总局、国家质检总局、国家食品药品监管局、农业部、科技部、海关总署和北京市食品安全委员会共同主办。全国人大常委会副委员长周铁农、全国政协副主席白立忱、十届全国人大常委会副委员长顾秀莲、国务院食安委办公室副主任刘佩智、农业部副部长牛盾等国家部委领导人出席并发表讲话。

26 日　凤凰网报道，22 日，蒙牛正式宣布以 4.692 亿元的价格收购石家庄君乐宝 51%的股权，正式入主这家全国第四的酸奶企业。在并购后，君乐宝将保留其原有品牌。

26 日　安徽曦强乳业集团年产 7.5 万吨乳制品工业园正式投产。

26 日　凤凰网报道，现代牧业香港上市，公开发售部分只获得 3.0 倍超额认购；招股价设在指导区间 2.89 ～ 3.69 港元的下限。

27 日　中国奶业协会第六届会员代表大会在北京召开。会议选举高鸿宾为会长，魏克佳为常务副会长，谷继承为秘书长兼副会长。会议还修改了协会章程，颁发了中国奶业终身贡献奖。

12月

1 日　中国畜牧网报道，农业部奶业管理办公室在重庆组织召开 2010 年全国生鲜乳质量安全监管工作会议。各省、区、市和黑龙江省农垦总局、新疆生产建设兵团畜牧局生鲜乳质量安全（奶业）主管处长，农业部奶及奶制品质量监督检验测试中心、农业部畜禽产品质量监督检验测试中心、农业部食品质量监督检验测试中心及各省、区、市质检机构负责人等近 130 人参加会议。农业部奶业管理办公室主任王俊勋出席并作重要讲话，重庆市农委副主任王健到会致辞，会议由农业部奶业管理办公室副主任马莹同志主持。

3 日　天津网报道，2 日，总投资 5 亿元的天津光明梦得乳品有限公司生产基地扩建工程正式开工。

16 日　新华网报道，15 日，“中国奶粉爱心诚信联盟活动”在京启动。原全国人大副委员长、中国关心下一代工作委员会主任顾秀莲，中国关心下一代工作委员会副主任，黑龙江省人民政府副秘书长金济滨，齐齐哈尔市副市长任玉良等出席活动。“中国关心下一代健康体育基金会•婴幼儿奶粉爱心诚信基金”成立仪式及中国奶粉业的质量安全与社会责任论坛同期举行。

21 日　中国饲料在线报道，16 日，甘肃白银市政府与内蒙古蒙牛乳业（集团）股份有限公司签订奶产业战略合作框架协议，蒙牛集团借款 2 亿元，扶持推动该市奶产业加快发展。

24 日　中国日报报道，21 日，伊利南京乳业项目签约仪式在南京市国际会议中心盛大举行。此次签约的伊利南京酸奶项目位于六合区，预计总投资 7 亿元。

28 日　中新社报道，中国蒙牛乳业有限公司在香港宣布，公司创始人牛根生已将其名下的境外蒙牛股权资产全数转让给Hengxin信托，以贡献公益慈善事业。

29 日　成都统一企业食品有限公司第三期增资扩产项目——无菌饮料生产线及配套厂房设施建设项目落成投入使用。

30 日　新华社报道　西南首家现代畜牧园区在重庆市长寿区新市镇开工。园区规划面积 50 平方公里，建设生猪产业、奶牛产业和畜牧工业三大板块，总投资 30 亿元。奶牛业方面，主要建设 1 万头奶牛健康养殖项目，长寿区将用三年时间，把园区建设成为重庆优质奶源基地，创建以绿色、有机牛奶为核心的知名品牌。

30 日　中国农垦信息网报道　19 日，世界首例转基因克隆水牛在广西大学科研基地金光乳业水牛场落地。

2010年度农业部奶业管理办公室大事记

3月　中新奶业培训班在新西兰惠灵顿顺利召开。在为期十多天的培训中，新方围绕奶业法规、奶畜养殖、奶牛集约化饲养、生鲜乳质量控制与管理等内容对中方人员进行培训，并开展座谈会，互相交流，探讨奶业领域合作事宜。

5月　中国奶业发展高峰论坛暨第三届中国奶业大市（县）奶业管理工作研讨班在四川绵阳召开。此次论坛以“奶源基地建设与科学发展”为主题，围绕促进畜牧业特别是奶业健康发展进行研讨和培训。

6月　首届中国奶业大会暨第八届中国国际奶业展览会在山东青岛召开。大会以“推进奶业产业一体化”为主题，就推动奶业恢复振兴，转变奶业发展方式，促进我国现代奶业建设等内容，设置了4个专业论坛，4个技术专场和2个管理研讨会。

9月　由新疆奶业办公室和加拿大国际项目署共同主办的“中加奶业技术研讨会”在乌鲁木齐市举行。来自加拿大和国内的知名专家，就国内外奶牛饲养、良种繁育等内容进行了交流。来自新疆各州县的150余位代表参加了会议。

9月18日　“2010年中国乳业可持续发展论坛”在江苏昆山举办。论坛围绕奶业产业一体化经营，牧场多元化管理，乳品质量与安全、乳品加工与消费等主题展开。

10月　农业部畜牧业司组织的“全国奶水牛工作座谈会”在云南省腾冲县召开。来自各省畜牧部门、科研单位和企业的代表参加了会议。会议研究了奶水牛业的发展现状、存在的问题及下一步工作措施。

11月初　农业部畜牧业司组织的2010年全国生鲜乳质量安全监管工作会议在重庆市召开。来自全国各省、自治区、直辖市和黑龙江省农垦总局、新疆生产建设兵团的生鲜乳质量安全监管单位、质检单位负责人共130余人参加了会议。会议总结交流了2010年全国生鲜乳质量安全监管工作，部署了2011年全国生鲜乳质量安全监管任务，研究讨论了2011年全国生鲜乳质量安全监测工作方案。

11月上旬　农业部代表团应邀出席了在新西兰举办的第28届世界乳业峰会，并考察了新西兰草原保护建设和畜牧业发展。代表团先后参观了Milfos和NDA奶业设备加工公司、Ambreed育种公司、新西兰农业研究所及其试验草场和奶牛场、新西兰奶业协会（Dairy　NZ）、恒天然公司（Fonterra）、SAITL乳品检测中心，多次与新方管理、科研和生产一线的相关人员进行了深入细致的交流。

12月　第四届“中澳奶业对话会”在澳大利亚墨尔本顺利举行。双方（中国农业部与澳大利亚农业、渔业与林业部）交流了中澳奶业发展情况，探讨了奶业合作事宜。

营销与品牌建设

2010年在商标管理案件中认定的乳品行业驰名商标

商标	注册人	类别及使用商品/服务
澳　优	澳优乳品（湖南）有限公司	第5类：婴儿奶粉
迎春乐	青岛迎春乐乳业（集团）有限公司	第29类：牛奶、牛奶饮料（以奶为主）、牛奶制品
宏宝莱	宏宝莱集团股份有限公司	第30类：冰淇淋、冰糕

认定机构：国家工商总局商标局。

2010年《中国500最具价值品牌》排行榜中主营或兼营奶业品牌

品牌名称	排名	品牌拥有机构	品牌价值（亿元）	主营行业
伊　利	40	内蒙古伊利实业集团股份有限公司	281.12	食品、饮料
新希望	72	四川新希望集团有限公司	108.36	饲　料
超　大	83	福州超大现代农业发展有限公司	96.38	农　业
娃哈哈	96	杭州娃哈哈集团有限公司	90.18	食品、饮料
雅士利	165	广东雅士利集团有限公司	52.88	食品、饮料
汇　源	259	北京汇源饮料食品集团有限公司	34.39	食品、饮料
完达山	171	黑龙江省完达山乳业股份有限公司	51.83	食品、饮料
三　元	187	北京首都农业集团有限公司	47.69	食品、饮料
光　明	360	光明乳业股份有限公司	21.04	食品、饮料
维　维	403	维维食品饮料股份有限公司	17.40	食品、饮料
摇　篮	432	黑龙江摇篮乳业股份有限公司	15.86	食品、饮料
圣　元	488	青岛圣元乳业股份有限公司	11.33	食品、饮料
旺　旺	342	旺旺集团有限公司	23.05	食品、饮料

注：世界品牌实验室独家编制；发布时间为2010年6月28日。

2010年中国企业500强中的乳业企业

单位：万元

排名	上年排名	企业名称	营业收入	乳业收入
79	117	光明食品（集团）有限公司	7 553 083	
134	131	新希望集团有限公司	4 606 739	149 410
249	257	内蒙古伊利实业集团股份有限公司	2 432 355	2 378 207

注：由中国企业联合会和中国企业家协会评选；公布时间2010年9月4日；销售收入为2009年销售收入。

2010年中国制造业500强中的乳业企业

单位：万元

排名	上年排名	企业名称	营业收入	乳业收入
33	52	光明食品（集团）有限公司	7 553 083	
59	62	新希望集团有限公司	4 606 739	149 410
122	135	内蒙古伊利实业集团股份有限公司	2 432 355	2 378 207

注：由中国企业联合会和中国企业家协会评选；公布时间2010年9月4日；销售收入为2009年销售收入。

2010年获得中国有机食品认证的乳制品

企业名称	证书范围	证书号	颁证机构
传喜乳业	青贮玉米、苜蓿、大豆（自用）；牛奶、奶牛	106100F0639R0S-1	五洲恒通
传喜乳业	青贮玉米、苜蓿、大豆（自用）；牛奶、奶牛	106100F0639R0S	五洲恒通
北京兴发旧县奶牛场	牛奶（原奶）	106100F0968R0S	五洲恒通
北京北庄南山奶牛场	牛奶（原奶）	106100F0880R0S	五洲恒通
北京润民养殖公司	牛奶（原奶）、奶牛	106100F0827R0M	五洲恒通
北京兴利鹏奶牛中心	奶牛（生鲜乳）	CQC-OP-502001-0244	中国质量认证
北京归原生态农业公司	纯酸牛奶/酸牛奶/牛奶/低脂牛奶/全脂酸牛奶/低脂酸牛奶	CQC-OP-503001-0245	中国质量认证
张家口塞北草业公司	生鲜牛乳	15/1000420R00	杭州万泰
丰宁三塔农牧公司	牛奶	CHC10010204R0S-2	五岳华夏
丰宁缘天然乳业	牛奶（纯牛奶）	106110F0159R3M	五洲恒通
中兴农牧公司	奶牛、牛奶（原奶）	106110F0166R3M	五洲恒通
丰宁三缘牧业	奶牛、牛乳（生乳）	106110F0583R0M	五洲恒通
河北三元	全脂灭菌纯牛乳	15/1000410R10	杭州万泰
内蒙古云海秋林公司	生鲜牛奶	COFCC-R-0512-0192	中绿华夏
蒙牛乳业	生鲜牛奶	COFCC-R-0801-0008	中绿华夏
蒙牛乳业	纯牛奶	COFCC-R-0801-0009	中绿华夏
蒙牛乳业	生鲜牛奶	COFCC-R-1004-0071	中绿华夏
蒙牛乳业	生鲜牛乳	15/1100081R10	杭州万泰
伊利实业	金典有机奶	OP-2907-915-558	南京国环
伊利实业	奶牛、生鲜奶	OF-3104-915-558	南京国环
乌兰察布瑞田农牧业公司	苜蓿；青贮玉米；甜玉米；生鲜牛乳	15/1000607R00	杭州万泰
伊金霍洛万隆兴奶牛公司	牛奶（原奶）	106110F0082R0S	五洲恒通
达拉特旗邦成农业公司	生乳（牛乳）	106110F0461R0M	五洲恒通
鄂托克旗雨田种养殖公司	产奶牛、生鲜奶、育成牛、犊牛	OF-3104-915-1291	南京国环
达茂联合旗养牛服务中心	牛/鲜牛奶	CHC-NMG-ZS2009025	五岳华夏
大连和大奶牛公司	生鲜牛乳等	15/1100260R10	杭州万泰
本溪市溪湖区爱民奶牛场	生鲜牛乳	15/1100301R10	杭州万泰
黑龙江兴安岭乳业	奶牛/原奶、青贮玉米、婴儿配方奶粉、较大婴儿配方奶粉、幼儿配方奶粉	00710010108R2S	广东中鉴认证
哈尔滨惠佳贝食品公司	奶牛（生鲜乳）	CQC-CP-502001-0739	中国质量认证
飞鹤乳业	婴儿配方奶粉、孕产妇配方奶粉	02810010172R0M	中安质环
飞鹤乳业		10010034R0L	黑龙江农产品质量认证
富锦头兴牧业	奶牛、牛奶	OF-3104-923-1149	南京国环
北安宜品乳业	婴幼儿配方奶粉	087-11-01-P027-R1M	辽宁方园认证
上海牛奶集团	有机鲜牛奶	COFCC-R-0801-0013	中绿华夏
常州瑶瑶奶牛合作社	牛奶（原奶）	106100F0738R0S	五洲恒通
江苏春晖乳业	牛奶（娟姗纯优牛奶）	15/1100368R30	杭州万泰
宁波市牛奶集团	生奶	CQC-OP-502001-0877	中国质量认证
宁波市牛奶集团	鲜牛奶	CQC-OP-503001-0878	中国质量认证
蚌埠市和平乳业	牛奶（原奶）	106100F0644R0M	五洲恒通
汶上县汇鑫牧业	牛奶（原奶）	106100F0618R0M	五洲恒通
昌乐茂园奶牛合作社	奶牛	087-10-01-C086-R0S	辽宁方园认证
邹城市牧兴奶牛合作社	奶牛	106100F0863R1S	五洲恒通

（续）

企业名称	证书范围	证书号	颁证机构
邹城市嘉兴奶牛公司	肉牛	106100F0862R1S	五洲恒通
邹城市犇奔养殖公司	生乳（牛乳）	106110F0341R0M	五洲恒通
泰安岱岳区瑞泽奶牛场	奶牛、牛奶（原奶）	106110F0067R1S	五洲恒通
山东泰山安康生态乳业	巴氏杀菌乳	00211010010R0S	方圆认证
东营市柏拉蒙奶牛公司	原料奶	OF-2907-937-1126	南京国环
枣庄祥和乳业	巴氏纯牛奶、灭菌纯牛奶	02811010132R0M	中安质环
齐河县众鑫源奶牛合作社	牛奶	CHC11010139R0S-2	五岳华夏
山东银香伟业集团	产奶牛、育成牛、犊牛	OF-3104-937-1269A	南京国环
山东银香伟业集团	纯牛奶、全株玉米（不外销）、肽乳、奶牛（不外销）、牛犊（不外销）、纯牛奶（低脂）、巴氏杀菌鲜奶、生鲜牛奶等	106100F0690R5L	五洲恒通
山东银香伟业集团	纯牛奶、全株玉米（不外销）、肽乳、奶牛（不外销）、牛犊（不外销）、纯牛奶（低脂）、巴氏杀菌鲜奶、生鲜牛奶等	106100F0690R5L-1	五洲恒通
山东银香伟业集团	纯牛奶、全株玉米（不外销）、肽乳、奶牛（不外销）、牛犊（不外销）、纯牛奶（低脂）、巴氏杀菌鲜奶、生鲜牛奶等	106100F0690R5L-2	五洲恒通
山东银香伟业集团	纯牛奶、全株玉米（不外销）、肽乳、奶牛（不外销）、牛犊（不外销）、纯牛奶（低脂）、巴氏杀菌鲜奶、生鲜牛奶等	106100F0690R5L-4	五洲恒通
山东银香大地乳业	纯牛奶、纯牛奶（低脂）、巴氏纯鲜牛奶	OP-2907-937-1350	南京国环
焦作多尔克司乳业	牛乳（生乳）	106110F0582R0M	五洲恒通
武汉惠尔康扬子江乳业	鲜牛奶、酸奶	NWAFUC0909300I00510S	西北农大认证
澳优乳业	较大婴儿配方奶粉、婴儿配方奶粉、较大婴儿和幼儿配方奶粉	COFCC-R-0910-0220	中绿华夏
眉山爱德奶业	牛奶（生乳）	106110F0257R0S	五洲恒通
四川共发良种奶牛公司	生乳（牛乳）	106110F0362R0S	五洲恒通
红原牦牛乳业	牦牛淡乳粉、牦牛液体乳	15/1100477R10	杭州万泰
泾阳兴云畜牧业公司	生鲜牛奶	NWAFUC0912100I00610S	西北农大认证
陕西金牛乳业	羊奶粉（原奶粉）	106110F0137R1M	五洲恒通
陕西建兴奶牛繁育公司	生鲜牛乳	15/1100158R00	杭州万泰
陕西莎能羊乳品公司		08411010014SR0	中食恒信认证
天水嘉信畜牧公司	生鲜牛奶	NWAFUC0912230I00600S	西北农大认证
天水嘉乐乳品公司	酸奶、鲜奶	NWAFUC1006090I00640S	西北农大认证
新疆伊源乳业		00210010021R0M	方圆认证
昭苏中洲公司		00210010022R0M	方圆认证
新疆旺源驼奶公司	驼奶	05510010017R0S	中环联合认证

奶业资本市场

乳业上市公司

表 19-1　2010年主营乳业上市公司

单位：亿元

公司名称	上市地点	销售额	净利润
中国蒙牛乳业有限公司	中国香港	302.65	12.37
内蒙古伊利实业集团股份有限公司	上　海	296.65	7.77
光明乳业股份有限公司	上　海	95.72	1.94
雅士利国际控股有限公司	中国香港	29.54	5.02
北京三元食品股份有限公司	上　海	25.72	0.51
中国乳业集团（西安银桥）	新加坡	18.08	-1.12
飞鹤国际有限公司	美　国	17.33	-0.66
圣元国际有限公司	美　国	17.01	-1.47
环球乳业控股有限公司	中国香港	9.22	2.61
澳优乳业股份有限公司	中国香港	5.79	1.10
广西皇氏甲天下乳业股份有限公司	深　圳	4.11	0.57
黑龙江兴安岭乳业有限公司	美　国	3.72	0.20

注：数据来自企业的年报；1$=6.74RMB。

表 19-2　2010年兼营乳业上市公司

单位：亿元

公司名称	上市地点	乳品销售额
浙江贝因美科工贸股份有限公司	深　圳	34.70
四川新希望农业股份有限公司	深　圳	14.94
合生元国际控股有限公司	中国香港	7.94
徐州维维食品饮料股份有限公司	上　海	-
哈尔滨工大高新技术产业开发股份有限公司	上　海	1.35
新疆塔里木农业综合开发股份有限公司	上　海	0.95
河北福成五丰食品股份有限公司	上　海	0.42
湖南金健米业股份有限公司	上　海	0.40

表 19-3　2010年海外上市公司

单位：亿元

公司名称	上市地点	销售额	净利润
中国蒙牛乳业有限公司	中国香港	302.65	12.37
雅士利国际控股有限公司	中国香港	29.54	5.02
中国乳业集团（西安银桥）	新加坡	18.08	-1.12
飞鹤国际有限公司	美　国	17.33	-0.66
圣元国际有限公司	美　国	17.01	-1.47
环球乳业控股有限公司	中国香港	9.22	2.61
合生元国际控股有限公司	中国香港	7.94	/
澳优乳业股份有限公司	中国香港	5.79	1.10
黑龙江兴安岭乳业有限公司	美　国	3.72	0.20

全国乳业企业新建、扩建项目

表 19-4 2010年各地乳品企业新建项目

单位：万元；吨/日

省 份	项目名称	投 资	日处理	主要产品
河 北	石家庄永盛乳业有限公司	21 243	750	酸奶
黑龙江	飞鹤乳业龙江分公司	42 000	900	婴幼儿配方奶粉等
	完达山乳业嫩江分公司		600	婴幼儿配方奶粉等
广 东	蒙牛乳业（清远）有限公司	20 000	200	酸奶
贵 州	三联清镇石关乳品加工项目	43 500	1 000	液态奶（含冰激凌、奶酪）奶粉
云 南	昆明龙腾生物乳业	35	20	婴幼儿配方奶粉

数据来源：各地奶业协会，下同。

表 19-5 2011年各地乳品企业预建新建项目

单位：万元；吨/日

省 份	项目名称	投 资	日处理	主要产品
江 苏	徐州君乐宝国润乳业	15 000	300	灭菌奶、酸酸乳、谷物饮料、酸牛奶
云 南	昆明雪兰	2 800	300	液态奶系列；乳饮料
	昆明雪兰阳光早餐项目	500	50	保健牛奶
青 海	天露乳业特色乳品加工项目	11 280	50	UHT奶、红景天奶、酸奶、沙棘酸奶、奶酪、干酪素、无水黄油

表 19-6 2010年各地乳品企业扩建项目

单位：万元；吨/日

省 份	项目名称	投 资	原处理能力	新增处理能力	主要产品
天 津	天津光明梦得	36 501	210	230	巴氏、UHT、酸奶
	天津完达山	1 600	300	90	盒装纯牛奶、乳饮料
内蒙古	包头伊利	16 206	700	240	UHT奶、乳饮料
吉 林	广泽乳业	59 000	500	800	酸奶
	新高乳业	12 000	200		酸奶
黑龙江	杜蒙伊利六期	60 000	1 500	1 600	婴幼儿配方奶粉
	万家宝异地扩建项目	5 000	50	250	液态奶
江 苏	徐州卫岗	9 000	100	150	常温奶
	扬州华兴乳业	210	40	40	液体乳
	江苏三元双宝乳业	1 784	40	90	常温奶
	扬大康源乳业	6 000	80	70	巴氏奶、酸牛奶、调制乳、乳饮料、奶粉
广 西	百强乳业	1 800	60	150	巴氏杀菌水牛奶系列
重 庆	天友南坪基地扩建	8 600	300	75	巴氏奶、酸奶、UHT奶
	天友百利包生产线扩能	500	300	50	UHT奶
	天友酸奶生产线扩能技改	500	300	50	酸牛乳、调味酸牛乳
四 川	成都伊利康美包生产线	348		48	果之优酸乳
	成都伊利液奶技术改造	3 802		240	优酸乳
	成都伊利儿童奶生产线技改	2 385		83	HDPE瓶装儿童奶
云 南	昆明雪兰	30	20	60	液态奶
	龙腾生物乳业奶粉生产线技改	145	15	35	奶粉
	弥勒多喝乳业杯装酸奶技改	1 200	6	24	杯装酸奶

（续）

省　份	项目名称	投　资	原处理能力	新增处理能力	主要产品
陕　西	红星乳业	16 500		600	液态羊奶、羊奶粉、羊奶酪
甘　肃	兰州庄园	600			藏灵菇酸奶
	酒泉乐为尔乳业	100	5	10	原味酸奶、草莓酸奶
	酒泉乐为尔乳业	260	25		巴氏奶
	蒙牛益多多乳业低温奶车间	400		25	老蒙古酸奶、百利包酸奶
	蒙牛益多多乳业常温奶车间	850		35	利乐包纯牛奶
	兰州伊利乳业	15 000	100	300	液态奶
青　海	湟乳公司	930	60	60	酸奶等液态奶
	天源奶制品有限公司	1 000	20		酸奶
宁　夏	夏进低温酸奶项目	200	10	10	发酵乳
	夏进百利包生产线	100	280	320	百利包
	亿美乳业	3 100	50	400	蛋白粉

表 19-7　2010年各地乳品企业预建扩建项目

单位：万元；吨/日

省　份	项目名称	投资	原处理能力	新增处理能力	主要产品
江　苏	徐州卫岗	3 000	150	350	常温奶
	长江乳业	1 800	30	70	液态奶系列
广　西	百强乳业	1 200	50	100	学生奶系列
重　庆	天友乳业一厂车间技改	1 170	500	80	各类液体乳、乳饮料
	乳峰乳业利乐生产线	300	30	15	灭菌乳、乳饮料
四　川	成都伊利液态奶增2条生产线	5 315		190	优酸乳
	成都宝龄乳品公司	10 000	50	150	纯牛奶、酸奶、乳饮料等
云　南	云南乍甸乳业	4 976	60	100	乳制品深加工
甘　肃	兰州庄园	1 432	11	22	乳粉
	兰州庄园技改扩建	3 040	100	200	纯牛奶、酸奶

奶业行业人物

专　　家

王　炎

技师，女，1967年5月出生于北京，毕业于北京农工商职工大学大专财会专业，具有养牛技师资格。

主要工作经历：1986—1998年在金星牛场先后从事挤奶、资料统计、生产科长等方面工作，1998年12月至2000年1月在旧宫北牛场任党支部副书记，2000年1月至2002年11月在亦庄牛场任副场长，2002年11月至2005年6月任太和牛场场长兼党支部书记，2005年12月至2008年7月任金星牛场场长兼党支部书记，2008年7月至今任金银岛牧场场长兼党支部书记。在担任场长期间连续多年被评选为三元绿荷的“优秀场长”，1994年和2008年两次被北京市总工会授予首都五一劳动奖章，2008年由于所在牛场承担奥运特供奶任务完成出色，被市国资委和集团公司评为奥运两会优秀共产党员，2010年被北京市总工会评为北京市劳动模范，2011年所在金银岛牧场被农业部评选为标准化标杆单位。

对奶业发展主要贡献：王炎养牛20多年，从一名普通的一线职工成长为三元绿荷优秀的技术型和管理型干部。在1992年北京市举办的行业比武中，荣获了北京市总工会“北京市技术能手”光荣称号，同年被评为养牛行业首批工人技师。

她十分注重科技创新，经常与技术人员探讨对生产各环节加以改进的可能性；坚持改革创新，极大地提高了牛场奶牛生产中的科技含量。坚持DHI性能测定工作，利用牛只牛奶体细胞数据进行隐性乳房炎监控，并形成了一整套完备严格的措施；她还通过实验和探索，独创了“滤纸评分法”使牛奶质量得到全面提升；建立和完善了奶牛肢蹄病的预防保健体系，减少了牛群因蹄病导致的牛只淘汰；推广犊牛初乳灌服及血清蛋白检测的办法，有效控制了犊牛疾病率，保障了犊牛健康成长；她制定了各岗位责任制和操作规程，调整了牛群结构，改革了饲养工艺，对牛群进行了分群管理，使管理规范科学；同时调整了奶牛饲料结构，充分保证了奶牛的营养需要，使牛奶产量大幅度提高；为了提高技术人员和员工整体素质，每年年初她都制定培训计划，并定期进行考核，严格执行各项技术标准，使全场奶牛乳房炎、肢蹄病、消化代谢病逐年下降，保障了牛群健康。

王炎担任场长的金银岛是三元绿荷也是北京市最大的牛场之一，2008年单产完成10239千克，同时牛奶质量、奶牛繁殖率、成母牛淘汰率等各项均名列三元绿荷第一。2009年金银岛牧场努力降低费用开支，克服困难改造旧设备，自己加工饲料，每月节省开支10多万元，赢得了领导的信赖和职工的爱戴。2009年头年单产完成10267千克，同比增加27千克，同时获得三元绿荷高产奖、质量奖并被评为优秀党支部。2010年是金银岛生产利润、质量、职工收入大丰收的一年，单产完成10735千克，职工收入在三元绿荷排名前列，年利润实现489万元，年体细胞平均数在25万以下，牛奶细菌数控制在5万以下，获得绿荷高产奖、质量奖，达到历史最高水平。同时，金银岛牧场连续4年头年单产超过10000千克，产量及质量均达到世界先进水平。几年来金银岛牧场成功总结实践了三元绿荷“EDTM”的生产技术管理体系，是三元绿荷标准化落实最扎实最到位的牛场，2011年金银岛牧场被农业部评选为标准化标杆单位。

付殿国

研究员，男，1962年6月出生于长春，1985年毕业于延边农学院牧医系，2003年10月于解放军军需大学获硕士学位。现任吉林省畜牧总站站长。

主要工作经历：1985年7月至2006年10月在吉林省兽医科学研究所工作，先后任科研科科长、副所长，研究实习员、助理研究员、副研究员、研究员。吉林省畜牧兽医学会秘书长。

对奶业发展的主要贡献：该同志主要从事动物疫病防治技术的研究和技术推广工作，取得了多项科研成果，对奶业发展做出了一定贡献。参加完成了农业部和吉林省科技厅攻关项目“牛副结核灭活疫苗的研究”，该项研究的“牛副结核灭活疫苗的制造及检验规程”通过农业部审定，取得了《新兽药证书》，获吉林省科技进步三等奖。参加完成了“牛副结核菌株鉴定方法的研究和地方菌株的鉴定”科研课题，获吉林省畜牧局科技进步一等奖。应用该成果在吉林省、辽宁省、黑龙江省流行副结核病的牛场进行副结核病防治净化工作，使牛副结核病得到净化，取得十分可观的经济效益。主持编写了“牛副结核病诊断和监测技术规范”、“牛结核诊断技术”，对奶牛副结核病和结核病防治发挥了较大作用。组织开展了“乳肉兼用德系西门塔尔牛试验示范”、“高产奶牛生产及扩繁技术”推广试验项目。通过引进德国乳肉兼用牛遗传物质改良中国西门塔尔牛和加系西门塔牛，推广乳肉兼用牛，积极推广奶牛性控冻精和奶牛标准化生产技术，取得了较好的效果。为加强乳品安全监管，组织承担全省生鲜乳质量安全监测工作，对奶牛场、奶站和生鲜乳运输车进行了抽样检测，有效地保证了吉林省生鲜乳的质量安全。

关伟昆

畜牧师，男，1947年10月29日出生于广东省广州市。1967年毕业于广东省农垦技术专科学校畜牧专业，现任广州市奶牛研究所有限公司总经理和广东省奶业协会理事长。

主要工作经历：1968年9月至2002年12月在广州市奶牛研究所工作，历任技术员、公牛站站长、副所长、所长。2002年12月29日至今，担任广州市奶牛研究所有限公司董事长、总经理。2004年11月至今，担任广东省奶业协会理事长。

对奶业发展的主要贡献：该同志从事奶牛人工授精和奶牛良种推广工作数十年，具有丰富的实践经验和专业知识。是新中国成立后最早从事奶牛人工授精工作的一批技术员，曾数次被选为中国奶牛协会繁殖委员会委员，也是当时最年轻的一名委员，在我国奶牛养殖行业享有一定的声誉，曾任广州市政治协商委员会第八、第九、第十届委员。多次参加和主持国家和地方各级政府下达的科研项目，如：广州市科技攻关项目“H-Y抗体在受孕前控制奶牛性别的研究”、“广州市美国娟姗牛繁育基地的建立”、“娟姗牛品种资源库的建立”，农业部“中国荷斯坦牛耐热耐寒品系的选育”、“美国娟姗奶牛及其饲养繁育技术的引进”、“广州市娟姗牛原种场建设”项目等。2002年被选为广东省奶业协会理事长后，领导广东省奶协认真贯彻执行各项强农惠农政策，为奶牛场户排忧解难，积极推动了广东省奶业的发展，广东奶业在2008年的“三鹿婴幼儿奶粉”事件中独善其身，真正实现了奶业健康稳定发展。

孙　滨

工程师，男，1966年10月出生于黑龙江省肇东，毕业于南阳理工学院，现任海南艾森乳业有限公司副总经理。

对奶业发展主要贡献：在海南省海口地区自2001年以来首次大规模组织实施奶牛饲养计划，到目前为止，公司已有奶牛980头；2004年5月第一次在海南组织制作玉米秸秆青贮饲料成功，每年为当地群众解决玉米秸秆达200公顷，变废为宝，使群众增加收入；目前正在致力于引导群众饲养良种荷斯坦奶牛；十年来致力于培育海南乳制品消费市场，使之从无到有、从小到大；在省内外多家奶业学术杂志上刊登多篇文章，是海南省奶业权威人士。

李兆林

工商管理硕士，男，1968年2月出生于江西九江。1992年北京农业大学（现中国农业大学）本科毕业。中国人民大学商业企业管理硕士研修（在职）（1996年10月至1998年9月）、清华大学私募股权投资基金高级研修班（2008年6月至2009年5月）、中欧国际工商学院高级工商管理硕士EMBA10级（2010年3月至2012年7月）。

“奶联社”创始人之一，2004年至今，任内蒙古奶联科技有限公司董事、副总经理。“十一五”、“十二五”国家奶牛产业技术体系执行专家、综合实验站站长。内蒙古自治区“草原英才”科技子工程的引进人才。中国奶业协会理事，内蒙古奶业协会副理事长。2011年全国奶业先进工作者，2011年内蒙古自治区奶业先进工作者。

对奶业主要贡献：1998年，由IT行业转身农业行业，开始了对中国农业产业化、企业化的思考与运作。2002年，开始投身于中国奶牛养殖产业，长期以来，对中国奶牛养殖合作化、现代化发展进行了探索与实践。参与创建了中国第一个奶牛养殖产业化合作模式“奶联社”，该模式被认为是实现中国奶牛由散养到规模化转型的理想模式。

“十一五”期间，作为项目负责人或主要参与者，先后承担了科技部、财政部、国家发改委、农业部，内蒙古自治区科技厅、财政厅、发改委等30多个项目。2008年9月，获得“第28届北京奥林匹克运动会组委会”颁发的荣誉证书（集体，主要参与者）；

2009年5月，获得“内蒙古自治区五一劳动奖状”

（集体，主要参与者）；2010年12月，获得呼和浩特市科技进步二等奖（第二完成人）；2011年内蒙古自治区丰收计划奖（一等）（第二完成人）。

参与了包括中国乳制品第16届年会（宁夏银川，2010年）、《中国乳制品》杂志100周年（江苏昆山2010年）、中国奶业国际论坛（四川绵阳，2010年）、2010年山东省奶吧专题研讨会（东营）、2011年中美国际奶业论坛（呼和浩特）、2011年中国奶业绿色高峰论坛（呼和浩特）、2011年中国畜牧协会养牛分会年会等并作专题报告。

长期以来，对世界奶业合作化、中国奶业合作化方面进行了深入的思考。发表论文《奶联社：引领奶农一步实现"中国乳都"与世界奶业发达国家接轨》（刊登在中国乳制品第16届年会会刊）、《世界奶业合作化发展的经验与启示》（刊登在《现代奶业之路2011年》山东科技出版社）、《奶业合作化的经济学思考》（刊登在《中美奶业高峰论坛专刊》2011年）、《国外奶业发展合作化经济学思考》（刊登在《当代畜牧养殖业》奶业专刊2011年）。以"剑客"或"无影剑客"在《中国奶业协会》网站、《荷斯坦》网等媒体发表专业文章或报道20多篇。

李保生

畜牧师，男，1974年1月出生于河北故城，1998年毕业于西南农业大学，现任河北省畜牧兽医局主任科员。

自1998年7月参加工作开始，一直协助领导负责奶业生产工作至今，先后参与了全省奶业政策、规划、法规的制定和具体实施工作。一是先后参与制订了河北省"千万吨奶工程发展规划"和"十二五奶业发展规划"，指导全省奶业发展。曾多次到农业部畜牧业司参与相关奶业发展规划和指导意见的起草和修订工作。二是为促进全省奶业发展，规范奶业生产，参与《河北省奶业条例》的具体起草工作，并配合省人大进行多次调研和反复修改，最终出台。三是积极组建河北省奶牛业协会，为贯彻国家关于政社分开的要求，奶业协会与畜牧兽医局剥离后，一直支持和配合奶业协会工作，曾先后担任副秘书长、常务理事等职。四是推广奶牛胚胎移植技术，先后落实农业部"万枚胚胎移植富民工程"和河北省高产奶牛胚胎移植项目，从体外胚胎、体内胚胎到体内性别鉴定和性别控制胚胎，胚胎移植准胎率从最初的30%左右到目前的45%左右，成功率大幅提高，实行不准胎不付款，产公犊进行补偿政策，有效保护了养殖户利益，为全省奶牛核心群培育做出了较大贡献，已通过胚胎移植技术繁育高产母牛数万头。五是致力于牛的良种繁育体系建设，通过争取财政资金，采取以奖代补的方式，采购液氮罐等改良器械，扶持牛配种改良站点建设，全省牛的配种改良站点目前已发展到近3000个，形成了较为完善的配种改良服务网络，配种人员的技术水平不断提高。六是落实国家和省级奶牛良种补贴政策，组织补贴冻精的招标采购、发放和监督管理，全省奶牛平均单产由4吨多，提高到目前的5吨多，养殖收益大幅提高。七是发展奶牛规模养殖。多次争取省财政和国家奶牛小区建设扶持政策和扶持资金，落实散养奶牛入区饲养补贴政策，全省奶牛规模养殖比例由40%快速提高到100%。在奶牛养殖场区大力推广全混合日粮饲喂技术，提高全省奶牛饲养管理水平。八是积极参与奶站整治和监管，按照国家和省政府有关法规和政策，对全省奶站进行全面整治，严格相关证照的发放，全省奶站建设和监督管理水平大幅提高。

张新同

畜牧师，男，1964年1月出生于河北省石家庄裕华区方村，1985年毕业于河北农业大学畜牧专业，现任河北省农林科学院粮油作物研究所奶牛场（国家奶牛产业体系石家庄综合试验站）站长。

主要工作经历：1985年畜牧专业毕业后，至今在河北省农科院粮油作物研究所奶牛场工作，历任副场长、场长，从事技术及管理工作，现任国家奶牛产业技术体系石家庄综合试验站站长（依托单位：河北省农科院粮油作物研究所奶牛场）。2003年、2009年，分别赴澳大利亚和美国学习奶牛场管理技术。社会兼职：河北省农科院科技专家服务团成员，河北省青年联合会农技专家志愿服务团成员，第五届河北省奶业协会副理事长，河北省农业厅农业推广专家（草食家畜）组成员，河北省农业大学硕士生（校外）指导老师。

对奶业发展主要贡献：工作26年以来，一直坚守在奶牛生产第一线，积累了较丰富的饲养管理经验，所管理的奶牛场，奶牛单产达到8000千克，居于河北省领先水平；2008年至2010年，连续三年通过中国良好农业规范（GAP）一级认证，2009年荣获"全国DHI先进单位"称号，"河北省无公害畜产品生产基地"；"中国荷斯坦青年公牛联合后裔测定牛场"。在工作实践中通过采用一系列新技术：引进良种、防控疫病、分群饲养、散栏饲喂、TMR饲养等方式，饲喂全株带穗玉米秸青贮、苜蓿干草等；自行调制精饲料补充料；选用"利拉伐"鱼骨式仿生挤奶设备；牛粪经堆积发酵后作农家有机肥使用，污水经发酵池发酵后灌溉农田。为当地奶业发展起到积极的示范带动作用，经常以举办技术培训班和现场观摩会等方式，对当地奶农进行技术培训，使当地奶牛单产水平逐年提高到5400千克以上。2004年参与制定了《奶牛浓缩饲料配方》，成果备案编号：B130100B463890-2003，并在石家庄市质量技术监督局标准处备案；2005年在《河北农业科技》杂志发表“河北省奶牛发展现状问题与对策”文章，在河北电视台农民频道举办技术示范讲座6次，起到很好的技术推广作用。

陆兵兵

工商管理硕士。男，1969年2月出生于上海。1991年上海科技大学毕业，工学士；2005年毕业于北京大学光华管理学院，高级工商管理硕士EMBA；现任爱德士中国家禽、家畜、牛奶和水质事业部业务总监。

主要工作经历：1991—1997年，上海中西药业股份有限公司工程师，担任生产制药部门技术负责人；1998—2004年，德国Boehringel-Ingelheim 制药（中国）公司处方药部华南大区经理，华东大区经理，全国零售经理；2004年加入爱德士，现任爱德士中国家禽、家畜、牛奶和水质事业部商务总监。

对奶业发展主要贡献：在过去的几年中，随着中国乳品行业的成长，蒙牛、伊利、光明等对乳制品营养价值方面的成功宣传，消费者认识到乳制品的重要性，越来越多的乳品加工商不仅把资源放在扩大生产能力上，还放在了提高乳品质量上。

自从加入美国爱德士后，与中国乳品加工业、奶牛场、政府部门和中国奶业协会进行合作，向中国介绍先进的乳品安全管理方法、理论和相关规则。协助并与乳品加工企业和奶牛场进行合作，建立先进的抗生素、三聚氰胺、解抗酶和黄曲霉毒素残留管理和质量控制系统，保证原料奶和成品奶的质量。在陆兵兵先生的带领下，爱德士SNAP乳品快速检测试剂盒的销售网络遍及全国，其销售业务不仅向国内各科研机构、重点实验室、乳品加工制造商、奶站、牧场等提供高品质、稳定、灵敏的快速检测产品，而且还以完善的售后服务体系向这些企业和单位提供完备的技术培训指导和售后保障。2010年上海世博会期间，为保证世博园的食品安全及FDA建立的“世博食品安全实时监控综合平台”提供快速、稳定可靠的检测产品，满足世博园的乳品抗生素、三聚氰胺快速检测的需要，为世博牛奶安全提供强有力的保障。

美国爱德士的SNAP双流向酶联免疫快速检测试剂盒经美国FDA的批准，成为保证乳制品“符合其国家规定”，从而保护这些国家消费者“安全消费”的重要而可靠的检测手段。在过去的十年中，美国爱德士的SNAP已经得到一些亚洲国家和地区的法律制定者核准并承认，例如日本、韩国、中国台湾、澳大利亚等。并被证实能够有效地帮助他们的乳品加工业防止过量的抗生素进入到加工之前的原料奶中，避免消费者饮用到不安全的牛奶。在中国，双流向酶联免疫技术也获得国家认可，其黄曲霉毒素M1的检测方法已成为乳品安全国家标准中检测黄曲霉毒素M1的快速筛选方法，解决了传统方法的局限性，使检测更安全、更快速。在保护消费者喝到放心奶的同时，也保证了企业人员的安全。

林仁堂

高级经济师，男，汉族，1954年5月出生于辽宁省本溪市，南开大学国经系硕士学位。

主要工作经历：1981年在中共辽宁省本溪市委组织部工作，任处长；1987年任中共辽宁省本溪县委副书记；1989年任中共辽宁省本溪市溪湖区政府区长；1996年任辽宁省科委副主任；1997年在辽宁省农垦局任副局长、省奶协会长。

对奶业发展主要贡献：1997年任辽宁省农垦局副局长以来，为辽宁省农垦系统畜牧业的发展开拓进取、科学指导。坚持“行业服务、行业协调、行业维权、行业自律”的协会宗旨，积极支持和鼓励全省各市县地方奶协的组织建设；率先创办了《东北奶业信息》期刊和《东北奶业信息网》网站，为全省奶业行业搭建了信息交流平台。已出版发行《东北奶业信息》44期，13.2万册，访问《东北奶业信息网》70万人次；每年安排调研2～3次，组织专家深入基层牧场进行调研，掌握行业发展动态，解决实际问题；坚持每年举办2～3期奶业实用技术培训班，每年培训人员400人以上。2005年，多渠道筹集资金1000多万元，建立了省奶协所属的“乳品检测中心”：2008年，辽宁省奶协协调省动监局、省农垦局、省工商局联合发文，出台了《辽宁省生牛奶购销合同》示范文本，为维护各方合法利益、确保奶源质量起到重要作用。2010年撰写论文《积极探索构建乳制品质量常态化社会检测体系》，该论文获首届中国奶业大会优秀论文奖。2008年，辽宁奶协被辽宁省民政厅评为2005—2008年度优秀社团组织，林仁堂同志为省内各级奶业协会的建设做出了突出贡献。

徐学阳

高级政工师，男，1963年11月出生于山东泰安，研究生学历。1984年7月毕业于大庆师范专科学校，历任大庆第一中学初中部教师、政教处干事，大庆市纪委调研室主任（副处级），大庆市纪委常委、秘书长（正处级），大庆市纪委

副书记，肇源县委书记。2009年4月任黑龙江省农垦总局副局长、党委委员，主管黑龙江垦区奶业工作。

对奶业发展主要贡献：对奶业工作认真负责，兢兢业业，为黑龙江垦区奶业发展做出了贡献，在他的领导下，黑龙江垦区奶业发展成效显著。一是制定了奶牛标准化规模场（小区）建设规划，通过标准化奶牛场（小区）建设，在提高奶牛规模化经营水平和科学饲养水平的同时，对奶牛生产的全过程实施了有效的监管。二是加强了生鲜乳收购运输许可以及安全方面的管理，垦区严格按照《乳品质量安全监督监管条例》和《生鲜乳生产收购管理办法》中的规定进行审核发放。对生鲜乳收购站实行动态管理，定期审核，对不符合条件的奶站限期整改，整改不合格的坚决取缔。三是加大了对奶业的投入。2010年垦区投资3600万元，新建83个机械化挤奶站。通过机械化挤奶站的集中管理和监督，保证原料奶的质量安全。四是建立定期检查检测长效机制。按照国家和省里的要求，黑龙江垦区建立了定期检查检测机制，加大对原料奶的检查检测频率和密度，提高了监管的可靠性和有效性。经过多年努力，特别是2009、2010两年集中建设，通过实施以建设标准化奶站、机械化挤奶为核心的“放心奶”工程，垦区实现了“双百”建设目标，即标准化奶站建设达到100%，机械化挤奶达到100%。黑龙江垦区的奶业工作受到了农业部和省级部门的充分肯定，赢得了多项荣誉。

学　　者

甘文平

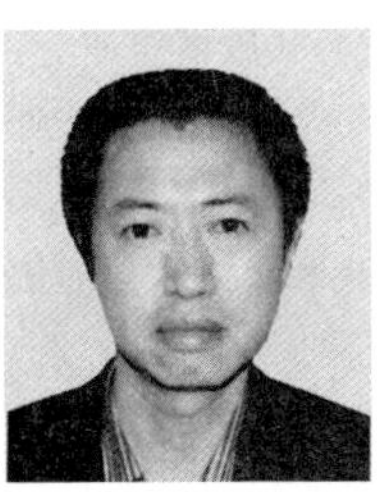

研究员，男，1963年8月16日出生于四川省，1987年7月毕业于黑龙江八一农垦大学，曾先后在红兴隆科研所、农垦科学院情报所、农垦科学院畜牧兽医研究所等单位从事饲料科学、动物营养、科研开发等工作，1999年晋升为高级畜牧师，2005年晋升为研究员。2003年受聘为黑龙江省动物营养饲料研究会第二届理事会理事，2004年受聘为黑龙江垦区人才培训中心兼职教授，2006年受聘为黑龙江八一农垦大学硕士生导师，2008年受聘为黑龙江省移动咨询专家，200 9年受聘为黑龙江省奶协理事。

对奶业发展主要贡献：“十五”期间，主持的“研究无公害奶牛生产技术标准”制定黑龙江北大荒农垦集团总公司企业标准三项，2006年获总局科技进步一等奖；主持的“标准化奶牛生产小区建设及管理体制的研究”，2008年获总局科技进步一等奖；参加的“垦区肉牛高效规模化养殖及产业化研究”2005年获总局科技进步一等奖；参加的“北方寒区奶公犊牛快速育肥配套技术的研究”2003年获黑龙江省科技进步三等奖。

“十一五”以来，主持国家、省部及总局级课题六项，即：“现代奶牛产业技术体系哈尔滨农垦综合试验站”任站长；“功能性饲料及粗饲料关键技术研究”任省副首席专家；省科技厅“提高高产奶牛利用率的综合技术”；国家“三江平原奶牛规模化、集约化健康养殖技术体系研究与示范”；总局“犊牛卵母细胞超排及胚胎体外生产技术研究”。

岳喜庆

教授，男，1966年2月出生于山东梁山，毕业于沈阳农业大学，现任食品学院副院长，食品科学专业博士生导师。

主要工作经历：1990年7月至1991年3月在黑龙江省大庆市大同区食品厂任技术员；1991年3月至1992年9月在黑龙江省大庆市大同区环保局任监测组长；1995年9月至1997年6月在沈阳农业大学食品学院畜产品加工研究室担任主任；1997年6月至2001年6月在沈阳农业大学食品学院食品加工教研室担任主任；2001年6月至今，担任沈阳农业大学食品学院副院长。

对奶业发展的主要贡献：该同志多年来共承担国家、辽宁省、沈阳市及横向课题20多项，主审、主编或副主编教材和著作8部，在国内外核心期刊发表论文60余篇。独立完成国家自然基金项目1项，省部级以上课题4项，市级课题3项，获得3项专利。取得的成果通过辽宁省科技厅鉴定2项，沈阳市科技局鉴定2项，鞍山市科技局鉴定1项，其中，“牛初乳活性物质精深加工技术研究”研究成果在沈阳乳业有限责任公司得到转化推广，三年累计新增产值13700万元，新增利润7676.1万元。“乳酸菌肉制品加工关键技术”研究成果在沈阳市耘垦公司得到转行推广，企业直接获利4000多万元，经济和社会效益极其显著。荣获国家、省、市各级科研奖励和荣誉15项，主要包括：获得辽宁省科技进步二等奖2项、三等奖2项，沈阳市科技进步二等奖1项，沈阳市农村科技推广二等奖2项，辽宁省群众性技术活动优秀成果二等奖1项，沈阳市职工技术创新成果一等奖1项，沈阳市重点项目研发先进个人1次等。

多年来，担任沈阳辉山乳业、长春新高乳业等多家企业顾问，多项成果在企业转化，获得巨大的社会经济效益。自觉抵制乳业滥用食品添加剂，在三聚氰胺事件中，积极帮助沈阳蒙牛、伊利、辉山、升态等乳业检测，避免安全危害。

企业家

曲 江

经济师，男，1947年4月出生于吉林市，大学本科学历，现任吉林春光集团董事长。

主要工作经历：1985年至2002年任春光牧工商公司经理；2003年至今任春光集团董事长。

对奶业发展的主要贡献：1982年开始带领村民养奶牛，创建了吉林地区最早的、目前规模最大、正常生产的集养殖、加工、销售一体化的企业。目前已成为中德合作吉林地区唯一的弗莱维赫奶牛基地。

董事长曲江被授予全国优秀乡镇企业家称号，吉林省人大代表，全国劳动模范。凭着自己独到的见解，凭着对市场敏锐的洞察力，大胆而又果断地提出了办奶牛场的设想，他相信随着人们生活水平的提高，随着对高营养食品追求，将来奶业市场必然广阔。于是，曲江将家里的几头高产奶牛牵来作价入了股。在他的带动下，党员、干部和村民们纷纷有牛牵牛、有钱出钱，几天集资股金17万元，用头一笔资金购进奶牛124头。祖祖辈辈脸朝黄土背朝天的村民终于有了属于自己的奶牛场。

1991年，由于受市场需求变化的影响，吉林市奶制品急剧下滑，奶牛饲养业很不景气，奶牛被大量宰杀，曲江坚定信念，克服一切困难保存住了吉林地区奶牛。1992年末，奶业有了明显的转机，牛奶的需求量显著增加，奶牛的价值成倍增长，当别人急着张罗养牛时，曲江领导下的奶牛场已初具规模，干得红红火火，在市场上占有一席之地。这一年股民分得了三分红利。1994年，奶业市场仍处于停滞不前的状态，仅市乳品厂就欠下春光奶牛场帐目达28万元之多，看着顶帐过来的一堆卖不出去的奶粉，曲江明白了，市乳品厂没有找到市场，奶牛场不能再靠他们吃饭了，我们要自给自足，走产加销的道路，开拓一个新市场，于是开始筹建鲜奶加工厂。尝到股份制甜头的股民无需动员入股，仅一天时间就筹集股金30多万元，超出计划50%。利用这笔资金，购进先进生产线，聘请专家、引进专业技术人才，与科研单位合作，开发出口味醇正，营养丰富的袋装鲜奶、果奶、酸奶、钙奶等四个系列20个品种的奶制品。不断扩大的奶牛场也发展成为吉林地区奶牛养殖基地。仅此两项，1994年创产值520万元，利税50万元，股民连续两年分得5分红利。2011年3月春光乳业又投入1500万元扩建。奶牛场在国家农业部帮助下正在协商与德国合作，建立吉林地区弗莱维赫奶牛基地。

刘辉放

兽医师，男，汉族，中共党员，1970年出生于广东丰顺，1994年毕业于佛山农牧专科学院兽医专业，中级兽医师，现任广州市华美牛奶公司常务副经理。

主要经历：1994年7月至2000年3月在广州新洲奶牛场任饲养班、兽医班班长、生产部副部长；2000年4月至2008年10月在广州珠江牛奶公司任经理助理、生产副经理；2008年11月至今在广州市华美牛奶公司任常务副经理。2007年被聘为广东省奶业协会第四届理事会经营管理专业委员会副主任。

对奶业发展的主要贡献：刘辉放一直在广州市风行牛奶有限公司（简称风行牛奶公司，下同）辖下牧场从事兽医、牧场管理工作，并积极配合广东省、市奶协开展相关工作。目前风行牛奶公司牧场拥有奶牛超过6000头，成母牛年单产最高达8028千克，乳脂3.6%，乳蛋白3.1%，牛奶中体细胞数已降到20万/毫升；牛奶中菌落数已降到1万/毫升，牛奶质量已达到欧盟标准；牧场逐渐走向规模化、标准化、规范化，得到了业界的认可。刘辉放同志在南方奶业的生产一线奋战18年，对推动广东奶业的发展取得一定的成绩，主要业绩有：

（1）2000年至2003年6月份，与哈尔滨兽医研究所、市奶办联手合作对奶牛流行热疫苗血清抗体的测定，制定了奶牛流行热疫苗免疫程序并推广应用。

（2）对奶牛疾病方面（奶牛流产、附红细胞体病、乳房炎的综合防治、真胃扭转外科手术、蹄病防治、“两病”常规检查及疫病的防治）作了大量的基础调查研究，其中乳房炎月发病率控制在2%～5%以内；真胃扭转外科手术成功在广州地区奶牛场开创了先河；附红细胞体病的确诊为广东奶牛血原虫病正名（原来一直诊断为焦虫病）。

（3）奶牛单产突破“七吨”工程；奶缸体细胞数达到20万/毫升，达到了欧盟标准。优质的牛奶质量使风行牛奶公司的华美牧场自1983年建场至今，创下了28年不间断为香港供应优质生鲜乳的记录。

（4）2005年在饲养上大力推行全混合日粮（TMR）饲养技术，提高了牛的采食量，减少了浪费，取得较好成绩。

（5）2006年主持公司的选种选配和奶牛的繁殖管理工作，参与了奶牛胚胎移植项目，胚胎移植受孕率53%，达到国内外比较先进水平。

（6）2006年3月开展美国进口苜蓿干草饲喂试验，取得良好效果，并推广到全省使用。TMR配套管理体系的开展，使奶牛年单产水平达到6.4吨，并在广州周边地区带动示范牧场3个，奶牛数量达6000头。

（7）2006年8月主持新型喷淋吹风系统在南方夏天奶牛饲养中的应用，有效降低南方热应激。

（8）2003—2009年参与了牧场整个质量管理体系文件（ISO）、牛场标准化的编写、整理，规范了各项生产技术操作规程和规章制度。

（9）2008—2009年在“绿色农业养殖关键技术研究”中，参与了广州风行牛奶有限公司针对“南方湿热地区奶牛健康规模养殖体系研究”工作，并取得一定成果。

（10）2010年参与广东省奶牛养殖场挤奶技术手册的制定。规范了全省牧场挤奶操作规程，为广东省奶站建设提供了一整套技术资料。

（11）2011年被中国奶业协会评为“全国优秀奶业工作者”。

李正洪

董事总经理，男，1971年10月出生于内蒙古呼和浩特，1994年毕业于北京农业大学（现中国农业大学）、清华大学私募股权投资基金高级研修班首期（2007—2008年 ）。“奶联社”创始人之一，2004年至今，任内蒙古奶联科技有限公司董事总经理。2010年荣获呼和浩特市劳动模范。

对奶业发展主要贡献：2002年至今，紧紧把握市场动向，不但没有盲目跟进奶业热潮，反而经过大量实践调研，出访近20个奶业发达国家，协同团队在奶业最低迷的局面下，开创了适合中国未来奶业发展的“奶联社”模式。提出中国奶业未来健康发展的关键在于奶源基地现代化的观点，致力于通过行业机制的创新带动产业体制的根本性变革。

2004年创建了内蒙古奶联科技有限公司，现有员工近500人，运营管理的资产近5亿元，成为中国规模化、合作化奶牛养殖的明星企业。

2007年以来，“奶联社”模式受到社会各界广泛关注与认可，成为“2008北京奥运会特供奶原奶生产基地”。“奶联社”被认为是奶牛养殖领域资源整合的理想方式，是在实现规模化过程中的一种体制和机制上的创新，有望跨越现阶段“公司＋奶站＋奶农”以及“公司＋奶牛小区＋奶农”养殖形式，实现奶牛养殖“四化”，一步实现“中国乳都”同奶业发达国家接轨。

2008年9月，获得“第28届北京奥林匹克运动会组委会”颁发的荣誉证书（集体，主要参与者）；2009年5月，获得“内蒙古自治区五一劳动奖状”（集体，主要参与者）；2009年获得首届呼和浩特创业之星；2010年12月，获得呼和浩特市科技进步二等奖（第一完成人）；2011年内蒙古自治区丰收计划奖（一等）（第一完成人）。

吴一奕

重庆光大集团总裁，女，1973年11月生于上海，1999年抵渝创业，2004年创立重庆光大（集团）有限公司，公司一直坚持以“绿色农业”为核心、“白色产业”为支撑、“发展农业，构建和谐”为方向的经营理念。经过7年多的努力，目前光大已发展成为一家集畜牧业、乳品加工业、环保产业、现代化观光农业为一体的民营高新技术企业。

对奶业发展主要贡献：

（1）积极发展绿色农业产业。坚持发展生态农业。投资4.2亿，历时三年，在江北区鱼嘴镇双溪村打造出一座现代化牧场小镇——光大•奶牛梦工场。旗下拥有鱼嘴牧场、主牧场、玉峰山牧场三大核心牧场和一个乳制品加工基地，并配套建设了奶牛科技馆、生态葡萄园、主题乡村酒店、青少年科普教育基地。2010年，又在巴南区投资兴建一个大型牧场，预计于2012年初建成投入使用。

（2）带动区域农业改革。致力于探索建设社会主义新农村的新道路，在经营公司的过程中，实现了土地集约经营，并带动双溪当地走上了农业致富的道路，为当地开展城乡统筹发展工作起到示范和推动作用。

（3）努力回报社会。自创立重庆光大以来，一直致力于投身慈善、回报社会，向山区学生赠奶80余万袋；她联合重庆市助残中心和肢残协会发起“光大•雨露行动”，先后捐赠价值150余万元的牛奶。在2008年的“5.12汶川大地震”以及2010年青海玉树地震后，她也慷慨解囊，为灾区献出一片爱心。

（4）社会影响力日益提升。2011年，在接受国家质监总局督查小组的检查时，获得了督察组的一致认可与好评。

2006年4月23日，国务院总理温家宝亲临光大科技园视察工作并为科技园题词。之后，全国政协主席贾庆林、国务院副总理回良玉、重庆市市委书记薄熙来、重庆市市长黄奇帆等也曾先后到光大科技园鱼嘴基地视察工作，对光大集团的发展予以了高度评价和充分肯定。

在吴一奕的带领下，光大集团相继获得农业产业化国家重点龙头企业、全国科普惠农兴村先进单位、全国服务新农村建设百佳乡镇（民营）企业、重庆市高新技术企业、重庆食品安全示范企业、重庆食品安全示范品牌、新中国成立60年推动重庆食品行业发展十大功勋品牌、功勋60年•重庆力量最受消费者信赖品牌、改革开放30年•重庆食品经济影响力十大企业、最受消费者信赖品牌等诸多殊荣。她本人也光荣地当选为重庆市人大代表，并获得2010年度重庆市杰出青年、2010年重庆客商风云榜领袖风云大奖、2008年十大新锐渝商、全国“双学双比”女能手、重庆第六届“巾帼建功”优秀女企业家、重庆市优秀民营经济女企业家等一系列称号与荣誉。

张家淇

利拉伐公司中国区总经理，男，1970年3月出生于北京。毕业于内蒙古大学，毕业后，就职于中国化工建设总公司，伦敦出口公司，并在全球领先的农药公司瑞士先正达工作长达11年，历任市场、销售及业务发展总监。在职期间，在美国Babson大学，法国INSEAD和美国普渡大学（二年）接受了各种专业的学习和深造。2007年5月被任命为瑞典利拉伐公司中国区总经理至今。

加入利拉伐后，在瑞典接待了时任河北省省长郭庚茂率领的河北省经贸考察团对利拉伐瑞典总部的访问，并随中国奶业协会出访了以色列、奥地利等奶业发达国家。在2008年，利拉伐又积极会同国际乳业联盟(IDF)在英国爱丁堡召开了第一届环保可持续发展大会，邀请了中国的相关专家出席此次大会，又一次站在了行业的最前沿。

2010年出席了四川绵阳利拉伐援建永丰现代化牧场的竣工交接仪式。捐赠出的VMS全自动机器人挤奶系统，让这个因天灾而不幸的地区，真正意义上实现了全自动化牧场的跨越性改变。在2010年，利拉伐全力投身参与德国国际畜牧技术与管理展览会（Euro Tier），展示革命性的利拉伐全自动机器人转台挤奶系统（AMR™）。旨在加快智能化牧场的发展，促进从挤奶管理到全球牧场盈利管理的转变，实现牛奶质量及牧场利润的提升，让全世界更多的奶农从全自动挤奶中获益。

胡朝阳

企业家，男，1968年11月出生于河北定州，毕业于河北职业技术学院机械设计专业，后参加清华大学EMBA学习并顺利毕业。创业至今，先后荣膺保定市劳动模范、全国富民功勋人物、和谐中国十大诚信企业家、中国奶协畜牧工程与机械副主任委员、中国畜禽种业副理事长等称号，四方力欧旗下多个产品还被评为中国著名品牌。

自2002年至今，胡朝阳先后创办了北京华翔顺通机电有限公司、北京四方顺通畜牧科技发展有限公司、北京四方诚信畜牧科技有限公司、定州四方诚信畜牧科技有限公司、四方祥隆畜牧科技股份有限公司，2011年，胡朝阳将北京四方、新乡力欧、北京佰格林、上海兴牧伟业、上海伐利（美国博美特）等几大品牌强强联合，正式成立四方力欧畜牧科技股份有限公司。

在个人及企业品牌发展过程中，胡朝阳一向注重技术创新：为更好地了解国外先进经验与技术，其先后多次赴美、加、荷、英、法、德、丹麦等发达国家考察、参观与学习奶牛养殖工艺、牛舍建造及粪污处理设施设备，以为中国的奶牛建造出干净、舒适的生活环境为己任，在国内率先倡导生态、环保、低碳化饲养。胡朝阳先后撰写《奶牛场清粪工艺及相关设备概述》、《奶牛场污粪利用新途径探讨》、《现代化奶牛场污粪处理工艺探讨》、《新式污粪处理一体化方案探讨》、《规模化奶牛场新能源的开发与利用》、《规模化奶牛场建造工艺和粪污处理设施》等技术文章在国内重要的刊物上发表。其中《奶牛场清粪工艺及相关设备概述》荣获中国奶业协会2007年会优秀论文一等奖，《现代化奶牛场污粪处理工艺探讨》荣获中国2008年经济社会发展优秀成果一等奖，《奶牛场粪污处理“一体化”解决方案》一文被评为中国奶业协会2009年优秀论文奖。

甄　岩

总经理，男，1962年8月出生于北京市，现任天津全药动物保健品有限公司总经理。

教育背景及工作经历：1984年毕业于西北大学生物系，后就职于北京中药科技研究所，1987年赴日留学，就读于东京大学大学院理学院研究生，1991年赴英留学，就读于英国伦敦西敏寺大学生命科学院微生物技术工程专业。毕业后就职于英国密德萨斯大学天然药物研发中心，1999年8月离英加入日本全药工业株式会社，先在新药研发部负责新药研发和调研，后调任经营企划部参与中国投资项目，建立在中国的独资子公司天津全药动物保健品有限公司。先后就任中国公司副总经理和总经理。2006年回总部经营企划部，负责公司国际事业开发，2010年回任天津全药动物保健品公司至今。

对奶业发展主要贡献：反刍动物奶牛的瘤胃维护和保健是奶牛饲养中的关键内容，甄岩同志致力于将在国外实践了60年以上的反刍动物舔砖技术引进国内，通过加强牧场、小区、奶农对舔砖的应用，开展奶牛瘤胃保健与奶牛健康和奶牛生产性能等多方面技术的普及和推广活动。2004年、2005年连续参加黑龙江省引智项目在黑龙江农垦地区的牧场巡回培训，多次获得杨凌农业高新科技博览会优秀奖。

年度获奖人物

关于授予骆承庠等7位同志 追授赵海全等3位同志“中国奶业终身贡献奖”的决定①

中华人民共和国成立以来，特别是改革开放，我国奶业取得了辉煌成就，我国已成为世界第三大产奶国，奶业作为一个产业已基本形成。在奶业发展的过程中，涌现出了一批做出卓越贡献的奶业工作者，他们长期坚守在奶业战线上，辛勤耕耘，默默奉献，做了大量工作，为我国奶业的持续健康发展做出了不可磨灭的贡献。

为表彰先进，树立榜样，中国奶业协会联合各省（自治区、直辖市）奶业协会在全国范围内组织开展了中国奶业终身贡献奖评选活动。经各省（自治区、直辖市）奶业协会、国家有关行政、教学、科研单位推荐，中国奶业协会同各省奶业协会组织专家委员会评定，决定授予骆承庠、冀一伦、李易方、王伟琪、张邦恢、冯仰廉、徐定人等7名同志，追授赵海全、秦志锐、金世琳等3名同志“中国奶业终身贡献奖”，以表彰他们在我国奶业发展中做出的巨大贡献。

2010关于表彰全国优秀奶业工作者的决定②

在我国国民经济和社会发展第十一个五年计划期间，特别是中国奶业协会第五届会员代表大会以来，我国奶业实现稳步发展，涌现出了一大批对奶业发展做出突出贡献的奶业工作者。为激励广大奶业工作者的积极性和创造性，发挥先进典型的模范带头作用，促进我国奶业持续健康发展，根据农业部关于印发《农业部表彰工作管理办法》的通知要求（农人发[2010]8号），中国奶业协会开展了“全国优秀奶业工作者”评选活动。经各省（自治区、直辖市）奶业（乳业）协会推荐，中国奶业协会组织专家评审，决定授予陈历俊等99位同志为“全国优秀奶业工作者”。希望获奖个人再接再厉，锐意进取，为促进我国现代奶业建设做出新的贡献。

附：全国优秀奶业工作者名单（排名不分先后）

北京市（6人）

陈历俊 北京三元食品股份有限公司
王大明 北京市奶业协会
张振新 北京三元绿荷奶业养殖中心
乔　绿 北京奶牛中心
毛光祥 北京兴牧富民奶牛专业合作社
王建国 延庆县畜牧技术推广站

天津市（4人）

刘凤岩 天津市乳品食品监测中心
付卫田 天津市武清区奶业办公室
王穆峰 天津嘉立荷牧业公司示范奶牛场
赵庆彬 天津市奶牛发展中心

河北省（5人）

安永福 河北省畜牧兽医研究所
荀秉兴 张家口长城乳业有限公司
刘亚男 石家庄市奶业协会
桑润滋 河北农业大学
魏立华 石家庄君乐宝乳业有限公司

山西省（4人）

马兴仁 大同市奶业协会
黄应祥 山西省奶业协会
侯乐鸥 太原市乳品管理站
王文义 山西古城乳业农牧有限公司

内蒙古自治区（6人）

白　瑛 内蒙古蒙牛乳业（集团）股份有限公司
范挨计 呼和浩特市奶业协会
李兆林 内蒙古奶联科技有限公司
韩玉堂 内蒙古伊利实业集团股份有限公司
扎鲁达 内蒙古奶业协会
张　勇 内蒙古赛科星繁育生物技术公司

辽宁省（5人）

林仁堂 辽宁省奶业协会

① 本决定为[2010]中奶字第21号文件，2010年11月27日发布。
② 本决定为[2011]中奶字第09号文件，2011年6月11日发布。

张嫚珠　沈阳市兽药饲料监察所
戴凤权　铁岭市大牛乳品有限公司
牟海日　沈阳乳业有限责任公司
何剑斌　沈阳农业大学畜牧兽医学院

吉林省（2人）

王英明　吉林省畜牧总站
万克军　吉林农业大学奶牛场

黑龙江省（6人）

孟凡玉　黑龙江龙丹乳业科技股份有限公司
冯　栟　黑龙江省完达山乳业股份有限公司
焦永林　黑龙江八五七农场股份制奶牛场
张洪滨　哈尔滨松花江奶牛有限责任公司
万春临　黑龙江摇篮乳业股份有限公司
肖光辉　黑龙江飞鹤乳业有限公司

上海市（5人）

王永康　上海奶业行业协会
陈　新　上海奶业行业协会
王光文　上海牛奶（集团）有限公司技术中心
宋宝治　上海奶业行业协会畜牧工程专家委员会
郭本恒　光明乳业股份有限公司

江苏省（2人）

蔡敬东　南京奶业（集团）有限公司
王根林　南京农业大学动物科技学院

浙江省（2人）

夏济平　浙江金华市佳乐乳业有限公司
朱立科　浙江一鸣食品股份有限公司

安徽省（2人）

王志耕　安徽农业大学
宗维弟　安徽益益乳业有限公司

福建省（2人）

蔡永康　福建长富乳品有限公司
吴大新　福建省动物卫生监督所

江西省（2人）

张旱霖　江西阳光乳业股份有限公司
胡衍景　江西英雄乳业股份有限公司

山东省（5人）

李胜伟　济南佳宝乳业有限公司
王培亮　山东得益乳业有限公司
孔凡荣　山东亚奥特乳业有限公司
朱和田　山东省东营市奶业协会
宗绪贵　青岛市奶业协会

河南省（4人）

蔡仲友　郑州市畜牧局
宋贻亮　新乡市畜牧局
张德勋　洛阳巨尔乳业有限公司
赵国然　许昌市畜牧技术推广站

湖南省（2人）

伍佰鑫　湖南省奶业协会
周安华　湖南牛百岁食品有限公司

广东省（2人）

刘辉放　广州市华美牛奶公司
黄　宣　广东燕塘乳业股份有限公司

广西壮族自治区（2人）

李仕坚　广西皇氏甲天下乳业股份有限公司
李祖平　南宁市雄牛牧业有限责任公司

海南省（1人）

戴桂海　海南艾森乳业有限公司

重庆市（1人）

邹莉萝　重庆市奶业办公室

云南省（2人）

毛华明　云南省奶业协会
陆永国　昆明雪兰牛奶有限责任公司

陕西省（5人）

庆麦玉　陕西省奶业协会
逄国梁　陕西省畜牧技术推广总站
张向宏　西安现代农业综合开发总公司
杨红忠　陕西省千阳县畜产局奶牛办
王　平　西安银桥生物科技有限责任公司

甘肃省（2人）

沈启云　甘肃省奶业协会
王天斌　酒泉市肃州区畜牧兽医技术服务中心

青海省（2人）

罗生明　青海天露乳业有限责任公司
张惠萍　青海省畜牧总站

宁夏回族自治区（4人）

闫建国　银川市金河乳业有限公司
洪　龙　宁夏奶业协会
宁晓波　宁夏农垦贺兰山奶业有限公司
王　瑜　宁夏畜牧工作站DHI测定中心

新疆维吾尔自治区（5人）

李宏健　新疆兵团畜牧兽医工作总站畜禽良繁中心
张承选　阿克苏新农乳业公司
马光辉　新疆呼图壁种牛场
陈志强　新疆伊犁中洲高科技发展公司
温希斌　昌吉州畜牧兽医局

其他（9人）

张　沅　中国奶业协会育种专业委员会
李胜利　中国农业大学
张胜利　中国农业大学
王加启　中国农业科学院北京畜牧兽医研究所
刘海良　全国畜牧总站
肖定汉　全国DHI专家委员会
杨利国　中国奶业协会繁殖专业委员会
杨秀文　《中国奶牛》杂志
冯艳秋　《中国乳业》杂志

奶业知名企业

优质奶源 黄金品质——双娃乳业

北京双娃乳业有限公司

北京双娃乳业有限公司成立于1998年，是洛娃集团控股子公司，是集饲草饲料种植加工、奶牛养殖繁育、畜牧业服务、技术研发、乳品加工、销售于一体的乳业产业化龙头企业，是中国最大的乳品原料生产商之一，是北京市、内蒙古农业产业化重点龙头企业、高新技术企业。

双娃乳业针对未来乳业行业牧场、饲料、奶牛等基础资源竞争日益激烈的趋势，从产业根基做起，抓住乳业产业的基础资源，以产品为核心，形成了完整的产业链，已发展成为集饲草饲料种植加工、奶牛养殖繁育、畜牧业服务、技术研发、乳品加工、销售六大业务体系于一体的乳业产业化龙头企业。在内蒙古、河北、黑龙江建有200万亩（13.33万公顷）饲草饲料基地、1个大型饲料厂、6个良种荷斯坦奶牛基地，6个乳品厂，形成了“公司+基地+农户”的产业化模式，建立了原料奶基地，通过服务机制、契约机制等方式，实现了企业与农户的利益对接，发挥了龙头企业带动作用，促进乳业产业化进程，成为建设社会主义新农村的楷模。

1.来自黄金奶牛带的奶质保证 双娃乳业饲料基地和奶牛养殖基地位于北纬45°，世界公认优质奶牛带。双娃乳业在位于这一国际公认优质奶牛带的黑龙江、内蒙古、河北等地建立了万亩的饲草饲料基地和优质荷斯坦奶牛养殖基地。以双娃乳业阿荣旗三号店草场为例，该草场位于大兴安岭西麓，土壤有机质含量高，水质纯净，无污染，牧草品种主要有羊草、苜蓿草、大针茅等，非常适于奶牛采食。草场上金银花、柴胡等中草药又进一步保证了奶牛的健康。春夏之际，双娃乳业的一群群花斑奶牛徜徉在三号店草场，采食着丰盈、可口的牧草，草原上都戏称奶牛“吃的是中草药，喝的是矿泉水，拉的是六味地黄丸”。按照洛娃集团的战略部署，双娃乳业已在内蒙古呼伦贝尔地区形成了春夏放牧、秋冬圈养相结合的生态牧业，并通过轮牧方式避免过度放牧，保护草场，实现了畜牧业的可持续发展。

自然资源上的优势为双娃奶粉产品提供了纯天然的品质保证，在奶牛选择上，双娃乳业把关更为严格。双娃坚信最好的牛才能产最好的奶，双娃牧场的奶牛源自澳大利亚和新西兰的世界优良纯种荷斯坦奶牛。经过精心挑选、培育繁殖、改良，确定谱系明晰，年产奶量高达7～10吨的奶牛才得以进入双娃牧场。双娃乳业还与农科院等多家科研院所合作研制开发了高产奶牛各个生长阶段所需的精饲料，保证了优质高产奶牛营养均衡、高产健康。

2.先进设备及高质量标准创优质安全奶 双娃乳业建立了包括奶牛养殖繁育、饲草饲料种植加工、畜牧业服务、乳品生产加工在内的完整产业链，从而兼顾经济、社会、生态三者效益，建立了“规模饲养、集中挤奶、统一服务”的现代化加工、生产模式，从根本上建立健全了质量检测体系，确保鲜奶及乳品优质、安全、绿色。

双娃乳业制定高于国家标准的企业标准，并率先通过了ISO9001国际质量体系认证及HACCP认证，严格、规范化管理，确保各个生产环节有效控制产品质量。在奶牛饲养方面，实行统一编号、统一标准，科学管理，并首批荣获了GAP认证（国家良好农业规范认证示范牧场）。

在乳品生产方面，双娃奶牛养殖基地采用国内先进的、挤奶头数最多的中置式挤奶台挤奶，饲喂采用世界先进的TMR自动混合搅拌车，产奶量大幅提高，牛只体质健康，优质奶率达到100%。双娃奶粉生产线采用全套自动收奶系统及先进的电脑控制系统，天然纯牛奶经先进的工艺设备，高温浓缩、喷雾干燥处理制成的奶粉，乳香纯正。实现了生产设备的节能、环保、卫生安全及自动化控制。

3.过硬的产品质量树立良好口碑 双娃乳业坚持质量第一，客户至上。抓住市场需求量大的工业奶粉这一上游产品做精做强，现已成为国内最大的乳品原料生产厂商之一。开发了全脂淡奶粉、脱脂奶粉、无水黄油等乳制品以及各类犊牛、育成牛、成乳牛浓缩料、预混料、全价料等奶牛饲料产品，多项产品列为“北京市重大科技成果推广项目”、“国家火炬计划”等。在全国各地及东南亚、中东、非洲等国家和地区建立了销售网络，双娃乳业已成为国内外众多知名企业的重要乳品供应商。

4.以“公司+基地+农户”模式实现多赢 双娃乳业建立了以龙头企业带动下的农业产业化体系，通过采用

"公司+基地+农户"的生产模式，在包括奶牛养殖繁育、饲草饲料种植加工、畜牧业服务、乳品生产加工在内的完整产业链中，建立了饲草饲料基地、饲草加工厂、示范养牛基地、挤奶站、奶粉生产厂等，为牧户提供了完善的配套服务，构建了企业和农民的利益共同体，提高了农牧民养牛的积极性，改变了农民的生产生活方式，更新了农民的观念，提高了农民素质。同时也拉动了周边农牧民饲草种植和加工、兽医、兽药等相关产业的发展，创造了大量的工作岗位，直接和间接实现万余人就业。对于实现少数民族地区共同繁荣、西部地区开发建设及稳定具有重要意义。

双娃乳业还通过改进饲养方式、应用先进技术、改良牧草等多种方式，实现了奶牛养殖由粗放型到集约型的转变，不仅增加了农牧民收入、提高了生产力，同时也有利于提高植被覆盖率、防止水土流失、遏制沙尘的形成，对保护自然生态环境，减少污染，促进资源的可持续利用具有重要的示范意义。

双娃乳业作为农牧业产业化龙头企业,始终坚持以市场为导向，以农牧户产业化经营为基础，以当地资源为依托，充分发挥自身资金、技术、人才、市场、管理等方面的优势，促进农牧业产业化的发展，提高农牧民收入，实现经济效益、社会效益和生态效益的多赢。

传承与坚守　八喜彰显品牌实力

北京艾莱发喜食品有限公司

1932年，八喜冰淇淋诞生于美国旧金山，被当时的美国《时代》杂志评为世界上最好的冰淇淋之一。

1990年，"八喜"来到中国，结束了当时国内高档冰淇淋只能从国外进口的历史。

1995年，八喜陆续与肯德基、必胜客、DQ等国际品牌成为合作伙伴；

1997年，美国31种冰淇淋结盟八喜；

2006年，符合国际顶端水准的金装八喜系列产品在中国上市；

2007年，八喜荣获第二届"预言与奇迹"中国最具成长性新锐企业奖；

2008年，在乳制品风波的背景下，八喜成为星巴克牛奶供应商；

2009年，八喜成功抵御金融危机的影响，保持高速成长；

2011年，八喜上海工厂奠基。

时至今日，八喜已经发展成为中国中高端冰淇淋市场的标志性品牌，其产品香浓幼滑、品类丰富，遍及中国大中城市的每一个角落。而"八喜"背后的生产厂家——北京艾莱发喜食品有限公司也从一个默默无闻的企业发展成为今日行业内的知名公司。

公司总部位于北京顺义金马工业区，占地4.67公顷，公司员工500余人，总计生产30余种规格150余种产品，包含针对零售市场的5盎司、品脱、夸脱、半加仑、支棒、甜筒等产品，也有针对餐饮和大客户市场的三加仑、一加仑、牛奶，奶浆、淡奶油等产品，同时冰淇淋月饼、冰淇淋蛋糕等衍生产品也取得了不错的市场业绩。公司储存了上百种冰淇淋口味配方，当前生产30余种口味的产品，均是依据国际标准和古典配方、精心采集全球优质原料调制而成，既包含香草、巧克力、草莓、朗姆、绿茶、咖啡、芒果这样的经典口味，也有提拉米苏、夏威夷果、土耳其榛子、法国香草等创新口味。冰淇淋年产能达6000余吨，牛奶年产能14000余吨，奶浆年产能15000余吨，同时上海青浦工厂正在建设中。

秉持着对消费者、对社会的责任和承诺，北京艾莱发喜食品有限公司全体员工用20年如一日的执着与热情，坚持以"国际品质、质量安全、技术创新、满意服务"为工作重点，奠定了八喜品牌发展的坚实基础。

1.国际品质——历史的传承　"传承传统品质，奉献纯正美味"，来到中国的八喜冰淇淋完全依据诞生于1932年美国旧金山的古典改良配方，以新鲜牛奶和奶油作为主要原料，按照国际冰淇淋标准进行生产。八喜作为全乳脂冰淇淋的代表，其细腻、柔软、爽滑的口感是市面上其他任何植脂冰淇淋或半乳脂冰淇淋所不可替代的。

2.质量安全——良心的承诺　"做企业就是做良心"，北京艾莱发喜食品有限公司始终坚持一个信念：食品行业是一个良心行业，品质是坚守、是职责，更是对消费者的庄严承诺！公司上下严把质量控制关，建立了总经理负责制的产品质量安全保障机构。因此，在2008年乳制品行业的风波中依托过硬的产品品质让"八喜"赢得了各方赞誉，并建立了ISO9001、HACCP、ISO14001体系，获得了由SGS认证机构颁发的认证证书，而且在国内冷饮行业首批通过绿色食品认证。

3.技术创新——成长的基础　北京艾莱发喜食品有限公司作为中国中高端冰淇淋生产的领导企业，高度重视产品研发和技术创新，公司从丹麦的"海耶"引进了成套生产设备，建成了国内第一条专业化冰淇淋生产线，同时新产品持续保持3年储备，并作为中国冰淇淋生产标准的参与制订者，参加了多项国家相关标准的制订工作。

4.满意服务——销售的驱动 客户和消费者的满意是八喜销售成长的动力，北京艾莱发喜食品有限公司建立并完善渠道细分管理体系，大力提高渠道客户满意度，同时建立ERP系统，有效地整合了公司的内部资源，使客户服务能力得到进一步提升。针对消费者，每年均投入大量广告资源进行消费者沟通，保持八喜品牌形象充满活力，同时在终端建设、线下促销、市场活动等方面确保八喜声音无处不在。

最新的品牌跟踪显示，北京和上海地区消费者对八喜品牌的认知度和好感度均达到历史最佳，在其他地区也均保持着良性成长势头，八喜品牌呈现出了蓬勃旺盛的发展活力。

作为一家有着强烈社会责任感的企业，八喜在享受成功的同时，始终不忘将这份喜悦与整个社会分享。八喜多年来一直积极地关注着青少年的健康成长：从大力赞助支持北京八喜足球队和众多青少年体育活动，到连续五年赞助和支持《打开艺术之门》暑期艺术节；从建立病患儿童救助基金，到第一时间将冰淇淋送到地震灾区儿童手里……二十多年来，中国青少年公益事业的方方面面都不断地闪烁着八喜的身影，八喜正在将冰淇淋的甜蜜和快乐注入到社会的每一个角落。

作为一个有巨大发展潜力的品牌，八喜的未来更值得关注和期待。

伴随着国内各大城市消费能力的提升，八喜在巩固扩大京沪市场占有率的同时，将会在华北、华东地区进行产能的扩建和新建，完成全国生产布局。同时在各省省会和重点的二三线城市加强其渠道建设，完成全国销售布局。伴随着公司规模的进一步扩大，在集团和董事会的支持下，可动用的市场资源大幅递增，八喜将会把纯正美味的冰淇淋传递到千家万户的手中。

广州风行：牛在身边，奶更新鲜、更安全

广州风行牛奶有限公司

广州风行牛奶有限公司（原广州市牛奶公司）始建于1952年7月，隶属于广州风行发展集团有限公司（原广州市农工商集团有限公司），是一家集奶牛饲养、乳品加工及销售为一体的国有企业。公司现有一个乳品加工厂，三个现代化牧场（华美牧场、珠江牧场及增城牧场），一家穗港合资公司及205家牛奶专卖店，共有员工925人，土地资源近205.5公顷，全资拥有奶牛超过6000头，是广东省内全资拥有奶牛最多的乳品企业，学生饮用奶定点生产企业及广州市四大农业产业化龙头企业。

（一）优质的奶源

1.高标准打造好品质 牧场自1985年起采用欧盟鲜奶检测标准，1989年起开始检测抗残指标，是国内鲜奶检测标准要求最高、最早检测抗残指标的牧场。

2.科技兴业，标准化饲养 公司始终坚持科技生产，坚持“高投入、高产出、高效益”的牧业发展道路，积极将最新的科技研究成果应用于生产。在不断改进传统的饲养管理模式上：采用分群饲养、TMR饲喂的饲养工艺，实行全自动脱杯的挤奶技术；通过与国内外奶牛专家技术交流，不断做好防暑降温，提高奶牛舒适度、有效减少应激；通过加强牧场建章立制，规范操作，不断完善奶牛饲养标准化、规范化。牧场经营突破行业及体制常规——南方不能养好奶牛、国营企业养牛效益不如个体户，牧场实现产量全省最高（成母牛年单产达7.2吨）、质量最好（乳脂率3.6%，乳蛋白3.1%，生鲜奶杂菌数1×104个/毫升，牛奶的体细胞数2.3×105 个/毫升）、售价最高5600港币/吨）。

3.扩大饲养规模，优化牧工配比 公司的三个现代化牧场共饲养奶牛超6000头，年产鲜奶约23000吨，加工厂生产所需鲜奶的60%由自有牧场供应。

（二）新鲜的产品

1.采用先进管理方法，提升产品质量 为进一步提高产品质量，率先通过质量管理体系认证（ISO9001：2000标准）和HACCP体系认证（国际食品安全管理体系），产品的生产过程、环境设施、人员卫生等均达到SSOP（卫生标准操作规范）和GMP（良好生产规范）要求，整个生产过程都处于受控状态之中，保证了产品质量安全。

2.坚持产品差异化战略，大力发展巴氏产品 公司乳品加工设备生产能力为150吨/日，生产的产品有巴氏奶、超高温灭菌奶、酸牛奶、炼奶、乳饮料及甜品等六类共78种包装规格，注册商标为“风行牌”，主要供应省内市场。根据广东地区居民饮食消费习惯、行业消费趋势及地域优势，确定以鲜为主的营销战略，大力发展巴氏产品。

3.加强质量监控管理 三聚氰胺事件后，公司积极、认真贯彻落实政府相关规定，在加强管理，严格监控含蛋白饲料、原料、产品的三聚氰胺指标的同时，及时购置高效液相色谱仪，并配备专人负责三聚氰胺检验工作。2009年，公司获得三聚氰胺自行检验资质，是广州市内唯一一家具有三聚氰胺自行检验资质的液态乳生产企业。

（三）周到的服务

1.创新营销模式，发展风行牛奶专卖店 2008年，公司完善销售渠道建设，开拓“牛奶专卖店”渠道，在

广州市区主要路段、商业区、大型社区布点，改变以往只能到超市购买新鲜牛奶的局面，只要出门就能买到新鲜的牛奶。目前公司已经在农林下路、中山四路等人群密集的区域组建了205家风行牛奶专卖店。公司发展目标是三年内建设500家专卖店，将新鲜的产品，便捷周到的服务不断延伸到终端，真正做到“风行牛奶专卖店，总有一间在您身边”。

2.继承传统，不断提升送奶上户服务水平 送奶上户是公司作为城市型乳业经营了十几年的业务，目前，该渠道的销量约占总销量的25%，我们目标是实现50万份/天。公司正逐步规范化管理、提高服务质量，通过建立规范的送奶上户服务体系完善该渠道建设，将传统的业务推进到一个新的水平。

3.积极推广学生饮用奶，关爱下一代健康 自2002年广州市学生饮用奶计划正式启动以来，风行学生奶的销量累计已达四万吨，折合超过2亿盒。据不完全统计，已进入学校、幼儿园达1650间，直接受益学生在62万人以上。“风行”系列学生饮用奶已成为广东地区主要的学生饮用奶品牌，销量实现连续四年全省第一，在全国名列前茅，受到广大师生和政府的高度评价。此外，公司连续多年成功举办“我的牛奶我设计”学生奶包装设计比赛。通过比赛，让更多的学生了解学生饮用奶，提高学生的饮奶意识及综合美术创作能力。

（四）追求卓越

牧工一体化的发展模式，完整的产业链（奶源—加工—配送—专卖店）及有效的全程质量监控体系保障了风行乳制品质量安全。近两年，公司年均销量上升35%，品牌的认知度和美誉度进一步提升。2008年起，公司计划投资近3亿元，用五年时间，进行统筹规划及技术升级改造，全面提升公司的综合竞争力。建设完成后，公司乳品加工年产将达60000吨，全资拥有奶牛10000头，公司将建成珠三角地区的强势品牌。

多年的努力取得了丰硕的成果，公司将在奶业产业化进程中，坚持优质、安全、生态的发展方向，构建资源节约型、环境友好型的现代产业体系，着力打造“优质、高产、高效、生态、安全”的标准化奶源基地和乳品加工基地，将风行公司建设成为粤港澳鲜活农产品重要生产基地和都市型、外向型现代农业示范基地，促进区域内奶业的持续健康发展，为区域食品质量安全、供应安全和带动农民增收致富做出新贡献。

广州珠江牛奶有限公司

广州珠江牛奶有限公司是由广州风行牛奶有限公司（广州市牛奶公司）和广州市国营珠江华侨农工商联合公司于2000年起共同合资经营的国有股份制畜牧企业，是风行牛奶公司的绿色奶源基地。公司占地17.33公顷，现饲养奶牛1700多头，年产鲜奶8000吨。

广州珠江牛奶有限公司自建成至今获得了一系列的荣誉称号：2000年11月被广州市政府列为农业产业化的十大示范区之一；2003年公司通过了ISO9001:2000版国际质量体系认证；2005年通过中国绿色食品发展中心的绿色食品认证，并被国家发改委授予“广东省现代农牧业示范基地”称号；2006年被国家学生饮用奶计划部际协调小组办公室审定为第二批学生奶奶源升级单位；2008年获得ISO9001:2008质量管理体系认证；2009年再次通过了广东出入境检验检疫局颁发的“出口食品生产企业备案证明”；2010年通过国家农业标准化的验收，获得国家畜牧总站和中国奶协颁发的“全国奶牛生产性能（DHI）测定先进工作单位”称号；2010年11月获得国家农业部颁发的“奶牛标准化示范场”称号；2011年2月获得国家“禽畜标准化典型示范场”的荣誉称号；2011年6月获得国家农业部农垦局颁发的“农垦现代化养殖示范场”的称号；2011年9月获得了广州市安全监督管理局授予的“广州市安全生产标准化达标企业”证书。目前公司的生产水平每年都在快速提升，2010年，公司的成母牛年单产水平为7.3吨，比广东省的4.6吨平均水平高出2.7吨，2011年完成鲜奶产量8000吨，成母牛年单产突破8吨，再次刷新广东省奶牛生产水平的最高纪录，同时也打破南方不适应养奶牛的定论。

公司现有职工86人，专业技术人员12人，其中本科学历2人，大专学历10人，畜牧师1名，兽医师1名，执业兽医师3名。公司秉承不断改革创新，高投入才有高产出的经营管理理念，创造了一个又一个的奇迹，成为广东乃至整个华南地区同行业人士参观学习的示范场。通过与同行的不断交流，公司自身的管理理念也在不断更新改善，推动着公司向更好的方向发展。

（1）沙睡床的全面使用以及喷淋降温系统的良好使用，使奶牛有干净舒适的休息环境，对奶牛生产水平的提高起到了关键的作用。

（2）在饲料使用上，大量使用美国优质苜蓿草、澳洲进口优质燕麦草及优质美国进口DDGS，高投入高产出，在确保奶牛健康的基础上夺取高产优质（乳脂肪3.60%～3.70%，蛋白3.10%～3.20%，比重1.0290～1.030）。

（3）挤奶管理方面，采用国际上被普遍认可的标准操作规程（挤前消毒奶头→挤头三把奶→檫干奶头并套杯，以上所有步骤90秒内完成）和严格管理，确保鲜奶卫生指标（细菌总数＜1.5万个/毫升）的优质和奶牛乳房健康（月发病率＜3%，日发病率＜0.14%，牛奶体细胞数＜20万/毫升）。

（4）不断学习，不断提高：公司重视奶牛饲养管理技术的持续改进和专业技术人才的培养，每年邀请美国专家驻场培训，外派技术员参加专业技术学习培训，积极主动与全国各地的同行人士进行技术交流，不断拓宽专业技术人员的视野和提高专业技术水平，不断进行技术创新和改进。

广州市华美牛奶公司

广州市华美牛奶公司是以补偿贸易形式创办的外向型国有畜牧企业。公司位于广州市天河区东圃镇珠村，占地62.4公顷。1983年，公司与香港胜天有限公司签订补偿贸易合同，引进美国良种荷斯坦奶牛640头和两套阿法拉伐挤奶系统，开始了优质鲜奶的生产。

从1992年开始，公司始终以可持续发展为目标，坚持“高产、安全、优质、健康”的发展道路，注重团队建设和新技术的推广应用，不断改进传统的饲养管理模式，积极将最新的科技研究成果应用于生产，经过多年坚持不懈的努力，公司已成功推广奶牛散栏饲养模式，应用奶牛全混合日粮(TMR)饲养管理技术和夏季奶牛防暑降温等技术。公司已显示出南方奶牛生产经营集约化、饲养科学化、操作机械化、生产良性化发展的示范作用。1992年公司被中国奶牛协会评为高产优质高效益奶牛场，1997年被中国绿色食品发展中心授予绿色食品标志，1999年被列为广州市政府重点扶持的龙头企业。此外，公司先后承担多项部、省、市科技攻关课题和科技推广项目，2002年，承担了广州市科技局《奶牛胚胎移植产业化项目》，采用胚胎移植等繁殖新技术，在相对较短的时间内，改良奶牛品种，提高奶牛群体单产，使得奶业生产登上一个新台阶，对南方奶牛生产生物新技术的研究推广应用起到积极的推动作用。2002年，广州市华美牛奶公司被批准为首批学生饮用奶奶源基地。同年，广州市科委在公司挂牌成立了“广州市南方奶牛生物工程技术中心”。2003年，经国家农业部验收批准，成为南方地区第一家国家级良种奶示范场。2005年，通过国家和广东省发改委联合评审，成为广东省现代化牧业示范基地。

公司一贯重视牛奶的质量管理，不断改进原有的质量管理制度，完善质量监测手段。于2002年9月，公司通过ISO9001：2000版质量体系认证，为了推进公司标准化的建设，广州市华美牛奶公司经过自身的努力，于2008年12月通过国家标准化良好行为企业AAA级认证。

多年对质量管理的一丝不苟为公司赢得了良好的声誉，2008年6月，公司被确立为“供奥农产品生产基地”,所生产的牛奶直接供应奥运村核心区。2009年4月广州市华美牛奶公司生鲜乳收购站和生鲜奶准运证通过评估验收并发证。2010年通过农业部种畜禽标准化评审并荣获奶牛标准化示范场。2011年6月，广州市华美牛奶公司被农业部农垦局确定为农垦现代化养殖示范场。

优质鲜奶一直供应香港九龙维记牛奶有限公司、广州维记牛奶食品有限公司和广州风行牛奶有限公司。奶牛存栏量达到2475头，其中成年奶牛1410头，成母牛年单产6.74吨，年产鲜奶9740吨，牛奶细菌数保持在2万以下，乳蛋白3.2%，非脂乳固体8.7%。每天供应香港九龙维记牛奶有限公司10吨，供应广州维记牛奶食品有限公司4～5吨，其余的供应广州风行牛奶有限公司。无论从生产规模、奶牛存栏、产品质量都处于广州地区前列。

公司的质量方针:最鲜、最纯牛奶；快捷、周到服务。质量目标是：产品出厂合格率100%。

1.严把原料关 在饲料供应上，首先确立稳定的饲料供应基地，对供应商建立评价体系，建立合格供方档案。对采购的粗饲料每天进行农药残留的检测，青饲料每周一次抽样进行农残检测，同时公司建有饲料分析实验室，对主要饲料原料的成分（主要项目有蛋白、水分、脂肪、感官等）进行分析检测。公司生产用水全为地下水，降低了受污染的风险，定期对水质进行检测，从而确保了奶牛采食的安全。

2.严把养殖关 在奶牛管理上，每年接受天河区兽医防疫站的两病检疫（结核病和布氏杆菌病),同时做好口蹄疫等传染病疫苗的免疫接种，制定有严格的牧场环境消毒和兽药使用规程，确保了奶牛的生产安全。对患病需要治疗的牛只进行隔离，痊愈后需待抗生素残留检测合格后才能进入泌乳牛群，从而避免了残留抗生素带入牛奶。

3.严把挤奶关 奶牛进入挤奶间后，从套上奶杯开始，牛奶将不再与空气接触，直接在全封闭的管道中输送。首先牛奶从奶牛乳房出来后将通过管道进入冷凝系统，迅速降温，抑制细菌等微生物的繁殖，降温后的牛奶将通过管道进入贮奶缸，贮奶系统带有降温和搅拌功能，确保牛奶在4℃以下的条件进行保存，贮存的牛奶通过管道输送到奶槽车，奶槽车同样具有保温和搅拌系统，确保牛奶在送往加工厂的过程中保持新鲜。

4.严把内检关 自检方面，公司每天都会对牛奶的理化指标、微生物指标和抗生素残留进行检测，检测项目主要是理化指标和微生物；风行牛奶有限公司则对每批奶进行生化、理化指标及三聚氰胺、农残、重金属检测。

5.第三方检验与监督 为保证牛奶质量，牛奶的乳脂率、比重、非脂乳固体、杂菌、大肠杆菌理化指标等每天由广州出入境检验检疫局动检处进行第三方检验；商检对牛奶进行每周一次的三聚氰胺检测，以及每季度一次的牛奶药物残留检测；检验检疫人员定期到牧场进行监督检查。

广州市华美牛奶公司增城奶牛分场

广州市华美牛奶公司增城奶牛分场,成立于2008年8月28日,其前身是广州天泉湖奶牛生态养殖有限公司。位于广州市东增城市新塘镇仙村，南接广惠高速、广园快速路，北通广汕公路（324国道），距广州市区60公里，距深圳90公里，交通方便快捷。牛场占地面积82.6公顷，其中：奶牛养殖生产区面积8.67公顷，水塘12公顷，其他可发展面积24.67公顷。拥有天然的生态养殖环境，湖光山色，清幽秀美，是发展奶牛标准化生态养殖场的理想之地。

现有牛舍10栋，饲养良种荷斯坦奶牛1180头，年产优质鲜奶3500吨，供应广州市场。拥有利拉伐2×16并列式挤奶生产线1条，自控式制冷贮奶缸5个，总容量达23吨。现有从业人员53人，其中专业技术人员12人，本科学历4人，中级职称1人。牧场一贯重视质量管理，保证牛群健康，产量上升；保持牛奶质量优质、稳定，均获得一致的好评。2008年通过了无公害农产品产地认证。2011年被国家学生饮用奶计划部际协调小组办公室审定为第四批全国学生奶奶源示范基地。

目前，增城奶牛分场正在与国内的具有高技术力量的牧场设计公司进行合作，将建成2680头规模的生态养殖场，把增城奶牛分场打造成广东省内具有规模、技术领先、产品质量可靠的奶牛生态养殖示范基地。

光明荷斯坦——可信赖的奶牛专家

上海光明荷斯坦牧业有限公司

上海光明荷斯坦牧业有限公司具有50多年悠久历史。专门从事现代牧业领域产品研究、开发、生产及销售的综合性服务，公司把“坚持做中国奶牛业服务的领导者”作为奋斗目标。长期以来，公司聚焦奶牛场服务，产品和技术涵盖牧场规划、建设、管理等领域，提供多种产品和系统解决方案，包括：奶牛育种、饲料、兽药器械、奶源服务、牧场管理等的解决方案。公司致力服务全国快速增长的牧业市场，努力推进奶牛业的规模化、标准化、优质化和产业化，全面提升牛奶质量、牧场效益和竞争力，积极开拓奶业产业链各个环节的相互促进、共同发展之路，为我国奶业的整体素质和效益提高做出贡献。

1.业务创新：存在，有无限可能 随着奶牛产业链的发展，在建成金山种奶牛场等亚洲一流的牧场群的同时，公司也完成了由一个单纯的牧场经营者向综合性牧业服务公司转变的过程。结合自身强大的整合力、突破力和牧场经营管理的宝贵经验，形成了现在四大服务事业部（牧场管理部、原料产品部、牧业产品部、地区管理部）和技术研发中心的布局。近年来，公司业务创新步伐不断加快。

自主研发奶牛场数据管理项目“健能赢”。“健能赢”是集成公司多年的养牛技术管理经验，对牧场数据进行深入分析，科学定位牧场存在或潜在的问题，利用成熟的牧场管理技术，配以完善的技术服务体系对牧场现有状况进行逐步改善，从而全面提升牧场管理水平、帮助牧场迅速转型、平稳度过养牛困难期，使牧场始终处于利益最大化。“健能赢”的实施，一方面通过对奶牛生产性能的测定和相关生产数据的汇总、分析，为奶牛养殖户提供了全面的奶牛饲养管理与技术服务，弥补了养牛人专业技术与管理水平的缺乏，从而提高了奶牛的生产水平，提升牛场的盈利能力；同时，通过对整个地区的奶牛生产现状与其他区域进行比对，使政府部门、奶牛业主管部门等及时了解本地区奶牛业的发展现状和趋势，为正确决策提供依据，促进产业可持续发展。

“牧场千分制管理体系”迅速提升牧场效益。公司相继推出“牧场千分制管理体系”，该体系丰富和细化了奶牛场管理体系和技术体系，强化基础管理，以过程控制达到目标的实现，与ISO9000、GAP、HACCP等评估认证体系逐步接轨，以工厂化管理标准和模式，支撑奶牛生产发展。

千分制主要内容是通过把“饲料饲养、育种繁殖、兽医保键、生奶质量、防暑降温、安全生产”等分为两大块，一是操作过程，二是结果数据，其中操作过程349条，结果数据45条，分别乘以不同的系数，总分为1000分。“牧场千分”的标准在推行中持续优化。通过“千分制管理”，员工日常操作日益标准，牧场效益稳步提升。2011年，公司的优质奶加价比上年同期增加150万，体细胞平均25万、体细胞同比降低5.4%，体细胞加价同比增长11%。

“奶牛场千分制评估体系”的实施，使奶牛场环境得到改善，尤其是易忽视的细小环节；牛只舒适度得到了提高，硬件设施得到完善，各类制度得到更新和完善，原料奶质量保障体系得到完善；奶牛生产从技术到管理都有了阶段性的目标；防疫、环保、安全等奶牛场生存的基础得到保障，有效地促进了奶牛场持续改进和完善，最终实现高产、优质、高效、生态的目标。

2.科研创新：厚积薄发，创造独特的产品方案 公司一直坚持走引进吸收与自主开发并重的技术创新道路。多年来，公司一直与中国农业科学院、中国农业大学、上海农业科学院、上海交通大学、上海复旦大学等单位保持着紧密的联系，并通过参与加拿大、美国、以色列、荷兰、比利时、瑞典、法国、德国、日本、韩国等国际项目，完成了引进、消化、吸收的国产化阶段，也建成了一支高效率、高素质的产品研发队伍。自此，公司进入了自主开发能力的建设阶段并取得了可观的成绩。近年来，由公司自主研发的专利产品有8项，先后承担科技部、农业部和上海市科技攻关项目达 50 多项。

3.质量管理：生命，永恒的执著 质量是公司的生命。根植于“心”的质量意识和严格的管理制度，为公司赢得了所有客户长期的信任。公司对产品质量的严谨态度和精益求精的精神，从一开始就融入企业的血液之中。公司建立了完善的质量保证体系和质量评估体系，从产品规划到服务项目；从每一种原料进库到每一批“产品”出厂，几乎每一道工序都处于缜密的监控之下。4个专业（育种、饲料、奶源、兽医药）的质量控制中心拥有多台世界先进实验设备，检测手段已实现了现代化和数字化。

2011 年 1 月成立的质量安全监督检验测试中心，拥有价值 1300 多万元的专业检验仪器设备和实验场所设施，配有包括博士、硕士等在内的 15 名专业管理人员和技术人员。检测涵盖粗饲料、青贮饲料、原料、精料补充料、TMR日粮、奶牛饲料、牛奶成分分析等领域，检测指标达 80 多项。“行为公正、方法科学、数据准确、服务规范”的工作宗旨，完善的实验室质量管理体系，和第三方公正检验的独立承担，使检验工作具有权威和公正性。

2001 年成为上海市饲料行业首批“重食品安全，守行业信用”承诺单位。2007 年，饲料厂在中国奶牛行业中率先通过了ISO9001 质量管理体系认证，以及HACCP食品安全管理体系认证；育种中心在中国奶牛行业中率先通过了ISO9001 质量管理体系认证；2007 年至今，上海光明荷斯坦金山种奶牛场连续获得“国家良好农业规范”资格认证。2010 年公司星火第二奶牛场获得上海市“奶牛体细胞优胜奖”；2011 年公司星火第二奶牛场和金山种奶牛场分别获得上海市“牛奶体细胞优胜单位”荣誉称号；金山种奶牛场一直为高端鲜奶“致优”、“优倍”指定的奶源基地，公司其他牧场为上海市学生奶奶源基地；2011 年，金山种奶牛场指定为“第 14 届国际泳联世界锦标赛”特供奶唯一奶源基地。

4.产品系列：提供全方位的解决方案 多年来，公司始终走在牧业发展的前沿，为全国奶牛养殖户提供高性价比的创新性解决方案，灵活多样、低成本高效率。拥有包括牧场管理、奶源服务、牧业产品服务等多个系统平台，能够根据客户的需求提供丰富的产品、技术、服务、组合方案或直接承包等多种业务。公司产品分育种、饲料、易耗品、奶源服务、有机肥等，通过这些产品技术性集成、优化，实现全方位的解决方案。

（1）育种产品。上海奶牛育种中心有限公司成立于 1974 年，曾经培育出全国知名的 325、18414、12510、31202、31101005、31103406 等优秀公牛。公司下设冻精生产部、育种部、DHI发展部、胚胎移植部、冻精销售部、行政部。公司注重完善育种体系建设，在品种登记、生产性能测定、后裔测定、遗传评估等常规育种工作方面已有较好基础。

育种中心种公牛站投资 4000 多万元，占地 100 亩，建筑面积 1.1 万平方米，存栏规模 200 头，基础设施和生产工艺居全国 44 家种公牛站前列。目前存栏种公牛 159 头，其中采精公牛 142 头。2011 年农业部奶牛良种补贴项目中，有 67 头荷斯坦公牛入围，其中验证公牛 39 头，入围数量位居全国前列。中国奶牛性能指数（TPI）排名前 20 名中，上海奶牛育种中心有 7 头，全国第一名为上海培育的 31104163。2011 年冻精年销售 360 万剂，遍布全国 28 个省，占全国良补项目市场份额 24%，连续 6 年第一。2011 年 9 月，在“首届中国活畜展览会”评比中，公司自主培育的四头参赛奶牛全部获奖，取得两枚金奖、两枚银奖的佳绩。

于 1995 年运作的DHI测试中心目前已成为国内测试规模最大的实验室，参加的牧场已从上海向周边省份扩展。覆盖区域包括上海、江苏、浙江、安徽、山东、黑龙江等省市，其中上海行政属地牧场DHI参测率达到了 100%。2010 年共测定 195 个牧场，测定样品数计 43.8 万头次，上报中国奶业协会有效系谱成母牛头数超过 3.7 万头。2011 年获得“全国DHI先进单位”荣誉称号。

2004 年 8 月，公司通过ISO9001 质量管理体系认证，严格执行ISO9001:2008 质量规程，2010 年冻精检测合格率达 100%，各项指标均符合国家标准要求。公司始终贯彻“好种好牛、质量一流、顾客至上、永不停留”的质量方针，在确保冻精产品质量的同时也保证社会化服务的质量。2010 年，在全国举办奶牛技术培训会共计 33 场，为 4500 多位奶农带去了养牛知识和信息。

（2）饲料产品。自开发使用以来，荷斯坦牌饲料产品不断进行了技术改进，技术含量不断提升，并一直保持着良好的销售势头，被誉为中国料坛的“常青树”。

拥有的专利产品：3131 犊牛前期颗粒料（ZL200410099299.7）、3132 犊牛后期颗粒料（ZL200410099298.2）、8111 系列干奶牛预混料（ZL02111514.1）、8112 系列奶牛抗热应激预混料（ZL200410099300.6）、8116 奶牛繁殖性能的复合预混料（ZL200610025446.5）、奶牛霉菌毒素吸附剂（200910054453.1）。

多年来，公司营养专家不断深入研究和开发各类奶牛专用饲料，针对每一种饲料的不同来源、不同存放时间、不同批次原料进行饲料成分测定，以确定每一种饲料消化能、代谢能、粗蛋白、矿物质（钙、磷为主）及维生素的含量等营养成分，再结合奶牛具体生产水平、健康状况和生理阶段以及季节等因素，按饲养标准配合出符合不同种群奶牛营养需求的科学饲料。

荷斯坦牌饲料的最终目的就是要保证提供每头奶牛在每个 24 小时内所采食的饲料量，按其比例和数量，可以适当地满足奶牛营养需求总量。

针对奶牛复杂的消化生理特征，公司不仅建立了近千万的饲料配方库，以最优的组合生产了包括精料补充料、预混料、浓缩料等荷斯坦牌奶牛专用饲料产品。为了满足生产的需要，荷斯坦牌饲料中添加的维生素及微量元素指标均高于NRC饲养标准，可以保证在奶牛疾病感染、转群、应激等外界环境改变的情况下，尽最大可能满足奶牛的营养需要。与此同时，荷斯坦牌奶牛饲料还非常注重适口性、霉变等问题。考虑到经济问题，公司还会根据客户当地资源、选取适用而价格低廉的原料，为客户量身订制产品。

荷斯坦牌奶牛饲料产品涵盖了通用型奶牛复合预混料、功能型奶牛复合预混料、浓缩料等产品。

（3）牧场易耗品。自2008年开设“奶牛专用兽药器械”业务至今，销售额增加10倍以上。该业务囊括近千种产品，包括奶牛专用兽医用药、器械及挤奶机易耗品。经过多年的发展，公司的采购渠道日益完善，采购的产品质量与使用效果受到客户的广泛好评。同时，公司相关业务人员从牧场实践出发与产品生产商一起研发、生产出实用型产品得到全国奶农的青睐与认可。如产品“黑白青贮膜”，从零开始，到现在全国市场占有率80%；而对奶牛起药浴作用的碘伏又是一个新的突破，由原来每年1000桶发展到现在的近10000桶；面对市场上销售的兽药产品良莠不齐的现状，公司严格按照国家GMP认证标准、采购性价比较高的产品推向市场，为奶农提供优质产品，让奶农买的放心、用的舒心；各种产品提供最经济配备方案等人性化服务使该产品一推出，即受到客户好评。

（4）有机肥产品。公司十分重视奶牛场生态环境保护工作，大力发展循环经济模式。逐步实现由“高投入、低利用、高排放”向“低投入、高利用、低排放”转变；由单一强调生产效益向兼顾生态经济的协调发展转变；由常规生产方式向物质循环和能量转换的生态奶业技术体系转变；由注重生产管理向生产、资源保护和奶农利益等全方位管理转变。

新落成奶牛场均配有一定比例的耕地，既可以保证奶牛饲草饲料、特别是青贮饲料和牧草的供应，发挥奶牛的遗传潜力，通过对牛粪便的有机化处理又可以合理利用奶牛粪便还田，形成“土地—种植业—奶牛养殖业”三位一体，动物、植物、微生物三者平衡的农业生态系统，走“粮食多—饲料多—奶牛多—肥料多—粮食多”的良性循环发展之路。

为提高对牛粪便处理和资源化利用技术，公司不惜投资6千多万元建成有机肥生产厂。该厂生产的“葩沃福”有机肥不仅是绝对无污染、无公害的有机肥料，而且是菌肥共显的环保型有机肥料。

该有机肥料含有大量有益的功能微生物及其特效代谢产物，能够刺激和促进作物生长、增加产量、提高作物品质适合各种农作物与经济作物。对农村建设资源节约型和环境友好型社会具有重要作用。

（5）牧场管理。公司自主经营上海、江苏、浙江、天津等地的13个大中型奶牛场，奶牛13000多头，成乳牛年平均单产达8.8吨，其中单产最高牧场达9.8吨，年上市优质原料奶5.6万吨，平均乳蛋白率3.15%，乳脂肪率3.50%，体细胞数25万个/毫升，产品质量达到欧美国家先进水平。其中典型的是上海光明荷斯坦金山种奶牛场（简称种场），占地面积34公顷，养殖规模达6000头，人均饲养奶牛70头，成乳牛年单产达10吨，是亚洲生产效率最高、规模最大的种奶牛场之一。

种场立足高起点、高标准，汇集国内外奶牛业最新工艺技术，体现国内外养牛水准和上海大都市风格，它既是一个效率优先、经济实用的牧场，以“优质、高产、高效”为目标，又是一个管理先进、设备先进、工艺先进、技术先进的现代化奶牛基地。种场的建设符合国家级大型现代化奶牛生产技术示范基地要求，不仅增加了当地就业机会，还带动该地区农业发展，具有较好的经济效益和社会效益。

种场不仅设计理念新颖、布局安排合理、工艺流程科学、防疫制度规范、生产管理标准、畜粪生态还田，自主创新的智能化牧场管理信息系统，利用计算机管理软件实行精细管理，实现高产、高效的目标；种场安装国际先进的全自动大型并列式挤奶台，实现高效，引进先进TMR饲喂机械，全群奶牛实行机械饲喂；机械吸粪、清理牛粪集中堆放，固液分离，分级发酵，节能环保。

5.技术服务：传播进步，走向和谐　公司的服务始终贯穿于“产品”的整个生命周期。秉持“创新、质量与服务”的原则，积极扩展服务空间，为当地奶农提供奶牛养殖专业技术与产品服务。在全国荷斯坦品牌经销商和示范牧场总计达到800多家，南至三亚，北至漠河，东至佳木斯，西至喀什，形成了分布最广的营销与售后服务网络。

结合上万头奶牛规模场的饲养管理经验，现代化牧场管理方式，为奶农提供养牛经验为宗旨。百余名牧场实践超过10年以上的一线专家，十多位致力于专业科学领域的硕博高端人才，并集中了全国多家重点畜牧业养殖高校，积极配合公司为养殖奶牛服务。而公司直属的牧场已经辐射到上海、天津、北京、江苏、浙江、山东、陕西等省市近20多个牧场11个小区。公司技术专家常深入奶牛场、养殖小区，以提高奶源效益为宗旨，引导和培训奶农科学饲喂，规范操作，并通过更多、更有效的系列解决方案，帮助奶农创造更多价值。经过技术服务，“天津梦得牧业有限公司”奶牛单产自2008年的6.5吨/年，已增长到2010年的9吨/年。公司专家周到、热情、全面规范的服务赢得了奶农们高度信任。

秉承“客户至上，为客户提供全面的解决方案”的理念，针对我国奶牛良种覆盖率和单产水平低，养殖方式较为落后的情况，通过多种形式在畜牧业内广泛宣传和大力推广科学饲养技术，每年近60场技术服务和培训，主要包括：良种繁育、科学饲养、疫病防治等。累计参加人数达30多万人次，通过卫星远程教育培训覆盖全国边远地区。不仅培养了奶农科学养殖习惯，增强奶农自我发展能力，还帮助奶牛养殖小区和基层畜牧、兽医人员提高业务素质和服务水平，积极引导当地奶业走科学发展之路。

作为奶牛行业客户最满意的品牌，公司先后在全国奶类项目、农业部良种补贴等国内项目中屡屡获胜。2008年4月份公司又荣幸成为在上海举办的“第三届中国奶业发展大会”指定参观单位。

6.人力储备：战略规划，决胜未来 人才是公司长远发展的根本，人力资源是支撑公司稳定增长的关键。公司非常重视员工发展，建立了完整的基于培养、考核和激励的员工综合发展体系。

公司新建的现代化牧场均是一流奶牛技术与管理人员的摇篮。公司为所有员工提供了包括专家、技能师、后备专家、后备干部、管理层等在内的多元化发展道路，在培养高级管理人才、专业技术人才的同时，大力加强高技能人才队伍建设。2011年，公司拥有博士2人，硕士20人、各类技术专家近百名。与此同时，公司还营造了一套包括大学生人才库、实习生计划、职工外读培训、人才后备力量建设等人才开发措施。其中，大学生人才库项目是公司聘用员工的新途径。它可以提早让大学生接触公司，通过参与各专业部门的工作，实现招聘工作的“过程了解，双向选择”。

7.企业文化：艰苦奋斗，务实高效 企业文化是保持企业基业常青的根本。公司在实施企业调整、变革的同时，适时地对企业文化进行了梳理，在继承和创新的基础上，提炼出以“务实高效、艰苦奋斗、忠诚合作、成就自我”为核心价值观的企业文化。

公司的企业文化源于历史的积淀，现实的努力，以及对未来的追求。作为中国最大的服务于奶牛业的企业之一，公司成功实现了引进技术与自我发展相结合的模式；在自身滚动发展的同时，带动了一大批相关产业的发展进步。随着市场竞争的日益加剧，公司在秉承优良传统的同时，不断地挑战自我，打破不适合发展的各种制约，勇敢地变革创新、与时俱进，在激烈的市场竞争中发展、突破，获得了持久的生命力。面对飞速变化的市场环境，公司积极进行调整转型和变革，正在实现由“产品导向”到“市场导向”的转变，并制定了清晰的中长期发展战略。

8.企业公民：守法，负责 在向社会提供一流产品的同时，公司承诺以科学技术为依托，尽最大的努力减少产品及服务中所造成的环境影响。公司旗下金山种奶牛场在国内奶牛行业中率先取得无公害产品生产基地的认证。与此同时，在发展进程中，公司始终本着回报社会、造福社会的理念广泛地参与中国奶牛业科技进步的事业中。多年来，公司在全国累计召开各类技术培训会500多场，受益人次达30多万，内容涉及育种、奶牛营养、常见疾病、牧场防疫等。

作为中国奶牛养殖行业的领头企业，公司正传承和弘扬“专业、高效、可信赖”的企业精神，锲而不舍地向着奶业的可持续发展方向前进！

前进中的重庆光大（集团）有限公司

重庆光大集团

（一）志存胸间 心怀高远

重庆光大（集团）有限公司成立于2004年7月，集团立足于产投结合、多元发展的新型经营模式，以“科技为根，打造现代产业；资源为本，营造绿色家园”为经营宗旨，以“生态农业为主营业务的相关多元化”为企业定位，经过七年多的努力，光大已发展为一家集畜牧业、乳品加工业、环保产业、现代化观光农业为一体的民营高新技术企业。

（二）借力生态牧场 构建牛奶产业链

重庆光大以“发展农业，构建和谐”为企业理念，自建西南地区最大的生态牧场，饲养奶牛5000余头，并预计在三到五年内将饲养规模扩展至10000头；建立了年产10万吨的乳制品加工厂，奶牛科技馆、大型沼气处理站、定单饲草基地、生态葡萄园等一系列配套设施也已投入使用，初步形成了经济、生态、社会效益有机统一的“无公害循环经济产业链”。

牧场通过率先引进德国韦斯伐里亚转盘式挤奶机、TMR自动喂料车、中央循环供热系统等先进设备，使牧场的硬件设施达到了国内领先水平，大大领先重庆乃至西南地区其他畜牧生产基地，目前已发展成为长江中上游的畜牧业标杆型企业。2009年10月，集团牧业分公司荣获国家认证部门颁发的GAP（良好农业规范）一级认证证书。

集团以高品质的巴氏奶作为主要目标产品，通过引进高端奶牛品质来进一步提高牛奶的营养价值，始终以两个“没有”的标准来打造自己的产品：一是引进没有在重庆市场上出现过的优质奶牛品种；二是产品必须按照重庆过去所没有的标准来饲养和管理。另外，集团斥巨资引进专业的技术团队支持，建立起严格的质量监控体系，确保所有产品的卫生与安全。

（三）推动农村建设 促进城乡发展

重庆光大一直以推动社会主义新农村建设事业为己

任，积极探索城乡统筹发展的试点工作。集团在江北区双溪村大力开展为农民提供种牛改良等多项惠农措施，使当地奶牛单产从年均4吨增加到7.3吨，平均每头奶牛新增收益6000余元；通过发展定单农业收购青贮玉米和牧草，年均增收300余万元；通过扩大就业，直接增加工作岗位350余人次，为周边居民带来新增收入近400余万元。

此外，光大还大力发展区域生态观光农业，将生产资源与旅游资源有机融合，发展以奶牛文化为主题的特色观光农业。通过产业带动和文化驱动，延伸牧场产业链。不仅整合了区域资源，也带动了当地农业区域经济的结构调整。

（四）提升社会影响 热情回报社会

重庆光大曾先后荣获农业产业化国家重点龙头企业、全国科普惠农兴村先进单位、全国服务新农村建设百佳乡镇（民营）企业、重庆市高新技术企业、重庆食品安全示范企业、重庆食品安全示范品牌、新中国成立60年推动重庆食品行业发展十大功勋品牌、功勋60年•重庆力量最受消费者信赖品牌、改革开放30年•重庆食品经济影响力十大企业、最受消费者信赖品牌等诸多殊荣。

此外，党中央和各级人民政府也对重庆光大高度重视，多次莅临公司视察和指导工作。国务院总理温家宝曾于2006年4月23日亲临光大科技园鱼嘴基地视察工作，亲切寄语并为科技园题词，全国政协主席贾庆林、国务院副总理回良玉、重庆市委书记薄熙来等领导人也先后到基地视察工作，并对光大集团的发展给予高度评价和充分肯定。

2011年，食品安全尤为让人关注，光大集团引进的先进食品安全检测体系不仅通过了市级质监部门的严格检测，在接受国家质监总局督查小组的检查时，也获得了督察组的一致认可与好评。

光大人一直怀揣一颗感恩的心努力回报社会，为支援库区农村经济建设，集团无偿援助库区的肉牛项目建设，向开县、奉节、巫溪、武隆等地贫困户赠送犊牛500多头；向市红十字总会捐款150余万元；在四川汶川大地震、青海玉树地震发生后，集团立即组织了一批物资送往灾区，同时还组织员工捐款捐物，奉献爱心。为促进重庆市学生饮用奶计划顺利实施，公司积极推动“学生奶饮用计划”，在政府的支持下，公司率先在重庆市江北区、渝中区、巴南区、南岸区等地启动了配送学生奶计划。将牧场自产的新鲜牛奶送到各个小学、幼儿园，让孩子们每日都能喝上光大提供的新鲜牛奶。

（五）展望未来 心怀高远

重庆光大将继续以“创中国名牌，树百年光大”为目标，力争以现代化的管理手段为基础，以高端的农牧业及食品专业技术为保证，通过完善的市场营销网络和优质的服务体系，促进和推动重庆奶业产业的现代化和标准化水平，引导和带动新农村建设和城乡统筹发展，立足重庆，放眼全国，走向世界，将集团建设成为中国最有影响力的生态农业示范企业！

奶联社：以责任引领奶农合作化前行

内蒙古奶联科技有限公司

内蒙古奶联科技有限公司于2004年6月成立，注册资本8608万元，运营管理的资产近5亿元。总部设在“中国乳都”呼和浩特。公司以“让更多的中国人每天喝杯好奶”为愿景，专注于“优质原奶生产供应”。公司系内蒙古自治区高新技术企业，内蒙古自治区农牧业产业化重点龙头企业，北京2008年奥运会残奥会期间餐饮原材料供应企业。

在借鉴奶业发达国家经验的基础上，首创适合中国国情的奶牛养殖合作化模式——“奶联社”。被认为是实现散养到规模化、集约化、标准化、一体化转型的创新模式。

（一）创新的“奶联社”模式

1.什么是“奶联社” “奶联社”系由内蒙古奶联科技有限公司搭建技术、管理、现代化设施设备和资金平台，吸纳奶农现有奶牛以入股分红、保本分红、固定回报、合作生产等多种形式入社，并获取回报的奶牛养殖合作化产业模式。

（1）立足于当地农民现有牛源实现保值增值，采取多种“入社”形式，即“奶农自愿入社、不参与经营、获取年稳定回报、到期自愿退社、退社时领取入社奶牛金”。

（2）合同期内，奶牛疫病和死亡风险由“奶联社”承担，奶农零风险。

2.“奶联社”取得的应用成效 2007年初，在呼和浩特市土左旗兵州亥农业开发区建设了占地20公顷的中国首个“奶联社示范牧场”，引进农民奶牛入社近千头。2008年以来，“奶联社”进一步扩大了在呼和浩特的示范规模，存栏奶牛近2万头，实践表明其运营效果显著。

（1）显著提高奶牛产奶量。入社之前平均4～5吨/（头•年），入社1年后，平均增产1吨/（头•年）。年平均增产28%。

（2）原奶质量达到国际标准。乳蛋白3.2%、乳脂率3.8%、干物质12.4%，高于国家标准。细菌总数（CFU/毫升）小于2万，达到国际水平。

（3）显著提高农民收益。一头入社奶牛年收益率20%左右。因给“奶联社”种植青贮饲料玉米，一亩地增收150～300元左右；因“奶联社”大型联合收获玉米机械，为奶户解放一个劳动力，年增收18000元左右。

（4）“奶联社”的收益：原奶销售价格比散户高0.8～1.0元/千克，获得了高于同行业利润水平的收益。

（二）“奶联社”发展的经验总结

1.“奶联社”选择了正确的发展方向 与国际奶业发展趋势同步。

（1）“奶联社”的发展切合国际奶业规模化、集约化、标准化、一体化发展趋势。

（2）“奶联社”是把资源优化形成新的生产力，是将奶牛、饲草料基地、设备、技术、管理、资金、品牌与上游乳品加工企业对接的一体化创新模式。

（3）“奶联社”，上联奶农、下联乳企。以达到欧盟的产品质量，实现与乳品企业一体化运营。

（4）“奶联社”，高效养殖与高效种植一体化。积极倡导以农民为主体的村组公司、农民合作社，让奶农回归到投资少、风险低的种植优势上去，参与推动高效种植，促进高效养殖，实现种养一体化发展。

2.“奶联社”选择了大合作化的发展理念与模式

（1）借鉴了奶业发达国家奶农合作组织经验与模式，结合中国国情与中国奶牛养殖的特点，创建了中国第一个“奶联社”。

（2）“奶联社”在创建之初，即积极探索与奶农、与乳品加工企业之间的大合作化的发展机制。“奶联社”上联奶农，充分整合与盘活了农民现有奶牛、饲料地、劳动力资源，实现农民现有资源的保值增值。同时，下联乳企，通过优秀的产品质量实现与乳品企业直接对话的渠道与资格。

（3）“奶联社”倡导“资源共享、合作互赢”，立足中国，放眼世界，建立了大的合作组织平台。旨在整合世界一流的资源，引进世界同步的奶牛养殖理念、技术、装备，提升“奶联社”竞争力，服务于中国奶业。“奶联社”在技术上，与中国农业大学、内蒙古农业大学、内蒙古农牧业科学院、美国环球种畜公司、德国诺丁林基因产品公司等国内外机构的合作。在设备上，与德国克拉斯、瑞典利拉伐、意大利斯达特形成了长期的战略合作。在金融领域，与国内外知名金融机构和企业建立了稳定合作关系，引进创新的金融产品，在解决奶牛养殖长期以来“投资规模大、投资周期长”的困惑方面做了积极的探索，显示出良好的效果。

（4）“奶联社”强调让素质相对低的奶农从直接养牛的环节上解放出来，转型为奶牛养殖产业链的参与者，部分转型为产业工人。即农民“以牛入社”，但“不参与经营”，从制度上建立新的合作体系，让农民成为投资者，实现奶牛资产的保值增值。积极推动奶农入股分红、合作生产等形式，探索建立奶农增收的可持续机制。

3.“奶联社”选择了更专业化的管理路径

（1）“奶联社”由标准化千头牧场起步，从规划、设计、设施、设备的配套，到饲养工艺到牧场的运营管理，推行散栏饲养、TMR饲喂、数字化管理，实现规模化、集约化、标准化的运营管理。体现了世界奶牛养殖先进水平。

（2）围绕多个牧场综合管理效率与效益的提升问题，“奶联社”提出了“牧场群”的管理概念与思路，将分散的、多个牧场管理，按区域、分群、分属于不同的牧场运营管理事业部管理。同时，建立牧场保障事业部、农联事业部、技术中心、数控考核中心，实现对“牧场群”的专业服务与支持。

（3）以专业的视野构建专业的技术、运营与管理团队，“奶联社”倡导的专业，不仅仅局限于奶牛养殖技术环节上的专业，更是强调围绕“节本增效、增产增效、优质增效”的线路上配置专业的人才资源，实现专业化的运营与管理。

总之，“奶联社”是把资源优化形成新的生产力，是将奶牛、饲草料基地、设备、技术、管理、资金、品牌与上游乳品加工企业对接的一体化大合作发展模式。“奶联社”的推广与发展，对中国奶牛养殖产业结构调整与转型，对中国奶业一体化健康可持续发展具有积极的意义。

中博农继续推广集约化、规模化、标准化的养殖模式

中博农畜牧科技股份有限公司

中博农畜牧科技股份有限公司总部位于北京市中关村科技园区，多年专业从事牧场规划、设计、建造和管理、咨询、培训“一体化服务”；是国内最早专业从事畜牧工程设计一体化解决方案提供商之一。公司的养殖设备生产基地位于天津北辰区。公司集咨询培训、规划设计、加工制造、设计安装、售后服务、科研开发于一体；监督每个环节，完善每个细节，结合具体地理环境条件为客户提供最优化的牧场解决方案。“推广集约化、规模化、标准化的养殖模式”是中博农在进行现代化养殖规划设计建设时一直提倡的理念。公司成立10年来通过自

强不息、执着进取、勇于探索，终于打造出一支精诚高效的优秀团队。并且以低调稳健、诚实守信的行事风格赢得客户的信赖和良好的口碑。目前已经为全国20多个省份规划建设了近百座适宜当地环境的优质牧场。中博农以创新为己任、科技推广为使命，推广生态养殖、提倡绿色循环经济，促进国内畜牧业由传统的规模小、科技含量低向集约化、规模化、标准化的养殖模式转变。

（一）企业优势业内领先

1.中国农业科技创新大赛冠军的企业 2011年1月中博农参加由科技部、农业部、教育部、中央电视台联合主办的中国农业科技创业创新大赛。经过全国1300个新农村建设创业创新项目的角逐，由中国农大、中国农科院、联合国发展计划署、投资公司、新希望集团组成的专业评委的一致认同，中博农获得中国农业科技创新大赛冠军奖杯。此次大赛，是中博农人的骄傲，也是中国奶业的骄傲，更是整个中国农业的骄傲！因为整个社会都将更多的目光投放到了中国的奶业。越来越多的人和资金开始投入到农业领域，这对早日实现中国农业的现代化，有着深刻的社会意义。

2.风投助力中博农腾飞 企业先进的理念、稳健的成长，广阔市场空间总能受到资本市场的青睐。2010年9月，中博农获得天津创投、深圳创新投资集团的风险投资。这是风险投资第一次进入国内畜牧服务业中的现代牧场建设龙头企业，资本的进入有助于现代畜牧行业的整体发展。

3.行业内第一家引进并在国内建成LPCV（恒温牛舍）的专业公司 中博农率先将国际上仅仅出现五、六年的LPCV（恒温牛舍）技术引入中国，使我们在奶牛场设计建造方面大大缩短了与国际先进水平的差距，恒温牛舍内温度相对恒定，能降低夏季热应激对奶牛的影响，增加奶牛采食量、因而提升奶牛产奶量。牛舍内温度相对恒定，也能有效缓解冬季牛舍冰冻的问题，为粪污处理带来了便利；另外，还能缓解低温对奶牛繁殖率和存活率的影响。可以预见，恒温牛舍是未来牛舍发展的方向。

4.行业内设计建造大规模奶牛场及覆盖奶牛数量最多的专业公司 中博农2002年创业至今，已经在黑龙江、内蒙古、山东、宁夏、新疆、江西、四川、安徽、天津、贵阳等全国20多个省市及地区，规划、设计、建造了100多座适宜当地环境的规模化牧场。其中包括有亚洲第一牧场之称的现代牧业（原蒙牛澳亚牧场）、飞鹤镇赉第一牧场、山东澳亚万头牧场、完达山乳业万头牧场、黑龙江双城米特利牧场、重庆渝北区的万头规模重庆隆生农业养猪场、河南省黄泛区两万头规模河南农科院示范猪场、中国农大863项目种鸡场等。中博农不断推出新理念、新产品、新工艺，为中国畜牧养殖水平不断提升注入新动力！

（二）技术创新推广普及

中博农不断吸收国际奶牛养殖领域领先的技术，不断升级自己的产品和技术理念。公司自2005年开始不间断地将公司技术骨干派往世界奶牛养殖的先进国家，如美国、加拿大、日本、韩国、澳大利亚、以色列、德国、法国、荷兰等畜牧强国，也邀请了许多客户参观考察国外先进的奶牛场，将国内奶牛场设计建设水平与国际接轨。同时从2003年后即率先将国际领先的散栏式饲养模式引入中国、在2007年又将LPCV（恒温牛舍）技术引入中国，至今国内奶牛养殖业对散栏式模式的认识已从当初的怀疑到目前的完全认可。这两项技术的引进堪称中国奶牛养殖行业的里程碑。

中博农的设计理念："不断推陈出新，坚持完美追求！"在饮水槽中选用了美国进口的浮球阀，极大地改善了供水量，保障奶牛的饮水供应，并大大地降低了饮水槽的故障率，避免新建牧场水质差的困扰。中博农人在颈枷和隔栏门设计中增加了过人门，体现了"以牛为先、以人为本"的设计理念。在卷帘系统中使用的关键部件卷帘膜和电机全部由美国进口，其中卷帘膜的抗拉强度达到400千克/平方米，可以有效地保证卷帘的使用寿命在8～10年。我们研发生产的新型卧床由过去的四方向可调升级为六方向可调，即上下前后左右都可调整，是第一款真正实现可根据奶牛群体体型调整卧床卧栏大小的产品。21世纪的牧场提倡的是绿色环保循环。牧场的粪污一直是牧场环保循环的核心问题。中博农在粪污清理和处理系统中，将国际先进工艺、设施结合国内实际养殖需求进行推广，改善国内粪污处理难的现状。迄今中博农公司逐渐得到国内及国际上各企业的认可，先后与蒙牛、伊利、飞鹤、上海牛奶集团、圣元、完达山等国内乳业龙头以及以色列LR集团、德国GEA等国际知名公司建立了长期合作关系，公司整体技术实力也得到了在国际奶牛养殖业具有代表性的以色列、美国等各养殖专家的认可。

（三）中西互补"1+1>2"

中博农畜牧科技股份有限公司拥有强大的中外专家顾问团队，能够为我们的客户解决实际的困难和问题，是迄今仍然活跃在生产第一线的团队，也是国内奶牛养殖领域的顶尖专家。

中博农的设计团队，囊括了牧场工艺设计专业、产品研发、建筑专业、结构专业、排水、暖通、电气等各个专业经验丰富的设计师，团队核心人员都具有几十到上百个奶牛场的设计经验，整体团队达到50人，可以同时承担多个重大项目的设计任务。中博农的施工建设管理团队都是由取得过国家资质考核认可的人员组成，参与过多个大型牧场（5000头以上）施工管理工作，项目管理经验丰富，建筑施工与养殖工艺结合掌控能力极强。中博农的施工队伍，多年来跟随中博农公司执行过多个大型奶牛场施工，熟悉奶牛场施工的现场技术，严格按照国家规范及中博农公司技术标准执行，并有中博农的现场项目经理指导和监督以保障施工质量。

未来中博农将在继续保持原有特色的基础上，不断引进国际先进技术，结合中国的实际情况，不断完善发展。2012年中博农继续推广集约化、规模化、标准化的养殖模式，为中国畜牧业的发展做出自己的贡献。

四方力欧强强联合　实现生态牧场全产业链服务

四方力欧畜牧科技股份有限公司

四方力欧畜牧科技股份有限公司由北京四方畜牧科技发展有限公司、新乡力欧机械有限公司、北京皕格林进出口有限公司、上海兴牧伟业企业管理咨询公司、上海伐利牧业技术设备有限公司联合注册，通过强强品牌联合，在业内形成了唯一一家能够提供生态牧场全产业链、一条龙服务的品牌。

四方力欧同时汇聚全球先进技术，以“整合全球技术，四方力欧引领赢未来”为竞争优势，先后整合了美国、意大利、荷兰、奥地利、以色列以及清华紫光等国内国外先进畜牧设备研发与制造技术，并得以广泛应用和好评，引领着中国生态牧场的健康发展。

1999年，河南新乡力欧公司成立，形成了以挤奶机、奶罐车研发制造为主营业务的领先品牌；2004月11月，北京四方顺通畜牧科技发展有限公司正式注册成立，形成了以生态牧场的建造和施工为主营业务的品牌；2006年10月，北京四方诚信畜牧科技有限公司成立，形成了以生态牧场的规划、设计和管理培训为主营业务的品牌，同时成为中国畜牧行业的领导者而引领中国畜牧业的快速发展；2009年4月，斥巨资创办的定州四方诚信畜牧科技有限公司在河北定州建设了亚洲最大的现代化生态牧场设备生产研发基地，按照国内最高的建设和管理标准进行生态牧场设备的精益生产；2010年12月，在国家工商局正式注册成立四方祥隆畜牧科技股份有限公司，进一步将公司的业务和品牌效能放大，成为名副其实的行业第一品牌；2011年5月，北京四方、新乡力欧、上海兴牧伟业、北京皕格林、上海伐利特五大品牌进行全面整合，将四方祥隆变更注册成立四方力欧畜牧科技股份有限公司。自此，四方力欧成为一家业内实力最强大、服务最全面、产业链最完善的集团化和国际化公司。

作为行业首家和目前唯一一家“品牌中国金谱奖”的荣誉品牌，“四方力欧”这个品牌正从行业一流向公众认同的转变，同时借助于行业内唯一一家能够提供从牧场规划设计、奶牛进出口、奶牛饲养与挤奶设备制造、鲜奶储运、粪污清理、牧场管理等业务的全产业链服务商和准上市公司，四方力欧必将成为一个国际一流品牌。

“以中国奶业提升为己任，做一体化生态牧场领航者”。创立发展至今以及通过品牌强强整合，四方力欧形成了“高科技产品产业链贯通”、“企业规模行业领先”、“市场成就斐然”、“服务无微不至”的发展模式和竞争优势。

1.高科技产品贯通产业链——企业总部位于北京市丰台高科技园区地标性建筑时代财富天地大厦四方力欧，目前形成了以畜牧机械装备制造为主，一体化生态牧场规划设计、建造、牧场管理咨询等为主营业务的高新技术企业集团。

2.规模，行业领先——集团拥有亚洲最大的畜牧机械装备生产制造、研发基地，全国规模最大的牛奶冷却罐和液态奶运输车生产基地、国内知名的活畜进出口专业公司、国内首家牧业咨询服务专业化公司。

3.效果，成绩斐然——集团拥有行业最大规模的设计研发队伍，自主研发了50余种新型畜牧设备，获30余项国家专利。产品涵盖了畜牧饲养设备、粪污清理设备、粪污输送设备及固液筛分装备、牛床垫料抛洒车、有机肥抛洒车、粪污抛洒车、TMR饲料搅拌车（机）、挤奶设备、鲜奶冷却设备。先后为蒙牛、伊利、完达山、三元、光明等企业设计、建造了300多座一体化生态牧场。

4.服务，无微不至——集团通过与国家发改委、农业部、财政部、科技部、农科院、农大、奶协及中国农业发展银行等政府、科研、学术、金融等机构的良好合作，可为国内奶牛场提供从政策、金融、技术、设备等到养殖管理咨询的“全方位、系列化服务”。

选择四方力欧，就是选择生态、选择环保、选择成功。

外资企业在中国

利 乐 的 原 奶 经

利乐　中国

2010 年以来，国内乳制品市场稳定增长。2011 年出炉的《利乐乳业指数》显示，未来十年，中国将成为增长最快的乳业市场之一，2013 年中国液态乳制品需求量有望比 2009 年激增 40%以上。同时，中国乳品产业链上下游各方越来越达成共识——未来中国奶业的可持续健康发展，离不开对奶源建设的重视和原奶质量的提高。国家奶业科技体系首席科学家，中国农业大学李胜利教授指出："纵观整个奶链，生乳质量是奶业中影响最终产品质量的关键因素。多年实践证明，学生奶奶源基地建设已经成为规范质量管理、提高原奶品质的重要途径之一。"

2011 年，在主题为"规范质量管理，提高原奶品质"的中国奶业高峰论坛上，第四批学生奶奶源示范基地正式授牌。至此，原奶质量达到甚至超过欧盟标准的学生奶奶源示范基地已达 101 家，这为升级国内原奶建设水平提供了可循的经验和实践的样板，也是利乐长期推动中国原奶建设的累累硕果之一。

（一）正本清源，促行业健康发展

作为一家液态食品包装及加工解决方案供应商，利乐公司认为自身的发展离不开相关行业的可持续发展，因而非常重视乳品产业链的和谐健康发展，并将对产业价值链的保护从行业起点开始——奶农与奶源。众所周知，牧场是乳品加工业的第一车间，奶源兴则奶业兴。本着"与中国乳业共成长"的理念，利乐公司一直关注原奶建设，并付诸实践。2003 年，利乐支持农业部和国家"学生饮用奶计划"部际协调小组办公室正式启动"学生奶奶源升级计划"，目标为"培育一批样板牧场，培养一批技术骨干，建立一套技术规范"，支持奶源建设向集约化、规模化、标准化发展。

2008 年 1 月，为了更加系统化、长期化地支持奶源建设，促进原奶生产与管理水平的提高，同时也作为响应和贯彻《国务院关于促进奶业持续健康发展的意见》的新举措，利乐又启动了范围更广、力度更大、更为全面系统的"利乐原奶支持项目"。利乐希望以自身的资源优势，通过组织专家传授、开辟宣传渠道等，推广科学养牛的方法，提高奶农的养殖水平和原奶质量；同时，也希望通过与学界、业界以及政府部门联手，探索奶业发展的模式，以期系统化、长期化促进原奶生产与管理水平提高，全方位促进中国奶业可持续发展，进而在支持奶源建设中支持新农村建设。

该项目主要包括四大内容：

(1)与中国人民大学农业与农村发展学院共同成立"人大-利乐奶业研究中心"，通过调查研究、教学培训以及建立奶业经济示范基地等手段，开展奶业经济研究，探索中国奶业发展的长期趋势和方向。

(2)开展中国奶业强市（县）基层干部培训，确保管奶的干部懂奶，通过为市（县）主管部门和奶业经济管理者提供奶业发展趋势分析、产业政策报告和相关培训，探究合理的奶农经济组织模式，提升奶业管理水平。

(3)与中国奶业协会共同实施"奶农学校"项目，通过电视教学、送课下乡、教材免费发送等方式，深入浅出地将奶牛良种繁育、饲养管理、卫生保健等实用知识教授给广大奶农。

(4)整合中瑞奶业中心新一期工作计划，着眼于奶源建设、提升原奶品质。通过开展更专业的牧场管理人才培训，引进世界先进的奶牛饲养管理技术，促进国内原奶生产水平的提升，从而进一步支持中国乳业的可持续发展。

（二）硕果累累，而今迈步从头越

1.最新研究报告出炉——"人大-利乐奶业研究中心" 截至 2011 年，中心已发布《中国奶业组织模式研究》、《中国奶业发展研究 2008》、《中国奶业发展研究 2009》、《中国奶业发展研究 2010》，并在 2011 年度完成了《"学生饮用奶计划"对新疆奶业的影响》；在全国建立起 10 个奶农合作社监测站点，关注引导奶牛养殖的科学化、规模化、标准化发展，在饲喂端为提升原奶质量奠定基础。同时继续组织第四次地方奶业管理干部培训，提升奶业管理水平。

2.百家牧场通过审核——"学生奶奶源升级计划" 截至 2011 年，在利乐的支持下，已有四批共 101 家"学生奶奶源升级计划示范基地"通过审核，其原奶质量达到甚至超过了欧盟标准，为提升国内原奶建设水平提供了可循的经验和实践的样板。随着“国家学生饮用奶计划”与奶业发展的需要，到2014年，学生奶奶源示范基地数量有望再翻一番，达到200家，示范基地的带动作用将进一步显现。

3.传播奶牛饲养知识——“奶农学校” 利乐与中国奶业协会共同实施“奶农学校”项目，通过中央电视台农业科技频道进行电视教学，并通过免费发送教材、送课下乡等方式，深入浅出地将奶牛良种繁育、饲养管理、卫生保健等实用知识教授给广大奶农。截至2010年，“奶农学校”累计培训30余场次，培训奶户6000余人次，为广大奶农提供了有效的技术支持、技能培训、提高了奶农的饲养管理技能，促进奶业的持续稳定发展。

4.培养牧场管理英才——“中瑞奶业中心” 2011年7月，中瑞奶业中心委托中国农业大学通过笔试、面试录取首批13名学员，于8月14日启程去瑞典培训。希望通过开展更专业的牧场管理人才培训，引进世界先进的奶牛饲养管理技术，促进国内原奶生产水平的提升，从而进一步支持中国奶业持续健康发展。

（三）树立标杆，奶源建设有样板

2003年，在利乐中国的支持下，农业部和国家“学生饮用奶计划”部际协调小组办公室正式启动“学生奶奶源升级计划”。该计划以“培养一批样板牧场，培养一批技术骨干，建立一套技术示范”为目标，旨在通过提升奶源质量保障国家学生饮用奶计划健康发展，并为行业发展起到示范作用。

通过多年努力，“学生奶奶源升级计划”取得了有目共睹的成果：

1.建设了一批高水准牧场 学生奶奶源示范基地的科学管理水平明显提升，孵化出科学化、规模化及标准化的牛场管理模式。截至2011年，已有四批共101家“学生奶奶源升级计划示范基地”通过审核。

2.培养了一批技术骨干 迄今，“学生奶奶源升级计划”举办了300余次各类技术讲座，开展了多场奶源升级专业技术培训，累计培养了3000余名基层一线技术骨干，为提高牧场生产管理水平与业务技能，推进新技术应用打下坚实基础。

3.建立了一套技术规范标准体系 依靠强大的专家技术优势，“学生奶奶源升级计划”建立起一套符合中国国情、与国际接轨的奶源管理体系、生产规范和创建标准。并按照牧场实际情况，分别制定了原奶安全、挤奶卫生、牛群健康等多个类别的技术目标或量化指标，形成专项验收标准，明确验收项目，严格判定方法。

4.研究并确立了适度规模化养殖模式 在统计学生奶奶源示范基地生产经营数据的基础上，组织专家学者系统研究与分析不同饲养规模牧场的经济效益情况，结合我国奶业发展实际，引导饲养模式由小规模、分散、低效率向适度规模、集中和高效率转变。

国家学生饮用奶计划部际协调小组办公室负责人何子阳表示，在示范基地的创建过程中积累了宝贵的经验——注重环节控制和技术推广，把提高原奶质量作为奶源升级的首要目标；建立健全标准化体系，把提高标准化生产水平作为奶源升级的主要途径。运用科学的理念与方式，提高了从业人员技术水平、规范了标准与管理体系，并探索出符合中国国情、能有效提高原奶品质的养殖模式。使得学生奶奶源示范基地的原奶质量得到显著提高，其平均乳脂、乳蛋白含量，平均菌落数等指标数据都有明显改善。在乳制品质量安全备受社会各界重视，我国奶业生产方式逐步由粗放型向质量效益型发展的大背景下，“学生奶奶源升级计划”实施的经验值得中国奶业借鉴与推广。

可持续性的包装材料——SIG康美包

康美包　中国

SIG康美包（以下简称康美包）是全球领先的饮料和食品无菌纸盒包装及灌装机系统生产商，总部位于瑞士，隶属于兰克（Rank）集团，在全球多个国家设有生产基地和办事处。从市场分析和新产品概念的设计与开发，直至包装设计，康美包向客户提供的支持贯穿产业链的多个环节。

随着全球环境、人口和可持续发展等问题不断加剧，康美包的纸盒包装所具有的生态优势更加凸显出来。首先，它们主要由可再生的原材料构成，资源利用率高，同时产生极少的二氧化碳排放。其次，康美包具备较强的产品和设备研发和创新能力，这使得新产品和新技术正变得越来越环保。特别是，康美包对环境问题的关注始终贯彻价值链的每一个环节，从使用可追溯和可再生森林原材料开始，一直到努力回收消费过的每一个纸盒。

1.原材料选购流程 康美包的包装材料由三部分组成：特殊纸板、聚乙烯和铝箔。纸板作为最主要的原料约占这种复合包装重量的3/4，为此康美包与高效率森林管理的组织建立了密切合作关系，这包括森林管理委员会（FSC）、世界自然基金会（WWF）和全球森林与贸易网络（GFTN）等。康美包作为首家全球所有工厂均按照森林管理委员会（FSC）的标准通过产销监管链（CoC）认证的饮料包装纸盒生产商，自2009年起，康美包全球各地的生产基地均已按照森林管理委员会的CoC认证。这意味着康美包可在各地销售贴有“FSC Mix”标签的饮料包装纸盒。经 FSC 认证的纸盒包装现已在许多欧洲和亚洲国家上市销售。

2.生命周期管理理念 康美包在产品生命周期内，从原材料的生产直至使用后的处置和回收利用。康美包采用生命周期评估（LCA）等定量分析工具来协助各个地区和全球范围的节能减排工作，并不断改善自身生产流程以降低对环境的影响。康美包的目标是减少资源和能源消耗、废弃物累积以及与生产有关的二氧化碳排放，从而进一步优化整体的环境特征。产品生命周期评估作为一种最具有科学依据的环境定量分析方法已经被广泛的应用于液态食品包装领域，2006 年，康美包委托德国FKN机构在欧洲公布的生命周期评估报告首次对无菌纸盒包装和一次性PET瓶展开比较，该研究显示纸盒包装要比PET瓶来的更加环保。近期，康美包将结合中国的本土情况，以严谨的态度在中国开展这项研究，从而为中国的食品包装行业做出贡献。

3.低碳环保产品和技术研发 康美包在 2010 年史无前例的发布了EcoPlus，它完全不含铝箔的独特设计成为整个无菌纸盒包装行业的亮点，经过德国IFEU科研机构的生命周期评估权威认证，该产品与先前康美包同规格的 1 升装普通纸盒包装相比，其二氧化碳排放可大幅度降低。在研发新一代灌装机时，康美包始终不忘环保理念和社会责任，目标是在原有基础上将新型灌装机的能耗、耗水量、过氧化氢消耗量再度降低。与此同时，康美包还设定了更加宏伟的可持续战略蓝图，公司总部计划以 2009 年为参照值，到 2015 年将总体能耗降低35%，二氧化碳排放量降低 40%，废弃物总量减少 25%。

4.工厂环境管理体系 作为一家食品包装行业的供应商，康美包始终坚持不懈地致力于质量、安全、环境管理和可持续发展等方面的工作。康美包的所有生产基地和研发中心均通过了 ISO 9001 质量管理体系认证和 ISO 14001 环境管理体系认证。此外，卫生管理体系也通过了国际知名的 HACCP 认证。康美包致力于高效管理，实施废弃物处置和回收利用。为此，康美包建立并进一步完善了用于废弃物品回收和分拣的内部物流系统，现有 近100% 的工厂废弃物已经进入回收流程。硬纸板包装、纸屑、塑料、金属、玻璃和有机废弃物均可完全循环再利用。同时，还积极与有资质的废弃物管理公司以及其他责任相关方密切合作，确保以更环保、更高效的方式处理加工废弃物。例如，废包材中的纤维可以重新还原成纸浆，用来生产办公用纸、笔记本、纸袋并与员工分享。没有利用价值的废矿物油和油墨会经过蒸馏处理，确保残留物质不会对环境造成影响。

5.纸盒回收和资源循环利用战略 促进无菌饮料纸盒回收利用是康美包可持续战略中非常重要的一部分。成功循环利用社会上的废纸盒的前提条件是拥有一套完整的纸盒回收产业链，这其中包括前期的宣传教育工作、纸盒分类收集系统、高效的长距离物流体系和末端的处理加工能力。虽然在很多发达国家，废弃纸盒包装已经被纳入常规的资源再生利用和市政废弃物管理流程，但在很多发展中国家（如中国），纸盒回收仍然停留在一个比较初级的阶段，所以康美包一直积极参与并帮助各国和地区建立纸盒回收能力。对于中国市场，康美包深知自己肩负的企业社会责任，积极探索，通过联合乳制品生产商、学校、教育局和纸盒回收再生利用企业开展了扎实的环保宣传、教育和实际回收工作，能够让更多的孩子们认识到废纸盒的环境问题和回收价值，养成长期回收习惯，并且带动家庭和社区的积极参与，这样对形成可持续性的纸盒回收模式具有重要的意义。

美国爱德士生物科技助力奶制品的安全与品质

爱德士缅因生物制品贸易（上海）有限公司

美国爱德士生物科技公司是全球动物疾病控制、饮用水质安全和牛奶安全领域的行业领导者，总部设在美国缅因州，并在全球 16 个国家设有 60 余个分公司或办事处。公司全球拥有员工 4700 人，2010 年总销售额超过 11 亿美元。

爱德士生物科技公司是国际乳制品协会（IDFA），美国牛奶生产者联合会（NMPF），国际乳业联合会（IDF），美国乳腺炎理事会（NMC）和乳品实践教育准则理事会（DPC）的成员。在过去的 15 年间，销售超过 7500 万套抗生素残留试剂盒，并为全球范围的奶牛养殖户和乳品加工企业所信任。其β-内酰胺类抗生素检测试剂盒获得AOAC的认证并被美国FDA批准用于原料乳β-内酰胺类抗生素残留的检测。同时，爱德士还提供黄曲霉毒素M1、三聚氰胺等一系列牛奶安全检测产品，公司非常尊重和珍视与客户的合作关系，积极地为客户提供优质的产品和服务，同时帮助乳品加工企业从源头控制产品原料质量，进行风险管理，保证最终奶制品的安全和品质。

爱德士缅因生物制品贸易（上海）有限公司是美国爱德士生物科技公司在中国的全资子公司。其乳品事业部门生产和销售精准、快速和稳健的SNAP®系列牛奶安全检测试剂盒和设备。销售网络遍及全国，其销售业务不仅向国内各科研机构、重点实验室、乳品加工制造商、奶站、牧场等提供高品质、稳定、灵敏的快速检测产品，而且还以完善的售后服务体系向这些企业和单位提供完备的技术培训指导和售后保障。双流向酶联免疫技术也获得国家认可，其黄曲霉毒素M1 的检测方法已成为乳品安全国家标准中检测黄曲霉毒素M1 的快速筛选方法，解决了传统方法的局限性，使检测更安全、更快速。在保护消费者喝到放心奶的同时，也保证了企业人员的安全。

上海世博会期间，食品安全成为世博园每日接待游客工作的重中之重。为了保证食品安全，世博园内实施了“世博食品安全实时监控综合平台”。爱德士的SNAP产品被上海FDA批准通过用于检测牛奶安全的快速检测试剂盒，对牛奶等乳制品进行抗生素、三聚氰胺的检测，大大缩短了检测时间，满足了世博园的食品安全快速检测的要求，为世博牛奶安全提供强有力保障。

爱德士(IDEXX)公司为畜禽健康监控提供了创新性的诊断工具和信息技术。每天，数以百计的实验室及兽医诊所依赖爱德士公司生产的微量孔检测盒、检测软件和设备对奶牛、家禽和家畜的传染疾病做出正确的评估。自 1984 年开始，作为全球性动物诊断产品的领导者，爱德士(IDEXX)与全球的兽医师和研究者共同努力，致力于生产出世界上最先进的兽医诊断产品。爱德士Herdchek 诊断产品包括牛白血病、牛流产布鲁氏菌病、牛病毒性腹泻、流产衣原体病、口蹄疫、牛传染性鼻气管炎、传染性海绵状脑病检测试剂和其他家禽与家畜疾病的检测试剂等。爱德士（IDEXX）科学家们在多个学科如DNA探针、免疫测定、临床化学、微生物学、血液学、分子生物学和细胞生物学的丰富经验确保爱德士诊断产品的创新和技术领先。

公司重视产品的创新和技术投入，2008 年在中国成立了乳品研发团队，为爱德士在中国的长期发展和业务的快速增长搭建了良好的技术平台，为满足客户的需求提供快速而积极的解决方案。

企业获得荣誉：2010 年 9 月 3 日，被美国工业周刊杂志（IndustryWeek）评为全美前 50 名最好的生产型企业第 22 名。

2008 年 9 月 28 日，因对美国大波特兰地区经济所做贡献，IDEXX被授Robert R. Masterton Award。

2008 年 5 月 1 日，在加利福尼亚举行的全美第 20 届生物科技年会上，因为兽医、水和食品提供的创新科技和优质服务，IDEXX被加入 2007 美国生物科技名人堂。

2006—2008 年，IDEXX被美国FORBES杂志连续三年评选为全美 100 名最好的中型规模公司之一，2008 年位列第 20 位。

利拉伐：挤奶设备清洗——基本原则和操作

Tom Hemling，利拉伐全球研发中心副总裁

正确的清洗挤奶设备将确保生产出高质畅销的牛奶。此外，坚持高标准的消毒清洁将提高消费者对牛奶产品安全的信心。

1.为什么需要清洗 现代的清洗操作使得所生产的牛奶的质量远远高于我们父辈们所喝的牛奶。那么，我们为什么还如此担心我们挤奶设备的清洁问题？一方面这是法律的规定！巴氏牛奶灭菌条例（PMO,条款 10r）要求，所有跟牛奶接触的设备表面每次使用后都应该清洗。另外，PMO条款 11r也明确规定所有跟牛奶接触的设备表面在每次使用前都应该消毒。

正确地清洗挤奶设备是生产高质量奶制品的关键。不干净的挤奶设备会滋生细菌，导致破坏或污染牛奶。食品安全是许多国家的消费者关心的主要问题。清洁生产标准可以提高消费者对牛奶和奶制品的质量和安全的信心。

正确的清洗挤奶设备就可以提高牛奶产量。细菌数量较低的牛奶会卖更好的价钱。干净、卫生的挤奶设备将会把细菌数量控制在较低水平。

2.“完美的”清洁和消毒系统 乳制品生产使用各种不同的清洁方式和系统。不同国家，甚至同一国家的不同地区也可能使用不同的清洁方式和产品。然而，所有清洗方式都应该有某些相同的特性。“完美的”挤奶设备的清洁和消毒系统应符合下列标准：

(1)能去除表面沉积物；(2）能够杀死或去除细菌；(3）不腐蚀设备；(4）快速以及低能耗；(5）对人体无害：安全操作和无有害残留物；(6）不污染环境。

3.清洁原则 清洁的目的是去除奶垢，从而抑制细菌的生长。不同设备的清洁原则大同小异。水和化学品都可以用来清除沉积物。清洁的效果取决于清洁时长、清洁温度、系统设计和维护保养。

奶垢由几种牛奶成分构成。具体如下表：

成　分	在牛奶中百分比（%）	在新生奶垢中百分比（%）	在奶石中百分比（%）
水　分	87	20	3
脂　肪	4	25	3～18
蛋白质	3	20	4～44
乳　糖	5	2	0
矿物质	1	10	42～67

清洗方式必须有效地处理所有这些成分。鉴于各种成分有明显不同的溶解度特性，所以清洁工作也变得很

复杂。当温度高于 40 ～ 43℃时乳脂是液态的。低于此温度时就开始凝固。凝固的脂肪就会附着在表面。

牛奶中的蛋白质在高温下会变性。变性牛奶蛋白紧紧地附着在设备表面，而且可能形成薄膜，很难清洗干净。牛奶糖分，即乳糖，是水溶性物质，用温水很容易去除。牛奶中含有微量的矿物质，会在设备表面上留下沉积物。这些矿物质可与其他物质，如蛋白质等结合形成奶石。

4.水 在清洁过程中水是很值得一提的。美国奶牛场使用大量的热水，强效清洗剂，以及湍急水流与牛奶膜中的成分反应并将其去除。因为考虑到环境和工人安全，这些做法在未来可能会有所变化。

热水在清洁过程中有许多作用。热水能够溶解稀释乳糖和化学清洗剂；能够冲净设备中的清洁剂残留；热水中的热量，可以加速设备清洗中清洗剂的化学反应。最后，水把设备中的奶垢冲出。

5.清洁时水质是一个重要考虑因素 可溶解矿物质（钙和镁盐）都会干扰用来清除奶垢的清洗剂。这就是通常所说的“水的硬度效应”。其他矿物盐，如硫酸钡和二氧化硅，可能在设备表面留下的残留。铁离子可能留下红褐色的残留物。水的缓冲能力会影响碱性清洁剂、酸性清洁剂和消毒剂的效果。任何溶解于水的有机物质都可能对清洗剂产生影响。

6.总结 正确的清洗挤奶设备将确保生产高质畅销的牛奶。此外，坚持高标准的消毒清洁将提高消费者对牛奶产品安全的信心。

清洁过程主要包括：去除设备表面的奶垢，去除或杀灭细菌，不腐蚀设备，快速及低能耗，安全操作，无有害残留物，不污染环境。清洁剂的类型和浓度，以及清洁持续时间和温度等都会影响清洁的效果。系统的设计和维护，尤其是柱状水流形成和排水，对清洁过程也起到很重要的作用。

日本全药舔砖与反刍动物保健

日本全药工业株式会社北京代表处　天津全药动物保健品有限公司北京分公司

日本全药工业株式会社创建于 1946 年，是一家有 60 年以上历史的日本老牌动物保健品企业。企业总部占地 130 公顷，现有中央研究所、生命科学研究所、GMP生产基地、物流管理中心和总部办公区，另外在小野町拥有 60 公顷的实验牧场。是集研发—生产—销售于一体的动物药品和营养保健品的专业企业。GLP的研发机构、GMP的生产设施和覆盖日本全国的销售网络，使其长年居日本同行业之首，位世界动物药生产企业 20 强之一。现有职工 800 名，年销售额 280 亿日元。日本全药工业公司制定了 2015 发展规划，其内容为：深耕日本国内市场，努力扩大海外市场，开拓生命科学新领域。日本全药工业株式会社的经营理念分为社会使命和共有价值两部分。

1.社会使命：不断丰富动物给人类带来的恩惠，不断加强动物对人类的价值，为人类社会幸福做贡献。

2.共有价值：企业家精神、感谢和真心、治生产业顺正法、追求高专业化团队、追求高品质产品、尊重多彩个性。

3.企业品牌：ZENOAQ

日本全药工业株式会社，经过 60 多年的不断努力和创新，从一个家族式作坊，发展成为具有独立研发能力和自主知识产权的世界性动物保健品企业，现在有 400 种以上动物保健品在日本生产销售。特别是日本全药工业株式会社在反刍动物营养保健方面的不断创新，给日本奶牛和肉牛养殖业发展做出了很大的贡献，在日本国内公认为反刍动物营养保健的专家型领头企业。日本全药工业株式会社紧随着日本畜牧业自 20 世纪 60 年代开始发展而不断扩大。舔砖系列产品是日本全药工业株式会社的反刍动物用代表产品，自 20 世纪 50 年代开始研发，至今已有 50 年以上的历史，为日本奶牛业及享誉世界的日本和牛的发展做出了突出贡献，多次获得了日本农林水产省颁发的特殊贡献奖。日本全药工业株式会社以服务牧场、养殖户和提高牧场、养殖户的经营生产能力为目的，不断研究和开发新产品。公司具有 350 名以上的专业牧场技术服务和销售职员，具有一整套独自的技术服务方案和方法，紧密服务于客户。通过搜集现场信息，和客户一起研究不足，找出原因，制定方案，解决问题，与客户一同创造价值和利益。日本全药工业株式会社致力于不断提高动物价值，贡献人类社会的社会使命，资助设立了日本兽医专业协会“山楠花会”，每年定期在日本全国各地展开学术交流，使养殖户、牧场和畜牧专家、兽医专家共同携手解决当年畜牧养殖中出现的实际问题，提高畜牧业的生产和经营能力。近 20 年来，日本全药工业株式会社在养猪、养鸡和伴侣动物领域也有了长足的发展和贡献，与日本导盲犬协会合作的驯犬和普及项目，为推进导盲犬的普及作出了贡献。

天津全药动物保健品有限公司是日本全药工业株式会社于 2001 年 2 月在天津经济技术开发区设立的独资企业。该企业全套引进日本全药工业株式会社的牛用舔砖自动化生产线和日本GMP标准的生产和质量管理体系，以天津全药动物保健品公司为其供应世界市场的生产基地，将产品销往世界各地。年生产量达 16000 吨，生产

20 个以上品种，95%的产品出口供应国外市场。是亚洲最大的牛用舔砖专业生产基地，也是现今世界上唯一既可以生产牛用食盐舔砖，又可以生产牛用小苏打和牛用糖蜜舔砖的专业企业。全部产品均有其自主技术和知识产权。其食盐舔砖以配方独特、功能性强、品种齐全、质量可靠被日本、韩国市场垂爱，该产品已占据日本同类产品的 80%以上市场份额，其优良的品质和显著的功效在日本得到了日本农林水产省的动物用药品生产和销售许可。天津全药还是迄今世界上唯一生产牛用小苏打舔砖的企业，给反刍动物以舔砖方式饲喂小苏打，利用效率高、减少浪费，效果显著。特别是对奶牛夏季热应激、偏食、瘤胃酸症和牛蹄保健等效果好、见效快。天津全药生产的高营养浓缩舔砖，是利用可溶性糖的固化技术，生产的具有抗热、抗潮和最大限度保存维生素和微量元素的活性的高营养舔砖，是奶牛应激期名副其实的反刍动物用高能量产品，在国外被誉为“牛、羊巧克力”，能促进断奶犊牛的瘤胃和瘤胃绒毛发育、增加高产奶牛临产期和产后的能量补充、缓和奶牛热应激等效果。该产品曾被日本政府和联合国指定为援外救灾物资，用于援助冬季寒冷国家地区的暴风雪（白灾）等对牛、羊家畜灾害期的紧急救援物资，享誉世界。

天津全药动物保健品有限公司立志为 21 世纪的中国畜牧业特别是养牛业的发展做出贡献。天津全药公司 2002 年建成投产，2005 年在北京设立北京销售公司以来，一直致力于以中国奶牛业发展为核心展开活动。有鉴于中国奶牛业起步晚，发展快，形式多样，水平高低不齐等特点，公司制定了普及奶牛饲养知识和技能，培育奶牛饲养理念为核心策略，协助奶牛养殖户、牧场提高生产和经营能力为目的活动计划。与全国各方面几十家相关研究机构合作，研究探讨适合于中国发展的方式方法。每年组织下乡进村，到小区和牧场直接开展奶牛养殖技术讲座。普及养牛就是养瘤胃，健康的奶牛才能生产高品质牛奶，推广牛性化养牛理念，介绍奶牛舒适度决定牧场盈利状况、积极介绍和推广集约标准化奶牛养殖牧场的奶牛个体护理与保健的舔砖技术等内容。为提高中国奶牛业又好又快发展作出贡献。

国际合作与交流

会议

【中外嘉宾近两千人出席了在青岛召开的首届中国奶业大会】

2010年6月8～10日，中国奶业协会在山东青岛市组织召开了首届中国奶业大会暨第八届中国国际奶业展览会，开展了乳制品市场促销活动。农业部和山东省政府领导出席会议并作了重要讲话。中国奶业大会的主题是推进奶业产业一体化，建立产加销利益联结的长效机制，为振兴奶业提供保障。

本届年会共有来自中国（包括香港、台湾）、美国、加拿大、日本、韩国、澳大利亚、以色列、德国、法国、俄罗斯、荷兰、丹麦、意大利、挪威、瑞典等17个国家。170家公司参展，展出面积约12000平方米，比上届增长25%。展览涵盖奶牛养殖、环境保护、牧草饲料、乳品加工、包装材料、奶业机械等奶业产业链的各个环节。展览会期间，还举办了奶牛养殖、乳品加工与市场消费、乳制品质量安全等专场研讨与国际奶业交流专场。参加本次奶业大会、展览会和促销活动的有：全国各奶业有关行政管理部门、行业协会、奶牛养殖场（户）、奶站、乳品加工企业、奶业机械设备企业、教学科研单位有关方面的代表，驻华使馆官员和国外奶业界同仁等，共计两千余人。

【中国乳制品工业协会2010年会暨第十次乳品技术精品展在银川举办】

2010年8月21日，中国乳制品工业协会第十六次年会在宁夏回族自治区首府银川召开。国家工信部总工程师朱宏任，宁夏回族自治区副主席郝林海，美国大使馆公使辛思凯，新西兰驻华大使伍开文，澳大利亚大使馆公使孟哲伦，国际乳品联合会总干事罗伯特，中国乳制品工业协会理事长宋昆冈等出席会议。全国乳制品行业的专家、企业家等1000多人参加了会议。

会议主题为“诚信•责任•质量”。会议期间，还举办了“企业文化论坛”，“市场与发展论坛”，“原料奶、牧场建设论坛”，“新技术新工艺新产品报告”和“标准法规大讲堂”专题报告和交流活动。同期召开的还有第十次乳品技术精品展示会，国内外200多家从事乳业机械设备、包装材料、乳制品配料及添加剂生产的知名企业的产品参展。

【2010世界奶牛博览会在美国威斯康辛州举办，中国近200名代表参会】

9月28日至10月2日，世界奶牛博览会在美国威斯康辛州麦迪逊市盛大开幕。本届博览会吸引了世界各地的众多知名企业前来展示自己的产品，有来自美国主要奶业州以及加拿大、南美、欧洲、大洋洲和亚洲的逾10万观众参观了博览会，中国也有近200名养牛同仁参会，包括荷斯坦记者和上海光明荷斯坦、上海牛奶集团、现代牧业、飞鹤牧业、伊利原奶部、中地种业、内蒙古天和牧业、福建长富乳业、广西皇氏乳业、江西阳光、广州风行牛奶有限公司、广东温氏乳业、广州燕海奶牛场、广州奶牛研究所等养牛人。博览会期间GEA牧场科技部、美国博美特、美国礼来、美国安然公司分别举行招待晚宴款待大家并组织参观美国现代牧场。

作为全球第一大奶业博览会，内容涵盖技术设备展览、奶牛选美及拍卖和奶牛文化三大部分。技术设备展览展示全球奶牛养殖最新技术和设备，参展商主要由跨国公司、欧美技术公司和科研院所，除跨国挤奶设备、粪污处理、TMR和收贮、冻精、饲料和添加剂、兽药和检测仪器等公司外，展会中还有许多新技术公司参展，中国公司上海特瑞、上海麦喀斯和山西华诚睿光也参加了本次展览。总体上看，奶牛养殖业从繁殖育种、营养饲喂、疾病防控、牧场设计及粪污处理等等的核心技术和设备基本上被欧美公司垄断。

来自美国和加拿大的主要奶牛养殖州的优胜者参加了此次选美，选美结束后即刻进入奶牛拍卖，小公牛和后备母牛拍卖价格在0.3万～3万美元之间，奶牛文化是博览会的一大特色，参观博览会是当地中小学生和奶农下一代的必修课，博览会设计了很多现场课堂和俱乐部活动供青少年体验，展览第一天为青少年接待日，奶农在美国有很高的社会地位。

投资与合作

表 23-1　2010年我国奶业国际投资合作主要事件表

时　间	事　件	地　点
2月9日	辽宁辉山控股（集团）有限公司与瑞士英雄集团签约，就年产8万吨高端婴幼儿奶粉项目开展合作。沈阳市长陈海波出席签约仪式并会见瑞士英雄集团董事会主席欧特克尔	沈阳市
6月29日	中国宋庆龄基金会与新西兰恒天然集团共同宣布设立总金额为200万元人民币的“恒天然奖学金”项目，在未来4年奖励400名畜牧业和食品科学相关专业的大学生，以吸引更多优秀的本地人才致力于中国食品行业的发展。中国宋庆龄基金会副秘书长李希奎先生、恒天然中国董事总经理腾斐励先生、中国农业大学党委副书记秦世成先生等嘉宾及媒体出席了该项目的启动仪式	
8月5日	光明乳业召开临时股东大会，审议《关于认购新西兰 Synlait Milk 公司51%新增股份的提案》，最终以99.96%的同意比例高票通过此次海外并购	
9月8日	光明食品集团与日本三井物产株式会社缔结战略合作协议，合作主要以糖业与流通业的互相协助，以及乳制品的海外加工事业的共同经营为主	
10月20日	新西兰恒天然集团与河北省玉田县政府正式达成协议，将在该县兴建恒天然牧场。继唐山恒天然牧场成功试点后，恒天然集团将再投资2亿元以扩大其在中国本地的牛奶生产	

交流活动

【中国农业部奶业考察团赴新西兰学习考察】

2 月 28 日，中国农业部奶业考察团抵达新西兰首都惠灵顿，开始为期 10 天的奶业考察。考察团由全国畜牧总站站长谷继承担任团长，农业部奶业管理办公室副主任邓荣臻担任秘书长。考察团由官方“新西兰—中国奶业会话”组织接待。中国奶业考察团集中了解、考察新西兰从农场到加工厂的各项作业环节，以及新西兰奶业的规章制度和结构。包括在惠灵顿了解新西兰奶业的总体结构以及政府的有关政策，并通过听讲座和实地田间走访，了解惠灵顿到奥克兰途经的新西兰北岛的主要奶业单位。

新西兰农林部（MAF）热烈欢迎 22 位来自中国的奶业考察团成员。此项目从 2005 年开始，每两年举办一次，是 2009 年 6 月在奥克兰举行的“新中奶业会话”谈判的直接结果。项目受到新西兰农林部、新西兰农业服务有限公司和精华国际咨询公司的特别支持，以展示新西兰奶业与中国奶业的密切关系，以便进一步发展新中两国政府和商贸间的关系。农业部畜牧业司检测分析处、农业部农垦局综合处、农业部办公厅、中国奶协信息网、农业部财会服务中心、农业部对外经济合作中心、中国农业科学院畜牧所、河北畜牧兽医局、河北承德市农牧局、内蒙古农牧厅、安徽太湖县农业委员会、青岛福仕奶业公司、内蒙古伊利集团、黑龙江飞鹤欧美养殖公司、海拉尔农垦（集团）、哈尔滨特爱尔奶业科技公司均派出重要代表出席考察团。《荷斯坦》杂志也派出记者全程随同考察报道。

【中国荷斯坦X挪威红杂交改良】

6 月 30 日，中国荷斯坦X挪威红杂交改良后代命名仪式在内蒙古农业大学校园举行。该仪式由内蒙古奶协和呼和浩特市农牧业局主办，内蒙古农大和挪威基诺育种与A.I.协会中国办事处承办。出席此次命名仪式的嘉宾有挪威农业食品部Heggem副部长、农业部奶业管理办公室主任王俊勋、挪威农业食品部Odlo司长、挪威农业食品部李博副司长、中国质检总局于书敏、中国牛业协会会长许尚忠、内蒙古奶协秘书长那达木德、内蒙古农大副校长李金泉教授、基诺首席执行官毕雍斯达、现代牧业总裁高丽娜、伊利原奶事业部技术服务部总监李效、《荷斯坦》主编豆明等。

表 23-2　2010年我国奶业其他主要国际交流活动事件表

时　间	事　　件	地　点
2月27日	中国农业科学院北京畜牧兽医研究所周凌云助理研究员赴新西兰进行奶业考察与交流学习。	新西兰
3月23日	新西兰 SAITL 乳制品检测中心主任 Margaret Malloch 博士和新西兰 RML 工程集团总裁 Larry Greene 博士访问农业部奶及奶制品质量监督检验测试中心（北京），进行奶及奶制品检测技术交流。	北　京
3月25日	由农业部奶及奶制品质量监督检验测试中心（北京）主办的2010年全国生鲜乳质量安全检测技术培训班在北京举行。农业部奶业管理办公室王俊勋主任、马莹副主任、王加启研究员出席了开班仪式。本次培训班邀请了新西兰 SAITL 乳制品检测中心主任 Margaret Malloch 博士和新西兰 RML 工程集团总裁 Larry Greene 博士为培训班授课。王加启研究员主持了开班仪式。参加本次培训班的人员主要是来自全国38家生鲜乳质检机构的67 名一线检测技术人员。	北　京
3月29日	黑龙江—新西兰奶业研讨会在哈尔滨举行。双方就奶业发展以及畜产品贸易等方面问题展开研讨。新西兰农业部长大卫·卡特，黑龙江省副省长吕维峰出席会议并致词。	哈尔滨
4月6日	中国与荷兰小犊牛合作项目第一阶段成果发布会在北京举行。	北　京
4月14日	巴西戈亚斯州商贸商务代表团在中国大饭店举办了“巴西戈亚斯州商贸洽谈与对接会”，巴西驻中国大使馆、戈亚斯州各级政府官员、商务代表等约20人以及中方各企业代表、贸易商、投资公司代表等约30人与会。巴西戈奶业巨头LATICINIO BELA VISTA公司贸易经理Silvana da Silva Toledo女士专程到中国寻找贸伙伴。	
5月24日	美国俄亥俄州立大学于忠堂副教授访问中国农业科学院北京畜牧兽医研究所反刍动物营养研究室，并做报告“Genomics and metagenomics of the rumen microbiome”和“Ruminal nitrogen metabolism:the current microbilogical outlook”，进行瘤胃微生物方向的交流。	北　京
6月3日	英国驻华领馆贸易提资总署，西北英格兰发展署和上海奶业行业协会在上海世博园共同举办了中英奶牛研讨会。来自上海、江苏奶业行业同仁，包括光明乳业、南京卫岗乳业、多美滋公司、南京农大、上海牛奶集团、光明荷斯坦、上海荷斯坦、上海乳品检测中心、上海普尼测试中心、上海奶牛研究所、上海奶协和江苏奶协的负责人、专家、教授近30人出席了研讨会。	上　海
6月10日	由美国谷物协会和华夏畜牧主办的“第一届大型奶牛场管理研讨会”在北京召开。主办方邀请8位美国专家进行讲座。来自全国各规模奶牛场的管理人员及技术人员和奶牛养殖相关企业的代表200多人参会。	北　京
6月23日	由中国农业科学院北京畜牧兽医研究所、中国奶业协会饲料饲养与环境专业委员会和农业部科技入户奶牛专家组联合主办的“奶牛营养与牛奶质量国际培训班”在北京市颐泉山庄召开。主办方邀请来自美国的营养专家、参与奶牛营养与牛奶质量提升计划项目的专家、技术人员，科技入户示范工程专家、技术指导员，TMR示范场技术人员一起围绕“奶牛营养和牛奶质量”相关的新技术、新成果，重点开展“奶牛营养升级新技术”的推广应用培训。	北　京
7月9日	中国农业科学院北京畜牧兽医研究所王加启研究员赴美国参加2010年度美国奶业科学学会和畜牧科学学会（ADSA-ASAS）联合年会。并开展短期访问交流。	美　国
7月16日	“2010乳业发展国际论坛”在呼和浩特市举行。出席此次论坛的演讲嘉宾有中国奶协理事长刘成果、呼和浩特市市委副书记兰恩华、荷兰合作银行东亚区主管石瑞迪、瑞士银行董事卡尔•贝瑞斯福德、内蒙古奶协理事长陶克、秘书长那达木德、内蒙古奶联社总经理李正洪。此次论坛由呼和浩特市人民政府主办，呼和浩特市农牧业局、内蒙古奶联社、呼和浩特市奶业协会承办。	呼和浩特
7月29日	新西兰国家检测实验室 Udit Singh 总经理访问农业部奶及奶制品质量监督检验测试中心（北京），进行奶及奶制品检测技术交流。	北　京
8月4日	中国农业科学院北京畜牧兽医研究所王加启研究员应邀出席于上海举办的澳大利亚科学与技术周活动，并在会上作了题为“Improving Functional Fatty Acids in Bovine Milk”的报告。	上　海
8月7日	第一届中国国际乳酸菌及发酵乳制品加工技术创新学术大会在呼和浩特召开。来自新加坡、日本、澳大利亚、荷兰、美国、加拿大等国的高等院校、研究所、企业的200多位专家参加会议。	呼和浩特
8月16日	美国杨百翰大学 Richard 和 wendy 应邀来中国农业科学院北京畜牧兽医研究所反刍动物营养研究室客座教授。	北　京

（续）

时　间	事　　件	地　点
8月26日	由中国食品土畜进出口商会举办的乳制品国际贸易与产业发展研讨会在北京亮马河大厦召开。商务部外贸司重要农产品进口处副处长焦燕，农业部奶业管理办公室主任王俊勋，质检总局进出口食品安全局处长蔡显枫、中国疾病预防控制中心营养与食品安全所院士陈君石，工信部消费品工业司食品处处长郭翔，以及新西兰驻华大使馆农业参赞康宁博士、美国驻华大使馆高级农业专员吴麦克、加拿大国会议员 Alice Wong 出席了会议并发表演讲。中国奶业年鉴编辑部豆明主任，三元股份陈历俊副总经理，内蒙古伊利实业集团重点客户部郭云龙总经理等多位专家对乳制品行业的热点和行业关注的问题与参加会议的200多名代表进行了交流。	北　京
9月	由新疆奶业办公室和加拿大国际项目署共同主办的“中加奶业技术研讨会”在乌鲁木齐市举行。来自加拿大和国内的知名专家，就国内外奶牛饲养、良种繁育等内容进行了交流。来自新疆各州县的150余位代表参加了会议。	乌鲁木齐
9月20日	日本东北大学山口高弘教授访问中国农业科学院北京畜牧兽医研究所反刍动物营养研究室，进行乳房炎方向的交流。	北　京
9月30日	澳大利亚联邦科学与工业研究组织 Chris McSweeney 研究员访问中国农业科学院北京畜牧兽医研究所反刍动物营养研究室，进行瘤胃微生物方向的交流。	北　京
10月1日	中国农业科学院北京畜牧兽医研究所联合培养博士李旦赴美国哈佛医学院攻读联合培养博士，主要从事肠道微生物与免疫研究，为期15个月。	美　国
10月17日	“中加奶业技术研讨会”在西安举行。此会由加拿大驻华大使馆、加拿大国际项目署、陕西省畜牧兽医局共同主办，陕西省畜牧技术推广总站、亚达艾格威公司承办。加拿大驻华大使馆参赞孔乐思、加拿大农业部市场准入司司长高富德、陕西省畜牧技术推广总站站长郭庆宏、亚达艾格威公司总经理罗伯特•华森出席了研讨会开幕式。陕西省关中地区奶牛养殖大县的县市级畜牧兽医人员、规模牛场的技术负责人和畜牧兽医技术人员，共120多人参加会议。	西　安
10月19日	以色列LR集团集约化养牛项目推介会在哈尔滨市举行。该项目采用“工厂化农业”的理念，来自哈尔滨市各个区、县（市）的近百个养牛大户代表参加了推介会。	哈尔滨
11月	农业部代表团应邀出席了在新西兰举办的第28界世界乳业峰会，并考察了新西兰草原保护建设和畜牧业发展。代表团先后参观了 Milfos 和 NDA 奶业设备加工公司、Ambreed 育种公司、新西兰农业研究所及其试验草场和奶牛场、新西兰奶业协会（Dairy NZ）、恒天然公司（Fonterra）、SAITL 乳品检测中心，多次与新方管理、科研和生产一线的相关人员进行了深入细致的交流。	新西兰
12月	第四届“中澳奶业对话会”在澳大利亚墨尔本举行。双方（中国农业部与澳大利亚农业、渔业与林业部）交流了中澳奶业发展情况，探讨了奶业合作事宜。	墨尔本

奶业统计资料

Ⅰ.奶类产量与奶畜存栏

1-1 全国奶类产量

单位：千吨

年 份	奶 类	其中：牛奶	山羊奶	年 份	奶 类	其中：牛奶
1949	217	200	17	1990	4 751	4 157
1959	299	270	29	1991	5 243	4 646
1969	561	510	51	1992	5 639	5 031
1972	571	571		1993	5 637	4 986
1973	889	807	82	1994	6 089	5 288
1974	966	866	100	1995	6 728	5 764
1975	993	889	104	1996	7 359	6 294
1976	979	885	94	1997	6 811	6 011
1977	966	877	89	1998	7 454	6 629
1978	971	883	88	1999	8 067	7 176
1979	1 302	1 065	237	2000	9 189	8 274
1980	1 367	1 141	226	2001	11 226	10 255
1981	1 549	1 291	258	2002	14 004	12 998
1982	1 959	1 618	341	2003	18 486	17 463
1983	2 219	1 845	374	2004	23 684	22 606
1984	2 596	2 186	410	2005	28 648	27 534
1985	2 894	2 499	395	2006	33 025	31 934
1986	3 329	2 899	430	2007	36 334	35 252
1987	3 788	3 301	481	2008	37 815	35 558
1988	4 189	3 660	529	2009	36 777	35 209
1989	4 358	3 813	545	2010	37 480	35 756

注：2009年奶类产量有调整，下同。

1-2 全国奶类产量增减情况

单位：千吨

	2003	2004	2005	2008	2009	2010	2010年比2009年增长	
							绝对数	%
奶 类	18 486	23 684	28 648	37 815	36 777	37 480	703	1.91
牛 奶	17 463	22 606	27 534	35 558	35 209	35 756	547	1.55

1-3 各地区奶类产量

单位：千吨

地　区	2005	2006	2007	2008	2009	2010
全国总计	**28 648**	**33 025**	**36 334**	**37 815**	**36 777**	**37 480**
北　京	642	620	622	665	674	641
天　津	634	683	672	701	687	693
河　北	3 486	4 170	4 977	5 153	4 610	4 491
山　西	738	834	835	700	741	749
内蒙古	6 969	8 775	9 161	9 212	9 340	9 457
辽　宁	788	974	1 083	1 073	1 156	1 267
吉　林	300	350	480	397	445	446
黑龙江	4 442	4 646	5 117	5 128	5 347	5 588
上　海	238	221	220	233	212	247
江　苏	579	598	617	611	554	573
浙　江	267	255	237	225	199	203
安　徽	110	128	181	181	201	205
福　建	198	174	167	149	156	157
江　西	125	139	113	112	112	119
山　东	2 210	2 386	2 422	2 549	2 581	2 716
河　南	1 085	1 541	2 246	2 986	3 013	3 079
湖　北	122	139	155	332	283	304
湖　南	69	73	77	152	77	78
广　东	119	125	130	133	144	145
广　西	54	63	70	75	81	82
海　南	1	1	1	5	4	2
重　庆	86	83	87	78	79	80
四　川	590	625	655	666	687	703
贵　州	38	41	41	43	45	46
云　南	327	387	447	973	510	541
西　藏	270	276	289	524	287	294
陕　西	1 417	1 574	1 803	1 823	1 858	1 776
甘　肃	317	364	352	347	377	363
青　海	250	256	265	272	253	263
宁　夏	579	647	775	892	811	845
新　疆	1 598	1 878	2 038	1 423	1 252	1 328

1-4 各地区牛奶产量

单位：千吨

地 区	2005	2006	2007	2008	2009	2010
全国总计	**27 534**	**31 934**	**35 252**	**35 558**	**35 209**	**35 756**
北 京	642	619	622	664	674	641
天 津	634	683	672	698	683	690
河 北	3 403	4 076	4 894	5 045	4 515	4 398
山 西	713	811	812	682	725	732
内蒙古	6 910	8 692	9 098	9 122	9 031	9 052
辽 宁	749	937	1 051	1 012	1 100	1 212
吉 林	294	345	473	397	445	435
黑龙江	4 402	4 603	5 084	5 084	5 287	5 525
上 海	238	221	220	233	233	247
江 苏	566	584	602	611	554	573
浙 江	267	255	237	225	199	203
安 徽	110	128	181	181	201	205
福 建	194	170	163	145	152	154
江 西	125	139	112	112	112	114
山 东	1 871	2 158	2 190	2 305	2 363	2 531
河 南	1 040	1 477	2 156	2 791	2 819	2 909
湖 北	122	139	155	155	155	140
湖 南	69	73	77	77	77	78
广 东	116	122	126	130	140	142
广 西	54	63	70	75	81	82
海 南	1	1	1	2	2	2
重 庆	86	83	87	78	79	80
四 川	586	620	650	661	682	698
贵 州	38	41	41	43	45	46
云 南	309	364	423	447	484	504
西 藏	212	216	230	230	230	233
陕 西	1 133	1 274	1 490	1 490	1 492	1 375
甘 肃	312	359	347	347	377	363
青 海	236	238	250	253	253	262
宁 夏	579	647	775	892	811	845
新 疆	1 522	1 798	1 962	1 374	1 209	1 286

1-5 36个大中城市牛奶产量

单位：千吨

城市	2009	2010	2010年比2009年增加	
			绝对数	%
北京	673.86	640.84	-33.02	-4.90
天津	682.90	690.41	7.51	1.10
石家庄	1067.00	1137.00	70.00	6.56
太原	97.40	97.58	0.18	0.18
呼和浩特	3052.94	3054.00	1.06	0.03
沈阳	390.00	504.00	114.00	29.23
大连	153.00	144.00	-9.00	-5.88
长春	120.00	131.00	11.00	9.17
哈尔滨	1380.81	1423.71	42.91	3.11
上海	232.86	247.10	14.24	6.12
南京	93.35	80.80	-12.55	-13.45
杭州	39.30	41.40	2.10	5.35
宁波	19.40	22.10	2.70	13.92
合肥	55.80	92.01	36.21	64.89
福州	24.82	22.01	-2.81	-11.31
厦门	1.28	1.40	0.11	8.81
南昌	46.53	43.98	-2.55	-5.49
济南	373.70	420.90	47.20	12.63
青岛	441.62	323.14	-118.48	-26.83
郑州	406.69	423.00	16.31	4.01
武汉	51.69	47.48	-4.21	-8.14
长沙	12.55	8.90	-3.65	-29.05
广州	50.44	55.53	5.10	10.11
深圳	34.00	37.06	3.06	9.00
南宁	19.23	17.31	-1.92	-9.99
海口	4.47	4.59	0.12	2.78
重庆	79.42	79.82	0.40	0.50
成都	125.67	125.45	-0.23	-0.18
贵阳	35.06	36.96	1.91	5.44
昆明	97.70	100.68	2.98	3.04
拉萨	31.50	25.23	-6.27	-19.90
西安	498.39	509.18	10.78	2.16
兰州	61.60	76.23	14.63	23.75
西宁	94.59	100.73	6.14	6.49
银川	410.60	455.77	45.17	11.00
乌鲁木齐	56.10	56.10	-	-

来源：各地奶业协会，直辖市数据来自统计局。

1-6 农垦系统牛奶产量

单位：吨

地 区	2005	2006	2007	2008	2009	2010
农垦总计	**2 454 891**	**2 716 775**	**2 913 383**	**3 208 060**	**3 446 545**	**3 660 900**
北 京	142 850	141 996	161 298	190 863	197 336	201 944
天 津	79 585	90 987	92 419	100 789	94 752	90 706
河 北	208 148	233 824	284 457	355 503	415 144	473 614
山 西	34 142	31 213	31 215	27 605	35 957	37 888
内蒙古	313 540	358 168	402 464	420 412	431 186	433 150
辽 宁	87 914	89 814	95 979	109 903	120 651	104 073
吉 林	9 843	14 667	16 196	20 284	20 342	16 045
黑龙江	825 290	936 021	977 331	1 018 264	1 152 921	1 192 151
上 海	105 528	104 947	114 218	124 579	111 006	165 443
江 苏	4 591	7 283	6 840	6 993	7 650	7 646
浙 江	15 882	4 950	6 686	5 140	5 105	7 801
安 徽	18 982	19 152	19 401	18 064	20 407	19 018
福 建	7 867	9 660	13 058	11 745	11 774	11 430
江 西	6 190	8 954	9 320	8 593	19 332	20 205
山 东	4 751	5 219	4 560	7 918	6 773	6 144
河 南	1 461	1 724	2 241	3 059	6 741	4 812
湖 北	55 380	64 898	67 277	74 631	35 849	33 050
湖 南	3 221	2 540	1 435	1 215	1 108	748
广 东	19 711	21 042	22 390	18 255	25 419	26 303
广 西	3 562	4 103	4 427	4 781	5 210	4 366
海 南			50	52	73	
重 庆	565	756	38 993	38 770	45 311	49 719
四 川	1 561	16 582	12 157	6 934	7 344	8 425
贵 州	26 335	20 069	25 864	27 314	31 344	33 754
云 南		22	46	47	566	393
陕 西	6 160	4 077	4 198	4 152	3 539	3 263
甘 肃	1 070	1 587	1 651	1 649	1 356	1 284
青 海	4 767	3 113	3 151	9 400	2 527	3 000
宁 夏	50 530	58 760	70 555	88 973	87 007	99 459
新疆(兵团)	258 401	323 033	247 299	328 228	384 414	443 099
新疆(农)	21 818	19 637	20 358	15 472	16 627	16 710
新疆(畜)	79 414	91 756	103 294	105 493	125 234	126 998
广 州	11 056	11 513	11 780	12 942	16 539	18 258
南 京	12 060	7 108				
昆 明	24 716		32 776	40 038		
哈尔滨	8 000	7 600	8 000			

1-7 各地区牦牛奶、水牛奶、山羊奶产量

单位：千吨

地　区	牦牛奶		水牛奶		山羊奶	
	2009	2010	2009	2010	2009	2010
全国总计						
北　京						
天　津						
河　北						
山　西					13.69	14.66
内蒙古						
辽　宁						
吉　林						
黑龙江						
上　海						
江　苏						
浙　江						
安　徽						
福　建						
江　西						
山　东					298.00	289.36
河　南					25.05	
湖　北						
湖　南						
广　东			8.75	7.05		
广　西			22.03	22.63		
海　南						
重　庆						
四　川	200.00	220.00				
贵　州						
云　南	5.00	7.18	7.00	6.30	36.68	39.62
西　藏	62.40	75.60				
陕　西					367.33	361.30
甘　肃	80.00	80.20				
青　海	124.01	120.57				
宁　夏						
新　疆						

1-8 全国奶畜年末存栏数

单位：千头、千只

年 份	乳 牛	水 牛	黄 牛	山 羊
1949		10 184	33 752	16 130
1955		12 470	53 481	34 010
1960		12 082	45 361	51 170
1970		16 431	57 151	61 410
1975	406	17 669	55 471	68 040
1980	641	18 520	52 515	80 684
1985	1 627	19 934	65 259	61 674
1990	2 691	21 690	78 503	97 205
1991	2 946	22 005	79 641	95 355
1992	2 942	22 200	82 501	97 610
1993	3 451	22 549	87 167	105 696
1994	3 843	22 913	92 396	123 083
1995	4 172	23 584	99 297	107 940
1996	4 470	21 677	80 770	123 158
1997	4 425	22 545	88 441	134 801
1998	4 265	22 665	93 322	141 683
1999	4 432	22 587	94 366	148 163
2000	4 887	22 758	96 565	157 159
2001	5 662	22 684	95 297	161 292
2002	6 875	22 724	96 445	172 759
2003	8 932	22 282	99 550	183 207
2004	11 080	22 361	101 371	195 509
2005	12 161	22 167	100 166	198 761
2006	10 689	15 047	78 916	137 680
2007	12 189	14 903	78 856	143 365
2008	12 335	/	/	152 292
2009	12 603	/	/	150 501
2010	14 201	/	/	146 026

注：2006年存栏数据根据农业普查结果作了调整，下同；2008年起，国家统计局不再公布水牛和黄牛数据。

1-9 全国奶畜年末存栏数增减情况

单位：千头、千只

项 目	2005	2007	2008	2009	2010	2010年比2009年增加	
						绝对数	%
牛	141 575	105 948	105 760	107 265	106 264	-1 001	-0.93
其中：奶牛	12 161	12 189	12 335	12 603	14 201	1 597	12.67
羊	372 659	285 647	280 849	284 522	272 202	-12 320	-4.33
其中：山羊	198 761	143 365	152 292	150 501	146 026	-4 475	-2.97
绵羊	173 899	142 282	128 557	134 021	126 176	-7 845	-5.85

1-10 各地区乳牛年末存栏数

单位：千头

地 区	2005	2006	2007	2008	2009	2010
全国总计	12 160.85	10 688.91	12 189.11	12 334.90	12 603.26	14 200.72
北 京	164.30	134.09	163.00	169.10	158.10	148.70
天 津	176.10	115.60	153.70	150.30	158.00	156.70
河 北	1 966.10	1 241.49	1 458.06	1 432.34	1 674.00	1 807.92
山 西	298.70	162.83	317.70	314.23	274.38	288.00
内蒙古	2 685.70	2 755.40	2 512.30	2 456.09	2 272.50	2 925.00
辽 宁	243.77	222.38	283.85	292.59	288.76	321.00
吉 林	145.40	133.85	148.49	152.10	192.60	195.20
黑龙江	1 102.00	1 261.85	1 360.59	1 400.90	1 969.70	2 054.00
上 海	53.30	69.14	73.44	59.80	30.00	67.20
江 苏	161.10	84.23	93.57	167.87	189.00	220.60
浙 江	80.40	55.72	52.64	64.85	60.93	61.10
安 徽	40.00	27.05	59.60	62.14	68.30	98.00
福 建	69.70	37.73	32.53	46.91	49.60	50.36
江 西	39.00	22.14	33.12	43.34	40.00	66.86
山 东	704.10	702.83	792.58	812.47	838.23	933.20
河 南	312.20	263.92	556.20	578.05	505.00	985.00
湖 北	46.90	43.53	51.06	52.39	53.68	62.00
湖 南	30.00	21.85	24.42	24.95	26.00	130.60
广 东	48.31	31.88	53.60	55.42	55.90	53.58
广 西	30.90	19.28	47.20	50.62	23.00	43.90
海 南			1.80	2.06	1.40	2.12
重 庆	24.50	13.05	14.40	19.41	17.20	26.60
四 川	188.18	168.06	176.46	187.52	196.90	197.00
贵 州	82.00	56.44	92.60	106.97	97.00	22.30
云 南	200.70	187.90	190.09	199.21	141.32	146.70
西 藏	58.00	319.55	347.21	360.94	389.50	368.47
陕 西	460.30	269.55	392.91	406.70	434.57	412.90
甘 肃	186.90	175.68	120.60	127.08	139.80	307.90
青 海	184.50	222.63	219.10	218.22	281.90	297.20
宁 夏	229.00	219.26	260.80	270.86	272.00	269.00
新 疆	2 148.80	1 650.00	2 105.49	2 049.48	1 704.00	1 481.60

1-11 36个大中城市乳牛年末存栏数

单位：千头

城 市	乳牛		其中：成乳牛	
	2009	2010	2009	2010
北 京	158.10	148.70	109.38	109.39
天 津	158.00	156.70	98.69	95.80
石家庄	379.30	404.90	266.20	263.19
太 原	26.56	23.99	18.83	14.73
呼和浩特	700.14	705.00	483.90	490.00
沈 阳	80.00	120.00	65.00	72.00
大 连	33.00	40.00	18.80	24.00
长 春	50.86	58.86	44.13	47.18
哈尔滨	465.00	466.33	299.74	309.33
上 海	30.00	67.20	29.97	36.18
南 京	26.19	21.40	19.18	15.30
杭 州	10.53	10.80	6.00	6.40
宁 波	6.30	7.30	4.50	5.11
合 肥	25.99	34.48	14.69	21.61
福 州	6.89	5.77	4.48	4.43
厦 门	0.54	0.79	0.37	0.47
南 昌	15.22	12.24	9.49	8.71
济 南	140.30	157.40	83.60	82.21
青 岛	140.59	115.45	91.39	75.04
郑 州	91.20	91.82	59.72	64.51
武 汉	12.30	12.43	9.46	7.54
长 沙	4.06	3.37	2.61	2.01
广 州	17.89	15.97	10.69	9.38
深 圳	18.05	18.30	8.07	8.82
南 宁	12.53	10.16	8.95	6.42
海 口	1.31	1.36	0.83	0.85
重 庆	17.20	26.60	10.83	18.22
成 都	27.22	24.41	19.97	19.08
贵 阳	10.30	16.93	7.93	6.36
昆 明	33.02	42.58	22.78	29.57
拉 萨	15.20	300.56	7.78	165.31
西 安	116.33	118.75	85.37	85.00
兰 州	24.10	26.06	15.00	17.62
西 宁	103.11	105.81	73.94	70.25
银 川	129.80	141.19	71.97	82.17
乌鲁木齐	23.89	24.20	17.11	19.30

来源：各地奶业协会，直辖市乳牛数据来自统计局。

1-12 农垦系统乳牛年末存栏数

单位：千头

地 区	2005	2006	2007	2008	2009	2010
农垦总计	1 016.3	1 102.7	669.70	1 197.0	1 270.10	1 431.50
北 京	31.0	32.0	18.40	40.0	38.10	37.30
天 津	21.5	21.9	12.40	23.1	19.40	18.10
河 北	73.3	89.1	75.20	110.6	117.60	131.30
山 西	9.8	10.1	7.30	11.4	10.80	12.70
内蒙古	177.2	202.5	113.00	182.4	182.40	196.40
辽 宁	24.4	25.0	17.80	34.4	34.30	31.50
吉 林	9.7	8.2	5.20	8.9	11.90	7.80
黑龙江	303.5	322.5	182.40	329.6	374.30	394.90
上 海	23.4	26.8	16.80	30.7	35.00	45.90
江 苏	1.5	2.2	1.60	2.7	3.80	3.40
浙 江	2.9	1.7	0.90	1.6	1.50	1.70
安 徽	6.7	5.6	2.50	5.8	5.40	5.60
福 建	2.7	3.5	2.70	5.1	6.20	4.00
江 西	2.5	2.5	1.80	2.5	5.10	6.20
山 东	1.8	1.8	1.50	1.6	1.60	3.40
河 南	0.7	0.8	1.10	2.1	3.10	4.50
湖 北	16.0	18.1	12.40	21.1	9.20	9.60
湖 南	2.1	0.4	0.10	0.3	0.30	0.30
广 东	5.8	5.6	5.80	5.1	7.20	7.70
广 西	1.9	2.0	2.00	2.2	1.70	1.90
海 南	0.1	0.1			0.10	0.00
重 庆	0.2	0.5	7.80	13.5	16.10	27.70
四 川	7.5	7.2	3.20	1.5	1.60	1.60
贵 州	7.4	6.1	3.70	7.0	8.60	14.70
云 南				0.5	0.70	0.30
陕 西	2.0	1.5	1.00	1.5	1.10	1.10
甘 肃	1.3	3.1	1.30	2.6	2.80	2.50
青 海	3.5	6.0	8.60	49.5	31.70	31.80
宁 夏	15.1	18.0	15.70	25.8	26.30	26.70
新疆(兵团)	135.5	152.9	59.50	147.3	176.20	199.10
新疆(农)	18.0	15.4	18.10	13.4	14.40	15.20
新疆(畜)	88.0	98.9	62.40	105.4	116.60	181.30
广 州	3.8	3.9	3.20	5.0	5.10	5.30
南 京	3.5	2.3				
昆 明	10.0	4.5	2.70	2.8		
哈尔滨	2.0	2.0	1.60			

1-13 各地区牦牛、奶水牛年末存栏数

单位：千头

地区	牦牛		奶水牛	
	2009	2010	2009	2010
全国总计				
北京				
天津				
河北				
山西				
内蒙古				
辽宁				
吉林				
黑龙江				
上海				
江苏				
浙江				
安徽				
福建				
江西				
山东				
河南				
湖北				
湖南				
广东			10.38	9.60
广西			43.86	51.83
海南				
重庆				
四川	4 800.00	4 900.00		
贵州				
云南	55.07	57.20	21.58	12.72
西藏	4 894.87	4 940.30		
陕西				
甘肃	1 034.80	1 301.00		
青海	3 779.63	4 240.13		
宁夏				
新疆				

1-14 各地区牛年末存栏数

单位：千头

地 区	2005	2006	2007	2008	2009	2010
全国总计	**141 575**	**104 651**	**105 948**	**105 760**	**107 265**	**106 264**
北 京	244	195	231	230	221	207
天 津	444	249	272	260	274	288
河 北	8 269	4 589	4 750	4 490	4 291	4 042
山 西	2 186	1 139	1 109	938	906	901
内蒙古	5 764	5 764	6 131	6 880	6 639	6 765
辽 宁	3 447	2 815	3 322	3 251	3 540	3 667
吉 林	5 500	4 867	5 393	4 609	4 747	4 557
黑龙江	5 271	5 048	5 235	5 189	5 332	5 337
上 海	55	71	75	61	65	68
江 苏	646	331	333	343	339	357
浙 江	355	230	207	207	204	199
安 徽	4 318	1 486	1 430	1 445	1 488	1 509
福 建	1 057	641	631	708	703	702
江 西	3 719	2 247	2 213	2 394	2 693	2 771
山 东	9 707	6 327	5 707	5 225	4 856	4 837
河 南	14 470	10 519	10 308	10 510	10 447	10 102
湖 北	4 152	3 251	3 138	3 175	3 340	3 260
湖 南	6 065	4 057	4 077	4 159	4 400	4 352
广 东	3 723	2 292	2 216	2 309	2 331	2 292
广 西	7 356	4 038	3 968	4 218	4 480	4 500
海 南	1 430	823	781	867	927	926
重 庆	1 672	940	944	1 036	1 194	1 281
四 川	11 504	9 801	9 850	9 870	9 892	9 644
贵 州	7 932	4 981	5 131	5 234	5 391	5 418
云 南	8 021	7 130	7 257	7 064	7 426	7 467
西 藏	6 325	6 131	6 223	6 445	6 451	6 103
陕 西	3 090	1 607	1 660	1 660	1 690	1 650
甘 肃	4 769	3 954	4 153	4 236	4 325	4 350
青 海	4 062	4 504	4 471	4 454	4 446	4 503
宁 夏	982	902	966	934	921	907
新 疆	5 042	3 722	3 765	3 360	3 308	3 305

1-15 各地区奶山羊年末存栏数

单位：千头

地区	2005	2006	2007	2008	2009	2010
全国总计						
北京						
天津						
河北						
山西	156.96	163.69	132.10	265.13	143.59	139.88
内蒙古						
辽宁	50.00	50.00	60.00	50.00		
吉林		68.10				
黑龙江	280.00					
上海						
江苏						
浙江						
安徽						
福建	10.00	10.00		17.00		
江西						
山东	1 619.00	2 011.20	990.00	960.00	1 931.00	1 965.40
河南	225.00	112.00	250.00	260.00	50.10	
湖北						
湖南						
广东						
广西	1.20					
海南						
重庆						
四川	123.00					
贵州						
云南	282.78	299.55	323.88	337.78	358.88	331.68
西藏	2 078.23	2 170.00				
陕西	1 750.33	1 757.93	1 965.09	1 407.76	1 750.02	1 762.50
甘肃	106.60	107.00				
青海	100.00	406.30				
宁夏						
新疆						

1-16 各地区山羊年末存栏数

单位：千头

地 区	2005	2006	2007	2008	2009	2010
全国总计	**198 761**	**137 680**	**143 365**	**152 292**	**150 501**	**146 026**
北 京	280	162	216	209	189	164
天 津	216	89	42	44	43	83
河 北	10 002	6 349	6 435	7 509	5 514	7 034
山 西	4 210	3 068	3 746	4 163	3 751	1 754
内蒙古	17 110	17 054	22 379	18 963	19 919	13 938
辽 宁	5 107	3 479	3 497	3 883	4 478	3 928
吉 林	650	660	914	1 301	1 879	770
黑龙江	4 089	2 705	2 875	3 516	3 383	2 714
上 海	276	109	104	226	236	402
江 苏	11 550	4 378	3 893	4 025	4 192	6 564
浙 江	1 054	587	540	612	432	468
安 徽	9 185	5 500	5 330	5 575	5 832	9 932
福 建	1 360	804	818	966	1 034	1 333
江 西	1 053	571	555	611	573	731
山 东	26 830	18 733	20 180	18 618	16 890	22 035
河 南	35 094	16 941	17 592	18 660	19 010	20 026
湖 北	3 370	2 820	3 042	3 758	4 132	5 058
湖 南	7 111	4 990	5 016	5 031	5 187	6 545
广 东	392	345	355	363	372	495
广 西	2 600	1 514	1 551	1 764	1 900	2 123
海 南	889	586	552	708	718	833
重 庆	3 035	1 218	1 213	1 295	1 423	1 913
四 川	12 762	11 914	13 763	15 143	15 736	13 817
贵 州	4 286	2 092	2 090	2 205	2 381	1 888
云 南	8 743	7 100	7 521	7 556	7 740	6 495
西 藏	6 261	6 489	982	6 455	4 944	1 751
陕 西	7 096	4 772	5 399	5 768	5 399	3 967
甘 肃	3 388	3 337	3 342	3 404	3 864	2 106
青 海	3 302	2 816	2 307	2 675	2 276	816
宁 夏	864	611	764	1 198	1 382	1 174
新 疆	6 598	5 885	6 354	6 088	5 694	5 171

1-17 各地区绵羊年末存栏数

单位：千头

地 区	2005	2006	2007	2008	2009	2010
全国总计	**173 899**	**146 018**	**142 282**	**128 557**	**134 021**	**126 176**
北 京	981	544	573	523	485	701
天 津	631	259	311	329	338	585
河 北	14 818	9 178	9 402	8 661	10 137	14 401
山 西	6 083	4 271	3 718	3 277	3 726	2 302
内蒙古	37 090	34 180	28 254	32 289	32 053	40 041
辽 宁	4 849	3 260	3 262	2 904	2 692	3 369
吉 林	3 651	3 583	3 658	2 765	2 350	2 286
黑龙江	7 714	5 071	5 338	4 976	5 594	4 633
上 海	25	6	5	13	15	20
江 苏	200	71	154	82	73	161
浙 江	1 170	653	579	501	683	644
安 徽	28	14	30	28	10	15
福 建						
江 西						
山 东	7 218	4 949	3 243	2 811	4 080	8 016
河 南	4 786	2 198	1 816	1 720	962	1 121
湖 北	7	6	6	4	0	36
湖 南	1	1	1	1	24	17
广 东						
广 西						
海 南						
重 庆	1	0	0			0
四 川	3 111	4 388	3 342	2 065	1 503	2 277
贵 州	197	92	133	107	149	99
云 南	1 026	834	738	877	1 036	811
西 藏	10 722	10 863	16 089	10 324	11 801	3 707
陕 西	2 213	1 297	1 276	1 048	1 303	812
甘 肃	11 875	11 897	12 602	13 346	13 402	7 690
青 海	14 355	12 203	12 664	12 319	12 702	5 052
宁 夏	4 190	2 871	3 088	3 419	3 320	3 079
新 疆	36 958	33 330	31 999	24 169	25 581	24 301

1-18 各地区羊年末存栏数

单位：千头

地 区	2005	2006	2007	2008	2009	2010
全国总计	**372 659**	**283 698**	**285 647**	**280 849**	**284 522**	**272 202**
北 京	1 260	707	789	732	674	864
天 津	847	348	353	373	381	668
河 北	24 820	15 526	15 837	16 170	15 651	21 435
山 西	10 293	7 339	7 464	7 440	7 477	4 056
内蒙古	54 200	51 234	50 633	51 253	51 972	53 979
辽 宁	9 956	6 739	6 759	6 787	7 170	7 297
吉 林	4 300	4 242	4 573	4 066	4 229	3 056
黑龙江	11 803	7 776	8 213	8 492	8 977	7 347
上 海	301	115	110	239	251	421
江 苏	11 750	4 449	4 047	4 107	4 265	6 725
浙 江	2 224	1 239	1 119	1 114	1 116	1 112
安 徽	9 213	5 514	5 360	5 603	5 842	9 947
福 建	1 360	804	818	966	1 034	1 333
江 西	1 053	571	555	611	573	731
山 东	34 048	23 683	23 423	21 429	20 969	30 051
河 南	39 880	19 139	19 409	20 380	19 972	21 147
湖 北	3 377	2 826	3 049	3 762	4 132	5 093
湖 南	7 113	4 991	5 016	5 031	5 211	6 562
广 东	392	345	354	363	372	495
广 西	2 600	1 514	1 551	1 764	1 900	2 123
海 南	889	586	552	708	718	833
重 庆	3 036	1 219	1 213	1 295	1 423	1 913
四 川	15 873	16 302	17 105	17 208	17 239	16 094
贵 州	4 483	2 184	2 223	2 312	2 530	1 987
云 南	9 769	7 934	8 258	8 433	8 776	7 306
西 藏	16 983	17 352	17 071	16 779	16 745	5 458
陕 西	9 309	6 069	6 675	6 816	6 702	4 779
甘 肃	15 263	15 234	15 944	16 750	17 267	9 796
青 海	17 657	15 018	14 971	14 994	14 978	5 869
宁 夏	5 054	3 483	3 852	4 617	4 702	4 253
新 疆	43 555	39 215	38 352	30 257	31 275	29 472

Ⅱ.奶业产业化

2-1 各地区奶牛养殖业产值

单位：亿元、%

地 区	2008		2009		2010	
	产值	占牧业产值	产值	占牧业产值	产值	占牧业产值
全 国	1 015.00	5.97	1 065.00	5.47	1 125.00	5.40
北 京						
天 津	20.68	24.05	16.63	19.34	24.45	27.00
河 北						
山 西	25.94	11.00	24.35		27.85	
内蒙古						
辽 宁	28.00	5.00			60.00	7.50
吉 林	17.26	2.30	44.80	8.00	42.90	8.30
黑龙江					190.00	19.70
上 海	6.65	18.50	6.07	19.10	10.00	
江 苏	14.96	1.63				
浙 江						
安 徽						
福 建						
江 西	5.12	1.03	5.00	1.00		
山 东						
河 南			80.00	8.00		
湖 北					5.80	
湖 南			4.00	1.00	2.70	0.50
广 东						
广 西	3.49	0.46	3.50	0.40	3.55	0.40
海 南	2.50	1.70	2.85	1.93		
重 庆	2.16	0.63	2.40	0.70	3.78	1.20
四 川	15.69	1.30	16.79	1.40		
贵 州						
云 南	11.75	2.40	20.00	2.50	22.00	3.90
西 藏						
陕 西	53.01	13.80	50.23	12.90	63.64	14.60
甘 肃	10.00	6.67	11.00	6.40	11.00	6.50
青 海						
宁 夏	27.96	36.40	22.00	27.80	26.10	27.00
新 疆						

注：本部分数据来自各地奶业协会，全国数为估计数。

2-2 各地区农民奶业收入

单位：元/人、%

地区	2008		2009		2010	
	奶业收入	占纯收入	奶业收入	占纯收入	奶业收入	占纯收入
全国						
北京						
天津	512.85	5.31	615.77		857.00	7.27
河北						
山西	27.60	0.86	25.65		196.00	
内蒙古						
辽宁	350.00	4.00			1450.00	6.00
吉林	123.28	2.50	45.00	0.30	53.00	0.32
黑龙江					198.00	3.20
上海	350.00	2.30	320.00	1.80		
江苏	27.59	0.38				
浙江						
安徽						
福建						
江西	11.91	0.24				
山东						
河南			700.00	2.00		
湖北						
湖南			5.00	0.20	30.00	0.10
广东						
广西	8.72		8.75		1.50	
海南	4.60	0.10	3.85	0.12		
重庆	10.30	0.25	17.35	0.38	27.20	0.52
四川	29.05	1.00	30.05	1.30		
贵州						
云南	38.05	1.40	54.50	1.60	62.73	1.90
西藏						
陕西	136.30	4.30	235.60	6.80	296.00	7.20
甘肃	47.80	1.78	52.75	1.77	50.00	2.00
青海						
宁夏	822.70	22.34	579.00	15.06	681.00	16.68
新疆						

2-3 各地区奶农户数及平均规模

单位：户、头/户

地 区	2008		2009		2010	
	奶户总数	平均规模	奶户总数	平均规模	奶户总数	平均规模
全 国						
北 京						
天 津	3 919	46	1 757	90	2 425	64.40
河 北	288 985	7				
山 西	75 586	5	65 951	6	78 487	4.96
内蒙古	800 000	4				
辽 宁	14 000	18	6 805	45	4 500	100.00
吉 林	26 832	10	29 034	12	29 094	13.00
黑龙江					341 104	7.00
上 海					116	580.00
江 苏	5 423	35	3 703	53	2 974	68.00
浙 江	3 487	21				
安 徽						
福 建	3 982	11	3 530	12	3 153	13.00
江 西	3 164	7	899	38	852	41.00
山 东						
河 南	55 953	13				
湖 北	1 012	50	9 078	7	542	106.00
湖 南			2 014	11	1 489	21.00
广 东	2 638	26	611	89	540	95.00
广 西	9 963	2	14 626	4	16 093	4.00
海 南			10	131		
重 庆	36 180	6	3 558	7	3 321	7.60
四 川	49 959	4	53 090	4		
贵 州			1 383	10	367	59
云 南	49 718	4	63 460	3	44 937	4.00
西 藏	21 639					
陕 西	140 600	4	140 862	4	155 053	4.51
甘 肃	26 030	7	20 415	9	17 566	11.00
青 海						
宁 夏	31 990	12	23 017	14	20 161	21.00
新 疆			414 060	5		

2-4　各地区规模奶牛场（小区）

单位：个、%、%

地　区	2009		2010		2010	
	个数	规模化比例	机械化挤奶比例	个数	规模化比例	机械化挤奶比例
全　国						
北　京						
天　津	157	85.00	100.00	157	100.00	100.00
河　北	1 844	83.60	100.00			
山　西	535	25.56	90.00	680	35.48	90.00
内蒙古						
辽　宁	1 805	70.00	90.00	1 215	70.00	90.00
吉　林	265	79.30	85.00	279	80.00	87.00
黑龙江				6 761	45.00	81.90
上　海	123	100.00	100.00	116	100.00	100.00
江　苏	1 179	92.00	92.00	934	92.00	92.00
浙　江						
安　徽				102	100.00	100.00
福　建	92	69.60	60.00	81	72.10	65.00
江　西	336	83.68		311	85.30	80.00
山　东						
河　南	1 500	100.00	100.00			
湖　北				20	80.00	95.00
湖　南	29	35.60	40.00	21	33.00	54.00
广　东	56	77.17	100.00	157	96.16	100.00
广　西	664	63.33		756	52.74	
海　南	2	95.00	95.00			
重　庆	107	39.60	47.10	41	53.70	68.80
四　川	890	55.00	45.00			
贵　州	22	87.95	100.00			
云　南	140	20.00	17.83	141	23.96	18.60
西　藏						
陕　西	789	59.30	68.20	847	64.70	50.80
甘　肃	70	25.10	10.00	80	30.00	30.00
青　海						
宁　夏	579	47.84	66.30	383	65.00	95.00
新　疆	377		61.10			

Ⅲ. 奶类生产水平指标

3-1 各地区奶类总产量及位次

单位：千吨

地区	2006		2007		2008		2009		2010	
	指标值	位次	指标值	位次	指标值	位次	指标值	位次	指标值	位次
全国总计	33 024.65		36 333.77		37 814.53		36 776.57		37 479.58	
北 京	619.54	13	622.42	13	665.38	14	673.99	13	641.02	13
天 津	682.76	10	672.14	11	701.24	11	686.90	11	693.41	12
河 北	4 169.99	3	4 977.03	3	5 153.25	2	4 610.27	3	4 490.81	3
山 西	834.28	9	835.11	9	700.16	12	740.75	10	749.37	10
内蒙古	8 774.54	1	9 160.62	1	9 212.31	1	9 340.46	1	9 456.84	1
辽 宁	973.66	8	1 082.99	8	1 072.60	8	1 156.39	8	1 266.52	8
吉 林	350.00	17	479.99	15	397.40	17	445.00	16	446.30	16
黑龙江	4 645.63	2	5 117.43	2	5 128.42	3	5 346.91	2	5 587.77	2
上 海	220.86	21	220.42	21	232.86	21	212.47	21	247.10	21
江 苏	597.63	14	616.56	14	610.50	15	554.00	14	572.84	14
浙 江	254.80	20	237.11	20	225.10	22	199.30	23	202.70	23
安 徽	128.06	25	180.98	22	180.98	23	201.00	22	204.82	22
福 建	174.27	22	166.58	23	148.68	25	155.56	24	157.10	24
江 西	138.90	23	112.77	26	111.89	27	112.00	26	118.53	26
山 东	2 386.49	4	2 421.84	4	2 549.24	5	2 581.48	5	2 715.59	5
河 南	1 540.70	7	2 245.68	5	2 986.17	4	3 012.85	4	3 078.89	4
湖 北	138.83	24	155.13	24	331.84	19	283.05	19	304.10	18
湖 南	72.75	28	76.73	28	152.09	24	76.73	29	77.95	29
广 东	124.78	26	129.58	25	132.76	26	143.72	25	144.94	25
广 西	62.72	29	69.60	29	75.04	29	80.72	27	82.09	27
海 南	0.94	31	1.43	31	4.73	31	3.60	31	1.90	31
重 庆	83.46	27	87.10	27	77.84	28	79.42	28	79.82	28
四 川	625.18	12	654.97	12	666.12	13	686.59	12	703.07	11
贵 州	40.88	30	40.82	30	42.75	30	44.90	30	45.89	30
云 南	387.48	15	446.53	16	973.20	9	510.00	15	541.48	15
西 藏	276.13	18	289.39	18	524.40	16	287.23	18	293.80	19
陕 西	1 574.05	6	1 802.59	7	1 823.01	6	1 858.33	6	1 775.82	6
甘 肃	364.29	16	352.18	17	346.93	18	376.60	17	362.82	17
青 海	255.55	19	265.05	19	272.28	20	253.46	20	262.56	20
宁 夏	647.34	11	774.55	10	892.20	10	811.40	9	845.48	9
新 疆	1 878.18	5	2 038.48	6	1 423.17	7	1 251.50	7	1 328.27	7

注：2009年奶类产量有调整。

3-2 各地区奶类人均占有量及位次

单位：千克/人

地 区	2006		2007		2008		2009		2010	
	指标值	位次	指标值	位次	指标值	位次	指标值	位次	指标值	位次
全国平均	**25.19**		**27.57**		**28.55**		**27.62**		**28.03**	
北 京	39.73	10	38.73	10	39.99	10	39.07	10	39.07	10
天 津	64.47	6	61.38	7	61.22	7	57.14	7	57.14	7
河 北	60.66	7	71.92	6	73.98	5	65.75	5	65.75	5
山 西	24.79	12	24.68	13	20.58	15	21.67	14	21.67	15
内蒙古	366.87	1	381.53	1	382.35	1	386.30	1	386.30	1
辽 宁	22.93	13	25.28	12	24.91	13	26.79	13	26.79	13
吉 林	12.87	16	17.60	15	14.55	16	16.26	15	16.26	16
黑龙江	121.57	2	133.84	2	134.09	4	139.76	2	139.76	2
上 海	12.29	17	12.00	17	12.43	18	11.16	18	12.23	18
江 苏	7.96	19	8.13	19	7.98	20	7.19	20	7.19	20
浙 江	5.16	21	4.72	21	4.42	22	3.87	23	3.87	23
安 徽	2.09	26	2.96	24	2.95	24	3.28	24	3.28	24
福 建	4.91	22	4.67	22	4.14	23	4.30	22	4.30	22
江 西	3.21	23	2.59	26	2.55	26	2.54	26	2.54	26
山 东	25.72	11	25.94	11	27.14	12	27.34	12	27.34	12
河 南	16.41	14	23.95	14	31.79	11	31.86	11	31.86	11
湖 北	2.43	25	2.72	25	5.82	21	4.95	21	4.95	21
湖 南	1.15	29	1.21	29	2.39	27	1.20	29	1.20	29
广 东	1.35	27	1.38	28	1.40	29	1.50	28	1.50	28
广 西	1.34	28	1.47	27	1.57	28	1.67	27	1.67	27
海 南	0.11	31	0.17	31	0.56	31	0.42	31	0.42	31
重 庆	2.98	24	3.10	23	2.75	25	2.79	25	2.79	25
四 川	7.63	20	8.04	20	8.19	19	8.41	19	8.67	19
贵 州	1.09	30	1.09	30	1.13	30	1.18	30	1.18	30
云 南	8.68	18	9.93	18	21.49	14	11.19	17	23.25	14
西 藏	98.97	4	102.44	4	183.68	2	99.56	4	99.56	4
陕 西	42.23	9	48.18	9	48.55	9	49.33	8	49.33	8
甘 肃	14.01	15	13.49	16	13.23	17	14.31	16	14.31	17
青 海	46.84	8	48.19	8	49.22	8	45.60	9	45.60	9
宁 夏	107.89	3	127.60	3	145.35	3	130.57	3	130.57	3
新 疆	92.52	5	98.36	5	67.36	6	58.35	6	58.35	6

注：2009年奶类人均占有量根据产量有所调整。

3-3 各地区牛奶总产量及位次

单位：千吨

地 区	2006		2007		2008		2009		2010	
	指标值	位次	指标值	位次	指标值	位次	指标值	位次	指标值	位次
全国总计	**31 934.08**		**35 252.44**		**35 558.23**		**35 208.75**		**35 756.17**	
北 京	619.34	13	622.41	13	663.84	12	673.86	13	640.84	13
天 津	682.75	10	672.14	11	697.54	10	682.90	11	690.41	12
河 北	4 076.19	3	4 894.37	3	5 045.12	3	4 515.00	3	4 397.61	3
山 西	810.55	9	811.84	9	681.78	11	725.00	10	732.25	10
内蒙古	8 691.63	1	9 098.40	1	9 122.35	1	9 031.00	1	9 051.77	1
辽 宁	936.95	8	1 050.97	8	1 012.00	8	1 100.00	8	1 212.20	8
吉 林	345.00	17	473.10	15	397.40	16	445.00	16	435.21	16
黑龙江	4 603.05	2	5 083.60	2	5 083.60	2	5 287.00	2	5 524.92	2
上 海	220.86	20	220.42	21	232.86	19	232.86	19	247.10	19
江 苏	583.55	14	602.42	14	610.50	14	554.00	14	572.84	14
浙 江	254.80	18	237.11	19	225.10	21	199.30	22	202.61	22
安 徽	127.96	25	180.94	22	180.94	22	201.00	21	204.82	21
福 建	170.49	22	162.74	23	144.88	24	151.97	24	154.10	23
江 西	138.75	24	112.17	26	111.89	26	112.00	26	114.02	26
山 东	2 158.00	4	2 189.95	4	2 305.13	5	2 362.76	5	2 530.51	5
河 南	1 476.80	6	2 156.13	5	2 791.00	4	2 818.91	4	2 909.12	4
湖 北	138.79	23	155.11	24	155.11	23	155.11	23	139.91	25
湖 南	72.75	28	76.73	28	76.73	28	76.73	29	77.95	29
广 东	121.66	26	126.33	25	129.58	25	140.30	25	142.25	24
广 西	62.66	29	69.52	29	75.04	29	80.72	27	82.09	27
海 南	0.94	31	1.43	31	2.36	31	1.80	31	1.90	31
重 庆	83.46	27	87.10	27	77.84	27	79.42	28	79.82	28
四 川	620.43	12	649.82	12	660.76	13	681.71	12	698.07	11
贵 州	40.88	30	40.64	30	42.67	30	44.90	30	45.89	30
云 南	363.99	15	423.47	16	446.71	15	483.75	15	504.07	15
西 藏	215.68	21	229.82	20	229.82	20	229.82	20	232.83	20
陕 西	1 273.65	7	1 490.22	7	1 490.22	6	1 492.00	6	1 374.58	6
甘 肃	359.07	16	346.93	17	346.93	17	376.60	17	362.82	17
青 海	238.00	19	249.83	18	252.76	18	253.14	18	262.15	18
宁 夏	647.34	11	774.55	10	892.20	9	811.40	9	845.48	9
新 疆	1 798.12	5	1 962.27	6	1 373.59	7	1 208.80	7	1 286.04	7

3-4 各地区牛奶人均占有量及位次

单位：千克/人

地区	2006		2007		2008		2009		2010	
	指标值	位次	指标值	位次	指标值	位次	指标值	位次	指标值	位次
全国平均	**24.36**		**26.75**		**26.84**		**26.45**		**26.74**	
北京	39.71	9	38.73	10	39.89	9	39.06	10	34.49	10
天津	64.47	6	61.38	7	60.89	7	56.81	6	54.75	7
河北	59.29	7	70.72	6	72.43	5	64.39	5	61.85	5
山西	24.09	11	23.99	12	20.04	14	21.21	14	20.93	14
内蒙古	363.41	1	378.94	1	378.62	1	373.51	1	370.01	1
辽宁	22.07	13	24.53	11	23.50	13	25.48	12	27.89	12
吉林	12.69	16	17.35	15	14.55	15	16.26	15	15.87	15
黑龙江	120.45	2	132.96	2	132.92	3	138.20	2	144.31	2
上海	12.29	17	12.00	17	12.43	17	12.23	17	11.70	17
江苏	7.77	19	7.94	20	7.98	20	7.19	20	7.35	20
浙江	5.16	21	4.72	21	4.42	21	3.87	22	3.81	22
安徽	2.09	26	2.96	24	2.95	23	3.28	23	3.39	23
福建	4.81	22	4.56	22	4.03	22	4.20	21	4.21	21
江西	3.21	23	2.58	26	2.55	26	2.54	26	2.57	25
山东	23.26	12	23.45	13	24.54	12	25.02	13	26.57	13
河南	15.73	14	23.00	14	29.71	11	29.80	11	30.80	11
湖北	2.43	25	2.72	25	2.72	25	2.71	25	2.45	26
湖南	1.15	29	1.21	29	1.20	29	1.20	29	1.20	30
广东	1.32	28	1.35	28	1.36	28	1.46	28	1.42	28
广西	1.34	27	1.47	27	1.57	27	1.67	27	1.74	27
海南	0.11	31	0.17	31	0.28	31	0.21	31	0.22	31
重庆	2.98	24	3.10	23	2.75	24	2.79	24	2.78	24
四川	7.57	20	7.98	19	8.12	19	8.35	19	8.60	19
贵州	1.09	30	1.08	30	1.13	30	1.18	30	1.26	29
云南	8.15	18	9.41	18	9.86	18	10.62	18	11.00	18
西藏	77.31	5	81.35	5	80.50	4	79.65	4	78.89	4
陕西	34.17	10	39.83	9	39.69	10	39.61	9	36.63	9
甘肃	13.81	15	13.28	16	13.23	16	14.31	16	13.97	16
青海	43.62	8	45.42	8	45.69	8	45.55	8	46.81	8
宁夏	107.89	3	127.60	3	145.35	2	130.57	3	134.70	3
新疆	88.58	4	94.68	4	65.01	6	56.36	7	59.27	6

3-5 各地区乳牛年末存栏数及位次

单位：千头

地区	2006		2007		2008		2009		2010	
	指标值	位次	指标值	位次	指标值	位次	指标值	位次	指标值	位次
全国总计	10 688.91		12 189.11		12 334.90		12 603.26		14 200.72	
北　京	134.09	16	163.00	15	169.10	15	158.10	16	148.70	18
天　津	115.60	18	153.70	16	150.30	18	158.00	17	156.70	17
河　北	1 241.49	4	1 458.06	3	1 432.34	3	1 674.00	4	1 807.92	3
山　西	162.83	15	317.70	9	314.23	9	274.38	11	288.00	12
内蒙古	2 755.40	1	2 512.30	1	2 456.09	1	2 272.50	1	2 925.00	1
辽　宁	222.38	10	283.85	10	292.59	10	288.76	9	321.00	9
吉　林	133.85	17	148.49	17	152.10	17	192.60	14	195.20	16
黑龙江	1 261.85	3	1 360.59	4	1 400.90	4	1 969.70	2	2 054.00	2
上　海	69.14	20	73.44	21	59.80	23	30.00	27	67.20	22
江　苏	84.23	19	93.57	19	167.87	16	189.00	15	220.60	14
浙　江	55.72	22	52.64	24	64.85	21	60.93	22	61.10	25
安　徽	27.05	26	59.60	22	62.14	22	68.30	21	98.00	21
福　建	37.73	24	32.53	28	46.91	27	49.60	25	50.36	27
江　西	22.14	27	33.12	27	43.34	28	40.00	26	66.86	23
山　东	702.83	5	792.58	5	812.47	5	838.23	5	933.20	6
河　南	263.92	8	556.20	6	578.05	6	505.00	6	985.00	5
湖　北	43.53	23	51.06	25	52.39	25	53.68	24	62.00	24
湖　南	21.85	28	24.42	29	24.95	29	26.00	28	130.60	20
广　东	31.88	25	53.60	23	55.42	24	55.90	23	53.58	26
广　西	19.28	29	47.20	26	50.62	26	23.00	29	43.90	28
海　南			1.80	31	2.06	31	1.40	31	2.12	31
重　庆	13.05	30	14.40	30	19.41	30	17.20	30	26.60	29
四　川	168.06	14	176.46	14	187.52	14	196.90	13	197.00	15
贵　州	56.44	21	92.60	20	106.97	20	97.00	20	22.30	30
云　南	187.90	12	190.09	13	199.21	13	141.32	18	146.70	19
西　藏	319.55	6	347.21	8	360.94	8	389.50	8	368.47	8
陕　西	269.55	7	392.91	7	406.70	7	434.57	7	412.90	7
甘　肃	175.68	13	120.60	18	127.08	19	139.80	19	307.90	10
青　海	222.63	9	219.10	12	218.22	12	281.90	10	297.20	11
宁　夏	219.26	11	260.80	11	270.86	11	272.00	12	269.00	13
新　疆	1 650.00	2	2 105.49	2	2 049.48	2	1 704.00	3	1 481.60	4

注：2006年数据根据农业普查结果作了调整。

3-6 各地区每万人占有乳牛数量及位次

单位：头/万人

地区	2006		2007		2008		2009		2010	
	指标值	位次	指标值	位次	指标值	位次	指标值	位次	指标值	位次
全国平均	**82**		**92**		**93**		**95**		**106**	
北京	86	9	101	10	102	10	92	10	80	14
天津	109	8	140	8	131	8	131	8	124	8
河北	181	7	211	7	206	7	239	7	254	7
山西	48	15	94	11	92	11	80	12	82	13
内蒙古	1 152	1	1 046	2	1 019	2	940	2	1 196	2
辽宁	52	13	66	13	68	13	67	14	74	15
吉林	49	14	54	15	56	15	70	13	71	16
黑龙江	330	6	356	6	366	6	515	4	536	4
上海	38	17	40	18	32	18	16	21	32	18
江苏	11	22	12	21	22	21	25	19	28	19
浙江	11	21	10	22	13	23	12	23	12	25
安徽	4	27	10	24	10	25	11	24	16	22
福建	11	23	9	25	13	22	14	22	14	24
江西	5	25	8	27	10	26	9	26	15	23
山东	76	10	85	12	87	12	89	11	98	12
河南	28	18	59	14	62	14	53	15	104	11
湖北	8	24	9	26	9	27	9	25	11	26
湖南	3	29	4	30	4	30	4	30	20	21
广东	3	30	6	28	6	29	6	28	5	30
广西	4	28	10	23	11	24	5	29	9	27
海南			2	31	2	31	2	31	2	31
重庆	5	26	5	29	7	28	6	27	9	28
四川	21	19	22	20	23	20	24	20	24	20
贵州	15	20	25	19	28	19	26	18	6	29
云南	42	16	42	17	44	17	31	17	32	17
西藏	1 145	2	1 229	1	1 264	1	1 350	1	1 249	1
陕西	72	11	105	9	108	9	115	9	110	10
甘肃	68	12	46	16	48	16	53	16	119	9
青海	408	4	398	5	395	5	507	5	531	5
宁夏	365	5	430	4	441	4	438	6	429	6
新疆	813	3	1 016	3	970	3	795	3	683	3

注：2006年数据根据农业普查结果作了调整。

3-7 各地区农民人均出售牛羊奶量

单位：千克/人

地 区	2004	2005	2006	2007	2008	2009	2010
全国平均	**7.67**	**11.26**	**13.27**	**14.62**	**15.02**	**12.65**	**11.27**
北 京	17.42	27.57	26.06	22.28	32.74	31.38	17.04
天 津	8.36	10.18	8.97	11.49	12.83	16.71	23.55
河 北	10.49	29.50	33.90	34.04	30.27	18.60	19.85
山 西	14.16	16.01	26.53	34.64	37.83	26.90	24.76
内蒙古	71.47	118.07	141.93	164.22	180.54	184.07	140.48
辽 宁	0.94	11.95	15.31	25.42	14.14	5.02	6.22
吉 林	3.61	0.93	0.99	1.93	4.07	2.43	0.08
黑龙江	35.51	49.21	53.95	69.39	77.59	54.97	50.72
上 海	—	—	—	—	—	—	
江 苏	3.25	2.20	3.53	3.67	1.97	—	
浙 江	1.34	0.56	1.07	1.13	—	1.05	
安 徽	—	—	—	0.00	—	—	
福 建	0.49	0.21	0.09	0.02	0.02	0.12	0.14
江 西	2.36	0.32	0.27	1.02	0.99		
山 东	9.74	4.15	3.85	4.18	5.26	3.72	5.26
河 南	0.13	0.04	0.22	1.53	1.93	2.08	2.07
湖 北	—	—	—	0.01	—	—	
湖 南	—	—	—	—	—	—	
广 东	0.04	0.07	0.07	0.12	0.10	0.08	0.06
广 西	0.01	—	—	—	—	—	
海 南	0.04	—	0.02	—	—	—	
重 庆	—	—	—	—	0.01	—	0.02
四 川	0.85	1.40	1.32	1.29	1.94	2.92	1.78
贵 州	—	0.42	—	—	—	—	
云 南	11.25	11.85	14.33	13.97	14.66	13.53	15.33
西 藏	0.27	0.62	1.17	1.18	1.18	0.75	0.92
陕 西	11.84	23.93	34.56	31.40	31.02	31.58	31.31
甘 肃	0.90	3.24	3.20	4.21	4.90	7.11	6.53
青 海	5.09	11.68	13.61	8.38	6.87	7.04	7.32
宁 夏	94.92	100.44	123.63	94.67	78.95	59.57	53.20
新 疆	15.16	24.93	19.51	26.71	31.81	25.43	28.06

3-8 全国主要地级市（地区）奶牛存栏和牛奶产量

单位：千头、千吨、千克/（头•年）

市（地区）	全群		成乳牛		产量		单产	
	2009	2010	2009	2010	2009	2010	2009	2010
河　北								
唐山市	470.30	458.50	350.80		1 677.30	1 869.40	5 000	5 900
张家口市	351.40	377.00	242.50		1 119.40	1 230.00	4 616	
石家庄市	379.30	404.90	266.20		1 067.00	1 137.00	4 008	
保定市	233.70	230.00	140.22		447.00	570.00	3 188	
邢台市		83.00				341.00		
廊坊市		86.00				241.00		
山　西								
朔州市	155.38	157.60	78.07	85.53	370.56	401.88	4 746	4 698
大同市	67.87	69.43	47.91	48.31	141.71	152.79	2 958	3 163
忻州市	44.97	41.03	26.28	23.97	104.83	106.01	3 989	4 422
晋中市	49.80	45.96	35.63	36.20	116.79	109.14	3 278	3 015
太原市	26.56	23.99	18.83	16.23	97.40	97.58	5 173	6 011
内蒙古								
呼和浩特市	700.14	705.00	483.90	490.00	3 052.94	3 054.00	6 300	6 200
包头市	358.50	347.48	218.40	212.36	1 439.00	1 550.20	6 500	7 300
呼伦贝尔市	648.91	675.00	401.67	418.00	1 309.77	1 320.00	3 260	3 200
乌兰察布市	360.00	360.00	180.00	192.00	920.00	1 000.00	5 100	5 200
锡林郭勒盟	129.68	264.88	91.67	167.55	456.51	430.00	5 000	
兴安盟	122.16	199.70	69.38	131.58	430.20	433.60	6 200	3 295
赤峰市	142.96	148.21	85.45	74.27	391.81	392.80	4 600	5 300
巴彦淖尔市	87.43	88.78	66.37	66.49	367.84	448.63	5 500	
辽　宁								
沈阳市	80.00	120.00	65.00	72.00	390.00	504.00	6 000	7 000
阜新市	60.00	85.00	48.00	51.00	249.60	280.50	5 200	5 500
大连市	30.00	40.00	20.00	24.00	110.00	144.00	5 500	6 000
锦州市	22.00	50.00	17.00	30.00	86.70	150.00	5 100	5 000
鞍山市	15.00	25.00	10.00	15.00	63.00	90.00	6 300	6 000
吉　林								
四平市	194.60	262.14	148.20	180.31	310.70	208.20	2 546	2 366
松原市	75.15	92.47	54.61	73.45	106.00	193.10	2 500	4 000
吉林市	39.54	53.90	29.06	35.82	146.67	186.69	5 000	5 100
长春市	50.86	58.86	44.13	47.18	120.00	131.00	4 500	4 500
白城市	106.60	157.30	57.90	78.30	58.90	74.00	1 138	
黑龙江								
大庆市	430.00	485.40	241.00		1 327.00	1 501.44	5 850	
哈尔滨市	465.00	466.33	299.74	309.33	1 380.81	1 423.71	5 100	5 100
绥化市	449.07	517.63	288.60		1 026.71	1 290.98		
农垦总局	373.55	394.94	199.45		1 146.30	1 192.15	5 747	
齐齐哈尔市	518.29	583.24	321.34		1 083.85	1 155.61	3 373	
黑河市	67.83	77.83	39.37		133.56	166.31	3 392	
佳木斯市	43.89	49.66	30.15		100.49	112.61	3 333	
江　苏								
徐州市	64.50	68.94	38.70	41.37	227.57	262.24	5 880	6 340
南京市	26.19	21.41	15.71	15.30	93.35	80.76	5 942	5 300

（续）

市（地区）	全群		成乳牛		产量		单产	
	2009	2010	2009	2010	2009	2010	2009	2010
苏州市	23.47	23.54	14.08	14.13	88.99	92.20	6 320	6 526
宿迁市	17.70	21.59	10.62	11.87	44.29	62.78	4 171	5 288
盐城市	10.97	12.42	6.58	8.08	25.93	55.84	3 938	6 914
浙　江								
金华市	28.61	27.00			83.32	79.60		
杭州市	10.53	10.80	6.05	6.37	39.30	41.40		
宁波市	6.32	7.30			16.75	22.10		
安　徽								
合肥市	25.99	34.48	14.69	21.61	55.80	92.01	4 397	2 668
淮南市	11.22	11.02	8.76	8.47	43.79	43.95	3 904	3 987
马鞍山市	8.64	7.91	5.60	3.86	32.89	39.59	6 825	5 007
淮北市	2.36	3.82	1.52	1.34	12.06	10.48	5 109	2 745
福　建								
南平市	23.97	24.05	14.55	14.76	79.07	80.78	5 433	5 472
福州市	6.89	5.72	4.85	4.12	24.82	22.01	5 120	5 339
江　西								
赣州市	10.44	10.63	7.29	7.44	46.00	47.73	5 300	6 415
南昌市	15.22	15.89	10.32	11.12	45.93	47.42	4 450	4 260
山　东								
济南市	140.30	157.40	83.60	82.21	373.70	420.90	4 470	5 120
青岛市	140.59	115.45	91.39	75.04	441.62	323.14	5 280	4 500
河　南								
洛阳市	107.16	102.21	40.90	61.32	361.69	425.40	8 843	6 937
郑州市	91.20	91.82	59.72	64.51	406.69	423.00	6 500	6 500
南阳市	56.22	57.24	36.73	34.34	224.47	302.85	6 110	8 819
新乡市	80.50	86.02	58.68	51.61	273.00	284.03	9 517	5 503
商丘市	67.05	69.04	40.65	41.43	243.98	255.60	6 002	6 170
开封市	49.25	53.02	34.48	31.81	226.24	238.45	6 562	7 495
焦作市	55.32	56.19	33.19	33.71	206.00	219.46	6 206	6 510
平顶山市	76.39	76.14	45.37	45.69	197.20	208.24	4 357	4 558
湖　北								
黄冈市		22.76		13.70		67.14		5 200
武汉市	12.30	12.43	9.46	7.54	51.69	47.48	5 462	5 800
宜昌市	6.67	6.82	5.61	4.00	24.11	26.99	5 460	5 500
湖　南								
邵阳市	17.83	17.25	12.35	8.25	50.01	43.74	4 050	5 305
常德市	7.27	7.30	4.45	4.32	22.06	23.68	4 957	5 487
广　东								
广州市	17.89	15.97	10.69	9.38	50.44	40.82	4 720	4 352
深圳市	18.05	18.30	8.07	8.82	34.00	37.06	4 215	4 200
惠州市	9.03	9.41	4.89	5.83	23.03	29.52	4 706	5 060

（续）

市（地区）	全群		成乳牛		产量		单产	
	2009	2010	2009	2010	2009	2010	2009	2010
广　西								
南宁市	7.47	7.77	6.59	4.99	17.15	16.29	4 130	4 387
海　南								
海口市	1.31	1.36	0.83	0.85	4.47	4.59	5 400	5 400
四　川								
眉山市	68.33	72.24	36.57		153.60	184.84	4 200	
成都市	27.22	24.41	19.97	19.08	125.67	125.45	5 860	5 680
贵　州								
贵阳市	10.28	16.93	8.23	6.36	35.66	36.96	4 268	5 975
遵义市	1.97	2.55	1.57	1.60	6.99	7.26	5 205	4 676
云　南								
大理州	129.52	132.68	93.33	95.05	368.61	420.79	3 800	4 000
昆明市	33.02	42.58	22.78	29.57	97.70	100.68	4 575	4 321
西　藏								
昌都地区		494.50		271.97		43.52		965
山南地区	19.74	464.20	9.67	255.31	17.41	40.85	1 800	1 108
日喀则地区	21.79	362.57	10.68	199.41	19.22	31.91	1 800	876
拉萨市	15.20	300.56	7.78	165.31	31.50	25.23	4 000	1 120
林芝地区		259.26		142.59		22.81		923
陕　西								
咸阳市	197.02	221.75	118.21	150.79	536.34	608.60	5 237	5 196
宝鸡市	177.11	190.34	106.26	129.43	494.80	522.54	5 173	4 984
西安市	116.33	118.75	85.37	85.00	498.39	509.18	6 242	6 291
甘　肃								
兰州市	27.00	26.06	15.00	17.62	61.60	76.23	4 107	4 327
临夏州		32.28		15.82		61.27		3 876
酒泉市	23.34	25.48	15.85	16.03	46.23	52.90	3 000	3 300
青　海								
西宁市	103.11	105.81	73.94	70.25	94.59	100.73	4 575	3 200
海东地区	56.64	67.74	38.57	43.85	41.86	46.51	3 500	3 500
宁　夏								
吴忠市	205.30	226.92	123.55	127.65	561.00	565.15	5 700	6 000
银川市	129.80	141.19	71.97	82.17	410.60	455.77	6 700	6 550
中卫市	19.70	26.76	11.63	12.82	64.10	98.19	6 508	6 400
石嘴山市	25.00	35.40	12.58	14.71	62.00	95.90	5 808	5 800
新　疆								
昌吉州		333.80		306.96		580.00		1 889
伊犁州		770.50		559.70		568.70		1 500
新疆兵团	176.20	199.10		100.00	384.41	443.10		4 500
喀什地区		398.78		245.51		209.86		514
阿勒泰地区		185.52		197.13		200.00		3 000
塔城地区		173.81		101.90		178.61		1 753
巴音郭楞州		47.82		47.32		71.97		3 320

注：西藏2010年奶牛数量含黄改牛。

来源：各地奶业协会，部分地区单产为“牛奶产量/成乳牛存栏”数；部分地区未报。

3-9 全国主要县（区）或县级市奶牛存栏和牛奶产量

单位：千头、千吨、千克/（头•年）

县（县级市）	全群		成乳牛		产量		单产	
	2009	2010	2009	2010	2009	2010	2009	2010
北 京								
大兴区	24.00	34.00	17.80	17.60	126.00	135.00	7 078	7 600
延庆县	25.96	22.40	15.50	15.64	99.13	85.78	6 395	6 500
密云县	18.59	19.75	14.12	14.71	80.74	80.43	6 588	6 679
顺义区	15.30	14.46	10.87	10.08	54.08	51.29	4 974	5 088
昌平区	11.01	10.98	6.40	5.83	54.57	47.59	8 500	8 164
通州区	12.23	13.05	9.27	9.63	39.29	42.94	4 240	5 900
房山区	10.04	10.52	6.18	6.15	39.67	37.04	6 420	6 420
怀柔区	12.03	10.69	8.28	5.61	45.80	35.05	5 535	6 244
天 津								
武清区	51.92	50.33	30.30	29.71	218.56	217.05	7 188	7 305
北辰区	30.42	29.79	20.01	19.43	139.23	129.12	6 960	6 646
农垦系统	19.11	18.04	10.76	10.08	97.74	90.99	7 506	9 025
静海县	21.69	23.85	14.27	16.22	97.31	73.77	6 696	4 549
宁河县	12.51	13.00	8.95	8.96	52.69	65.40	5 880	7 302
宝坻区	8.95	8.71	5.09	4.41	23.87	25.34	4 740	5 743
河 北								
唐山滦南县	112.00	121.00	79.60		445.20	468.00	5 300	
石家庄鹿泉市	20.60	21.50	13.20	13.98	59.30	63.29	4 492	4 529
石家庄行唐县	75.00	80.30	58.10	56.21	233.30	256.66	4 015	4 566
石家庄栾城县	44.80	44.10	31.40	30.87	125.50	123.32	3 997	3 995
山 西								
朔州山阴县	72.90	75.42	36.49	41.43	175.16	223.39	4 800	5 390
朔州朔城区	33.07	30.77	16.24	16.92	77.54	79.13	4 776	4 680
大同南郊区	22.00	22.14	14.30	14.09	78.02	79.10	5 458	5 610
朔州应县	32.13	33.47	16.22	17.40	77.38	55.54	4 771	3 190
忻州忻府区	19.58	19.97	11.40	10.91	50.22	46.32	4 406	4 250
晋中祁县	16.33	16.77	9.53	14.93	36.88	38.89	3 870	2 604
太原小店区	10.38	10.01	7.77	7.04	37.88	37.55	4 873	5 336
朔州怀仁县	11.77	12.90	5.53	7.09	30.13	30.66	5 449	4 320
晋中平遥县	10.75	11.20	7.87	7.35	23.38	25.51	2 969	3 470
晋中榆次区	11.82	11.82	9.84	9.61	24.17	25.31	2 458	2 640
忻州定襄县	8.88	9.11	5.65	5.57	20.62	25.07	3 650	4 500
大同阳高县		15.66		13.39		21.93		1 641
太原清徐县	5.68	4.87	4.24	3.64	24.20	21.66	5 704	5 947
内蒙古								
呼和浩特土左旗	243.24	248.83	160.83	163.47	1 057.25	1 063.04	6 570	6 500
呼和浩特赛罕区	160.91	161.13	120.78	126.15	704.28	710.21	5 830	5 600
呼和浩特和林县	141.27	144.31	103.14	107.10	616.00	618.42	5 970	5 800

（续）

县（县级市）	全　群		成乳牛		产　量		单　产	
	2009	2010	2009	2010	2009	2010	2009	2010
包头土右旗	170.70	164.27	103.00	104.28	668.50	560.00	6 500	6 370
呼和浩特托克托县	105.56	106.79	68.81	70.41	472.20	474.81	6 860	6 700
包头九原区	68.90	68.07	44.00	52.11	299.20	467.63	6 800	6 740
呼伦贝尔陈巴尔虎旗	82.32	92.50	55.94	63.29	230.65	230.70	4 100	3 645
乌兰察布凉城县	66.50	80.70	33.20	41.00	182.00	225.00	5 500	5 500
通辽科尔沁区	40.22	40.22	21.03	29.49	192.66	220.00	6 000	
呼伦贝尔鄂温旗	80.00	75.00	50.00	50.00	207.09	218.73	3 500	3 540
呼伦贝尔海拉尔区	52.00	63.46	42.00	39.28	231.70	202.63	5 000	5 000
呼伦贝尔牙克石市	78.00	82.00	61.00	50.00	220.00	200.00	3 600	4 000
呼伦贝尔扎兰屯市	96.00	112.00	68.79	60.00	250.00	200.00	5 000	3 500
呼伦贝尔阿荣旗	90.00	95.12	54.30	68.50	180.00	184.50	3 500	2 500
兴安盟科右前旗	49.53	55.77	24.58	29.97	149.81	160.00	6 100	
呼伦贝尔额尔古纳市	72.00	78.00	31.70	35.00	130.00	158.52	4 000	4 530
巴盟彦淖尔杭锦后旗	44.32	47.06	34.50	36.45	149.37	146.00	4 300	
包头东河区	18.14	24.86	10.10	10.73	69.50	138.46	6 900	6 900
乌兰察布察哈尔右翼前旗	48.00	46.00	25.00	24.00	131.00	125.00	5 200	5 200
兴安盟乌兰浩特市	39.01	41.57	22.50	30.14	126.50	120.55	5 600	
赤峰元宝山区	40.16	41.02	33.16	35.12	106.50	110.00	3 200	
包头开发区		15.89		8.23		99.87		7 100
锡盟多伦县	22.60	20.42			97.00	99.00		
辽　宁								
阜新彰武县	25.00	35.00	15.00	21.00	100.65	115.50	6 710	5 500
大连金州区	26.00	32.00	18.00	19.20	113.40	115.20	6 300	6 000
阜新县	28.00	32.00	18.00	19.20	115.29	105.60	6 405	5 500
沈阳新城子区	21.00	25.00	17.00	15.00	129.63	90.00	7 625	6 000
沈阳于洪区	12.00	12.00	9.00	9.00	57.65	57.65	6 405	6 405
沈阳新民市	10.20	15.00	8.00	9.00	53.68	54.00	6 710	6 000
吉　林								
四平梨树县	17.00	18.00	14.95	12.00	80.00	80.43	5 200	6 500
松原前郭县	35.00	40.00	24.50	33.00	30.00	70.00	3 200	4 200
长春榆树市	22.90	24.50	20.80	22.40	55.54	58.57	4 450	4 500
白城洮南市	63.50	98.60	35.10	35.10	35.80	35.80	1 139	1 139
黑龙江								
哈尔滨双城市	279.79	290.28	180.80	188.63	885.10	913.95	5 400	5 300
绥化安达市	164.69	182.33	106.09	0.00	493.15	586.06	5 600	
大庆杜蒙县	165.22	180.35	85.63	0.00	488.07	450.13	5 700	
绥化肇东市	148.08	156.32	95.91	0.00	321.01	420.84	5 800	
大庆林甸县	115.05	135.34	60.61	0.00	363.68	403.17	6 000	
齐齐哈尔富裕县	140.13	151.18	84.65	91.22	304.97	310.69	3 603	

（续）

县（县级市）	全群		成乳牛		产量		单产	
	2009	2010	2009	2010	2009	2010	2009	2010
齐齐哈尔甘南县	100.00	105.98	51.79		189.43	212.38	3 658	
哈尔滨道里区	35.27	37.00	23.35	24.87	127.13	138.49	6 000	6 200
大庆肇州县	40.01	47.02	20.39	0.00	117.03	135.04	5 740	
齐齐哈尔龙江县	45.05	66.21	28.35		92.75	134.05	3 271	
绥化海伦市	41.49	54.18	27.16	0.00	95.05	121.38	5 200	
大庆肇源县	36.30	40.18	18.01	0.00	99.94	99.64	5 550	
齐齐哈尔泰来县	40.66	42.18	26.64		91.06	95.58	3 418	
黑河北安市	35.90	40.21	20.30		75.00	85.19	3 695	
黑龙江农垦牡丹江分局	80.21	82.19	49.49	51.30	302.46	312.09	6 112	6 273
黑龙江农垦齐齐哈尔分局	70.07	75.54	36.08	40.00	211.58	238.77	5 864	6 139
黑龙江农垦北安分局	62.53	63.02	37.09	39.88	190.74	196.05	5 143	5 222
黑龙江农垦九三分局	60.72	80.60	29.89	38.57	134.48	145.61	4 499	4 231
黑龙江农垦宝泉岭分局	46.84	39.39	27.04	22.10	146.24	124.41	5 408	5 002
黑龙江农垦绥化分局	27.62	28.64	15.75	20.31	96.59	106.25	6 133	6 255
上　海								
崇明县	4.76	5.07	2.64	2.74	16.33	19.08	6 388	7 093
奉贤区	4.94	5.05	2.40	2.55	15.33	16.25	6 313	6 614
金山区	3.97	3.99	2.15	2.20	13.59	15.86	6 149	7 286
江　苏								
徐州铜山区	40.10	43.20	24.06	25.92	148.00	159.90	6 151	6 169
盐城大丰市	8.07	9.63	4.84	6.74	11.81	42.63	2 438	6 326
徐州睢宁县	8.60	9.10	5.16	5.46	20.15	38.57	3 905	7 064
淮安淮阴区	6.58	6.59	3.95	4.28	23.77	38.37	6 017	8 957
南京江宁区	14.99	11.99	11.71	8.39	58.57	38.12	5 000	5 300
无锡江阴市	7.40	7.55	4.44	4.53	24.80	25.70	5 586	5 673
苏州相城区	5.28	5.63	3.17	3.38	21.37	21.68	6 747	6 414
浙　江								
金华婺城区	17.59	15.44			37.47	38.41		
杭州萧山区	1.71	2.12			6.98	7.37		
安　徽								
合肥长丰县	10.19	13.14	5.91		26.00	30.80	4 398	
合肥肥东县	8.57	15.00	4.97		24.40	51.50	4 908	
福　建								
南平延平区	12.75	13.01	7.51	7.21	42.00	40.02	5 595	5 548
南平建瓯市	2.62	2.85	1.83	1.85	10.20	11.10	5 574	5 994
江　西								
赣州于都县	10.05	10.45	6.98	7.44	44.93	47.03	5 300	6 400
南昌英雄经济开发区	6.24	5.51	3.88	3.74	18.44	19.68	4 750	5 260
抚州市东乡县	3.32	3.20	3.02	2.24	13.28	12.98	4 400	5 780

（续）

县（县级市）	全群		成乳牛		产量		单产	
	2009	2010	2009	2010	2009	2010	2009	2010
山　东								
青岛莱西市	88.00	83.11	57.20	49.86	286.01	232.69	5 600	4 800
济南历城区	37.90	37.70	28.00	28.13	127.60	135.00	4 560	4 800
济南平阴县	18.12	25.20	12.68	15.29	55.00	79.52	4 337	5 200
济南章丘市	31.02	38.41	10.40	18.52	60.43	69.60	5 810	5 500
济南长清区	12.60	14.90	9.20	8.27	37.00	42.16	4 022	5 100
青岛即墨市	20.64	14.60	13.42	8.76	66.06	40.88	5 320	4 650
河　南								
商丘虞城县	21.00	36.82	12.60	22.09	75.60	180.16	6 000	8 155
洛阳孟津县	10.50	47.40	6.30	28.44	37.80	163.42	6 000	5 746
郑州中牟县	35.30	36.95	24.86	28.45	157.65	154.21	6 500	6 500
新乡原阳县	13.20	28.50	7.92	17.10	47.52	104.49	6 000	6 111
开封开封县		23.00		13.80		92.86		6 729
洛阳偃师市	22.00	22.50	13.20	13.50	79.20	86.17	6 000	6 382
郑州荥阳市	17.29	15.36	10.02	10.50	80.04	74.49	6 500	7 100
湖　北								
宜昌夷陵区	5.25	5.55	3.75	3.33	21.01	20.19	5 600	5 900
咸宁咸安区	0.00	3.50	0.00	2.45	0.00	14.63		5 900
湖　南								
邵阳城步县	17.00	17.00	11.78	8.00	47.71	43.00	4 050	5 375
广　东								
深圳宝安区	14.00	14.30	7.07	7.38	32.00	33.30	4 500	4 510
惠州博罗县	7.85	7.70	4.19	4.78	19.89	23.07	4 741	4 829
广　西								
钦州灵山县	20.70	30.17	15.11	21.44	16.46	18.34	1 633	1 732
南宁西乡塘区	3.47	3.85	3.12	2.24	8.00	8.30	4 300	4 300
重　庆								
渝北区	4.71	4.44	3.16	3.02	15.50	14.80	4 900	4 907
万州区	3.11	3.21	2.49	2.50	12.23	11.18	4 921	4 480
江北区	3.21	3.02	2.10	2.00	10.65	8.46	5 085	4 222
四　川								
眉山洪雅县	36.09	40.50	23.77	27.00	103.30	120.00	4 500	4 500
成都新都区	3.18	3.35	2.70	2.34	22.70	22.71	8 418	5 650
成都金堂县	3.62	2.58	2.17	2.18	17.31	18.20	7 969	5 500
成都双流县	3.03	3.48	2.81	3.20	13.60	17.61	4 850	5 600
成都郫县	3.74	2.95	2.87	2.57	25.00	15.96	8 720	6 000
贵　州								
贵阳修文县	3.27	6.88	2.56	2.22	8.10	9.75	3 950	5 259
遵义红花岗区	1.79	2.55	1.25	1.60	6.34	7.00	5 065	4 676
云　南								
大理州洱源县	71.01	72.69	46.86	47.92	164.12	200.35	3 500	
大理州大理市	33.27	33.46	28.50	29.00	143.12	152.00		
昆明宜良县	12.70	15.77	8.82	9.46	35.41	43.72	4 017	4 620
大理州弥渡县	12.51	13.42	9.38	9.50	29.13	32.67	3 100	

（续）

县（县级市）	全群		成乳牛		产量		单产	
	2009	2010	2009	2010	2009	2010	2009	2010
西　藏								
日喀则南木林县	6.85	101.79	3.36	55.99	4.03	55.99	1 200	920
日喀则谢通门县	0.81	95.03	0.39	52.27	0.67	52.27	1 700	890
日喀则江孜县	4.98	58.53	2.44	32.19	4.39	32.19	1 800	1 150
日喀则市	3.83	46.83	1.88	25.76	3.29	25.76	1 750	1 230
陕　西								
西安临潼区	72.00	81.60	48.96	53.04	218.06	224.14	5 249	5 524
咸阳泾阳县	53.79	66.17	76.37	43.01	160.22	179.40	5 153	5 452
宝鸡陇县	54.08	60.40	36.77	39.26	139.28	153.31	4 956	5 105
咸阳武功县	44.00	47.54	29.92	30.90	114.30	131.52	4 494	5 078
咸阳乾县	42.48	45.10	28.89	29.32	104.66	111.12	4 263	4 955
宝鸡千阳县	35.95	36.90	24.44	23.98	82.68	97.43	3 979	5 011
宝鸡凤翔县	19.84	22.85	13.49	15.99	68.96	70.28	6 012	4 626
渭南临渭区	30.10	31.12	20.46	20.23	53.16	63.80	3 610	4 123
宝鸡岐山县	23.54	26.15	16.01	17.00	59.00	60.62	4 337	4 663
宝鸡县	18.59	15.44	12.64	12.35	65.41	59.30	6 089	5 054
西安阎良区	11.31	13.41	7.69	8.72	45.69	53.63	6 600	6 538
宝鸡扶风县	12.80	14.00	8.70	9.52	40.92	42.76	5 530	5 344
渭南富平县	15.60	17.80	10.61	11.57	26.90	42.00	3 469	4 745
甘　肃								
兰州城关区	2.00	1.72	1.20	1.03	6.00	4.28	5 000	4 230
兰州七里河区	7.00	6.40	4.20	4.80	21.84	25.30	5 200	5 270
酒泉肃州区	18.00	20.60	10.00	12.56	35.00	42.70	3 500	3 400
青　海								
西宁湟源县	14.14	18.00	8.86	8.50	7.52	25.53	2 800	3 000
西宁湟中县	47.80	49.70	31.30	19.88	51.58	55.75	2 500	3 500
西宁大通县	36.27	37.22	31.68	18.78	28.41	30.09	2 600	3 200
宁　夏								
吴忠利通区	160.14	169.42	97.71	104.71	461.27	471.78	6 000	6 200
银川兴庆区	35.10	35.24	19.09	19.68	117.40	127.71	7 255	6 800
吴忠青铜峡市	37.63	38.54	22.20	22.41	84.21	86.67	4 822	4 890
银川灵武市	23.00	24.98	12.54	13.74	70.00	76.65	6 589	5 900
银川西夏区	17.80	18.75	11.31	12.81	67.60	73.22	7 052	6 860
银川金凤区	18.60	18.68	9.86	11.17	53.20	61.05	6 367	6 800
石嘴山惠农区	20.10	23.23	10.20	10.02	51.60	56.42	5 971	6 800
中卫中宁县	12.50	12.70	8.14	8.62	44.30	51.21	6 425	6 500
新　疆								
昌吉州呼图壁县	63.90	69.00	37.06	40.00	159.96	168.00	4 316	4 200
昌吉市	55.66	62.50	30.61	36.00	128.47	159.25		4 500
兵团八师	44.90		23.30		120.79	134.90		
昌吉州玛纳斯县	24.72	33.20	14.83		91.73	103.00		

注：钦州灵山县以奶水牛为主。

3-10 各地区奶牛饲养规模情况

（2010年）

单位：户、头

地区	年存栏1～4头		年存栏5～19头		年存栏20～99头	
	场(户)数	年存栏数	场(户)数	年存栏数	场(户)数	年存栏数
全国	**1 750 895**	**4 339 471**	**483 913**	**4 451 122**	**64 208**	**2 606 054**
北京	621	1 864	1 381	13 056	294	12 920
天津	639	1 818	1 065	14 156	894	39 460
河北	31 932	58 375	18 594	196 113	3 929	166 144
山西	63 733	121 155	13 163	103 234	1 218	51 758
内蒙古	326 417	845 287	108 182	948 276	12 590	516 698
辽宁	19 463	48 379	13 348	131 014	3 120	111 156
吉林	37 933	110 306	13 339	135 960	2 518	106 720
黑龙江	198 471	641 969	127 865	1 161 249	13 582	537 212
上海					1	66
江苏	583	1 813	1 457	15 087	636	23 427
浙江	1 094	2 504	1 085	10 294	415	16 915
安徽	567	1 475	646	5 962	251	11 447
福建	2 355	5 293	717	6 342	45	1 452
江西	219	560	488	5 409	286	12 972
山东	36 476	105 582	28 199	260 804	8 144	320 322
河南	74 254	206 031	8 802	86 348	2 338	93 754
湖北	5 704	11 220	114	1 374	169	7 442
湖南	1 604	4 362	1 603	13 525	131	5 205
广东	979	2 515	146	1 349	187	9 225
广西	267	666	299	3 255	99	3 368
海南						
重庆	2 400	5 443	656	6 269	125	4 358
四川	19 806	44 322	5 693	55 669	859	33 290
贵州	254	669	73	632	8	405
云南	64 638	143 390	2 987	23 091	490	15 933
西藏	48 265	99 906	4 858	35 269	2	81
陕西	121 394	347 886	11 718	100 726	1 392	59 194
甘肃	19 461	51 475	8 085	70 817	824	32 298
青海	90 310	186 072	1 930	14 739	47	1 610
宁夏	5 541	19 041	14 923	158 983	1 510	66 921
新疆	575 515	1 270 093	92 497	872 120	8 104	344 301

（续）

地 区	年存栏100～199头		年存栏200～499头		年存栏500～999头		年存栏1000头以上	
	场(户)数	年存栏数	场(户)数	年存栏数	场(户)数	年存栏数	场(户)数	年存栏数
全 国	**4 604**	**674 988**	**3 579**	**1 164 795**	**2 061**	**1 475 398**	**898**	**1 716 073**
北 京	132	19 278	120	32 702	26	17 035	32	51 852
天 津	39	5 397	45	15 133	39	31 601	16	26 888
河 北	420	63 310	549	205 069	783	605 911	269	480 231
山 西	148	20 510	165	48 562	50	31 697	10	12 402
内蒙古	780	119 913	437	135 297	195	121 858	61	112 383
辽 宁	137	19 630	112	31 915	43	28 927	35	58 532
吉 林	237	35 596	132	41 303	44	30 000	12	21 141
黑龙江	797	117 998	239	73 671	107	75 810	43	94 652
上 海	28	4 412	51	16 804	16	11 742	17	34 186
江 苏	96	14 041	113	35 608	57	37 395	32	75 789
浙 江	55	7 606	31	9 410	13	8 429	11	15 704
安 徽	54	6 629	47	14 844	18	10 396	13	43 884
福 建	3	442	9	2 738	12	8 934	12	16 432
江 西	28	3 465	9	2 811	2	1 286	5	9 592
山 东	704	96 269	483	155 015	204	137 224	107	215 262
河 南	207	28 209	312	100 189	208	139 236	100	209 032
湖 北	14	1 744	13	4 091	19	13 530	15	25 505
湖 南	6	728	5	1 556	1	700	4	6 710
广 东	40	6 002	19	5 732	6	3 929	14	23 125
广 西	5	629	19	7 833	6	3 586	2	3 491
海 南	1	150	1	459	1	500		
重 庆	20	2 770	4	1 308	4	2 745	2	2 130
四 川	56	7 876	50	13 620	17	10 241	6	13 918
贵 州	8	1 257	15	5 341	5	2 838	4	10 509
云 南	19	2 860	18	5 650	7	4 447	4	7 515
西 藏	4	512	1	252				
陕 西	181	28 181	299	97 056	54	34 682	15	31 820
甘 肃	84	11 652	35	10 273	12	7 882	10	21 210
青 海	15	1 961	12	3 395	1	580	2	3 781
宁 夏	87	13 314	90	27 935	52	39 588	13	18 503
新 疆	199	32 647	144	59 223	59	52 669	32	69 894

注：数据来自全国畜牧总站。

Ⅳ. 牛奶生产成本收益

4-1 全国不同规模奶牛成本收益

（2010年）

项　　目	单位	奶牛	散养奶牛	规模奶牛	小规模奶牛	中规模奶牛	大规模奶牛
每单位							
主产品产量	千克	5 453.10	5 266.23	5 639.96	5 257.32	5 387.87	6 274.68
产值合计	元	17 653.02	16 361.69	18 944.33	16 210.44	18 727.85	21 894.72
主产品产值	元	16 229.05	14 957.43	17 500.66	14 849.53	17 207.23	20 445.23
副产品产值	元	1 423.97	1 404.26	1 443.67	1 360.91	1 520.62	1 449.49
总成本	元	13 348.33	12 190.87	14 505.62	11 863.39	14 461.93	17 191.85
生产成本	元	13 310.48	12 159.36	14 461.43	11 833.23	14 406.58	17 144.78
物质与服务费用	元	11 718.32	10 507.52	12 929.01	10 474.71	12 723.20	15 589.16
人工成本	元	1 592.16	1 651.84	1 532.42	1 358.52	1 683.38	1 555.62
家庭用工折价	元	988.14	1 621.90	354.32	916.62	134.90	11.71
雇工费用	元	604.02	29.94	1 178.10	441.90	1 548.48	1 543.91
土地成本	元	37.85	31.51	44.19	30.16	55.35	47.07
净利润	元	4 304.69	4 170.82	4 438.71	4 347.05	4 265.92	4 702.87
成本利润率	%	32.25	34.21	30.60	36.64	29.50	27.36
每50千克主产品							
平均出售价格	元	148.81	142.01	155.15	141.23	159.68	162.92
总成本	元	112.52	105.81	118.80	103.36	123.31	127.93
生产成本	元	112.20	105.54	118.44	103.09	122.84	127.58
净利润	元	36.29	36.20	36.35	37.87	36.37	34.99
附：							
每核算单位用工数量	日	43.02	52.34	33.70	37.42	34.65	29.05
平均饲养天数	日	365.00	365.00	365.00	365.00	365.00	365.00

注：散养指饲养规模≤10头；小规模指10头＜饲养规模≤50头；中规模指50头＜饲养规模≤500头；大规模指饲养规模＞500头。

4-2 各地区散养奶牛成本收益

（2010年）

项 目	单位	平 均	山 西	内蒙古	吉 林	山 东	河 南
每单位							
主产品产量	千克	5 266.23	5 796.83	5 254.14	5 128.00	5 433.03	4 882.97
产值合计	元	16 361.69	18 734.65	16 046.62	15 233.16	15 658.71	15 664.98
主产品产值	元	14 957.43	17 387.34	14 760.04	13 707.83	14 249.18	14 305.91
副产品产值	元	1 404.26	1 347.31	1 286.58	1 525.33	1 409.53	1 359.07
总成本	元	12 190.87	13 089.01	13 002.36	9 881.38	11 572.45	12 084.08
生产成本	元	12 159.36	13 089.01	13 002.36	9 881.38	11 546.89	12 084.08
物质与服务费用	元	10 507.52	11 490.48	11 301.52	8 133.90	9 990.18	9 981.75
人工成本	元	1 651.84	1 598.53	1 700.84	1 747.48	1 556.71	2 102.33
家庭用工折价	元	1 621.90	1 568.22	1 700.84	1 747.48	1 366.71	2 102.33
雇工费用	元	29.94	30.31			190.00	
土地成本	元	31.51				25.56	
净利润	元	4 170.82	5 645.64	3 044.26	5 351.78	4 086.26	3 580.90
成本利润率	%	34.21	43.13	23.41	54.16	35.31	29.63
每50千克主产品							
平均出售价格	元	142.01	149.97	140.46	133.66	131.13	146.49
总成本	元	105.81	104.78	113.81	86.70	96.91	113.00
生产成本	元	105.54	104.78	113.81	86.70	96.70	113.00
净利润	元	36.20	45.19	26.65	46.96	34.22	33.49
附：							
每核算单位用工数量	日	52.34	50.60	54.34	55.83	46.83	67.17
平均饲养天数	日	365.00	365.00	365.00	365.00	365.00	365.00

（续）

项　　目	单位	湖　南	广　西	重　庆	陕　西	新　疆
每单位						
主产品产量	千克	4 865.00	5 103.25	6 175.75	4 644.11	5 379.26
产值合计	元	14 872.00	17 934.50	19 066.38	16 075.74	14 330.17
主产品产值	元	13 622.00	16 686.50	17 339.63	14 396.74	13 119.14
副产品产值	元	1 250.00	1 248.00	1 726.75	1 679.00	1 211.03
总成本	元	12 098.74	15 290.85	13 270.95	11 926.19	9 692.73
生产成本	元	12 077.31	15 026.35	13 270.95	11 926.19	9 689.11
物质与服务费用	元	10 878.52	13 391.55	11 385.12	10 257.27	8 264.86
人工成本	元	1 198.79	1 634.80	1 885.83	1 668.92	1 424.25
家庭用工折价	元	1 198.79	1 634.80	1 885.83	1 668.92	1 345.18
雇工费用	元					79.07
土地成本	元	21.43	264.50			3.62
净利润	元	2 773.26	2 643.65	5 795.43	4 149.55	4 637.44
成本利润率	%	22.92	17.29	43.67	34.79	47.84
每50千克主产品						
平均出售价格	元	140.00	163.49	140.38	155.00	121.94
总成本	元	113.89	139.39	97.71	114.99	82.48
生产成本	元	113.69	136.98	97.71	114.99	82.45
净利润	元	26.11	24.10	42.67	40.01	39.46
附：						
每核算单位用工数量	日	38.30	52.23	60.25	53.32	44.52
平均饲养天数	日	365.00	365.00	365.00	365.00	365.00

4-3 各地区小规模奶牛成本收益

（2010年）

项目	单位	平均	天津	河北	山西	内蒙古
每单位						
主产品产量	千克	5 257.32	6 050.56	5 518.12	5 562.83	5 437.07
产值合计	元	16 210.44	19 111.58	17 285.90	17 265.49	17 040.73
主产品产值	元	14 849.53	17 506.89	15 857.00	16 190.82	15 627.18
副产品产值	元	1 360.91	1 604.69	1 428.90	1 074.67	1 413.55
总成本	元	11 863.39	13 539.50	10 845.36	12 223.30	12 243.25
生产成本	元	11 833.23	13 516.69	10 820.57	12 211.47	12 229.77
物质与服务费用	元	10 474.71	12 523.52	10 118.39	10 262.17	10 793.31
人工成本	元	1 358.52	993.17	702.18	1 949.30	1 436.46
家庭用工折价	元	916.62	613.17	662.18	745.97	1 147.68
雇工费用	元	441.90	380.00	40.00	1 203.33	288.78
土地成本	元	30.16	22.81	24.79	11.83	13.48
净利润	元	4 347.05	5 572.08	6 440.54	5 042.19	4 797.48
成本利润率	%	36.64	41.15	59.39	41.25	39.18
每50千克主产品						
平均出售价格	元	141.23	144.67	143.68	145.53	143.71
总成本	元	103.36	102.49	90.15	103.03	103.25
生产成本	元	103.09	102.32	89.94	102.93	103.14
净利润	元	37.87	42.18	53.53	42.50	40.46
附：						
每核算单位用工数量	日	37.42	27.19	22.08	45.50	42.50
平均饲养天数	日	365.00	365.00	365.00	365.00	365.00

（续）

项　　目	单位	辽　宁	吉　林	黑龙江	福　建	山　东
每单位						
主产品产量	千克	6 083.87	5 005.00	4 734.06	5 023.00	5 388.50
产值合计	元	18 347.47	12 560.16	14 611.90	16 129.38	15 870.02
主产品产值	元	16 616.48	11 285.50	13 411.97	15 103.38	14 441.18
副产品产值	元	1 730.99	1 274.66	1 199.93	1 026.00	1 428.84
总成本	元	13 735.79	8 961.42	10 214.76	14 195.30	9 752.93
生产成本	元	13 735.07	8 958.80	10 214.76	14 195.30	9 744.51
物质与服务费用	元	12 126.14	8 143.43	9 246.56	12 085.10	8 486.25
人工成本	元	1 608.93	815.37	968.20	2 110.20	1 258.26
家庭用工折价	元	779.31	815.37	968.20	93.90	1 258.26
雇工费用	元	829.62			2 016.30	
土地成本	元	0.72	2.62			8.42
净利润	元	4 611.68	3 598.74	4 397.14	1 934.08	6 117.09
成本利润率	%	33.57	40.16	43.05	13.62	62.72
每50千克主产品						
平均出售价格	元	136.56	112.74	141.65	150.34	134.00
总成本	元	102.24	80.44	99.02	132.31	82.35
生产成本	元	102.23	80.41	99.02	132.31	82.28
净利润	元	34.32	32.30	42.63	18.03	51.65
附：						
每核算单位用工数量	日	40.65	26.05	30.93	39.70	40.20
平均饲养天数	日	365.00	365.00	365.00	365.00	365.00

（续）

项　　目	单位	河　南	湖　南	广　西	云　南	宁　夏
每单位						
主产品产量	千克	4 869.79	5 180.91	5 167.33	4 481.42	5 099.98
产值合计	元	14 397.61	16 059.11	18 159.66	13 136.96	16 970.11
主产品产值	元	12 957.90	14 897.68	16 879.33	11 360.74	15 757.36
副产品产值	元	1 439.71	1 161.43	1 280.33	1 776.22	1 212.75
总成本	元	11 446.47	13 106.49	15 029.25	8 714.74	12 078.75
生产成本	元	11 414.66	13 096.23	14 824.92	8 641.16	12 061.20
物质与服务费用	元	9 993.66	11 614.89	13 241.14	7 405.97	10 605.31
人工成本	元	1 421.00	1 481.34	1 583.78	1 235.19	1 455.89
家庭用工折价	元	1 203.39	638.21	1 583.78	1 094.94	1 228.31
雇工费用	元	217.61	843.13		140.25	227.58
土地成本	元	31.81	10.26	204.33	73.58	17.55
净利润	元	2 951.14	2 952.62	3 130.41	4 422.22	4 891.36
成本利润率	%	25.78	22.53	20.83	50.74	40.50
每50千克主产品						
平均出售价格	元	133.04	143.77	163.33	126.75	154.48
总成本	元	105.77	117.34	135.17	84.08	109.95
生产成本	元	105.48	117.24	133.34	83.37	109.79
净利润	元	27.27	26.43	28.16	42.67	44.53
附：						
每核算单位用工数量	日	42.85	31.39	50.60	39.66	44.64
平均饲养天数	日	365.00	365.00	365.00	365.00	365.00

4-4　各地区中规模奶牛成本收益

（2010年）

项　　目	单位	平　均	北　京	天　津	山　西	内蒙古	辽　宁
每单位							
主产品产量	千克	5 387.87	5 127.50	6 669.38	5 337.73	5 470.00	6 086.33
产值合计	元	18 727.85	18 757.34	23 996.18	18 754.97	18 138.33	18 724.55
主产品产值	元	17 207.23	16 954.67	22 449.72	17 252.65	16 410.00	16 693.51
副产品产值	元	1 520.62	1 802.67	1 546.46	1 502.32	1 728.33	2 031.04
总成本	元	14 461.93	15 980.84	16 481.14	13 299.61	11 920.10	14 538.89
生产成本	元	14 406.58	15 902.51	16 467.71	13 281.95	11 876.87	14 528.21
物质与服务费用	元	12 723.20	15 030.83	15 455.19	12 120.79	9 379.20	12 682.47
人工成本	元	1 683.38	871.68	1 012.52	1 161.16	2 497.67	1 845.74
家庭用工折价	元	134.90	146.08	355.91	258.73		261.36
雇工费用	元	1 548.48	725.60	656.61	902.43	2 497.67	1 584.38
土地成本	元	55.35	78.33	13.43	17.66	43.23	10.68
净利润	元	4 265.92	2 776.50	7 515.04	5 455.36	6 218.23	4 185.66
成本利润率	%	29.50	17.37	45.60	41.02	52.17	28.79
每50千克主产品							
平均出售价格	元	159.68	165.33	168.30	161.61	150.00	137.14
总成本	元	123.31	140.86	115.59	114.60	98.58	106.48
生产成本	元	122.84	140.17	115.50	114.45	98.22	106.41
净利润	元	36.37	24.47	52.71	47.01	51.42	30.66
附：							
每核算单位用工数量	日	34.65	18.78	21.87	30.60	36.50	41.27
平均饲养天数	日	365.00	365.00	365.00	365.00	365.00	365.00

（续）

项　　目	单位	吉　林	黑龙江	上　海	江　苏	安　徽
每单位						
主产品产量	千克	5 683.13	4 966.61	7 436.70	5 105.17	5 755.00
产值合计	元	18 115.83	15 389.58	28 733.87	17 444.85	21 010.08
主产品产值	元	16 796.38	14 166.30	26 991.64	15 980.53	19 770.50
副产品产值	元	1 319.45	1 223.28	1 742.23	1 464.32	1 239.58
总成本	元	12 611.28	11 092.31	26 698.28	14 390.62	15 831.14
生产成本	元	12 570.28	11 086.18	26 542.69	14 326.50	15 739.72
物质与服务费用	元	11 435.78	9 781.83	23 998.02	13 676.12	14 784.73
人工成本	元	1 134.50	1 304.35	2 544.67	650.38	954.99
家庭用工折价	元	31.30	201.35			101.73
雇工费用	元	1 103.20	1 103.00	2 544.67	650.38	853.26
土地成本	元	41.00	6.13	155.59	64.12	91.42
净利润	元	5 504.55	4 297.27	2 035.59	3 054.23	5 178.94
成本利润率	%	43.65	38.74	7.62	21.22	32.71
每50千克主产品						
平均出售价格	元	147.77	142.62	181.48	156.51	171.77
总成本	元	102.87	102.80	168.62	129.11	129.43
生产成本	元	102.54	102.74	167.64	128.53	128.68
净利润	元	44.90	39.82	12.86	27.40	42.34
附：						
每核算单位用工数量	日	23.47	31.22	39.18	37.46	22.71
平均饲养天数	日	365.00	365.00	365.00	365.00	365.00

（续）

项　　目	单位	福　建	河　南	湖　南	广　西	重　庆
每单位						
主产品产量	千克	5 125.85	4 956.73	4 981.45	4 205.26	4 722.20
产值合计	元	16 586.10	15 351.13	15 035.25	17 836.23	15 244.38
主产品产值	元	15 454.90	13 917.15	13 777.92	15 979.99	13 694.38
副产品产值	元	1 131.20	1 433.98	1 257.33	1 856.24	1 550.00
总成本	元	14 043.19	12 374.90	13 226.89	12 514.72	15 423.90
生产成本	元	14 043.19	12 335.32	13 217.58	12 514.72	15 381.90
物质与服务费用	元	11 841.54	10 466.75	11 936.05	11 374.72	11 129.40
人工成本	元	2 201.65	1 868.57	1 281.53	1 140.00	4 252.50
家庭用工折价	元	125.20	267.80	284.83		
雇工费用	元	2 076.45	1 600.77	996.70	1 140.00	4 252.50
土地成本	元		39.58	9.31		42.00
净利润	元	2 542.91	2 976.23	1 808.36	5 321.51	-179.52
成本利润率	%	18.11	24.05	13.67	42.52	-1.16
每50千克主产品						
平均出售价格	元	150.75	140.39	138.29	190.00	145.00
总成本	元	127.64	113.17	121.66	133.31	146.71
生产成本	元	127.64	112.81	121.57	133.31	146.31
净利润	元	23.11	27.22	16.63	56.69	-1.71
附：						
每核算单位用工数量	日	44.85	41.38	23.74	32.00	67.50
平均饲养天数	日	365.00	365.00	365.00	365.00	365.00

（续）

项　　目	单位	四　川	云　南	陕　西	甘　肃	宁　夏
每单位						
主产品产量	千克	5 800.00	3 600.00	5 948.50	5 427.60	5 352.34
产值合计	元	27 396.00	12 560.00	19 834.81	17 433.55	18 213.80
主产品产值	元	26 100.00	10 800.00	18 142.31	16 068.62	16 743.35
副产品产值	元	1 296.00	1 760.00	1 692.50	1 364.93	1 470.45
总成本	元	17 121.09	7 777.42	16 519.44	14 783.96	12 608.82
生产成本	元	16 985.80	7 527.42	16 458.44	14 783.96	12 560.67
物质与服务费用	元	14 450.80	6 519.42	13 997.44	13 433.96	10 969.13
人工成本	元	2 535.00	1 008.00	2 461.00	1 350.00	1 591.54
家庭用工折价	元					663.56
雇工费用	元	2 535.00	1 008.00	2 461.00	1 350.00	927.98
土地成本	元	135.29	250.00	61.00		48.15
净利润	元	10 274.91	4 782.58	3 315.37	2 649.59	5 604.98
成本利润率	%	60.01	61.49	20.07	17.92	44.45
每50千克主产品						
平均出售价格	元	225.00	150.00	152.49	148.03	156.41
总成本	元	140.61	92.88	127.00	125.53	108.28
生产成本	元	139.50	89.90	126.53	125.53	107.86
净利润	元	84.39	57.12	25.49	22.50	48.13
附：						
每核算单位用工数量	日	39.00	25.20	45.00	31.00	40.20
平均饲养天数	日	365.00	365.00	365.00	365.00	365.00

4-5 各地区大规模奶牛成本收益

（2010年）

项目	单位	平均	北京	天津	山西	辽宁
每单位						
主产品产量	千克	6 274.68	7 995.35	7 750.00	5 700.00	6 298.30
产值合计	元	21 894.72	27 604.70	28 594.00	15 820.00	20 787.80
主产品产值	元	20 445.23	25 894.28	26 750.00	14 820.00	19 275.30
副产品产值	元	1 449.49	1 710.42	1 844.00	1 000.00	1 512.50
总成本	元	17 191.85	22 155.67	18 296.90	12 389.00	16 893.55
生产成本	元	17 144.78	22 107.87	18 283.50	12 376.00	16 860.55
物质与服务费用	元	15 589.16	20 848.26	16 971.00	11 176.00	14 385.55
人工成本	元	1 555.62	1 259.61	1 312.50	1 200.00	2 475.00
家庭用工折价	元	11.71	15.34			
雇工费用	元	1 543.91	1 244.27	1 312.50	1 200.00	2 475.00
土地成本	元	47.07	47.80	13.40	13.00	33.00
净利润	元	4 702.87	5 449.03	10 297.10	3 431.00	3 894.25
成本利润率	%	27.36	24.59	56.28	27.69	23.05
每50千克主产品						
平均出售价格	元	162.92	161.93	172.58	130.00	153.02
总成本	元	127.93	129.97	110.43	101.81	124.35
生产成本	元	127.58	129.69	110.35	101.70	124.11
净利润	元	34.99	31.96	62.15	28.19	28.67
附：						
每核算单位用工数量	日	29.05	22.20	19.50	30.00	45.00
平均饲养天数	日	365.00	365.00	365.00	365.00	365.00

（续）

项　　目	单位	黑龙江	江　苏	浙　江	安　徽	福　建
每单位						
主产品产量	千克	5 487.90	7 558.26	6 517.50	6 166.00	6 217.96
产值合计	元	17 568.80	28 038.52	25 089.42	22 320.78	24 562.78
主产品产值	元	16 346.81	26 535.99	23 808.42	20 057.51	23 762.78
副产品产值	元	1 221.99	1 502.53	1 281.00	2 263.27	800.00
总成本	元	12 773.11	24 064.75	20 264.31	21 451.51	19 474.25
生产成本	元	12 762.11	23 877.22	20 229.72	21 439.35	19 461.75
物质与服务费用	元	11 380.11	21 478.72	18 265.59	20 047.76	18 411.75
人工成本	元	1 382.00	2 398.50	1 964.13	1 391.59	1 050.00
家庭用工折价	元					
雇工费用	元	1 382.00	2 398.50	1 964.13	1 391.59	1 050.00
土地成本	元	11.00	187.53	34.59	12.16	12.50
净利润	元	4 795.69	3 973.77	4 825.11	869.27	5 088.53
成本利润率	%	37.55	16.51	23.81	4.05	26.13
每50千克主产品						
平均出售价格	元	148.94	175.54	182.65	162.65	191.08
总成本	元	108.28	150.66	147.52	156.32	151.50
生产成本	元	108.19	149.49	147.27	156.23	151.40
净利润	元	40.66	24.88	35.13	6.33	39.58
附：						
每核算单位用工数量	日	30.10	46.50	27.25	24.83	17.75
平均饲养天数	日	365.00	365.00	365.00	365.00	365.00

（续）

项　　目	单位	山　东	河　南	湖　北	广　东	四　川
每单位						
主产品产量	千克	6 451.20	5 609.38	6 376.00	5 011.00	6 188.00
产值合计	元	17 867.34	17 634.75	23 405.00	22 004.88	26 628.92
主产品产值	元	16 163.32	16 030.25	22 351.00	20 444.88	25 308.92
副产品产值	元	1 704.02	1 604.50	1 054.00	1 560.00	1 320.00
总成本	元	17 786.95	13 573.02	20 585.05	15 128.60	16 963.06
生产成本	元	17 709.73	13 522.46	20 493.70	15 108.60	16 867.06
物质与服务费用	元	16 839.34	11 622.03	18 679.20	13 358.60	14 677.06
人工成本	元	870.39	1 900.43	1 814.50	1 750.00	2 190.00
家庭用工折价	元					
雇工费用	元	870.39	1 900.43	1 814.50	1 750.00	2 190.00
土地成本	元	77.22	50.56	91.35	20.00	96.00
净利润	元	80.39	4 061.73	2 819.95	6 876.28	9 665.86
成本利润率	%	0.45	29.93	13.70	45.45	56.98
每50千克主产品						
平均出售价格	元	125.27	142.89	175.27	204.00	204.50
总成本	元	124.71	109.98	154.15	140.25	130.27
生产成本	元	124.16	109.57	153.47	140.07	129.53
净利润	元	0.56	32.91	21.12	63.75	74.23
附：						
每核算单位用工数量	日	15.03	40.95	19.10	35.00	36.50
平均饲养天数	日	365.00	365.00	365.00	365.00	365.00

（续）

项　　目	单位	云　南	甘　肃	青　海	新　疆
每单位					
主产品产量	千克	4 756.00	7 900.00	4 718.50	6 242.87
产值合计	元	14 521.20	28 354.57	14 970.06	18 331.45
主产品产值	元	12 841.20	26 930.89	13 660.06	17 032.46
副产品产值	元	1 680.00	1 423.68	1 310.00	1 298.99
总成本	元	11 752.50	16 700.17	14 526.06	14 675.22
生产成本	元	11 690.50	16 700.17	14 462.37	14 653.67
物质与服务费用	元	10 430.50	16 014.25	13 006.85	13 012.34
人工成本	元	1 260.00	685.92	1 455.52	1 641.33
家庭用工折价	元				195.63
雇工费用	元	1 260.00	685.92	1 455.52	1 445.70
土地成本	元	62.00		63.69	21.55
净利润	元	2 768.70	11 654.40	444.00	3 656.23
成本利润率	%	23.56	69.79	3.06	24.91
每50千克主产品					
平均出售价格	元	135.00	170.45	144.75	136.42
总成本	元	109.26	100.39	140.46	109.21
生产成本	元	108.68	100.39	139.84	109.05
净利润	元	25.74	70.06	4.29	27.21
附：					
每核算单位用工数量	日	28.00	23.87	30.58	30.69
平均饲养天数	日	365.00	365.00	365.00	365.00

V. 乳品企业经济指标

5-1 全国乳品企业基本情况

	单 位	2003	2005	2008	2009	2010
企业数	个	584	698	815	803	784
亏损企业数	个	158	196	223	160	147
职工人数	千人	161.52	192.27	212.38	222.88	234.20
总产值	亿元	521.82	891.21	1 490.71	1 668.11	1 949.50
销售总额	亿元	498.11	861.83	1 431.02	1 623.17	1 939.79
利税总额	亿元	53.21	84.69	103.92	177.03	261.12
利润总额	亿元	30.63	48.16	40.31	104.56	176.99
资产总额	亿元	450.96	644.52	942.46	1 154.02	1 383.55
负债总额	亿元	245.46	346.91	533.04	619.24	767.35

5-2 全国不同规模乳品企业基本情况

	单位	2003	2005	2008	2009	2010
全行业						
企业个数	个	584	698	815	803	784
亏损企业数	个	158	196	223	160	147
从业人员	千人	161.52	192.27	212.38	222.88	234.20
销售总额	亿元	498.11	861.83	1 431.02	1 623.17	1 939.79
资产总额	亿元	450.96	644.52	942.46	1 154.02	1 383.55
利税总额	亿元	53.21	84.69	103.92	177.03	261.12
大型企业						
企业个数	个	9	10	9	13	13
亏损企业数	个	1	0	2	1	1
从业人员	千人	43.66	42.29	38.95	53.75	56.64
销售总额	亿元	188.06	302.99	290.37	351.09	383.67
资产总额	亿元	143.31	205.74	260.34	358.43	444.76
利税总额	亿元	20.64	29.86	9.34	35.55	64.75
中型企业						
企业个数	个	88	109	137	144	154
亏损企业数	个	20	18	48	22	23
从业人员	千人	60.37	79.10	97.70	95.26	105.78
销售总额	亿元	183.38	342.81	723.08	824.57	1 019.02
资产总额	亿元	166.62	243.93	375.65	461.34	581.50
利税总额	亿元	20.06	40.24	56.97	97.95	141.35
小型企业						
企业个数	个	487	579	669	646	617
亏损企业数	个	137	178	173	137	123
从业人员	千人	57.49	70.87	75.74	73.87	71 776.00
销售总额	亿元	126.67	216.03	417.57	447.51	537.10
资产总额	亿元	141.02	194.85	306.47	334.25	357.29
利税总额	亿元	12.50	14.59	37.61	43.53	55.02

5-3　全国不同经济类型乳品企业基本情况

	2008	2009	2010		2008	2009	2010
全行业				**股份制企业**			
企业个数(个)	815	803	784	企业个数(个)	61	64	51
亏损企业数(个)	223	160	147	亏损企业数(个)	24	14	8
从业人员(千人)	212.38	222.88	234.20	从业人员(千人)	27.79	34.72	28.99
销售收入(亿元)	1 431.02	1 623.17	1 939.79	销售收入(亿元)	228.26	262.29	324.14
资产总计(亿元)	942.46	1 154.02	1 383.55	资产总计(亿元)	152.69	211.96	291.70
利税总额(亿元)	103.92	177.03	261.12	利税总额(亿元)	9.34	31.83	42.97
国有企业				**私营企业**			
企业个数(个)	23	23	25	企业个数(个)	348	350	324
亏损企业数(个)	10	4	7	亏损企业数(个)	66	54	49
从业人员(千人)	7.07	7.45	8.00	从业人员(千人)	54.81	53.40	56.82
销售收入(亿元)	31.41	36.88	53.20	销售收入(亿元)	225.19	277.20	312.12
资产总计(亿元)	22.51	36.55	32.93	资产总计(亿元)	148.00	176.96	199.27
利税总额(亿元)	0.94	2.97	3.70	利税总额(亿元)	19.64	25.86	34.50
集体企业				**外商和港澳台资企业**			
企业个数(个)	11	7	3	企业个数(个)	112	111	116
亏损企业数(个)	4	0	0	亏损企业数(个)	36	24	26
从业人员(千人)	1.72	1.08	0.14	从业人员(千人)	64.71	67.41	69.91
销售收入(亿元)	7.11	4.73	0.47	销售收入(亿元)	601.33	664.10	736.74
资产总计(亿元)	4.45	3.69	0.30	资产总计(亿元)	406.18	479.75	562.34
利税总额(亿元)	0.68	0.33	0.02	利税总额(亿元)	53.82	79.74	124.17
股份合作企业				**其他企业**			
企业个数(个)	12		10	企业个数(个)	239	248	255
亏损企业数(个)	3		1	亏损企业数(个)	80	64	56
从业人员(千人)	3.36		1.20	从业人员(千人)	52.92	58.82	69.14
销售收入(亿元)	18.99		9.09	销售收入(亿元)	318.74	377.98	504.02
资产总计(亿元)	7.54		3.30	资产总计(亿元)	201.11	245.10	293.71
利税总额(亿元)	1.53		1.17	利税总额(亿元)	17.98	36.30	54.58

5-4 各地区乳品企业数

单位：个

地区	2003		2005		2008		2010		2010	
	总数	亏损数	总数	亏损数	总数	亏损数	总数	亏损数	总数	亏损数
全国总计	584	158	698	196	815	223	803	160	784	147
北 京	17	8	19	8	13	7	14	7	15	8
天 津	8	2	15	5	14	6	12	4	15	5
河 北	49	10	63	19	64	35	52	19	39	13
山 西	16	2	18	3	24	3	24	1	20	2
内蒙古	38	8	47	17	70	22	77	13	80	8
辽 宁	18	4	25	9	29	7	28	4	23	3
吉 林	6	1	7	2	7	1	10	1	14	2
黑龙江	64	18	72	16	80	15	77	14	74	11
上 海	18	8	16	6	12	3	9	3	10	5
江 苏	35	6	33	9	36	6	36	3	33	7
浙 江	38	10	34	11	30	10	26	6	25	6
安 徽	8	5	12	6	14	3	15	1	16	2
福 建	12	4	13	5	11	4	13	1	12	2
江 西	11	3	10	1	8	2	8	1	8	1
山 东	49	9	81	5	95	7	101	8	97	8
河 南	19	5	25	4	53	5	51	4	49	1
湖 北	9	3	14	6	16	5	17	3	16	4
湖 南	13	3	16	1	15	3	16	2	18	1
广 东	18	10	21	8	26	7	27	6	28	3
广 西	6	2	10	3	10	1	13	2	13	2
海 南	2	1	3	3	4	2	3	0	3	2
重 庆	5	2	6	1	7	5	5	3	5	2
四 川	14	2	23	7	26	8	21	7	21	7
贵 州	3	1	5	1	5	2	4	0	4	0
云 南	7	2	8	1	10	6	11	6	11	3
西 藏	2	0	1	0	0	0	0	0	0	0
陕 西	39	11	43	13	49	13	53	10	53	14
甘 肃	25	6	14	6	20	10	18	7	18	6
青 海	3	2	4	2	7	1	7	0	8	0
宁 夏	16	6	18	8	21	8	20	12	16	8
新 疆	16	4	22	10	38	16	34	12	39	11

5-5 各地区乳品企业产值

单位：千元

地 区	2003	2005	2008	2009	2010
全国总计	**52 182 177**	**89 120 692**	**149 070 830**	**166 811 298**	**194 950 435**
北 京	1 670 979	3 172 937	3 550 742	3 848 520	4 011 392
天 津	594 140	1 132 031	1 677 509	1 780 298	1 956 520
河 北	7 649 978	12 707 907	11 966 134	11 870 452	14 078 422
山 西	1 180 447	1 985 943	3 596 755	3 250 514	4 039 029
内蒙古	10 255 745	20 469 287	29 134 544	32 278 377	34 561 755
辽 宁	721 253	2 147 078	6 651 813	8 490 253	9 919 172
吉 林	146 124	294 351	586 121	821 084	1 351 669
黑龙江	8 254 738	11 074 705	22 595 698	28 296 318	31 566 691
上 海	3 948 511	4 354 957	6 812 046	7 999 762	9 467 074
江 苏	1 681 821	1 901 544	2 896 720	3 373 530	3 995 895
浙 江	1 360 993	1 828 767	1 896 042	2 410 459	2 465 942
安 徽	237 358	304 703	3 242 756	3 603 320	4 631 439
福 建	586 139	808 537	1 459 942	1 578 672	1 738 415
江 西	412 134	566 541	1 803 667	1 780 069	1 969 122
山 东	4 286 203	8 577 794	14 206 019	15 765 890	19 717 170
河 南	455 139	1 217 914	4 059 297	4 710 938	5 921 506
湖 北	738 811	1 070 816	2 512 779	2 870 523	3 404 058
湖 南	1 070 579	3 210 543	4 289 732	4 528 992	3 900 585
广 东	2 273 575	3 580 095	8 563 183	9 616 743	11 950 551
广 西	152 523	375 986	585 647	738 356	1 496 045
海 南	35 365	29 761	50 908	48 212	48 888
重 庆	377 696	453 493	1 086 674	905 258	1 062 576
四 川	418 010	1 217 335	2 878 753	2 394 822	3 806 310
贵 州	114 949	156 724	454 391	674 697	870 624
云 南	357 440	496 436	1 084 595	1 293 249	1 537 965
西 藏	19 813	59 453	56 135	64 348	71 308
陕 西	1 537 422	3 487 493	6 623 277	7 395 242	9 216 981
甘 肃	342 830	556 078	831 195	771 938	1 160 297
青 海	18 512	24 723	247 339	381 146	813 248
宁 夏	696 414	939 138	1 386 500	1 361 108	1 460 983
新 疆	586 536	917 622	2 283 917	1 908 208	2 758 803

5-6 各地区乳品企业负债总计

单位：千元

地 区	2003	2005	2008	2009	2010
全国总计	**24 546 064**	**34 691 020**	**53 304 136**	**61 924 249**	**76 734 774**
北 京	1 062 370	2 111 990	2 947 748	3 276 280	3 707 527
天 津	241 503	586 580	830 716	784 267	1 400 536
河 北	1 421 741	2 485 940	2 865 968	2 915 077	2 979 896
山 西	758 896	877 310	1 086 376	1 383 947	1 336 615
内蒙古	3 429 323	6 055 090	12 314 324	18 006 321	23 227 115
辽 宁	895 133	1 435 460	2 157 570	1 163 579	1 015 189
吉 林	140 232	301 770	439 329	578 064	683 430
黑龙江	4 377 118	3 995 310	5 718 927	8 336 444	9 247 545
上 海	1 840 194	1 863 100	2 819 340	3 052 769	4 009 645
江 苏	913 064	1 068 280	1 491 908	1 417 953	1 824 540
浙 江	866 732	1 302 880	1 128 738	1 113 419	1 355 401
安 徽	149 482	232 950	855 365	995 806	1 286 808
福 建	846 753	734 490	279 391	321 783	349 405
江 西	186 382	230 220	368 029	334 695	670 666
山 东	1 661 493	2 670 570	3 538 349	4 085 568	5 907 231
河 南	241 393	559 460	760 984	720 691	999 582
湖 北	364 365	823 190	1 485 943	1 630 837	1 315 289
湖 南	540 627	1 299 930	1 703 583	1 366 001	1 430 207
广 东	1 064 818	1 523 980	3 192 616	2 723 365	3 445 805
广 西	80 430	170 160	253 125	533 908	623 013
海 南	18 711	26 130	33 062	23 254	23 324
重 庆	355 947	414 430	718 442	594 778	851 285
四 川	207 104	559 660	1 235 489	1 123 738	1 872 897
贵 州	99 586	128 310	387 240	719 728	1 118 293
云 南	361 224	437 330	580 370	487 521	434 709
西 藏	6 173	36 830	47 338	51 294	50 610
陕 西	901 674	1 056 780	1 524 818	1 761 912	2 022 024
甘 肃	275 413	427 980	539 863	568 837	669 758
青 海	25 550	12 340	113 813	159 321	390 239
宁 夏	420 649	594 450	798 225	688 731	960 885
新 疆	791 984	668 130	1 087 147	1 004 361	1 525 305

5-7 各地区乳品企业资产额

单位：千元

地 区	2003	2005	2008	2009	2010
全国总计	**45 095 675**	**64 451 692**	**94 245 890**	**115 401 704**	**138 354 502**
北 京	2 303 061	3 494 527	4 395 591	6 000 996	6 468 087
天 津	433 941	879 346	1 115 383	1 103 923	2 191 848
河 北	3 058 318	4 978 790	5 031 444	6 211 791	6 168 541
山 西	1 208 171	1 331 683	2 688 614	2 824 640	2 734 974
内蒙古	7 564 603	12 289 606	19 420 030	27 398 737	34 949 283
辽 宁	1 247 669	2 645 485	4 114 073	5 195 581	5 474 428
吉 林	232 541	565 783	730 767	1 026 557	1 222 669
黑龙江	6 657 297	7 009 251	11 268 382	14 489 254	16 565 445
上 海	4 342 304	5 159 084	6 217 953	6 741 760	7 536 940
江 苏	1 515 413	1 729 532	2 246 391	2 353 642	2 945 529
浙 江	1 368 014	1 828 834	1 882 253	1 826 651	2 125 932
安 徽	261 977	355 569	1 925 201	2 046 791	2 459 304
福 建	1 331 794	1 150 708	557 519	818 961	683 107
江 西	356 747	463 608	819 159	1 044 025	1 472 932
山 东	2 560 374	4 758 084	6 883 856	7 647 036	12 760 721
河 南	464 215	923 755	1 783 891	1 951 572	2 581 741
湖 北	640 486	1 112 744	2 098 241	2 991 104	2 191 012
湖 南	1 484 650	2 532 224	2 775 194	2 200 614	2 852 973
广 东	2 235 776	2 853 224	5 097 999	6 050 974	7 270 728
广 西	154 550	310 324	490 868	1 639 343	1 572 733
海 南	30 376	35 628	41 249	35 266	36 413
重 庆	503 072	591 013	1 100 517	892 968	1 272 922
四 川	489 030	1 023 122	2 052 989	1 768 381	2 541 646
贵 州	161 327	206 980	669 671	1 010 348	1 426 096
云 南	520 492	675 871	843 938	893 484	865 637
西 藏	126 979	175 386	162 151	142 187	148 174
陕 西	1 376 903	2 226 552	3 030 766	3 627 040	3 973 747
甘 肃	484 405	661 040	777 516	827 713	999 632
青 海	36 633	54 212	283 521	1 147 725	719 694
宁 夏	734 399	962 588	1 349 884	1 251 741	1 525 918
新 疆	1 210 158	1 467 139	2 390 879	2 240 899	2 615 696

5-8 各地区乳品企业产品销售成本

单位：千元

地 区	2003	2005	2008	2009	2010
全国总计	**37 237 549**	**65 050 400**	**111 402 825**	**122 978 847**	**145 305 985**
北 京	1 262 426	2 551 727	4 401 328	4 893 942	5 577 415
天 津	370 595	889 585	1 247 663	1 467 492	2 299 512
河 北	6 528 094	10 181 723	9 538 269	8 596 991	10 803 710
山 西	832 409	1 364 870	2 199 420	2 028 271	3 332 392
内蒙古	7 532 843	14 718 617	22 491 364	23 588 587	24 459 524
辽 宁	513 235	1 666 329	6 038 280	7 440 359	8 700 347
吉 林	103 271	218 322	453 293	655 810	1 158 014
黑龙江	5 139 340	7 063 408	14 487 192	19 676 751	21 814 178
上 海	2 637 797	4 097 006	5 580 059	5 673 788	6 291 449
江 苏	1 302 682	1 491 806	2 323 254	2 592 648	3 165 921
浙 江	1 078 885	1 456 410	1 639 051	1 816 859	1 855 002
安 徽	194 964	259 437	2 471 523	2 447 521	3 305 655
福 建	386 975	453 785	1 158 909	1 138 797	1 140 104
江 西	287 142	446 008	1 131 978	1 237 713	1 336 451
山 东	3 163 219	6 236 641	10 987 016	12 716 928	14 355 011
河 南	339 058	861 616	2 957 156	3 575 722	4 601 710
湖 北	459 948	786 794	1 919 848	2 096 470	2 577 034
湖 南	590 629	1 989 734	2 715 049	2 904 914	2 810 423
广 东	1 180 205	2 114 129	4 600 907	4 967 789	6 696 409
广 西	84 372	178 784	417 610	485 292	987 992
海 南	24 005	29 000	44 424	32 737	35 564
重 庆	246 696	322 152	854 980	716 495	1 311 223
四 川	353 508	880 218	2 222 679	2 033 748	3 219 663
贵 州	91 430	119 639	363 719	457 935	706 031
云 南	298 783	374 834	807 087	959 475	1 081 767
西 藏	7 901	32 560	46 396	42 861	48 145
陕 西	1 044 441	2 360 392	4 464 916	5 010 996	6 494 984
甘 肃	275 508	480 313	686 958	583 824	858 234
青 海	8 604	24 433	185 842	317 759	745 726
宁 夏	478 916	694 564	1 098 879	1 130 230	1 189 715
新 疆	419 668	705 564	1 867 776	1 690 143	2 346 680

5-9 各地区乳品企业产品销售收入

单位：千元

地 区	2003	2005	2008	2009	2010
全国总计	**49 810 831**	**86 183 205**	**143 101 703**	**162 316 719**	**193 978 590**
北 京	1 642 909	3 244 483	5 303 548	5 822 910	6 477 400
天 津	439 066	1 030 532	1 415 646	1 681 063	2 533 186
河 北	7 714 841	12 350 930	11 313 102	11 515 208	14 186 475
山 西	1 106 886	1 795 180	2 863 902	2 453 053	3 827 255
内蒙古	9 753 132	19 517 159	27 649 923	31 170 268	33 787 359
辽 宁	677 971	2 068 604	6 603 390	8 405 137	9 754 032
吉 林	142 964	288 360	564 842	797 441	1 308 189
黑龙江	7 813 371	9 906 592	20 358 958	26 071 638	30 667 890
上 海	3 900 278	6 202 494	9 111 476	10 098 534	11 924 136
江 苏	1 736 790	1 927 452	2 951 506	3 340 971	4 005 211
浙 江	1 325 420	1 840 543	1 881 031	2 312 532	2 324 345
安 徽	248 635	306 058	3 122 897	3 360 552	4 491 571
福 建	582 112	619 684	1 293 782	1 273 886	1 353 931
江 西	371 526	538 217	1 770 667	1 754 156	1 990 577
山 东	3 908 102	7 810 845	13 239 315	15 628 847	18 695 562
河 南	426 630	1 094 134	3 656 366	4 305 885	5 604 195
湖 北	597 586	1 026 051	2 260 880	2 667 579	3 326 310
湖 南	1 007 875	3 118 008	4 028 573	4 313 412	3 734 410
广 东	2 031 799	3 525 015	8 169 151	8 819 775	11 115 204
广 西	115 460	251 872	454 625	687 056	1 294 847
海 南	35 211	33 784	57 243	45 277	45 367
重 庆	371 047	448 668	1 100 166	899 250	1 671 757
四 川	452 522	1 050 310	2 683 901	2 418 420	3 832 222
贵 州	123 118	152 264	476 370	638 013	915 807
云 南	357 756	476 536	975 143	1 177 779	1 428 484
西 藏	18 965	65 009	70 773	66 998	71 494
陕 西	1 426 740	3 190 250	5 386 189	6 333 899	7 800 830
甘 肃	327 559	539 860	748 568	636 724	969 125
青 海	8 134	28 685	243 848	394 069	824 750
宁 夏	606 868	895 858	1 232 441	1 291 126	1 329 271
新 疆	539 558	839 768	2 113 481	1 935 261	2 687 398

5-10 各地区乳品企业利润额

单位：千元

地 区	2003	2005	2008	2009	2010
全国总计	**3 063 202**	**4 815 856**	**4 031 322**	**10 456 456**	**17 699 408**
北 京	22 610	26 351	6 810	-4 802	134 707
天 津	-33 633	-14 113	-13 755	17 929	49 736
河 北	445 698	671 587	-54 914	648 567	634 442
山 西	37 553	69 840	161 621	112 799	330 889
内蒙古	747 026	1 360 534	-1 018 082	1 792 442	4 731 958
辽 宁	54 911	118 590	213 525	387 279	1 236 875
吉 林	6 840	21 915	29 762	-2 644	13 861
黑龙江	483 744	383 313	1 476 155	2 054 742	3 108 053
上 海	433 840	591 143	869 632	1 003 578	1 360 283
江 苏	46 579	82 331	107 902	126 265	171 169
浙 江	58 592	6 870	62 059	87 596	156 549
安 徽	517	-15 502	73 063	254 397	567 810
福 建	32 539	-22 303	42 156	36 946	40 530
江 西	19 253	18 575	63 546	191 043	112 298
山 东	177 362	473 687	558 592	1 118 556	1 579 736
河 南	15 330	101 825	339 541	383 921	537 374
湖 北	763	-8 041	15 291	164 327	344 148
湖 南	74 711	224 337	68 279	487 065	337 101
广 东	265 661	590 249	824 515	758 758	1 321 258
广 西	11 992	27 958	53 731	74 902	141 177
海 南	-1 960	-2 371	2 252	3 403	1 021
重 庆	6 105	15 459	37 981	58 709	53 773
四 川	10 128	4 933	33 468	63 090	220 790
贵 州	5 386	1 508	34 677	79 021	88 344
云 南	15 931	21 237	28 712	101 113	104 008
西 藏	648	7 300	7 259	6 580	6 672
陕 西	56 891	117 855	-59 973	286 513	93 525
甘 肃	9 952	-16 477	-24 085	-5 838	18 188
青 海	-250	289	2 566	15 453	55 583
宁 夏	27 090	-25 182	34 392	57 993	26 860
新 疆	31 393	-17 841	54 644	96 753	120 690

5-11 各地区乳品企业应交增值税

单位：千元

地 区	2003	2005	2008	2009	2010
全国总计	**2 074 504**	**3 263 110**	**5 676 646**	**6 648 038**	**7 732 602**
北 京	67 110	107 831	161 308	176 148	160 415
天 津	21 029	20 028	63 296	35 960	65 599
河 北	221 718	337 308	215 231	340 494	371 967
山 西	25 884	32 028	56 195	61 662	121 767
内蒙古	401 872	915 612	1 067 046	1 434 793	1 593 510
辽 宁	18 456	27 850	73 719	461 362	69 599
吉 林	5 428	6 591	11 295	13 456	22 678
黑龙江	482 035	514 158	1 011 357	1 164 485	1 315 221
上 海	218 393	211 911	633 490	373 801	962 371
江 苏	54 221	63 383	105 705	122 093	133 803
浙 江	45 898	69 648	30 979	67 491	67 954
安 徽	5 807	9 265	111 885	162 096	195 044
福 建	5 556	14 785	14 428	28 040	32 939
江 西	14 410	17 715	121 131	22 830	28 530
山 东	111 399	254 062	403 152	537 913	668 718
河 南	13 659	35 065	154 278	162 007	185 055
湖 北	18 188	27 444	89 351	63 654	91 328
湖 南	66 887	130 440	169 407	215 461	221 978
广 东	155 097	235 952	628 732	639 253	804 516
广 西	4 651	8 129	18 734	28 541	40 325
海 南	2 243	1 211	2 558	2 679	1 953
重 庆	17 311	21 076	31 641	36 966	28 991
四 川	13 687	22 109	74 601	77 243	143 828
贵 州	1 689	6 685	19 987	2 233	25 294
云 南	10 052	11 798	26 187	39 895	41 775
西 藏	0	3 373	5 439	5 624	3 146
陕 西	33 168	119 149	269 802	246 880	192 250
甘 肃	6 116	2 384	26 018	13 764	19 670
青 海	993	394	1 514	3 900	15 030
宁 夏	18 890	11 469	21 058	40 662	28 413
新 疆	12 657	24 257	57 122	66 652	78 935

5-12 各地区乳品企业从业人员

单位：人

地 区	2003	2005	2008	2009	2010
全国总计	**161 515**	**192 265**	**212 378**	**222 878**	**234 195**
北 京	5 577	9 140	4 844	5 092	5 134
天 津	1 839	2 498	2 807	3 007	4 482
河 北	13 916	22 775	17 061	16 838	17 729
山 西	3 966	4 055	5 404	4 836	5 396
内蒙古	21 798	22 123	26 359	28 628	30 181
辽 宁	3 503	8 153	8 420	8 831	9 305
吉 林	964	1 432	1 803	1 843	2 334
黑龙江	21 581	23 663	25 121	34 540	32 191
上 海	13 512	4 518	4 620	4 829	5 413
江 苏	7 397	7 330	7 728	7 566	7 507
浙 江	7 449	6 394	5 179	5 531	5 507
安 徽	2 671	3 245	6 162	7 355	7 264
福 建	1 454	1 524	1 738	1 836	1 755
江 西	2 856	2 950	6 621	7 105	7 303
山 东	10 660	16 415	20 766	19 465	23 326
河 南	2 993	4 535	6 839	7 780	8 557
湖 北	2 785	5 292	6 236	7 093	6 152
湖 南	3 188	5 697	4 222	4 740	4 137
广 东	5 770	7 269	10 876	9 903	11 778
广 西	1 178	2 396	2 689	2 819	3 219
海 南	386	240	243	184	176
重 庆	2 122	2 894	3 151	3 122	2 825
四 川	2 679	3 349	6 903	5 308	5 943
贵 州	2 338	2 213	1 791	2 089	2 224
云 南	2 781	2 965	3 115	3 205	3 390
西 藏	266	300	215	215	215
陕 西	7 813	10 465	12 125	10 280	10 516
甘 肃	2 384	1 810	2 114	1 945	2 455
青 海	201	280	684	944	949
宁 夏	3 392	3 448	2 734	2 331	2 380
新 疆	2 096	2 897	3 808	3 618	4 452

5-13 各地区乳品企业产品销售税金及附加

单位：千元

地　区	2003	2005	2008	2009	2010
全国总计	**182 864**	**390 238**	**684 302**	**598 141**	**671 723**
北　京	2 082	6 913	3 413	4 561	5 048
天　津	577	1 878	2 844	2 655	2 703
河　北	20 743	34 564	13 938	23 737	19 870
山　西	6 445	4 888	2 212	8 013	26 111
内蒙古	23 833	44 060	94 826	83 489	59 556
辽　宁	548	1 811	52 050	66 006	41 071
吉　林	1 504	2 781	3 620	38 311	5 717
黑龙江	30 974	85 352	172 067	64 406	83 144
上　海	1 304	995	1 757	3 338	17 367
江　苏	8 043	6 075	14 671	14 206	13 645
浙　江	5 821	8 425	4 303	5 799	10 493
安　徽	540	1 074	5 266	7 720	13 959
福　建	1 997	4 002	2 123	14 176	2 672
江　西	2 187	3 702	5 332	5 858	6 496
山　东	22 505	56 489	88 909	145 185	179 720
河　南	2 431	14 937	19 422	17 583	28 720
湖　北	2 375	4 315	6 722	11 284	18 011
湖　南	19 046	18 938	121 576	27 402	25 749
广　东	3 224	4 571	20 553	9 771	21 538
广　西	873	1 388	2 435	3 351	6 293
海　南	231	5	130	106	18
重　庆	2 679	3 186	4 811	784	5 851
四　川	4 061	4 480	15 695	8 703	11 772
贵　州	153	340	589	685	692
云　南	926	2 867	2 717	4 828	6 438
西　藏	80	3 308	544	562	315
陕　西	13 703	62 810	12 953	14 648	46 414
甘　肃	778	504	1 447	1 933	2 326
青　海	24	40	179	334	1 201
宁　夏	1 982	2 571	2 201	2 782	2 539
新　疆	1 195	2 969	4 997	5 925	6 274

5-14 各地区乳品企业产品销售费用

单位：千元

地 区	2003	2005	2008	2009	2010
全国总计	**6 710 428**	**11 293 372**	**18 499 726**	**22 568 156**	**24 091 744**
北 京	261 131	489 057	758 403	743 308	877 509
天 津	61 232	98 647	88 757	120 177	175 657
河 北	565 510	1 135 795	1 065 187	1 766 224	1 764 406
山 西	185 929	133 558	170 811	208 350	163 968
内蒙古	1 428 781	2 668 085	4 373 288	4 428 843	4 323 088
辽 宁	66 921	198 211	237 226	337 217	354 208
吉 林	20 680	26 815	44 098	28 248	25 795
黑龙江	1 142 594	1 762 872	2 565 980	4 114 306	4 309 275
上 海	778 981	1 361 292	2 843 613	3 342 177	3 948 523
江 苏	249 231	231 968	309 085	332 348	404 393
浙 江	140 989	231 957	99 767	280 567	268 117
安 徽	34 669	34 851	414 982	515 435	538 466
福 建	91 448	60 192	42 895	49 085	87 022
江 西	29 547	30 965	408 057	406 227	465 821
山 东	305 789	660 378	802 943	974 930	1 098 252
河 南	30 672	66 991	222 883	241 364	262 485
湖 北	94 350	139 275	177 936	305 684	307 694
湖 南	230 258	560 795	564 605	645 209	420 883
广 东	451 652	670 023	1 939 347	2 133 484	2 450 935
广 西	12 924	28 206	56 280	78 870	115 661
海 南	9 767	4 328	7 126	5 521	5 533
重 庆	80 924	67 404	131 190	183 144	196 057
四 川	51 269	90 259	251 340	187 210	246 833
贵 州	12 436	19 000	51 387	69 222	90 036
云 南	23 956	37 471	83 959	108 486	142 510
西 藏	659	3 120	7 738	7 776	14 408
陕 西	183 443	350 746	564 329	709 549	787 582
甘 肃	21 940	31 632	44 524	46 800	49 264
青 海	513	3 068	24 569	45 076	24 985
宁 夏	90 776	22 618	53 738	74 824	61 486
新 疆	51 457	73 793	93 683	78 495	110 892

VI. 乳及乳制品产量

6-1　全国干乳制品产量

单位：千吨

年　度	乳制品	年　度	乳制品	年　度	乳制品	年　度	乳制品
1957	12.7	1975	36.6	1988	295.3	2001	742.9
1963	13.3	1976	36.7	1989	266.8	2002	932.3
1964	17.6	1977	39.2	1990	313.7	2003	1 404.5
1965	21.2	1978	46.5	1991	376.6	2004	1 424.4
1966	23.5	1979	53.6	1992	412.9	2005	1 646.3
1967	23.1	1980	63.2	1993	417.3	2006	2 155.3
1968	23.1	1981	79.1	1994	424.6	2007	3 464.5
1969	26.2	1982	99.7	1995	525.7	2008	2 853.4
1970	29.6	1983	112.2	1996	504.1	2009	2 934.7
1971	30.3	1984	130.2	1997	564.8	2010	3 138.0
1972	34.0	1985	163.7	1998	548.6		
1973	34.5	1986	225.8	1999	691.0		
1974	35.3	1987	272.2	2000	829.2		

6-2　全国乳及乳制品产量增减情况

单位：千吨

	2007	2008	2009	2010	2010年比2009年增长	
					绝对数	%
奶类	36 333.8	37 815.0	36 777.0	37 480.0	703	1.91
牛奶	35 252.4	35 558.0	35 209.0	35 756.0	547	1.55
液态奶	14 410.0	15 252.2	16 416.4	18 455.9	/	13.49
干乳制品	3 464.5	2 853.4	2 934.7	3 138.0	/	9.56

注：由于每年的统计范围不同，液态奶、干乳制品产量增长率为统计局数。

6-3 各地区干乳制品产量

单位：千吨

地 区	2004	2005	2007	2008	2009	2010
全国总计	**1 424.4**	**1 646.3**	**3 464.5**	**2 853.41**	**2 934.75**	**3 138.04**
北 京	136.9	33.3	18.9	23.17	23.59	23.51
天 津	14.6	12.0	7.8	26.35	44.50	78.24
河 北	114.5	261.1	647.3	279.36	167.91	260.35
山 西	40.8	26.5	37.6	82.35	47.12	63.66
内蒙古	137.9	140.3	544.0	302.28	310.55	364.44
辽 宁	15.8	34.1	386.2	20.82	444.82	19.75
吉 林	1.2	0.6	75.6	57.70	2.41	9.64
黑龙江	392.9	349.6	507.3	541.98	652.89	669.70
上 海	21.7	30.1	40.5	37.78	42.88	41.93
江 苏	21.8	51.0	32.3	105.89	16.15	38.34
浙 江	34.7	41.5	99.4	122.31	52.96	84.61
安 徽	23.5	23.9	62.9	28.73	25.38	61.06
福 建	10.7	14.0	34.5	46.51	42.44	44.49
江 西	20.0	19.5	32.9	27.71	22.13	23.42
山 东	110.3	108.8	207.7	260.32	137.02	295.57
河 南	16.8	83.8	31.4	214.76	202.25	262.40
湖 北	8.2	14.0	43.5	48.74	44.06	46.23
湖 南	38.8	55.4	39.6	62.67	45.80	36.64
广 东	25.9	45.3	84.0	80.57	67.72	79.55
广 西	0.0	1.9	2.6	2.57	11.53	16.65
海 南	1.5	1.2		0.00	-	-
重 庆	1.0	0.7	2.1	1.63	7.08	0.27
四 川	46.2	55.8	39.2	44.07	84.57	120.76
贵 州	0.4	0.3	3.5	0.76	0.22	0.25
云 南	8.9	8.7	30.5	13.64	10.11	6.54
西 藏	1.7	3.3	5.7	5.48	1.90	2.11
陕 西	137.9	184.9	331.9	313.81	314.68	358.09
甘 肃	8.7	11.7	22.3	13.51	9.20	10.91
青 海	0.2	0.0		2.47	7.32	27.37
宁 夏	19.8	23.1	52.6	36.85	40.70	26.73
新 疆	11.5	10.0	40.7	48.60	54.86	64.83

6-4 农垦系统乳制品产量

单位：吨

地 区	2004	2005	2007	2008	2009	2010
全国农垦	**140 364**	**153 708**	**218 705**	**1 892 086**	**2 070 908**	**2 839 946**
北 京	5 154	6 858	8 457	182 614	235 618	213 196
天 津	3 007	2 028	2 776	100 324	84 669	66 470
河 北	22 212	20 910	36 049	302 015	333 931	403 628
山 西				13 651	735	764
内蒙古	15 227	14 547	13 337	21 741	23 418	22 284
辽 宁	1 002	3 478	1 169	100 988	99 484	106 200
吉 林						
黑龙江	47 822	55 350	68 799	261 092	357 241	577 259
上 海	2 154	4 527	6 649	341 062	360 675	815 446
江 苏						
浙 江	215	59		2 670	2 380	6 500
安 徽	1 857	1 473	2 804	13 972	15 910	14 723
福 建				1 350	1 186	4 145
江 西						
山 东	980	900	420	413	160	
河 南				11 564	11 778	12 297
湖 北	100	717	10	95 508	76 525	90 128
湖 南	4 315	6 560	6 573	6 793	5 400	5 000
广 东				46 151	68 300	74 086
广 西		132	301	3 104	2 926	2 310
海 南						
重 庆	976	657	657	147 848	184 428	185 079
四 川		90	37	5 454	2 532	3 920
贵 州	876	893		22 505	30 127	32 511
云 南						
陕 西		68		945	1 798	2 409
甘 肃						
青 海	267	208	7 319	9 343	13 367	13 400
宁 夏				19 907	19 572	19 502
新疆(兵团)	4 627	10 045	31 191	76 323	72 773	96 244
新疆(农)	200	223	253	478	505	518
新疆(畜)	20 910	21 100	29 894	38 713	44 168	45 559
广 州	1 494	1 460	1 299	16 265	21 302	26 368
昆 明	1 664	1 425	711	49 292		

注：2008年及以后年度，乳制品产量包括液态奶；以前年度仅指干乳制品。

6-5 各地区奶粉产量

单位：千吨

地 区	2004	2005	2006	2007	2008	2009	2010
全国总计						1 117.00	1 403.10
北 京						16.30	16.50
天 津	1.40	4.07	3.21	1.69		0.40	0.30
河 北	180.00	162.10	245.00			23.00	48.00
山 西	15.10	18.60	21.20	22.29	19.74	4.20	5.00
内蒙古						245.80	311.30
辽 宁	3.00	5.50	6.00	2.00			
吉 林					1.38	1.60	8.00
黑龙江				507.00		417.50	453.30
上 海	5.50	4.50	3.72	39.40	39.40	39.70	38.00
江 苏	1.13	8.20	0.94		15.09	12.80	34.00
浙 江						41.20	39.30
安 徽				15.00		0.20	2.40
福 建	0.11					0.10	43.80
江 西		8.30		18.20		–	22.40
山 东			65.90			17.00	54.70
河 南	9.00	1.20		10.00	20.00	5.30	4.30
湖 北			2.09			36.70	40.80
湖 南	30.00	35.40	35.40		17.81	45.80	35.60
广 东						33.00	41.60
广 西							4.60
海 南							
重 庆	1.05	0.65	0.42	0.42	0.25	0.10	
四 川	5.00	6.60	11.00	20.00	20.00	0.70	1.50
贵 州	0.46					0.20	0.20
云 南	13.00	12.90	21.05	15.12	13.10	0.90	6.20
西 藏							
陕 西		180.00	190.00	400.00	314.00	81.20	103.90
甘 肃			1.53	2.00	14.82	5.10	8.40
青 海				1.50	1.80	2.50	1.40
宁 夏	16.90	20.40	28.00	36.16	31.49	36.70	20.40
新 疆			593.00	314.00		49.00	57.10

数据来源：各地奶业协会，2009、2010年数据来自国家统计局。

6-6 36个大中城市奶粉产量

单位：千吨

城　　市	2004	2005	2006	2007	2008	2009	2010
城市合计							
北　　京						**16.30**	**16.50**
天　　津	1.40	4.07	3.21	1.69		0.40	0.30
石 家 庄		52.63	56.59			5.81	
太　　原							
呼和浩特							
沈　　阳							
大　　连							
长　　春					0.40		0.10
哈 尔 滨		61.00	61.00				
上　　海	5.50	4.50	3.72	39.40	39.40	39.70	38.00
南　　京		0.08	0.10	0.02			
杭　　州		8.00					
宁　　波							
合　　肥							
福　　州							
厦　　门							
南　　昌	11.00	10.70	2.23	2.11	1.76	0.95	1.23
济　　南		0.82					
青　　岛		2.00	1.50	2.00	1.50	1.60	
郑　　州	1.40	3.50	3.50	4.00	9.32	5.50	4.18
武　　汉	1.10	1.77	1.74	0.34		0.04	
长　　沙	4.00	4.00			17.00	8.80	33.27
广　　州		1.58	22.00	25.00		30.00	45.00
深　　圳							
南　　宁							
海　　口							
重　　庆	1.05	0.65	0.42	0.42	0.25	0.10	
成　　都			0.87				0.20
贵　　阳	0.10						
昆　　明	2.94	3.50	2.51	3.20	1.69	1.31	2.14
拉　　萨							
西　　安		42.00	68.70		71.15		
兰　　州			0.27	0.18	0.15	3.00	
西　　宁	2.00						
银　　川		6.30	7.49	9.22	9.56	8.98	36.80
乌鲁木齐		0.06	0.07				0.15

数据来源：各地奶业协会；2009、2010年直辖市数据来自国家统计局。

6-7 各地区液态奶产量

单位：千吨

地区	2004	2005	2007	2008	2009	2010
全国总计	**8 067.4**	**11 457.9**	**14 410.0**	**15 252.2**	**16 416.41**	**18 455.90**
北京	216.4	536.2	560.1	437.0	498.38	499.46
天津	180.9	152.8	363.1	304.3	288.91	187.54
河北	1 150.9	1 673.7	1 852.3	2 085.1	1 798.42	2 294.00
山西	368.1	423.5	476.7	395.4	434.32	436.59
内蒙古	2 563.5	3 627.6	3 135.3	3 257.1	3 484.93	3 089.19
辽宁	230.0	438.3	719.2	939.8	514.48	995.77
吉林	40.4	53.1	23.2	21.7	57.11	59.94
黑龙江	374.2	578.9	1 116.9	1 143.3	1 115.22	1 169.30
上海	385.6	362.0	368.9	343.7	358.93	381.03
江苏	279.8	336.1	443.8	703.1	935.82	963.54
浙江	284.9	351.9	205.2	182.9	289.63	222.99
安徽	26.8	30.5	374.7	371.0	419.78	603.76
福建	115.0	152.4	112.0	66.8	116.28	122.96
江西	80.6	89.6	131.7	132.1	165.01	258.27
山东	485.6	733.8	1 174.1	1 263.5	1 892.36	2 200.87
河南	211.2	309.1	620.2	610.3	882.55	1 064.48
湖北	213.8	278.0	420.1	366.7	474.96	531.02
湖南	77.3	98.1	130.7	196.5	136.56	145.92
广东	115.4	150.2	280.2	268.9	343.65	501.62
广西	31.0	45.3	262.1	319.8	74.28	95.00
海南	2.9	3.2	2.8	2.7	4.22	4.56
重庆	88.7	94.7	88.5	91.3	106.10	125.57
四川	29.5	94.6	203.8	306.7	385.98	459.20
贵州	23.8	25.4	29.6	34.8	40.49	43.78
云南	111.4	124.4	205.4	234.9	277.68	303.49
西藏					4.38	4.85
陕西	115.8	412.3	709.0	795.0	856.83	1 121.60
甘肃	41.3	53.0	63.9	63.8	96.58	132.51
青海	10.4	11.3	46.0	61.9	53.49	91.58
宁夏	107.5	118.3	127.8	94.3	95.02	107.38
新疆	104.6	99.7	162.9	157.9	214.03	238.14

6-8 各地区UHT奶、巴氏奶、酸奶产量

单位：千吨

地区	2008			2009			2010		
	UHT奶	巴氏奶	酸奶	UHT奶	巴氏奶	酸奶	UHT奶	巴氏奶	酸奶
全国总计									
北京									
天津	264.79	20.49	46.05	208.05	11.85	37.22	189.19	17.86	25.10
河北									
山西	246.37	308.93	76.42	286.50	247.38	76.60	417.50	247.50	78.60
内蒙古									
辽宁	540.00	230.00	180.00	540.00	230.00	180.00			
吉林	5.00	5.00	50.00	5.00	5.00	55.00	5.00	5.00	55.00
黑龙江									
上海	230.42	116.19	232.13	20.49	61.50	119.16			
江苏	251.02	294.35	232.15	245.19	240.18	193.50	318.15	331.00	320.87
浙江									
安徽									
福建	20.77	21.08	4.15						
江西									
山东				1 324.70	1 263.50	1 149.80			
河南	878.75	87.88	500.88	1 500.00	250.00	1 250.00	1 800.00	300.00	1 400.00
湖北									
湖南	0.95	91.71	28.64	4.06	13.56	18.42	116.93	14.07	27.92
广东									
广西									
海南		4.46	3.65		3.05	1.95		5.59	3.89
重庆	58.79	25.37	33.29	49.03	24.80	36.84	78.80	16.92	41.95
四川	210.00	120.00	100.00	217.30	132.10	105.40	220.00	130.00	74.00
贵州	10.45	20.48	10.87	18.53	10.79	10.55	5.65	16.88	6.43
云南	28.93	52.85	29.37				812.00	100.03	19.82
西藏									
陕西									
甘肃	80.00	30.00	20.00	90.00	40.00	30.00	90.00	40.00	30.00
青海	6.50	9.00	2.80				10.10	4.50	12.30
宁夏	152.02	2.23	8.37	70.27	1.84	4.52	40.73	2.70	22.75
新疆				123.82	32.67	39.14			

数据来源：各地奶业协会，2009、2010年数据来自国家统计局。

6-9 36个大中城市UHT奶、巴氏奶、酸奶产量

单位：千吨

城市	2008			2009			2010		
	UHT奶	巴氏奶	酸奶	UHT奶	巴氏奶	酸奶	UHT奶	巴氏奶	酸奶
城市合计									
北京									
天津	264.79	20.49	46.05	208.05	11.85	37.22	189.19	17.86	25.10
石家庄				134.33		161.31			
太原		0.30	1.15	42.00	45.00	8.00		3.82	6.38
呼和浩特									
沈阳									
大连	730.00	125.00	10.00	13.62	9.60	2.58			
长春	5.00	5.00	50.00						
哈尔滨									
上海	230.42	116.19	232.13	20.49	61.50	119.16			
南京				28.36	104.65	50.79	41.15	103.86	50.52
杭州									
宁波									
合肥									
福州									
厦门									
南昌	0.00	31.83	32.49		36.01	39.74		42.64	47.05
济南									
青岛	110.00	37.00	23.00	100.00	38.00	22.00	149.00	36.00	15.00
郑州	41.00	13.00	40.00	32.00	8.00	30.00	2.34	0.01	13.90
武汉				29.54	30.60	52.41			
长沙		78.81	4.28	2.45	0.59	4.71	112.83	2.57	12.68
广州							20.79	30.81	12.54
深圳				28.80	34.60	44.96	30.67	61.03	22.19
南宁									
海口		4.46	3.65		3.05	1.95			
重庆	58.79	25.37	33.29	49.03	24.80	36.84	78.80	16.92	41.95
成都	56.55	27.20	88.16	111.82	17.04	47.65	60.81	12.83	50.70
贵阳				18.38	4.61	8.39	4.55	16.88	6.43
昆明	30.27	28.45	14.85	34.25	24.96	17.16	28.51	38.29	12.21
拉萨									
西安									
兰州	4.00	3.00		40.00	10.00	2.00			
西宁									
银川	32.02	2.23	7.80	14.30	1.80	4.75	27.82	2.70	18.00
乌鲁木齐							34.40	5.80	7.80

数据来源：各地奶业协会。

Ⅶ. 乳及乳制品价格

7-1 各地区生鲜牛奶平均收购价格

单位：元/千克

地 区	2004	2005	2006	2007	2008	2009	2010
全国平均							
北 京	1.85	1.85	1.91		2.20～2.99	2.87	3.10～3.20
天 津	1.80	2.00	2.00	2.50	2.97	2.80	3.57
河 北	1.80～1.96	1.80～2.30	2.10			2.90	2.89
山 西	1.60	1.61	1.70	2.80	2.60	2.16	2.70
内蒙古	1.70		2.00			2.85	2.95
辽 宁	1.65	1.60	1.80	2.30	2.50	3.00	3.20
吉 林	1.60	1.60～1.80	1.50～1.80	2.80～3.20	2.58～2.72	2.36	3.40
黑龙江	1.60	1.60	1.65～1.75	1.82	2.48	2.10	2.75
上 海	2.20	2.20	2.30	2.80	3.30	3.27	3.46
江 苏	2.00	2.11	2.25	2.51	2.90	2.80	2.90
浙 江	2.00	2.00	2.30			3.30～3.40	3.18
安 徽	1.70～2.10	1.70～2.10	2.20～2.40	2.80	2.60～3.20		3.20
福 建				2.27	3.00	3.60	3.60
江 西	2.18	1.83	2.10	1.82～3.15	2.82	3.18	3.50
山 东			1.80～2.30		2.70～3.15	2.72～2.77	2.38
河 南	1.80～2.10	1.56	1.80～2.18	2.80	2.00～3.00	3.00	3.10
湖 北	2.10	2.15	2.10	2.30～2.80	3.20	3.60	3.70
湖 南	5.07	2.20	2.40	2.40	2.62	2.96	3.44
广 东		2.60～3.40	2.80～3.20	2.90～3.25	3.14～7.00	3.83～4.00	4.80
广 西	2.60	2.60	2.60	3.00	3.20	3.20	3.40
海 南	3.50	3.04	2.75	3.00	3.15	3.50	3.80
重 庆	1.90	1.90	1.93	1.99	2.70	2.90	3.22
四 川	1.75		1.95～2.25	1.80～2.20	2.60～3.50	2.80～3.50	3.20
贵 州	1.90～2.20	2.00～2.20	2.50	2.60	2.60	3.00～3.45	3.38
云 南	1.53	1.50～1.80	1.45～1.88	1.45～2.50	1.60～2.30	2.00～2.60	2.70
西 藏	4.00	6.00		4.00	2.60	4.00	6.00
陕 西	1.600～1.85	1.20～1.70	1.60～1.70	1.80～3.20	2.40	2.49	3.20
甘 肃	1.60	1.65～1.75	1.65～1.90	2.00～3.00	2.00～2.80	2.00～3.20	2.80～3.80
青 海	1.60	1.60	1.70	1.50	2.00	2.70	2.92
宁 夏	1.60～1.80	1.60～1.80	1.70	1.60～3.20	1.60～3.20	2.20	3.12
新 疆	1.40～1.650	0.90～1.60	1.65	2.30		1.80	2.60

数据来源：各地奶业协会。

7-2 各地区部分乳品企业生鲜奶平均收购价格

单位：元/千克

公司名称	2009	2010	公司名称	2009	2010
北京三元食品股份有限公司	2.75	3.24	河南花花牛乳业有限公司	2.60	2.81
天津海河乳业有限公司	2.86	3.60	洛阳巨尔乳业有限公司	2.65	3.05
石家庄君乐宝乳业有限公司	2.68	3.26	河南三色鸽乳业有限公司	2.60	3.08
河北三元食品有限公司	2.82	3.32	漯河市三剑客奶业有限责任公司	2.90	3.35
山西古城乳业集团有限公司	3.26	3.48	湖南阳光乳业有限公司	3.00	3.30
内蒙古蒙牛乳业（集团）股份有限公司	3.06	3.53	广东燕塘乳业有限公司	3.78	4.06
内蒙古伊利实业集团股份有限公司	3.05	3.42	深圳市晨光乳业有限公司	4.24	4.52
沈阳乳业有限责任公司	2.70	2.80	广西皇氏甲天下乳业股份有限公司	3.82	4.16
吉林省乳业集团广泽有限公司	2.29	3.21	广西灵山百强水牛奶乳业有限公司	6.80	7.20
黑龙江省完达山乳业股份有限公司	2.41	3.04	新希望乳业控股有限公司	2.85	3.26
黑龙江飞鹤乳业有限公司	2.59	3.35	四川菊乐食品有限公司	2.96	3.20
黑龙江乳业集团	2.80	3.20	贵阳三联乳业有限公司	3.08	3.45
黑龙江摇篮乳业股份有限公司	2.30	3.17	贵州好一多乳业股份有限公司	3.45	3.30
黑龙江兴安岭乳业有限公司	2.40	2.80	昆明雪兰牛奶有限责任公司	2.47	2.85
黑龙江辰鹰乳业有限公司	2.03	2.66	大理来思尔乳业有限责任公司	2.06	2.83
光明乳业股份有限公司	3.66	3.95	西安银桥生物科技有限责任公司	2.98	3.45
南京奶业(集团)有限公司	3.13	3.52	陕西红星乳业有限公司	2.60	3.40
徐州绿健乳业有限公司	2.80	2.85	兰州庄园乳业有限责任公司	2.80	3.50
宁波牛奶集团有限公司	3.50	3.73	酒泉市好牛乳业食品有限公司	1.80	2.97
浙江金华市佳乐乳业有限公司	2.93	3.37	酒泉乐为尔乳业有限责任公司	2.60	2.60
安徽益益乳业有限公司	2.90	3.50	青海天露乳业有限责任公司	2.50	2.50
福建长富乳业集团股份有限公司	3.18	3.87	青海小西牛生物乳业有限公司	2.60	3.50
江西美庐乳业有限公司	2.95	3.08	宁夏夏进乳业集团股份有限公司	2.21	3.18
济南佳宝乳业有限公司	2.66	3.04	宁夏红果乳业有限公司	2.10	3.05
山东得益乳业有限公司	2.61	3.31	中宁县黄河乳制品有限公司	3.20	3.40
山东亚奥特乳业有限公司	3.20	3.30	新疆伊源乳业股份有限公司	2.48	2.59

注：广西灵山百强水牛奶乳业有限公司为水牛奶收购价；陕西红星乳业有限公司为羊奶收购价。

7-3 全国乳及乳制品零售价格指数

（上年=100）

年 份	全 国	城 市	农 村
1995	126.3	125.3	128.6
1996	110.3	111.8	107.3
1997	104.8	105.7	101.8
1998	100.0	100.4	98.7
1999	99.1	99.5	98.0
2000	100.0	100.2	99.4
2001	99.1	99.0	99.7
2002	99.4	99.5	99.2
2003	99.7	99.4	100.7
2004	100.4	100.1	101.7
2005	100.9	100.7	101.5
2006	101.0	101.1	100.9
2007	102.9	103.1	102.3
2008	117.4	118.5	112.7
2009	101.4	101.3	101.8
2010	102.9	103.2	101.9

7-4 全国居民乳及乳制品消费价格指数

（上年=100）

年 份	全 国	城 市	农 村
1995	126.0	125.9	126.4
1996	110.8	112.7	107.4
1997	104.1	104.8	102.3
1998	100.3	100.9	98.8
1999	99.3	99.7	98.2
2000	100.0	100.2	99.3
2001	99.1	99.0	99.7
2002	99.0	99.2	97.3
2003	99.2	99.2	99.0
2004	100.5	100.2	101.8
2005	100.9	100.7	101.9
2006	100.9	100.9	100.8
2007	102.7	102.8	102.1
2008	117.0	118.0	113.3
2009	101.5	101.4	102.3
2010	102.8	103.0	102.0

Ⅷ. 进出口贸易

8-1 首蓿干草分国别进口量值

单位：吨、千美元

国家或地区	2009		2010		2010年比2009年增加%	
	数量	金额	数量	金额	数量	金额
国家（地区）合计	**76 616.08**	**20 434.10**	**227 175.29**	**61 476.77**	**196.51**	**200.85**
美　国	74 184.93	20 030.26	218 058.45	59 062.07	193.94	194.86
澳大利亚	1 448.45	372.80	8 991.04	2 402.13	520.74	544.35
朝　鲜			125.80	12.58		
蒙　古	971.70	29.17				
中国台湾	11.00	1.88				

8-2 首蓿干草分地区进口量值

单位：吨、千美元

地　区	2009		2010		2010年比2009年增加%	
	数量	金额	数量	金额	数量	金额
全国合计	**76 616.08**	**20 434.10**	**227 175.29**	**61 476.77**	**196.51**	**200.85**
上　海	25 085.41	6 748.21	72 054.27	19 009.19	187.24	181.69
北　京	19 997.18	5 300.72	58 337.30	15 639.57	191.73	195.05
安　徽	11 504.59	3 173.17	22 150.06	6 086.82	92.53	91.82
天　津	3 004.62	799.13	21 261.33	5 814.45	607.62	627.60
山　东	6 769.65	1 764.22	10 767.05	3 000.26	59.05	70.06
广　东	2 349.04	691.83	7 742.51	2 205.51	229.60	218.79
辽　宁			7 604.88	2 129.93		
福　建	1 523.98	414.19	5 396.02	1 548.42	254.07	273.85
黑龙江	541.64	138.12	5 252.36	1 473.25	869.71	966.65
河　北	934.67	293.35	5 132.10	1 388.18	449.08	373.21
四　川	1 691.83	483.86	3 378.37	1 026.65	99.69	112.18
江　苏	2 038.46	540.19	1 945.91	528.07	-4.54	-2.24
浙　江			1 666.18	410.27		
内蒙古	971.70	29.17	1 511.92	389.69	55.59	1 236.16
广　西	203.30	57.94	944.91	262.28	364.79	352.68
重　庆			751.71	220.29		
云　南			730.06	216.79		
甘　肃			271.84	73.62		
海　南			150.73	40.97		
吉　林			125.80	12.58		

8-3 全国牛及冻精和胚胎进口量值

单位：头、千克、千美元

国家或地区	2009		2010		2010年比2009年增加%	
	数量	金额	数量	金额	数量	金额
改良种用牛	40 599.00	81 770.45	24 440.50	193 017.41	-39.80	136.05
胚　　胎	92.00	1 015.26	8 312.00	1 709.50	8 934.78	68.38
牛冷冻精液	2 106.00	4 452.29	4 405.00	12 318.04	109.16	176.67

8-4 改良种牛分国别进口量值

单位：头、千美元

国家或地区	2009		2010		2010年比2009年增加%	
	数量	金额	数量	金额	数量	金额
国家（地区）合计	**40 599.00**	**81 770.45**	**24 440.50**	**193 017.41**	**-39.80**	**136.05**
澳大利亚	26 622.00	55 968.37	17 519.55	142 557.56	-34.19	154.71
新 西 兰	9 999.00	16 787.24	4 740.51	31 217.38	-52.59	85.96
乌 拉 圭	3 970.00	8 734.00	2 180.44	19 242.48	-45.08	120.32
南　　非	8.00	280.84				

8-5 改良种牛分地区进口量值

单位：头、千美元

地　　区	2009		2010		2010年比2009年增加%	
	数量	金额	数量	金额	数量	金额
全国合计	**40 599.00**	**81 770.45**	**24 440.50**	**193 017.41**	**-39.80**	**136.05**
辽　　宁	5 993.00	10 000.44	6 037.19	47 573.52	0.74	375.71
黑 龙 江	11 841.00	23 308.88	4 633.78	38 104.58	-60.87	63.48
山　　东	2 919.00	5 519.85	3 152.19	22 716.08	7.99	311.53
安　　徽	3 866.00	8 273.24	2 106.87	16 844.22	-45.50	103.60
江　　苏	5 875.00	12 137.38	1 513.40	13 057.18	-74.24	7.58
陕　　西	5 821.00	11 948.32	1 350.00	13 630.02	-76.81	14.07
贵　　州			1 180.43	6 601.10		
河　　北			1 137.95	8 174.87		
四　　川			945.00	7 200.00		
湖　　北			772.52	5 955.88		
内 蒙 古	395.00	876.90	683.40	4 783.80	73.01	445.54
北　　京	897.00	3 087.49	671.58	6 160.46	-25.13	99.53
广　　东	5.00	39.98	213.00	1 526.50	4 160.00	3 718.64
河　　南	13.00	123.85	29.00	437.70	123.08	253.43
山　　西			9.20	161.00		
宁　　夏			5.00	90.50		
吉　　林	2 950.00	6 047.50				
天　　津	16.00	125.80				
海　　南	8.00	280.84				

8-6 动物胚胎分国别进口量值

单位：千克、千美元

国家或地区	2009		2010		2010年比2009年增加%	
	数量	金额	数量	金额	数量	金额
国家（地区）合计	**92.00**	**1 015.26**	**8 312.00**	**1 709.50**	**8 934.78**	**68.38**
泰　国			6 549.00	50.30		
俄罗斯			1 598.00	4.81		
美　国	71.00	706.87	124.00	879.41	74.65	24.41
澳大利亚	13.00	171.47	22.00	479.38	69.23	179.57
加拿大	6.00	136.50	19.00	295.60	216.67	116.56
法　国	2.00	0.23				
德　国		0.20				

8-7 动物胚胎分地区进口量值

单位：千克、千美元

地　区	2009		2010		2010年比2009年增加%	
	数量	金额	数量	金额	数量	金额
全国合计	**92.00**	**1 015.26**	**8 312.00**	**1 709.50**	**8 934.78**	**68.38**
浙　江			6 549.00	50.30		
山　东	26.00	120.00	1 608.00	127.51	6 084.62	6.26
北　京	64.00	831.12	138.00	1 057.64	115.63	27.25
黑龙江			6.00	181.60		
河　北			5.00	116.00		
河　南			3.00	102.00		
海　南			2.00	32.50		
新　疆			1.00	1.83		
云　南				40.12		
其　他	2.00	64.15				

8-8 牛的精液分国别进口量值

单位：千克、千美元

国家或地区	2009		2010		2010年比2009年增加%	
	数量	金额	数量	金额	数量	金额
国家（地区）合计	**2 106.00**	**4 452.29**	**4 405.00**	**12 318.04**	**109.16**	**176.67**
美　国	1 092.00	2 762.18	1 784.00	4 109.45	63.37	48.78
加拿大	541.00	880.85	1 191.00	5 716.43	120.15	548.97
荷　兰	450.00	419.06	712.00	1 027.14	58.22	145.11
德　国	8.00	195.79	550.00	1 336.80	6 775.00	582.76
法　国	2.00	107.00	163.00	117.16	8 050.00	9.50
意大利	10.00	54.48	5.00	0.07	-50.00	-99.88
挪　威	2.00	22.50		11.00		-51.11
澳大利亚	1.00	10.43				

8-9　牛的精液分地区进口量值

单位：千克、千美元

地　区	2009		2010		2010年比2009年增加%	
	数量	金额	数量	金额	数量	金额
全国合计	**2 106.00**	**4 452.29**	**4 405.00**	**12 318.04**	**109.16**	**176.67**
北　京	1 962.00	2 726.75	4 121.00	6 377.50	110.04	133.89
黑龙江			107.00	1 296.33		
内蒙古	124.00	1 612.68	99.00	1 487.25	-20.16	-7.78
山　东	20.00	112.87	70.00	3 151.56	250.00	2 692.31
河　南			8.00	5.40		

8-10　液态奶分国别进口量值

单位：吨、千美元

国家或地区	2009		2010		2010年比2009年增加%	
	数量	金额	数量	金额	数量	金额
国家（地区）合计	**14 305.25**	**24 062.82**	**17 119.09**	**32 382.69**	**19.67**	**34.58**
新西兰	6 181.66	11 540.29	7 469.43	16 024.07	20.83	38.85
法　国	2 208.23	4 002.94	3 554.73	7 242.05	60.98	80.92
德　国	1 757.40	1 751.41	3 208.56	3 342.22	82.57	90.83
澳大利亚	1 776.19	2 155.04	1 643.71	2 374.30	-7.46	10.17
英　国	192.93	370.83	231.10	522.32	19.79	40.85
中国台湾	109.60	169.65	204.67	430.24	86.75	153.61
瑞　士	129.92	495.89	185.40	740.62	42.70	49.35
西班牙	149.21	314.04	168.70	387.89	13.07	23.52
日　本	212.77	667.26	84.82	275.42	-60.14	-58.72
爱尔兰			75.00	226.88		
美　国	53.55	173.57	73.84	172.20	37.90	-0.79
奥地利	36.00	90.21	54.76	140.81	52.10	56.09
韩　国	1 203.91	1 479.15	37.02	52.56	-96.92	-96.45
荷　兰	163.77	589.46	32.00	158.55	-80.46	-73.10
丹　麦	0.32	0.77	29.15	87.31	8 895.68	11 283.05
比利时	1.64	6.63	26.66	83.85	1 528.41	1 165.60
意大利	27.78	28.44	16.62	29.70	-40.19	4.43
泰　国	9.99	73.65	11.40	6.16	14.10	-91.64
希　腊	3.05	20.74	10.07	79.05	229.88	281.17
智　利			0.64	3.85		
中国香港	0.02	0.13	0.61	1.81	2 569.57	1 312.50
塞浦路斯			0.20	0.51		
其　他	87.32	132.75	0.02	0.34	-99.98	-99.74

8-11　液态奶分地区进口量值

单位：吨、千美元

地　区	2009		2010		2010年比2009年增加%	
	数量	金额	数量	金额	数量	金额
全国合计	**14 305.25**	**24 062.82**	**17 119.09**	**32 382.69**	**19.67**	**34.58**
上　海	8 549.76	13 738.81	11 858.34	20 193.72	38.70	46.98
北　京	1 492.09	3 180.18	2 313.76	5 888.31	55.07	85.16
广　东	2 466.63	4 081.68	1 907.90	3 928.91	-22.65	-3.74
浙　江	225.58	760.45	485.00	1 106.36	115.01	45.49
辽　宁	125.99	336.41	172.46	477.93	36.89	42.07
天　津	157.44	346.40	158.13	294.18	0.44	-15.08
山　东	1 194.40	1 428.42	83.14	286.30	-93.04	-79.96
江　苏	3.52	6.89	70.31	48.53	1 895.15	604.47
福　建	66.66	96.68	70.02	158.35	5.04	63.79
吉　林			0.02	0.09		
广　西	8.31	72.87	0.01	0.02	-99.93	-99.98
内蒙古	14.03	12.04				
河　北	0.50	0.31				
重　庆	0.36	1.69				

8-12　液态奶出口货源地量值

单位：吨、千美元

地　区	2009		2010		2010年比2009年增加%	
	数量	金额	数量	金额	数量	金额
全国合计	**20 873.73**	**14 492.72**	**23 666.90**	**17 140.41**	**13.38**	**18.27**
广　东	16 701.65	11 382.93	18 080.18	12 485.22	8.25	9.68
山　东	4 099.75	2 954.77	5 406.68	4 012.86	31.88	35.81
上　海			150.00	565.84		
辽　宁			17.52	28.03		
黑龙江			9.70	40.74		
江　苏			1.43	4.63		
内蒙古	71.82	154.79	1.40	3.08	-98.05	-98.01
广　西	0.52	0.23				

8-13 液态奶出口目的地量值

单位：吨、千美元

国家或地区	2009		2010		2010年比2009年增加%	
	数量	金额	数量	金额	数量	金额
国家（地区）合计	**20 873.73**	**14 492.72**	**23 666.90**	**17 140.41**	**13.38**	**18.27**
中国香港	20 605.32	13 833.91	23 079.31	16 057.54	12.01	16.07
中国澳门	171.28	134.92	188.40	147.80	10.00	9.55
加拿大	26.00	19.50	173.56	130.17	567.54	567.54
韩国			150.00	565.84		
朝鲜			33.10	76.62		
新加坡	7.73	40.03	22.60	36.21	192.37	-9.53
日本	62.50	463.40	16.50	117.42	-73.60	-74.66
其他	0.90	0.97	3.42	8.80	282.46	805.66

8-14 鲜奶分国别进口量值

单位：吨、千美元

国家或地区	2009		2010		2010年比2009年增加%	
	数量	金额	数量	金额	数量	金额
国家（地区）合计	**12 779.41**	**19 702.03**	**15 889.94**	**28 189.33**	**24.34**	**43.08**
新西兰	5 576.18	10 490.93	7 419.96	15 809.78	33.07	50.70
法国	2 128.40	3 648.30	3 421.20	6 699.16	60.74	83.62
德国	1 677.61	1 520.90	3 076.91	3 097.44	83.41	103.66
澳大利亚	1 630.65	1 465.54	1 423.03	1 380.93	-12.73	-5.77
英国	192.86	370.42	231.05	522.09	19.81	40.95
日本	107.22	235.19	62.17	181.41	-42.02	-22.87
西班牙	0.74	0.44	56.48	137.36	7 522.54	30 976.70
奥地利	36.00	90.21	54.76	140.81	52.10	56.09
美国	35.64	80.53	45.17	47.88	26.76	-40.54
韩国	1 196.30	1 450.65	36.56	50.92	-96.94	-96.49
丹麦	0.32	0.77	29.15	87.31	8 895.68	11 283.05
中国台湾	39.32	42.25	17.41	13.72	-55.72	-67.52
意大利	26.77	22.96	14.41	12.50	-46.18	-45.56
比利时	1.64	6.63	1.63	7.64	-0.31	15.29
智利			0.04	0.38		
荷兰	90.72	216.56				
阿根廷	25.00	47.64				
俄罗斯	14.03	12.04				
马来西亚	0.01	0.07				

8-15 鲜奶分地区进口量值

单位：吨、千美元

地　区	2009		2010		2010年比2009年增加%	
	数量	金额	数量	金额	数量	金额
全国合计	**12 779.41**	**19 702.03**	**15 889.94**	**28 189.33**	**24.34**	**43.08**
上　海	7 823.36	11 395.39	10 910.25	17 086.77	39.46	49.94
北　京	1 398.70	2 779.52	2 158.17	5 323.56	54.30	91.53
广　东	1 870.69	3 020.58	1 884.61	3 791.78	0.74	25.53
浙　江	150.85	386.77	438.43	939.23	190.65	142.84
辽　宁	125.99	336.41	172.46	477.93	36.89	42.07
天　津	157.44	346.40	153.90	270.88	-2.25	-21.80
江　苏			70.28	47.95		
福　建	66.66	96.68	61.30	146.39	-8.04	51.42
山　东	1 170.85	1 326.25	40.54	104.84	-96.54	-92.09
其　他	14.89	14.04				

8-16 鲜奶出口货源地量值

单位：吨、千美元

地　区	2009		2010		2010年比2009年增加%	
	数量	金额	数量	金额	数量	金额
全国合计	**20 030.12**	**13 342.53**	**22 492.16**	**15 996.34**	**12.29**	**19.89**
广　东	15 928.78	10 736.40	16 929.08	11 494.42	6.28	7.06
山　东	4 029.52	2 451.34	5 385.87	3 867.30	33.66	57.76
上　海			150.00	565.84		
辽　宁			17.52	28.03		
黑龙江			9.70	40.74		
内蒙古	71.82	154.79				

8-17 鲜奶出口目的地量值

单位：吨、千美元

国家或地区	2009		2010		2010年比2009年增加%	
	数量	金额	数量	金额	数量	金额
国家（地区）合计	**20 030.12**	**13 342.53**	**22 492.16**	**15 996.34**	**12.29**	**19.89**
中国香港	19 864.36	13 214.41	22 129.54	15 217.05	11.40	15.15
中国澳门	165.38	127.38	178.93	135.73	8.19	6.56
韩　国			150.00	565.84		
朝　鲜			33.10	76.62		
法　国	0.38	0.74	0.60	1.10	57.94	48.37

8-18　酸奶分国别进口量值

单位：吨、千美元

国家或地区	2009		2010		2010年比2009年增加%	
	数量	金额	数量	金额	数量	金额
国家（地区）合计	**1 525.84**	**4 360.78**	**1 229.15**	**4 193.37**	**-19.44**	**-3.84**
澳大利亚	145.54	689.50	220.68	993.37	51.63	44.07
中国台湾	70.27	127.39	187.26	416.52	166.48	226.95
瑞　　士	129.92	495.89	185.40	740.62	42.70	49.35
法　　国	79.83	354.64	133.52	542.89	67.26	53.08
德　　国	79.80	230.51	131.64	244.78	64.97	6.19
西 班 牙	148.46	313.59	112.22	250.53	-24.41	-20.11
爱 尔 兰			75.00	226.88		
新 西 兰	605.48	1 049.36	49.47	214.29	-91.83	-79.58
荷　　兰	73.05	372.90	32.00	158.55	-56.19	-57.48
美　　国	17.91	93.04	28.66	124.32	60.07	33.62
比 利 时			25.03	76.21		
日　　本	105.55	432.07	22.65	94.02	-78.54	-78.24
泰　　国	9.99	73.65	11.40	6.16	14.10	-91.64
希　　腊	3.05	20.74	10.07	79.05	229.88	281.17
意 大 利	1.01	5.48	2.21	17.20	118.18	214.02
中国香港	0.02	0.13	0.61	1.81	2 569.57	1 312.50
智　　利			0.60	3.47		
韩　　国	7.61	28.50	0.47	1.64	-93.87	-94.23
塞浦路斯			0.20	0.51		
英　　国	0.07	0.41	0.05	0.22	-27.54	-44.96
其　　他	48.28	73.00	0.02	0.34	-99.97	-99.53

8-19　酸奶分地区进口量值

单位：吨、千美元

地　　区	2009		2010		2010年比2009年增加%	
	数量	金额	数量	金额	数量	金额
全国合计	**1 525.84**	**4 360.78**	**1 229.15**	**4 193.37**	**-19.44**	**-3.84**
上　　海	726.39	2 343.42	948.09	3 106.95	30.52	32.58
北　　京	93.39	400.66	155.59	564.75	66.60	40.95
浙　　江	74.73	373.68	46.58	167.13	-37.68	-55.27
山　　东	23.56	102.17	42.59	181.46	80.80	77.61
广　　东	595.94	1 061.10	23.30	137.13	-96.09	-87.08
福　　建			8.72	11.96		
天　　津			4.23	23.29		
江　　苏	3.52	6.89	0.03	0.58	-99.29	-91.54
吉　　林			0.02	0.09		
广　　西	8.31	72.87	0.01	0.02	-99.93	-99.98

8-20 干乳制品分国别进口量值

单位：吨、千美元

国家或地区	2009		2010		2010年比2009年增加%	
	数量	金额	数量	金额	数量	金额
国家（地区）合计	**582 694.00**	**1 003 929.35**	**728 174.45**	**1 937 141.67**	**24.97**	**92.96**
新西兰	241 181.02	572 960.00	373 280.57	1 281 437.81	54.77	123.65
美国	148 033.64	102 222.02	159 241.85	178 391.48	7.57	74.51
法国	57 679.80	99 409.38	42 248.14	87 835.91	-26.75	-11.64
澳大利亚	33 788.28	70 007.39	38 399.60	125 360.89	13.65	79.07
德国	17 907.07	25 950.58	20 747.06	43 187.21	15.86	66.42
荷兰	18 119.84	34 364.65	15 996.03	38 242.21	-11.72	11.28
芬兰	14 848.38	22 172.51	14 365.76	24 760.61	-3.25	11.67
爱尔兰	13 566.42	22 129.75	11 999.42	24 617.48	-11.55	11.24
丹麦	3 027.10	9 130.34	9 415.42	36 394.24	211.04	298.61
波兰	6 494.28	5 188.51	8 803.83	11 497.76	35.56	121.60
阿根廷	6 094.53	9 359.50	7 783.19	20 648.49	27.71	120.62
乌拉圭	322.53	341.41	5 040.01	9 132.33	1 462.63	2 574.92
比利时	1 502.80	3 735.58	3 797.08	13 775.25	152.67	268.76
乌克兰	3 224.90	1 844.39	3 175.00	3 082.53	-1.55	67.13
新加坡	106.35	533.25	2 662.67	8 357.20	2 403.78	1 467.23
加拿大	8 659.38	7 603.41	2 658.99	4 024.91	-69.29	-47.06
智利			1 658.00	5 489.48		
英国	109.68	205.33	1 567.29	4 733.22	1 328.95	2 205.18
奥地利	2 262.72	3 912.04	1 333.84	3 096.76	-41.05	-20.84
瑞士	773.85	2 111.27	884.45	3 225.30	14.29	52.77
意大利	890.20	3 044.46	670.24	3 814.53	-24.71	25.29
印度	384.00	535.88	624.00	1 398.26	62.50	160.93
白俄罗斯	525.00	1 124.73	550.00	1 243.72	4.76	10.58
西班牙	1 393.24	1 162.01	466.50	846.15	-66.52	-27.18
南非	325.00	205.25	300.00	265.50	-7.69	29.35
捷克			100.05	247.12		
中国（大陆）	52.26	216.85	95.82	229.34	83.36	5.76
日本	543.73	2 405.96	52.53	319.81	-90.34	-86.71
印度尼西亚	43.59	250.19	49.44	272.75	13.41	9.02
泰国	92.20	99.09	45.14	81.17	-51.04	-18.08
挪威			40.26	261.69		
马来西亚	65.64	301.25	25.59	341.74	-61.02	13.44
瑞典	313.23	912.03	22.01	221.86	-92.97	-75.67
蒙古	10.15	8.12	16.80	13.44	65.52	65.52
中国台湾	1.02	5.50	15.59	58.53	1 423.56	964.32
科威特	5.04	9.94	14.10	26.62	179.76	167.72
立陶宛	251.00	144.32	10.00	39.80	-96.02	-72.42
希腊	2.99	49.46	8.16	103.68	172.94	109.61
菲律宾			4.88	23.93		
斯洛伐克	4.93	45.75	3.70	33.23	-24.85	-27.37
韩国	60.87	173.39	0.61	3.12	-98.99	-98.20
塞浦路斯	0.25	1.57	0.41	2.11	65.60	34.50
中国香港	20.16	13.54	0.09	0.40	-99.55	-97.05
其他	6.93	38.79	0.32	2.13	-95.33	-94.50

8-21 干乳制品分地区进口量值

单位：吨、千美元

地区	2009		2010		2010年比2009年增加%	
	数量	金额	数量	金额	数量	金额
全国合计	**582 694.00**	**1 003 929.35**	**728 174.45**	**1 937 141.67**	**24.97**	**92.96**
天津	139 894.26	224 370.77	196 688.11	541 342.99	40.60	141.27
上海	89 709.41	163 825.82	110 753.44	294 107.02	23.46	79.52
广东	92 846.85	181 502.92	107 159.72	318 964.02	15.42	75.73
浙江	58 919.09	115 129.23	86 456.05	274 159.16	46.74	138.13
北京	35 789.09	52 147.00	48 214.74	109 487.06	34.72	109.96
山东	59 393.00	125 982.75	43 424.13	119 581.53	-26.89	-5.08
福建	22 502.73	16 369.02	24 412.57	28 831.71	8.49	76.14
辽宁	28 409.92	35 436.80	23 304.52	36 630.81	-17.97	3.37
内蒙古	2 320.16	5 374.23	20 010.38	77 444.62	762.46	1 341.04
黑龙江	18 657.50	33 046.33	18 093.35	39 830.67	-3.02	20.53
江苏	7 454.35	13 655.24	16 525.25	40 927.98	121.69	199.72
云南	4 989.95	2 787.71	11 336.68	6 933.56	127.19	148.72
湖南	8 085.23	18 401.29	7 998.30	23 981.83	-1.08	30.33
河北	3 011.23	3 874.27	6 981.52	13 904.42	131.85	258.89
安徽	3 721.51	2 101.45	3 895.25	2 944.16	4.67	40.10
四川	1 514.43	870.06	1 451.20	1 829.11	-4.17	110.23
湖北	2 523.80	2 995.11	662.85	2 270.02	-73.74	-24.21
山西	1 881.53	3 732.91	428.53	1 707.83	-77.22	-54.25
江西			147.25	229.41		
海南	207.46	1 250.41	127.85	1 370.76	-38.38	9.62
其他	862.53	1 076.03	102.79	663.02	-88.08	-38.38

8-22 干乳制品出口货源地量值

单位：吨、千美元

地区	2009		2010		2010年比2009年增加%	
	数量	金额	数量	金额	数量	金额
全国合计	**15 905.95**	**42 397.06**	**10 093.91**	**26 801.69**	**-36.54**	**-36.78**
山东	4 029.62	7 143.21	3 166.57	5 795.85	-21.42	-18.86
江苏	1 939.34	4 703.09	2 966.96	9 572.91	52.99	103.54
云南	1 535.65	4 731.13	1 322.93	4 695.42	-13.85	-0.75
天津	68.27	230.02	956.78	1 884.87	1 301.50	719.43
广东	290.10	942.93	653.94	1 700.71	125.42	80.36
浙江	163.69	228.34	206.00	350.03	25.85	53.30
辽宁	158.75	523.27	205.89	688.17	29.70	31.51
上海	142.93	354.47	186.71	524.35	30.64	47.92
内蒙古	2 914.00	8 020.70	136.00	452.06	-95.33	-94.36
黑龙江	4 327.71	14 811.77	96.13	389.56	-97.78	-97.37
陕西	70.00	245.68	86.70	455.61	23.86	85.45
其他	265.89	462.46	109.29	292.15	-58.90	-36.83

8-23 干乳制品出口目的地量值

单位：吨、千美元

国家或地区	2009		2010		2010年比2009年增加%	
	数量	金额	数量	金额	数量	金额
国家（地区）合计	**15 905.95**	**42 397.06**	**10 093.91**	**26 801.69**	**-36.54**	**-36.78**
中国香港	3 734.48	5 749.84	3 949.11	8 775.64	5.75	52.62
缅　甸	1 518.65	4 693.73	1 322.93	4 695.42	-12.89	0.04
伊　朗	1 641.50	4 076.35	1 316.53	3 928.20	-19.80	-3.63
埃　及	51.87	92.81	737.00	2 108.56	1 320.91	2 171.82
新西兰			730.95	1 342.28		
新加坡	62.22	51.55	409.21	878.42	557.73	1 604.04
朝　鲜	287.78	698.77	304.12	1 316.89	5.68	88.46
韩　国	0.14	0.31	251.35	319.62	183 367.15	103 337.22
阿尔巴尼亚	119.13	188.56	158.82	286.38	33.32	51.87
菲律宾			158.60	650.58		
尼日利亚	2 567.00	6 803.81	136.00	452.06	-94.70	-93.36
阿联酋	46.18	259.07	100.00	240.00	116.56	-7.36
泰　国	77.01	299.23	65.15	323.52	-15.40	8.12
以色列	52.01	152.01	47.94	107.13	-7.82	-29.52
马来西亚	6.33	22.38	43.70	296.16	590.89	1 223.52
土库曼斯坦			39.20	177.82		
澳大利亚			39.07	29.44		
安哥拉			37.04	77.16		
中国台湾	25.60	50.69	36.90	62.73	44.14	23.75
斯洛文尼亚			36.00	67.18		
加　纳			26.72	20.51		
蒙　古			25.79	41.29		
莫桑比克	41.56	48.28	22.09	29.95	-46.85	-37.97
利比亚			20.00	70.80		
哥伦比亚			19.60	46.43		
也　门			18.90	68.43		
中国澳门	7.42	10.64	12.16	17.37	63.81	63.31
民主刚果			9.60	15.82		
美　国	0.01	0.02	6.12	238.68	61 100.00	994 400.00
法　国	9.07	82.38	5.49	41.53	-39.49	-49.58
巴基斯坦	81.85	198.63	4.88	49.56	-94.04	-75.05
日　本			2.76	25.61		
德　国	0.22	0.75	0.14	0.38	-35.32	-49.20
哥斯达黎加	0.03	0.09	0.05	0.14	50.00	59.77
其　他	5 575.92	18 917.20				

8-24 奶粉分国别进口量值

单位：吨、千美元

国家或地区	2009		2010		2010年比2009年增加%	
	数量	金额	数量	金额	数量	金额
国家（地区）合计	**246 787.44**	**580 408.93**	**414 039.80**	**1 388 100.24**	**67.77**	**139.16**
新西兰	203 910.44	477 867.59	336 489.02	1 135 823.14	65.02	137.69
澳大利亚	18 052.05	40 155.99	24 760.62	86 343.95	37.16	115.02
美国	6 062.99	13 691.44	14 487.11	42 159.01	138.94	207.92
丹麦	2 426.43	5 175.53	8 547.28	29 811.32	252.26	476.01
法国	6 974.46	22 396.16	5 171.81	16 311.95	-25.85	-27.17
德国	2 086.93	4 595.61	3 302.03	10 443.33	58.22	127.25
比利时	567.84	1 391.10	3 269.53	11 376.31	475.79	717.79
爱尔兰	424.08	1 236.18	2 634.93	8 819.12	521.33	613.42
荷兰	2 403.09	5 342.58	2 630.56	7 660.97	9.47	43.39
新加坡	10.49	81.50	2 551.22	7 767.69	24 213.50	9 430.79
阿根廷	3.00	17.70	2 007.70	6 479.20	66 823.33	36 505.65
乌拉圭	0.06	1.23	1 775.00	5 564.00	3 008 374.58	451 523.62
智利			1 550.00	5 184.25		
英国	27.28	97.05	1 098.22	3 777.34	3 925.45	3 792.19
瑞士	718.28	1 508.39	822.12	2 538.23	14.46	68.27
波兰	700.00	1 441.30	730.55	2 040.93	4.36	41.60
芬兰	427.00	833.75	717.20	1 886.20	67.96	126.23
加拿大	1 049.88	2 075.75	649.98	1 644.94	-38.09	-20.75
白俄罗斯	525.00	1 124.73	550.00	1 243.72	4.76	10.58
乌克兰	49.98	110.28	100.00	225.68	100.10	104.65
西班牙			99.00	374.85		
捷克			50.00	168.00		
马来西亚	0.00	0.03	21.47	337.58	2 146 600.00	1 088 858.06
中国（大陆）	50.00	200.60	17.09	74.06	-65.82	-63.08
菲律宾			4.88	23.93		
中国台湾	0.01	0.08	1.68	14.43	15 172.73	19 141.33
日本	12.66	254.13	0.67	4.59	-94.71	-98.20
埃及			0.09	0.19		
墨西哥			0.06	1.35		
其他	305.50	810.24				

8-25 奶粉分地区进口量值

单位：吨、千美元

地　区	2009		2010		2010年比2009年增加%	
	数量	金额	数量	金额	数量	金额
全国合计	**246 787.44**	**580 408.93**	**414 039.80**	**1 388 100.24**	**67.77**	**139.16**
天　津	58 077.50	124 657.75	129 515.80	419 001.80	123.01	236.12
浙　江	39 663.98	93 558.63	74 540.28	245 548.08	87.93	162.45
广　东	57 180.21	136 013.93	71 279.13	250 701.05	24.66	84.32
上　海	26 251.60	60 886.84	47 928.07	158 595.16	82.57	160.48
山　东	34 067.04	90 186.36	25 074.66	86 541.66	-26.40	-4.04
内蒙古	1 889.68	4 255.50	19 533.75	75 773.08	933.71	1 680.59
北　京	6 457.07	14 870.13	16 213.09	54 705.37	151.09	267.89
江　苏	3 784.38	8 343.51	9 434.45	29 698.18	149.30	255.94
湖　南	5 191.33	16 740.14	7 133.15	23 362.86	37.41	39.56
黑龙江	6 202.65	12 980.02	5 299.00	17 429.55	-14.57	34.28
福　建	1 826.99	3 793.81	2 393.00	7 163.05	30.98	88.81
河　北	719.65	2 455.63	2 288.93	7 139.88	218.06	190.75
辽　宁	2 018.19	4 419.55	1 904.44	6 284.84	-5.64	42.21
湖　北	1 259.58	2 242.05	622.65	2 123.12	-50.57	-5.30
山　西	1 881.53	3 732.91	428.53	1 707.83	-77.22	-54.25
四　川	98.01	235.69	305.70	917.43	211.89	289.25
海　南	96.47	781.92	104.18	1 250.14	7.99	59.88
江　西			41.00	157.16		
其　他	121.60	254.56				

8-26 奶粉出口货源地量值

单位：吨、千美元

地　区	2009		2010		2010年比2009年增加%	
	数量	金额	数量	金额	数量	金额
全国合计	**9 737.53**	**30 859.72**	**2 969.70**	**9 428.92**	**-69.50**	**-69.45**
云　南	1 535.65	4 731.13	1 322.93	4 695.42	-13.85	-0.75
天　津			810.63	1 475.01		
辽　宁	155.00	508.05	183.58	637.80	18.44	25.54
山　东	553.89	1 953.03	171.40	423.52	-69.06	-78.31
内蒙古	2 914.00	8 020.70	136.00	452.06	-95.33	-94.36
广　东	46.41	259.86	113.75	643.65	145.10	147.69
黑龙江	4 327.71	14 811.77	96.13	389.56	-97.78	-97.37
陕　西	70.00	245.68	86.70	455.61	23.86	85.45
北　京	10.00	41.35	25.82	56.07	158.15	35.61
上　海	3.00	9.48	18.79	155.55	526.43	1 540.86
四　川	0.02	0.06	3.94	43.92	21 766.67	75 631.03
安　徽	40.00	80.00	0.02	0.07	-99.94	-99.91
江　苏			0.01	0.67		
新　疆	81.85	198.63				

8-27 奶粉出口目的地量值

单位：吨、千美元

国家或地区	2009		2010		2010年比2009年增加%	
	数量	金额	数量	金额	数量	金额
国家（地区）合计	**9 737.53**	**30 859.72**	**2 969.70**	**9 428.92**	**-69.50**	**-69.45**
缅　　甸	1 518.65	4 693.73	1 322.93	4 695.42	-12.89	0.04
新 西 兰			730.95	1 342.28		
中国香港	54.13	205.31	324.16	1 295.94	498.88	531.21
新 加 坡	2.00	5.38	180.00	621.00	8 900.00	11 438.46
尼日利亚	2 567.00	6 803.81	136.00	452.06	-94.70	-93.36
阿 联 酋	46.18	259.07	100.00	240.00	116.56	-7.36
泰　　国	76.96	299.05	55.46	275.90	-27.94	-7.74
马来西亚	6.33	22.38	43.70	296.16	590.89	1 223.52
中国台湾	24.60	41.82	36.90	62.73	50.00	50.00
蒙　　古			12.48	15.73		
朝　　鲜	19.00	67.36	9.73	39.67	-48.79	-41.10
民主刚果			9.60	15.82		
巴基斯坦	81.85	198.63	4.88	49.56	-94.04	-75.05
日　　本			2.74	25.52		
德　　国	0.22	0.75	0.14	0.38	-35.32	-49.20
哥斯达黎加			0.02	0.07		
澳大利亚			0.01	0.67		
其　　他	5 340.62	18 262.45				

8-28 奶油分国别进口量值

单位：吨、千美元

国家或地区	2009		2010		2010年比2009年增加%	
	数量	金额	数量	金额	数量	金额
国家（地区）合计	**28 443.69**	**65 664.98**	**23 448.93**	**91 406.18**	**-17.56**	**39.20**
新 西 兰	24 398.18	53 199.02	19 500.49	73 496.38	-20.07	38.15
澳大利亚	2 135.37	4 961.20	1 779.38	7 283.11	-16.67	46.80
法　　国	563.01	2 690.09	797.24	4 454.73	41.60	65.60
阿 根 廷	77.00	144.79	402.62	1 344.53	422.88	828.59
比 利 时	336.41	1 301.84	319.75	1 594.86	-4.95	22.51
美　　国	112.47	403.20	202.33	918.32	79.90	127.76
丹　　麦	144.89	836.81	192.71	1 205.22	33.01	44.02
荷　　兰	229.20	774.77	135.50	530.38	-40.88	-31.54
爱 尔 兰	32.61	159.66	56.24	255.69	72.47	60.14
德　　国	42.56	187.98	53.52	286.04	25.75	52.16
新 加 坡	11.34	23.08	8.00	32.66	-29.45	41.53
中国台湾	0.04	0.48	1.00	2.87	2 677.78	491.94
日　　本	63.73	286.76	0.07	0.72	-99.89	-99.75
意 大 利	0.21	1.43	0.05	0.49	-76.08	-65.67
其　　他	296.68	693.87	0.02	0.20	-99.99	-99.97

8-29 奶油分地区进口量值

单位：吨、千美元

地　区	2009		2010		2010年比2009年增加%	
	数量	金额	数量	金额	数量	金额
全国合计	**28 443.69**	**65 664.98**	**23 448.93**	**91 406.18**	**-17.56**	**39.20**
上　海	13 086.58	30 529.40	9 849.17	37 391.99	-24.74	22.48
广　东	5 135.55	11 809.28	4 176.72	16 492.79	-18.67	39.66
天　津	2 889.66	6 201.60	3 322.61	12 113.97	14.98	95.34
北　京	2 746.34	6 230.71	2 952.33	12 260.45	7.50	96.77
浙　江	1 035.44	2 591.92	1 198.45	5 196.20	15.74	100.48
山　东	657.53	2 517.65	727.60	3 625.68	10.66	44.01
江　苏	2 038.71	3 887.85	528.82	1 562.99	-74.06	-59.80
福　建	268.38	515.65	196.19	769.12	-26.90	49.16
辽　宁	112.00	222.60	151.22	551.61	35.02	147.80
黑龙江	403.20	868.39	151.20	465.70	-62.50	-46.37
河　北			127.42	630.61		
内蒙古			67.20	345.08		
其　他	70.31	289.92				

8-30 乳清分国别进口量值

单位：吨、千美元

国家或地区	2009		2010		2010年比2009年增加%	
	数量	金额	数量	金额	数量	金额
国家（地区）合计	**288 753.81**	**284 220.37**	**264 499.03**	**344 809.86**	**-8.40**	**21.32**
美　国	140 019.49	80 118.28	141 482.16	121 767.54	1.04	51.98
法　国	49 758.10	70 402.19	35 633.50	61 683.74	-28.39	-12.38
德　国	15 106.66	19 159.63	16 399.38	29 289.61	8.56	52.87
芬　兰	14 147.50	20 698.13	13 635.25	22 848.11	-3.62	10.39
荷　兰	14 902.75	26 049.82	11 789.20	26 576.44	-20.89	2.02
爱尔兰	13 069.61	20 438.83	9 270.01	15 282.41	-29.07	-25.23
波　兰	5 778.00	3 618.78	7 950.50	8 867.26	37.60	145.03
澳大利亚	8 932.47	8 103.78	6 390.49	9 482.59	-28.46	17.01
新西兰	3 728.44	9 633.05	5 140.42	20 731.99	37.87	115.22
阿根廷	5 767.10	8 510.44	4 804.60	10 605.82	-16.69	24.62
乌克兰	3 174.93	1 734.12	3 075.00	2 856.85	-3.15	64.74
乌拉圭	250.00	145.87	3 050.00	2 826.02	1 119.98	1 837.30
加拿大	7 609.50	5 527.66	2 009.00	2 378.46	-73.60	-56.97
奥地利	2 166.35	3 492.32	1 194.56	2 490.86	-44.86	-28.68
印　度	384.00	535.88	624.00	1 398.26	62.50	160.93
英　国	75.75	49.06	425.20	789.43	461.32	1 509.14
西班牙	1 392.00	1 138.76	360.00	370.67	-74.14	-67.45
丹　麦	310.56	1 732.68	342.48	2 482.78	10.28	43.29
意大利	645.98	762.44	305.65	662.11	-52.68	-13.16
南　非	325.00	205.25	300.00	265.50	-7.69	29.35
比利时	527.50	839.68	170.00	684.00	-67.77	-18.54
其　他	682.13	1 323.72	147.65	469.41	-78.36	-64.54

8-31 乳清分地区进口量值

单位：吨、千美元

地 区	2009		2010		2010年比2009年增加%	
	数量	金额	数量	金额	数量	金额
全国合计	**288 753.81**	**284 220.37**	**264 499.03**	**344 809.86**	**-8.40**	**21.32**
天 津	77 842.47	89 808.75	61 259.35	99 833.10	-21.30	11.16
上 海	41 552.56	36 271.87	41 814.83	49 022.73	0.63	35.15
广 东	27 871.41	23 012.11	27 180.72	33 525.64	-2.48	45.69
北 京	22 867.73	17 079.54	24 616.29	23 242.26	7.65	36.08
福 建	19 495.10	9 046.46	20 606.99	15 880.88	5.70	75.55
辽 宁	25 743.86	28 942.33	20 430.34	26 461.48	-20.64	-8.57
山 东	24 320.72	31 984.03	17 266.60	27 782.69	-29.00	-13.14
黑龙江	12 051.65	19 197.92	12 643.14	21 935.27	4.91	14.26
云 南	4 989.95	2 787.71	11 336.68	6 933.56	127.19	148.72
浙 江	17 950.68	18 047.61	10 401.26	22 055.73	-42.06	22.21
江 苏	1 537.47	739.51	6 141.91	7 000.94	299.48	846.70
河 北	2 291.58	1 418.63	4 565.18	6 133.93	99.22	332.38
安 徽	3 613.47	1 886.15	3 895.25	2 944.16	7.80	56.09
四 川	1 416.15	630.11	1 145.50	911.68	-19.11	44.69
湖 南	2 893.90	1 661.15	865.15	618.97	-70.10	-62.74
内蒙古	290.95	445.21	200.20	394.50	-31.19	-11.39
江 西			106.25	72.25		
湖 北	1 264.23	753.06	23.40	59.67	-98.15	-92.08
其 他	759.95	508.23		0.46		

8-32 炼乳分国别进口量值

单位：吨、千美元

国家或地区	2009		2010		2010年比2009年增加%	
	数量	金额	数量	金额	数量	金额
国家（地区）合计	**1 732.28**	**3 975.08**	**3 266.03**	**7 391.68**	**88.54**	**85.95**
荷 兰	239.34	451.07	1 173.13	2 084.77	390.15	362.18
德 国	503.33	1 058.57	752.84	1 870.86	49.57	76.74
美 国	147.69	312.70	366.69	780.93	148.28	149.74
澳大利亚	179.46	568.49	299.51	928.73	66.89	63.37
新西兰	409.37	916.50	287.35	691.07	-29.81	-24.60
法 国	22.11	103.84	107.29	361.67	385.22	248.29
中国（大陆）	2.26	16.25	78.73	155.28	3 389.80	855.39
智 利			72.01	161.69		
泰 国	92.01	97.89	45.14	81.17	-50.94	-17.08
比利时	71.05	202.96	35.22	102.05	-50.43	-49.72
科威特	5.04	9.94	14.10	26.62	179.76	167.72
新加坡	8.29	9.97	10.48	13.37	26.47	34.16
丹 麦	6.16	24.37	7.78	35.13	26.25	44.12
其 他	46.18	202.52	15.77	98.34	-65.86	-51.44

8-33 炼乳分地区进口量值

单位：吨、千美元

地　区	2009		2010		2010年比2009年增加%	
	数量	金额	数量	金额	数量	金额
全国合计	**1 732.28**	**3 975.08**	**3 266.03**	**7 391.68**	**88.54**	**85.95**
上　海	839.66	1 950.58	1 382.89	3 207.09	64.70	64.42
广　东	406.24	713.31	1 219.14	2 342.59	200.11	228.41
北　京	356.12	822.57	559.20	1 437.14	57.03	74.71
天　津	57.60	168.88	42.68	134.00	-25.90	-20.66
辽　宁	0.16	3.27	20.40	55.25	12 339.02	1 588.05
湖　北			16.80	87.23		
海　南	22.88	30.34	13.68	16.36	-40.19	-46.10
江　苏	33.66	164.38	5.27	46.53	-84.33	-71.69
山　东	15.96	121.58	2.55	60.28	-84.06	-50.42
福　建			2.40	2.40		
浙　江	0.01	0.16	0.89	0.98	17 700.00	512.50
广　西			0.11	0.32		
吉　林			0.02	1.51		

8-34 炼乳出口货源地量值

单位：吨、千美元

地　区	2009		2010		2010年比2009年增加%	
	数量	金额	数量	金额	数量	金额
全国合计	**3 691.95**	**5 711.10**	**3 443.52**	**5 902.76**	**-6.73**	**3.36**
山　东	3 475.73	5 190.18	2 995.17	5 372.33	-13.83	3.51
广　东	196.57	497.13	422.21	493.59	114.79	-0.71
浙　江	19.66	23.80	22.09	30.09	12.38	26.43
上　海			4.05	6.75		

8-35 炼乳出口目的地量值

单位：吨、千美元

国家或地区	2009		2010		2010年比2009年增加%	
	数量	金额	数量	金额	数量	金额
国家（地区）合计	**3 691.95**	**5 711.10**	**3 443.52**	**5 902.76**	**-6.73**	**3.36**
中国香港	3 483.49	5 195.21	3 137.52	5 543.79	-9.93	6.71
新加坡	60.19	46.08	151.19	118.66	151.18	157.50
以色列	52.01	152.01	47.94	107.13	-7.82	-29.52
澳大利亚			39.06	28.76		
安哥拉			37.04	77.16		
加　纳			26.72	20.51		
朝　鲜			4.05	6.75		
其　他	96.27	317.81				

8-36 干酪分国别进口量值

单位：吨、千美元

国家或地区	2009		2010		2010年比2009年增加%	
	数量	金额	数量	金额	数量	金额
国家（地区）合计	**16 976.78**	**69 660.00**	**22 920.66**	**105 433.71**	**35.01**	**51.35**
新西兰	8 734.60	31 343.83	11 863.30	50 695.23	35.82	61.74
澳大利亚	4 488.92	16 217.94	5 169.62	21 322.51	15.16	31.47
美国	1 691.00	7 696.40	2 703.57	12 765.68	59.88	65.87
阿根廷	247.43	686.57	568.27	2 218.95	129.67	223.19
法国	362.12	3 817.10	538.31	5 023.82	48.66	31.61
意大利	242.26	2 266.03	363.82	3 150.73	50.18	39.04
丹麦	139.06	1 360.95	325.18	2 859.80	133.84	110.13
荷兰	345.45	1 746.40	267.64	1 389.65	-22.52	-20.43
德国	167.59	948.79	239.28	1 297.36	42.78	36.74
乌拉圭	50.01	142.39	215.01	742.30	329.97	421.32
奥地利	96.37	419.72	139.28	605.91	44.53	44.36
波兰	16.28	128.42	122.78	589.56	654.00	359.08
新加坡	76.23	418.70	92.97	543.48	21.97	29.80
瑞士	52.04	588.77	61.12	682.28	17.44	15.88
印度尼西亚	43.59	250.19	49.44	272.75	13.41	9.02
英国	6.64	59.15	43.87	166.46	560.86	181.43
爱尔兰	40.13	295.08	38.25	260.26	-4.69	-11.80
智利			35.98	143.45		
瑞典	12.68	137.34	22.01	221.86	73.66	61.54
芬兰			13.31	26.30		
立陶宛	1.00	2.64	10.00	39.80	899.80	1 408.72
日本	50.51	560.70	8.67	121.32	-82.83	-78.36
希腊	2.99	49.46	8.16	103.68	172.94	109.61
西班牙	1.24	23.25	7.48	100.53	503.79	332.38
中国台湾	0.98	4.94	5.98	33.14	512.60	570.77
斯洛伐克	4.93	45.75	3.70	33.23	-24.85	-27.37
比利时			2.58	18.03		
韩国	46.97	139.24	0.51	2.68	-98.91	-98.07
塞浦路斯	0.25	1.57	0.41	2.11	65.60	34.50
中国香港	0.16	3.04	0.09	0.40	-43.40	-86.83
卡塔尔			0.08	0.26		
卢森堡			0.02	0.18		
格林纳达			0.00	0.04		
其他	55.37	305.66				

8-37 干酪分地区进口量值

单位：吨、千美元

地区	2009		2010		2010年比2009年增加%	
	数量	金额	数量	金额	数量	金额
全国合计	**16 976.78**	**69 660.00**	**22 920.66**	**105 433.71**	**35.01**	**51.35**
上海	7 979.03	34 187.12	9 778.49	45 890.06	22.55	34.23
北京	3 361.83	13 144.05	3 873.83	17 841.83	15.23	35.74
广东	2 253.45	9 954.29	3 304.01	15 901.95	46.62	59.75
天津	1 027.03	3 533.79	2 547.67	10 260.13	148.06	190.34
福建	912.26	3 013.11	1 213.99	5 016.26	33.07	66.48
辽宁	535.70	1 849.05	798.12	3 277.64	48.99	77.26
江苏	60.13	520.00	414.79	2 619.34	589.78	403.72
山东	331.75	1 173.13	352.72	1 571.22	6.32	33.93
浙江	268.99	930.91	315.17	1 358.17	17.17	45.90
内蒙古	139.53	673.52	209.23	931.96	49.95	38.37
河南	72.60	389.55	75.00	425.25	3.31	9.16
陕西	29.18	242.04	27.23	234.20	-6.68	-3.24
海南	4.54	43.46	9.98	104.26	120.04	139.89
吉林	0.46	1.32	0.43	1.28	-7.97	-3.10
黑龙江			0.02	0.15		
四川	0.26	4.26				
安徽	0.04	0.39				

Ⅸ. 乳制品消费

9-1 各地区城镇居民平均每人全年可支配收入

单位：元/人

地　区	1995	2000	2005	2008	2009	2010
全国平均	**4 282.95**	**6 279.98**	**10 493.03**	**15 780.76**	**17 174.65**	**19 109.44**
北　京	6 235.00	10 349.69	17 652.95	24 724.89	26 738.48	29 072.93
天　津	4 929.53	8 140.50	12 638.55	19 422.53	21 402.01	24 292.60
河　北	3 921.35	5 661.16	9 107.09	13 441.09	14 718.25	16 263.43
山　西	3 305.98	4 724.11	8 913.91	13 119.05	13 996.55	15 647.66
内蒙古	2 863.03	5 129.05	9 136.79	14 432.55	15 849.19	17 698.15
辽　宁	3 706.51	5 357.79	9 107.55	14 392.69	15 761.38	17 712.58
吉　林	3 174.83	4 810.00	8 690.62	12 829.45	14 006.27	15 411.47
黑龙江	3 375.21	4 912.88	8 272.51	11 581.28	12 565.98	13 856.51
上　海	7 191.77	11 718.01	18 645.03	26 674.90	28 837.78	31 838.08
江　苏	4 634.42	6 800.23	12 318.57	18 679.52	20 551.72	22 944.26
浙　江	6 221.36	9 279.16	16 293.77	22 726.66	24 610.81	27 359.02
安　徽	3 795.38	5 293.55	8 470.68	12 990.35	14 085.74	15 788.17
福　建	4 506.99	7 432.26	12 321.31	17 961.45	19 576.83	21 781.31
江　西	3 376.51	5 103.58	8 619.66	12 866.44	14 021.54	15 481.12
山　东	4 264.08	6 489.97	10 744.79	16 305.41	17 811.04	19 945.83
河　南	3 299.46	4 766.26	8 667.97	13 231.11	14 371.56	15 930.26
湖　北	4 028.63	5 524.54	8 785.94	13 152.86	14 367.48	16 058.37
湖　南	4 699.23	6 218.73	9 523.97	13 821.16	15 084.31	16 565.70
广　东	7 438.70	9 761.57	14 769.94	19 732.86	21 574.72	23 897.80
广　西	4 791.87	5 834.43	9 286.70	14 146.04	15 451.48	17 063.89
海　南	4 770.41	5 358.32	8 123.94	12 607.84	13 750.85	15 581.05
重　庆		6 275.98	10 243.46	14 367.55	15 748.67	17 532.43
四　川	4 002.92	5 894.27	8 385.96	12 633.38	13 839.40	15 461.16
贵　州	3 931.46	5 122.21	8 151.13	11 758.76	12 862.53	14 142.74
云　南	4 085.11	6 324.64	9 265.90	13 250.22	14 423.93	16 064.54
西　藏		7 426.32	9 431.18	12 481.51	13 544.41	14 980.47
陕　西	3 309.68	5 124.24	8 272.02	12 857.89	14 128.76	15 695.21
甘　肃	3 152.52	4 916.25	8 086.82	10 969.41	11 929.78	13 188.55
青　海	3 319.85	5 169.96	8 057.85	11 640.43	12 691.85	13 854.99
宁　夏	3 382.81	4 912.40	8 093.64	12 931.53	14 024.70	15 344.49
新　疆	4 163.44	5 644.86	7 990.15	11 432.10	12 257.52	13 643.77

9-2 各地区城镇居民平均每人全年消费性支出

单位：元/人

地　区	1995	2000	2005	2008	2009	2010
全国平均	**3 537.57**	**4 998.00**	**7 942.88**	**11 242.80**	**12 264.55**	**13 471.45**
北　京	5 019.77	8 493.49	13 244.20	16 460.26	17 893.30	19 934.48
天　津	4 064.10	6 121.04	9 653.26	13 422.47	14 801.35	16 561.77
河　北	3 161.99	4 348.47	6 699.67	9 086.73	9 678.75	10 318.32
山　西	2 640.73	3 941.87	6 342.63	8 806.55	9 355.10	9 792.65
内蒙古	2 482.15	3 927.75	6 928.60	10 827.04	12 369.87	13 994.62
辽　宁	3 113.39	4 356.06	7 369.27	11 231.48	12 324.58	13 280.04
吉　林	2 597.96	4 020.87	6 794.71	9 729.05	10 914.44	11 679.04
黑龙江	2 776.49	3 824.44	6 178.01	8 622.97	9 629.60	10 683.92
上　海	5 868.11	8 868.19	13 773.41	19 397.89	20 992.35	23 200.40
江　苏	3 772.28	5 323.18	8 621.82	11 977.55	13 153.00	14 357.49
浙　江	5 263.41	7 020.22	12 253.74	15 158.30	16 683.48	17 858.20
安　徽	3 161.41	4 232.98	6 367.67	9 524.04	10 233.98	11 512.55
福　建	3 848.11	5 638.74	8 794.41	12 501.12	13 450.57	14 750.01
江　西	2 712.44	3 623.56	6 109.39	8 717.37	9 739.99	10 618.69
山　东	3 285.50	5 022.00	7 457.31	11 006.61	12 012.73	13 118.24
河　南	2 673.95	3 830.71	6 038.02	8 837.46	9 566.99	10 838.49
湖　北	3 433.79	4 644.50	6 736.56	9 477.51	10 294.07	11 450.97
湖　南	3 885.64	5 218.79	7 504.99	9 945.52	10 828.23	11 825.33
广　东	6 253.68	8 016.91	11 809.87	15 527.97	16 857.50	18 489.53
广　西	4 045.83	4 852.31	7 032.80	9 627.40	10 352.38	11 490.08
海　南	3 760.29	4 082.56	5 928.79	9 408.48	10 086.65	10 926.71
重　庆		5 569.84	8 623.29	11 146.80	12 144.06	13 335.02
四　川	3 429.00	4 855.78	6 891.27	9 679.14	10 860.20	12 105.09
贵　州	3 250.55	4 278.28	6 159.29	8 349.21	9 048.29	10 058.29
云　南	3 448.27	5 185.31	6 996.90	9 076.61	10 201.81	11 074.08
西　藏		5 554.42	8 617.11	8 323.54	9 034.31	9 685.54
陕　西	2 837.69	4 276.67	6 656.46	9 772.07	10 705.67	11 821.88
甘　肃	2 617.74	4 126.47	6 529.20	8 308.62	8 890.79	9 895.35
青　海	2 870.07	4 185.73	6 245.26	8 203.17	8 786.52	9 613.79
宁　夏	2 865.71	4 200.50	6 404.31	9 558.29	10 280.00	11 334.43
新　疆	3 186.76	4 422.93	6 207.52	8 669.36	9 327.55	10 197.09

9-3　各地区农村居民平均每人全年纯收入

单位：元/人

地　区	1995	2000	2005	2008	2009	2010
全国平均	**1 577.74**	**2 253.42**	**3 254.93**	**4 760.62**	**5 153.17**	**5 919.01**
北　京	3 223.65	4 604.55	7 346.26	10 661.92	11 668.59	13 262.29
天　津	2 406.38	3 622.39	5 579.87	7 910.78	8 687.56	10 074.86
河　北	1 668.73	2 478.86	3 481.64	4 795.46	5 149.67	5 957.98
山　西	1 208.30	1 905.61	2 890.66	4 097.24	4 244.10	4 736.25
内蒙古	1 208.38	2 038.21	2 988.87	4 656.18	4 937.80	5 529.59
辽　宁	1 756.50	2 355.58	3 690.21	5 576.48	5 958.00	6 907.93
吉　林	1 609.60	2 022.50	3 263.99	4 932.74	5 265.91	6 237.44
黑龙江	1 766.27	2 148.22	3 221.27	4 855.59	5 206.76	6 210.72
上　海	4 245.61	5 596.37	8 247.77	11 440.26	12 482.94	13 977.96
江　苏	2 456.86	3 595.09	5 276.29	7 356.47	8 003.54	9 118.24
浙　江	2 966.19	4 253.67	6 659.95	9 257.93	10 007.31	11 302.55
安　徽	1 302.82	1 934.57	2 640.96	4 202.49	4 504.32	5 285.17
福　建	2 048.59	3 230.49	4 450.36	6 196.07	6 680.18	7 426.86
江　西	1 537.36	2 135.30	3 128.89	4 697.19	5 075.01	5 788.56
山　东	1 715.09	2 659.20	3 930.55	5 641.43	6 118.77	6 990.28
河　南	1 231.97	1 985.82	2 870.58	4 454.24	4 806.95	5 523.73
湖　北	1 511.22	2 268.59	3 099.20	4 656.38	5 035.26	5 832.27
湖　南	1 425.16	2 197.16	3 117.74	4 512.46	4 909.04	5 621.96
广　东	2 699.24	3 654.48	4 690.49	6 399.79	6 906.93	7 890.25
广　西	1 446.14	1 864.51	2 494.67	3 690.34	3 980.44	4 543.41
海　南	1 519.71	2 182.26	3 004.03	4 389.97	4 744.36	5 275.37
重　庆		1 892.44	2 809.32	4 126.21	4 478.35	5 276.66
四　川	1 158.29	1 903.60	2 802.78	4 121.21	4 462.05	5 086.89
贵　州	1 086.62	1 374.16	1 876.96	2 796.93	3 005.41	3 471.93
云　南	1 010.97	1 478.60	2 041.79	3 102.60	3 369.34	3 952.03
西　藏	1 200.31	1 330.81	2 077.90	3 175.82	3 531.72	4 138.71
陕　西	962.89	1 443.86	2 052.63	3 136.46	3 437.55	4 104.98
甘　肃	880.34	1 428.68	1 979.88	2 723.79	2 980.10	3 424.65
青　海	1 029.77	1 490.49	2 151.46	3 061.24	3 346.15	3 862.68
宁　夏	998.75	1 724.30	2 508.89	3 681.42	4 048.33	4 674.89
新　疆	1 136.45	1 618.08	2 482.15	3 502.90	3 883.10	4 642.67

9-4 各地区农村居民平均每人全年生活消费支出

单位：元/人

地 区	1995	2000	2005	2008	2009	2010
全国平均	**1 310.36**	**1 670.13**	**2 555.40**	**3 660.68**	**3 993.45**	**4 381.82**
北 京	2 335.62	3 425.71	5 315.71	7 284.65	8 897.59	9 254.77
天 津	1 548.40	1 995.61	3 035.96	3 825.43	4 273.15	4 936.73
河 北	1 104.30	1 365.23	2 165.72	3 125.55	3 349.74	3 844.92
山 西	927.99	1 149.01	1 877.70	3 097.54	3 304.76	3 663.86
内蒙古	1 180.46	1 614.91	2 446.17	3 618.11	3 968.42	4 460.83
辽 宁	1 471.93	1 753.54	2 805.94	3 814.03	4 254.03	4 489.50
吉 林	1 494.62	1 553.35	2 305.98	3 443.24	3 902.90	4 147.36
黑龙江	1 479.84	1 540.35	2 544.65	3 844.73	4 241.27	4 391.17
上 海	3 387.04	4 137.61	7 277.94	9 119.67	9 804.37	10 210.46
江 苏	1 938.01	2 337.46	3 567.11	5 328.37	5 804.45	6 542.87
浙 江	2 378.38	3 230.88	5 432.95	7 534.09	7 731.70	8 928.89
安 徽	1 070.64	1 321.50	2 196.23	3 284.11	3 655.02	4 013.31
福 建	1 793.68	2 409.69	3 292.63	4 661.94	5 015.72	5 498.33
江 西	1 256.08	1 642.66	2 483.70	3 309.21	3 532.66	3 911.61
山 东	1 338.46	1 770.75	2 735.77	4 077.05	4 417.18	4 807.18
河 南	929.39	1 315.83	1 891.57	3 044.21	3 388.47	3 682.21
湖 北	1 245.10	1 555.61	2 430.19	3 652.57	3 725.24	4 090.78
湖 南	1 367.30	1 942.94	2 756.43	3 804.97	4 020.87	4 310.37
广 东	2 255.01	2 646.02	3 707.73	4 872.46	5 019.81	5 515.58
广 西	1 202.91	1 487.96	2 349.60	2 985.03	3 231.14	3 455.29
海 南	1 080.46	1 483.90	1 969.09	2 883.10	3 088.56	3 446.24
重 庆		1 395.53	2 142.12	2 884.92	3 142.14	3 624.62
四 川	1 092.91	1 484.59	2 274.17	3 127.94	4 141.40	3 897.53
贵 州	930.59	1 096.64	1 552.39	2 165.70	2 421.95	2 852.48
云 南	981.10	1 270.83	1 789.00	2 990.61	2 924.85	3 398.33
西 藏	896.80	1 116.59	1 723.76	2 199.59	2 399.47	2 666.92
陕 西	913.73	1 251.21	1 896.48	2 979.37	3 349.23	3 793.80
甘 肃	915.25	1 084.00	1 819.58	2 400.95	2 766.45	2 941.99
青 海	913.84	1 218.23	1 976.03	2 896.62	3 209.41	3 774.50
宁 夏	1 063.20	1 417.13	2 094.48	3 094.86	3 347.94	4 013.17
新 疆	941.58	1 236.45	1 924.41	2 691.79	2 950.63	3 457.88

9-5 全国城镇居民家庭平均每人全年食品消费支出

单位：元/人

地 区	1995	2000	2005	2008	2009	2010
全国平均	**1 766.02**	**1 958.31**	**2 914.39**	**4 259.79**	**4 478.54**	**4 804.71**
北 京	2 436.48	3 083.37	4 215.56	5 561.54	5 936.11	6 392.90
天 津	2 117.14	2 454.79	3 542.90	5 005.09	5 404.53	5 940.44
河 北	1 433.76	1 517.94	2 315.76	3 155.40	3 250.77	3 335.23
山 西	1 267.17	1 375.97	2 056.79	2 974.76	3 071.93	3 052.57
内蒙古	1 201.75	1 353.45	2 177.63	3 552.94	3 772.63	4 211.48
辽 宁	1 615.29	1 772.14	2 860.98	4 378.14	4 680.85	4 658.00
吉 林	1 330.41	1 582.70	2 356.00	3 307.14	3 637.32	3 767.85
黑龙江	1 338.58	1 469.52	2 071.62	3 128.10	3 397.41	3 784.72
上 海	3 120.33	3 915.59	4 940.06	7 108.62	7 344.83	7 776.98
江 苏	1 957.25	2 189.80	3 205.79	4 544.64	4 773.67	5 243.14
浙 江	2 476.21	2 752.25	4 140.34	5 522.56	5 604.72	6 118.46
安 徽	1 697.66	1 934.83	2 781.50	3 905.05	4 051.40	4 369.63
福 建	2 413.84	2 518.02	3 595.20	5 078.85	5 336.36	5 790.72
江 西	1 476.31	1 559.45	2 495.09	3 633.05	3 881.56	4 195.38
山 东	1 484.39	1 744.09	2 512.73	3 699.42	3 954.34	4 205.88
河 南	1 338.93	1 386.76	2 067.51	3 079.82	3 272.75	3 575.75
湖 北	1 680.60	1 779.39	2 625.41	3 996.27	4 160.51	4 429.30
湖 南	1 898.07	1 943.68	2 689.39	3 970.42	4 174.55	4 322.09
广 东	3 003.05	3 096.33	4 265.19	5 866.91	6 225.22	6 746.62
广 西	2 061.47	1 936.07	2 906.73	4 082.99	4 129.55	4 372.75
海 南	2 228.94	2 013.22	2 819.96	4 226.90	4 507.81	4 895.96
重 庆		2 308.70	3 135.65	4 418.34	4 576.23	5 012.56
四 川	1 760.26	2 014.30	2 709.69	4 255.48	4 391.73	4 779.60
贵 州	1 748.58	1 837.49	2 458.30	3 597.94	3 755.61	4 013.67
云 南	1 808.71	2 091.70	2 997.06	4 272.29	4 460.58	4 593.49
西 藏		2 570.04	3 830.45	4 262.77	4 581.60	4 847.58
陕 西	1 339.57	1 532.09	2 401.52	3 586.13	3 988.57	4 381.40
甘 肃	1 353.01	1 552.77	2 352.82	3 183.79	3 359.30	3 702.18
青 海	1 507.03	1 711.03	2 267.36	3 315.61	3 548.85	3 784.81
宁 夏	1 331.12	1 500.85	2 228.63	3 352.83	3 432.23	3 768.09
新 疆	1 428.47	1 609.17	2 257.44	3 235.77	3 386.33	3 694.81

9-6 全国城镇居民家庭平均每人全年乳制品消费支出

单位：元/人

地 区	1995	2000	2005	2008	2009	2010
全国平均	**31.43**	**68.57**	**138.62**	**189.84**	**196.14**	**198.47**
北 京	73.55	178.33	270.43	332.13	341.88	371.04
天 津	48.26	98.59	149.17	211.11	205.93	236.06
河 北	31.46	63.33	134.25	169.14	166.38	148.19
山 西	23.63	63.02	154.26	205.47	210.64	161.23
内蒙古	31.09	54.87	120.14	159.78	175.51	173.47
辽 宁	28.58	64.42	140.14	213.15	218.57	188.03
吉 林	22.00	47.16	105.30	126.55	146.29	109.85
黑龙江	26.01	57.61	95.60	129.59	135.19	137.02
上 海	114.22	200.90	246.88	341.69	361.73	410.27
江 苏	31.30	79.74	156.29	216.44	216.79	234.10
浙 江	36.57	81.86	155.28	210.20	206.77	219.84
安 徽	22.16	51.99	154.65	238.78	229.03	241.78
福 建	32.54	104.48	152.34	201.42	192.71	203.15
江 西	15.90	43.43	119.63	169.30	180.77	171.04
山 东	31.33	84.25	159.61	215.95	217.93	225.43
河 南	24.17	43.28	115.26	140.81	148.30	170.31
湖 北	16.85	43.35	110.25	148.87	149.54	146.55
湖 南	20.06	40.32	119.20	134.95	131.35	128.30
广 东	35.18	65.18	134.49	207.50	220.52	211.35
广 西	19.99	46.11	99.58	139.58	145.27	152.45
海 南	20.53	27.87	69.53	113.17	144.38	160.75
重 庆		111.42	168.05	204.16	214.01	234.68
四 川	31.79	70.66	138.86	190.15	211.75	203.04
贵 州	26.27	47.79	96.40	118.35	133.15	154.78
云 南	23.49	45.76	78.23	65.48	83.85	89.80
西 藏		282.74	339.90	311.74	283.24	310.55
陕 西	28.42	50.91	124.31	197.88	222.41	224.00
甘 肃	28.05	58.60	136.80	140.37	149.56	168.11
青 海	43.77	56.73	104.44	141.33	175.18	187.53
宁 夏	26.75	58.53	124.17	199.40	179.24	176.87
新 疆	39.59	59.95	113.75	148.52	151.64	164.52

9-7 全国城镇居民家庭平均每人全年酸奶购买量

单位：千克/人

年 份	总平均	最低收入	其中：困难户	低收入户	中等偏下户	中等收入户	中等偏上户	高收入户	最高收入户
1995	0.26	0.09	0.07	0.18	0.23	0.26	0.31	0.36	0.41
2000	1.12	0.51	0.41	0.62	0.88	1.09	1.42	1.52	2.06
2005	3.23	1.00	0.72	2.09	2.55	3.51	3.97	4.71	5.62
2006	3.72	1.39	1.02	2.27	3.13	3.87	4.58	5.22	6.31
2007	3.97	1.85	1.56	2.83	3.41	4.22	4.61	5.51	5.94
2008	3.54	1.60	1.36	2.43	2.98	3.74	4.32	5.04	5.49
2009	3.88	1.89	1.58	2.75	3.38	4.20	4.68	5.23	5.73
2010	3.67	1.81	1.53	2.61	3.11	3.83	4.59	4.95	5.57

9-8 全国城镇居民家庭平均每人全年奶粉购买量

单位：千克/人

年 份	总平均	最低收入	其中：困难户	低收入户	中等偏下户	中等收入户	中等偏上户	高收入户	最高收入户
1995	0.35	0.19	0.16	0.23	0.33	0.39	0.41	0.42	0.50
2000	0.49	0.26	0.24	0.36	0.43	0.52	0.56	0.67	0.70
2005	0.52	0.28	0.24	0.42	0.51	0.54	0.59	0.63	0.71
2006	0.50	0.28	0.21	0.39	0.47	0.55	0.56	0.62	0.64
2007	0.45	0.28	0.24	0.43	0.44	0.48	0.51	0.51	0.52
2008	0.57	0.37	0.32	0.45	0.52	0.61	0.65	0.68	0.71
2009	0.48	0.25	0.24	0.38	0.41	0.51	0.58	0.60	0.74
2010	0.45	0.25	0.22	0.36	0.39	0.45	0.53	0.62	0.67

9-9 全国城镇居民家庭平均每人全年鲜奶购买量

单位：千克/人

年 份	总平均	最低收入	其中：困难户	低收入户	中等偏下户	中等收入户	中等偏上户	高收入户	最高收入户
1995	4.62	2.56	2.26	3.24	3.93	4.71	5.13	6.27	7.57
2000	9.94	4.59	3.95	6.04	8.27	9.83	11.95	14.07	17.52
2005	17.92	7.80	6.41	11.70	15.30	18.69	22.56	25.74	26.05
2006	18.32	8.80	7.32	12.91	16.26	19.16	22.29	24.52	25.91
2007	17.75	9.57	8.13	12.53	15.35	19.16	21.02	23.23	24.89
2008	15.19	7.56	6.66	10.30	13.17	15.84	18.81	20.80	22.37
2009	14.91	8.01	6.98	10.47	12.80	15.98	18.20	20.08	21.35
2010	13.98	7.39	6.46	9.76	11.96	14.98	17.02	19.13	20.19

9-10 各地区农村居民家庭平均每人全年鲜奶购买量

单位：千克/人

地 区	1995	2000	2005	2008	2009	2010
全国平均	**0.05**	**0.16**	**1.22**	**1.38**	**1.39**	**1.38**
北 京	0.22	3.95	9.63	6.97	7.36	6.88
天 津	0.02	0.33	2.84	3.83	4.78	3.85
河 北	0.02	0.09	1.75	2.37	2.09	2.32
山 西	0.16	0.45	3.10	3.89	3.49	3.38
内蒙古	0.19	0.19	2.27	2.68	2.66	2.78
辽 宁	0.16	0.21	1.80	2.29	2.19	1.87
吉 林	0.05	0.02	0.74	1.47	1.49	1.28
黑龙江	0.03	0.07	1.10	1.57	1.71	1.81
上 海	0.61	1.45	7.42	5.71	5.40	5.48
江 苏	0.02	0.19	3.03	3.42	3.38	3.42
浙 江	0.04	0.36	2.27	1.94	2.13	1.93
安 徽	0.01	0.01	0.10	0.14	0.29	0.50
福 建	0.17	0.32	1.67	1.42	1.20	1.24
江 西		0.01	0.40	0.51	0.68	0.67
山 东	0.05	0.27	4.15	4.57	3.97	4.04
河 南	0.01	0.02	0.20	0.49	0.49	0.52
湖 北			0.05	0.15	0.14	0.16
湖 南	0.01	0.01	0.13	0.15	0.13	0.17
广 东	0.03	0.04	0.15	0.18	0.13	0.22
广 西			0.03	0.03	0.03	0.06
海 南	0.03		0.03	0.03	0.03	0.07
重 庆		0.02	0.29	0.52	0.51	0.68
四 川	0.01	0.03	0.59	0.70	1.29	0.90
贵 州			0.08	0.08	0.12	0.14
云 南	0.02	0.03	0.13	0.11	0.15	0.19
西 藏	0.03		0.07	0.01	0.03	0.01
陕 西	0.06	0.34	1.03	0.95	1.20	1.07
甘 肃	0.04	0.13	0.94	1.47	1.27	1.15
青 海	0.45	0.35	0.79	1.44	1.60	1.82
宁 夏	0.04	0.27	1.58	1.42	1.18	1.25
新 疆	0.21	0.31	0.97	1.07	1.79	1.48

9-11　各地区农村居民家庭平均每人全年乳及乳制品消费量

单位：千克/人

地　区	1995	2000	2005	2008	2009	2010
全国平均	**0.64**	**1.06**	**2.86**	**3.43**	**3.60**	**3.55**
北　京	1.06	5.72	12.12	9.42	10.50	9.85
天　津	0.39	0.74	3.43	4.63	5.70	4.94
河　北	0.14	0.22	2.40	3.57	3.24	3.48
山　西	0.31	0.63	3.89	5.63	5.36	6.05
内蒙古	0.70	6.79	6.23	6.96	6.54	6.98
辽　宁	0.25	0.42	2.53	3.05	3.19	2.82
吉　林	0.23	0.15	1.15	2.22	2.49	2.34
黑龙江	0.28	0.34	1.85	2.86	2.92	3.18
上　海	1.50	2.07	9.12	7.09	7.02	7.03
江　苏	0.17	0.42	4.10	6.02	5.86	6.07
浙　江	0.20	0.97	4.17	5.19	5.58	5.57
安　徽	0.09	0.12	0.62	1.22	1.39	2.01
福　建	0.25	0.55	2.59	3.70	4.37	4.08
江　西	0.05	0.13	1.05	2.10	6.61	3.18
山　东	0.18	0.75	5.78	6.67	6.12	6.26
河　南	0.09	0.14	0.85	2.18	2.15	2.44
湖　北	0.03	0.04	0.23	0.81	1.11	1.22
湖　南	0.03	0.07	0.52	0.69	0.75	0.96
广　东	0.08	0.08	0.35	0.55	0.54	0.76
广　西	0.01	0.05	0.09	0.21	0.26	0.33
海　南	0.09	0.08	0.14	0.15	0.21	0.27
重　庆		0.06	0.49	1.17	1.23	1.73
四　川	0.89	1.31	1.13	1.61	2.69	2.31
贵　州	0.02	0.03	0.17	0.25	0.35	0.45
云　南	0.10	0.09	0.23	0.29	0.40	0.43
西　藏	14.06	12.25	47.23	35.35	30.66	33.93
陕　西	0.49	1.02	2.17	3.36	3.94	4.11
甘　肃	0.17	0.39	1.36	2.38	2.24	2.72
青　海	12.80	21.68	27.81	21.90	19.00	14.20
宁　夏	0.20	0.88	2.92	6.52	4.98	4.48
新　疆	4.11	2.78	4.90	6.30	6.07	5.34

X.社会经济综合指标

10-1 全国国内生产总值

单位：亿元

年 份	国民总收入	国内生产总值				人均国内生产总值（元）
			第一产业	第二产业	第三产业	
1978	3 645.2	3 645.2	1 027.5	1 745.2	872.5	381
1980	4 545.6	4 545.6	1 371.6	2 192.0	982.0	463
1985	9 040.7	9 016.0	2 564.4	3 866.6	2 585.0	858
1990	18 718.3	18 667.8	5 062.0	7 717.4	5 888.4	1 644
1995	59 810.5	60 793.7	12 135.8	28 679.5	19 978.5	5 046
2000	98 000.5	99 214.6	14 944.7	45 555.9	38 714.0	7 858
2005	183 618.5	184 937.4	22 420.0	87 598.1	74 919.3	14 185
2006	215 883.9	216 314.4	24 040.0	103 719.5	88 554.9	16 500
2007	266 411.0	265 810.3	28 627.0	125 831.4	111 351.9	20 169
2008	315 274.7	314 045.4	33 702.0	149 003.4	131 340.0	23 708
2009	341 401.5	340 902.8	35 226.0	157 638.8	148 038.0	25 608
2010	403 260.0	401 202.0	40 533.6	187 581.4	173 087.0	29 992

注：1.1980年以后国民总收入（原称国民生产总值）与国内生产总值的差额为国外净要素收入。
2.2010年为初步核实数据，表10-3与此同。
3.2005-2009年数据作了修订。

10-2 全国农林牧渔业总产值

单位：亿元

年 份	农林牧渔业总产值	农 业	林 业	牧 业	渔 业
1978	1 397.0	1 117.5	48.1	209.3	22.1
1980	1 922.6	1 454.1	81.4	354.2	32.9
1985	3 619.5	2 506.4	188.7	798.3	126.1
1990	7 662.1	4 954.3	330.3	1 967.0	410.6
1995	20 340.9	11 884.6	709.9	6 045.0	1 701.3
2000	24 915.8	13 873.6	936.5	7 393.1	2 712.6
2005	39 450.9	19 613.4	1 425.5	13 310.8	4 016.1
2006	40 810.8	21 522.3	1 610.8	12 083.9	3 970.5
2007	48 893.0	24 658.1	1 861.6	16 124.9	4 457.5
2008	58 002.2	28 044.2	2 152.9	20 583.6	5 203.4
2009	60 361.0	30 611.1	2 359.4	19 468.4	5 626.4
2010	69 319.8	36 941.1	2 595.5	20 825.7	6 422.4

注：2006年农林牧渔业总产值根据农业普查数据进行了修正。

10-3 各地区国内生产总值

单位：亿元

地 区	2000	2005	2007	2008	2009	2010
全国总计	**99 214.55**	**184 937.37**	**265 810.31**	**314 045.43**	**340 506.87**	**401 202.03**
北 京	2 478.76	6 969.52	9 846.81	11 115.00	12 153.03	14 113.58
天 津	1 639.36	3 905.64	5 252.76	6 719.01	7 521.85	9 224.46
河 北	5 088.96	10 012.11	13 607.32	16 011.97	17 235.48	20 394.26
山 西	1 643.81	4 230.53	6 024.45	7 315.40	7 358.31	9 200.86
内蒙古	1 401.01	3 905.03	6 423.18	8 496.20	9 740.25	11 672.00
辽 宁	4 669.06	8 047.26	11 164.30	13 668.58	15 212.49	18 457.27
吉 林	1 821.19	3 620.27	5 284.69	6 426.10	7 278.75	8 667.58
黑龙江	3 253.00	5 513.70	7 104.00	8 314.37	8 587.00	10 368.60
上 海	4 551.15	9 247.66	12 494.01	14 069.86	15 046.45	17 165.98
江 苏	8 582.73	18 598.69	26 018.48	30 981.98	34 457.30	41 425.48
浙 江	6 036.34	13 417.68	18 753.73	21 462.69	22 990.35	27 722.31
安 徽	3 038.24	5 350.17	7 360.92	8 851.66	10 062.82	12 359.33
福 建	3 920.07	6 554.69	9 248.53	10 823.01	12 236.53	14 737.12
江 西	2 003.07	4 056.76	5 800.25	6 971.05	7 655.18	9 451.26
山 东	8 542.44	18 366.87	25 776.91	30 933.28	33 896.65	39 169.92
河 南	5 137.66	10 587.42	15 012.46	18 018.53	19 480.46	23 092.36
湖 北	4 276.32	6 590.19	9 333.40	11 328.89	12 961.10	15 967.61
湖 南	3 691.88	6 596.10	9 439.60	11 555.00	13 059.69	16 037.96
广 东	9 662.23	22 557.37	31 777.01	36 796.71	39 482.56	46 013.06
广 西	2 050.14	3 984.10	5 823.41	7 021.00	7 759.16	9 569.85
海 南	518.48	897.99	1 254.17	1 503.06	1 654.21	2 064.50
重 庆	1 589.34	3 467.72	4 676.13	5 793.66	6 530.01	7 925.58
四 川	4 010.25	7 385.10	10 562.39	12 601.23	14 151.28	17 185.48
贵 州	993.53	2 005.42	2 884.11	3 561.56	3 912.68	4 602.16
云 南	1 955.09	3 461.73	4 772.52	5 692.12	6 169.75	7 224.18
西 藏	117.46	248.80	341.43	394.85	441.36	507.46
陕 西	1 660.92	3 933.72	5 757.29	7 314.58	8 169.80	10 123.48
甘 肃	983.36	1 933.98	2 702.40	3 166.82	3 387.56	4 120.75
青 海	263.59	543.32	797.35	1 018.62	1 081.27	1 350.43
宁 夏	265.57	612.61	919.11	1 203.92	1 353.31	1 689.65
新 疆	1 364.36	2 604.19	3 523.16	4 183.21	4 277.05	5 437.47

10-4 各地区农林牧渔业总产值

单位：亿元

地 区	2000	2005	2007	2008	2009	2010
全国总计	**24 915.80**	**39 450.89**	**48 893.02**	**58 002.15**	**60 361.01**	**69 319.76**
北 京	195.20	268.85	272.30	303.90	314.95	328.02
天 津	156.30	258.41	240.74	268.11	281.65	317.33
河 北	1 544.70	2 600.83	3 075.77	3 505.23	3 640.93	4 309.42
山 西	322.40	483.80	498.39	595.92	908.74	1 047.85
内蒙古	543.20	980.21	1 276.44	1 525.74	1 570.58	1 843.57
辽 宁	967.40	1 671.57	2 128.00	2 476.95	2 704.58	3 106.53
吉 林	609.40	1 050.49	1 359.83	1 614.80	1 734.26	1 850.28
黑龙江	625.10	1 294.41	1 700.65	2 123.43	2 251.10	2 536.30
上 海	216.50	233.39	255.98	280.35	283.15	287.03
江 苏	1 869.70	2 576.98	3 064.72	3 590.64	3 816.02	4 297.14
浙 江	1 062.90	1 428.28	1 597.15	1 780.01	1 873.40	2 172.86
安 徽	1 220.00	1 666.19	2 070.09	2 446.51	2 569.46	2 955.45
福 建	1 037.30	1 396.15	1 692.16	1 965.02	2 001.24	2 307.06
江 西	760.30	1 142.99	1 426.93	1 680.50	1 733.82	1 900.58
山 东	2 294.30	3 741.81	4 766.23	5 612.96	6 003.09	6 650.94
河 南	1 981.50	3 309.70	3 879.93	4 669.54	4 871.51	5 734.20
湖 北	1 125.60	1 775.58	2 296.84	2 940.47	2 985.19	3 501.99
湖 南	1 221.70	2 056.24	2 632.19	3 324.51	3 207.88	3 787.47
广 东	1 640.70	2 447.57	2 821.24	3 298.01	3 337.59	3 754.86
广 西	829.00	1 448.37	2 026.22	2 389.79	2 377.20	2 720.99
海 南	311.90	475.88	548.32	664.98	705.04	821.31
重 庆	412.60	662.19	720.73	871.39	913.11	1 021.13
四 川	1 413.30	2 457.46	3 377.00	3 903.40	3 689.81	4 081.81
贵 州	413.00	571.84	697.02	843.80	875.20	997.82
云 南	680.90	1 068.58	1 331.70	1 594.51	1 706.19	1 810.53
西 藏	51.20	67.74	79.80	88.45	93.38	100.77
陕 西	464.90	730.72	1 002.85	1 277.86	1 337.22	1 666.06
甘 肃	323.00	521.53	686.10	808.10	876.28	1 057.02
青 海	57.00	94.04	121.25	153.40	157.30	201.32
宁 夏	77.80	138.00	182.95	227.20	243.50	305.94
新 疆	487.20	831.06	1 063.50	1 176.69	1 297.61	1 846.18

10-5　各地区牧业总产值

单位：亿元

地　区	2000	2005	2007	2008	2009	2010
全国总计	7 393.10	13 310.78	16 124.93	20 583.56	19 468.36	20 825.73
北　京	90.56	135.75	122.38	140.52	136.08	139.58
天　津	51.75	102.71	76.93	86.03	83.57	87.49
河　北	613.68	1 124.43	1 146.99	1 410.82	1 350.10	1 443.76
山　西	89.67	148.59	140.18	185.37	230.94	250.84
内蒙古	205.46	444.58	559.65	699.63	721.44	822.42
辽　宁	304.20	636.43	830.80	1 052.45	1 171.41	1 270.64
吉　林	268.71	467.59	635.34	770.21	825.52	831.45
黑龙江	175.66	461.16	584.96	813.08	870.24	965.80
上　海	87.35	54.34	58.00	68.40	64.61	62.91
江　苏	430.53	599.14	704.38	916.46	873.97	923.25
浙　江	177.34	285.96	367.60	418.86	404.88	448.42
安　徽	349.38	553.56	637.36	806.89	795.82	864.98
福　建	208.18	276.48	340.27	425.68	366.91	380.28
江　西	221.80	365.10	435.58	556.01	541.50	584.05
山　东	599.17	1 125.04	1 313.00	1 704.90	1 683.83	1 774.46
河　南	641.56	1 251.65	1 326.09	1 761.18	1 654.29	1 805.89
湖　北	338.77	545.40	686.19	1 008.65	881.78	925.04
湖　南	455.93	834.52	1 013.82	1 463.40	1 100.38	1 118.20
广　东	389.70	638.61	775.62	967.91	917.14	947.25
广　西	275.33	511.60	710.17	871.67	812.46	870.73
海　南	50.27	95.21	106.13	140.39	142.83	158.56
重　庆	141.99	249.50	264.48	344.15	319.42	326.55
四　川	541.54	1 230.18	1 827.10	2 036.30	1 596.72	1 705.16
贵　州	110.67	194.21	231.60	291.65	281.53	304.16
云　南	201.49	339.68	438.40	570.01	557.76	588.81
西　藏	23.53	30.05	34.91	38.96	44.29	48.89
陕　西	106.39	199.00	274.05	385.26	387.90	434.99
甘　肃	71.72	129.11	131.17	168.26	171.89	181.80
青　海	30.49	51.70	67.01	89.15	90.09	101.45
宁　夏	25.75	46.00	53.28	73.07	70.67	82.13
新　疆	114.51	183.52	231.51	318.23	318.37	375.79

10-6 各地区食品加工业总产值

单位：亿元

地 区	2000	2005	2007	2008	2009	2010
全国总计	**3 722.70**	**10 565.12**	**17 496.08**	**23 917.37**	**27 961.03**	**34 928.07**
北 京	54.46	126.45	185.90	232.15	241.52	282.76
天 津	66.70	128.01	192.22	288.27	328.94	381.90
河 北	128.75	496.87	759.30	1 028.17	1 085.61	1 370.29
山 西	20.87	49.72	88.65	102.88	133.61	193.40
内蒙古	46.37	223.49	385.63	548.09	764.38	984.98
辽 宁	171.17	531.69	1 048.01	1 629.08	2 082.07	2 787.14
吉 林	63.74	299.42	563.43	962.34	1 181.95	1 598.40
黑龙江	103.75	303.49	459.61	677.44	821.98	1 200.80
上 海	77.01	150.34	208.44	291.59	243.09	262.07
江 苏	364.18	706.50	1 158.03	1 535.63	1 851.67	2 253.57
浙 江	177.45	397.76	542.09	637.35	653.84	775.51
安 徽	95.46	214.75	443.84	685.58	923.23	1 305.48
福 建	120.74	369.20	575.09	775.27	927.16	1 247.77
江 西	64.72	124.17	244.24	378.82	481.63	665.76
山 东	811.91	2 970.78	4 658.23	5 912.41	6 712.05	7 451.39
河 南	283.73	893.00	1 614.89	2 046.51	2 191.32	2 785.67
湖 北	192.54	246.89	472.28	758.65	1 086.63	1 536.50
湖 南	82.43	257.52	508.84	795.46	1 027.38	1 409.93
广 东	313.67	750.47	1 121.65	1 494.31	1 517.37	1 810.48
广 西	153.95	344.00	594.79	815.30	883.36	1 125.04
海 南	23.17	35.62	66.28	81.10	81.86	94.46
重 庆	18.42	82.72	137.42	215.39	243.20	351.56
四 川	119.35	500.00	879.72	1 233.23	1 535.08	1 826.24
贵 州	13.66	29.05	46.10	54.54	69.20	83.13
云 南	56.85	86.17	137.44	179.66	209.17	245.48
西 藏	0.49	0.16	0.86	1.59	2.07	2.09
陕 西	37.63	91.62	162.58	239.81	312.17	409.50
甘 肃	16.83	62.81	83.46	110.06	136.19	176.63
青 海	3.44	5.60	5.62	15.56	16.95	22.63
宁 夏	2.88	13.99	25.94	30.00	39.66	50.34
新 疆	36.38	72.86	125.49	161.12	176.71	237.17

10-7　各地区食品制造业总产值

单位：亿元

地　区	2000	2005	2007	2008	2009	2010
全国总计	1 442.52	3 711.18	6 070.96	7 716.54	9 219.24	11 350.64
北　京	71.61	136.16	140.80	148.43	166.96	192.60
天　津	47.05	77.94	101.30	146.40	233.18	333.13
河　北	99.74	230.54	360.60	325.97	377.16	430.16
山　西	8.94	32.73	52.41	67.34	62.83	80.49
内蒙古	24.29	243.35	384.13	487.33	558.26	646.69
辽　宁	40.38	88.12	179.99	270.65	369.19	486.08
吉　林	40.07	26.55	98.31	138.65	162.65	207.52
黑龙江	51.68	132.02	197.02	265.85	342.69	411.85
上　海	108.53	218.10	288.56	332.87	369.32	442.28
江　苏	103.58	193.62	248.08	302.56	331.66	411.76
浙　江	73.96	162.30	244.20	298.72	345.68	393.11
安　徽	21.44	75.13	148.22	186.24	161.61	236.35
福　建	53.04	168.10	270.99	348.10	412.96	555.35
江　西	9.64	37.59	91.32	142.67	179.81	242.31
山　东	179.14	682.52	1 179.01	1 479.27	1 732.87	1 871.36
河　南	109.63	314.98	607.55	805.47	991.91	1 200.59
湖　北	39.57	85.20	134.24	196.65	256.76	386.46
湖　南	18.19	118.72	211.77	269.13	334.52	436.19
广　东	212.63	377.36	592.30	746.21	895.74	1 123.68
广　西	21.50	26.65	44.14	67.92	89.54	126.41
海　南	15.21	13.84	22.09	32.54	31.44	39.68
重　庆	9.88	23.90	39.80	67.35	74.00	101.59
四　川	24.74	93.36	181.28	258.97	323.03	444.53
贵　州	3.60	18.49	26.95	41.59	40.19	56.53
云　南	3.75	14.07	25.08	37.84	45.24	67.70
西　藏	0.04	0.66	0.88	0.71	0.80	1.01
陕　西	20.54	53.47	93.96	106.48	151.67	203.35
甘　肃	10.45	15.47	22.03	29.82	34.34	46.37
青　海	0.37	2.08	2.99	7.97	11.49	18.46
宁　夏	7.41	16.04	26.45	33.94	41.23	46.71
新　疆	11.91	32.12	54.49	72.90	90.49	110.33

10-8 各地区饮料制造业总产值

单位：亿元

地 区	2000	2005	2007	2008	2009	2010
全国总计	**1 752.37**	**3 073.51**	**5 082.34**	**6 250.46**	**7 465.03**	**9 152.62**
北 京	71.03	104.29	124.14	136.15	157.00	166.08
天 津	42.33	65.28	95.14	100.63	98.48	107.42
河 北	89.54	146.38	176.07	210.44	224.05	276.00
山 西	17.80	35.34	68.76	68.06	69.37	89.50
内蒙古	23.10	38.52	84.77	112.92	159.73	185.38
辽 宁	46.24	79.89	149.60	215.33	278.17	354.27
吉 林	32.96	67.83	149.83	221.89	275.23	282.84
黑龙江	48.34	73.20	98.41	121.07	134.56	195.67
上 海	63.58	105.38	134.42	175.07	162.87	169.37
江 苏	130.46	233.88	345.02	408.08	493.39	606.89
浙 江	136.99	206.26	325.50	377.73	402.90	430.11
安 徽	78.14	90.90	151.07	178.92	224.64	302.33
福 建	45.75	98.14	178.78	243.72	297.43	377.42
江 西	18.73	33.22	70.13	99.18	109.23	129.96
山 东	193.61	373.71	605.19	651.42	765.46	888.24
河 南	84.83	175.79	374.81	497.93	553.47	683.71
湖 北	78.36	112.26	229.24	301.78	388.65	567.72
湖 南	27.63	54.52	104.86	159.63	213.97	302.04
广 东	197.79	299.65	431.10	489.08	603.86	649.57
广 西	18.26	39.79	93.53	125.25	150.39	198.67
海 南	14.53	22.49	20.44	14.19	15.39	16.96
重 庆	16.57	30.90	50.48	65.58	86.16	110.16
四 川	175.82	368.37	623.24	780.55	1 013.61	1 340.84
贵 州	24.92	64.09	103.64	150.79	179.04	227.04
云 南	9.94	25.50	66.95	68.62	79.38	97.12
西 藏	1.36	2.22	4.97	6.43	8.46	10.29
陕 西	25.83	63.07	126.13	151.68	172.59	201.53
甘 肃	17.12	28.59	44.76	60.16	69.96	83.35
青 海	3.26	2.39	6.52	7.75	10.26	15.94
宁 夏	2.89	12.00	15.01	13.36	19.27	21.41
新 疆	14.62	19.64	29.80	37.07	48.08	64.81

10-9 全国社会消费品零售总额

单位：亿元

年 份	社会消费品零售总额	市	县	县以下
1978	1 558.6	505.2	380.4	673.0
1980	2 140.0	733.6	399.4	1 007.0
1985	4 305.0	1 874.5	737.2	1 693.3
1990	8 300.1	3 888.6	1 337.4	3 074.1
1991	9 415.6	4 529.8	1 491.2	3 394.6
1992	10 993.7	5 470.3	1 689.8	3 833.6
1993	14 270.4	7 138.1	2 090.1	5 042.2
1994	18 622.9	9 387.8	2 558.7	6 676.4
1995	23 613.8	12 979.4	3 366.3	7 268.1
1996	28 360.2	16 199.2	3 759.7	8 401.3
1997	31 252.9	18 499.5	4 011.6	8 741.8
1998	33 378.1	20 294.1	4 220.2	8 863.8
1999	35 647.9	22 201.8	4 460.8	8 985.3
2000	39 105.7	24 555.2	4 831.1	9 719.4
2001	43 055.4	27 379.1	5 251.4	10 424.9
2002	48 135.9	31 376.5	5 566.5	11 192.9
2003	52 516.3	34 608.3	6 011.8	11 896.2
2004	59 501.0	39 695.7	6 636.0	13 169.3
2005	67 176.6	45 094.3	7 485.4	14 596.9
2006	76 410.0	51 542.6	8 477.9	16 389.5
2007	89 210.0	60 410.7	9 943.8	18 855.5
2008	114 830.1	/	/	/
2009	132 678.4	/	/	/
2010	156 998.4	/	/	/

注：2008年数据为第二次经济普查后修订数据，2008年后按地域分的详细数据未公布。

10-10 各地区社会消费品零售总额

单位：亿元

地 区	2000	2005	2007	2008	2009	2010	2010
全国总计	34 152.6	67 176.6	89 210.0	114 830.1	132 678.4	156 998.4	1 403.10
北 京	1 443.3	2 902.8	3 800.2	4 645.5	5 309.9	6 229.3	16.50
天 津	736.6	1 190.1	1 603.7	2 078.7	2 430.8	2 902.6	0.30
河 北	1 613.9	2 952.9	3 986.2	4 991.1	5 764.9	6 821.8	48.00
山 西	629.1	1 401.2	1 914.1	2 421.1	2 809.0	3 318.2	5.00
内蒙古	484.0	1 344.1	1 904.1	2 463.0	2 855.3	3 384.0	311.30
辽 宁	1 847.6	2 999.0	4 030.1	5 032.4	5 812.6	6 887.6	
吉 林	810.9	1 460.8	1 999.2	2 549.2	2 957.3	3 504.9	8.00
黑龙江	1 094.0	1 760.1	2 331.1	2 928.3	3 401.8	4 039.2	453.30
上 海	1 722.3	2 973.0	3 847.8	4 577.2	5 173.2	6 070.5	38.00
江 苏	2 604.1	5 699.9	7 838.1	9 905.1	11 484.1	13 606.8	34.00
浙 江	2 298.8	4 631.7	6 214.0	7 533.3	8 622.3	10 245.4	39.30
安 徽	1 054.3	1 765.0	2 403.7	3 045.2	3 527.8	4 197.7	2.40
福 建	1 372.8	2 345.8	3 187.9	3 866.7	4 481.0	5 310.0	43.80
江 西	704.9	1 236.2	1 683.1	2 142.0	2 484.4	2 956.2	22.40
山 东	2 545.9	6 126.4	8 438.8	10 658.8	12 363.0	14 620.3	54.70
河 南	1 786.7	3 358.4	4 597.5	5 815.4	6 746.4	8 004.2	4.30
湖 北	1 789.4	2 964.6	4 028.5	5 109.7	5 928.4	7 013.9	40.80
湖 南	1 364.7	2 459.1	3 356.5	4 222.6	4 913.7	5 839.5	35.60
广 东	4 071.9	7 882.6	10 598.1	12 986.6	14 891.8	17 458.4	41.60
广 西	859.2	1 397.0	1 897.9	2 395.8	2 790.7	3 312.0	4.60
海 南	172.5	268.6	362.0	463.2	537.5	639.3	
重 庆	643.4	1 215.8	1 661.2	2 147.1	2 479.0	2 938.6	
四 川	1 523.7	2 981.4	4 015.6	4 944.8	5 758.7	6 810.1	1.50
贵 州	343.7	606.9	821.8	1 075.2	1 247.3	1 482.7	0.20
云 南	583.2	1 034.4	1 394.6	1 764.7	2 051.1	2 500.1	6.20
西 藏	42.9	73.1	112.0	130.0	156.6	185.3	
陕 西	607.6	1 322.4	1 800.9	2 317.1	2 699.7	3 195.7	103.90
甘 肃	362.7	632.8	833.3	1 023.6	1 183.0	1 394.5	8.40
青 海	82.1	160.5	208.3	259.7	300.5	350.8	1.40
宁 夏	90.2	174.3	233.3	295.4	339.3	403.6	20.40
新 疆	374.5	637.8	847.7	1 041.5	1 177.5	1 375.1	57.10

注：2008年数据为第二次经济普查后修订数据。

10-11　全国城乡人口数

单位：万人

年　份	年末总人口	城　镇		乡　村	
		人口数	比重(%)	人口数	比重(%)
1978	96 259	17 245	17.92	79 014	82.08
1980	98 705	19 140	19.39	79 565	80.61
1985	105 851	25 094	23.71	80 757	76.29
1990	114 333	30 195	26.41	84 138	73.59
1991	115 823	31 203	26.94	84 620	73.06
1992	117 171	32 175	27.46	84 996	72.54
1993	118 517	33 173	27.99	85 344	72.01
1994	119 850	34 169	28.51	85 681	71.49
1995	121 121	35 174	29.04	85 947	70.96
1996	122 389	37 304	30.48	85 085	69.52
1997	123 626	39 449	31.91	84 177	68.09
1998	124 761	41 608	33.35	83 153	66.65
1999	125 786	43 748	34.78	82 038	65.22
2000	126 743	45 906	36.22	80 837	63.78
2001	127 627	48 064	37.66	79 563	62.34
2002	128 453	50 212	39.09	78 241	60.91
2003	129 227	52 376	40.53	76 851	59.47
2004	129 988	54 283	41.76	75 705	58.24
2005	130 756	56 212	42.99	74 544	57.01
2006	131 448	58 288	44.34	73 160	55.66
2007	132 129	60 633	45.89	71 496	54.11
2008	132 802	62 403	46.99	70 399	53.01
2009	133 450	64 512	48.34	68 938	51.66
2010	134 091	66 978	49.95	67 113	50.05

注：1. 1981年及以前数据为户籍统计数；1982、1990、2000、2010年数据为当年人口普查数据推算数；其余年份数据为在年度人口抽样调查基础上，根据人口普查数据修订数。

2. 总人口中包括中国人民解放军现役军人，按城乡分人口中现役军人计入城镇人口。

10-12 各地区人口的城乡构成

单位：万人

地 区	2007		2008		2009	
	城镇	乡村	城镇	乡村	城镇	乡村
全 国	**59 378.77**	**72 750.23**	**60 667.00**	**72 135.00**	**62 186.00**	**71 288.00**
北 京	1 379.89	253.12	1 439.06	255.95	1 491.75	263.25
天 津	850.86	264.14	908.22	267.78	958.09	270.07
河 北	2 795.00	4 148.00	2 928.32	4 060.50	3 024.79	4 009.61
山 西	1 493.94	1 899.06	1 538.53	1 872.08	1 576.24	1 851.12
内蒙古	1 206.11	1 198.89	1 248.14	1 165.59	1 293.39	1 128.68
辽 宁	2 544.42	1 753.58	2 590.98	1 723.72	2 606.52	1 712.48
吉 林	1 451.27	1 278.73	1 454.76	1 279.24	1 460.73	1 278.82
黑龙江	2 061.14	1 762.86	2 119.27	1 706.12	2 123.43	1 702.57
上 海	1 648.05	209.95	1 673.18	215.28	1 702.01	218.99
江 苏	4 056.50	3 568.50	4 168.77	3 508.53	4 295.10	3 429.90
浙 江	2 894.32	2 165.68	2 949.12	2 170.88	2 999.22	2 180.78
安 徽	2 367.67	3 750.33	2 484.68	3 650.33	2 581.15	3 549.85
福 建	1 743.95	1 837.05	1 798.40	1 805.60	1 864.28	1 762.72
江 西	1 738.46	2 629.54	1 819.84	2 580.16	1 913.81	2 518.35
山 东	4 379.07	4 987.93	4 482.60	4 934.63	4 576.05	4 894.25
河 南	3 214.22	6 145.78	3 397.27	6 031.73	3 578.50	5 908.50
湖 北	2 524.66	3 174.34	2 581.37	3 129.63	2 631.20	3 088.80
湖 南	2 570.60	3 784.40	2 689.17	3 690.83	2 767.39	3 638.61
广 东	5 966.10	3 482.90	6 048.03	3 495.97	6 110.49	3 527.51
广 西	1 727.92	3 040.08	1 837.79	2 978.21	1 903.55	2 952.45
海 南	398.84	446.16	409.92	444.08	424.52	439.55
重 庆	1 361.25	1 454.75	1 419.22	1 419.78	1 474.96	1 384.04
四 川	2 893.21	5 233.79	3 043.61	5 094.39	3 167.60	5 017.41
贵 州	1 062.39	2 699.61	1 104.06	2 688.67	1 135.22	2 662.78
云 南	1 426.42	3 087.58	1 499.19	3 043.81	1 554.14	3 016.86
西 藏	80.37	203.63	64.89	222.11	69.03	221.00
陕 西	1 522.44	2 225.56	1 583.80	2 178.20	1 640.82	2 131.18
甘 肃	826.71	1 790.29	844.94	1 783.18	860.48	1 774.98
青 海	221.19	330.81	227.00	327.30	233.51	323.79
宁 夏	268.52	341.48	278.00	340.00	289.03	336.17
新 疆	820.19	1 274.81	844.65	1 286.15	860.21	1 298.42

注：2010年各省人口城乡构成情况未公布。

附 录

主要国家和地区奶业

新西兰奶业概况

奶业是新西兰最大的产业，以质量和创新著称。其优势主要体现在高效的放牧饲养体系、加工规模、产品研发和市场推广方面。新西兰乳制品不仅以其与众不同的天然口味享誉世界，同时新西兰的奶业也以生产安全、卫生的产品而闻名遐迩。

（一）总体概况

新西兰有 442 万人口，土地面积为 2690 万公顷（约为中国的 2.8%，相当于广西的面积），约 42%的土地用于放牧、草料种植或休整备耕。在截至 2010 年 5 月的年度内，新西兰奶农共拥有泌乳牛 439 万头，在牧场放养，液态奶产量达 165 亿升，其中 95%以上的原奶经过加工制成奶粉、黄油、奶酪、干酪素和其他产品用于出口。泌乳牛数量的增加和 2010 年秋季良好的气候条件的影响，截至 2011 年 5 月的年度产量上升 5%。

近年来，新西兰奶农的生产力得到了很好的提高，这是得益于饲养管理方式的改善和奶牛群的遗传改良。在截至 2010 年 5 月年度的上一个十年间，每头牛的乳固体产量以 4%的年增长率递增。奶牛存栏数继续保持增长，这是得益于在适宜的土地上，特别是在南岛，从事奶业生产比将土地作为它用具有更高的收益。

在截至 2010 年 5 月的年度内，新西兰平均单群奶牛养殖区域占地 134 公顷。发展趋势是不断涌现出更大规模的奶牛场，从而实现更大的规模经济效益，通过合并以及其他农场的转型逐步实现。2010 年，新西兰共有 11691 个奶牛群，每群平均 376 头奶牛。一般泌乳群的乳固体产量约为 12.3 万千克（约 141 万升液态奶，或每头单产 3700 升）。新西兰 65%的奶牛群分布在北岛，主要集中在怀卡托和塔拉那基地区。南岛奶牛群数量占全国总数的 35%，主要集中在北坎特伯雷和南部地区。

新西兰牛奶产量占全世界总产量的 2.3%，按国家或国家组排列位于世界第八。中国乳制品生产年增长率约 14%，比新西兰潜在年增长率高出 5 倍以上。中国目前在世界牛奶产量排行中以 5.4%的份额排名第四。

（二）奶牛养殖

新西兰农场均为商业实体，由私人拥有并经营，科技含量高，动态发展，以市场为导向，兼具规模经济和范围经济效应。农场主的生产决策和回报情况依据国内和国际市场状况而定，销售情况则取决于满足客户对于价格和质量的期望值，从而实现了高效、盈利、可持续的农业生产。

新西兰的乳品生产是以对奶牛进行牧草饲养为基础的。主要的牧草种类是高质量的禾草和三叶草。适宜的气候和茂盛的牧草使得畜群能够全年在草场上放牧。截至 2010 年，除了 156 万公顷作为奶牛养殖区域的牧场外，还有辅助用地用于放养后备奶牛和干奶牛，种植青贮饲料用的谷物，以及种植牧草用于生产干草和青贮饲料。对于辅助用地实行多种安排方式，从奶牛群所有人对土地拥有所有权和进行租赁，到由种植农、羊和肉牛养殖农进行合同放养和种植。

新西兰绝大部分（估计为 97%）的奶牛群为季节性产奶，为加工业提供奶源；其余 3%的奶牛群常年产奶，特别是应冬季供奶合同，为国内市场提供液态奶。原奶的生产呈季节性，并取决于农场牧草的长势。原奶采集和加工量猛增到春季的 10 月份达到高峰，之后在夏季和秋季的数月间呈平稳下降。从 5 月至接下去的半个冬季期间牧草产量较低，奶牛大多进入干奶期。尽管气候条件对每季实际产奶量有相当大的影响，但奶牛单产水平的提高还是主要依靠遗传增益和饲养管理的完善。

新西兰还建立了一套分成制奶牛养殖模式，分成养殖者按照签订的合同对奶牛群进行养殖并履行一系列的农场工作职责，以获得一定比例的售奶收入。该模式将受过培训、有进取心的人员带入奶牛养殖业，使他们可以不断积累资产，直到最终可获得农场的所有权。然而，由于奶牛场所有者更愿意雇用农场经理和更低层的分成养殖者，这种五五分成养殖的模式（在该模式下分成养殖者拥有奶牛群的所有权）已日益减少。支付价格的猛跌也致使一些奶牛场所有者回归到全职管理工作上。近年来，与外部投资者或者农场经理进行资产合作的方式也越来越多地被采用。

新西兰的奶牛一般每天挤奶两次，这使挤奶成为奶牛场的主要工作之一。挤奶后，原奶被储存在农场内有温度控制的奶罐里，每天由公路冷藏罐车运走。产品质量和安全至关重要：采奶后对原奶立即进行细菌和其他污染物的检测，并将检测结果通知奶农。出现检测结果不合格则意味着将暂停从所涉农场采集原奶，直到问题解决为止。

新西兰以牧草为基础的奶牛养殖模式和季节性生产成就于创新技术的使用。新西兰约75%的奶牛采用来自具有更好遗传品质的牛的新鲜或冷冻精液进行人工授精，几乎100%的后备母牛都是人工授精的产物。通过设计具有众多自动化特性的高效挤奶系统，新西兰奶农可以减少人力投入。对于奶农来说，动物卫生是关键，新西兰拥有完善的体系可以检测动物的卫生及福利状况。

新西兰还协助许多国家，将其极为成功的奶业技术解决方案因地制宜，运用于当地独特的环境。利用其专业经验对市场需求进行评估，能够将技术转化以适应当地条件，并提供后续支持和建议，以此提供奶业的整体解决方案，在这方面新西兰被公认为做得非常成功。

（三）乳制品加工

绝大多数的新西兰奶农都将其生产的原奶提供给他们的合作制乳制品加工企业。这些合作制企业本身也属于这些供应原奶的奶农所有。奶农根据其供应的原奶和在此基础上加工制成的乳制品的预期收益，按月领取相应的供奶报酬。在每个季节性供应产奶年度（截至5月31日）结束后，奶农将得到反应截至7月31日年度实际加工收益的最终支付款。原奶是按照每千克乳固体（蛋白+脂肪）的标准进行支付的。

政府不对新西兰奶农进行出口补贴或贸易扭曲性国内补贴，也不会参与对奶农支付价的设定。奶农承担从自家奶牛场采集原奶的费用，这反映在其酬劳的合算方式上，即按脂肪和蛋白含量计酬并扣除运输（容积）费用。奶农还要缴付每千克乳固体0.036新西兰元的税，用于行业受益研究经费。

目前在新西兰经营的合作制乳制品加工企业主要有三家：恒天然合作集团（Fonterra）、Westland合作乳品公司（Westland）和Tatua合作乳品公司（Tatua）。在截至2011年5月的年度中，这几家公司约占有从奶牛场采集的乳固体总量的93%。

依赖于原奶合同供应的新的独立乳品加工企业正在增加。Open Country Cheese乳酪有限公司（OCC）是其中的第一家，该公司成立于2004年。Dairy Trust有限公司成立于2007年初，继而接管了OCC公司并更名为Open Country Dairy乳业公司。南坎特伯雷的New Zealand Dairies公司在截至2008年5月的年度内已开始运营其奶粉加工业务，位于坎特伯雷中部的Synlait公司也是如此。2011年8月，位于北岛中部的Miraka公司开始生产奶粉。

《2001奶制品行业重组法案》的鼓励竞争管理办法规定恒天然集团的经营活动必须确保市场的可竞争性，从而保障了新西兰奶制品市场的有效运作。该法案能够保证奶农每季度以公平的价格与恒天然集团进行自由的股份买卖，以及要求恒天然集团每季度以管制价格向独立奶制品加工企业供应多达6亿升原奶，向每个新独立加工企业最多可供应5千万升。

新西兰政府近期已同意为上述管理办法的设立触发机制，一旦办法即将失效，触发机制将被启动，开始对管理办法的实施进行评估，以延续针对恒天然集团的鼓励市场竞争条件。新的触发机制为：在北岛地区恒天然乳固体采集量达到80%，在Westland区域理事会管辖地区外的南岛地区乳固体采集量达到80%。一旦触发北岛或南岛任一上述情况，评估机制将被启动。

（四）乳制品出口

新西兰奶农依赖于国际市场价格。新西兰全国总奶产量的约95%被用于加工成乳制品出口。由于远离出口市场，新西兰一直以来都侧重于将牛奶尽可能地脱水加工成乳制品出口，以此来减少运输成本。这就是为什么新西兰的乳品加工行业大多以生产全脂和脱脂奶粉、奶酪、干酪素等产品为主。除了向东南亚和太平洋岛国出口几乎可以忽略不计的少量的UHT灭菌奶外，新西兰不出口液态奶。

新西兰是全球用于国际贸易的乳制品的最大生产国。新西兰奶业在出口方面成功的关键在于其高质量的乳品生产体系。新西兰奶业在产品多元化方面颇具成功经验。产品涵盖了从高质量安全的基本产品（如奶粉、黄油和奶酪）到专业食品（如冰淇淋，以及喷雾干奶蛋白、水解牛奶蛋白、干冻生理活性蛋白等高度专业的食品原料）。

在截至2011年6月的年度中，新西兰乳制品出口至155个国家，出口值达到了132亿新西兰元。总出口量达336万吨，其中奶粉出口量占39%。中国是新西兰乳制品的第一大市场，总金额24亿新西兰元，占整个出口市场份额的18%。

（五）更多资讯

新西兰农业及林业2011年现状及展望　http://www.maf.govt.nz/mafnet/rural-nz/statistics-and-forecasts/sonzaf/2010/2010-sonzaf.pdf

2011牧场监测　http://www.maf.govt.nz/mafnet/rural-nz/statistics-and-forecasts/farm-monitoring/2010/pastoral/index.htm

2009—2010新西兰奶业统计数据　http://www.lic.co.nz/pdf/dairy_stats/DAIRY_STATISTICS_08-09.pdf

新西兰农林部（奶业）　http://www.maf.govt.nz/agriculture/pastoral/dairy.aspx

（新西兰农林部）

澳大利亚奶业概况

1.行业概况　奶业是澳大利亚农村的主要产业。2010/11年度,加工前的行业总产值(原奶价值)为120亿澳元,产奶牛总数约为160万头,2010/11年度牛奶总产量为910万吨,比上年上升了1%,主要原因是上年的天气条件是多年以来最好的。主要的乳制品系列包括饮用奶、干酪、脱脂奶粉/奶油、奶油/酪蛋白、全脂奶粉,其他零售产品如酸奶、沙司和乳品甜点,以及特种配料如乳清蛋白产品。

目前,澳大利亚牛奶产量中45%用于出口,主要是以制成品的形式,出口价值为27.5亿澳元。2010年澳大利亚在国际乳制品贸易中所占的份额是8%(按等量的牛奶计算),仅次于欧盟(34%)、新西兰(34%)和美国(11%)。

2.奶牛养殖　澳大利亚的气候和自然资源十分有利于奶业生产,本地奶业主要是以牧场放牧为主,大约70%～75%的奶牛是在"正常的"天气条件下放牧养殖。因此,牛奶生产效率高,牛奶质量优良。

奶业生产大多集中在沿海地区,牧草生产依靠天然降雨。然而,也有一些内陆地区是依靠灌溉系统,主要是在维多利亚州北部和新南威尔士州南部。

在澳大利亚,依靠饲料养殖奶牛的情况依然是不多见的,但是补充饲料如干草、青贮饲料和谷物的使用,越来越普遍,这是对近年来干旱情况的回应。澳大利亚的奶牛场主继续通过改良牧场、饲料和牛群管理技术来提高奶牛场的生产效率。

虽然牛奶生产集中在维多利亚州(占全国的65%),但各个州都有独立发展和效益良好的奶业,为附近的城镇提供新鲜的牛奶产品。另外,澳大利亚国内多数的州都生产各种各样的高质量的乳制品,从新鲜产品如酸奶和各色的干酪产品到大包装和特种奶粉。

在过去30年间,澳大利亚的奶牛场数量减少了2/3,从1980年的22000家减少到2011年中的不到7000家。大多数奶牛场的经营模式是家庭拥有和经营,而合伙经营也是一种重要的形式,占行业中的16%,它在家庭经营模式中也有很成功的应用。而公司形式的牧场只占全国的2%。

奶牛场的平均规模从1980年的85头增加到现在的230头,另外超大型的奶牛场也出现了,在一个牧场上拥有1000头奶牛。

澳大利亚的主要奶牛品种是荷斯坦黑白花牛,占总数的70%以上。其他的重要品种包括娟姗牛和澳大利亚的本地品种伊拉瓦拉短角奶牛。大多数繁殖是依靠人工授精,因此澳大利亚的奶牛场主能够获得世界上最优秀的品种基因。牛群的记录管理也广泛应用,约有一半的牛群有定期的产奶记录。

在过去30年中,澳大利亚的奶牛平均产奶量从2850升增加到了5700升,这与品种改良、牧场管理的改善和补充饲料计划的实施等因素是分不开的。

奶牛平均产奶量提高了,奶牛场平均规模扩大了2.5倍,这些因素使奶牛场平均产奶总量在同期内从250000升增加了现在的1320000升。

由于国际乳品价格保持强劲,比上年提高了16%,使2010/2011年度之初,在澳大利亚乳业中占据重要地位的东南部地区的平均原奶开季价格高。在上一季中,澳大利亚的牛奶生产成本保持相对稳定,更好的季节条件使所购入的饲料价格下降,但是,上半季利息的上涨起了部分的抵消作用。尽管在过去几年中牧场运作存在着巨大的财务压力,但上年平均债务水平有所降低。然而,由于牧场土地的资本价值有所下跌,牧场的业务债权比例仍保持在长期平均水平,即80%。

与很多国家不同的是,澳大利亚没有法律来约束加工商向牧场收购原奶的价格。奶牛场的原奶价格因生产商而异,因为各个公司的赢利是受产品组合、营销策略和生产效率的影响。大多数的原奶价格是根据原奶的乳脂和非脂肪乳固体而定。生产商还根据原奶的质量、数量和淡季供应情况来制定奖惩制度,也会使奶牛场所收到的原奶价格有所区别。

3.乳品加工　与牧场一样,牛奶加工也在不断地进行合理化调整,这就使每个工厂的平均收奶量大幅增加,因为经营规模的增大提高了效率,实现了规模效应。过去七年中原奶生产没有增长的情况则减轻了澳大利亚的乳品公司在中短期内提高加工能力方面的压力。取而代之的挑战是能够最大程度地有效率地使用现有的生产能力。

澳大利亚的牛奶加工企业是多元化的,包括由奶农所拥有的合作社公司、上市公司、私营公司和跨国公司。

合作社公司不再占据主导地位,其加工量仅占牛奶总量的35%以内。最大的合作社公司(双江MG公司)加工的牛奶约占澳大利亚牛奶总量的30%。

澳大利亚的乳品公司的业务遍及各个多样化的市场和产品,从上市的瓦伦堡干酪和奶油公司和必佳干酪公司(现在还收购了塔图拉公司和DeCicco公司),到私营公司,如百乐公司、Burra食品公司和Longwarry食品公司,以及大批高度专业化的干酪生产商。

多年以来国际大公司已经在澳大利亚开展业务,现包括恒天然(新西兰)、麒麟(日本)和Lactalis公司(法国),该公司在2011年中成功收购了意大利的帕玛拉特公司。

表 25-1 澳大利亚的主要乳制品和产量

产品	2010/11年度产量（吨）	变化（与2009/10年度比较）
饮用奶	2 385 000	+2%
中脂奶粉	12 000	-8%
奶油	79 000	-5%
无水奶油	21 100	-7%
干酪	339 200	-3%
脱脂奶粉	222 500	+17%
全脂奶粉	151 300	+20%
乳清产品	61 500	-22%

乳制品产量的变化趋势反映了乳品公司在国际乳品价格情况下所作出的改变产品结构的回应。

4.澳大利亚乳品消费

（1）饮用奶。近年来，饮用奶的人均年消费水平趋于稳定，2010/11 年度为 103 升。牛奶消费也从普通的全脂牛奶转变到特制的牛奶品种，如减脂和低脂牛奶。同时风味牛奶的市场份额也在增加，超高温牛奶的消费也有所增长。牛奶加工商之间的竞争使更多的具有不同脂肪含量或强化维生素和微量元素的特种牛奶开发出来。还有一些牛奶品种是为特殊消费人群而开发的，如无乳糖牛奶或用于卡普奇诺咖啡的特多泡沫的牛奶。

（2）干酪。澳大利亚人均干酪的年消费量约为 13 千克，其中一半以上是切达或切达类干酪。尽管如此，非切达干酪的消费正在增加，反映出了澳大利亚饮食文化的日益多样化和都市化的特点。

（3）奶油。澳大利亚人均奶油年消费量约为 4 千克。从 20 世纪 70 和 80 年代以来，奶油的消费量一直在减少，这是因为消费者寻求降低饱和脂肪的摄入量。但是，近年来，随着涂抹更为方便、饱和脂肪更低的奶油和植物油混合产品的出现，这种下降的趋势有所稳定。消费者对奶油的天然性和口味以及它的烹饪功能性也很感兴趣。

（4）酸奶。酸奶是乳品行业中获得很大增长的一个类别。人均年消费量约为 7 千克。酸奶在消费者中有一个健康和方便食品的良好形象。超市中低脂和减肥类产品占了所售酸奶产品的一半以上。在包装、口味、益生菌、饮用型酸奶和酸奶点心等方面的不断创新，推动了酸奶消费的增长。

（5）奶粉。澳大利亚奶粉产量中不足 20%用于内销。零售网点占内销的比例很小，本地主要用做食品原料。

（6）冰淇淋。消费量在全世界范围内较高，人均年消费 18 千克。市场稳定，季节性强。超市销售以一升或以上的包装形式，而路线销售中占主导地位的是冰棍和即兴消费型产品。近年来，流行的糖果品牌的许可证制度使人们对这类产品产生了兴趣，很多这种产品是昂贵的高档产品。

（7）乳品甜点、蘸料和稀奶油。乳品甜点和乳品蘸料是一个小但在不断增长的市场。产品作为高档食品或款待食品来进行市场营销，通常的促销对象是成年消费者，产品包括穆斯、焦糖蛋奶冻和干乳酪。也对儿童促销，产品包括干乳酪和包装盒上印有流行的卡通人物的风味蛋奶冻。

乳品蘸料通常是针对家中的娱乐和宴请。

稀奶油在零售和餐饮业的市场保持稳定。普通稀奶油和酸奶油都广泛用于食品装饰和食品原料。

5.乳品出口 澳大利亚的牛奶产量仅占全世界产量的 2%，但澳大利亚是重要的乳品出口国。澳大利亚在全球乳品贸易中排名第四，出口量占全球总量的 8%。

近年来，澳大利亚牛奶总产量中 45%用于出口，与 21 世纪初的 50%相比出口比例有所下降，主要原因是近几年中一系列的干旱使澳大利亚的牛奶总产量下降了。

2010/11 年度澳大利亚乳制品出口总值超过 27.5 亿澳元。澳大利亚的出口集中在亚洲/东亚地区，占出口总量的 74%。日本是澳大利亚最重要的出口市场，占出口总值的 16%，其次是中国，占出口总值的 13%。

2010/11 年度澳大利亚最大的五个出口市场是日本、新加坡、中国、印度尼西亚和菲律宾（按出口总量计算）。如果按出口总值计算，排名略有不同，是日本、中国、新加坡、印度尼西亚和马来西亚。近年来出口增长最快的市场是中国。

表 25-2 澳大利亚主要乳制品的出口量

产品	2010/11年度出口量（吨）	变化（与2009/10年度比较）
液态奶	77 200	+7%
奶油/无水奶油	52 500	-23%
干酪	163 000	-3%
脱脂奶粉、酪乳粉以及脱脂奶粉与酪乳粉的混合	165 400	+21%
全脂奶粉	116 300	+11%

澳大利亚向中国的出口占出口总量的 14%以及出口总值的 13%，而且还在强劲地增长。2010/11 年度向中国的出口总量是 105200 吨，总值为 3.6 亿澳元。

澳大利亚向中国的主要出口产品是液体奶（17500 吨）、全脂奶粉（15100 吨）、脱脂奶粉（13200 吨）、干酪（9700 吨）和乳清粉（7100 吨）。

6.澳大利亚乳业展望 近 8 年来，澳大利亚乳业局每年都会编制一份《乳业的现状和前景报告》。2011 年报告现已可到公司网站www.dairyaustralia.com.au查阅。该报告全面描述了当前市场状况及行业中短期前景的影响因素。

2010/11 年度，澳大利亚乳业多数从业机构的经营状况得到了大幅改善。但是，价格信号和需求前景的差异，仍然导致全国不同区域出现了一些重大差别。

2011年初，全球经济出现了暂时复苏迹象，而强劲的区域增长也有力地支撑起关键市场需求的稳定攀升；与此同时，低于预期的国际供应量引发乳商品的美元价格在2010全年及2011年初急剧上涨。然而，到2011年中，举步维艰的美国经济复苏形势遭受重击，信用降低导致债务问题进一步凸显和复杂化。债务危机蔓延至越来越多的成员国家，而他们也无力有效地自行走出困境，从而威胁着欧元区国家的团结一致。越来越多的人认为将会再次发生金融危机，倘若真的发生，必将严重影响商品市场。信用和货币市场，目前已经受到影响，致使当前的经济前景更加扑朔迷离。

虽然近几个月国际乳商品价格已经松动——这是因为预计新西兰和拉丁美洲会加大供应量且美国和欧盟的生产也将增长，但价格仍然保持历史高位，而自最初从峰顶水平跌落以来，价格波动也极为平缓。

尽管较高商品价格给澳大利亚出口商带来的效益又一次受到澳元坚挺的限制，但2010/11年度南方生产商的出场价格实实在在地得到了大幅提高。

牛奶价格的提高，以及低廉的谷物价格和普遍良好的季节条件，给南方地区的奶农创造出十多年来最好的生产条件。有些地区过于潮湿的气候条件，确实导致饲料生产和畜群产奶量的缩减。尽管现金流普遍得到改善，但这只是让很多生产商在前两个生产季冲击之后恢复财务状况，而金融产业现在普遍也实行更紧缩的债务控制措施。

对南部出口区的奶农而言，他们的重点始终在于国际市场；即便当前国际金融界的动荡与日俱增，但国际市场仍然极为稳定。

基于当前对国际乳品市场前景的判断，澳大利亚乳业局预测南部全年出场价格介于每千克乳固体（每升39%至42%）为$5～10至$5～50。

虽然这个价格预测较2010/11年末的牛奶价格略有下降，但季节条件的改善和饲料成本的降低应该能够维持利润空间，也让当前产季成为多数奶农的一个调整期。

自有品牌产品供应合同的转变而退出超市，以及零售超市价格的大幅降价折扣，仍然困扰着北部和西部地区的奶农。这将冲击着这些地区的生产信心及短期和长期的生产前景。

从消费者层面来看，在生活成本提高及就业前景低迷的悲观情绪日益蔓延的气氛之中，国内乳品市场表现极为良好。消费者对消费支出仍然持有谨慎态度，因此食品价格也仍将面临重重压力。

7.澳大利亚政府与乳品行业 澳大利亚乳品行业是一个完全由市场驱动的行业。在过去的20世纪80～90年代的20年里政府逐步取消了限制。而这个进程的最后一步是2000年7月政府对饮用奶价格的管制的取消。因此，现在除了设立最基本的食品安全要求和食品标准规范（如标签和广告等）之外，政府对乳品行业没有任何形式的干预。

8.澳大利亚乳业局 澳大利亚乳业局是一个由奶牛场主拥有和资金支持的行业协会，为澳大利亚乳品行业服务，澳大利亚乳业局的资金来源是国家立法对所有牛奶所征收的税费。这一税费是通过牛奶加工厂来收取的。

澳大利亚乳业局致力于提高澳大利亚乳品行业的赢利能力和竞争力，为整个行业的利益进行以下的工作：

（1）在研究开发方面进行投资，以提高牧场和加工企业的竞争力；

（2）在贸易政策如贸易自由化和贸易准入等方面进行工作，以改善出口环境，促进出口的增长；

（3）推广乳制品的健康和营养价值，提高澳大利亚国内的乳品消费；

（4）解决环境和社区问题；

（5）促进行业咨询和沟通。

澳大利亚乳业局将行业信息编辑成为《年度澳大利亚乳品行业信息》，这是有关澳大利亚乳品行业最全面和最权威的信息汇编。2011年的最新信息将于2011年11月发布。

澳大利亚乳业局的奖学金培训项目是为中国乳制品企业举办的一个技术培训活动，另外乳业局还为所有参加过培训的校友举办一系列的交流活动，以及每年在中国举办技术讲座和研讨会。澳大利亚乳业局还与中国政府在贸易政策和市场准入方面进行合作。

更多的信息可以从澳大利亚乳业局的网站上查阅：www.dairyaustralia.com.au。

（澳大利亚乳业局）

荷兰奶业概况

（一）概况

大概在140年以前，当荷兰出现了第一个乳品加工厂的时候，荷兰全年的产奶量在200万吨左右。那时荷兰的人口总数是400万。50年以后，奶产量和人口都翻番。第二次世界大战以后，奶产量的增长速度超过了人口的增速。在1930—2000年期间，荷兰的人口翻了一倍，但奶产量几乎是原来的三倍。荷兰奶牛养殖规模的扩大在1960年前后达到了高峰。从那以后，荷兰成为一个乳制品出口的主要国家，国内60%的产奶量用于出口。目前，荷兰奶业拥有大概2万个奶牛养殖场，将近150万头奶牛。

目前荷兰的牛奶产量约为1190万吨，大部分被用于加工奶酪、黄油、奶粉、鲜奶制品以及特色乳制品。一小部分直接在奶牛养殖场加工。乳制品行业当中，大概有300家批发商（主要是从事奶酪、黄油和奶粉的业务）和6800家零售机构。整个奶业提供了大约57000个工作岗位。

（二）奶业行业中的重要组织机构

荷兰奶业的一个重要的特征就是高度的组织化。产业链上的每一个环节都有代表自己的机构来维护自身的利益。奶农的组织有荷兰农业和园艺组织（LTO-Nederland），奶业整个行业的组织有荷兰奶业组织（NZO），贸易商的组织有奶业联合会（Gemzu），零售机构的组织有荷兰食品零售协会（CBL），而代表员工的机构有FNV、全国基督教贸易组织联合会以及CNV服务机构联合会。

这些机构全部参加荷兰奶业委员会并在其中担任理事，而荷兰奶业委员会代表了荷兰奶业从养殖、加工到批发零售整个产业链上的各个环节的企业家以及员工的利益。

该委员会有监督管理的权力，这意味着它可以制定规章制度，而所有的奶农、乳制品加工商以及贸易商都必须遵守。而行业的税收指定用于提高金融服务水平、科研、动物福利以及产品质量等项目。除了作为一个讨论国内以及国际奶业政策的平台，委员会还扮演了一个荷兰奶业信息及技术中心的角色。最后，奶业委员会还负责配额的实施以及负责其他奶业行业与欧盟法规的衔接（比如贸易，学生奶项目等等）。

荷兰奶业中其他的组织机构：

（1）NIZO食品研究院在奶业研究和技术发展中起到了很重要的作用；

（2）动物育种研究站关注牛奶养殖方面的研究；

（3）QLIP，一个独立的服务提供商，专注于奶业产业链中的分析和认证项目；

（4）荷兰原料奶和乳制品管理当局（COKZ）；

（5）代芬特尔动物健康服务局（GD）为预防和处理动物疾病提供相关的服务；

（6）荷兰国内外的基因改造也由NZO的一个部门负责，同时也包括信息的发布。

（三）奶牛养殖

1.历史和现状　自从1960年以后，牛奶产量的快速上涨要归功于专业化和机械化的加强，以及规模的扩大。当时的发展是向着农场多种经营、多品种饲养、更加专业化的目标前进。多种经营的农场在19世纪的上半叶极为普遍，但现在几乎不存在了。专业化和机械化的进一步发展使得养殖规模不断扩大。和许多奶业经济发达的国家一样，荷兰的奶业发展道路也是奶农数量下降，同时伴随着牧场科技水平和奶牛单产的提升。于是，单个牧场每年的牛奶产量不断的上升。在1960年，单个奶牛养殖场的平均牛奶产量是37吨，目前，荷兰平均每个奶牛养殖场的生产规模大约在603吨左右。牛奶养殖目前已经成为荷兰农业最重要的部门之一。荷兰全国大约60%的农业用地被奶牛养殖场使用。牛奶一项就贡献

表25-3 荷兰奶牛养殖和土地使用关键数据

	2000	2005	2009	2010	指数2000=100
奶农数量	29 467	23 527	20 268	19 805	67
奶牛存栏	1 504 097	1 433 202	1 489 071	1 478 635	98
奶牛单产（千克）	7 397	7 560	7 871	8 075	109
70头或70头以上养殖场比例（%）	21.6	33.6	46.9	48.4	
单个养殖场牛奶平均产量（千克）	377 555	460 564	578 297	602 904	
参加生产测定的奶牛数量（MPR）（%）	82.1	84.4	87.4	87.5	
养殖场土地使用（公顷）	1 975 504	1 937 695	1 917 415	1 872 319	95
草场（公顷）	1 010 019	975 661	974 696	950 770	94
草场占养殖场土地使用比例（%）	51.1	50.4	50.8	50.8	
玉米种植面积（公顷）	205 301	235 085	241 972	230 765	112
玉米种植面积占养殖场土地面积比例	10.4	12.1	12.6	12.3	

了大约 17%的荷兰农业生产总值。

2.荷兰最近奶牛养殖的发展情况

（1）尽管配额数量有所增长但仍然超产。由于欧盟委员会决定到 2015 年取消牛奶配额，而在这之前逐步提高配额的数量，荷兰的牛奶生产配额在 2010/11 配额年度也增长了 1%，从而荷兰的牛奶加工厂可以得到 116 亿千克的原料奶供应。尽管配额增长了 13.9 万吨，但荷兰仍然大幅超产 1.2%，因此荷兰也付出了 3870 万欧元的罚款。

（2）规模继续增长。荷兰在 2010/11 配额年度中总共有 19000 多个奶农拥有配额，比一年前几乎少了 3%左右。这个下降的比例比上一年度要高。拥有配额的奶农数量下降和牛奶产量的上升结合在一起，可以反映出单个奶牛养殖场规模的不断扩大。在 2010/11 年度平均每个配额持有者的配额数量是 614 吨，比 2009/10 配额年度高 3.6%，这种规模的扩大也体现在不同养殖规模中配额持有者数量的不平衡中，在 2010/11 配额年度中，800 吨以上的配额持有者的数量是全部分类中唯一一个增长的，增长幅度达到了 7%，总数达到了 4500 个。在 2010/11 配额年度末期，接近 1/4 的配额持有者拥有荷兰全部牛奶配额的 43%。

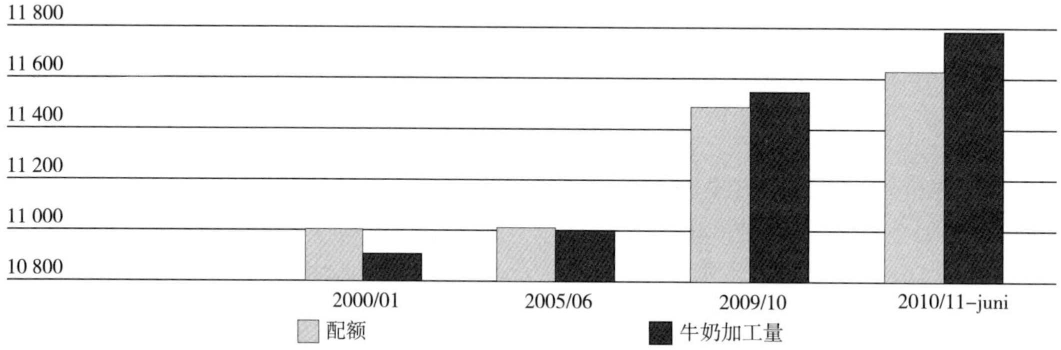

图 25-1　牛奶配额和加工量（单位：百万千克）

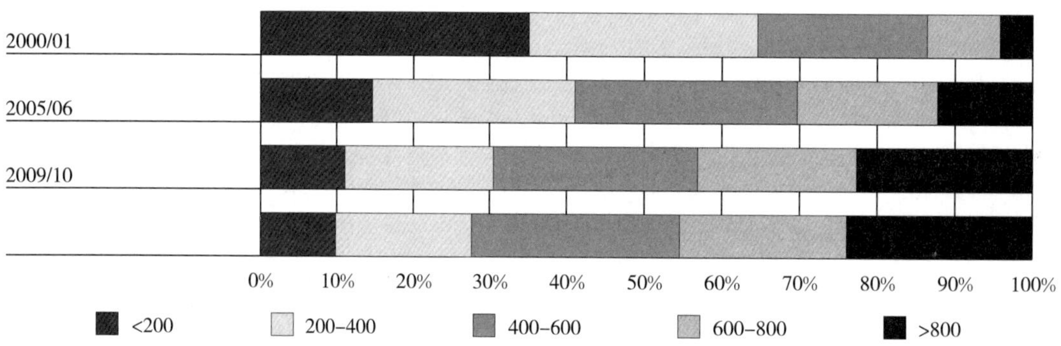

图 25-2　配额持有者比例%（按养殖规模）（单位：吨）

（四）乳制品行业

1.历史和现状　在 1870 年以前，所有的乳制品都由奶牛养殖场自己来生产。荷兰第一个乳制品加工厂建立于 1871 年。到了 1910 年，有不少于 958 个黄油加工厂和 291 个奶酪加工厂。从那以后，乳制品加工行业出现了集中和规模扩大的趋势，并且趋势越来越明显。在奶牛养殖行业，这一进程在 19 世纪的 70 年代和 80 年代呈加速趋势。目前的情况是，荷兰几乎所有的原料奶都会送到加工厂（97%）。

荷兰目前已经是全球奶业整合度最高的国家之一，整个行业是由合作社构成的。这种结构在荷兰有着悠久的历史：由奶农拥有的合作社在荷兰奶业的形成初期就已经存在了，合作社在过去的 10 多年中也经历了快速整合的过程。在 2010 年，皇家菲仕兰坎皮纳公司在荷兰合作银行的全球乳制品企业 20 强的排名中名列第五（表 25-4）。

2.加工厂　截止到 2010 年的 12 月 31 日，荷兰的乳制品行业一共有 22 家公司，经营着 53 家工厂。在这 53 个工厂中，有一半是属于乳制品巨头皇家菲仕兰坎皮纳公司的。

3.以国际市场为导向　荷兰的乳制品行业在国际乳制品市场上具有很强的竞争力，这要归功于荷兰奶业先进的技术和良好的原料奶品质，从而打造了荷兰乳制品的高品质。除此以外，还要归功于荷兰长期以来形成的贸易传统。目前的荷兰乳制品出口额达到了 46 亿欧元，从而成为世界上乳制品出口的主要国家之一。乳制品出口的收入占了荷兰奶业销售总额中很大的一部分。

表 25-4 世界前20位乳品加工企业

公　司	国　家	2010年销售额（亿元）
1. 雀巢（Nestlé）	瑞　士	1862
2. 达能（Danone）	法　国	1091
3. 恒天然（Fanterra）	新西兰	805
4. 拉克塔利斯集团（Lactalis）	法　国	798
5. 菲仕兰坎皮纳（FrieslandCampina）	荷　兰	778
6. 迪安食品（Dean Foods）	美　国	725
7. 美国奶农（Dairy Farmers of America）	美　国	652
8. 阿拉食品（Arla Foods）	丹麦/瑞典	605
9. 卡夫（Kraft Foods）	美　国	466
10. 联合利华（Unilever）	荷兰/英国	446
11. 萨普托（Saputo）	加拿大	379
12. 明治乳业（Meiji Dairies）	日　本	366
13. 诺德胡马纳（DMK）	德　国	352
14. 索迪雅集团（Sodiaal）	法　国	352
15. 帕玛拉特（Parmalat）	意大利	346
16. 森永乳业（Morinaga Milk Industry）	日　本	339
17. 保健然（BONGRAIN）	法　国	313
18. 蒙牛（Mengniu）	中　国	299
19. 伊利（YiLi）	中　国	286
20. 施雷伯食品（Schreiber Foods）	美　国	266

荷兰乳制品行业生产出来的产品在国内大概消费掉40%，其余60%都用于出口。欧盟是最重要的出口目的地，在2010年出口额的2/3来自对欧盟贸易。最重要的出口市场是周边的德国、比利时和法国。

荷兰也是乳制品进口的一个主要国家，因为荷兰本身就是一个重要的转口港，进口的乳制品大部分都用于转口贸易，出口到欧洲其他地方或欧洲以外的地区。因此，荷兰也扮演了一个进入其他欧洲和世界市场的跳板的作用。2010年，荷兰乳制品进口总额达到21亿欧元。

4.乳品加工行业近期的发展　荷兰的原料奶产量在2010年增长了大概2%，达到了116亿千克。可供应乳品加工厂的原料奶供应量（包括进口）增长1.2%，接近116亿千克。

2010年奶酪的产量大幅度增长，达到了10年以来的最高记录，接近75.3万吨。2010年炼乳的产量达到34.7万吨。还有大量的牛奶用于加工黄油和无水奶油以及脱脂奶粉。

而液态奶和鲜奶制品产量下滑的趋势在2010年仍在继续，产量刚刚超过11亿千克。而用于制作稀奶油和全脂奶粉的牛奶更少。这两项产品的产量分别是2万吨和13.6万吨。

（五）出口

（1）出口的增长。荷兰乳制品（包括酪蛋白）的出口量在2010年增长了4%以上（表25-5），全部乳制品折合牛奶超过了86亿千克。其中，与第三方国家的贸易增长超过了6%，与欧盟成员国的贸易增长超过了4%。出口到欧盟其他国家的乳制品占荷兰全部出口的份额保持在64%，与上一年持平。对于荷兰来说，欧盟目前还是乳制品出口最重要的目的地。具体来说，欧盟内部的德国、比利时和法国是荷兰乳制品出口的重要国家。在2010年，对这三个国家的乳制品出口量占了对欧盟全部国家出口量的2/3以上。还有源源不断的奶粉、黄油、无水奶油以及奶酪被运往欧盟国家，对希腊、意大利和西班牙的奶酪出口增长是惊人的。在贸易平衡表上这些奶酪的出口增长占了欧盟内部贸易增长的主要部分。与

表 25-5 荷兰牛奶和乳制品出口统计表

单位：百万千克

	2010			同比2009（%）		
	EU-27	第三方国家	全部	EU-27	第三方国家	全部
奶　酪	478.3	98.0	576.3	3.4	18.1	5.7
黄　油	84.4	30.0	114.4	11.0	1.9	8.5
无水奶油	31.4	11.1	42.5	12.6	-19.0	2.2
炼　乳	101.1	157.6	258.7	14.0	7.1	-2.3
脱脂奶粉	15.7	142.4	158.1	16.5	-6.8	-4.9
全脂奶粉	33.9	55.3	89.2	10.2	25.7	19.3
全脂牛奶和奶油	455.4	15.9	471.3	-3.2	-8.4	-3.4

第三方国家贸易的增长主要集中在奶酪、脱脂奶粉和炼乳上面，无水奶油的出口仅仅有小幅度增长。相比较而言，出口到第三方国家的黄油和全脂奶粉的数量有所下降。

（2）高涨的乳制品价格推高了乳制品出口总额。2010 年荷兰乳制品出口价值达到了 46 亿欧元，同比增长 19%。这是由国际乳制品价格的高涨和出口数量的增长共同造成的。尽管有少数乳制品品种的出口量有所下降，但价格的大幅度上涨完全抵消了这部分下滑。对于全脂奶粉和炼乳，情况更是这样。从平衡表上来看，荷兰奶酪的出口对出口价值大幅度增加的贡献最大。

出口价值的增加受到了欧盟内部出口以及对第三国的出口的影响。从绝对数量上看，出口到欧盟内部国家的数量仅仅有小幅度提升，由于国际乳制品价格高涨，荷兰对欧盟国家出口比重有所下降，份额下跌到 66%。

（六）消费

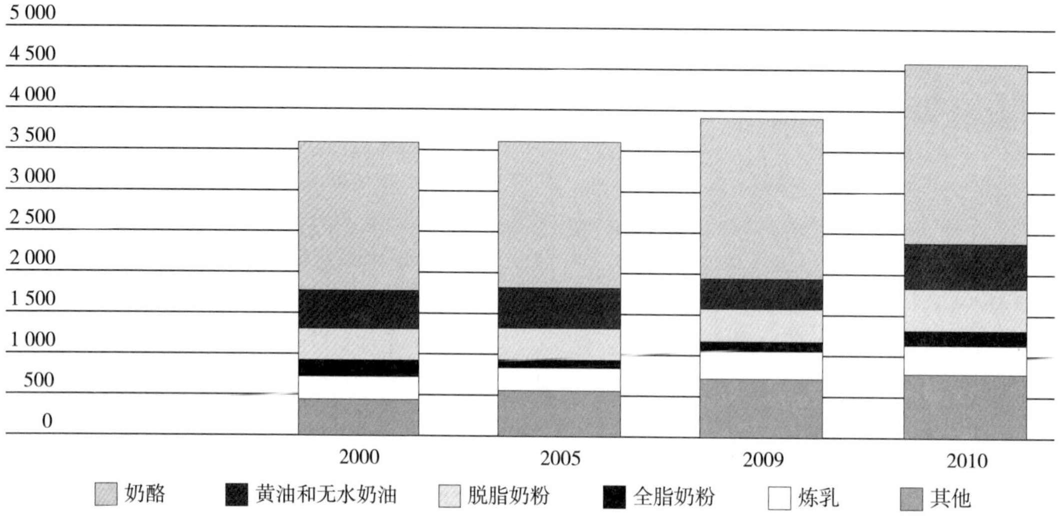

图 25-3 各乳制品出口价值（包括欧盟内部贸易）（单位：百万欧元）

1.历史和现状 在荷兰，牛奶和乳制品的消费有着悠久的历史。由于荷兰的环境和气候条件非常适宜奶牛养殖，因此，奶牛养殖以及食用乳制品成为荷兰人生活中不可缺少的一部分，乳制品的消费相对较高，高于欧盟国家的平均水平，而欧盟在世界上无论是乳制品的产量还是消费水平都是数一数二的。对于大部分荷兰人来说，液态奶、奶酪和乳制品甜点都是日常饮食中必不可少的品种。荷兰人的午餐通常都是一个三明治，配切片奶酪，以及一杯牛奶。在饮用奶方面，荷兰人偏好鲜奶制品。液态奶消费中主要是巴氏奶和半脱脂奶。尽管荷兰人对某些特定品种的牛奶或乳制品有着悠久的消费传统，但情况是会发生变化的，也就是说过去一段时间内很多其他的餐饮模式走进了荷兰人的生活，尤其是户外餐饮。但是荷兰的乳制品行业也在不断进行着创新，无论是传统的饮食还是新型的高附加值产品。

2.近期乳制品消费的发展 奶酪消费增长，液态奶消费下滑。荷兰人均奶酪的消费量在 2010 年继续增长。荷兰的消费者每人的奶酪消费量大约是 20.5 千克，比 2009 年增加了 0.2 千克。黄油的人均消费量相对稳定，几年以来都在 3 千克左右。液态奶人均消费在 2010 年出现了下滑，跌到 60 千克以下。

表 25-6 荷兰牛奶及乳制品生产总量和人均消费量

单位：吨、千克、千人

	2000		2005		2009		2010	
	产量	人均消费量	产量	人均消费量	产量	人均消费量	产量	人均消费量
液态奶	1825862	114.7	1790050	109.7	1803331	109.1	1784943	107.4
奶　油	31799	2	28940	1.8	21872	1.3	21410	1.3
黄　油	52476	3.3	53410	3.3	56215	3.4	56504	3.4
奶　酪	251599	15.8	278957	17.1	299263	18.1	309111	18.6
凝　乳	45037	2.8	53427	3.3	47948	2.9	43209	2.6
人　口	15924		16321		16534		16619	

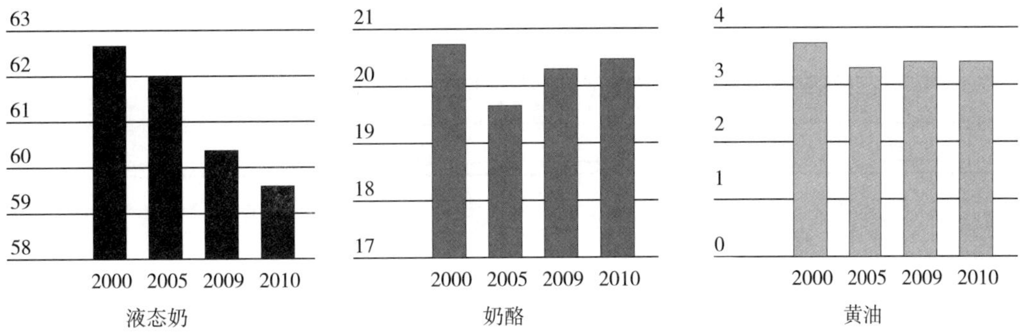

图 25-4　人均消费量（单位：千克）

（荷兰王国驻华大使馆经济农业及创新部农业办公室供稿　陈兵翻译）

日本酪农生产、经营动向调查统计报告摘要

根据日本农林水产省大臣官方统计部公布的数据显示，日本国内的生鲜乳生产量在1996年达到历史性最高点的年产866万吨后逐年开始出现下滑。虽然每年的波动多少呈现不规律性，但是酪农经营户数却从1963年记录的41.8万户减少到了20世纪90年代中期的4.2万户，并一直以每年递减的状况发展至今。最近几年频有出现1年减少1000户以上的年份，2009年统计酪农户为2.4万户。主要原因和国际谷物市场价格近年来的急速涨价不无关系，主要认为国际谷物市场不断出现的国际性新需求为涨价主要动力，比如金砖国家的迅速兴起，生物燃料生产需求的不断扩大，国际性过剩投机资金对谷物市场的投机性流入增大等，致使国际谷物价格逐年攀高。国际谷物市场价格已成为影响日本酪农配合饲料价格波动和升降的重要因素和酪农经营决策的要因。因此日本中央酪农会议（社团法人）实施每两年一次日本全国性的酪农生产状况和经营动向的调查，该调查的主旨在于希望能够准确把握日本国内生鲜乳生产的实际构架，酪农生产、经营变化的实际动向，以便应对生鲜乳的国际化流通趋势和日本国内生鲜乳流通变化，并为确立更广泛区域内的生鲜乳流通模式收取基础信息和数据。具体讲可以在以下几个方面发挥作用：

（1）通过准确把握日本国内酪农的实际生乳生产和流通状况，以便推进更加安全和合理的生鲜乳流通和买卖价格体系，以及为今后酪农生产经营方针和计划制定提供基础数字参考。

（2）通过分析全国和各个地区的酪农生产、经营动向变化，了解各地区生鲜乳生产、供给、流通的特性和问题，为政府的政策立案和中央酪农会议的生产计划制定提供依据。

（3）为实现可以应对国际化发展和外部环境变化的日本国内酪农生产经营结构调整，提供依据和参考。

该调查于2009年3～9月实施，2010年3月提出报告。依据2009年回收的调查表，统计分析日本酪农经营农户最新数据和经营状况变化。

（一）酪农生产经营人员

1.酪农农场主年龄变化　全国平均年龄为55.7岁，比07年统计结果增加1.5岁。北海道平均年龄51岁，近畿地区61岁，相差10岁。

调查牧场数	10～20岁	30岁	40岁	50岁	60岁	70岁
2 635	0.4%	5.9%	19.9%	39.5%	25.7%	8.5%

2.酪农家庭牧场的家庭成员就业人数　全国平均2.6人，2人的占45.3%，3人占27.1%。北海道平均2.9人，其他地区平均2.5人。

3.酪农牧场经营形态　非法人经营占绝大多数86%，法人经营占22%，合作经营占0.8%。北海道地区法人经营平均经产牛在150头以上，其他地区在100头以上。

4.家庭牧场中家庭外成员就业人数　86%的家庭牧场的家庭外就业人员为零。

牧场	0人	1人	2人	3人	4人	5～9人	10人以上
2635	86.2%	6.2%	3.0%	1.3%	0.5%	1.2%	0.3%

5.牧场工人1名管理的经产牛头数 北海道地区1人平均管理21.1头，其他地区平均12.3头/人。

牧场	10头	15头	20头	25头	30头	40头	50头	50头以上
2635	30.7%	24.6%	18.5%	11.6%	5.2%	4.9%	1.7%	0.6%

6.牧场工人1人1年生鲜奶产出量 全国平均为116吨/年，北海道为161吨/人/年，其他地区平均97.4吨/人/年。

7.继承者变化 32.3%的调查牧场明确表示已确定后继人选。33.7%表示仍未确定，34%的牧场表示完全没有后继人选。

牧场	50吨	100吨	150吨	200吨	250吨	300吨	400吨	500吨	500吨以上
2635	18.2%	27.1%	25.7%	13.2%	5.6%	2.8%	2.6%	0.5%	0.2%

（二）生鲜乳生产

1.经产牛头数的变化 全国平均经产牛头数为41.8头/户，比2007年统计结果仅增加0.3头/户。北海道地区的平均头数为66.7头，比07年统计增加2.6头，其他地区平均为33.7头，比07年减少0.5头。

牧场	-10头	-20头	-30头	-40头	-50头	-75头	-100头	-150以下	150-以上
2635	8.9%	15.6%	17.6%	16%	12.8%	16.9%	6.1%	3.3%	2.5%

2.未经产牛头数 全国平均为20.1头，北海道地区平均40.4头，其他地区11.4头。

牧场	0	5	10	20	30	40	50	75	100	-150	150-
2635	7.4%	20.5%	14.8%	19.7%	11.1%	8.3%	4.6%	5.8%	1.3%	1.3%	0.7%

3.未经产牛比率 全国平均0.4，北海道平均0.58，其他地区0.32。

牧场	0	0.1	0.2	0.3	0.4	0.5	0.6	0.7以下	0.7以上
2635	7.3%	7.3%	11.2%	11.9%	11.8%	10.7%	10.6%	10.9%	13.6%

4.经产牛废用时的经产胎次 2009年统计全国经产牛胎次4产，比2007年统计的3.7产增加0.3产。

牧场	-2产	-3产	-4产	-5产	-6产	-7产	7产以上
2635	0.7%	11.3%	34.3%	26.8%	13.0%	5.1%	6.1%

5.酪农牧场年销售鲜奶量 全国2009年平均1酪农户销售奶量349.3吨，比2007年的328.6吨增加21吨。北海道地区2009年为531.4吨，比2007年的483.0吨增加48吨。其他地区2009年273.4吨比2007年的277.9吨略有减少。

牧场	-100吨	-150吨	-200吨	-250吨	-300吨	-350吨	-400吨	-450吨	-500吨	-550吨	-600吨	-700吨	700吨-
2635	15.3%	10.9%	9.6%	11.2%	9.0%	8.9%	6.0%	5.4%	3.3%	3.4%	2.6%	3.0%	8.8%

6.经产牛 1 头 1 年产奶量 全国平均 7666 千克/头/年，中国地区 8482 千克/头/年。

牧场	-5000千克	-6000千克	-7000千克	-8000千克	-9000千克	-10000千克	10000以上
2635	5.4%	8.7%	17.3%	24.7%	20.8%	12.9%	7.2%

（三）土地使用和粗饲料的自给状况

1.牧场使用土地面积 全国平均面积为 71 亩 ，其中北海道地区牧场平均面积为 192 亩，其他地区牧场平均面积为 19.14 亩。

牧场	-10亩	-17亩	-33亩	-66亩	-100亩	-130亩	-165亩	-250亩	-330亩	330亩-
2635	28. 8%	13.2%	15.3%	9.3%	4.9%	4.5%	4.6%	9.9%	4.0%	2.5%

2.经产牛 1 头折合牧场使用土地面积 1 头牛在 1 亩以下的牧场 51.6%，1 亩以上牧场 45.3%。全国平均为 1.5 亩 1 头经产牛。其中北海道地区 1 头经产牛 3 亩，其他地区 0.8 亩。

牧场	-0.66亩	-1.32亩	-2亩	-2.64亩	-3.3亩	-4亩	-5亩	5亩-
2635	41.2%	16.5%	9.3%	8.7%	6.9%	5.9%	3.9%	4.5%

3.牧草、饲料耕作面积与牧场面积比

牧场	-10%	-25%	-50%	-75%	-100%	-125%	-150%	150%-
2635	8.3%	2.5%	4.8%	11.8%	15.1%	30.1%	3.6%	16.2%

4.对经常牛 1 头耕作面积：全国平均 1.5 亩/头，北海道平均 3 亩，其他地区 0.8 亩。

牧场	-0.66亩	-1.32亩	-2亩	-2.64亩	-3.3亩	-4亩	-5亩	5亩-
2635	42.4%	15.7%	10.8%	7.9%	7.0%	5. 2%	3.7%	4.1%

5.放牧经营和放牧面积

牧场	0亩	-33亩	-66亩	-99亩	132亩-	165亩-	-250亩	-330亩
2635	74.8%	13.2%	3.8%	3.0%	1.2%	0.4%	0.4%	--%

6.经产牛 1 头放牧使用面积

牧场	0亩	-0.7亩	-1亩	-1.65亩	-3.3亩	-4亩	-5亩	5亩-
2635	75.4%	12.7%	2.6%	2.9%	1.5%	0.2%	0%	0.1%

7.粗饲料的自给比率 全国 10%的牧场全量购入粗饲料，30%的牧场购入 30%的粗饲料，30%牧场购入 60%，30%牧场能够自给粗饲料。其中北海道地区 70%的牧场粗饲料可以自给自足。

牧场	户数	0%	20%	40%	50%	70%	90%	100%
全国	2635	13.2%	15.5%	13.1%	6.9%	9.4%	13.1%	0.9%

（天津全药动物保健品有限公司 甄 岩）

巴西和阿根廷奶业考察报告

2011年7月8～22日，中国奶业考察团应邀赴巴西和阿根廷进行了15天的考察。考察团先后参加了中巴奶业生产链国际研讨会，中国考察团谷继承、张智山、王加启、牟海日、孙宏进和周振峰等6位同志在大会上作专题报告；举行了“中巴奶牛营养和牛奶质量联合实验基地”揭牌仪式，中国驻巴西大使馆大使和巴西农业厅等领导与中国考察团崔泽民等一起出席仪式，开启了中巴奶业技术交流与合作项目；先后赴两国的4省6市考察，包括7个奶牛场、10个乳品加工企业、3个研究院校、2个乳品检验中心、1个种公牛站、1个饲草饲料生产试验基地。中国奶业协会与巴西奶业协会签署了合作框架协议；与阿根廷中小规模奶业公司协会、牛奶生产商合作委员会和乳业中心分别签署了合作框架协议。考察期间，谷继承和王加启同志先后接受了巴西、阿根廷电视台采访，并进行了宣传报道。大家一致认为，巴西和阿根廷高度重视中国奶业考察团的考察活动，日程安排科学，考察内容丰富，中国与巴西和阿根廷奶业发展各有特点，可以优势互补，通过本次考察，为双方进一步开展交流与合作奠定了良好的基础。

（一）巴西和阿根廷奶业发展概况

1.巴西奶业发展概况 巴西位于南美洲东南部，国土面积851万平方公里，位居世界第五位。全国可耕地面积4.4亿公顷，草地面积17 300万公顷。丰富的土地和草场资源，为巴西成为南美洲第一大牛奶生产国奠定了基础。2010年巴西奶牛存栏约2 299.9万头，年产生鲜乳约3 168.9万吨，占全球生鲜乳总产量的4.8%；人均乳制品年消费量169千克，属乳制品消费水平较高国家行列。

巴西奶牛养殖区域相对比较集中，主要分布在5个州，分别为米纳斯州、戈亚斯州、圣保罗州、南大河州和巴拉那州。奶牛以放牧为主，个体产奶水平不高，2010年约2 505千克。部分草场较好或采取舍饲的奶牛年单产水平较高，可达5 000～8 000千克。为提高奶牛生产性能和适应严重的热应激，巴西注重奶牛品种选育和改良，其中巴西农业部所属的研发公司EMBRAPA和巴西种牛公司积极开展奶牛品种选育和改良，选育出一批优秀种公牛并生产大量的冷冻精液。目前，巴西已经成为拉美种牛冷冻精液的出口基地。巴西有Zebu（瘤牛吉布）和荷斯坦奶牛，以及Zebu牛与荷斯坦奶牛杂交后代Girolando奶牛，Zebu牛适应力强，适宜在热带或亚热带饲养，肉乳兼用，粗放，长寿，产奶期长，饲养成本低。目前巴西的牛群有80%拥有Zebu牛的血统。

巴西市场上的牛奶及奶制品主要为巴氏法消毒奶、超高温杀菌牛奶UHT、多种口味的牛奶和奶粉、奶酪。2000年以前巴西乳制品主要靠进口，后来随着巴西国内奶业的发展，进口量逐渐减少，出口逐渐增加，至2006年进出口基本持平，2007年、2008年乳制品生产基本满足国内消费需求，出口略多于进口。但2009年、2010年进口又开始高于出口。2010年乳制品进口量（以鲜奶当量）约73万吨，出口量约19万吨。进口增多出口减少的原因可能是巴西货币不断升值，近十年增值达15%，生鲜乳收购价格每公升平均升到0.85巴西币，折合人民币3.40元，乳制品出口竞争力下降。

2.阿根廷奶业概况 阿根廷位于南美洲东南部，国土面积278万平方公里，位居世界第八位。阿根廷耕地面积2662万公顷，农牧业发达，是世界粮食和肉类的重要生产国和出口国，素有“世界粮仓肉库”之称。丰富的土地和饲草料资源为阿根廷奶业发展奠定了基础，2010年全国成母（奶）牛存栏210多万头，生鲜乳产量1060万吨，是南美洲第二大牛奶生产国。2010年人均消费乳制品210千克，乳制品消费水平较高。

阿根廷全国共有11500多个奶牛养殖场，平均每场存栏150多头，年平均单产5000多千克。全国奶牛饲养以放牧和半舍饲为主，粗饲料主要是苜蓿和青贮饲料，适当补充精饲料。奶牛养殖主要分布于科尔多瓦省（占全国37%）、圣达菲省（32%）和布宜诺斯艾利斯省（25%），三个省区奶牛存栏占全国的94%。全国牛奶生产先后经历了增长—减少—增长的过程，目前正趋于稳定。据统计，1978年全国生鲜乳产量520.8万吨，1979—1999年生鲜乳产量持续稳定地增长至1060万吨，2000年受经济危机的影响，生鲜乳产量持续下降，近年来逐步恢复增长，2010年已接近历史最高水平。

阿根廷乳品加工企业分为三类：一是日加工牛奶能力40万千克以上的大型企业10～12家，约加工全国牛奶产量的50%，这些企业产品多样化，出口产品主要依靠这些大企业。二是日加工能力在4万千克到40万千克的中型企业90～100家，约加工全国牛奶产量的25%，这些企业主要生产奶酪，供国内消费。三是日加工能力4万千克以下的1000家左右，约加工全国牛奶产量的25%，这些企业专门从事特色奶制品加工，如奶酪、奶油、炼乳等。

阿根廷的乳制品主要是奶酪类，加工量约占牛奶总产量的50%；其次是奶粉，占牛奶总产量的24%；再者是液态奶（巴氏杀菌和灭菌牛奶）占19%；其他占7%。全国牛奶产量的80%在国内销售，20%出口。2010年全国乳制品出口总量315581吨，总额10.53亿美元，出口产品主要是奶粉，占出口总量的50%以上，出口国家包括巴西、阿尔及利亚、委内瑞拉、美国、墨西哥、智利、中东等。

（二）巴西和阿根廷奶业发展的特点

巴西和阿根廷都高度重视奶牛的品种选育、粗饲料种植、产品质量检测和利益分配机制的建立，一些好的做法值得我们学习借鉴。

1.良种选育以符合国情和综合效益高为目的 良种是奶业发展的物质基础。实践证明，奶牛单产水平增量中有 40%来自遗传因素。美国、加拿大、新西兰、澳大利亚等奶业发达国家的奶牛品种都以产奶量较高的荷斯坦为主，以地方品种为辅。巴西在奶牛品种选择和培育上有自己的特点，96%以上的奶牛都是荷斯坦和Zebu（瘤牛吉布）的杂交牛，4%以下的为纯种荷斯坦。究其原因：一是杂交牛含有荷斯坦高产基因，可改善Zebu低产的缺陷；二是杂交牛含有Zebu强适应性基因，有利于适应巴西以放牧为主的粗放管理和亚热带气候高温高湿的特性；三是实践证明，杂交牛饲养成本低，养殖效益高；四是杂交牛产肉性能比较好，对肉牛养殖及牛肉生产有一定的贡献。据考察，巴西非常注重牛的育种工作，早在 1939 年就成立了巴西Zebu牛养殖协会（ABCZ），重点负责改良牛遗传品质，目前拥有会员 1.5 万名，下属几十个专业协会组织，堪称世界范围内最具规模的民间畜牧业组织。70 多年的积累，使巴西拥有世界上最优秀的Zebu种牛，每年生产大量的优良种牛冷冻精液，用于改良巴西牛群，并大量出口，目前巴西已成为拉美种牛冷冻精液的出口基地。与巴西不同，阿根廷适应自身资源和气候特点，95%的奶牛都是荷斯坦及其荷斯坦品种的改良牛。这充分表明，在奶牛品种方面，没有最好的品种，只要适合本地，就是最好的品种。选育和改良奶牛品种应综合考虑其产奶性能、养殖效益和适应性等因素。

2.积极推广饲草饲料种植 奶牛是草食动物，保持其健康、高产，离不开优质、充足的饲草饲料。巴西和阿根廷土地资源丰富，有广阔的牧场和草地，可满足奶牛的放牧和半舍饲养殖。为弥补天然牧草的不足，为奶牛提供更优质的饲草料，两国都积极推广饲草饲料种植，一般在牛场的周边，都有人工草地和种植饲料作物，其中饲料作物有青饲玉米、青饲高粱、青饲甘蔗等。为推广饲草饲料作物种植，巴西和阿根廷农牧科学研究机构均专门建立饲草饲料生产与试验基地，为奶牛场筛选适应不同土壤、不同气候的优质饲草饲料品种和高效种植模式，深受奶牛养殖者的欢迎。阿根廷的放牧草地以种植苜蓿和禾本科牧草为主，调制干草以苜蓿为主。巴西的放牧草地以天然草地或人工种植的混播禾本科饲草为主，舍饲的粗饲料以甘蔗饲料为主，甘蔗一年四季均可生长，一般青刈后直接粉碎饲喂。

3.不设第三方经营的生鲜乳收购站 与我国不同，巴西和阿根廷生鲜乳生产者与加工者之间有效对接，不设第三方经营的生鲜乳收购站。实践证明有两点好处：一是质量安全责任明确，收购前质量安全责任归奶牛养殖者，收购后质量安全归乳品加工企业，不会因有第三方而相互推诿；二是利益分配相对简单，没有第三方获取利润，同时提高了生产者和加工企业的效益。乳品企业收购生鲜乳主要有两种形式：一是乳品企业自己没有收购运输设施，承租运输公司的设备，但运输公司只提供运输，不参与收购和管理；二是乳品企业自己配备运输设施，直接到奶牛场收购运输生鲜乳。

4.生鲜乳及乳制品实施第三方检测 巴西和阿根廷普遍实施了第三方检测，承担第三方检测的主体通常是科研单位、高等院校、国家质量检测部门或社会团体等。第三方检测单位通常定期或不定期到养殖场或乳品企业抽样检测，被抽样单位需交纳一定数额的检测费。检测结果被及时反馈到行业主管部门、养殖场和乳品企业。对生鲜乳来说，第三方检测的指标有：温度、酸度、抗生素、酒精阳性、乳蛋白、乳脂肪、乳糖、干物质、细菌总数、体细胞数等。第三方检测的频率为每个生鲜乳生产点和乳品企业每月至少采样抽检一次。生鲜乳检测的结果是乳品企业收购生鲜乳判定是否合格及以质论价的依据，若对检测结果存在疑义，可申请复检或申请有终检资格的第三方检测单位重检。乳制品加工企业也有相关检测设备，每次收购时抽样检测，以判定生鲜乳质量是否合格，发现不合格时要送样至第三方检测，由第三方做出最终判定。乳品企业的检测指标同第三方基本相似。奶牛场一般也能进行简单的检测，主要是抗生素、酒精阳性检测。在巴西米纳斯州，分布有多家检测能力不等乳及乳制品检测中心，分别承担就近区域的生鲜乳及乳制品的第三方检测，其中巴西农牧研究院的乳及乳制品检测中心，既负责周边生鲜乳及乳制品的第三方检测，又具有对其他检测中心的终检资格。阿根廷玛莉亚市的一所职业高校，设有乳品检测中心，负责全市的生鲜乳及乳制品第三方检测，并为奶牛场和乳品加工企业培养检验员。为确保乳品质量，阿根廷食品管理部门还不定期派人进驻乳品企业监督，所派人员主要负责采样、制度执行情况的监督等，平均每人负责 5 ～ 10 个企业。

5.合作社为纽带形成乳品生产和加工完整的产业链 在巴西和阿根廷，奶业合作社建设比较完善，运行比较畅通。通常是几十家或几百家奶牛养殖场组成一个股份合作社，并参股乳品企业，合作社中的养殖会员单位与乳品企业构成了利益共享的联合体，合作社会员承诺将生鲜乳交售给乳品企业，乳品企业除正常支付奶款外，年终还拿出利润的一部分作为股份红利，分发给合作社会员单位。阿根廷的SanCor公司是一家大型乳品企业，有 1410 个合作社为其提供奶源，这些合作社分布在 6 个区域，合作社运行的机构是合作社董事会：设董事长 1 人，秘书长 1 人，财务部长 1 人，普通董事 9 人，这 12 人来自 6 个区域，每个区域 2 人，由各自区域合作社会员选举产生，董事会人员任期 3 年，期满后重新选举，最多任期 2 届，董事会除定期召开会议之外，每年至少召开

1次董事会大会，每区域选择5个参会代表。在合作社内，会员承诺将牛奶交售给乳品企业，乳品企业按月付给会员奶款，年终按交奶数量等给会员分红，合作社与企业间合作机制运行良好。巴西第三大乳品企业Itambe公司，有8000多个小农场为其提供生鲜乳，每个农场每天平均提供牛奶350千克，该乳品企业不直接与农场联系，而是通过30多个合作社开展收购工作，合作社负责人组成董事会，每月召开一次董事会议，依据市场情况确定生鲜乳收购指导价，不同农场生鲜乳价格有所差异，主要考虑因素有生鲜乳产量、质量、距离等。乳品企业每月定期发放奶款，年终向合作社分红约占企业总利润的30%，奶农通过合作社与乳品企业形成了利益共同体。

（三）几点建议

通过考察对中巴或中阿双方在奶业领域有了初步了解，就双方感兴趣的问题进行了交流和探讨，为开展合作奠定了良好的基础。

1.开展技术交流与合作 一是中国农业科学院北京畜牧兽医研究所拥有成熟的牛奶中共轭亚油酸（CLA）调控技术，巴西对此很感兴趣，相互间可开展交流与合作。二是中国饲料添加剂等生产技术成熟，可与巴西和阿根廷开展相关交流与合作。三是巴西具有相对成熟的抗热应激的优良品种（Zebu）和配套技术，中国和巴西可在奶牛热应激机理与防控关键技术方面开展合作研究，进一步提高中国南方奶牛缓解热应激的技术水平。四是巴西和阿根廷在乳制品加工，特别是奶酪和乳清粉生产方面技术成熟，可开展交流与合作。科研和技术交流与合作的主体应以中国农业科学院北京畜牧兽医研究所、巴西农牧科学研究院奶牛研究所、阿根廷国家农业研究院，以及双方奶业相关企事业单位为主。此外，中巴双方可选择一个奶牛场为样板，重点开展热带地区奶牛生产技术集成的研究与示范，并在双方建立中巴奶业联合实验室。

2.开展生鲜乳运营模式交流与合作 巴西和阿根廷两国的生鲜乳生产运营模式比较成熟，奶牛养殖者和生鲜乳加工企业形成了利益共同体，生鲜乳第三方检测也赢得了奶牛养殖者、加工企业和政府主管部门的一致好评，值得中国学习与借鉴。可选派相关人员到巴西和阿根廷学习，一是深入奶牛养殖场、合作社和乳品加工企业，具体了解生鲜乳运营相关的制度、规范和组织实施过程，掌握生鲜乳生产者和加工企业利益联结机制的内涵。二是选派科技人员深入乳品质量第三方检测点，学习运行管理规范、检测结果和生鲜乳定价的程序、检测技术等等。也可邀请巴西和阿根廷两国运营较好的合作社和第三方检测的负责人来中国交流、指导，为进一步完善我国生鲜乳运营模式等奠定基础。

3.开展商贸交流与合作 巴西和阿根廷有丰富的饲草饲料资源，有优良的活体奶牛、胚胎、精液和乳制品，中国饲料添加剂产品丰富，可以实现优势互补，开展商贸交流与合作。一是从巴西和阿根廷引进良种。巴西有优良的Zebu牛，抗热应激能力强，适合我国南方养殖，可直接引入母牛用于产奶，也可引进胚胎，借腹怀胎，繁殖优良后代，可进口优良奶牛精液，改良我国现有的奶牛。阿根廷有优良的荷斯坦奶牛（400～600美元/头，离岸价）和胚胎（性控胚胎400美元/枚），具有国际竞争优势，中国可开辟进口国范围，以满足我国对荷斯坦奶牛发展的需求。二是开展乳制品贸易。巴西和阿根廷都有优质的奶粉（原粉）、奶酪等乳制品，可开展贸易合作。考察团从阿根廷乳品加工企业了解到，生产脱盐（1360美元/吨，到岸价）和非脱盐（1260美元/吨，到岸价）两种乳清粉，对出口中国很感兴趣，我们认为其质量和价格具有国际竞争优势，可以从该国进口，以减轻从少数国家进口乳制品的过分依赖。巴西和阿根廷对共轭亚油酸等功能性乳制品有需求，中国可与其开展贸易合作。三是开展饲料资源贸易。巴西和阿根廷有丰富的饲草饲料资源，中国可在进口大豆的基础上进口优质苜蓿产品，缓解我国优质蛋白饲料紧缺的局面，巴西和阿根廷对中国饲料添加剂有需求，中国可与其开展技术交流和贸易合作。

附件 赴巴西和阿根廷奶业考察团名单

谷继承 中国奶业协会 秘书长 团长
张智山 农业部畜牧业司行业发展与科技处 处长
崔泽民 农业部发展司计划司行业规划二处 处长
王加启 中国农业科学院北京畜牧兽医研究所 研究员
孙宏进 江苏省农委畜牧兽医局 副局长
郑 彦 中国农业科学院北京畜牧兽医研究所 处长
朱化彬 中国农业科学院北京畜牧兽医研究所 主任
周振峰 中国奶业协会 副主编
张吉鹍 江西农业科学院畜牧研究所 主任
付荣耀 北京传喜乳业有限公司 董事长
牟海日 沈阳乳业有限公司 总经理
李 杰 内蒙古蒙牛乳业股份有限公司原奶事业部 总经理
朱永飞 农业部奶及奶制品监督检验测试中心（北京）技术员
付国民 唐山市农业工作委员会 书记
张玉果 唐山市农牧业局 副局长
周亚明 唐山市玉田县农业局 局长
郑百芹 唐山市牛奶质量和安全检测中心 主任

国际奶业统计资料

表 25-7 世界奶类产量

单位：百万吨

	1995	2000	2005	2006	2007	2008	2009	2010
牛 乳	465.2	489.82	547.49	557.4	566.9	586.30	591.55	601.29
水牛乳	54.5	67.08	79.43	82.2	86.6	86.72	90.06	92.89
山羊乳	11.7	12.81	14.72	14.9	15.1	15.56	15.85	15.89
绵羊乳	8.0	8.07	8.94	9.1	9.0	9.16	9.23	9.27
其 他	1.3	1.46	1.62	1.6	1.6	1.80	1.84	1.84
全部乳	**540.7**	**579.25**	**652.20**	**665.2**	**679.2**	**699.54**	**708.54**	**721.18**

资料来源：ZMP，联合国粮农组织（FAO），IDF国家委员会及其他团体。

表 25-8 世界各地区牛奶产量

单位：百万吨

	2000	2005	2008	2009	2010
亚 洲	94.67	130.97	152.49	155.64	159.60
欧盟27国	149.50	148.97	148.58	147.41	149.09
中北美洲及加勒比地区	97.96	102.89	110.48	110.37	112.13
南美洲	44.98	53.89	60.51	61.92	63.84
欧洲其他地区	59.09	61.20	61.00	61.40	60.24
非 洲	19.37	23.95	27.91	28.49	29.81
大洋洲	24.26	25.62	25.34	26.32	26.59
全 球	**489.82**	**547.49**	**586.30**	**591.55**	**601.29**

资料来源：IDF。

表 25-9 世界主要国家水牛乳产量

单位：百万吨

	1995	2000	2005	2006	2007	2008	2009	2010
印 度[1)]	35.7	43.43	52.07	55.5	59.2	57.55	60.06	62.20
巴基斯坦[2)]	14.0	17.45	20.49	19.8	20.4	21.62	22.28	22.96
中 国		2.65	2.80	2.9	2.9	2.95	3.00	3.00
埃 及	1.4	2.03	2.30	2.3	2.3	2.64	2.70	2.70
意大利	0.1	0.11	0.21	0.2	0.2	0.26	0.28	0.28
全 球	**54.5**	**67.08**	**79.43**	**82.2**	**86.6**	**86.72**	**90.06**	**92.89**

1）乳业年度截止到下年3月，2010/2011年度数据为预测数；2）乳业年度截止到下年6月

资料来源：ZMP，联合国粮农组织（FAO），IDF国家委员会及其他团体。

表 25-10 其他奶产量[1]

单位：千吨

	1995	2000	2005	2006	2007*	2008*	2009*	2010
全 球	**20955**	**20 523**	**24 941**	**25 656**	**25 782**	**25 800**	**26 000**	**27 040**
-山羊奶	11719	12 656	14 517	14 950	15 127	15 100	15 200	15 900
-绵羊奶	7991	8 430	8 858	9 115	9 044	9 100	9 100	9 300
-骆驼奶			1 566	1 591	1 611	1 600	1 700	1 840

注：*估计数；1绵羊奶、山羊奶、骆驼奶

资料来源：ZMP，联合国粮农组织（FAO），IDF国家委员会及其他团体。

表 25-11 世界主要国家奶牛存栏数

单位：千头

	2000	2005	2006	2007	2008	2009	2010
德国	4 564	4 164	4 054	4 087	4 229	4 169	4 182
法国	4 153	3 958	3 878	3 846	3 859	3 744	3 729
英国	2 339	2 007	1 979	1 954	1 909	1 857	1 847
意大利	2 172	1 842	1 814	1 839	1 831	1 878	1 746
荷兰	1 504	1 433	1 420	1 413	1 466	1 489	1 479
爱尔兰	1 153	1 122	1 087	1 087	1 024	1 022	1 027
西班牙	1 141	1 113	942	903	888	828	845
欧盟27国	27 585	25 062	24 531	24 223	24 135	23 672	23 097
俄罗斯	13 100	9 647	9 500	9 400	9 200	9 000	8 800
乌克兰	5 195	3 781	3 410	3 347	3 092	2 891	2 772
美国[1]	9 206	9 043	9 137	9 189	9 315	9 203	9 117
墨西哥	2 075	2 197	2 222	2 109	2 341	2 334	2 395
加拿大	1 142	1 041	1 019	1 005	984	979	981
新西兰	3 485	4 100	4 140	4 167	4 348	4 607	4 680
澳大利亚	2 171	2 010	1 786	1 700	1 641	1 676	1 600
阿根廷	2 450	2 100	2 150	2 150	2 230	2 300	2 300
巴西	17 885	20 820	20 943	21 122	21 585	22 435	22 999
中国	5 238	12 161	13 632	12 180	12 335	12 607	12 607
日本	1 150	1 055	1 046	1 011	998	985	964
韩国	255	271	263	256	248	248	241
印度	32 883	36 586	.	.	38 838	38 928	38 928

注：1）至次年1月1日。

资料来源：ZMP，IDF，国家统计局，FAO，美国农业部，EUROSTAT data。

表 25-12 世界主要国家牛奶产量

单位：千吨

国别	2000	2005	2006	2007	2008	2009	2010
德国	28 331	28 453	27 955	28 403	28 657	29 199	29 610
法国	24 975	24 885	23 360	23 367	24 272	23 333	24 000
英国	14 489	14 470	14 316	14 023	13 715	13 589	13 935
波兰	11 900	11 901	11 970	12 088	12 426	12 447	12 279
意大利	10 877	10 897	10 821	10 840	10 922	10 906	11 005
荷兰	11 125	10 836	10 994	11 227	11 624	11 721	11 941
爱尔兰	5 260	5 163	5 188	5 346	5 212	5 030	5 437
西班牙	5 900	6 553	6 378	6 335	6 340	6 251	6 300
欧盟27国	149 500	148 966	146 901	147 096	148 575	147 412	149 091
俄罗斯	31 938	31 440	32 016	32 381	32 362	32 592	31 895
乌克兰	12 436	13 424	13 287	12 264	11 524	11 364	10 977
白俄罗斯	4 490	5 650	5 896	5 904	6 195	6 549	6 596
新西兰[1]	13 333	15 163	15 700	15 200	15 600	16 955	17 143
澳大利亚[1]	10 862	10 392	9 583	9 223	9 670	9 294	9 375
美国	76 004	80 254	82 455	84 211	86 174	85 880	87 461
墨西哥	9 591	10 164	10 330	10 599	10 907	10 866	11 033
加拿大	8 163	8 241	7 856	8155	8 345	8 421	8 434
巴西	20 360	25 359	26 160	26 920	28 413	29 979	31 401
阿根廷	10 111	9 778	10 466	9 813	10 310	10 356	10 617
中国	8 420	27 534	31 934	35 250	35 558	35 188	35 756
日本	8 497	8 285	8 138	8 007	7 982	7 910	7 721
印度[2]	32 967	39 759	39 760	41 803	47 005	48 517	50 000
巴基斯坦[3]	8 192	10 726	10 726	11 130	11985	12 437	12 906
土耳其	8 732	10 026	10 867	11 279	11 255	11 583	11 916

注：1）乳业年度截止到下年的5月或6月；2）乳业年度截止到3月；3）乳业年度截止到6月。

资料来源：ZMP、IDF各国家委员会、联合国粮农组织、EUROSTA、美国农业部。

表 25-13　世界主要国家商品牛奶产量

单位：千吨

	2000	2005	2006	2007	2008	2009	2010
德国	26 984	27 380	26 876	27 321	27 466	28 248	28 659
法国	23 303	23 353	22 867	22 979	23 816	22 898	23 558
英国	13 932	14 038	13 923	13 649	13 350	13 236	13 582
荷兰	10 734	10 486	10 662	10 899	11 303	11 405	11 626
意大利	10 084	10 216	10 821	10 837	10 489	10 560	10 408
波兰	6 662	8 612	8 524	8 467	8 567	8 846	8 725
西班牙	5 454	5 940	5 863	5 765	5 863	5 769	5 829
爱尔兰	5 160	5 060	5 235	5 242	5 107	4 929	5 329
欧盟27国	130 868	133 669	133 615	133 789	134 606	134 095	135 829
俄罗斯	12 500	14 700	15 048	15 543	15 857	16 296	16 735
乌克兰	3 335	5 689	5 607	6 029	5 820	5 800	5 650
美国	75 413	79 736	81 931	83 682	85 691	85 421	87 011
墨西哥	7 960	8 436	10 352	10 000	9 053	9 018	9 157
加拿大	7 629	7 717	7 410	7 584	7 799	7 870	7 882
巴西	12 471	16 773	17 164	17 700	19 864	20 190	21 596
阿根廷	9 392	9 070	9 717	9 062	9 541	9 585	9 828
中国	5 050	19 270	22 350	24 680	24 890	25 020	26 135
日本	8 391	8 205	8 056	7 923	7 901	7 835	7 648
韩国	2 253	2 229	2 176	2 188	2 140	2 110	2 073
新西兰1)	13 313	15 143	15 700	15 200	15 580	16 933	17 123
澳大利亚2)	10 862	10 392	9 658	9 373	9 670	9 294	9 375
南非	1 977	2 321	2 425	2 470	2 607	2 574	2 704

注：1）乳业年度至次年5月份；2）乳业年度至次年6月份。

资料来源：ZMP，IDF各国家委员会，国家统计局，EUROSTAT。

表 25-14　世界主要国家液体奶产量

单位：千吨

	2000	2005	2006	2007	2008	2009	2010
欧盟27国	32 566	32 969	34 178	34 261	32 881	32 691	32 964
俄罗斯	4 188	4 218	4 106	4 188	4 372	4 868	
乌克兰	863	791	818	852	758	758	
美国	24 979	24 740	25 010	24 987	25 011	25 168	24 798
墨西哥	3 765	4 313	4 350	4 271	4 545	4 546	4 380
加拿大1)	2 785	2 775	2 730	2 745	2 806	2 820	2 738
巴西	12 690	13 400	13 755		10 684	10 900	11 234
阿根廷	1 598	1 623	1 692	1 730	1 789	1 770	1 796
中国	1 230	9 748	10 330	11 960	12 658	13 240	14 856
日本	4 571	4 290	4 150	4 039	4 069	3 919	3 859
韩国	1 672	1 691	1 684	1 697	1 702	1 702	1 641
澳大利亚2)	1 978	2 127	2 160	2 205	2 296	2 348	2 383

注：1）包括巧克力奶和蛋酒；2）乳业年度截止到下年6月份。

资料来源：ZMP，IDF各国家委员会，EUROSTAT。

表 25-15 世界主要国家乳饮料、酸奶和发酵乳产量

单位：千吨

	2000	2005	2006	2007	2008	2009	2010
欧盟27国	7 042	7 711	10 052	10 251	8 099	8 115	8 171
瑞士	99	229	234	236	275	269	262
乌克兰	158	499	523	534	531	492	479
美国[1)]	833	1 387	1 498	1 577	1 619	1 738	1 897
加拿大	162	247	244	252	289	294	312
墨西哥	370	536	569	636	631	489	532
阿根廷	243	405	474	576	583	592	556
智利	-	197	172	177	209	215	
以色列[2)]	151	152	164	167	170	172	180
中国	270	1 702	2 115	2 450	2 593	3 176	3 600
日本	695	800	2 726	2 779	813	821	841
韩国	530	482	504	485	455	446	503

注：由于定义的差异性，本表所列数据的可比性有限；1）酸奶产量；2）包括甜品。

资料来源：ZMP，IDF各国家委员会，国家统计局，EUROSTAT。

表 25-16 世界主要国家奶油产量

单位：千吨

国别	2000	2005	2006	2007	2008	2009	2010
欧盟27国	2 091	2 122	2 053	2 065	2 018	1 994	1 968
瑞士	37	39	37	37	48	48	49
白俄罗斯[1)]	65	85	88	86	98	116	98
俄罗斯	270	277	230	245	255	232	207
乌克兰	135	120	104	99	85	75	80
新西兰	374	424	420	390	469	515	478
澳大利亚	176	146	133	128	155	135	132
美国	570	611	657	695	746	712	709
加拿大[2)]	77	86	79	82	88	89	83
巴西	72	77	78	82	84	76	78
阿根廷	47	40	47	47	51	49	46
中国	15	30	25	30	37	35	50
印度[3)]	1 900	2 712			3 608	3 855	4 098
日本[1)]	88	84	81	75	72	81	74

注：1）黄油产量；2）包括黄油和whey butter；3）仅指合作社产量，可能不能反映印度乳品加工业发展，乳业年度截止到下年3月。

资料来源：ZMP、IDF各国家委员会统计数字、EUROSTAT、FAO、USDA。

表 25-17 世界主要国家干酪产量

单位：千吨

国别	2000	2005	2006	2007	2008	2009	2010
欧盟27国	7 223	7 989	8 156	8 222	8 299	8 296	8 533
挪威	81	84	83	84	83	82	84
瑞士	167	168	173	176	179	178	181
俄罗斯	221	371	405	434	430	430	433
乌克兰	67	391	319	346	327	312	286
美国	3 746	4 150	4 673	4 755	4 496	4 585	4 742
加拿大	292	310	387	404	329	336	349
墨西哥	134	134	143	146	150	193	211
巴西	445	495	528	580	607	614	648
阿根廷	443	408	467	487	478	509	530
中国1)	–	15	13	18	15	15	17
日本2)	34	39	125	125	43	45	46
以色列	99	106	113	115	119	121	124
澳大利亚	376	373	364	359	343	350	333
新西兰1)	289	280	308	314	295	270	282

注：1）包括再制奶酪；2）乳业年度截止到下年3月。

资料来源：ZMP、IDF各国家委员会、FAO、EUROSTAT、USDA。

表 25-18 世界主要国家炼乳产量[1]

单位：千吨

国别	2000	2005	2006	2007	2008	2009	2010
欧盟27国	1 286	1 160			1 150	1 110	1 136
俄罗斯	249	227	199	197	346	333	332
白俄罗斯	41	57	88	88	88	84	84
乌克兰	47	104	97	108	108	96	96
美国1)	729	861	230	234	1 047	1 024	1 037
加拿大	103	46	48	44	41	35	31
秘鲁	222	328	279	281	389	360	409
巴西1)	250	250			290	300	300
智利	24	40	44	45	42	33	37
阿根廷	12	6	7	8	7	6	6
中国	80	150	120	150	173	160	165
日本	41	42	42	45	44	46	42
韩国	4	4			4	4	4
南非	57	54	43	43	54	54	54

注：1)根据消费数据和贸易数据的估计数。

资料来源：ZMP，各国统计数字、IDF各国家委员会、EUROSTAT、FAO。

表 25-19 世界主要国家全脂、半脱脂奶粉产量

单位：千吨

国别	2000	2005	2006	2007	2008	2009	2010
欧盟27国	941	850			834	735	747
瑞士	13	20	19	21	18	15	15
白俄罗斯	14	38	35	36	41	34	45
俄罗斯	75	80	76	75	84	50	47
墨西哥[1)]	151	166	184	202	191	199	213
美国	51	15	14	14	23	27	32
巴西	256	440	465	526	572	473	500
阿根廷	202	254	260	185	200	235	238
新西兰	515	675	653	651	651	790	920
澳大利亚	205	158	135	142	148	126	158
中国[1)]	522	918	1100	1300	1120	977	1000
印度[2)]	–	74	172	167	74	74	90
日本	18	14	14	14	14	13	13
南非	10	16	.	.	16	15	16

注：1）包括婴幼儿奶粉；2）仅指合作社产量。

资料来源：ZMP， IDF各国家委员会，EUROSTAT，FAO，USDA。

表 25-20 世界主要国家脱脂奶粉产量

单位：千吨

国别	2000	2005	2006	2007	2008	2009	2010
欧盟27国	1 255	1 069	1 015	986	987	1 145	1 082
瑞士	23	26	24	22	27	37	33
白俄罗斯	28	46	55	55	63	82	62
俄罗斯	91	92	123	132	92	66	63
乌克兰[1)]	68	112	81	95	95	67	65
美国	661	698	689	685	859	782	824
加拿大	75	73	72	75	90	83	72
巴西	62	113	117	128	128	125	130
阿根廷	45	16	23	11	25	47	51
新西兰	251	250	304	265	265	360	363
澳大利亚	265	228	209	177	227	203	244
印度[2)]	145	251	151	162	339	364	393
日本	194	187	181	173	158	167	156

注：1）所有奶粉产量； 2）仅指合作社产量。

资料来源：ZMP，EUROSTAT，IDF各国委员会统计数字、FAO、USDA。

表 25-21　世界主要国家乳制品出口量

单位：千吨

	2000	2005	2006	2007	2008	2009	2010
奶油							
全球	**753**	**911**	**840**	**800**	**788**	**879**	**804**
欧盟[1)]	186	317	243	211	151	148	155
美国	9	9	11	40	80	28	56
新西兰	345	324	391	364	326	451	395
澳大利亚	115	68	64	70	48	84	58
干酪							
全球	**1 308**	**1 630**	**1 480**	**1 530**	**1 761**	**1 852**	**2 008**
欧盟[1)]	526	554	582	594	554	578	676
瑞士	57	52	56	59	61	62	64
乌克兰	12	116	49	61	77	77	79
白俄罗斯	17	65	83	92	102	121	119
澳大利亚	246	208	212	202	158	162	160
新西兰	246	264	309	309	247	290	265
美国	50	58	71	100	128	108	174
全脂或半脱脂奶粉							
全球	**1 486**	**1 893**	**1 700**	**1 580**	**2 034**	**1 939**	**2 065**
欧盟[1)]	584	498	434	364	484	463	446
阿根廷	97	162	215	115	136	154	145
乌拉圭	14	37			35	56	61
新西兰	409	589	645	680	590	811	948
澳大利亚	203	157	143	125	141	133	115
新加坡	5	26	30	42	62	58	64
脱脂奶粉							
全球	**1 207**	**1 132**	**1 150**	**1 100**	**1 191**	**1 305**	**1 461**
欧盟[1)]	449	190	88	201	179	231	379
美国	101	277	292	266	391	248	384
新西兰	159	221	316	281	242	408	343
澳大利亚	219	166	173	127	126	167	132
白俄罗斯	28	44	54	60	61	80	61
瑞士	11	14	64	58	6	25	22
乌克兰	49	57			44	27	14

注：1）不包括成员国之间的贸易。

资料来源：ZMP，IDF国家委员会，国家统计局，EUROSTAT，USDA，GTA。

表 25-22 世界主要国家乳制品进口量

单位：千吨

	2000	2005	2006	2007	2008	2009	2010
奶油							
全球	**753**	**911**	**840**	**800**	**788**	**879**	**804**
欧盟[1)]	78	80	82	92	64	61	38
俄罗斯	71	133	112	129	141	125	134
埃及	50	50	40	26	46	37	82
摩洛哥	25	36	36	20	34	27	27
墨西哥	34	71	49	42	41	47	24
伊朗	20	43	26	40	50	50	59
中国	3	13	13	14	14	28	23
沙特	23	43			40	41	38
新加坡	18	29			25	21	23
菲律宾	12	12			14	20	23
干酪							
全球	**1 308**	**1 630**	**1 480**	**1 530**	**1 761**	**1 852**	**2 008**
欧盟[1]	143	95	105	94	84	83	79
瑞士	31	32	33	37	41	44	47
俄罗斯	52	312	218	330	350	353	421
美国	192	211	206	198	136	163	138
墨西哥	54	79	78	86	68	73	81
日本	205	212	207	225	187	184	199
沙特阿拉伯	73	103	103	98	79	92	91
澳大利亚	38	54	60	64	68	65	76
埃及	16	17			20	30	68
全脂或半脱脂奶粉							
全球	**1 486**	**1 893**	**1 700**	**1 580**	**2 034**	**1 939**	**2 065**
中国	51	64	67	58	70	176	326
阿尔及利亚	117	170	182	160	160	169	167
巴西	108	29	31	20	23	57	121
委内瑞拉	76	95	44	47	306	156	110
新加坡	22	61	60	61	73	74	83
斯里兰卡	46	46			57	57	67
阿联酋	32	53			53	88	63
沙特阿拉伯	73	95	75	70	103	82	59
阿曼	9	49			74	73	56
埃及	15	15			19	13	42
孟加拉国	25	25			18	29	34
菲律宾	61	43	40	42	37	36	32
脱脂奶粉							
全球	**1 207**	**1 132**	**1 150**	**1 100**	**1 191**	**1 305**	**1 461**
墨西哥	129	155	111	121	153	187	166
印度尼西亚	83	87			77	104	132
俄罗斯	39	64	5	42	63	52	117
菲律宾	111	87	95	98	80	112	110
阿尔及利亚	91	84	68	91	105	93	98
中国	22	43	62	41	55	70	89
马来西亚	75	57			78	84	87
新加坡	39	61	60	62	54	61	62
泰国	53	70			61	50	59
越南	30	50			36	46	51
埃及	21	20			37	26	45

注：1）不包括成员国之间的贸易。

资料来源：ZMP，IDF国家委员会，国家统计局，EUROSTAT，USDA，GTA。

表 25-23 世界主要国家液体奶消费量[1]

单位：千吨

	2000	2005	2006	2007	2008	2009	2010
欧盟27国		42 886	42 993	44 300	32 315	32 413	32 541
丹麦	710	734	759	754	497	493	507
德国	7 385	7 650	7 829	7 791	4 511	4 425	4 332
法国	5 509	5 780	5 670	5 721	3 657	3 583	3 672
爱尔兰	546	559	568	557	625	618	621
意大利	3 675	3 838	3 868	3 764	3 248	3 399	3 439
荷兰	1 629	2 064	2 020	2 020	991	999	990
西班牙	4 808	5 156	5 104	5 060	4 110	4 130	4 160
英国	6 860	6 258	6 352	6 405	6 351	6 454	6 658
挪威	554	528	537	543	419	418	414
瑞士	680	601	610	612	671	650	630
美国	24 716	24 740	25 010	24 987	25 011	25 168	24 798
墨西哥	3 765	4 313	.	.	4 263	4 290	4 360
加拿大	2 950	3 052	3 027	3 051	2 806	2 821	2 738
巴西	12 690	13 175	.	.	10 684	10 895	11 234
阿根廷	2 514	1 635	1 724	1 729	1 678	1 745	1 745
澳大利亚[2)]	1 987	2 329	2 435	2 271	2 296	2 348	2 383
新西兰[2)]	380	360	.	.	325	335	350
中国	1 230	11 450	.	.	10 662	12 538	12 809
日本[3)]	4 702	4 692	4 574	4 464	4 370	4 173	4 173
韩国	-	2 168	2 181	2 177	1 702	1 702	1 641
埃及							4 830
南非	1 365	1 584	1 630	1 680			1 297

注：1）包括乳品厂加工的乳制品及直接由牧场销售给消费者的乳制品，同时包括可用的乳饮料和发酵乳制品数据资料；2）乳业年度结束于次年5月或6月；3）财政年度结束于次年3月。

资料来源：IDF各国家委员会，ZMP，国家统计局，EUROSTAT ，USDA。

表 25-24 世界主要国家液体奶人均消费量

单位：千克

	2000	2005	2006	2007	2008	2009	2010
欧盟27国	-	93.2	93.1	89.5	64.8	64.8	64.8
丹麦	133.1	135.7	139.7	138.0	90.6	89.3	91.4
德国	89.9	92.8	94.4	95.0	54.9	54.1	53.0
法国	92.5	92.0	89.4	89.7	58.9	57.4	58.5
爱尔兰	144.2	135.3	134.0	128.4	141.3	138.6	135.0
意大利	63.7	65.5	65.7	63.4	54.5	56.6	56.7
荷兰	125.8	126.5	123.6	123.3	60.3	60.4	59.6
西班牙	123.8	116.9	114.2	112.0	89.2	88.4	88.5
英国	114.8	103.9	104.8	105.1	103.4	104.4	107.0
挪威	123.4	114.8	116.7	118.0	88.4	86.2	84.8
瑞士	92.5	80.7	81.1	79.0	85.8	82.4	79.0
美国	87.6	83.7	83.8	83.0	82.2	82.0	79.9
墨西哥	38.1	38.3	.	.	40.1	40.0	40.4
加拿大[1)]	95.8	94.7	92.8	92.5	84.2	83.6	80.3
巴西	74.6	73.2	.	.	56.6	57.5	58.9
阿根廷	69.8	42.4	44.2	43.9	42.2	43.5	43.5
澳大利亚	102.3	113.3	116.8	107.2	105.7	105.1	105.0
新西兰[2)]	99.0	90.0	.	.	76.1	77.6	79.7
中国	1.0	8.8	.	.	8.0	9.4	9.6
日本	37.0	36.7	35.8	34.9	34.2	32.7	32.7
韩国	-	45.0	45.2	44.9	35.0	34.9	33.6
埃及[3)]					-	-	60.0
南非	30.3	36.8	37.9	39.1	-	-	25.9

注：1）包括巧克力奶和蛋酒；2）包括乳饮料和发酵乳；3）包括所有种类的牛奶。

资料来源：IDF各国家委员会、ZMP、USDA。

表 25-25 世界主要国家奶油消费量

单位：千吨

	2000	2005	2006	2007	2008	2009	2010
欧盟27国					1 778	1 810	1 809
丹麦	9	9	9	10	10	10	10
德国	546	531	538	523	506	477	488
法国	490	480	499	504	468	480	471
爱尔兰	11	12	11	11	11	11	11
意大利	162	163	170	157	145	150	142
荷兰	53	53	54	56	54	56	57
西班牙	24	21	22	23	22	22	23
英国	209	219	226	195	169	183	198
挪威[1)]	23	20	20	18	19	19	19
瑞士	45	41	42	44	43	42	42
俄罗斯	332	373	394	374	399	356	316
加拿大	93	106	86	91	89	94	90
美国	579	620	645	687	689	694	693
阿根廷	44	30	29	28	81	81	82
澳大利亚	57	77	81	87	87	86	87
新西兰	22	26	.	.	16	16	17
日本	83	85	90	92	78	78	78

注：1）包括乳脂肪混合物。

资料来源：IDF各国家委员会、ZMP、USDA。

表 25-26 世界主要国家奶油人均消费量

单位：千克

	2000	2005	2006	2007	2008	2009	2010
欧盟27国					3.6	3.6	3.6
丹麦	1.6	1.6	1.6	1.7	1.8	1.8	1.8
德国	6.6	6.4	6.5	6.4	6.2	5.8	6.0
法国	8.3	7.7	7.9	7.9	7.5	7.7	7.5
爱尔兰	3.0	2.9	2.7	2.6	2.5	2.5	2.4
意大利	2.8	2.9	2.9	2.6	2.4	2.5	2.3
荷兰	3.3	3.3	3.3	3.3	3.3	3.4	3.4
西班牙	0.7	0.5	0.5	0.5	0.5	0.5	0.5
英国	3.5	3.6	3.7	3.2	2.8	3.0	3.2
挪威[1)]	5.1	4.3	4.3	4.0	4.0	3.9	3.9
瑞士	5.4	5.5	5.6	5.7	5.5	5.4	5.4
俄罗斯	2.3	2.6	2.7	2.6	2.8	2.5	2.2
加拿大	2.9	3.3	2.6	2.8	2.7	2.8	2.6
美国	2.1	2.1	2.2	2.3	2.3	2.3	2.2
巴西					0.4	0.4	0.4
澳大利亚	3.1	3.8	3.9	4.1	4.0	3.9	3.8
新西兰	6.5	6.3	.	.	3.7	3.7	3.8
日本	0.7	0.7	0.7	0.7	0.6	0.6	0.6

注：1）包括乳脂肪混合物。

资料来源：IDF各国家委员会、ZMP、USDA。

表 25-27 世界主要国家干酪消费量[1]

单位：千吨

	2000	2005	2006	2007	2008	2009	2010
欧盟27国					8 337	8 410	8 539
芬兰	83	98	102	104	106	110	115
法国	1420	1 476	1 501	1 524	1 670	1 694	1 608
德国	1740	1 771	1 813	1 824	1 825	1 827	1 861
爱尔兰	39	34	28	31	27	28	33
意大利	1284	1 285	1 280	1 249	1 236	1 266	1 334
荷兰	231	279	289	295	337	347	352
西班牙	353	321	320	334	345	385	436
瑞典	148	162	166	166	170	175	174
英国	581	693	734	744	721	673	696
挪威	68	70	70	71	82	82	85
瑞士	131	161	165	172	165	167	169
俄罗斯	580	880	705	764	779	789	861
美国	4148	4 293	4 461	4 565	4 480	4 557	4 642
加拿大	422	390	398	417	418	422	432
墨西哥	188	230	229	233	251	309	311
阿根廷	410	367	415	442	451	503	503
澳大利亚	218	240	249	250	266	266	269
新西兰	28	29	28	26	26	26	27
日本	243	246	254	263	223	237	237
韩国	-	68	72	74	72	72	89

资料来源：IDF各国家委员会、ZMP、USDA。

表 25-28 世界主要国家干酪人均消费量[1]

单位：千克

	2000	2005	2006	2007	2008	2009	2010
欧盟27国	-	18.1	18.3	17.7	16.7	16.8	17.0
芬兰	16.3	18.7	19.1	19.1	20.0	20.7	21.3
法国	25.3	23.6	23.7	23.9	26.9	27.1	25.6
德国	21.2	21.5	22.0	22.2	22.2	22.3	22.8
爱尔兰	10.3	8.2	6.7	7.1	6.1	6.3	7.2
意大利	22.3	21.9	21.7	21	20.7	21.1	22.0
荷兰	14.5	17.1	17.7	18.0	20.5	21.0	21.2
西班牙	9.0	7.3	7.2	7.3	7.5	8.2	9.3
瑞典	17.0	18.2	18.5	18.4	18.5	18.9	18.5
英国	9.9	11.7	12.1	12.2	11.7	10.9	11.2
挪威	15.1	15.2	15.2	15.4	17.3	16.9	17.4
瑞士	17.8	22.2	22.1	22.2	21.1	21.4	21.6
俄罗斯	4.8	6.2	4.9	5.4	5.5	5.6	6.1
美国	14.6	14.5	15.3	15.1	14.7	14.8	15.0
加拿大	13.8	12.1	12.2	12.6	12.5	12.5	12.7
墨西哥	1.7	2.1	2.2	2.2	2.4	2.9	2.9
阿根廷	11.4	9.5	10.7	11.2	11.3	12.5	12.5
澳大利亚	11.4	11.7	11.9	11.8	12.3	11.9	11.9
新西兰	7.3	7.1	6.7	6.1	6.1	6.0	6.1
日本	1.9	1.9	2.0	2.1	1.7	1.9	1.9
韩国	-	1.4	1.5	1.5	1.5	1.5	1.8

资料来源：IDF各国家委员会、ZMP、USDA。

中国奶业协会第六届理事会会长、副会长

会长

高鸿宾　农业部副部长

常务副会长

魏克佳　原农业部农垦局局长

副会长（按姓氏笔画排序）

王加启　中国农业科学院北京畜牧兽医研究所副所长
邓九强　现代牧业（集团）公司董事长
冯忠武　中国兽医药品监察所所长
刘　敏　农业部农业机械试验鉴定总站站长
刘华国　西安银桥生物科技有限责任公司董事长
刘树清　大庆市银螺乳业有限公司董事长
许世卫　中国农业科学院农业信息研究所所长
吴恩熙　中国农垦经济发展中心主任
宋颀年　黑龙江省完达山乳业股份有限公司董事长
张　沅　中国农业大学动物科学技术学院教授、博导
李　瑜　济南农工商集团有限公司董事长
杨　凯　沈阳乳业有限责任公司总经理
杨　斌　利乐中国有限公司企业传播事务总监
杨文俊　内蒙古蒙牛乳业（集团）股份有限公司总裁
杨利国　华中农业大学教授、博导
谷继承　全国畜牧总站站长
范学珊　北京首都农业集团有限公司董事、副总经理
侯兆江　黑龙江省奶业协会理事长
钮立平　北京三元食品股份有限公司总经理
席　刚　新希望乳业控股有限公司总经理
郭本恒　光明乳业股份有限公司总裁
陶　克　内蒙古奶业协会理事长
黄　宣　广东燕塘乳业有限公司董事长兼总经理
蔡敬东　南京奶业（集团）有限公司董事长
潘　刚　内蒙古伊利实业集团股份有限公司董事长兼总裁
魏立华　君乐宝乳业有限公司董事长

秘书长

谷继承（兼）

中国奶业协会第六届常务理事名单[①]

北京市

范学珊　北京首都农业集团有限公司　董事/副总经理
刘文奇　北京首都农业集团有限公司/北京市奶业协会　副总畜牧师/秘书长
刘亚清　北京市农业局　党组副书记/副局长
常　毅　北京三元种业科技股份有限公司　总经理
张振新　北京三元绿荷奶牛养殖中心　总经理/党委书记
乔　绿　北京奶牛中心　主　任
钮立平　北京三元食品股份有限公司　董事/总经理
胡克勤　北京双娃乳业有限公司　董事长

天津市

韦恩学　天津农垦集团总公司　总经理
赵祥增　天津市奶业办公室　副主任/研究员
刘　壮　天津市乳品食品监测中心/天津市奶业协会　副主任/秘书长
刘连超　天津嘉立荷牧业有限公司　总经理/高级畜牧师

河北省

魏立华　石家庄君乐宝乳业公司/河北省奶业协会　董事长/理事长
刘肇清　河北省畜牧兽医局　副局长
王久宗　唐山市人民政府　副市长
袁运生　河北省奶业协会　秘书长

山西省

王印魁　山西省农业厅饲料奶站管理办公室/山西省奶业协会　秘书长
郭　俊　山西古城乳业集团有限公司　董事长

内蒙古自治区

郭　健　内蒙古自治区农牧业厅　厅　长
陶　克　内蒙古奶业协会　理事长
那达木德　内蒙古奶业协会　秘书长
潘　刚　内蒙古伊利实业集团股份有限责任公司　董事长兼总裁
杨文俊　内蒙古蒙牛乳业（集团）股份有限责任公司　总　裁
范挨计　呼和浩特市农牧业局　局　长
范红旗　内蒙古海拉尔农牧场管理局　局　长
赵存发　内蒙古自治区农牧业科学院　院　长

辽宁省

林仁堂　辽宁省农垦局/辽宁省奶业协会　副局长/理事长
李玉晨　辽宁省农垦局/辽宁省奶业协会　副局长/副理事长
杨　凯　沈阳乳业有限责任公司　执行董事/总经理
刘兴玖　辽宁省奶业协会　秘书长

吉林省

付殿国　吉林省畜牧总站　站长/研究员

黑龙江省

侯兆江　黑龙江省奶业协会　理事长
方世昌　黑龙江省哈尔滨市奶业协会　理事长
张忠旭　黑龙江省农垦总局畜牧兽医局　局　长
刘树清　黑龙江省大庆市银螺乳业有限公司　董事长
宋颀年　黑龙江省完达山乳业股份有限公司　董事长
冷友斌　黑龙江飞鹤乳业有限公司　董事长
姚永发　黑龙江乳业集团　副总经理
吴和平　黑龙江省奶业协会　秘书长
包　军　黑龙江省八一农垦大学　校　长
刘　鹏　黑龙江省乳品工业技术开发中心　主　任

上海市

郭本恒　光明乳业股份有限公司　总裁/教授级高工
沈伟平　上海牛奶（集团）有限公司　总经理/高级管理咨询师
卢敏放　多美滋婴幼儿食品有限公司　总经理
陈　新　上海市奶业行业协会　秘书长

江苏省

何正东　江苏省农业委员会　高级畜牧师
孙宏进　江苏省奶业协会　秘书长
崔桂民　维维乳业有限公司　总经理
蔡敬东　南京奶业（集团）有限公司　董事长兼总经理
张银冲　宁波市牛奶集团有限公司　董事长

① 按各省市区上报顺序排序

安徽省

吴明楼　安徽省益益乳业有限公司　理事长
李赛明　安徽省奶业协会　秘书长
邓九强　现代牧业（集团）有限公司　董事长

福建省

吴大新　福建省动物卫生监督所/福建省奶业协会　主任科员/秘书长
蔡永康　福建长富乳品有限公司　董事长/经济师

江西省

娄佑武　江西省奶业协会　理事长兼秘书长

山东省

张志民　山东省畜牧协会奶业分会　秘书长
孙洪涛　青岛市畜牧兽医研究所　副所长
李　瑜　济南佳宝乳业有限公司　董事长
王培亮　山东得益乳业有限公司　董事长
朱晓东　山东亚奥特乳业有限公司　董事长
王银香　山东银香伟业集团　董事长
仲跻峰　山东省农业科学院奶牛研究中心　主　任

河南省

李孟顺　河南省畜牧局　局　长
杨文明　河南省畜牧局　副局长
任心俊　河南省畜牧局　处　长

河北省

张绪根　湖北省农垦事业管理局/湖北省奶业协会　原局长/理事长
胡建洪　湖北省奶业协会　秘书长
杨利国　华中农业大学　教　授

湖南省

张光辉　湖南省畜牧水产局　总工程师/高级畜牧师
石　俊　湖南亚华乳业控股有限公司　总经理
黎　军　湖南阳光乳业股份有限公司　董事长兼总经理
汪旭光　湖南省畜牧水产局　处长/高级工程师

广东省

陈三有　广东省奶业协会　常务副会长兼秘书长/研究员
黄　宣　广东燕塘乳业有限公司　董事长兼总经理/经济师
关伟昆　广州市奶牛研究所有限公司　总经理/畜牧师
赵伟师　广州风行牛奶有限公司　总经理

广西壮族自治区

黄嘉棣　广西皇氏甲天下乳业股份有限公司/广西奶业协会　董事长/会长
吴柱月　广西畜禽品种改良站　站　长
李仕坚　广西奶业协会　秘书长

重庆市

张家骅　西南大学　教　授

四川省

付志康　四川省农业厅　副厅长
席　刚　新希望乳业控股有限公司　总经理
兰明建　四川省畜牧局　副局长
余协中　四川省奶业协会　秘书长

贵州省

廖正录　贵州省农业委员会畜牧处　处长/高级畜牧师

云南省

毛华明　云南省奶业协会/云南农业大学　会长/教授
黄艾祥　云南省奶业协会/云南农业大学食品科技学院　秘书长/教授

陕西省

王宝印　陕西红星乳业有限公司　董事长兼总经理
高羽飞　杨凌科元克隆股份有限公司　总经理
李育江　陕西省奶牛中心/陕西省棉花原种场　主任
刘华国　西安银桥乳业集团　董事长兼总经理
郭庆红　陕西省畜牧技术推广总站　站长/研究员

甘肃省

沈启云　甘肃省畜牧管理总站/甘肃省奶业协会　科长/副秘书长
黄全成　甘肃省农牧厅　副厅长

青海省

宁金友　青海省畜牧总站/青海省奶业协会　站长/副理事长兼秘书长

宁夏回族自治区

罗晓瑜　宁夏畜牧工作站/宁夏奶业协会　站长/副秘书长
宁晓波　宁夏农垦贺兰山奶业有限公司　总经理
毛荣业　宁夏农垦贺兰山实业有限公司　总经理/高级经济师

新疆维吾尔自治区

行庆华 新疆维吾尔自治区畜牧厅/兽医局/新疆奶业协会 党组成员/局长/理事长

赵新春 新疆维吾尔自治区畜牧厅 党组成员/总畜牧师

齐新林 新疆奶业办公室 主 任

李 勇 新疆麦趣尔乳业公司 总经理

中国奶业协会

魏克佳 中国奶业协会 常务副理事长兼秘书长

行政机关

王俊勋 农业部奶业管理办公室 主 任

刘连贵 农业部草原监理中心 副主任

谷继承 全国畜牧总站 站 长

刘海良 全国畜牧总站 处 长

刘 敏 农业部农业机械试验鉴定总站 站 长

吴恩熙 中国农垦经济发展中心 主 任

朱 良 农业部农业机械试验鉴定总站 副站长

冯忠武 中国兽医药品监察所 所 长

陈伟生 农业部畜牧业司 巡视员

科研院所

王加启 中国农业科学院北京畜牧研究所 副所长

张 沅 中国农业大学动物科技学院 教授/博导

许世卫 中国农业科学院农业信息研究所 所长/博导

刘玉满 中国社会科学院 教 授

张胜利 中国农业大学动物科技学院 教 授

李胜利 中国农业大学动物科技学院 教 授

南庆贤 中国农业大学食品科学与营养工程学院 教授

任发政 中国农业大学食品科学与营养工程学院 教授

豆 明 《中国奶业年鉴》编辑部 主 任

冯艳秋 中国农科院文献信息中心 主 编

徐学阳 黑龙江省农垦总局 副局长

苗启华 新疆生产建设兵团农业局 党组成员/总畜牧师

相关企业

杨 斌 利乐中国有限公司 传播事务总监

董玉国 雀巢（中国）有限公司 大中华区集团事务总监

周瑞君 秦皇岛全农精牛繁育有限公司 总经理

薛廷伍 中国牧工商（集团）总公司 副总经理/高级兽医师

张开展 北京中地种畜有限公司 副总经理

中国奶业协会理事单位及理事名单①

北京市

范学珊 北京首都农业集团有限公司 董事/副总经理

刘文奇 北京首都农业集团有限公司/北京市奶业协会 副总畜牧师/秘书长

刘亚清 北京市农业局 党组副书记/副局长

常 毅 北京三元种业科技股份有限公司 总经理

张振新 北京三元绿荷奶牛养殖中心 总经理/党委书记

乔 绿 北京奶牛中心 主 任

钮立平 北京三元食品股份有限公司 董事/总经理

胡克勤 北京双娃乳业有限公司 董事长

黄文明 北京市大兴区动物卫生监督管理局 局 长

王广义 北京市密云县农业局 副局长

付凤生 北京市房山区农业局 副局长/高级畜牧师

朱世明 北京市怀柔区农业局 副局长

姚 林 北京市顺义区动物卫生监督管理局 副局长

张春良 北京市通州区农业局 副局长

赵金祥 北京市平谷区动物卫生监督管理局 副局长

张元柱 北京市延庆县农业局 副局长

郑建华 北京三元绿荷奶牛养殖中心 副总经理

李锡智 北京三元绿荷奶牛养殖中心 副总经理

石万海 北京奶牛中心 副主任/高级畜牧师

吕 奇 北京奶牛中心 书 记

张晓霞 农业部牛冷冻精液质量监督检验测试中心（北京） 常务副主任/高级畜牧师

赵慧芬 农业部乳品质量监督检验测试中心(北京) 常务副主任/高级工程师

陈历俊 北京三元食品股份有限公司 副总经理/教授级高工

陈华林 北京三元集团畜牧兽医总站 站 长

马战友 北京三元种业科技股份有限公司 党委副书记/工会主席

王大明 北京市奶业协会 副秘书长

① 按各省市上报顺序排序

黄　毅　北京三元绿荷奶牛养殖中心　副总经理
周卫东　北京首都农业集团有限公司　部门经理
毛光祥　北京市兴牧富民奶牛专业合作社　理事长
蒋林树　北京农学院饲料研究所　所长/副教授

天津市

韦恩学　天津农垦集团总公司　总经理
赵祥增　天津市奶业办公室　副主任/研究员
刘　壮　天津市乳品食品监测中心/天津市奶业协会　副主任/秘书长
刘连超　天津嘉立荷牧业有限公司　总经理/高级畜牧师
樊航奇　天津市畜牧兽医局畜牧总站　站长/高级畜牧师
陈敬洪　天津市武清区畜牧水产局　局　长
江乐泽　天津市北辰区农业经济委员会　副主任/研究员
于　静　天津梦得集团有限公司　董事长/高级经济师
孙咏健　天津海河乳业有限公司　总经理
何清毅　天津乳品食品监测中心/天津市奶业协会　副主任/副秘书长
刘　丽　天津市亚亿实业有限公司　董事长/总经理
张学炜　天津农学院动物科学系　教　授
张国伟　天津市畜牧兽医研究所　副所长/研究员
赵书明　天津华明乳业有限公司　经　理
马　毅　天津市奶牛发展中心　副主任/副研究员
李德林　天津嘉立荷牧业有限公司　副总经理/畜牧师
何　辉　天津市中芬乳品研究培训中心　副主任/高级工程师
于　斌　天津润泽奶业发展有限公司　总经理
徐练海　天津神驰农牧发展有限公司　总经理
魏　武　天津市东兴奶牛养殖有限公司　总经理

河北省

魏立华　石家庄君乐宝乳业公司/河北省奶业协会　董事长/理事长
刘肇清　河北省畜牧兽医局　副局长
王久宗　唐山市人民政府　副市长
袁运生　河北省奶业协会　秘书长
王清泽　石家庄行唐县畜牧局　局　长
白洪波　沧州市农牧局　副局长
刘英虎　石家庄市奶业协会　秘书长
张印勤　唐山市农牧局　局　长
张玉安　唐山市奶业协会　副局长
李志国　邢台市农牧局　局　长
李殿华　邯郸滏阳乳业有限责任公司　董事长
杜　勇　河北省畜牧良种工作站/河北省种畜禽质量监测站　站　长
陈　健　承德市农牧局　副局长
荀秉兴　张家口长城乳业有限公司　总经理
冀连生　张家口市塞北管理区　主　任
倪俊卿　河北省畜牧良种工作站/河北省种畜禽质量监测站　副站长
李建国　河北农业大学动物科技学院　教　授
顾传学　河北省畜牧兽医局　处　长
孙旭红　河北省廊坊市农业局　高级兽医师
和春军　唐山市丰润区人民政府　区　长
黄任禄　河北农业大学动物科技学院　院　长
杨　智　河北佳利乳业有限公司　总经理
李井轩　香河县井轩奶牛养殖场　经　理
王建设　河北完达山贝兰德乳业有限公司　总经理

山西省

王印魁　山西省农业厅饲料奶站管理办公室/山西省奶业协会　秘书长
郭　俊　山西古城乳业集团有限公司　董事长
张书文　山西省畜牧兽医局　副局长
刘　强　山西农业大学　系主任/副教授
贺东昌　山西省农业科学院畜牧兽医研究所　所长/研究员
陈宝珠　山西省农业厅饲料奶站办公室　主　任
李根银　山西省畜禽繁育工作站　副站长/高级畜牧师
卫占城　朔州市奶业协会　理事长
刘瑞修　阳曲县四海原种奶牛有限公司　董事长
张宝石　大同市良种奶牛有限责任公司　副总/高级兽医师
刘德宝　山西省食物营养咨询指导委员会　常务副会长/高级农经师
温文驰　山西华诚睿光生物科技有限公司　董事长

内蒙古自治区

郭　健　内蒙古自治区农牧业厅　厅　长
陶　克　内蒙古奶业协会　理事长
那达木德　内蒙古奶业协会　秘书长
潘　刚　内蒙古伊利实业集团股份有限责任公司　董事长兼总裁
杨文俊　内蒙古蒙牛乳业（集团）股份有限责任公司　总　裁
范挨计　呼和浩特市农牧业局　局　长
范红旗　内蒙古海拉尔农牧场管理局　局　长
赵存发　内蒙古自治区农牧业科学院　院　长
白　音　内蒙古自治区农牧业厅　畜牧处处长
敖日格勒　内蒙古农业大学　教　授

高雪峰　内蒙古自治区家畜改良工作站　站　长
金　海　内蒙古自治区农牧业科学院生物工程中心　主　任
呼格吉勒图　内蒙古西部良种奶牛繁育中心　主　任
刘德明　内蒙古畜牧业杂志社　社　长
胡　明　呼伦贝尔市海乳乳业股份有限责任公司　总经理
陈巴特尔　内蒙古奶业协会　办公室主任
鄂光宇　内蒙古乳品工业协会　秘书长
刘卫星　内蒙古蒙牛乳业（集团）股份有限责任公司　副总裁
韩玉堂　内蒙古伊利实业集团股份有限责任公司　原奶事业部总经理
张　文　内蒙古伊利实业集团股份有限责任公司　质检部总经理
张　勇　内蒙古赛科星高科技生物技术有限责任公司　总经理
乔光华　内蒙古农业大学经济学院　副院长
巴根那　呼和浩特市奶业协会　秘书长
晋　鹏　兴安盟奶业协会　秘书长
那日苏　呼伦贝尔市农牧局　副局长
陈起昌　通辽市奶业协会　秘书长
马小平　赤峰市农牧业局　副局长
包文霞　锡林郭勒盟农牧局　副局长
韩国仁　包头市农牧业局　副局长
郭有贵　乌兰察布市农牧业局　副局长
李　茂　巴彦淖尔市奶业协会　会　长
李春生　鄂尔多斯家畜改良工作站　站　长
高艳梅　内蒙古牛妈妈乳品有限公司　董事长
李正洪　内蒙古奶联科技有限责任公司　总经理

辽宁省

林仁堂　辽宁省农垦局/辽宁省奶业协会　副局长/理事长
李玉晨　辽宁省农垦局/辽宁省奶业协会　副局长/副理事长
杨　凯　沈阳乳业有限责任公司　执行董事/总经理
刘兴玖　辽宁省奶业协会　秘书长
何永涛　辽宁省畜牧业经济管理站　站　长
牟海日　沈阳乳业有限责任公司/农业科技体系　副总经理/站长
谢振全　鞍山恒利奶牛场　总经理
华润良　鞍钢实业集团乳业公司　总经理
金丰久　大连奶业生产管理站　副站长
韩晓光　本溪市木兰花乳业有限公司　总经理
张进喜　抚顺永大橡胶工程有限公司　总经理
姜捷华　丹东升泰乳业有限公司　总经理
戴风权　铁岭大牛乳品有限公司　总经理
肖　闯　鞍山市奶业协会　秘书长
张俊岭　沈政农副业基地部队农场　场　长
李　勇　阜新牧源良种奶牛繁育公司　总经理

吉林省

付殿国　吉林省畜牧总站　站长/研究员
丁金财　吉林省金财乳业有限责任公司　总经理
万克军　吉林农业大学教学试验场　场　长
曲　江　吉林春光乳业公司　董事长
柴　绣　吉林省乳业集团广泽有限公司　总经理
姜广飞　吉林省犇鑫牧业有限公司　总经理
陈　文　长春晨光牧业有限公司　总经理
张宪庭　吉林省绿源草产业有限公司　总经理
计成和　白城市奶牛协会　秘书长
于立军　金谷膨化饲料公司　经　理

黑龙江省

侯兆江　黑龙江省奶业协会　理事长
方世昌　黑龙江省哈尔滨市奶业协会　理事长
张忠旭　黑龙江省农垦总局畜牧兽医局　局　长
刘树清　黑龙江省大庆市银螺乳业有限公司　董事长
宋颀年　黑龙江省完达山乳业股份有限公司　董事长
冷友斌　黑龙江飞鹤乳业有限公司　董事长
姚永发　黑龙江乳业集团　副总经理
吴和平　黑龙江省奶业协会　秘书长
包　军　黑龙江省八一农垦大学　校　长
刘　鹏　黑龙江省乳品工业技术开发中心　主　任
郑秋鹏　东北农业大学　副校长
于春明　黑龙江省农垦总局　工会主席
付　蓉　黑龙江省畜牧兽医局　奶办主任
刘　岩　黑龙江省家畜繁育指导站　站　长
王　建　牡丹江龙大股份有限公司　副总经理
石海星　黑龙江农垦畜牧工程技术装备公司　总经理
张永根　东北农业大学　教　授
殷元虎　黑龙江省畜牧研究所　副所长
唐永德　黑龙江省完达山乳业股份有限公司　总经理
黄　明　黑龙江省哈尔滨市畜牧兽医局　副局长
文立恒　黑龙江省双城市人民政府　副市长
王哲滨　黑龙江省哈尔滨良种奶牛繁育中心　总经理
张　鲆　黑龙江省绿色草原牧场　场　长
齐晓彤　黑龙江省齐齐哈尔奶业协会　秘书长
徐爱国　黑龙江省大庆市畜牧兽医局　副局长
翟振双　黑龙江省绥化市畜牧局　副局长
吕自锋　黑龙江省安达市畜牧局　副局长
徐贺山　黑龙江省佳木斯市奶业协会　会　长
曲永利　黑龙江省八一农垦大学　教　授
万春临　黑龙江摇篮乳业股份有限公司　董事长
刘业庚　黑龙江省佳木斯硕业乳业有限公司　副总经

理
郭晓刚　黑龙江省大庆和兴畜牧发展有限公司　经理
栾永毅　黑龙江省铁力市良种奶牛繁育有限公司　经理
张洪滨　黑龙江省哈尔滨松花江奶牛有限公司　总经理
程志学　黑龙江省哈尔滨杏林牧业发展有限公司　董事长
霍贵成　东北农业大学　主　任
李洪宇　黑龙江省大庆庆新牧业　副总经理
张好祥　黑龙江省双城市五家镇奶业协会　理事长

上海市

郭本恒　光明乳业股份有限公司　总裁/教授级高工
沈伟平　上海牛奶（集团）有限公司　总经理/高级管理咨询师
卢敏放　多美滋婴幼儿食品有限公司　总经理
陈　新　上海市奶业行业协会　秘书长
王永康　上海市奶业行业协会　主任/研究员
王光文　上海牛奶（集团）有限公司　高级技术顾问
王荫榆　光明乳业股份有限公司　总工程师/高工
宋慧亭　上海荷斯坦奶牛科技有限公司　总经理
张家淇　利拉伐（上海）乳业机械有限公司　中国区总经理
王　松　上海延华生物科技有限公司　总经理
黄黎明　上海光明荷斯坦牧业股份有限公司　总经理/乳品工程师
郑国卫　上海市浦东新区奶牛管理服务站　站长/高级畜牧师
金德华　上海希迪乳业有限公司　总经理
夏连忠　上海忆南奶牛养殖有限公司　总经理
孟　瑾　农业部食品质量监督检验测试中心(上海)　副主任/高级工程师

江苏省

何正东　江苏省农业委员会　高级畜牧师
孙宏进　江苏省奶业协会　秘书长
崔桂民　维维乳业有限公司　总经理
蔡敬东　南京奶业（集团）有限公司　董事长、总经理
王西朴　江苏尹乐宝乳业有限公司　常务副总经理
吕晓峰　江苏春晖乳业有限公司　副总经理
王根林　南京农业大学动物科技学院　教　授
吕贞龙　扬州大学实验农牧场　场长/副研究员
陈　卫　江南大学食品学院　处长、教授、博导
付道田　徐州绿健乳业有限责任公司　总经理
金穗华　农业部牛冻精质检中心（南京）　副主任
盛国兴　常州红梅乳业有限公司　董事长兼总经理
缪晓航　双喜乳业（苏州）有限公司　董事长兼总经理
史波良　江苏省奶业协会　副主任科员

浙江省

张银冲　宁波市牛奶集团有限公司　董事长
李　鸣　绍兴市一景乳业有限公司　董事长/高级经济师

安徽省

吴明楼　安徽省益益乳业有限公司　理事长
李赛明　安徽省奶业协会　秘书长
邓九强　现代牧业（集团）有限公司　董事长
刘　干　安徽省畜牧兽医局　处　长
李扬民　蚌埠市和平乳业有限公司　总经理
宣依群　安徽省奶业协会　常务理事
刘　刚　安徽白帝乳业有限公司　总经理
章孝荣　安徽农业大学动物科技学院　院长/教授
张顺利　滁州市奶业有限责任公司　董事长
郭　亮　安徽科技学院　处长/教授

福建省

吴大新　福建省动物卫生监督所/福建省奶业协会　主任科员/秘书长
蔡永康　福建长富乳品有限公司　董事长/经济师
徐帝沛　福建大乘乳品有限公司　总经理/高级畜牧师
林天宝　康利达乳业长乐奶牛场　场　长
吴　煊　福州绿之缘牧业开发有限公司　董事长
叶松景　福建澳牛乳业有限公司　总经理

江西省

娄佑武　江西省奶业协会　理事长兼秘书长
胡衍景　江西英雄乳业股份有限公司　牧业总工
郑建民　江西牛牛乳业有限责任公司　总经理
胡国良　江西农业大学动科院　副院长

山东省

张志民　山东省畜牧协会奶业分会　秘书长
孙洪涛　青岛市畜牧兽医研究所　副所长
李　瑜　济南佳宝乳业有限公司　董事长
王培亮　山东得益乳业有限公司　董事长
朱晓东　山东亚奥特乳业有限公司　董事长
王银香　山东银香伟业集团　董事长
仲跻峰　山东省农业科学院奶牛研究中心　主　任
王桂月　山东省畜牧协会奶业分会　理事长
李有志　山东省畜牧总站　站　长

王中华 山东农业大学动物科技学院 院长/教授
李胜伟 济南佳宝乳业有限公司 总 裁
张思聪 山东省畜牧总站 高级畜牧师
高辅卿 济南市畜牧兽医局 局长/党组书记
杨卫平 泰安市畜牧兽医局 局 长
潘瑞春 青岛迎春乐乳业集团公司 总 裁
黄绍军 青岛荣昕牧业有限公司 总经理
朱和田 东营市奶业协会 会 长
韩国栋 泰安鲁宝奶牛养殖乳业有限公司 董事长
仇道云 东营市柏拉蒙奶牛繁育有限公司 董事长
侯世忠 山东省畜牧协会奶业分会 副秘书长
丁春松 山东大地乳业有限公司 董事长

河南省

李孟顺 河南省畜牧局 局 长
杨文明 河南省畜牧局 副局长
任心俊 河南省畜牧局 处 长
关晓彦 河南花花牛乳业有限公司 总经理
戴士伟 焦作多尔克司示范乳业有限公司 首席执行官（CEO）
陈彦斌 洛阳巨尔乳业有限公司 董事长兼总经理
刘 伟 河南花花牛集团牧业有限公司 总经理/高级畜牧师
王 成 河南省中源农牧有限责任公司 董事长
王宇骅 河南科迪乳业有限公司 董事长
刘 祥 河南省畜牧局 副处长/高级畜牧师
宋洛文 河南省奶业协会 副秘书长/研究员
宋鸿道 洛阳生生乳业有限公司 董事长
耿繁军 河南省鼎元种牛育种有限公司 董事长

湖北省

张绪根 湖北省农垦事业管理局/湖北省奶业协会 原局长/理事长
胡建洪 湖北省奶业协会 秘书长
杨利国 华中农业大学 教授
施纪明 武汉市农业局 副局长
黄继根 武汉市奶业协会 理事长
王惠萍 湖北省畜牧局 副局长
李 萍 武汉光明乳品有限公司 总经理
张春平 武汉维维香满楼乳业有限公司 总经理
晏邦富 武汉惠尔康扬子江乳业有限公司 经 理

湖南省

张光辉 湖南省畜牧水产局 总工程师/高级畜牧师
石 俊 湖南亚华乳业控股有限公司 总经理
黎 军 湖南阳光乳业股份有限公司 董事长兼总经理
汪旭光 湖南省畜牧水产局 处长/高级工程师
蔡 林 湖南省畜牧水产局 副处长/高级畜牧师
刘海林 湖南省畜牧兽医研究所 场长/助研
伍佰鑫 湖南省奶业协会 主任/副研究员
张永红 湖南阳光乳业股份有限公司 兽医师
孙国树 湖南南山食品有限公司 董事长
刘跃辉 澳优乳品（湖南）有限公司 行政副总裁（CHO）
张国爱 城步苗族自治县畜牧局 局 长
肖文胜 邵阳市畜牧水产局 副局长
张安福 常德市畜牧兽医水产局 工会主席/高级畜牧师
王 莉 长沙市畜牧水产局 高级畜牧师

广东省

陈三有 广东省奶业协会 常务副会长兼秘书长/研究员
黄 宣 广东燕塘乳业有限公司 董事长兼总经理/经济师
关伟昆 广州市奶牛研究所有限公司 总经理/畜牧师
赵伟师 广州风行牛奶有限公司 总经理
练伟强 广州市天河强兴畜牧有限公司 总经理
周冬青 广美香满楼畜牧有限公司 总经理
赵庆政 深州市奶业协会 秘书长/高级工程师
欧建明 深圳市晨光乳业有限公司 副总经理/畜牧师

广西壮族自治区

黄嘉棣 广西皇氏甲天下乳业股份有限公司/广西奶业协会 董事长/会长
吴柱月 广西畜禽品种改良站 站 长
李仕坚 广西奶业协会 秘书长
曾庆坤 广西水牛研究所 所长助理
吴守允 广西钦州市灵山县百强水牛乳公司 董事长
覃福超 广西农垦金光乳业公司 总经理
李祖平 广西南宁雄牛牧业有限公司 总经理

重庆市

张家骅 西南大学 教 授
邱太明 重庆市天友乳业股份有限公司 总经理/高级工程师
吴一奕 重庆光大（集团）有限公司 总 裁
刘联福 重庆市巴南区屏山奶牛场 场长/高级技师
陈启明 重庆光源畜牧业发展有限公司 经理/技师
刘德君 重庆市农委动检所 调研员/高级工程师

四川省

付志康 四川省农业厅 副厅长

席　刚　新希望乳业控股有限公司　总经理
兰明建　四川省畜牧局　副局长
余协中　四川省奶业协会　秘书长
王威之　四川威之国际有限公司　董事长
李自成　四川省畜禽繁育改良站　副站长
祝志祥　成都共发实业有限公司　董事长
童恩文　成都菊乐企业（集团）股份有限公司　董事长
赖松家　四川农业大学　教　授
黎宗稷　成都金凤液氮容器有限责任公司　董事长
任奎元　四川雪宝乳业有限公司　董事长
林永裕　新希望乳业控股有限公司　副总经理

贵州省

廖正录　贵州省农业委员会畜牧处　处长/高级畜牧师
王黔生　贵阳三联乳业有限公司　董事长
张　琴　贵州好一多乳业股份有限公司　总经理
谢劲松　贵州省农业委员会畜牧处　主任科员
杨　飞　贵州牧草种籽繁殖场　场长/畜牧师

云南省

毛华明　云南省奶业协会/云南农业大学　会长/教授
黄艾祥　云南省奶业协会/云南农业大学食品科技学院　秘书长/教授
左　新　云南省大理州畜牧兽医局　局　长
彭金国　云南大理东亚乳业有限公司　总经理
岳春生　昆明雪兰牛奶有限责任公司　总经理
郭焕波　昆明市农业局　局　长
王明珠　昆明前进乳业有限责任公司　总　监
孙志海　云南乍甸乳业有限责任公司　总经理/工程师
袁跃云　云南省家畜改良工作站　站　长
徐祖林　云南省农业厅草山饲料处　处　长
刘红文　云南省家畜改良工作站　科　长

陕西省

王宝印　陕西红星乳业有限公司　董事长兼总经理
高羽飞　杨凌科元克隆股份有限公司　总经理
李育江　陕西省奶牛中心/陕西省棉花原种场　主任
刘华国　西安银桥乳业集团　董事长兼总经理
郭庆宏　陕西省畜牧技术推广总站　站长/研究员
童建军　陕西省奶业协会　副秘书长
王延安　陕西澳美慧乳业科技有限公司　董　事
高亚凤　宝鸡得力康乳业有限公司　董事长兼总经理
程助国　陕西秦申金牛育种有限公司　副总经理/畜牧师

秦海鹏　西安现代农业综合开发总公司畜牧开发公司经　理
庆麦玉　陕西省畜牧技术推广总站/陕西省奶业协会　研究员/副秘书长
罗建强　陕西省畜牧兽医局畜牧处　副处长
陈　迪　西安市畜牧乳品机械厂　厂长/工程师
昝林森　西北农林科技大学动物科技学院　教授/博导

甘肃省

沈启云　甘肃省畜牧管理总站/甘肃省奶业协会　科长/副秘书长
黄全成　甘肃省农牧厅　副厅长
万占全　甘肃省农牧厅　副处长
马红富　兰州庄园乳业有限责任公司　董事长
王有国　甘肃省畜牧管理总站　秘书长/站长
周丽玮　酒泉乐为尔乳业有限责任公司　董事长
王　琳　甘肃兴达建工贸集团公司　总经理
孟宪政　甘肃省奶业协会　名誉秘书长

青海省

宁金友　青海省畜牧总站/青海省奶业协会　站长/副理事长兼秘书长
马德清　青海省农牧厅畜牧业处　处长/高级兽医师
张历新　青海天露乳业有限责任公司　董事长兼总经理
罗生明　青海天露乳业有限责任公司　副总经理
张晋青　青海省畜牧总站　副站长/畜牧师
许山得　青海省家畜改良中心　主　任
南木甲　青海省家畜改良中心　副主任

宁夏回族自治区

罗晓瑜　宁夏畜牧工作站/宁夏奶业协会　站长/副秘书长
宁晓波　宁夏农垦贺兰山奶业有限公司　总经理
毛荣业　宁夏农垦贺兰山实业有限公司　总经理/高级经济师
杨金龙　宁夏吴忠市农牧局　局　长
席永平　宁夏农牧厅畜牧局　副局长/推广研究员
史远刚　宁夏四正生物工程技术研究中心　技术总监/教授
黄振亚　宁夏银川市农牧局　副局长
孙建京　宁夏北方乳业有限责任公司　总经理
闫建国　银川市金河乳业有限公司　总经理
郭海鹏　银川维维北塔乳业股份有限公司　总经理/质量工程师
黄　学　宁夏夏进乳业集团股份有限公司　副总经理

新疆维吾尔自治区

行庆华　新疆维吾尔自治区畜牧厅/兽医局/新疆奶业协会　党组成员/局长/理事长
赵新春　新疆维吾尔自治区畜牧厅　党组成员/总畜牧师
齐新林　新疆奶业办公室　主　任
李　勇　新疆麦趣尔乳业公司　总经理
陆东林　乌鲁木齐市奶业协会　理事长
石　铤　新疆维吾尔自治区畜禽改良总站　站　长
刘文彦　昌吉州畜牧局　副局长
刘建设　新疆金牛盖瑞乳业公司　总经理
马光辉　新疆呼图壁种牛场　场　长
汪义如　新疆天润生物股份有限公司　董事长兼总经理
何　保　伊犁中州高科技发展有限公司　董事长
谷　文　新疆新农乳业股份有限公司　董事长
于瑞红　新疆瑞源乳业有限公司　董事长
陈建新　新疆花园乳业有限公司　总经理
林　勇　新疆南达乳业公司　董事长

中国奶业协会

魏克佳　中国奶业协会　常务副理事长兼秘书长
张书义　中国奶业协会/中奶协（北京）认证中心　副秘书长/常务副主任

行政机关

王俊勋　农业部奶业管理办公室　主　任
刘连贵　农业部草原监理中心　副主任
谷继承　全国畜牧总站　站　长
刘海良　全国畜牧总站　处　长
刘　敏　农业部农业机械试验鉴定总站　站　长
吴恩熙　中国农垦经济发展中心　主　任
朱　良　农业部农业机械试验鉴定总站　副站长
冯忠武　中国兽医药品监察所　所　长
陈伟生　农业部畜牧业司　巡视员
王林昌　农业部农垦局农业处　副处长

科研院校

王加启　中国农业科学院北京畜牧研究所　副所长
张　沅　中国农业大学动物科技学院　教授/博导
许世卫　中国农业科学院农业信息研究所　所长/博导
刘玉满　中国社会科学院　教　授
张胜利　中国农业大学动物科技学院　教　授
李胜利　中国农业大学动物科技学院　教　授
南庆贤　中国农业大学食品科学与营养工程学院　教授
任发政　中国农业大学食品科学与营养工程学院　教授
豆　明　《中国奶业年鉴》编辑部　主　任
冯艳秋　中国农科院文献信息中心　主　编
徐学阳　黑龙江省农垦总局　副局长
苗启华　新疆生产建设兵团农业局　党组成员/总畜牧师

相关企业

杨　斌　利乐中国有限公司　传播事务总监
董玉国　雀巢（中国）有限公司　大中华区集团事务总监
周瑞君　秦皇岛全农精牛繁育有限公司　总经理
薛廷伍　中国牧工商（集团）总公司　副总经理/高级兽医师
张开展　北京中地种畜有限公司　副总经理
刘伯菊　河北省唐山世创无菌奶技术有限公司　董事长
郭学研　恒天然（中国）有限公司　总经理
柏兆祥　上海四国仪器包装机械有限公司　副总经理
洪　钢　山东泉林包装有限责任公司　副董事长
安国锋　北京鑫贸嘉旭进出口有限公司　总经理
卢秋生　北京盛世鸿贸易有限责任公司　董事长
梁乙明　北京中棉紫光生物科技有限公司　营销总监/高级经济师
胡朝阳　北京四方诚信畜牧科技有限公司　董事长
田　真　北京京鹏环宇畜牧科技有限公司　董事长
张定宏　北京中博农畜牧科技有限公司　董事长
张修刚　北京修刚畜牧科技有限公司　总经理
陆　健　旺旺控股有限公司　副总经理

图书在版编目（CIP）数据

中国奶业年鉴．2011/刘成果主编．—北京：中国农业出版社，2012.5

ISBN 978-7-109-16722-3

Ⅰ．①中… Ⅱ．①刘… Ⅲ．①乳品工业-中国-2011-年鉴 Ⅳ．①F426.82-54

中国版本图书馆 CIP 数据核字（2012）第 074909 号

中国农业出版社出版

（北京市朝阳区农展馆北路 2 号）

（邮政编码 100125）

责任编辑 刘博浩

中国农业出版社印刷厂印刷 新华书店北京发行所发行

2012 年 5 月第 1 版 2012 年 5 月北京第 1 次印刷

开本：889mm×1194mm 1/16 印张：25.25 插页：18

字数：745 千字

定价：300.00 元

2011 2012 201